हिन्दी की जनपदीय कविता

महात्मा गांधी अन्तरराष्ट्रीय हिन्दी विश्वविद्यालय

हिन्दी की जनपदीय कविता

सम्पादक

विद्यानिवास मिश्र

लोकभारती प्रकाशन

लोकभारती प्रकाशन
पहली मंजिल, दरबारी बिल्डिंग, महात्मा गांधी मार्ग
इलाहाबाद-211 001
वेबसाइट : www.lokbhartiprakashan.com
ईमेल : info@lokbhartiprakashan.com
शाखाएँ : 1-बी, नेताजी सुभाष मार्ग, दरियागंज
नई दिल्ली-110 002
अशोक राजपथ, साइंस कॉलेज के सामने
पटना-800 006
36 ए, शेक्सपियर सरणी, कोलकाता-700 017

पहला संस्करण : 2002
दूसरा संस्करण : 2018

मूल्य : ₹ 1750

मुद्रक
बी.के. ऑफसेट
नवीन शाहदरा, दिल्ली-110 032

HINDI KI JANPADIYA KAVITA
Edited by Vidyanivas Mishra

ISBN : 978-93-86863-89-8

जनपदीय आंदोलन के प्रवर्त्तक
महापंडित राहुल सांकृत्यायन की स्मृति
को
प्रणतिपूर्वक

विश्वविद्यालय का वक्तव्य

आमतौर पर यह धारणा है कि विश्वविद्यालय स्तर पर हिन्दी साहित्य, भाषा और संस्कृति का जो अध्ययन-अध्यापन होता है वह अधिकतर रूढ़िग्रस्त और उबाऊ हो गया है। महात्मा गांधी अन्तरराष्ट्रीय हिन्दी विश्वविद्यालय के प्राथमिक सरोकारों में से एक यह है कि पाठ्यक्रम, पाठ्यचर्या और पाठ्यसामग्री को नयी शताब्दी की नयी चुनौतियों और प्रश्नाकुलता के अनुरूप ताज़ातरीन करते हुए इस क्षेत्र में नये विकल्पों को खोजा, विकसित और विन्यस्त किया जाये। तभी यह विश्वविद्यालय हिन्दी अध्ययन-अध्यापन और अनुसंधान के क्षेत्रों में कुछ ठोस, प्रासंगिक और कारगर विकल्प प्रस्तुत कर सकता है।

हमारे विश्वविद्यालय ने देश और विदेश के श्रेष्ठ विशेषज्ञों से विचार-विनिमय कर इस दिशा में कुछ प्रयत्न करना शुरू किया है। हमारा लक्ष्य हिन्दी साहित्य, भाषा और संस्कृति को उनकी समग्रता, जटिलता और बहुलता में आलोकित करते हुए उनके नये प्रश्नों, चिन्ताओं और उत्सुकताओं से दो-चार होने की अपार क्षमता और उनकी वर्तमान अनेक दिशाओं को इंगित करना भी है।

चूँकि नये क़िस्म के पाठ्यक्रम और पाठ्यचर्या के लिए नये क़िस्म की पाठ्यसामग्री अनिवार्य है, इस विश्वविद्यालय ने एक अपेक्षाकृत महत्त्वाकांक्षी प्रकाशन-योजना हाथ में ली है। यह पुस्तक उसी योजना का एक हिस्सा है।

इस प्रकाशन-योजना में हिन्दी के प्रमुख लेखकों के प्रतिनिधि संचयनों, विविध विषयों पर आधारित संकलनों, यथा—प्रेम, प्रकृति, अध्यात्म, मृत्यु और अनुपस्थिति, समाज, नदी, ऋतु विषयक कविताओं के संकलनों के साथ-साथ ऐसे लेखकों के चयन भी प्रकाशित करने की योजना है जो साहित्य की तथाकथित मुख्यधारा में कतिपय कारणों से विशेष उल्लेख न पा सके, किंतु जिनकी रचनात्मकता से परिचित होने पर हिन्दी साहित्य की समझ समृद्ध ही होगी।

इनके साथ ही अनेक विशिष्ट प्रकाशनों की योजना है। बीसवीं सदी के उत्तरार्द्ध की हिन्दी-कुल की भाषाओं (भोजपुरी, अवधी, बुंदेलखंडी, मालवी, आदि) की कविताओं का संचयन, हिन्दी के आरंभिक गद्य का संचयन, मध्यकालीन काव्य का संचयन, सूफी-काव्य का संचयन, बीसवीं सदी के उत्तरार्द्ध की हिन्दी कथा, कविता, आलोचना आदि के चयन, महत्त्वपूर्ण लेखकों और कृतियों के द्विभाषी संस्करण (हिन्दी-उर्दू, हिन्दी-अंग्रेजी, हिन्दी-पोलिश, आदि) तैयार किये जा रहे हैं।

इस प्रकाशन योजना की एक विशेषता यह है कि इसके निर्माण में लोकतांत्रिक और पारदर्शी प्रक्रिया अपनायी गयी है। अपने-अपने क्षेत्र के विशेषज्ञों की समितियों ने प्रकाशन-योग्य सामग्री के साथ-साथ संपादकों का चुनाव भी किया है। निश्चय ही पुस्तकों में उनकी अपनी दृष्टि तो झलकती है, उसके साथ ही वे एक सामूहिक विवेकसम्मत प्रक्रिया का परिणाम भी हैं। इन्हें तैयार करते समय इस बात का ध्यान तो रखा ही गया है कि इस सामग्री का उपयोग भारत के बाहर उन केन्द्रों में भी किया जाना है जहाँ हिन्दी पढ़ाई जा रही है। यदि ये पुस्तकें हिन्दी के छात्रों और शिक्षकों के अतिरिक्त सामान्य पाठकों के लिए उपयोगी सिद्ध हुईं तो हमें संतोष होगा।

भूमिका

हिन्दी के जनपद और उनकी कविता

जिन सोलह जनपदों की चर्चा पालि वाङ्मय में मिलती है, उनसे संबद्ध बहुत से अभिलेख मिलते हैं, उनके बहुत सारे नाम महाभारत और पाणिनी के अष्टाध्यायी में मिलते हैं। थोड़े-थोड़े अंतर के साथ वे हिन्दी के बृहत् देश के जनपद हैं। लगभग उसी समय से एक ही भाषा के अलग-अलग बोली-रूपों के प्रमाण मिलने लगते हैं। ये बोली-रूप संस्कृत के भी थे, पालि, प्राकृत, अपभ्रंश के भी थे। इन बोली-रूपों में लोक-स्तर पर रचनाएँ भी होती थीं और इन्हीं की विविधताओं में मानक का निर्धारण भी होता रहा है। पालि को ही लें। पालि वाङ्मय की भाषा न तो मगध की भाषा है, न पश्चिमी उत्तर प्रदेश की भाषा है, न सुदूर महाराष्ट्र की भाषा है। उसमें इन सभी भाषाओं के रूप हैं, वह खिचड़ी भाषा नहीं है, उसका मुख्य ढाँचा मध्य प्रदेश की भाषा का है। इधर-उधर थोड़े बहुत रूप उत्तरकालीन मागधी के भी हैं, कुछ महाराष्ट्री के भी हैं, पर यह मुख्य रूप से कौशाम्बी के आस पास की भाषा है। इसी प्रकार अनेक प्राकृत रूपों के उदाहरण मिलते हैं। कुछ उदाहरण तो अभिलेखों में हैं, कुछ साहित्य में। महाराष्ट्री प्राकृत, शौरसेनी प्राकृत, मागधी और अर्ध मागधी प्राकृत मुख्य रूप से अपने क्षेत्रीय आधार पर प्रभावी रहे हैं। पर शौरसेनी और अर्ध मागधी को मिलाकर एक अलग शौरसेनी विकसित हुई जो जैन वाङ्मय की भाषा के रूप में प्रतिष्ठित हुई। इसका नाम इतिहासकारों ने शौरसेनी रखा। इसी प्रकार महाराष्ट्री और अर्ध मागधी को मिलाकर जैन महाराष्ट्री का नाम दिया गया। एक नाम और मिलता है—पैशाची, जिससे भारतीय प्रायद्वीप के पश्चिमोत्तर की भाषाओं का उद्गम हुआ है। प्राकृत के इन विविध रूपों की बानगी अशोक के अभिलेखों में मिलती है। एक ही पाठ भिन्न-भिन्न स्थानों में उन-उन स्थानों की भाषाई विशेषताओं से युक्त होकर अलग-अलग संस्करण के रूप में पत्थर के स्तम्भों पर लिखवाया गया है। इससे इंगित होता है कि कोई एक मूल पाठ अर्थात् मानक पाठ भी रहा होगा, वह निश्चय ही मध्य देश का रहा होगा।

यही विरासत आगे जाती है तो राजशेखर ग्यारहवीं सदी में मध्य प्रदेश की भाषा और उच्चारण को प्रमाण मानते हैं। वही विरासत हिन्दी में अपनी पूर्वतन भाषाओं से पाई है। एक तरह से हिन्दी की जनपदीय भाषाएँ हिन्दी को चारों दिशाओं से ऊर्जा प्रदान करती हैं। यह ऊर्जा दान करने की प्रक्रिया चलती रहती है। हिन्दी का इतिहास है कि उसमें कभी ब्रजभाषा का मानक रूप पूरे हिन्दी देश की साहित्यिक भाषा का मानक रूप था, कभी एक सधुक्कड़ी भाषा थी जिसमें भोजपुरी की मुख्य भूमिका थी, जिसमें राजस्थानी की शब्द-सम्पदा भी सम्मिलित थी। कभी अवधी मानक साहित्य-

भाषा थी, विशेष रूप से प्रबन्ध-रचना की भाषा थी। आज ब्रजभाषा के पासवाले कौरवी क्षेत्र की भाषा मानक है, पर इससे निरन्तर राजस्थानी, पंजाबी, हरियाणवी, पहाड़ी, ब्रज, बुन्देली, निमाड़ी, मालवी, छत्तीसगढ़ी, बघेली, अवधी, भोजपुरी, मगही, मैथिली के स्त्रोतों से नयी प्राणशक्ति मिलती रहती है। हिन्दी की इस विविधता को आत्मसात करने की यह क्षमता हिन्दी में लचीलापन लाती है और उसे एक ओर व्यापक बनाती है, दूसरी ओर संयोजक भी बनाती है। ध्यान से यदि हम प्राचीन हिन्दी कविता को भी पढ़ें तो उसमें विभिन्न बोलियों की प्रक्रियाओं का स्वारस्य साहित्य की भाषा में मिलेगा, चाहे वह भाषा ब्रज हो, सधुक्कड़ी हो, अवधी हो या डिंगल हो। हिन्दी के जनपदीय क्षेत्र ऐसे हैं जहाँ पर निकटस्थ क्षेत्र की भाषा से आदान-प्रदान इस मात्रा में चलता है कि उनके बीच संप्रेषणीयता बनी रहे। अवधी भोजपुरी में परस्पर सम्प्रेषणीयता है, भोजपुरी और अंगिका में, भोजपुरी और निमाड़ी में कुछ दूर तक बुन्देली और मालवी में परस्पर सम्प्रेषणीयता है। इसी प्रकार ब्रज और कौरवी में है। पहाड़ी भाषाओं में परस्पर सम्प्रेषणीयता है, पंजाबी और हरियाणवी में है। यह सम्प्रेषणीयता सबसे अधिक लोकवार्ता में दिखाई देती है। हिन्दी के बृहत्तर क्षेत्र के उपक्षेत्र हैं जहाँ पर लोकगीतों के बोल केवल व्याकरण के हेर-फेर से लगभग एक हैं। इन सबका असर संपुंजित रूप में हिन्दी पर भी पड़ता है और इन सबके योग से हिन्दी में जीवंतता आती है। वह जितनी नागरी है, उतनी ही गाँव-गाँव की है और आज भी यह परिदृश्य है कि अनपढ़ व्यक्ति हो या पढ़ा-लिखा, हिन्दी क्षेत्र में रहनेवाला द्विभाषाभाषी तो है ही। सीमित पारिवारिक और सामाजिक संदर्भ में वह जनपदीय भाषा बोलता है, बृहत्तर देश के संदर्भ में हिन्दी बोलता है, भले ही हिन्दी का मानक रूप न बोलता हो। इस द्वैभाषिक स्वभाव का परिणाम है कि हिन्दी में क्षेत्र-संकीर्णता नहीं पनप पाती।

आज से लगभग 40-50 वर्ष पूर्व जनपदीय आन्दोलन चलाया गया। उसके संचालकों में बनारसी दास चतुर्वेदी, हजारीप्रसाद द्विवेदी, वासुदेवशरण अग्रवाल, राहुल सांकृत्यायन, आचार्य नरेन्द्रदेव आदि थे। उसी समय 'जनपद' नाम से एक पत्रिका भी कुछ दिनों तक निकलती थी। उस आन्दोलन को डॉ० धीरेन्द्र वर्मा, डॉ० बाबूराम सक्सेना, डॉ० दीनदयाल गुप्त जैसे लोगों ने आशंका की दृष्टि से देखा कि इससे हिन्दी की शक्ति कम होगी। सच तो यह है कि हिन्दी की शक्ति इस आन्दोलन से नहीं कम हुई, वह कम हुई भाषावार प्रान्तों के निर्माण से। आधुनिक हिन्दी के साहित्यिक विकास में बहुत बड़ा स्थान उन लोगों का है जो घर में अपनी ठेठ जनपदीय भाषा ही बोलते थे, पर देश का ध्यान उनके मन में था इसलिए देश की भाषा के रूप में हिन्दी का व्यवहार करते थे और यह बड़ी सजगता से करते थे। आज जो हिन्दी का मानक रूप विकसित हुआ है वह न तो वाक्य-विन्यास की दृष्टि से, न पद-रचना की दृष्टि से, न ध्वनि-संरचना की दृष्टि से ठेठ मेरठ की भाषा है। ठेठ मेरठ की भाषा सार्वदेशिक नहीं है।

यांत्रिक माध्यमों ने जहाँ एक ओर हिन्दी के सहज रूप के नाम पर ऐसे खिचड़ी रूपों का प्रसार किया है जिसने स्पष्ट रूप से अर्धशिक्षा का प्रमाण दिया है तो दूसरी ओर उसका एक सकारात्मक रूप भी है। हिन्दी क्षेत्र के विभिन्न आकाशवाणी और दूरदर्शन केन्द्रों से क्षेत्रीय भाषाओं के भी प्रसारण होते रहते हैं। इससे भाषा की विविधता कम-से-कम भारत वर्ष में विलुप्त नहीं हो रही। कुछ प्रभावित तो हुई, पर ऐसे कवियों लेखकों की संख्या पर्याप्त है जिन्होंने बहुभाषी रचनाएँ कीं—हिन्दी और भोजपुरी में लिखा, ब्रज और हिन्दी में लिखा, बुन्देली और हिन्दी में लिखा...। भाषाविज्ञान का यह बहुपरीक्षित सिद्धान्त है कि जो भाषा के दो रचनात्मक रूप को आमने-सामने जितना ही रख सकता है उतना ही उसमें भाषा-कौशल और भाषा की समझदारी विकसित होती है।

श्रीधर पाठक, मैथिलीशरण गुप्त, जयशंकर प्रसाद—इन सभी ने ब्रजभाषा में रचना पहले लिखी फिर हिन्दी में लिखना शुरू किया। पाँचवें दशक से कहानी, कविता, उपन्यास में आंचलिक वातावरण और उसकी शब्दावली का आना बड़े धड़ल्ले के साथ शुरू हुआ और उसने हिन्दी की दिशा मोड़ दी। हिन्दी के लिए संस्कृत का ही एक आश्रय नहीं रहा, उसके आश्रय विस्तृत हो गये। इस तरह जहाँ उचित शब्द का चयन एक चुनौती बना वहीं उसे स्वीकार करनेवाला व्यक्ति अधिक मँजा रचनाकार बना। वृंदावन लाल वर्मा, हजारीप्रसाद द्विवेदी, रेणु, भवानीप्रसाद मिश्र, शिवप्रसाद सिंह, विनोद शुक्ल, नागार्जुन, विवेकी राय, केदारनाथ सिंह, धर्मवीर भारती, सर्वेश्वर दयाल सक्सेना से लेकर धूमिल तक हिन्दी में आये नये मोड़ के उदाहरण मिल जायेंगे। हिन्दी में नागर भाषा खारिज नहीं हुई पर वह नगर तक बँधी नहीं रह सकी। निराला ने बंगाल के महिषादल में अपनी माँ, अपनी पत्नी से अपने मूल देश की भाषा का संस्कार पाया। उनके अनेक गीतों में उस क्षेत्र की लयों का उपयोग है और उनके गद्य में तो बैसवाड़े की स्पष्ट छाप है।

इस भूमिका के बाद मैं हिन्दी की जनपदीय कविता की चर्चा करना चाहूँगा। हिन्दी की जनपदीय कविता शुरू-शुरू में या तो क्षेत्रीय परिदृश्य से आपूरित है या सुराज के रंग में रँगी है। इसीलिए शुरू में उसमें हल्का-सा रूमानी रंग भी है। जहाँ कहीं उसका अतिरेक है वहाँ उसमें बनावट भी है। बाद में छायावाद की कविता का उस पर स्पष्ट प्रभाव है और उसके गीतों में छायावाद की कहीं-कहीं उतरन है। पर स्वाधीनता-प्राप्ति के बाद जनपदीय कविताओं में एक जबर्दस्त मोड़ मोहभंग का आता है। उस मोहभंग का कुछ-कुछ आभास रेणु के उपन्यासों में मिलना शुरू होता है पर जनपदीय कविता में वह मोहभंग अधिक मुखर है। समानांतर रूप से हिन्दी कविता में भी वह मोहभंग सातवें दशक में बहुत मुखर हो गया। इस मोहभंग के कारण क्षेत्रीय मुहावरों के उपयोग से तीखे व्यंग्य की रचना इन जनपदीय भाषाओं में मिलती है। क्रमशः व्यंग्य में पलायन से उबरकर एक प्रौढ़तर अभिव्यक्ति भी मिलने लगती है, सिंझे हुए अनुभव की निद्धता मिलने लगती है और विषयवस्तु के अनंत प्रसार मिलने

लगते हैं। अवधी कवि वंशीधर शुक्ल से यह प्रसार आरंभ हुआ है। बुन्देली कवियों में बुन्देली प्रकृति की कठोर सिद्धता के समानांतर रचना में लालित्य दिखाई पड़ने लगता है। मुझे '52-'53 की ही बुन्देली कविताएँ याद आती हैं—

कीसे कहिए जीके साके
कहिबे में का धरौं
सब समजत हैं गली पुरा के
अब्बे रात जुन्हैया वारी
डाँगन के सन्नाटे...

सबसे अधिक उल्लेखनीय पक्ष जनपदीय कविताओं में वर्णित पारिवारिक सम्बन्धों की रसमयता है। भोजपुरी के कवि चन्द्रशेखर मिश्र ने द्रौपदी और कृष्ण के बीच भाई-बंहन का नाता जोड़ा है और उसमें बीरन (भाई) के रूप में कृष्ण का चित्रण बहुत ही मर्मस्पर्शी है। टूटते हुए रिश्तों को जोड़ने की सहज युक्ति प्रकाश उदय की कविता में मिलती है। ये सारे पक्ष ऐसे हैं जिन्हें समग्ररूप में सामने लाना बहुत ही आवश्यक हो गया है। दुर्भाग्य की बात यह है कि जनपदीय क्षेत्र की अधिकांश रचनाएँ अपने क्षेत्र में भी प्रसार नहीं पातीं। उनके प्रकाशक नहीं मिलते। अधिकांशतः लेखक अपने पास से छपाते हैं और अपने मित्रों को ही बाँटकर संतुष्ट हो लेते हैं। उनका प्रचार कुछ क्षेत्रीय कवि-सम्मेलनों में भले हो जाय पर उसका प्रभाव तात्कालिक होता है। कविता जब सुनी जाती है तो उसका एक अलग नशा होता है, जब गुनी जाती है तब उसमें एक गूँज आती है और वही गूँज बस जाती है, वह स्थायी होती है। हिन्दी की अपार समृद्धि को यदि एक साथ उपस्थित किया जाय तो हिन्दी का पूरा परिदृश्य सामने आता है और इस परिदृश्य का सर्जनात्मक प्रभाव पड़े बिना रहेगा नहीं। इन्हें समग्र रूप में पढ़ने पर एक ओर क्षेत्रीय मोहासक्ति कम होगी और जनपदीय कल्पना का क्षितिज विकसित होगा, दूसरी ओर हिन्दी का गढ़िया और जड़िया रूप इन जनपदीय कविताओं के आगे थोड़ा लज्जित होगा, कविता के माध्यम से पहेली बुझाना कुछ कम होगा। हिन्दी की शक्ति उसके अन्तरावलम्बित होने में है, एक-दूसरे से प्रभावित होने में, एक दूसरे को प्रभावित करने में है। सामान्य और विशेष की अलग-अलग आवश्यकता पहचानते चलना ही हिन्दी भाषाई संस्कृति की पहचान रही है। उसमें भद्र और भद्र से इतर का विभाजन नहीं रहा। कभी संस्कृत के नाटककार से यह अपेक्षा की जाती थी कि वह प्राकृत भाषाओं का भी रस ग्रहण करता रहे। वक्रता और सहजता में रिश्ता जोड़ता रहे। इसीलिए विद्यापति जैसे कवि सबजन मिट्ठा देसिल बयना अपभ्रंश में रचते हैं, संस्कृत में रचते हैं और अपनी अत्यन्त समकालीन साहित्य-भाषा मैथिली में भी रचते हैं। तुलसीदास-भोजपुरी भावित पूर्वी अवधी में रचते हैं, परिमार्जित अवधी में रचते हैं, ब्रजभाषा में रचते हैं, संस्कृत में भी रचना-कौशल का प्रमाण देते हैं। वे तत्सम बहुल और ठेठ तद्भववाली भाषा का भी प्रयोग करते हैं और दोनों में संतुलन करते चलते हैं। हिन्दी गद्य में यह संतुलन कुछ कम

हुआ है। हिन्दी काव्य में तो बड़े प्रयोग चल रहे हैं, कुछ बेहद बनाऊ भी, पर प्रयोग हो रहे हैं तो कुछ-न-कुछ निखार तो आयेगा ही। गद्य की भाषा चिंतनीय रूप से बोझिल हो रही है। विशेषत: समीक्षा और चिंतन की भाषा। विचार की भाषा तो बहुत सहज होनी चाहिए क्योंकि विषय भी गहन हो और भाषा भी तो भगवान ही मालिक है।

जनपदीय कविताओं के इस संकलन को प्रस्तुत करने का एक उद्देश्य यह भी समझा जा सके कि सहज होना कठिन तो है और कृत्रिम होकर सहज होना तो और कठिन है पर हिन्दी में सहजता उसके भीतर ही अनेक रूपों में पुरइन-पात की तरह पसरी हुई है। उससे अपरिचित होना हिन्दी के लिए गौरव की बात नहीं है। हिन्दी पाठ्यक्रम में लोग तर्क देते हैं कि हिन्दीतर भाषियों के लिए हिन्दी के इतने रूप देना उचित नहीं। यह तर्क लचर है। साहित्य कोश रखकर नहीं लिखा जाता, न कोई निर्धारित साँचा रखकर लिखा जाता है। साहित्य की भाषा साँचों को तोड़ती है, नये साँचे बनाती है। साहित्य की भाषा ही जीवंत मानकों का नक्शा देती है। यह तभी संभव होता है जब साहित्य की भाषा में आदान-प्रदान भीतर-बाहर से हो। यदि हिन्दी अपनी अभ्यन्तर शक्ति से अपरिचित रह जाय तो केवल बाहरी प्रभाव को लेकर वह चल नहीं सकती, चलेगी भी तो एक छोटे से वर्ग की भाषा रह जायेगी। हिन्दी की इस अभ्यन्तर शक्ति के विस्तार का निदर्शन इस संकलन में है। इसके संकलनकर्त्ता इन भाषाओं के रचनाकार भी हैं और इनके सुप्रसिद्ध अध्येता भी हैं। प्रत्येक ने अपने-अपने ढंग से भूमिका भी लिखी है। इसलिए मैं भिन्न-भिन्न भाषाओं पर अलग-अलग टिप्पणी देना सार्थक नहीं समझता। इसका दुख है कि मुझे राजस्थानी, अंगिका, बज्जिका की कविताओं के संकलन नहीं मिल सके, डोंगरी, हरियाणवी की कविताओं के संकलन भी नहीं मिले। मन में कुछ यह धारणा भी थी कि राजस्थानी, डोंगरी और मैथिली जैसी उपान्त भाषाओं का अलग संग्रह भी किया जाय। निमाड़ी और मालवी से भी इतनी रचनाएँ न मिलीं कि उनसे चयन किया जा सके। पर जो कुछ भी वहाँ है उसका विस्तृत परिचय नर्मदाप्रसाद उपाध्याय के निबंध से मिल पाता है, इसलिए उचित लगा कि इसे परिशिष्ट के रूप में रख लिया जाये। हर संग्रह की अपनी सीमा होती है, इसकी भी है, पर यह एक शुरुआत है। मुझे विश्वास है कि महात्मा गांधी अन्तरराष्ट्रीय हिन्दी विश्वविद्यालय का यह आरम्भ शुभ होगा।

विद्यानिवास मिश्र

विषय-सूची

भाग 1
भोजपुरी

भाग 2
अवधी

भाग 3
कुमाउँनी

भाग 4
गढ़वाली

भाग 5

ब्रजभाषा

भाग 6
बुन्देली

भाग 7
बाघेली

भाग 8
छत्तीसगढ़ी

परिशिष्ट

भाग 1

भोजपुरी

सम्पादक : **प्रकाश उदय**

पृष्ठभूमि

इक्कीसवीं सदी की शुरुआत के आस-पास आजाद भारत की भोजपुरी कविताई का मतलब मोटे तौर पर बीसवीं सदी के दूसरे पचासे की भोजपुरी कविताई से है। इतने लम्बे कालखंड से कुछ प्रतिनिधि कविताओं का चयन बेहद कठिन है, और ऐसे किसी चयन का मुकम्मल होना तो खैर, असंभव ही है, लेकिन भोजपुरी जैसी किसी लोकभाषा के साहित्य को दशकों के बजाय पचासे में रखना-परखना उसकी गरिमा और लोक में उसकी, उसमें लोक की गहरी पैठ के अनुकूल भी है। भोजपुरी की अपनी पहचान भाषण की भाषा के रूप में नहीं, बतियाने की भाषा के रूप में है—और बेशक, बतियाने की होने के माने में उसे कोई भाषा के बजाय बोली भी या बोली ही कहना चाहे तो इत्मीनान से कहे। गाँव-घर-खेत-खलिहान के बात-व्यवहार की रही भाषा के साहित्य पर उथले, सतही या समाज के भीतरतर पहुँचने से रह गये परिवर्तनों का असर स्वाभाविक है, और गनीमत है कि उतना नहीं होता जितना किसी चर्चा को दशकों-पंचकों में समेटने के लिए जरूरी होता है। साहित्य-प्रवृत्तियों के द्रुत परिवर्तनों से भोजपुरी उतना 'वंचित' नहीं जितना 'बची हुई' है। ऐसे में अगर कोई उत्साह-अतिरेक में चालू फैशन की तमाम प्रवृत्तियों से उसकी झोली भरने की कोशिश करता है तो कठकोशिश ही करता है, उकठना ही है जिसे। जैसे जन-चित्त-वृत्ति वैसे जनभाषा की साहित्य-वृत्ति भी किसी आ रहे या लाये जा रहे परिवर्तन को—वह भला-बुरा जैसा भी हो—बिना उससे भर मन लड़े, बिना उसे ठोंके-बजाये, अपने भीतर उसकी ग्राहकता को बिना परखे, बिना सिरजे स्वीकार नहीं करती, कर लेती है तो उस पर परायेपन का कोई दाग नहीं छोड़ती। उसमें आमतौर पर कोई भी नई प्रवृत्ति किसी दूसरी की जगह लेने नहीं आती, अपनी जगह बनाकर आती है, जुड़ने आती है। भोजपुरी साहित्य में भी चाहे जितना थम-थमकर, प्रवृत्तियों का बढ़ना हुआ है, उनका विस्थापित होना नहीं हुआ है। यही कारण है कि विश्वविद्यालयी विद्वानों में कबीर-खेमे, तुलसी-खेमे की गिरोहबंदी चाहे जितनी हो, भोजपुरी लोक कबीर 'या' तुलसी के द्वंद्व में नहीं पड़ा कभी, कबीर 'और' तुलसी में सदा निर्द्वंद्व रहा। और यही कारण है कि भोजपुरी साहित्य का जो समकाल है उसमें आदिकाल से लेकर आज तक के साहित्य की प्राय: सभी पीढ़ियाँ एक साथ सक्रिय हैं। यहाँ कवित्त-सवैयों के दिन लद नहीं गये, दोहे-बरवै-सोरठे भी हैं और गजल-सॉनेट-हाइकू के बिरवे भी फूटने लगे हैं, प्रबंध काव्यों की धरती सूनी नहीं पड़ी, लोकगीतों की जमीन छूटी नहीं, छंद-मुक्ति भी है और उसके लिए वह छटपटाहट भी जो हिन्दी में छायावाद के बाद

कभी-ही-कभी, कहीं-ही-कहीं दिखी; यहाँ न तो वीर गाथाओं की गूँज गुम हुई है, न भक्ति की रस-धारा; यहाँ कविता से न तो कभी प्रेम को हटाने, न हटाकर फिर लाने का अभियान चलाना पड़ा है। कविता यहाँ मुद्रण के तंत्र में भी है, भूत-व्याधि के मंत्र में भी, जनान्दोलनों की जमीन पर भी है, कवि-सम्मेलनों के मंच पर भी और बिना कागज पर पाँव टिकाये, कंठ-से-कंठ तक चलनेवाली काव्य-यात्राएँ भी, आज भी, थमी नहीं हैं, थकी नहीं हैं। वसन्त इधर से आज भी चुपचाप नहीं गुजर पाता, ऋतुओं का छहपन कायम है, नाम लेकर बुलाने की लगी लत लगी है अभी, रूप-रस के लस को छोड़ने-छुड़ाने का चलन अभी चला नहीं इधर, भारत-हृदय की धड़कन हैं जो, रिश्ते-नाते, उन्हें कायम रखने की कोशिशें जारी हैं और जारी है इनके आड़े आ रहे बाजार-आचार की पहचान और उस पर पलटवार के प्रयत्न भी।

ऐसे में, भोजपुरी या ऐसी किसी भी लोक-लगी भाषा की, कविता जैसी सर्वाधिक सम्पन्न विधा के अध्ययन-चयन आदि में सुविधा के लिए कोई सीमा तय करनी हो तो आजादी से कम बड़ी, कम गहरी किसी रेखा से काम चलनेवाला भी नहीं शायद। हालाँकि भोजपुरी कविता के साथ एक खास बात यह भी है कि यह अपने ज्ञात इतिहास की शुरुआत से ही लगभग, गोरख की बानी और कबीर की सखियाँ साखी हैं कि आजादी के एक बृहत्तर अभिप्राय को लेकर चली है, हर तरह की गुलामी के हर तरह से खिलाफ, बेहिसाब और बेलिहाज खिलाफ। और यही उसकी मुख्य पहचान रही है—जैसे 1947 के सुदूर पहले वैसे उसके बाद भी, आज भी। एक तरफ मुक्ति-विमुक्ति के तमाम विरुद्धों और विरोधों के प्रतिरोध की जबर्दस्त चेतना और दूसरी तरफ समग्र भारत-भाव, जिसमें सबके साथ होकर और सबको साथ लेकर चलने की जिद, जिसके लिए जरूरी जानकर अपने प्रति, अपनी भोजपुरी पहचान के प्रति एक खास तरह की सचेत अचेतता—यह भोजपुरी समाज और साहित्य दोनों की बुनियादी प्रवृत्ति है; जातीय, और कह लीजिए कि बहुत-कुछ अ-निजातीय प्रवृत्ति। इसके ढेर सारे सुफल हैं, कुफल भी कम नहीं हैं। सुफल, जैसे राष्ट्रभाषा के रूप में हिन्दी का आगे आ पाना और कुफल, भाषा के रूप में एक प्रादेशिक पहचान से जुड़कर उसका पीछे रह जाना। दरअसल, पूरे देश को एक भाषा-सूत्र में बाँधकर अंग्रेजों के ही नहीं, अंग्रेजियत के भी कारगर प्रतिरोध के लिए हिन्दी को राष्ट्रभाषा के रूप में खड़ा और बड़ा करते हुए अपनी प्रादेशिक भाषा और साहित्य को अदिख दूरी तक पीछे धकेल देनेवालों में भोजपुरिया शुरू से ही सबसे आगे रहे। लेकिन आजादी मिलने के बाद के दिनों में इसका अनुभव भी शायद भोजपुरियों को ही सबसे पहले हुआ कि अपने भाषा-साहित्य को न दिखने देना हिन्दी के हित में भी नहीं हुआ। बाहरवालों को दिखा ही नहीं कि राष्ट्रभाषा के रूप में हिन्दी को आगे लानेवाले भी असल में अपनी प्रादेशिक भाषा को आगे नहीं ला रहे, कि उनकी अपनी, अपने प्रदेश की भाषा भी कोई और है, हिन्दी नहीं है कि हिन्दी को उन्होंने अपनाया है, अपनी भाषा भोजपुरी के रहते।

इस तरह भोजपुरी, और भोजपुरी ही नहीं, कथित हिन्दी प्रदेश की तमाम भाषाओं के; अपनी साहित्य-संपदा और साहित्य-संभावनाओं के साथ नेपथ्य में रह जाने के चलते हिन्दी—जो इस देश के किसी प्रदेश की भाषा नहीं है, और इसलिए भी वह पूरे देश की भाषा है—दुर्भाग्य से एक प्रादेशिक, भले ही बृहत् प्रादेशिक, भाषा की छवि से बँधकर रह गई। हिन्दी अपनी इस प्रादेशिक छवि-छाया से छूटे, इसकी चिन्ता भी भोजपुरियों को सबसे ज्यादा है, या होनी चाहिए, इसलिए भी कि इस छवि को बनने देने में उनकी भूमिका सबसे बढ़कर रही है। आज जो भोजपुरी के राष्ट्रीय-अन्तरराष्ट्रीय संगठन खड़े हो रहे हैं, आयोजनों का ताँता-सा लगा हुआ है, बिना किसी अपना कहे जाने लायक प्रकाशन या खरीद के सरकारी आश्वासन के पुस्तकों-पत्रिकाओं की बाढ़-सी आई हुई है, पूरे प्रयत्न चल रहे हैं कि साहित्य-विद्या के किसी इलाके की कोई राह न-चली न रह जाय, बेशक वे प्रयत्न कभी-कभी काफी बउरहपन-भरे भी हैं—तो इन सबके पीछे मुख्य चिन्ता हिन्दी से अलग, भोजपुरी की उस अपनी पहचान को फिर से पाने-प्रकटाने की है जो अपने ही हाथों मिटा दी गई है या अधिक-से-अधिक हिन्दी में मिला दी गई है। 'भोजपुरी की एक अपनी, हिन्दी में नितान्त न-घुली पहचान भी है'—यह आजाद भारत की भोजपुरी कविताई, बल्कि पूरे भोजपुरी रचना-कर्म का एक अलग से, एक अतिरिक्त कथ्य है। प्रयोजन—वही जो आजादी के पहले था, जिसके लिए तब अपनी पहचान को अधिक-से-अधिक अदृश्य रखने के प्रयत्न थे—कि हिन्दी की राष्ट्रभाषिकता तय हो सके, उसके लिए एक सर्वानुमति बन सके।

जहाँ तक हिन्दी में नितान्त न-घुली पहचान की बात है, वह भोजपुरी की, कविताई के मामले में, जाहिर है कि ज्यादा है, ज्यादा और ज्यादा जीवित और जीवन्त। अनायास नहीं है कि हिन्दी साहित्य का इतिहास जहाँ तक मुख्य रूप से कविता का है वहाँ तक इन्हीं हिन्दी की बोली कही जानेवाली भाषाओं का है। कुछ ऐसा है, भाषिक रचाव में ही शायद, कि ये सभी भाषाएँ अपने गद्य-सामर्थ्य के लिए हिन्दी पर और हिन्दी अपने काव्य-सामर्थ्य के लिए इन भाषाओं पर निर्भर करती है—बहुत कुछ। इसे शायद हिन्दी के व्यंजनपन और इन भाषाओं के स्वरपन के रूप में भी समझा जा सके, जिसके चलते हिन्दी के पास अपनी पढ़वाई और इनके पास अपनी सुनवाई एक-दूसरे से अधिक है। इस पढ़वाई का प्रताप, कि साहित्य-भाषा के रूप में हिन्दी के प्रमुखता पाने के साथ ही गद्यकाल की शुरुआत हो जाती है, पाठमूलक विधाओं को रूपाकार मिलने लगता है और संताप भी, कि शुरुआती दिनों में हिन्दी की काव्य-योग्यता को संशय से घेरने की कोशिश की जाती है। यह भी है कि रचने के लिए अपने बतियाने की भाषा से एक रसान्तर्य जो चाहिए—दूरी—वह कविता को गद्य-विधाओं की तुलना में आसानी से, बहुत कुछ तो अपने विधागत प्रकार के ही सदके हासिल है, जबकि गद्य को बोल-चाल की भाषा के साथ अपनी निकटता से निपटना पड़ता है और बेतरह, क्योंकि माना यह जाता है कि बोल-चाल की भाषा ही

गद्य का आधार है, वही उसका आदर्श है, वही उसकी सहजता का निकष है, जबकि यह भी सच है कि वही वह नहीं है; फिर भी गद्य के मामले में हिन्दी के हिस्से ये कठिनाइयाँ इस माने में कम पड़ी हैं कि वह आमतौर पर बोल-चाल की भाषा रही ही नहीं है, वह है ही उससे दूर, उसे होना नहीं है।

एक भोजपुरी-भाषी का गद्य-लेखन के लिए हिन्दी को अपनाना अधिक सुविधाजनक है, क्योंकि हिन्दी उसके बतियाने की भाषा से है ही अलग, उसे अलग करना नहीं है। लेकिन यही बात कविता के साथ नहीं है। कविता के लिए कोई भोजपुरी-भाषी हिन्दी को हाथ में लेता है तो उसके सामने सबसे बड़ा खतरा उस रसान्तर्य के, उस दूरी के जरूरत से ज्यादा बढ़ जाने का होता है, दूरी की साधुता के नष्ट हो जाने का होता है। कुछ तो इसलिए, और कुछ इसलिए कि साहित्य-विद्या के अन्तर्गत कविता किसी अनुभूति की सर्वाधिक तात्कालिक या सर्वाधिक तत्काल-संभव अभिव्यक्ति है—भोजपुरी कविता की पहचान हिन्दी में बिलकुल घुल जाने से रह गई। इसलिए भी कि कविता अपने विधाता को क्रोध को वैर कर लेने, जुबान बदल लेने भर का अवकाश नहीं देती, वह उसकी सर्वाधिक मौलिक वस्तु है और उसे अपने में सबसे ज्यादा शामिल रखती है—अनायास नहीं हो शायद कि 'कविता' में विधाता-नाम 'कवि' पहले उचरता है, विधा-नाम 'कविता' बाद में। जीवन की जो आलोचना साहित्य के जिम्मे है उसकी पहल कविता के जिम्मे है, जिसके चलते वह सबसे अधिक गतिमती, अतः खरी और अतः किसी भाषा की अपनी पहचान को सुरक्षित रखने में सबसे अधिक सक्षम है। अलबत्ता भोजपुरी कविता के संदर्भ में एक खास बात यह भी है कि उसकी पहचान गोरख-कबीर के जमाने से ही न तो खालिस भोजपुरी की है न खालिस कविता की। उसमें हिन्दी भी, हिन्द की ओर भी बहुतेरी भाषाओं की तरह तभी से शामिल रही है, उसका जोर अपने कहन पर पर रहा है, उस कहन का वहन चाहे जैसे हो, चाहे जिस भाषा-व्यवस्था में घुसकर, भंगिमा भर अपनी भी काफी से कहीं ज्यादा है। ऐसी घुलन-घुलावनशील पहचान का क्या घुलना, क्या धुलना! और फिर आजाद भारत की भोजपुरी कविताई ने तो बहुत कुछ हिन्दी के उस प्रयत्न-पराक्रम से सीखा जिससे उसने अपनी काव्य-योग्यता पर किये गये संशयों को पार किया, परे किया। इस सिलसिले में हिन्दी ने न सिर्फ अपने आस-पास की भाषाओं से उनकी 'सुनवाई' सीखी बल्कि अपनी 'पढ़वाई' के अनुकूल कविता को नये आयाम दिये, उसे नवाकार, नवप्रकार दिये, हिन्दी के कवितापन को ही प्रमाणित नहीं किया, कविता को भी अपने हिन्दीपन से लैस किया—बड़े और कड़े श्रम और संघर्ष से—उपवन-सर-सरित गहन गिरि-कानन कुंज-लता-पुंजों को पार कर—छंद-बंध-ध्रुव-तोड़, फोड़कर पर्वत-कारा। हिन्दी द्वारा अर्जित इस काव्य-योग्यता से आजाद भारत की भोजपुरी कविताई ने भी अपने को नये सिरे से ऊर्जस्वित किया है—उसने मुद्रण-तंत्र में अँटाव की कला सीखी है, पाठ-युक्तियाँ सीखी हैं, उसके संबल सिरजे हैं, गद्य-बल का काव्योपयोग सीखा है, छंद-मुक्ति के अपनी तरह के उपाय ढूँढ़े हैं।

इसके और इससे भोजपुरी कविता के कथ्य में आये विस्तार और वैविध्य के उदाहरण इस हर तरह से लहुरे और किसी तरह से न-पूरे चयन में भी काफी मिलेंगे, जिनसे संभव है कि यह प्रतीति भी बन सके कि भोजपुरी के पास हिन्दी को लाभान्वित करने की अकड़ ही नहीं, उससे लाभान्वित होने, लहाने की विनम्रता भी है, और यह विनम्रता हिन्दी-हित में उसके समानान्तर अपने भाषा-साहित्य को दृश्य करने के स्वातंत्र्योत्तर जोश के होश की तरह है। बेशक इस लाभ लेने या लहाने के बहुत बाउर और बहुत बउराह उदाहरण भी कम नहीं, लेकिन उनका कम नहीं होना किस देश में कम रहा है, किस काल में कम रहा है! दरअसल भोजपुरी उस तरह साहित्य की भाषा कभी नहीं रही जिस तरह कभी ब्रजभाषा थी, आज हिन्दी है। साहित्य-भाषा के रूप में अपने भाषा-भूगोल से बाहर जाकर संप्रेषण-कला की अतिरिक्त बारीकियाँ वह नहीं बटोर सकी है। साहित्य को भोजपुरी ने अपने भाषा-भूगोल के भीतर ही अरजा और सिरजा है। वह लिखने की भाषा अगर है तो उन्हीं के जिनके बोलने-बतियाने की भाषा भी वह है। ऐसा तब है जब भारतीय भाषाओं में हिन्दी के बाद भोजपुरी ही है जो किसी एक प्रांत की घेरेबंदी में नहीं है जिसकी पसरनशीलता के सामने प्रांतों की ही नहीं, देश की सीमाएँ भी छोटी पड़ी हैं। भोजपुरी भाषा-साहित्य की तथापि जो दुः-दिखती दशा है, उसके मूल में वह भोजपुरिया स्वभाव है जो कठिन दिनों में तो औरों को पीछे कर लेना जानता है, आसान दिनों में औरों के पीछे लग लेने की लत से छूटना नहीं जानता। मॉरिशस में मुक्ति के लिए संघर्ष के दिनों में सर्वाधिक मारक भाषा-शस्त्र के रूप में इस्तेमाल हुई भोजपुरी, आश्चर्य नहीं कि आज क्रियोलात-कचटित अवस्था में पहुँच चली है। उसकी इस हालत से विदेशों में कई जगह उसकी अँगुली पकडकर पहुँची हिन्दी का हाल भी कम बेहाल नहीं है। इसे समझते हुए, उसे उबारने के लिए, अपने उबरने की चिन्ता से लैस भोजपुरी ने उसकी अँगुली पकड़कर चलने से कोई गुरेज नहीं किया, उसे विश्व-साहित्य से अपने सतत संवाद का मुख्य माध्यम बनाया और संप्रेषण-कला की तमाम बारीकियों के निजानुकूल अर्जन के प्रति सचेष्ट हुई जिसके लक्षण आजाद भारत की भोजपुरी कविताई में बहुविध प्रकट हैं। विश्व साहित्य के प्रभावों को ग्रहण करने में भोजपुरी साहित्य के लिए हिन्दी साहित्य एक माध्यम के रूप में अक्सर छनना-पत्र का भी काम कर दे रहा है, भोजपुरी साहित्य को अवसर मिल जाता है, ऐसे किसी भी प्रभाव को ग्रहण करने के पहले अपने साहित्य और समाज में उसकी ग्राहकता की तलाश और उसके निर्माण का। इस अवसर का लाभ लेने की प्रवृत्ति भोजपुरी के सजग साहित्यकारों में पर्याप्त है।

लेकिन इन सजग साहित्यकारों में भी कवि की स्थिति कुछ भिन्न इस नाते जरूर है कि उसे अपनी कविता के भोजपुरी में होने के तुक-तर्क की तलाश उस तरह नहीं करनी पड़ती जिस तरह एक कहानीकार या उपन्यासकार को अपनी कहानी या उपन्यास के भोजपुरी में होने के तुक की, तर्क की तलाश करनी पड़ती है। कोई कहानी है तो भोजपुरी में ही क्यों है, हिन्दी में क्यों नहीं है, जिसमें लिखना और पढ़ना

अधिक अभ्यस्त और आसान है; कहीं हिन्दी में नहीं स्वीकृत होने के चलते तो भोजपुरी में नहीं है—जैसे नागवार-से लगते सवालों और संदेहों से जूझे बिना भोजपुरी कहानी की अपनी कही जाने लायक कोई छवि नहीं बनती, लेकिन कविता की बनती है, बल्कि है, इतनी कि भोजपुरी भूगोल की हिन्दी कविता के लिए भोजपुरी कविता का इस्तेमाल एक समीक्षा-शस्त्र के रूप में भी संभव है। इस इलाके की किसी कविता या इस इलाके के किसी कवि की कविता के पास वस्तु के प्रति निष्ठा कितनी है, है भी कि उसकी चमड़-छू चमक भर है—इसका पता, कविता अगर हिन्दी में है तो उसे उसकी मूल भाषा भोजपुरी में करने की कोशिश मात्र से चल सकता है। इस इलाके की हिन्दी कविता अगर मूलत: भोजपुरी कविता नहीं है तो कविता नहीं है, काव्याभास भर है, काव्याभ्यास भर है। इसका एक मतलब यह भी है कि भोजपुरी इलाके का सेसर (अंग्रेजी में जिसे 'मेजर' कहते हैं) हिन्दी कवि मूलत: भोजपुरी कवि (भी) होता है, भले ही भोजपुरी में उसने भूलत: भी कुछ नहीं लिखा हो। हालाँकि उनके भोजपुरी में न लिखने के भूलवत होने के संबंध में भी एक सहमति-सी बनने लगी है, सुधार के प्रयत्न चल पड़े हैं और आजाद भारत की भोजपुरी कविताई में भोजपुरी के हिन्दी कवियों की भोजपुरी कविताएँ भी शामिल होने लगी हैं। इससे काव्य-हेतुओं में जिसे व्युत्पत्ति कहते हैं, उसके विस्तार की संभावनाएँ बढ़ गई हैं और भोजपुरी कविता उनकी सँभाल के प्रति सजग है।

इस सजगता का एक और पक्ष है, अधिक गंभीर, जिसके कई सिरे हैं, जिनमें से एक उन अश्लील गीतों से भी जुड़ा है जिनके कैसेटों से आज बाजार भरा पड़ा है, जिनकी गूँज गाँव-नगर-कस्बों में, दौड़ती बसों, ट्रकों और हे भगवान! ट्रैक्टरों तक में, उत्सव-विसर्जन सब में, सर्वत्र, 'जरला जेठ भरला भादो' व्याप्त है। भोजपुरी साहित्य की अपनी प्रवृत्ति स्त्री-पुरुष को उनके विविध संबंधों में गाने की रही है, उन्हें महज मादा-नर मानकर चलने की नहीं रही। ऐसा भी नहीं कि उसने वर्जनाओं की कुंठाएँ पाल रखी हों, इस मामले में भी वह बहुत पुराने जमाने से परम आधुनिक है। उसके सोहर गीतों में पुंसवन से लेकर प्रसव-पीड़ा तक की समाई है। उसके पास विवाह के गाली गीत भी हैं, होली गीत भी। लेकिन इन सबका संबंध अवसर-विशेष से, ऋतु-विशेष से रहा है। आज के, बाजार ढूँढ़ते इन फेचकुर फेंकते बसबाज गीतों में उसी अवसर और ऋतु का विस्मरण है। लेकिन ध्यान दिया जाय तो यह सैकड़ों टी०वी० चैनलों के जरिए अहर्निश और घर-घुस परोसी जा रही विदेशी, बल्कि वैश्विक नंगई के देशी काट की तरह भी है, लेकिन देशी होने के चलते कुछ अधिक ही कुकाट, अपनी नंगई में कुछ अधिक ही निखर कर अखरनेवाली। ऐसे में, इस देशी-विदेशी, अवसर की चेतना-विहीन 'उघारपंथी' से लड़ने के लिए आजाद भारत की भोजपुरी कविताई लोक साहित्य की अपनी विशाल संपदा से हथियार जुटाने और उसे धारदार करने की तरफ नये सिरे से सजग है। उसने कविता को लोक कविता और गजल को लोक गजल का रूप देने के गंभीर जतन किये हैं। इस सिलसिले में भोजपुरी कविता

अपनी जमीन पर चलनेवाले जनान्दोलनों से जमकर जुड़ी है; विभिन्न पात्रों, प्रसंगों और परिस्थितियों के भीतर, उनके खतम होते ही अपने खतम हो जाने के खतरे के बावजूद उसने बड़े उत्साह से प्रवेश किया है और वह काल को भले ही हर बार न जीत सकी हो लेकिन वह अनछुआ न छूटे इसके प्रति अक्सर संकल्पित रही है।

संकल्प और भी हैं लेकिन आजाद भारत की भोजपुरी कविताई के हर संकल्प को पढ़ पाना और कह पाना किसी एक के वश की बात नहीं। सो, फिलहाल यहीं तक। इतना ही। इसमें भी इसी विषय पर पहले की कही कई बातें एक बार और कह ली गई हैं—भोजपुरी लोकगीतों के उस शील और शैली को ध्यान में रखते हुए जिसमें अनावश्यक को न कहने का धीरज तो होता ही है, आवश्यक को बार-बार और उन्हीं-उन्हीं शब्दों में कहने की जिद भी जबर्दस्त होती है। अपने राम के पास वह धीरज भले न हो वह जिद तो है ही है।

भोजपुरी के अपने किसी प्रकाशन, भोजपुरी साहित्य के अपने किसी विक्रय-केन्द्र, अपने किसी पुस्तकालय के अभाव में कई महत्त्वपूर्ण कवि और कविताएँ इस चयन से छूट गईं, बहुत दौड़-भाग के बावजूद, इसका अफसोस जा नहीं रहा। इसलिए भी कि दौड़ा-भागा बहुत तो जरूर लेकिन पर्याप्त नहीं। आदरणीय पाण्डेय कपिल और कविवर अशोक द्विवेदी से जितना चाहता था उतना सहयोग ले पाता, जो कि अपने ही प्रमादवश नहीं ले पाया, तो बात कुछ बन गई होती। फिर भी जितनी बन सकी है उसके दो प्रमुख हिस्सेदार हैं। एक तो 'समकालीन भोजपुरी साहित्य' के संपादक डॉ० अरुणेश नीरन और दूसरे अपने पी० चन्द्र विनोद—काव्यकला और मूर्तिकला दोनों के योगी। इन दोनों का नाम आभार-प्रदर्शन के लिए नहीं है, इसलिए है कि जो कमियाँ रह गई हैं उनके श्रेय के भा ये साथी समझे जायँ।

रचना और उसके प्रकाशन के काल में, भोजपुरी के संदर्भ में कुछ ज्यादा ही अंतराल संभव है। रचनाएँ आजाद भारत से कुछ इधर-उधर भी हों तो भूल-चूक लेनी-देनी मेच्चो-थप्पे-बाइस आइस-पाइस।

प्रकाश उदय

अंजन

सपना के सेजिया

सपना के सेजिया, सुरतिया के सारी
असरा के अँखिया, जिनिगिया कुँआरी

पले-पले पलकों के पगली पलकिया
डोलि-डोलि डहकेली अँसुआ के थतिया
कलपि-कलपि काहे काँपे ई केवाड़ी

रुपवा के रँगवा रगरि के समइया
ले गइल दूर कवनो रेतवा में नइया
सुसुकेली साँझि केकर रहिया निहारी

पूछेला खबरिया जवनिया के पानी
अँखिया में चुभुकेली सब जिन्दगानी
पगली सनेहिया का जिनिगी उबारी

दर-दर दरकेला दिल के दरदिया
पहुँचा पिराला रोज पीसत हरदिया
जिनिगी बुझाली जइसे घन बँसवारी

✦

अनिरुद्ध

शरद कुंडल

खंजन रितु दूत नयन अंजन सुखदाई
उतरल चढ़ हंस शरद स्वागत अगुआई॥
महके झर हरसिंगार, भिनुसहरा प्यारा
लाल तली चाँदी, कनफूल कि सितारा॥
पथ खुले दसो दुआर पंथी अगराइल
सोखे संताप शरद, व्याधि सभ पराइल॥
बाजे चुलबुल बिहान, प्राती धुन वीणा
भोर लुटावे बिंदिया रात के नगीना॥
खिलल कास पावस नभ धो चले बुढ़ाए
निरमल नभ नील नयन माटी मुसुकाए॥
फुदुक-फुदुक पंछी वन प्रान में समाइल
रितु-राधा अँखियन, घनश्याम अब लुकाइल॥
दुधिया चुनरी कुंडल कनक किरन झूले
नीलम नभ छत्र घाम पियरी कटि भूले॥
हिमकन मोती माला, शीत बरे हीरा
नाचत घुँघरू टूटल, भोर लगे मीरा॥
चमकत जल-देश रहे, मीन-मन पिरितिया
अनगिन अँखिया नहाय, दूध से धरतिया॥
नील रतन जल चाँदी दरपन जड़ जाए
गगन उतारे नदिया, ताल उतर जाए॥
बिछुड़ल घनश्याम, लोर-भुँइ जसुदा माई
बा झरल पसेना-मनि मेहनत-गुन गाईं॥
फुर-फुर उड़ जाय विहग, नयन अँटकि जाए
टिटिकारत बैलन के कवन झटकि जाए॥

✦

अनिल ओझा 'नीरद'

कइसे के खुसिया मनाईं मितवा

कहऽ, कइसे के खुसिया मनाईं मितवा

कइसे खुसिया मनाईं
मन के का हो समुझाईं
घर में बाटे नाहीं दाना
नाहीं मिले के ठेकाना
का हो बेकतिन के अपना खियाईं मितवा

कबो परेला सुखार
कबो आवेला दहार
चुए ऊपर से पलानी
भितरा घुसि जाला पानी
कहँवा लइकन के अपना सुताईं मितवा

होखे अनजा ना भाई
रोज बढ़े महँगाई
एको पइसा ना पास
नाहीं करजे के आस
कइसे खेत के लगान हम चुकाईं मितवा

रोवे बबुआ के माई
कइसे तोह के बताईं
तनवा सभके उघार
केहू देला ना उधार
पहिरीं कपड़ा कि छुधवा बुताईं मितवा
लइका रोवे छ-छ पाती

सुनके फाटे मोरी छाती
माँगे, "लोती दे ले माई
अब ना भुखिया छहाई"
मन करे इहे फाँसी हम लगाईं मितवा!

कहाँ बाड़े भगवान
का ऊ भइले सयतान
जे गरीबो के सतावे
तनिको दया नाहीं आवे
मिलिते, कहितीं—तू हवऽ हरजाई मितवा!

✦

अनुपम

गरमजरुआ

हम हिन्दुस्तान के एगो गाँव के
गरमजरुआ जमीन हईं
से, सबके हईं
केहू हमरा प बो सकेला
केहू काट सकेला
केहू डँसा सकेला खाट
दरी बिछा सकेला
खरिहान लगा सकेला
मटिकोड़ करवा सकेला
खोनवा सकेला घर जोड़ावे खातिर गड़हा
कमल बोवा सकेला

हमरा पर ऊगल नीम-बकाइन के
जे चाहे पेटेंट करवा सकेला
ईंटा-भट्ठा से लगाइत
इंडस्ट्री तक बइठवा सकेला
सब हो सकेला
सब होला

हम हिन्दुस्तान के एगो गाँव के
गरमजरुआ जमीन हईं—ए जी!
हमहूँ हिन्दुस्तान हईं

✦

अब्दुर्रहमान गेहुँवासागरी

पनिया पीयत खरवा खात

जिनिगी बीतल आवत-जात
पनिया पीयत खरवा खात
जाने कइसे डार झुराइल
जाने कस पियराइल पात

करिया-करिया दिनवा देखलीं
गोरहर-गोरहर देखलीं रात
फूल रहल बस एक दुपहरा
कँटवा रहल उमिर भर साथ

प्रीत करे के बान न छूटल
पीर मिलल ओकर सौगात
बात-बात में बतबढ़ हो गै
नाहक लोग बढ़ावल बात

बटुली खइलस, बटुला खइलस
पेट फुलल त फूटल बात

नगफन्नी क दिन बहुरल बा
अब बबूल बा खूब फुलात
अमवा क बिरवा सनपातल
तुलसी क बिरवा महुलात

मनई तरइन में बिचरत बा
बाकी बा दिन-दिन बौनात
चार दिनन के सब मलिकाई
बची परासे तीने पात

बढ़-चढ़ के हम बात करीं ना
जानींला आपन औकात

✦

अभयनाथ तिवारी

पग-पग नियरात बा

रूठल परान पग-पग नियरात बा
टहकल अँजोरिया में, अइसनै बुझात बा
गोरकी चननिया में गोरकी बदनिया
दुधवा तलइया जइसे हंसिनी नहात बा

आलस मताइल आँख झपकैले अइसे
जइसे कउनो भँवरा कमल पर ओंघात बा
कारी-कारी केसिया अमावस क बाँह धैरे
सहजै बुझाला जइसे दिनवै में रात बा

चमकि-चमकि पैरे जइसे-जइसे कंगना
तरइन क भुँइया जइसे उतरल बरात बा
एक चान भुँइया बा, एक ठे अकासे
दुनो एक-दुसरे के देखतै लजात बा

✦

अरुण शीतांश

कवनो बात त बा जरूर

एह दमकत दुनिया में
रउरा मुस्कियात बानी गँवे-गँवे
कवनो बात त बा जरूर

नेहे नहा तानी रउरा मनगँवे
नफरत से भींजल ए दुनिया में
बा कवनो बात त जरूर

धवल एह दुनिया में
रउरा प करज बा
आ कोंख के लइका के पीठे पहाड़
बा त जरूर कवनो बात

धूर भरल मूरत के रउरा
ए शहर होत दुनिया में
फल-फूल चढ़ा के
थपरी बजा के रिझा रहल बानी
त बा कवनो बात त जरूर

अपने त
आ गइनी भागल देहात से
भिखमंगन के बाकिर
भगावे के आदत
अबले ना लाग सकल रउरा
बा नू, बात कुछ, जरूर!

✦

अरुणेश नीरन

जतरा

महकवा माँगे फुलवा के पँखुरी
फुलवा माँगे पतइया के पाँख
पतई माँगे हरियर डढ़िया
डढ़िया माँगे धरतिया अधार

धरतिया माँगे अँखुआ के अँखिया
अँखिया माँगे बदरवा के धार
धरवा माँगे करिया कजरवा
कजरवा माँगे अगिया के भार

जड़ में बसेला मह-मह महकवा
फुलवा, पतइया, मोजर रसधार
अँखुआ जे फोरेला धरती के छतिया
तब होला फेड़वा के सेनुरा सिंगार

✦

अर्जुन सिंह 'अशान्त'

एक दर्द बज रहल झँकोर से

भोर के पहर करेज कोर से
एक दर्द बज रहल झँकोर से

प्यार से भरल नवल दुलार से
रागिनी छलक रहल पहाड़ से
छँट रहल धुँआ-धुँआ घिरल घटा
ज्योति झिलमिला रहल अन्हार से
सज रहल गुलाल लाल गाल पर
प्राण जगमगा रहल अँजोर से

तान मंद्र बज रहल समीर पर
विश्व के विकल तरंग तीर पर
प्रीत के पराग अंगराग बन
आग बुझ रहल अधीर मींड़ पर
शूल के सुभाव ढल रहल मधुर
फूल बन रहल जहाँ हिलोर से

आदमी विनाश से डरल कहाँ
पी रहल गरल मगर मरल कहाँ
त्याग कर दिहल शरीर दान में
किन्तु सत्यपथ से टरल कहाँ
बाँसुरी विवेक एक बज रहल
विश्व के अनंत ओर-छोर से

धार के अलग-अलग बहाव बा
एक धर्म सिंधु के पड़ाव बा
व्यर्थ बा दुराव द्वेष भाव सब
जब महान प्रेम से लगाव बा
आज कंठ-कंठ के पुकार पर
बँध रहल मनुष्य नेह-डोर से

✦

अवधेन्द्र देव नारायण

अनहद नाद सुनाइल

मिलन-पहर बा
जीव जगावत
नेह-छोह बिटुराइल

रूप निरेखत
रोंआ पुलकल
भाग-जोग मुस्काइल

सरधा-आखर
किसिम-किसिम के
फूल खिला इतराइल

जिया जुड़ा के
जिनिगी मातल
किरिन-धार नियराइल

जोहत-जाँचत
करनी बाँचत
मनहर छन गहराइल

रंग-रूप धर
सूरज चमकत
साँच सनेह घमाइल

खोल केंवड़िया
साँकल बाजल
सुख-सनेस लहराइल

होत फरीछे
लगन बिखेरत
अनहद नाद सुनाइल

◆

अवधेश प्रधान

दोहा

रेंवाँ बोले साँझि खाँ, बजे सरेह सितार।
थिर पतइन पर सुनति बा, हवा बइठि एकतार॥

घुप्प अन्हरिया चुप्प बा, सगरो जीव-जजात।
बोल चिरइया! रात से, कवन कहेली बात॥

सकुचल पतइन पर चढ़ल, आवत बा अन्हियार।
चकवढ़ रे! ए साँझि खाँ, तूहीं मिंत्र हमार॥

तन-मन में फुर्ती नई, नया जोस अफरात।
लागे नई पिरीत अस, नया-नया परभात॥

दू दिन का ए खेल में, कहँवा सुख-संतोष।
झूमि अमोला कहत बा, हँसला में का दोष॥

बँउड़िआय के दिन्न भर, उड़ि-उड़ि चारू ओर।
माछी सूते राति खाँ, धइ रसरी क छोर॥

पछिवाँ ओस में सानि के, परजतवा क बास।
केस तोहर लहरा गइल, हमरा आरी पास॥

तन बा लिट्टी पर चलत, गिट्टी फोरल काम।
ई जिनिगी मजदूर क, तोहरे दीहलि राम?!

राजा बइठि मसान में, गावत बा मल्हार।
सगरो हल्ला बा मचल, हू हू हा हा कां र॥

'नाहीं मिललऽ' 'का करीं' 'काहें' 'रहे फँसाव'।
'ई त जिनिगी भर रही, मीलत रहऽ मितान'॥

◆

अविनाशचन्द्र विद्यार्थी

भले धराई पाछे नव गो नाँव

हमरो जिनिगी में बा एगो भूखि
रोपबि अपना खेते हमहूँ ऊखि

गाड़बि माँह बधारी हम कोल्हुआड़
झोंकबि धन्हकत चूल्हा, भागी जाड़

देखि-देखि चकरी के चकरी गूर
जइहें गाँवा-गाँईं के जरि कूर

लागल जिनिका-जिनिका करी पियास
भरिहें आपन लोटा चीखि मिठास

चाभी जेही चाही ऊखि अपार
घरहूँ खातिर जाई ले दू-चार

राखबि ना बरधन के मुँह पर जाब
चाटल करिहें चिंउटो अनघा राब

लागल रही हमेसे तब दरगाह
बइठबि हम कल्हुआड़ा बनि बदसाह

खूब सराही पहिले सँउसे गाँव
भले धराई पाछे नव गो नाँव

✦

अशोक द्विवेदी

दुलरुई धिया अलसाय

चिरई बोलेले भिनुसहरा
दुलरुई धिया अलसाय
माई के देहिया प भिरिया के परबत
रोजे अरराय

भोरे उठि अँगना बहारसु-झिरिकसु
चउका-बसनवा के सोच
हियरा के निर्मल अएना प लागल
कतने खरोंच
आल्हर बछिया ना सकिहें ससुरवा
मन घबराय

सभका से पहिले बा उठहीं के बबुनी
सभका से बाद में नीन
सभ गुन आगर रहलो प बेटी
माई के अँचरा बा खीन
चमकऽ तू बनि के किरिनिया
अन्हरिया मन के पराय

खेतवा के कटिया चढ़ल बा चड़तवा
भइया गइले भोरे खरिहान
धिया! बाटे हमनी के खेतिए ले असरा
एही में बियाह आ दान
फरहर गिहिथिन चुटुकी में कमवा
देले ओरियाय

चिरई बोलेले भिनुसहरा
दुलरुई धिया अलसाय

अश्विनी कुमार 'आँसू'

जिनिगिया न आँटी राम

टोअलो में टीसेला छिंउकिया के साटी राम
चढ़ली जवानी देहिया भइल जाला माटी राम

एके त जरींले हम बिरहा के ताप से
दोसरे देवरउ अँगना घेरि देले टाटी राम

ननदो नवाढ़ बाड़ी, ससुरू पुरनिया
ससुई हमार कलही मिलल बाड़ी खाँटी राम

बिना कवनो खदी-बदी खलरी उधेड़ेली
सँइया निरमोहिया ना, दरदिया के ई बाँटी राम

एक मन करे मोरा, तेजितीं परनवा
गोदी के बलकवा गर के होइ गइले घाँटी राम

अँखिया झरेला रोजे रहिया निहारींले
सुनींले कि पाला बा कोडरमा के घाटी राम

बिहने देहब तार जाएब भोरहीं डखनवा
जिए में अकेले अब जिनिगिया न आँटी राम

✦

अष्टभुजा शुक्ल

बाकिर

भलहीं हमहन के पसेने नहाय के पड़े
बाकिर केहू के तेल ना लगावे के पड़े
आधा खाए के पड़े, आधा पहिरे के पड़े
आधा सूते के पड़े
बाकिर कवनो राजा के दाब में ना रहे के पड़े
जूता सीए के पड़े, पालिस करे के पड़े
बाकिर कवनो साहेब के गोड़ में
जूता ना पहिरावे के पड़े
भलहीं सेब छुए के ना मिले
अँगूर चिखे के ना मिले
बाकिर इमली के आम ना कहे के पड़े
आँखि से बोले के पड़े
चमड़ी से साँस लेबे के पड़े
बाकिर तोहरा से प्यार खातिर मुँह ना खोले के पड़े।

✦

आनन्द संधिदूत

ओझाई

जै-जैकार मनाईं
गांधी महराज के गोहराईं
जवाहिर के बोलाईं
मौलाना आजाद के कसम खाईं
कि, दोहाई भगवान बुद्ध के
राजा अशोक के
कि, जेकरा परताप के दुनिया में बाजे डंका
धजा फहराले कीरति के
फिरल दोहाई
साबरमती के
पवनार के
सदाकत आश्रम के
कि, नाँव लेत रोंआ फरफराय
जीव गनगनाय
कि, राजेन्दर परसाद
सरदार पटेल
ऊलल-भूलल
छूटल-छटकल
नेता-पुरनिया के
देस-दुनिया के
कि, जेकर खाईं
ओकर जै-जैकार मनाईं
जै हो गीता-कुरान-पुरान
दोहाई बार-बार
गुरु की जै

कि, जै मौलाना मोहम्मद अली
तोड़ द दुसमन क नली
कि, तोहरा परताप से
ऊ गोता लगाईं
कि समुन्दर सोख जाईं
कि हिमाले हींग के माफिक उड़ाईं
कि, पुरुबे रछपाल करें
सिआरदास बलिस्टर
पछिमे लाला लजपत राय
उतरे पदनमोहन मालवी
मोतीलाल नेहरू
दखिने राजगोपालाचारी
कि, नाँव लेत बकार न आवे
काठ मार जाय
कि, फिरल दोहाई
सरोजनी नायडू
कमला नेहरू
कस्तूरबा माई के
कि, तोहरा परताप से विजय पाईं
मुँहे चन्नन लागे
लाज रहे
चढ़ बइठीं दुसमन के कपार पर
महँगाई के झोंटा कबारीं
बेरोजगारी के लहँगा में आग लगाईं
गरीबी के नटई दबाईं
करेजा पर चढ़ बइठीं
पूछीं— बोल
हीत क कि नात क
कुल क, खूँट क
अमेरिका क, रूस क
पूरुब कि पच्छिम क

बोल कहाँ क हई
बामत हई कि चुरइल
सीआईए क करामात हई
कि के जीबी क पाप हई
कि, दोहाई बाबा बिनोबा के
कि, बोल भूदान से मनबी
कि सर्वोदय से मनबी
कि अन्त्योदय से मनबी
कि, जय समाजवाद के अखाड़ा
बाजे गल-बजउअल के नगाड़ा
कि, लगाईं बैकवर्ड के तड़ातड़ चटकना
चलाईं समग्र क्रांति के गरमेगरम सिंउठा
दोहाई हिरिया-जिरिया
ट्वन्टी पाइन्ट प्रोगराम के
छू-ऊ-ऊ-ऊ...

लौंग खड़ा हो गइल
भिलाई क लवर लागत बा
तारापुर क बिजलीघर जागत बा
थुम्बा क राकेट नाचे लागल
सुबास बाबू आँखि का सामने खड़ा बाड़न
कहत बाड़न कि घरे क बामति ह
कुमति-विमति ह
चउदह सै बरिस ले तंग कइले बा
दस बरिस अउर तंग करी
परिवार-नियोजन माँगऽ तिया

अरे!
रउरा कें हईं—
दुपट्टा धइले
पगरी बन्हले

दोहाई सरकार के
आइल हईं त नाँव बताईं
सेवक चिन्हलस ना
ओ! ओ!! ओ!!!
रउरा हईं लोकयान तिलक
गोपाल कृस्न गोखले
महरसी अरबिन्द
ए...दोहाई—
लछिमीबाई
कुँअर सिंघ
ताँतिया टोपे के
कि, रउरा के सेवक भुलाइल नइखे
सेवा में दसो नोह जोड़ले खड़ा बा
रउरा नाँव प परैमरी इस्कूल खोलब
चन्दा सोसैटी बनाइब
अनाथालय चलाइब
नाँव उजागिर करब
चउरा बान्हब
अस्टैचू लगाइब
बर्हम नियर पूजब
कि जेकर चून ओकर पून
हे बाबा रइछा करऽ
छार हो जर के महँगाई, बेरोजगारी, गरीबी
कि, जो तोर मुक्ती मनाइब
राष्ट्रसंघ में सेरवाइब
न्यूयार्क में बइठाइब
छू-ऊ-ऊ-ऊ...

हू-ऊ-ऊ-ऊ...
हई ल
ओबरा के भसम खिया दीहऽ

एक अँजुरी मथुरा-बरौनी के
रिफाइन पिया दीहऽ
नीक भइला पर
भाखड़ा नंगल में नहवा के
पाँच गो विश्वबैंक क इंसपेक्टर के
घरे भोजन करा दीहऽ
राम चहिहन
त पूरा मुलुक के राम मिल जाई!

◆

आसिफ रोहतासवी

अब ना बाँची जान बुझाता बाबू जी

अब ना बाँची जान बुझाता बाबू जी
लोग भइल हैवान बुझाता बाबू जी

पढ़ल-लिखल हमनी के सब गुरमाटी बा
उनुका बेद-कुरान बुझाता बाबू जी

आपुस में टंसन बा फिर हमरा गाँवे
जरी खेत-खरिहान बुझाता बाबू जी

बबुआ त अबहीं से आँख तरेरत बा
एक दिन बनी महान बुझाता बाबू जी

सटलीं पेवन जतने ओतने छितराइल
जिनिगी भइल पुरान बुझाता बाबू जी

हमरा छान्हीं पर होरहा भूजीं आके
रउआ का नुकसान बुझाता बाबू जी

✦

उपेन्द्र कुमार

धूप

धूप, जइसे एगो लड़की
अपना रेवड़ के
रोज सुबह ले जाय चरावे
आ साँझ के
हाँकत
ले आवे वापस

सुरुज से
ओकर ओतने वास्ता बा
जेतना लम्बा
सुबह से साँझ तक क
ओकर रास्ता बा

✦

उमाकान्त वर्मा

इयाद झरल अँजुरी में

इयाद झरल अँजुरी में
गंध भरल अँगुरी में
पोर-पोर सपना कोंचियाइल
टहनी के टुसवा टुसियाइल

नदिया के घाटी में लहरा बा
ताल देत छंद बड़ा गहरा बा
अर्थ भरल रात गदराइल
टहनी के टुस्वा टुसियाइल

बहक रहल मधुआइल छँहिया बा
सहक रहल बउराइल बँहिया बा
काँपत बा बिजुरी अगुताइल
टहनी के टुसवा टुसियाइल

जाल-किरिन फेंक रहल चरवाहा
हर नुक्कड़-गली-हाट-चउराहा
खिलखिलात साँकल खुलि आइल
टहनी के टुसवा टुसियाइल

बोध नया झूलत बा बँसवारी
चिटक गइल धूप भरल अँकवारी
गीत सृजन सुरुज मुसुकाइल
टहनी के टुसवा टुसियाइल

✦

ऋता शुक्ला

जन-मन हाहाकर पथिकवा

सोना अइसन माटी चमके
रूपा अइसन मेहनत दमके
हल-किसान-बैलन के जोड़ी
खुरपी, हँसुली, बँसुली ओड़ी
खाद-बीज से भरल चँगेरी
बखरी में गेहूँ के ढेरी
भइल महाजन के मुँह करिया
चइता के रंग चढ़े उमिरिया
नवल पगरिया बन्हले होरी
लाल चुनरिया पहिरे गोरी
धनिया के झुलनी में मोती
गोबर खेले दोल्हा-पाँती
अइसन गाँव हमार पथिकवा
पीपर के सुख-छाँह पथिकवा

हाकिम, रैयत, धोबी, नउआ
तुरुक, बिरहमन, बुनकर, धुनिया
अल्ला ताला, राम शिवाला
तसबीही, सुमिरन के माला
सबके ममता ताग बटोरल
अमन-चैन के नदिया उमड़ल
धिया-सिया के उमगल डोला
नेह-छोह से भींजल टोला
रोवत जात कहाँर पथिकवा

अइसन गाँव हमार पथिकवा
उजड़ल धरती बिलखे माता
टूटल नेह-नेम के नाता
भाई से भाई अझुराइल
धनहर खेत रेत बढ़ियाइल
छिनगल तार कबीरा रूसल
सेंध लगवले नफरत पसरल
संझा-बाती रात उदासी
घर-घर जिनिगी थकल उपासी
आक, जवास, धतूरा जिनिगी
बरध बिकाइल, गहना गिरवी
बुझल अलाव सपनवा डूबल
तुलसी के चउपाई छूटल
सगरे भइल अन्हार पथिकवा
उजड़ल गाँव हमार पथिकवा

परजा के गोहार सुनइहऽ
राजा से जोहार उचरिहऽ
फटल बिवाई, उघरल अँचरा
टुटही मड़ई, ओनहल जियरा
रात नगिनिया फुफकारेले
दिन दूभर संसा भटकेले
राम-रहीमा किसन-करीमा
जहर-घोराइल नस-नस में बा
शकुनी के माथा पर पगिया
लागल गाँव-घरन में अगिया
पापी पेट सवाल उचारे
मानुस-जनम अकारथ बा रे
ऊजर चुनरी दाग लगवलऽ
कवना ठग से घर लुटववलऽ
काहे मति पर वज्र गिरल बा
होरी ईद मिलन बिसरल बा

मरघट घर, आँगन बँसवारी
अब कवना गाँधी के बारी
अमराई में अगिन-राग बा
सिसकत पिंजरा में कोइलिया
टूटल कूल-कगार पथिकवा
जन-मन हाहाकार पथिकवा

✦

एंथोनी दीपक

पीछे रहे परल बदरा

एह अकड़-शान से घिरल बदरा
पीके अँइठत उड़ल फिरल बदरा

कौनो पतिया बा ना सनेसवा बा
आग-चिनिगी से बा भरल बदरा

जब से देखलस मुँआ सरेहिया में
तब से अँगने में बा हिरल बदरा

जब ना देखनी उठा के हम अँखिया
खीसे तमकल, बुझल, जरल बदरा

धो के अँखिया से ले गइल कजरा
कब से पीछे रहे परल बदरा

जइसे-तइसे त दिन कुढ़त बीतल
ई त रतियो के आ मरल बदरा

आह बिरहिन के जब परल 'दीपक'
गल के पानी बनल गिरल बदरा

✦

कमलेश कुमार राय

रामजी क सुगना

काँपि-काँपि सीत सहऽ हाँकि हाँकि घाम
रामजी क सुगना तू बोलऽ राम-राम
तोहरो बिहान दाँव पर
खुलल आसमान दाँव पर

पाँखि अछत तू बाड़ऽ पाँखि बिना
आँखि अछत तू बाड़ऽ आँखि बिना
पिंजरा भर बा तोहरा पाँव क पसार
लोहे क झिरखिरी से जोहऽ बयार
तोहरो उड़ान दाँव पर
आल्हर परान दाँव पर

छत ऊपर चान देखऽ सपना में
जिनिगी सुविधान देखऽ सपना में
सपना भर बा तोहरा चाह क बिसात
सोने क कटोरी में जोहऽ दूध-भात
तोहरो अरमान दाँव पर
सुख क सीवान दाँव पर

आज तोहार साँस-साँस पहरा में
आस क उजास तोहार पहरा में
पहरा में बा तोहरा मन क मधुमास
ना जाने कब होई तोह के अहसास
तोहरो पहिचान दाँव पर
जिए के बिधान दाँव पर

✦

कुंज बिहारी प्रसाद 'कुंजन'

फ्यूज बौल

जहिया से अँखियन के दूनो बौल हो गइल फ्यूज
रस्तो चलत जपत चलींला, प्लीज-प्लीज एक्सक्यूज
प्लीज-प्लीज एक्सक्यूज कहत, बस में चढ़लीं अकुता के
तब ले एक ठे बिटिया घूसल, हमरो के धकिया के
चीकन-चीकन गाल, छींट के लाल-लाल पहिनावा
बड़ा जोर धकियावे, एक त चले ना तनिको हावा
कहलीं—बाची, होने जा, खाली बा सीट जनाना
कहाँ धसोरत अइबू, एने कुल्ह बाड़न मरदाना
सुन के आँख तड़ेरलस, आ पिछवा घुमि के बघुआइल
अपना जाने गरजल, बाकिर बकरी अस मिंमिंआइल
—बूढ़ा, क्यों बक-बक करता है, औफ हुआ माइंड है?
लड़का को लड़की बुझता है, पूरे का ब्लाइंड है?!

✦

कुमार विरल

बसंत चाहे आवे न आवे

बगिया बेयरिया बहारे, बसंत चाहे आवे न आवे
केसिया किरिनिया सँवारे, बसंत चाहे आवे न आवे

पीयर पतइयन के परचा अस बाँटेला
पछेया परचार करे पुछला पर डाँटेला
फुसुर-फुसुर फूल बतियावे, बसंत चाहे आवे न आवे

पतझड़ के पापी मन बहुत उत्पाती बा
टुसियावल सेनुर में जिनिगी एहवाती था
फागुन से फुनुगी फरियावे, बसंत चाहे आवे न आवे

बहिरा बहार बिनु बोलहटे के आइल
मौसम मदहोस भइल, मधुआ घोराइल
कोइली के कागा कँउचावे, बसंत चाहे आवे न आवे

बेंच रहल पुरवा अब फूल के सुगंधी
आँख में अँजोरिया के धइलस रतौंधी
सूरज रथ अपने सम्हारे, बसंत चाहे आवे न आवे

✦

कुलदीप नारायण 'झड़प'

बदरा ओनहि-ओनहि जल बरिसे

बदरा ओनहि-ओनहि जल बरिसे!!
छहर-छहर झर, घहर-घहर घन, कढ़त बने ना घर से।
हहर-हहर जलधार नार-नद, लहरत लहर-लहर से॥
घमघमात नभ, थहर-थहर तरु, उछल-बिछल निर्झर से।
चंचल पवन चलित नभ-मंडल, आखंडल आकर से॥
बरसि जात, फिर-फिर नभ घेरत, धूम धुंध ना दरसे।
तड़कत तड़तड़ात तड़ित द्युति, चमकत चामीकर से॥
थर-थर कदली चलदल चंचल भरभरात तरुवर से।
बहुत हहास, बतास थम्हत ना, झरत पात पतझर से॥

✦

कैलाश गौतम

गुलबिया क चिट्ठी

कहीं निरदयी कि बेदरदी कहीं हम
भुलक्कड़ कहीं कि अलहदी कहीं हम
कि झुट्ठा कि लम्पट कि बुद्धू अनाड़ी
कि अकड़ू कि अँइठू कि पक्का खेलाड़ी
गयल हउवा जब से न मुँह फिर देखउला
न देहला सनेसा न चिट्ठी पठउला
न कहले कहाला न सहले सहाला
हमैं दाल में कुछ हौ काला बुझाला
झरत हउवै पतई बहत हौ झकोरा
खलत हउवै ऐना खलत हौ सिन्होरा
अ बान्है के हौ बार मीसल परल हौ
बिहाने से तोहरे पर गुस्सा बरल हौ
बजत हौ झमाझम रहरिया क छेमी
सबै भइया बाबू सिवाने क प्रेमी
चढ़ल हउवै फागुन उपद्दर मचल हौ
सबै रंग में डूबल न केहू बचल हौ
हौ होठे पर फागुन कपारे पर फागुन
बजावत हौ चिमटा दुआरे पर फागुन
लवर दिन में लहकै परासे के ओरी
कियरिया लगै जइसे रंग क कटोरी
फरल हउवै सहिजन दुआरे क जब से
उहै हउवै ठीहा दुलारे क तब से
बड़े मन से फगुआ जियत हउवैं बुढ़ऊ
अ भगतिन के मंठा पियत हउवैं बुढ़ऊ

जहाँ देखैं बुढ़ऊ टकाटक निहारैं
एको दाँत नाहीं हौ मसगुर चियारैं
भगत कंठी वाले चुहल पर उतारू
उहैं ढेर बइठैं जहाँ मेहरारू
का का बताईं आ कइसे बताईं
बिपत पर बिपत हौ कहाँ तक गिनाईं
एहर कवनो करवट न आवै ओंघाई
अ देखीं चनरमा त फूटै रोवाई
भुला गइला फगुआ भुला गइला होरी
भुला गइला चुटकी थपोरी टिकोरी
गहागह फुलाइल कियारी भुलइला
तू कइसे भला महुआबारी भुलइला
सिवाने क सरसों देखाले कि नाहीं
अ कोइल क बोली सुनाले कि नाहीं
टिकोरा करेजा छुवैला कि नाहीं
अ सिरहाने महुआ चुवैला कि नाहीं
भुला गइला किरिया भुला गइला वादा
अबौ ले बतावा असों का इरादा
गइल खेती-बारी अ मूँड़े उधारी
अ कइसे दियाई असों मलगुजारी
पकत हउवै गोहूँ लगत हउवै कटनी
उहै बासी रोटी अ लहसुन क चटनी
हँसी मुसकुराहट हेराइल हौ जइसे
अ एही में जिनिगी घेराइल हौ जइसे
अ चुड़िहारिन सगरों पुकारैले धँस के
हमैं देख आगे निकल जाले हँस के
बड़ा बेकहल हौ कबुत्तर क जोड़ा
करै मूँहाठोंठी न मानै निगोड़ा
गुटरगूँ-गुटरगूँ सुनावल करैला
ई आल्हर करेजा जरावल करैला
अ गौरइया खोंता लगावत हौ फिर से

अ चुन-चुन के तिनका लियावत हौ फिर से
बँहसटी पुरनकी जरावे के लायक
अ बड़की पलँगरी बिनावे के लायक
सूतींला भुँइया मगर जिउ डेराला
अ रोजे इहाँ साँप गोजर मराला
घरे होता अब ले त दीया बुताइत
अ बहरी दुआरी में बेंवड़ा लगाइत
तू आपन सुनवता हम आपन सुनाइत
अ बेना डोलाइत थकहरी मेटाइत
निहारींला पैड़ा आ जोहींला गाड़ी
भरल आँख हउए खुलल हौ केंवाड़ी
उहाँ नाहीं आइब हम दूसर न होबै
तोरे दाल भाती में मूसर न हौबै

◆

गंगाप्रसाद अरुण

उहे कहानी

नया रूप में
घिसल-खिलाइल उहे कहानी
मंच पुरनकं, चीन्हल चेहरा
ओछे करनी
मुँह पर त मुसुकी के खेती
उगल कतरनी
मिल्लत के दिन
मिलीभगत पर चढ़ल जवानी

फंदा अझुराइल
फरेब के जानल सरकस
अपनापन के नाँव उपेक्षा—
ताना-तरकस
हँस जाला पूनो
अँखिया के मूअल पानी

नया भोर के नया किरिन पर
करिया छाँही
सूरज पर बेपानी बादर
आवा जाही
बरिसन के आशा अँखुआ
अँटकल ओरियानी

धनिया के ओठन से
कब के हँसी हेराई
कहा-सुनी, अनजाना भय
आ भाग-दोहाई
अगुआनी अगसरुआ
उदसल दीठि पुरानी

गणेशदत्त किरण

खरँउआ हो रउआ कहाँ छोड़ि अइलीं

धउरींला गँउआ से नंगे-नंगे पँउआ
खरँउआ हो रउआ कहाँ छोड़ि अइलीं

ओठन प रउआ परल बा सियाही
काँटन का मारे हो गइलीं घवाही
सुकवार बाटे कँवल अस तरउआ

महलन के बिटिया अजब सुकवारी
लाँघे ना पवली जे आपन दुआरी
किस्मत खेलावेले घुमरी परउआ

माई करकसा कि बाप निरदइया
कइसे रही बिन बछरूआ के गइया
नेहिया के टूटि गइल कइसे गरँउआ

बोलीं त जंगल में कुटिया छवा दीं
हाथन से अपना थकइनी छोड़ा दीं
घास के बिछौना बा डालीं पड़उआ

झरना के अमरित अस पानी पियइतीं
चुनि-चुनि के पाकल जमुनिया खियइतीं
भील के बेटउआ के नइखे पोलउआ

गोरख पाण्डेय

मैना

एक दिन राजा मरले आसमान में ऊड़त मैना
बान्हि के घरे ले अइले मैना ना

एकरे पिछले जनम के करम
कइलीं हम सिकार के धरम
राजा कहें कुँवर से अब तू लेके खेलऽ मैना
देखऽ कतना सुन्दर मैना ना

खेले लगले राजकुमार
उनके मन में बसल सिकार
पहिले पाँखि कतरि के कहले अब तू उड़ि जा मैना
मेहनत कइ के उड़ि जा मैना ना

पाँखि बिना के उड़े पाय
कुँवर के मन में गुस्सा छाय
तब फिर टाँग तूरि के कहले अब तू नाचऽ मैना
ठुमुकि-ठुमुकि के नाचऽ मैना ना

पाँव बिना के नाचे पाय
कुँवर जी गइले अब बउराय
तब फिर गला दबा के कहले अब तू गावऽ मैना
प्रेम से मीठा गावऽ मैना ना

मरिके कइसे गावे पाय
कुँवर जी राजा के बुलवाय

कहले, बड़ा दुष्ट बा, एको बात न माने मैना
सारा खेल बिगाड़े मैना ना

जबले खून पियल ना जाय
तबले कवनो काम न आय
राजा कहें कि सीखऽ कइसे चूसल जाई मैना
कइसे स्वाद बढ़ाई मैना ना

✦

चकाचक बनारसी (रेवतीरमण श्रीवास्तव)

लगऽला जइसे फूल झड़त हौ

जात-पाँत आ छुआछूत में अदमी सरवा मरत-सड़त हौ
बाहर से सब बोलऽला त लगऽला जइसे फूल झड़त हौ

सुखी रहल परिवार चकाचक जीयत रहलन बाऊ माई
राम लक्छमन भरत सतरुघन बन के रहलीं चारो भाई
कुल भाई के अलग करउलेस जब आइल बड़की भउजाई
एही कुफुते जियते मरलन पहिले बाऊ, बाद में माई
बाऊ के सब पाँव न धइलेस जोरू के सब पाँव पड़त हौ

जात-पाँत मानै में मालिक! बाप से बढ़ के इहाँ पूत हौ
अदमी जात हौ चाँद क ऊपर, इहाँ प राजा! छुआछूत हौ
केतना होत हौ आज तरक्की, ओकर बस एकें सबूत हौ
अब तक ओझा हउअन वइसै, वइसै मूड़े चढ़त भूत हौ
चढ़ल करइला तितलौकी पर, तितलौकी अब नीम चढ़त हौ

लंगड़ लड़िका के बियाह में भी राजा! अस्कूटर चाहीं
टीबी भी रंगीनै चाही, अब नाहीं ट्रंजिस्टर चाहीं
आ लड़िका क बाप क लकवा मरले हउवे, मोटर चाहीं
बाद में लड़की फुँकिहैं, मिट्टी क तेलवो दुइ लीटर चाहीं
ई दहेज त बिन लागत क धंधा हो, दिन-रात बढ़त हौ

लायक लड़िका क बियाह लड़िका क बाबू छुच्छै करिहैं?
जिनिगी भर कंगाले रहलैं, का बुढ़ऊ कंगाले मरिहैं?

का सोचेलऽ कि दहेज क लोभी सब भगवान से डरिहैं?
ननद न जरिहैं, सास न जरिहैं, जब जरिहैं त बहुए जरिहैं!
ऊ पहिले दहेज लेत ह, जे दहेज के लिए लड़त हौ

तरपरिया दस लड़िकन हउअन कइसे कोई इन्हें खिया ले
का पढ़वाईं का लिखवाईं, इहे बहुत हौ इन्हें जिया ले
मेहररुआ से होत के कहलीं चल रे अपरेसन करवा ले
उखड़ के गुस्से में बोलल—जो, ताहँइ आपन नस कटवा ले
कुल दोषी मेहररुए हउवै, एक बच्चा हर साल गढ़त हौ

दिल से अपने उग्रवाद के अब नाहीं हटवा सकतऽ तू?
संकट पैदा करके अब संकट नाहीं मिटवा सकतऽ तू?
देश के खातिर देश के जनसंख्या नाहीं मिटवा सकतऽ तू?
देश के खातिर सर कटवइबऽ, नस नाहीं कटवा सकतऽ तू?
लड़िका आगे करब न पैदा एप्पर कोई कहाँ अड़त हौ!

✦

चन्द्रदेव यादव

काँपे लगैं मुदइया हो

हइया हो! हइया हो
जोर लगा के भइया हो
धक्का अइसन दे द जेसे
काँपे लगैं मुदइया हो

खून-पसिन्ना एक हो गइल
जिनिगी माटी-धूर हो गइल
चाकर होके पैदा भइलीं
आपन किस्मत धूर हो गइल
केतना जोर-जुलुमवा सहलीं
बन के गोरू-गइया हो

हमरे खून से सींचल जाला
ओनके सुख के बगिया हो
माई-मेहर ओनकर भइली
अँचरा लागल दगिया हो
सगरी उमिर महुरवा खइलीं
अमिरत सरग-तरइया हो

बरहोमास पितरपख घर में
बड़का घरे देवारी हो
टुटही छानी गिरे कराइन
रोइ-रोइ रात गुजारीं हो

बरखा में बदरा घुसि आवे
माघे माह जोन्हइया हो

आपन हक् हम लेके रहबै
अब ना करब गुलामी हो
घुरहू-निरहू सब केहु आवऽ
करऽ न अब नादानी हो
अपने हक के खातिर अब हम
करबै हाथा-पइया हो

तोहर कनुनिया नाहीं मनबै
जम के करब लड़इया हो
हमरी धरती हमके दे द
एहि में तोर भलइया हो
डंका देके लंका जारब
बनिहैं महल मड़इया हो

◆

चन्द्रदेव सिंह

जरूरत पर

हमरो से पड़ी कबो पाला जरूरत पर
गड़हो समुन्दर हो जाला जरूरत पर

के जाने कब कहँवा केकरा पर का बीती
गदहो के बाप कहल जाला जरूरत पर

साँप-काटल रोगी के जिनिगी बचावे के
जहरो में जहर दिहल जाला जरूरत पर

कतल रामफल कइलँऽ, फाँसी सामफल के
बापो क नाँव बदल जाला जरूरत पर

भँइसिन के चारा का? अस्पताल, बाँध, सड़क
अदिमी पहाड़ पचा जाला जरूरत पर

छोट चोर साइकिल मा मोटर चोरावेले
बड़ रेलगाड़ी ले जाला जरूरत पर

राजनीतिक चाल ह ई, सब नाहीं चोर होई
तनी-मनी चलेला घोटाला जरूरत पर

रुपयो दिहला प खाद ना आइल, ना आइल
केतने क पूँजी डूबि जाला जरूरत पर

एही तरे चोरवन के चरचा जो चलत रहल
संसद में लागि जाई ताला जरूरत पर

✦

चन्द्रशेखर मिश्र

देखऽ अब का होला!

देखऽ अब का होला!

जवन कब्बो ना करे के
तवनो कइलीं
जहँवा गइले पाप परेला
तहँवो गइलीं
जनलस अरोस-परोस
जानि गयल टोला
देखऽ अब का होला!

कहलीं, त कहलन—
"ई का कइलऽ?
गंगा के घरे जनमलऽ
गड़ही में नहइलऽ?!"
का ऊ ना जनतन जे कमल—
गड़हिए में होला?
देखऽ अब का होला!

सरग हमैं ना चाहीं
हम त पा गइलीं
केहू जरो
चाहे बरो
हम त जुड़ा गइलीं
तोहार नाँव लेके
पी गइलीं जहर

रच्छा करिहऽ भोला
देखऽ अब का होला!

उँह...!
जवन होए के होई
तवन होई
एह डरन मनई
कब ले रोई।
हमके?
'हरि प्रेरित लछिमन मन डोला'
देखऽ अब का होला!

✦

जगदीश ओझा 'सुन्दर'

नदी भइल नैना

सगरी बिपतिया के गाड़ भइल जिनिगी
नदी भइल नैना पहाड़ भइल जिनिगी

आग जरे मनवा में
धधकेले साँसिया
असरा में धुँआ उठे
प्रान चढ़ल फँसिया
देहि के जरौना बा भाड़ भइल जिनिगी
नदी भइल नैना पहाड़ भइल जिनिगी

केहू माँगे घूस केहू—
माँगे नजराना
केहू माँगे सूद मूर
केहू मेहनताना
कुकुर भइले जुलुमीजन हाड़ भइल जिनिगी
नदी भइल नैना पहाड़ भइल जिनिगी

✦

जगदीश पंथी

बड़ा नीक लागै

रुनुक-झुनुक बाजै पायल तोर पँउआ, बड़ा नीक लागै—
ननद तोर गँउआ, बड़ा नीक लागै

देवरा निहारै पीपर झरै पाती
हमरी उमिरिया फरै दिन-राती
गरवा में नेहिया के लागल गरँउआ, बड़ा नीक लागै—
ननद तोर गँउआ, बड़ा नीक लागै

कोंइया खिलै मोरे मन के तलइया
भँवरा भइल बा ननद तोर भइया
रहि-रहि पुकारेला नान्हे के नँउआ, बड़ा नीक लागै—
ननद तोर गँउआ, बड़ा नीक लागै

भोरहीं सिवाने में बिरहा सुनाला
साँझे दलानी रमायन गवाला
ससुरू बढ़इता के बाजे खँड़उआ, बड़ा नीक लागै—
ननद तोर गँउआ, बड़ा नीक लागै

घरवा के पच्छिग आम के बगइचा
पुरुब पड़ोसिन बिछावैं गलइचा
अँगना में निबिया कै झखनार छँउआ, बड़ा नीक लागै—
ननद तोर गँउआ, बड़ा नीक लागै

उत्तर निहारीं त नइहर देखाला
दक्खिन पहाड़े क झरना सुनाला
बहतै सुहावन बा पंथी के ठँउआ, बड़ा नीक लागै—
ननद तोर गँउआ, बड़ा नीक लागै

जगदीश पाण्डेय

प्रभु! दुरदिन के पहिले आ जा

प्रभु! दुरदिन के पहिले आ जा
अँसुअन पग हम धोइब हो राम

जब हमार काया गलि जइहें
कफ मल सड़ि दुर्गंध बसइहें
लोग दुरे से देखि घिनइहें
अपने जन कोई पास न अइहें
कोई खबर न लेबेवाला—
पड़ल-पड़ल हम रोइब हो राम

जब मउअत में दस दिन बाकी
कइल-धइल सब सोझा नाची
बहुत करी से छुवाई बाछी
अनका मन से रमायन बाँची
मुँह में भिन-भिन करिहें माँछी
कोई संगी ना कोई साथी
ताकत रहब अकेले टुक-टुक—
केसे हम बतियाइब हो राम

कोई कही कि करम-भोग ह
कोई कही असाध्य रोग ह
कोई कही कि व्यर्थ दवाई
के गोंइठा में घीव सुखाई
जी के करिहें कवन कमाई
इनिका मरि गइले में भलाई

सुनि-सुनि आह करब भीतर हम—
कहाँ जहर हम पाइब हो राम

मन हमार अति चंचल स्वामी
एक छन भगत दुसर छन कामी
कबहूँ दीन कबहुँ अभिमानी
कबहूँ किरपिन कबहूँ दानी
नाहक मानुष जनम गँववलीं—
अंत समय पछताइब हो राम

अब प्रभु एको छन जनि टालऽ
आपरूप से अब अपना ल
अपना हाथ से हमके पालऽ
हमरो हाथ से प्रेम से खालऽ
हे घनश्याम राम तू छा जा—
नित बरसात मनाइब हो राम
बरहो मास प्रेम-सावन क—
झूला-कजरी गाइब हो राम
प्रभु! दुरदिन के पहिले आ जा

अँसुअन पग हम धोइब हो राम
प्रभु! दुरदिन के पहिले आ जा

✦

जगन्नाथ

न बा पास कुछ अब सुनावे के काबिल

जनावे के काबिल बतावे के काबिल
न बा पास कुछ अब सुनावे के काबिल

बहुत लोग बा एह दुनिया में, यारे
का मिलली हँ हमहीं सतावे के काबिल

ई मनलीं, बा भारी वजन जिन्दगी के
सवख से मगर बा उठावे के काबिल

मुखवटा लगवले सभे लोग बइठल
कहाँ केहू बा मुँह देखावे के काबिल

अबहुँओ बहुत लोर आँखिन में बाटे
मगर बा जे, बा ना बहावे के काबिल

✦

(स्व०) जनार्दन पाण्डे 'अनुरागी'

रमराजी

अनुरागी के देखि बिरागी काहे दुनिया रोई
देहिया धइले ना जानीं कि का केकर गति होई

हमरे घर के पीछे रहली ह बुढ़िया रमराजी
जिनिगी भर विधवापन खेयली खइली सतुआ-भाजी
जनमे उनके बपसी मरलें गवना होते माई
सेजिया चढ़ते पिया गुजरलें एइसन करम कमाई

ससुरे उनुका कोइला बरिसल नइहर भरल अन्हरिया
बोझा भइल जवानी दिन-दिन बैरिन भइल उमिरिया

सोना जेकर खाक हो गइल हीरा हो गइल माटी
ऊ कइसे डोली दुनिया में कइसे जिनिगी काटी
रमराजी नइहर में आके कइलिन दर-दर फेरा
जेकर टुकड़ा खइली ओ दिन ओही के घर डेरा

ईंटा उनके रहल सिर्हानी गुदरा भइल रजाई
माथे पर सेवार छितराइल आँखिन गंगा माई
राखी में आगी के अइसन लुगरी में सुघराई
देखि-देखि के फटल करेजा केतना ई दुख गाईं

जवने रात के चान हेराइल ओकर कवन अँजोरिया
जवने नदिया सूखल पानी ओकर कवन लहरिया

जिनिगी जेकर रेत हो गइल ओकर कइसन धारा
ओकर कइसन उद्गम-संगम ओकर कवन किनारा

रमराजी कवने अरार पर सुधि के दियना बारें
केकरे खातिर हँसि-हँसि आपन मातल रूप सँवारें

केकर रहिया जोहि-जोहि के सँझिया रोज बोलावें
केसे मन के बतिया कहि-कहि रतिया के भरमावें
होत बिहाने हाथ जोर के केकर सगुन मनावें
मुँह पर जोति जगावे खातिर केके रोज जगावें

कोंढ़ी जवन किरिन ना देखलस ओकर कवन कहानी
बेइल जवन अलम ना धइलस ओकर कवन जवानी
अइसन अधमारल जिनिगी पर के ना आँसु बहाई
केकर कठिन करेजा जे रमराजी के दुख गाई

दुनिया अपने रंग में मातल आपन साज सँवारे
रमराजी मुँह में अँचरा दे हरदम सुसुकी मारें

हाय गोसइँया! दुख का जनलऽ, कइलऽ तू मनमानी
रमराजी के आगी दिहलऽ अवरू सबके पानी
जेकर साज बिगड़बऽ ऊहे दर-दर ठोकर खाई
अपनी मुँअले छाती पर ऊहे कोदो दरवाई

रमराजी के सखी सहेलरि हँसि-हँसि ताना मारें
माई-बहिनी टुकड़ा दें त झइहावें दुतकारें
केहू कहे पिसाचिन अबहीं केके-केके खाई
केहू कहे अभागिन अबसे हमरे घर जनि आई

दइबे के जे जारल जिनिगी, दुनिया नून लगावे
ओकर के दाही दुनिया में जेके राम सतावें
दहकल जिनिगी रमराजी के, के ना खाक रमाई
रमराजी के मरजादा पर के ना माथ नवाई

अनुरागी के देख बिरागी काहे दुनिया रोई
देहिया धइले ना जानी कि, केकर का गति होई

◆

जितराम पाठक

रूप

रूप गाँजा ह
हीक भर पीयऽ लोग
आँख के चिलम लहकावऽ
निसा में गोता
आ जीयऽ लोग

रूप जोन्हरी के लावा ह
मसकावऽ लोग
डालत जा फाँका के फाँका
आ भसकावऽ लोग

रूप पियाज ह
छीलीं सभे
घीव के लोना ह
लीलीं सभे

रूप मथुरा के पेड़ा ह
खाईं भा ना, पछतावे के परी
रूप भसमासुर ह
हटावे के परी

रूप रेंगनी के काँट ह
चुभ् दे कहँवा दो गड़ गइल

निकलत नइखे, हरकत बा
रसे-रसे दरकत बा

रूप आँख के लोर ह
टघरत रही
रूप काजर के डोर ह
पसरत रही

रूप गोरिया के गहना ह
रूप साहजी के लहना ह
रूप रुपया के भाई ह
रूप बबुआ के माई ह

✦

जौहर शफियाबादी

कहीं, हाथ जोर के

जे चाहीं रउआ छीन लीं पहुँचा मरोड़ के
बाकिर ई आग सुनुगी त जाई ना छोड़ के

संतोख हम करींले दिलासा के बा लकम
अँजुरी में अपना आँख के मोती बटोर के

लिख द इकीसवीं सदी नेहिया के लास पर
काका कथा सुनावेले चन्दा-चकोर के

जनता से दूर ताजमहल के कनून बा
रउए बताईं चोर सहेला अँजोर के?

कुर्सी के लोभ नाचऽता जहिया से रोड पर
जागऽता गाँव रात भर टोला अगोर के

गजरा के बा गमक नाहीं, कजरा कटार बा
लिख द गजल करेज के कनखा खँखोर के

'जौहर' डँरेर खेत के कचरत बा पान जस
का साँच में बा आँच, कहीं, हाथ जोर के

✦

डॉ० देव

उनुको देखबऽ डंटा तूरल

अन बेगर मुँह महकल, जिनिका कबो ना दाना जूरल
उनुको देखबऽ डंटा तूरल

कतहूँ रहो परोजन; सुनले, सुनते-सूनत धवले
कुकुर संगे कुस्ती क के कसहूँ पत्तल पवले
दाँत चियरले मूँड़ पटकले पवले झारल-झूरल
उनुको देखबऽ डंटा तूरल

गंगा मइया के किरिपा से पानी पुरकस बाटे
भात ओराइत ना हमार ई बेटवे राकस बाटे
खाँसत बाप, मतारी आन्हर बिपते-बीपत हूरल
उनुको देखबऽ डंटा तूरल

का ना सहले, देखते रहले बनले बाप दमाद
जियत जरवले, आँखि कढ़वले, मरले फरले लाद
दिन लौटी, ऊहों के लवटबि—फोरल, भुरकुस, थूरल
उनुको देखबऽ डंटा तूरल

✦

तंग इनायतपुरी

सारा संबंध हवा में

हत्या के फूल खिलल अपराधी मौसम में
बारूदी गंध हवा में
सारा मंबंध हवा में

सूरुज बा खून से नहाइल
चन्दा के चेहरा मरुआइल
सन्नाटा साँय-साँय गूँजे
विप्लव के बीज बा बोआइल
मुट्ठी में बंद आज प्रकृति के हाथ-पाँव
सृष्टि के प्रबंध हवा में

बाहर आ भीतर दम घूँटे
आपस के रिश्ता सब टूटे
हिम्मत हर मोड़ पर डेराइल
के जाने के का कब लूटे
आपस में हाथ मिले विस्फोटक भावन के
अचके अनुबन्ध हवा में

भाषा में करुआहट आइल
गीतन के सपना अउँघाइल
मधुर भाव-छंद पड़ल परती
लोहू के खेत लहलहाइल
मुरुझाइल चेहरा ले फूल-फूल सूँघ रहल
शस्त्र के सुगंध हवा में
सारा संबंध हवा में

तारकेश्वर मिश्र 'राही'

सेनुर दूध लड़े अपने में

('लवकुश' काव्य से)

सीता उहाँ गुरुदेव से पूछति, कइसन वीर महीपत बाने
काहे बदे वन युद्ध छिड़ा, जवना में मोरा ललना रत बाने
आवत ना हिय चैन मोरा, दिन-राति वियोग में बीतत बाने
लोग बतावेला रोज इहाँ, वनदेवी लला तोर जीतत बाने

लाजि न बा तनिको उनका, जे कि सेना लिये लरिका से लड़ेलें
जाके उन्हें समझाईं तनी, सब का कही, काहें अनेत करेलें
सेना सुनींला कि बाटे अपार, तबो दुइ बालक नाहिं डरेलें
काहें ऊ युद्ध करावत बा, जेकरे रन-बाँकुर रोज मरेलें

ना कुछ सूझे, बिना बपऊ तोरे, संकट भारी कटी अब कइसे
जो लरिका मोरे ना रहिहें, अँसुआ जिनिगी भर पीयब कइसे
साड़ी सोहाग के नाहिं सिआति बा, आँचर फाटी त सीयब कइसे
आँखि के ना रहिहें पुतरी, गुरुदेव भला हम जीयब कइसे

दूध के दाँत न टूटल बा, सुकुवार सलोना हवें दुनो भइया
आस में पोसत बानी एही, दुखवा में मोरी सब होइहें सहइया
नाव मोरी मझधार में बाटे, कोंहाइल बा कहिए से खेवइया
टूटल जो पतवार अधार त, जाई कहाँ मोर बोझल नइया

ध्यान में देखि मुनी मुसुकालें कि बेटा आ बाप अड़े अपने में
अइसन लोग सुनी त हँसी, आ कि आपन रूप गड़े अपने में
धन्य विधाता विधान तोरा आ कि नैन दुनो झगड़े अपने में
कंगन चूड़ी लड़े त लड़े इहाँ सेनुर दूध लड़े अपने में

✦

तैयब हुसैन पीड़ित

हमर गाँव

दुअरा प सुरुज
पिछुआरे में चान
अँगना में हारल हियाव
हमर गाँव

राजा के छोटकी मेहरारू
कउआहँकनी
चम्पा के जा-जा फुलवावे
घूरा पर दाना चिरइया संघ खोजे
त टोला के लोग दुरदुरावे
साँसत के पहिला पड़ाव
हमर गाँव

मोती के मालिक
हीरा के हकदार
गिने फाटल बेवाय खाली हाथ
भाग भगवान ओह जनम के कमाई
महभारत में अर्जुन चकरात
जूआ में पाण्डव के दाँव
हमर गाँव

डमरू के डम-डम
आ लोग खमाखम
कवनो तेलिया मसान गुरु-कन
चेंट से बिला के चलि जात दूर

खोरढ़ में
पइसा के खेल नजरबन्न
हिकमत से लीलल बउसाव
हमर गाँव

झाँक रहल खिड़की से
आँख-आँख हर कदम फुलात
झटहा से आम गिरे
निमकउरी आप भड़भड़ात
पसगयबत पाहुन के आगम में
छप्पर पर कउआ के काँव
हमर गाँव

✦

दक्ष निरंजन शंभु

साँसत में जिनिगी

दिन काटे धावे लागेला जहर रतिया

भोरे-भोरे आसमान में
नागफनी उग आइल
जेकरा किरिन-काँट से हमरो
गतरे-गतर छेदाइल
पीड़ा में मन-प्राण पगाइल, फाटे छतिया

अंग-अंग में लहर उठेला
भीनत जात जहर बा
चंदा जइसन मनी उगिललस
ई करइत विषधर बा
विषहरिया बा अँउघाइल, सुने ना बतिया

छटपट-छटपट जियरा तड़पे
तितली जाल बन्हाइल
प्रीत बनल फँसरी गरदन के
तन-मन सब चउराइल
साँसत में जिनिगी बा, कवन होई गतिया

दण्डी स्वामी विमलानन्द सरस्वती

हउए मेहनत के फल हमरे

चिथरा पहिर घुसरि पुअरा में
देखत सुघर सोनहुल सपना
ऊसर बंजर परती धरती
सींचि-सींचि लोहू से अपना
हम दुनिया के सरग बनवलीं
नन्दन वन अइसन चमकवलीं
सुघर मखमली सेज सजवलीं
किसिम-किसिम के फूल खिलवलीं—
जूही, चंपा, चटक चमेली
गोर बदन बेइलि अलबेली
गेंद, गुलाब, रात के रानी
केवड़ा के गुन कहाँ बखानी
धरती के ई शोभा सगरे
हउए मेहनति के फल हमरे

दिनेश पाण्डेय

मेघा बूँदा दे

टेसू लहकल
हियरा दहकल
मन बहकल—तन सहकल
बहल बयार
रेत भरकल मुट्ठी भर
आशा के दरिया में पानी
बाँचल अब घुट्ठी भर
मन-मीन सोच से पियराइल
तनखीन चातकी—
मेघा बूँदा दे...

चुनरी सरकल
मुनरी खरकल
हिय दरकल—जिय फरकल
चाह छाँह के दुबकल अब
पीपर तर
कागा के कंठी में अँटकल
साँय-साँय के घरघर स्वर
अब कौन कहे संदेश
पिया परदेश पातकी—
मेघा बूँदा दे...

✦

दीप्ति

टुकी भर उजास

दरकल देवाल प धइल
छान्ह—खपरइल—से उतर के
धूप दूपहर के
चहलस, गँवे से
कि मन का अँगनई में आई
सुरुज के तपन
जीव के जरन
जियरा के खखन
कुछ सुनीं आ सुनाईं

हमहूँ चहलीं—हुलस के—
अँकवारी में बान्ह लीं
गरमाई से रिस्ता के
एहसास के ओठन पर
एगो पेवन मुस्की के साट लीं

बढ़वलीं हाथ
जइसहीं, हौले
कि—
धूप के टुकड़वा ऊ सहमल
आशंकित मन थथमल
गवरइया अस फुदुक के
ओरियानी से लटक गइल
हमरा मन के अँगनई के
टुकी भर उजास
आजु फेरु से भटक गइल

दुर्गेन्द्र अकारी

हमार छोटको

(आरा—सासाराम के बीच छोटी लाइन की रेलगाड़ी चलती थी। जिस दिन वह बन्द हुई, आरा से सासाराम गई, सासाराम से आरा नहीं लौटी—और फिर कभी नहीं लौटी—उस दिन का गीत)

हमार छोटको देलू भारी दिकदारी तू

अइलू सासाराम साथे, गइलू ना लवटती
हमरा से दागा देके कहाँ गइलू छोटकी
हमार छोटको...

सात बजे अइलीं, सुई बारह पर लटकी
हमरा से छोटको लगवलू अन्हरचटकी
हमार छोटको...

केहू जाता पैदल केहू जात बा लवटती
जीप-कार से जायेवाला मारत बाटे मटकी
हमार छोटको...

भोरे देखऽ आइल एगो बस हतहतकी
चढ़े खातिर धाकाधुकी, कोई देत पटकी
हमार छोटको...

कहत 'अकारी' हमार छोटको लउकती
जगहा मिलित ना, सिकिचवो धइ लटकतीं
हमार छोटको...

✦

देवेन्द्र गौतम

ओकरे माथे बोझा रख दीं

जे आवे पैगम्बर लागे
हर पत्थर संगमरमर लागे

फूट रहे त नरक बराबर
मेल रहे त घर, घर लागे

झूठ कहीं त चन्दन बरिसे
साँच कहीं त खंजर लागे

रतिया लागे गेहुमन लेखा
दिन निकले त अजगर लागे

उनकर कोठा जबसे देखनी
आपन घरवा खँड़हर लागे

जब-जब कोयल कूक सुनावे
आम के माथे मोजर लागे

ओकरे माथे बोझा रख दीं
जे देखे में चरफर लागे

✦

धरीक्षण मिश्र

कौना दुखे डोली में रोवति जाति कनिया

भारत स्वतंत्र भैल साढ़े तीन प्लान गैल
बहुत सुधार भैल जानि गैल दुनिया
वोट के मिलल अधिकार मेहरारुन के
किन्तु कम भैल ना दहेज के चलनिया
एहि रे दहेज खाती बेटिहा पेरात बाटे
तेली मनों गारि-गारि पेरत बा घनिया
बेटी के जनम बा बवाल भैल भारत में
एही दुखे डोली में रोवति जाति कनिया

दिल्ली का गद्दी पर बैठलि मेहरारुए बा
ओही के बाटे उहाँ चलत परधनिया
जल थल आ नभ तीनूँ सेना के सेनापति
दागें सलामी ओके साथ ले पलटनिया
यूपी में तिरियाराज बाटे सुतारन भैल
गुप्ता आ त्रिपाठी जी में होत बा बजनिया
एहू तिरियाराज में सुख ना बा बेटिन के
एही दुखे डोली में रोवति जाति कनिया

एके दू कौर खा के राते दिन रहे के परी
देहि के जरावे लगी भूखि के अगिनिया
खैला के पहिले आ पाछे थारी जाँच करे
अइहें बुला के कुछ माई आ बहिनिया
ढेर खइला से सभे लागी बदनाम करे
ऐसने बा एकरे खन्दान के रहनिया

एही तरे कतना महीना ले रहे के परी
एही दुखे डोली में रोवति जाति कनिया

जाँचे के हमार मन सासु धरि दीहें कबो
हमरा बिछौना तर लड्डू आरू बुनिया
कुकुरो बिलारि मूस आके खाइ जाई तब
उल्टे घुमाई लोग हमरे पर घनिया
हँसि-हँसि के बानी कबो बिगिहें जेठानी आ
सासु कहि दीहें ई त बड़ी बा चटनिया
हमरा सफाई के रही ना सुनवाई कहीं
एही दुखे डोली में रोवति जाति कनिया

सासु दीहें ओठर कि एकर नइहरवा से
आइल कबो ना तनि ढंग के करनिया
एकर खन्दान जरिए के भिखमंगा हवे
करनी ना कौनो बस खाली बा कथनिया
एकरा महतारी के फूआ बियहल रहे
हमरा मौसी का घरे पाँड़े का जमुनिया
जानि गैनीं एकरा से घर ना चली हमार
एही दुखे डोली में रोवति जाति कनिया

आजु जात बानी बन्द होखे एक जेल बीच
जेलर जहाँ के सासु ननदी जेठनिया
हमके दिनरात डेरवैहें धमकैहें ऊ
लंका में जानकी के जैसे रकसिनिया
दुइ चारि सालि के न बाटे जेल के ई सजा
जेले में बीती अब सँउसे जिन्दगनिया
कौनो अदालत सुनी एकर अपील नाहीं
एही दुखे डोली में रोवति जाति कनिया

चोरी चुगलाई हम आजु ले न कैनीं कहीं
तुरलीं ना कौनो सरकार के कनुनिया
कौन बटे कौन दफा लागू बाटे हमरा पर
एकर ना पौनीं हम आजु ले समनिया
एकहूँ गवाही ना गुजरल विपक्ष में बा
केहू से न बाटे हमरा से दुसमनिया
बेकसूर हमके दियात जेल बाटे आज
एही दुखे डोली में रोवति जाति कनिया

काल कोठरी समान होई जेलखाना उहाँ
जहाँ पैसि पाई ना प्रकास के किरिनिया
डेढ़ पोरसा प कहीं जंगला जे होई एक
सासु उहाँ साजि दीहें झाँपी औरु मोनिया
जेठो-बैसाख में न सीड़ सूखत होई जहाँ
धुँआ से भरल घर होई कहीं कोन्हिया
चौकठे के भीतरी रहे के परी आठो घरी
एही दुखे डोली में रोअत जाति कनिया

लेवे के ना साँस ना बतास ताजा पाइबि हम
ओढ़े के परिहें कई पर्त के ओढ़निया
कहियो त गोड़ बड़ा जोर झिनझिनाय लगी
कहियो दुखाय अगियाय लगी चनिया
डाक्टर कही कि कम भैल बा बिटामिन बी
नैहर के भूत कही ओझा औरु गुनिया
केकर जबाब कौन कैसे दे पाइब हम
एही दुखे डोली में रोवत जाति कनिया

हमके सौंपि देले बा माई-बाप जेकरा के
जेकर रहे के बाटे बन के परनिया

उनहूँ से बोलत में देखि लीहें सासु कहीं
खीसिन बनि जैहे ऊ बन के बघिनिया
कहिहें कि कैसन कुरहनी ई आइल बा
एकरा नजर में बा तनिको ना पनिया
केहू कही अब्बे से आपन ई चीन्हे लगलि
एही दुखे डोली में रोअत जाति कनिया

छूटि जात बाटे आजु हमरा से माई बाप
छूटि जात बाटे आजु भाई आ बहिनिया
काका आ काकी के ना आँखी देखि पाइब हा!
छूटि जात नैहर के नाँव जगरनिया
बारी-फुलवारी सखियारी सब छूटि जात
सपना समान भैल नैहर के दुनिया
माई औरु बाप के रोआई बा न बन्द होत
एही दुखे डोली में रोअति जाति कनिया

बखरा हमार पिता देले जे दहेज मानि
किन्तु बाटे ऐसन समाज के चलनिया
कौना मसक्कत से रुपया ई जुटावल बा
ई ना लोग बूझेला समुझेला मँगनिया
केहू का बिदाई मिले केहू का पुजाई मिले
केहू नेग खातिर बा चढ़ि जात छनिया
लूटे आ लुटावे के हमरे धन बाटे इहे
एही दुखे डोली में रोअति जाति कनिया

बाप औरु दादा जौन संपति कमाइ गैले
औरी जे छोड़ि गैले उनहूँ के पुरनिया
सगरी दियाइल ह तब्बो ना ओराइल ह
तिलक दहेज वाला किश्त सोरहनिया

बेटहो के घर में ना हाय रहि पावल ऊ
लूटेले ओहू के नचनिया आ बजनिया
रोके के लूट ई अधिकार ना हमार बाटे
एही दुखे डोली में रोवत जाति कनिया

चौदहे बरिस घर राम छोड़ि दिहले त
पोथी के पोथी लोग लिखले बा कहनिया
जन्मभूमि छोड़ि देत बानी आजीवन हम
माथ पै चढ़ा के माई-बाप के बचनिया
हमरी बेर बाकी त दुकाहे दो सूखि गैल
बालमीक व्यास कालिदास के कलमिया
हमरा ए ब्याग प लिखाइल ना ग्रंथ एको
एही दुखे डोली में रोअत जाति कनिया

✦

धीरजकुमार भट्टाचार्य

औरंगाबाद

ना कहब ओकनी दूध पियले रहे कि ना रहे
ना कहब कुछ आशा ला जियले रहे कि ना रहे
आज सूतल बाटे भुँइया, कफन रहे कि ना रहे
ओठ में लहू बा, गंगाजल रहे कि ना रहे
के पुछलक, चेहरा से ना बुझाता,
आपन जात के रहे कि ना रहे

आगे ममिला फँसल बा, केहू के हाथ रहे कि ना रहे
चउअन गो जान रहे, कुछ कीमत रहे कि ना रहे
सब केहू समझ के चुप बा
कि कुर्सी सलामत रहे कि ना रहे!

✦

नजीर बनारसी

भिनसहरे

गरे में डारि के किरिनन के हार भिनसहरे
ऊ रोज आवै लैं गंगा के पार भिनसहरे

रहींला घाट प हम, सूर्य जब उदै होलैं
करींला एक नजर जा के चार भिनसहरे

परान देहलो प केहू खरीद' नाहिं सकत
लगैला सुन्नरियन के बजार भिनसहरे

चमक-चमक के लहरिया उठैला गंगा में
ठुमक-ठुमक के चलेला बयार भिनसहरे

सरीर घाट प डोलेला नाव के नाईं
रहेला मौज में जियरा हमार भिनसहरे

अन्हरिया देखि के अँखियन से तोर उजियरिया
तोरे दुआरे पटकलस कपार भिनसहरे

सुरुज के ओट से निसदिन ई ताक-झाँक तोहर
घरे से हमके लियावेला यार भिनसहरे

तू ई बतावऽ कि रतिया कहाँ बितावेलऽ
देखाइ देला सुरतिया तहार भिनसहरे

जो सुनलीं ध्यान से, मनवा हमार झूमि गयल
लहर-लहर जे बजवलस सितार भिनसहरे

हिरदै से जे के लगल हौ उहै करी दरसन
सबै दुआर बनी हरिदुआर भिनसहरे

के जाईं उनके जगावे बदे, ऊ खिसियालिन
तू काहे आके सतावेलऽ यार भिनसहरे

पात-पात प लिखलीं जे रात के पाती
किरिन के तार प भेजेला तार भिनसहरे

ई के के सुरुजनरायन दिखावेले ऐना
ई कौन रोज करेला सिंगार भिनसहरे

ऊ सरवा राते धतूरा मिला के देलस का?
भँवर के नाईं झुमवलस कपार भिनसहरे

हईं सुनले हमउँ कि रोज-रोज निपटे बदै
नजीर आवेले गंगा के पार भिनसहरे

◆

नारायणदास भक्तमाली

शिव जी के बरियात

अरे बाप रे बाप!
कइसन-कइसन भूत-प्रेत कइसन-कइसन साँप
अरे बाप रे बाप!

चलले पराइ कौनो लेवे जनि चाँप
तरवा चटकले करेजा उठल काँप
अरे बाप रे बाप!

छूटेला पसेना साँस टूटे हाँफ हाँफ
माई-बाबू पूछे लगलन अँचरा में झाँप
अरे बाप रे बाप!

ना जाने नगर के कवन उदय भइल पाप
प्राण बची आजु कवना पुण्य के प्रताप
अरे बाप रे बाप!

शिव के बरात के विचित्र परल छाप
नगर सुनसान भइल लागे खुँटियाखाप
अरे बाप रे बाप!

केहू करे भय से बिलाप आ प्रलाप
केहू करे आँखि मूँदि राम नाम जाप
अरे बाप रे बाप!

कहेलन 'नारायण' मिटी सबकर संताप
शिवजी दयालु दीहें उथपल के थाप
अरे बाप रे बाप!

निलय उपाध्याय

भोर

सरग के पार नदी में
छप-छप
नहातिया एगो मेहरारू

सोना के थरिया में अछत-दूब लेके
पुरइन के पतई प खाड़ होई
खाड़ होई
महावर से रचल पाँव

घूघ हटाई आ राँभे लागी गाय
घूघ हटाई
आ नाद प दउर जइहें बैल

झाड़ू उठाई
झक-झक साफ करी घर
चूड़ी बजाई...जगाई—
उठऽहो
जाय के बा तहरा
पहाड़ के ओह पार...

नीरज़कुमार पाठक

केने-केने, का-का

का बचावत बानीं पंडी जी?
आपन टीक?
बचाईं।

रउआ मोलबी साहेब?
आपन दाढ़ी?
बचाईं।

सरदार जी, रउरा?
आपन पगड़ी?
ठीक बा... ठीके बा...

आ रउआ नेता जी?
पंजाब, कि कश्मीर, कि आपन कुर्सी?
खैर, बचाईं, कुछुओ बचाईं।

देखां ना, हमरा त बुझाते नइखे
कि हम का-का बचाईं
गाँव में घर बचाईं
कि जंगल में गाछ?
शहर में हवा बचाईं
कि गाछिन पर घोंसला?

अखबार में सचाई बचाईं
कि राजनीति में मूल्य?
मन में भरत के बचाईं
कि अयोध्या में राम के?
बोलीं लोग ना
केने-केने, का-का बचाईं?

✦

परमेश्वर दूबे 'शाहाबादी'

भरमल जिनिगी आज-आज में

भरमल जिनिगी आज-आज में

लोक लाज अब राम भरोसे
मान-मनउअल काम भरोसे
चंचल छाया मन ममता के
बाझल नखरा नया नाज में
भरमल जिनिगी आज-आज में

खरवरिया सुख नाचत काया
जन-जन जाँचत बा बेहाया
तड़पत ताप तेज तेवर के
निरखि लुकाइल लाज लाज में
भरमल जिनिगी आज-आज में

कइसन रछेया? के रक्षक बा?
अपने मन आपन भक्षक बा
नाज रहे जवना साथी पर
अझुराइल ऊ खोज व्याज में
भरमल जिनिगी आज-आज में

तन एकतारा तार टनाइल
फिकिर मोंछ अँइठत रगराइल
कइसे बाजी छूँछ बाँसुरी
रूठ गइल सुर साज-साज में
भरमल जिनिगी आज-आज में

✦

पाण्डेय आशुतोष

कम-से-कम रात भर ठहर जाईं

कम-से-कम रात भर ठहर जाईं
आँख के कोर तक पसर जाईं

ताल-पोखर के बात ना भूली
जेमें हमनी के डूब उतराईं
हमनी खेलीं जा खेत खरिहाने
ढोल गटई में डार के गाईं

नीम के डार में लगे झुलुहा
ओकरे फुनुगी से हम उतर जाईं
रात के ताल में खिले कूईं
मन में गमके त हम सँवर जाईं

कम-से-कम रात भर ठहर जाईं
कुछ त जिनिगी के बात बतियाईं

अब त गुजरी इयाद आवेले
ओकरा देखे बदे हहर जाईं
दउरे पटुआ लपेट के हरिया
हमनी भालू समझ के डर जाईं

अब फुलाई ना मन के जलकुंभी
चइता-फगुआ के दिन बिसर जाईं
कम-से-कम रात भर ठहर जाईं
काल्ह खा-पी के दूपहर जाईं

कम-से-कम रात भर ठहर जाईं
आँख के कोर तक पसर जाईं

✦

पाण्डेय कपिल

खोल द दुआर

खोल द दुआर
भोर हो गइल!

किरिन उतर आइल
आ खिड़की के फाँक से
धीरे से झाँक गइल
जइसे कुछ आँक गइल
भीतर से बन्द बा केवाड़ी त
बाहर के साँकल के
पुरवाई—
झुन से बजा गइल
आँगन के हरसिंगार, दुअरा के महुआ-जस
चू-चू के माटी पर अल्पना सजा गइल
ललमुनिया चहक उठल
बंसी के तान थोर हो गइल!
खोल द दुआर, भोर हो गइल!!

रोज के उठवना-जस—
उठऽ
अब जागऽ त
किरिन-किरिन जूड़ा में खोंस ल
झुनुक-झुनुक साँकल से
पुरवाई बोलल जे

पायल में पोस ल
अँचरा से महुआ के गंध झरल
हरसिंगार गंध साँस-साँस में भरल
अँगना तूँ चहकऽ ललमुनिया-जस
दुअरा हम बंसी बजाईं
कि मन मोर, मोर हो गइल!
खोल द दुआर, भोर हो गइल!!

✦

पाण्डेय सुरेन्द्र

जागल बीत जाला रात

आवे ना नींद
जागल बीत जाला रात
कतहीं खजूर पर अँटकेला चाँद
कतहीं जीभ पर बात

पलक के खिड़की
खुलल के खुलल रह जाला
सिहकेला कतहीं बतास
जीव मह जाला
बान्हल बा कतहीं समुन्दर
मरजाद में—
परबत के ई बिसवास
काहे ना ढह जाला

उमड़ेला हिरदया में
संका पर संका
बात पर बात
एह अथाह में पड़ल मन से
कुछुओ काहे नइखे कहात

कतहीं खजूर पर अँटकेला चाँद
कतहीं जीभ पर बात
आवे ना नींद
जागल बीत जाला रात

✦

पी० चन्द्र विनोद

भोजपुरी भटियाली

आरे ओऽऽऽ
हो मलहवा मोर भाई
तोहार कसम, राखब नाहीं, बाकी अब खेवाई
मोर भाई!

बाकी-साकी लेनी-देनी
भइल भूल-चूक
का कहीं आ का छिपाईं
उठे मने हूक
हो मलहवा मोर भाई
खून-पसेना एक करींले, पाईं नाहीं पाई
मोर भाई!

भरल आँखी लोर बा
फाँड़ा में झरल फूल
लेलऽ आपन कुल खेवाई
जे बा अनुकूल,
हो मलहवा मोर भाई
चान-सुरुज तोहार बाप-दादा के कमाई
मोर भाई!

सुख जोहतऽ दिन सिराइल
दुख काटतऽ रात

ऊँचा-खाला पाँव पड़ेला
के बुझेला बात
हो मलहवा मोर भाई
हाली-हाली पार करावऽ, पाटऽ एगो खाई
मोर भाई!

✦

प्रकाश उदय

भउजी माने झगरी

भउजी माने झगरी
पानी माने मछरी
ना धइला खतिरा
बुड़ि-बुड़ि पोखरा नहइला खतिरा

मारे-मारे उपटी
भइयो जी के डपटी
छोड़इला खतिरा
'बाचा बाटे' कहिके बचइला खतिरा

सरदी में हरद्री
पियाई जबरजसती
दवइया खतिरा
घासो गढ़े जाय ना दी गइया खतिरा

कमरा प कमरा
ओ प अँकवरवा
जड़इया खतिरा
अपने के गारी दी सतइला खतिरा

जसहीं टँठाइब
फेरुओ डँटाइब
काथी दोनी कब दोनी कइला खतिरा
अउरू ना त डेलिए डँटइला खतिरा

✦

प्रभुनाथ मिश्र

बलुरेतवा पर हमरी पलानी मितवा

बलुरेतवा पर हमरी पलानी मितवा

जहाँ उगिलेले उमस सुरुजवा के जोत
जहाँ जड़वा में लउकेला आड़ ना अलोत
जहाँ बरखा में उमड़ेला पानी मितवा

जहाँ धरती के टेढ़-मेढ़ गहिर निसान
असमनवा के छुए के लफेला मैदान
जहाँ भुँइया छिंटाइल बा चानी मितवा

जहाँ नदिया से मटिया के मिलेला सिंगार
कहीं ऊँच-ऊँच टिलवा आ कतहीं अरार
जहाँ पनके पवन में जवानी मितवा

जहाँ ठाँवा-ठाँइ पसरल बबुरा के काँट
जहाँ आइ के बटोहिया भुलाइ जाला बाट
हम दीयर-दाना के परानी मितवा
बलुरेतवा पर हमरी पलानी मितवा

✦

प्रभुनाथ सिंह

बीच सड़क पर

सनसनात ट्रक से
पिचराइल लावारिश कुत्ता के लाश
बस के बम्फर से लागल
कवनो अनजान राही के
छटपटात, पानी खातिर
अन्तिम साँस
बीच सड़क पर

घुसुकत आ रहल बा मकान
खेत-खरिहान, बथान
पर-पैखाना के अस्थान
खटिया-मचिया-मचान
लइकन के खेले के मैदान
चाय-पान के दुकान
भक्त हनुमान के जन्म-स्थान
बीच सड़क पर

कइसे चली एह देश के इंसान
सरग में सीढ़ी लगावऽ हे भगवान!
बनावऽ आकाश में कवनो राह
नाहीं त लागी अब तोहरो पाह

✦

प्रिंसिपल मनोरंजन प्रसाद

तब के जवान अब भइले पुरनिया

अबहूँ कुहुकिए के बोलेले कोइलिया, नाचेला मगन होके मोर
अबहूँ चमेली-बेली फूले अधिरतिया, हियरा में उठेला हिलोर
अबहूँ अँगनवा में खेलेला बलकवा, कौआ मामा, चिल्हिया-चिल्होर
अबहूँ चमकिए के चलेले तिरियवा, ताकेले भुँइअवे के ओर

चोरी-चोरी अबो गोरी करेली कुलेलवा, चोरी-चोरी आवे चिततोर
भूलि जाला सुध-बुध, काम-काज, लोक-लाज, करेले जवानी जब जोर
दुनिया के रंग-ढंग सब कुछ ऊहे बाटे, ओइसने बा जोर अउरी सोर
कुछुओ ना बदलल, हमहीं बदल गइलीं, बदलल तोर अउरी मोर

तब के जवान अब भइले पुरनिया, देहिया भइल कमजोर
याद जब आवेला पुरनका जमनवा, मनवा में होखेला ममोर
कुछ दिन अउरी धिरज धरु मनवा, जिनिगी के दिन बाटे थोर
पाकल-पाकल केसिया में लागे ना करिखवा, राम जी से करु ई निहोर

✦

बरमेश्वर सिंह

भितरिया बात

जब-जब जाईंला
हम
उहँवा
निरउठ मन लेके
जुठिया देली ऊ
हमार मन
बरबस

जब-जब लवटींला
उहँवा से
सँखरी मन लेके
बड़ा दुखाला
मन के
दुबारा खँधारल

तइयो
मन तुलसीदास
घेरि-घेरि हमरा के
ले जाला उहँवा
बरमहल

बाकिर, झूठ ना
हमहूँ
ओह घरी
झूमत

गुनगुनात
चुटकी बजावत
बढ़त चलि जाईंला
उहँवा के राह पर
काँट-कुस
ऊँच-खाल
नदी-नाल
रँउदत
फानत
लाँघत
हाहे-फाँफे
टाइम-कुटाइम
कबहूँ

अइसे
हमार रत्नावली
बेरि-बेरि
जुठिया त देवेली
धोवल-धावल
हमार मन
बाकिर
भुलाइयो के
कबो
घिंघोरेली ना

एही से
हमहूँ
ढील दिहले बानी
आपन राम के
रामायण लिखल
अबहीं

✦

बलदेव प्रसाद श्रीवास्तव

डोम

गवनी के बाहर बगइचा के पास में
डोमन के घर ना, खोभार बाटे बाँस में
जिनिगी भर जनलस ना कूँआ के पानी
तेहू पर कहेला हिनुए नू बानी!

सूअर के साथी ई सुअरो से बदतर
कुकुरो ना करिहें स एकनी के परतर
धोबी के धोअल ई कपड़ा ना जाने
बाते सफाई के मन में ना आने

बाबू के बेटी के शादी के बेरा
भोरे से दुअरा लगवलस ई डेरा
धइलस ई दउरा में पत्तल बिटोर के
कउआ आ कुकुर से छीन के आ छोर के

अठवरन ई जूठे पर कइलस गुजारा
कफने के कपड़ा बा एकर सहारा
मालूम ना एकनी का कइसे सहाला
गरमी के गरमी आ जाड़ा के पाला

जुग-जुग के मारल सतावल धरम के
कोसेला भकुहा ई अपना करम के
एके गो मड़ई में परिवार भर के
सूतेला एके में गोड़-मूँड़ कर के

कबहूँ ना घर ई बनवले स फरके
गँवई के हो डोम चाहे शहर के
पीएला गड़हा आ गड़ही के पानी
मइले अँगौछा में सतुआ ई सानी

दोसन के मइला फेंकेला ई पागल
मड़ई में एकरा गलीजे बा लागल
कहियो ना अभिमान जीवन में जागल
कहियो ना मनसा से भय-भूत भागल

बाबू के दुअरा बहारेला रोजो
नइखे ई मन में कि अपना के खोजो
कहिया ले सुतबे, खड़ा तनिका हो जो
गइल पंच आगे, दउर तेहूँ; जो, जो

डगरा में रच दी कमल-फूल-पत्ती
बारी ना घर में कबो तेल-बत्ती
सिंघा बजा के जगत के जगवलस
भयभूत भारत के मन से भगवलस

अपना के अँइसे ई कइसे बनवलस
दुनिया बढ़ल ई कदम ना बढ़वलस
मुँह एकर कत्ता से कादो चिरल बा
उलटा विधाता बा, कइसन फिरल बा

होके कलाकार बेबस, घिरल बा
गड़हा गरीबी के गच से गिरल बा
मड़ई में एकरा अमावस रहेला
आन्हर अन्हेरा के कइसे सहेला

कवन ह, कहाँ बा, कहाँ ले ई जाई?
बुद्धू, बहादुर के, के ई बुझाई?
जनबे ना कइलस पढ़ाई-लिखाई
के शंख फूँकी आ कहिया जगाई?!

'रे' छोड़ 'रउरो' कहइहें स कहिया
कहिय। कहइहें स बाबू आ भइया!

बलभद्र

काका के गइला के बाद

चाय त बनी॥ रोज॥ बूढ़, जवान, लइका, मेहरारू—सभे सुरुकी॥ ना होइहें त एगो मुखिया काका॥ खाटी के पाटी से ना होई लागल उनुकर डंटा॥ दोसर कवनो डंटा उपरा लिहें स लइका॥ खेलिहें स घोड़ा-घोड़ा॥ केहू अउर के लुकवा के जूता लुका जइहें स लइका॥ जगहा पर ना पा के जूता, केहू अउर उहाँ होई—मने मुसुकात, मुँहे छिछियात-बिखियात॥

आसमान में बदरी—कबो झमरी, भा करी खूब झापस॥ फुहियाई, भा फाटी, भा घमरस बरखी॥ कबो दिन-दिन भ सूरुज के सँवस ना लागी कि झाँकीं॥ त आँख प तरहत्थी के ओट से, जब कवनो मौसम-विज्ञानी, थाही, कि कब ले निबद्दर हो पाई आकाश—काका के आई इयाद॥

केहू किहें हित-नात अइहें॥ तै-तापर होई शादी-बियाह॥ बिकाई-किनाई केहू के बैल॥ गाय बियाई॥ केहू घरे सोहर गवाई॥ भा आई कवनो आफत॥ झाँकियो ना पारी जब केहू किहाँ केहू॥ त काका के रहला के माने बुझाई॥ काका के गइला के बाद॥

जे उठावत रहे तनखाह॥ हलुको-पातर नगद के आवग रहे जेकरा॥ ना जानि पावल ऊ, काका के घुकुड़ियाइल कद-काठी के राज॥ उनुका बूता के बहरी रहे काका के मन के पीर-पहचान॥

समिलात सताइस बिगहा के जोत॥ परथकू होखे तक जवना के, शान से गिनत-गिनावत अइले आपन॥ बान्हि के राखल चहले जवन इज्जत-बरोह॥ हर लेलस ऊहे, उनुका भीतर के आग-

पानी॥ उनुका बारे में जवन चाहत बानीं कहल साफ-साफ॥ अँटक के अझुरा जा रहल बाटे बिचहीं॥ उनुका जिनिगी के तार, के जाने कवन-कवन दुविधा में, ना झनक पावल, अपना रँग-राग में॥ कबहीं॥

एह धरा-धाम से मुकुती के, महीना-डेढ़ महीना पहिले के, बात उनुकर, नाच रहल बाटे, सुरता प हमरा॥ कि सचहूँ, जाति-जनेव से अदिमी के पहचान बा अनेर...॥ कि अदिमी के सोचे के परी, अदिमी बन॥ उनुका जिनिगी के रहे ई निचोड़, कि कवनो, मुँहदेखल बात!॥

उनुका गइला के कइ-कइ दिन बाद ले, रोज साँझ खा, काकी, जोहत रही, बगही से उनुका लवटला के बाट॥

(बगही—एक ग्रामीण बाजार)

◆

बलराज पाण्डेय

देश के अगुआ

जाते धरमे बाँटि देले हीरा अइसन नगरी
डायनासोर नेता जी के जइहऽ जनि कगरी

सुनऽ हो किसान भइया सुनऽ हो मजूरवा
चलहूँ ना बोलहूँ के जेकरा सहूरवा
ओके अगुअइया में ई देश कइसे सुधरी

बरिस पचासा भोगत भइले तबो ना अघइले
जवने पवले लूट-पाट के जेने-तेने धइले
चारो ओर उछालऽ तारे देसवा के पगरी

गुण्डा बदमास इनके हीत-नात-गोतिया
कवरा कलेवा भइले अबर-दुबर-सोझिया
इनका खाती जनता जइसे भेड़ अवरू बकरी

बिजेन्द्र अनिल

कहाँ मिली

हम कबीर के बानी, हमरा पानी कहाँ मिली
टापू में बइठल बानी रजधानी कहाँ मिली

साँप अउर सीढ़ी के खेला होखत बा इहँवा
देश भइल माटी अब सोना-चानी कहाँ मिली

भइल अन्हरिया अउर सघन, जोन्हिन से का होई
प्रेम अउर ममता के सनल कहानी कहाँ मिली

सिंहासन प देखऽ गेंडुर मारि साँप बइठल बा
घुलल हवा में जहर, चुनरिया धानी कहाँ मिली

लाल दुपट्टा सबुज भइल, भालू अगराइल बा
ताजमहल दरकल, रस-मातल बानी कहाँ मिली

चक्रबीहु ना टूटल, अभिमन्नू फिर जबह भइल
अर्जुन जब ले ना जगिहें, कुरबानी कहाँ मिली

✦

बेढब बनारसी

नाँव मंत्री के अब रटींला हम

नाँव जेकर बहुत जपींला हम
ऊ त गुमनाम हौ सुनींला हम

शिव क, दुर्गा क पाठ का होई
नाँव मंत्री क अब रटींला हम

जब से देखलीं ह रंग हम ओनकर
मन ओही रंग में रँगींला हम

छ रुपइया किलो मलाई हौ
नाम खाली रटल करींला हम

घिव क नाहीं मिलत जलेबा हौ
चाह ओनके बदे धरींला हम

तू त भइलऽ सिमेंट क बोरिया
इंतजारी में नित मरींला हम

अस फँसउलन कि का कहीं भयवा
ऊ चरावेलँऽ आ चरींला हम

तू लड़ाई में पार का पइबऽ
राजनीतिक समर लड़ींला हम

लोग हम्मे कहेलन 'बेढब' हौ
बात ढब के मगर कहींला हम

✦

ब्रजकिशोर

बिसवास

गाँव का बहरा
टूटल पलानी
रहेला ओमें
अदद एक परानी
ना कपड़ा, ना लत्ता
ना बरतन, ना बासन
ना कतहीं बा लउकत
बइठे के आसन

गँवे से साँझ उतरि
आइल बधार में
रात अन्हरिया सियाही जवार में
लुगरी का आँचर से
तोपि-झाँपि दियरी
रखली दुआरी पर
धरती के धियरी

सहजे हम पुछलीं
कि ए बुढ़िया माई
काहे के दिया-बाती
लछिमी का आई?
साँझ भइल जिनिगी के
अबले ना अइली
अलगे से ठाढ़ होके
मुँहवे बिरवली!

सुन के सवाल
तनी हँसली ऊ बुढ़िया—
बड़ी बेरहम होले
बेटा ई दुनिया
लछमी जी आवस भा मति आवस
नउनजी से
जिनिगी ना बीते ई
मनई का मरजी से!

बाकिर बिसवास ई त
आपन ह खासे
असरा के वास
पास जिनिगी के साँसे
जिनिगी के साथ के
ई दियरी सँघाती
गीत इहे मनवा—
परनवा के बाती!

हमार बिसवास कहीं—
छूटे ना हाथ से
एही से दीया
लगाईंले माथ से।

✦

ब्रजकिशोर दूबे

बाबू जी के चिट्ठी

अपना गाँव-घर के नेहिया जनि भुलइहऽ बबुआ
कबहूँ सपनो में सुधिया तू ले अइहऽ बबुआ

जइसे-जइसे जिनिगी के साँझ नियराले
साध एगो मनवा में बड़ अगराले
कहि के बाबू जी अचाका में बोलइहऽ बबुआ

ठेंगुरी प ढोवऽ तानी जिनिगी के बोझा
करे मन रहितऽ नजरिया के सोझा
धनवा पाछे, पुनवा पहिले कमइहऽ बबुआ

फुलुंगी के जरि से बिलग जनि करिहऽ
बेली अस फुलिहऽ तू, आम अस मोजरिहऽ
जुड़ छाँह बनि जग के जुड़इहऽ बबुआ

बेरि-बेरि लिखलऽ न एको बेर अइलऽ
कान्ह प चढ़लका आ घुघुआ भुलइलऽ
कइसन लागेलऽ तू ए घरी देखइहऽ बबुआ

बाड़ऽ तूही माई-बाबू जी के आखिरी अलम
बा ओरात जात आँख अवरू ठेहुना के दम
धइ के अँगुरी शिवाला में ले जइहऽ बबुआ

तीन ओर घर के देवाल भहराइल
अँगना में जहें-तहें घास उगि आइल
थूम्ही लरही घुनल में लगइहऽ बबुआ

भोरे-भोरे काागा बड़ आस लगवावे
देखि-देखि माई के नयन भरि आवे
मनसा माई के तू अपना पुरइहऽ बबुआ

मनवा हमार रोज-रोज गोहरावे
बनवा से राम के भवनवा बोलावे
दशरथ जी के हाल जनि करइहऽ बबुआ

◆

ब्रजभूषण तिवारी

हथ-पइँच

अबहीं मत अइहऽ रमेसर॥ बाढ़ बा आइल॥ बधार के बोअल मोसल्लम दहा गइल॥ केहू के कुछ ना उजियाइल॥ दुइए घर बाँचल बा गाँव में॥ आपन आ राय के॥ अतने अलम बा, आ कम ना, कि टेसन से साफ हो गइल बाटे राह॥ काल्हुए अइले हा राय के बेटा॥ अउला ले अइले हा रुपया॥ बँटले हा सबके॥ हथ पइँच॥ डेढ़ा प॥ केहू के 'ना' ना कइले बेचारू॥ जे सुनल सेही सराहल कि भइले सहाय एह बाढ़-बूड़ा में॥ कि गाँवे के छोहे, कलकत्ता के छोड़ के सूदी-किस्ती के कमाई, धावल चल अइले हा॥ आछा त हमहूँ, मुँहखोल कोठिला, बँटनी अनाज—अढ़ैया प॥ पुन्न के काम॥ नाम भइल सँउसे खन्दान के, जवार में॥ अगिला फसल प अइहऽ॥ असुलाई॥ अन्न के, ना-ना-ना, पुन्न के कमाई॥ अढ़ैया॥ अपने होई हरवाही—रग्घू भा रोहन भगेड़न के कियारी में॥ अइहऽ, बैलन के दू जोड़ा अवरू किनाई॥ का कहीं, नगदो कुछ रहित बँटाइल, त ट्रैक्टर सोचाइत॥

गाँव-घर के का हाल? मत पूछऽ॥ कोइरी टोल से पाँच, बभनटोला से तीन गो उठ गइल लाश॥ छूत के बेमारी ह हैजा॥ लइकन के ममहर पेठवनी हा, हाहेहुती॥ घर के, बाढ़ आ हैजा के कोप से बचावे बदे, बानी बस हम, आ हमार बन्दूक॥ पतोहियो के भेजनी हा साथे॥ कह देले बानी कि बिना राजदूत, ना होई अबकी रोकसद्दी॥ अबहीं उमिरिए का भइल हमरा बेटा के॥ भल बा हीत लोग॥ बात समझ ली॥ पछिला बेर, अपना ओर सूखा में, बोअले कुछ रहले हा उहो लोग—डेढ़ा, अढ़ैया॥ अबकी बे कटले बा॥ लौटा देनी हा भँइस॥ बिसूख गइल रहल ह बेचारी॥ गाय के दूध नीमन ह, ओकरे से होखेला बूधी-गियान॥ बल के, आजु के जमाना में कवन काम॥ कहनी हा, सुनले हा, मनले हा, नतिया के नाना॥ अबकी बे भेजिहें जा गाये, पतोहिया के साथे॥ लगहर॥ त अइहऽ रमेसर॥

✦

ब्रजभूषण मिश्र

चान उगला पर

आज पूरनमासी के
उगले जब चान
फइल गइल गाँव-घर उज्जर धपाधप
अइसन अँजोरिया—

कि समरथ लौ
खुश भइल
चलि गइल
खेले ला—
बाया में झिझिया
पीये ला—
बून-बून बरसत अँजोरिया

कि खुश भइल
गाँवे के छठुआ
फूस के मड़ई में
राहत के साँस लेत
बाँच जाई
ढिबरी भर
माटी के तेल

✦

भगवतीप्रसाद द्विवेदी

बचपन अगर बचावे के बा

बचपन अगर बचावे के बा
फूल बचाईं जी!

फूल बचावे के होखे
पाँखुरी मरोड़ीं मत
मत नीलाम करीं खुशबू के
विष अब घोरीं मत
जहर घोरि के मासूमन पर
कहर न ढाईं जी!

तितली के उड़ान पर बंदिश
कबो लगाइब मत
पाँखी के पर कतरि
दइँतन-अस हिहियाइब मत
ओह अबोध आँखिन में
सूरज चान उगाईं जी!

पेट भूख के शाला में
अलचारी आज पढ़े
बिना तेल के बाती
भभक-भभक के रोज जरे
झंझावत न छले दिया के
जुगत भिड़ाईं जी!

घर भर के, घर के कुक्कुर के
खेल-खिलौना जे
खाइ डाँट-फटकार, लोर पी
बनल डिठौना जे
नीन परी, तोतराह सपन
ओकर लौटाईं जी!

बचपन के बचपना
अउर शैतानी बनल रहे
खेलकूद धींगामुश्ती
नादानी बनल रहे
नटखट अल्हड़ हँसी फुला के
फरीं-फुलाईं जी।

✦

भुवनेश्वरप्रसाद 'भानु'

घर के ना घाट के

बानबे में बैल बेचलीं, गाय बेचलीं ग्यारह में
बाइस में भइँस बेचलीं, कहला से लाट के
सूद प सवा सौ लेलीं, दाखिल जमानत कइलीं
चीज सब बेंच देलीं, भाइयन से बाँट के
साते सौ में सात पाई जमींदारी बेचि देलीं
सीसो सात पेड़ बेंचलीं सैंतिस में काट के
मेम्बरो ना भइलीं, भइल जब्ती जमानत के
खब्ती के मारे भइलीं घर के न घाट के

✦

भोलानाथ गहमरी

कवने खोंतवा में लुकइलू

कवने खोंतवा में लुकइलू, आहि रे बालम चिरई
आहि रे बालम चिरई

बन-बन ढुँढ़लीं, दर-दर ढुँढ़लीं
ढुँढ़लीं नदी के तीरे
साँझ के ढुँढ़लीं, रात के ढुँढ़लीं
ढुँढ़ली होत फजीरे
मन में ढुँढ़लीं, जन में ढुँढ़लीं
ढुँढ़ली बीच बजारे
हिया-हिया में पइठि के ढुँढ़लीं
ढुँढ़लीं बिरह के मारे
कवने अँतरा में समइलू, आहि रे बालम चिरई
आहि रे बालम चिरई

गीत के हम हर कड़ी से पुछलीं
पुछलीं राग मिलन से
छंद-छंद लय-ताल से पुछलीं
पुछलीं सुर के मन से
किरिन-किरिन से जा के पुछलीं
पुछलीं नील गगन से
धरती औ पाताल से पुछलीं
पुछलीं मस्त पवन से
कवने सुगना पर लोभइलू, आहि रे बालम चिरई
आहि रे बालम चिरई

मंदिर से मसजिद तक देखलीं
गिरिजा से गुरुद्वारा
गीता अउर कुरान में देखलीं
देखलीं तीरथ सारा
पंडित से मुल्ला तक देखलीं
देखलीं घरे कसाई
सगरी उमिरिया छछनत जियरा
कब ले तोहके पाईं
कवने बतिया पर कोहँइलू, आहि रे बालम चिरई
आहि रे बालम चिरई

◆

महेन्द्र गोस्वामी

चुप रहऽ

चुपचाप रहऽ
ना त मुँह ध के जाब देब
सुन ल, ए हमार बएल!
जवन सानी-पानी मिलत बा
खइबऽ त खा
चरन अखाड़ऽ मत
ना त नाथ देब।
ढहबऽ ?
देख ल हाथ के पैना
कतना सीधा ह, हउ देखऽ चुपचाप मैना।
देह फोर देब
घर में बान्ह देब
छटपटा के, डकार के कुछऊ ना करबऽ।
गाड़ देब मोटा खूँटा
हिली-डोली ना
देह भाँजत रह जइबऽ...

अंाने का देखऽताड़ऽ ?
ऊ त साँढ़ हवन स
जवन मन करेला तवन करेलन स
जेने लउकेला हरियर, चरेलन स
तू बाड़ऽ खूँटा प
ऊ बा छूटा
भुला मत।
तू हरे ना चलबऽ

त का हमरा भोजने ना भेंटी?
धिरावऽ मत
खेत टरैक्टर से उखाड़ लेब
पटपटा के रह जइबऽ
रांगा नियन गल जइबऽ।
मोटहन ई पगहा—टूटी ना
बिलाइती माटी के चरन—फूटी ना।
खूँटा बदल देबऽ
त का आजादी मिल जाई?!

एके त बूढ़
दोसरे गरदन में मोट पगहा
खुरछारऽ मत
मुद्धी छटकइलीं कि अनेरिया भइलऽ
केहू पूछी ना
राखी ना केहू, बेलावल के—
खूँटा प अपना।
सभ सान घमंड चूर हो जाई
तब? पछतइबऽ
एने-ओने चरबऽ त लाठी से पिटइबऽ।
जवने मिलत बा खा-पियऽ...
चुपचाप रहऽ।
ससुरू के बुझाते नइखे
कि तीस बरिस के जोतल
आपन खूँटा प बान्ह के खियावत बानी!
तू का जानत रहऽ
जवन मन करी तवन करबऽ?
ईहे आजादी होई
कि ना अगोरिया रही ना रखवार?
मुँह धो के रखिहऽ
ऊ बीत गइल, तीसो गरमी के दिन

खूब छुट्टा चरलऽ-चरववलऽ
दादा रे दादा!
ज़रि से ठूँठ हो गइल
खेत-खरिहान
दउरी-दोकान
आर-पगार
अब ना मिली अतना फएल
सुन ल ए मोर बएल!

✦

महेन्द्र शास्त्री

कमइया हमार चाट जाता

कमइया हमार चाट जाता
इहे बाबू-भइया

जेकरा आगे जोंको फीका
अइसन ई कसइया
दूहल जाता खूनो जेकर
अइसन हमनी गइया—
कमइया हमार चाट जाता
इहे बाबू भइया

अंडा-बच्चा साथे हमरा
दिन-दिन भर खटइया
तेहू पर ना पेट भरे
चूस लेता चँइया—
कमइया हमार चाट जाता
इहे बाबू भइया

एकरा बाटे गद्दा-गद्दी
हमनी का चटइया
एकरा बाटे कोठा-कोठी
हमनी का मड़इया
कमइया हमार चाट जाता
इहे बाबू भइया

जाड़ा में बा ऊनी एकरा
खाए के मलइया
हमनीं का त रातो भर
खेलाइलें जड़इया—
कमइया हमार मार जाता
इहे बाबू भइया

✦

माहेश्वर तिवारी

अँगना भइल उजियार

मोरे अँगना भइल उजियार
चननिया से फूल झरेला

परग-परग पर
फूल छितराइल
अँखिया के पाँखी
जगो-जगो अझुराइल

जइसे रतिया के मँगिया कुँआर
चनरमा सेनुर भरेला

चारो ओर नेहिया के
लहर पटोरा
धना के अँजुरिया में
चान के कटोरा

हिले जइसे-जइसे हाथ के डउँगिया
छलकि अमरित ढुरेला

✦

मिथिलेश गहमरी

हमहूँ मोती जोहत बानी

कांकर-पाथर-घोंघा-सितुहा भरल समुन्दर टोहत बानी
हमहूँ मोती जोहत बानी

अनचितला में डोल गइल मन
कर से छूटल सुधि के दरपन
हर छन तलफत साँचल नेहिया
झुलस रहल जिनिगी के मधुबन
आग बुझावे खातिर बदरा माँगे अब सूरज से पानी
हमहूँ मोती जोहत बानी

काठ के उल्लू बोले लागल
भेद हिरामन खोले लागल
ध्यान लगवले बाटे बकुला
सोन मछरिया डोले लागल
पचरा गावत भूत नसावन, जबरी माँगत बा कुरबानी
हमहूँ मोती जोहत बानी

दूध भराइल कंचन गगरा
लागि गइल गेहुँअन के पहरा
सबकर प्रान परल साँसत में
काँप रहल बा आल्हर जियरा
गाँव-नगर में कर्फू लागल, अचके लुटा गइल रजधानी
हमहूँ मोती जोहत बानी

✦

मुँहदुब्बर

नइहर के माजा ना मिली हो दादा

धाने के भात मटरवे के गादा
नइहर के माजा ना मिली हो दादा

चिउरा मनसरा मनसरी के चाउर
कामिनी कटारी बहरनी के जाउर
धाने धरोहर ह धरती के धाजा
नइहर के माजा ना मिली हो दादा

गोंयड़ा बधारी में दिगमिग फुला के
फर के लदर जाला ढेंढ़ी ढढ़ा के
डलिया भर छिमिया छोहारा-अस ताजा
नइहर के माजा ना मिली हो दादा

छूटल बपौती के कुल जिमीदारी
ससुरा में सास आ ननदिया के जारी
अँगना जेठानी-छोटानी के भाँजा
नइहर के माजा ना मिली हो दादा

नित उठ खेल होखे लइकन के संग में
गीत-मंगल रोज होखे नया-नया ढंग में
अँगना के रानी दुअरवा के राजा
नइहर के माजा ना मिली हो दादा

भइया के घरवा के लोगवा सुराजी
सँइया के घरवा के लोग समजबादी
सांती हेराइल असांती के आगा
नइहर के माजा ना मिली हो दादा

✦

मूसा कलीम

कायम राम-राज हो

दुसमन भाग गइल, देस आजाद भइल
आवऽ मिलि करीं ई काम हो
कायम राम-राज हो

देस खातिर जिहीं-मरीं, संकट से आवऽ लड़ीं
बइठी से रोके रही, डूब जइहें देसवा के लाज हो
कायम राम-राज हो

बढ़ऽ-बढ़ऽ-बढ़ऽ आगे, मरद ना पाछा भागे
केतनहूँ घाटा लागे, गिरे मत द देसवा के लाज हो
कायम राम-राज हो

✦

मूसे मुहम्मद जानी

रोज पनियात बाय

दुब्बर सावन से भादो ना देखात बाय
रोज पनियात बाय ना

कइलस सावन हरान
कइसों रोप गयल धान
पानी-पानी सब बान गलत जात बाय
रोज पनियात बाय ना

झूरा सावन में देखायल
भादो बाढ़ बढ़ियायल
नदी-नार अपने मन के फफात बाय
रोज पनियात बाय ना

राह चलब दुसुवार
छाता चुवै आर-पार
सिहरावन से जवानी सिहरात बाय
रोज पनियात बाय ना

लइकी-लइका पशु-परानी
सबके बढ़ल हलकानी
बूढ़ा-बूढ़ी के भूखन न रहि जात बाय
रोज पनियात बाय ना
नदी-नार के किनारे

गाँव बहल जालै सारे
अधिकारी कर्मचारी अफनात बाय
रोज पनियात बाय ना

धइलस झरी के बेमारी
कतना गिर गइल ओसारी
'जानी' रोवले न बिपत ओरात बाय
रोज पनियात बाय ना

◆

मोती बी०ए०

छिंउकी

1.
सेमर फुलाये
फर लागे
ठोरियावऽ सुगना

2.
छितिर-बितिर पानी
तराइल ऊँट
बेंग, का ताकेलऽ ?!

3.
हर-फार-हेंगा-जुआठ
उठऽ-उठऽ—
काठ बलमू

4.
भीत भहराए
छान्ही चुए
लइका सुताईं कहाँ!

5.
जाँते में झींकि
लिलारे पसेना
आजु रोटी मिली

6.
पानी छितराए
अरार टूटे
मन डूबे-डूबे

7.
का हम खियाईं
आपन माँसु?
मुँआ द हमके!

8.
ना खर ना पलानी
चान काटे चानी
भैने का माँगेलऽ ?

✦

योगेन्द्रनाथ शर्मा

मन बा तोरा-मोरा में

भूखल पेट, ललाइल जिनिगी, मन बा तोरा-मोरा में
मान गइल, मरजाद हेराइल, खाली एक कटोरा में

हमरे मन्तर पढ़ि के केहू हमरे के भरमावेला
चुटकी बजा-बजा के ता-ता-थइया हमें नचावेला
हम नाचींला झूम-झूम के
दुनिया मुँह बिचुकावेला
अनकर कोड़ा के जबाब हम दींला सहज निहोरा में

तिल-तिल गलल हिमालय बाकिर माथा कबो झुकावल ना
कल-कल बहली गंगा मइया, सागर आड़े आवल ना
गगन पसीजल ओस बून बन
कलियन के मुस्कान दिहल
हम बउरा इमरित खोजींला दहकत लाल अंगोरा में

हमरे अँखिया, हमरे कजरा, हमरे के ललचावेला
हमरे बतलावल रस्ता के अँगुरी से बतलावेला
अटपट नेह-छोह के मूरत
हियरा में दिन-रात बसे
इहाँ पुरुख के तेज जोगावल कठही लाल सिन्होरा में

✦

रघुनाथ प्रसाद गुस्ताख

कसहूँ ठोंकि सुतावऽ हो

चन्दा मामा आवऽ हो
सुखलो रोटी लावऽ हो

बबुआ अब छेरियाइल बा
दिनभर खूब सोन्हाइल बा
चन्दा मामा आवऽ हो

दूध कहाँ से लाईं हम
गीत भात के गाईं हम
एकरा के समुझावऽ हो

कब से लोर बइहले बा
हँड़िया ओर तकइले बा
कउआ से डरवावऽ हो

'बिहने बरफी लाइब हम
बबुआ खूब खियाइब हम'
कहि-कहि के फुसिलावऽ हो

कइले हमके पागल बा
निनियो एकर भागल बा
कसहूँ ठोंकि सुतावऽ हो

अपने संगवा डाहे के
जनमल इहँवा काहे के
एकरो महल चिन्हावऽ हो

✦

रमाकान्त द्विवेदी 'रमता'

बेयालिस के साथी

साथी, ऊ दिन परल इयाद, नयन भरि आइल ए साथी

गरजे-तड़के-चमके-बरसे, घटा भयावन कारी
आपन हाथ आपु ना सूझै, अइसन रात अन्हारी
चारो ओर भइल पंजंजल, ऊ भादो भदवारी
डेगे-डेग गोड़ बिछिलाइल, फनलीं कठिन कियारी
केहि आशा वन-वन फिरलीं छिछिआइल ए साथी

हाथे कड़ी, पाँव में बेड़ी, डाँड़े, रसी बन्हाइल
बिना कसूर मूँज के अइसन, लाठिन देह थुराइल
सूपो चालन कुरुक करा के जुरुमाना वसुलाइल
बड़ा धरछने आइल बाकी ऊ सुराज ना आइल
जवना खातिर तेरहो करम पुराइल ए साथी

भूखे पेट बिसूरे लइका, समुझे ना समुझावे
गाँथि लुगरिया रनिया झुरवे, लाजो देखि लजावे
बिनु किवाँड़ घर कूकुर पइसे, ले छूँछहँड़ ढिमिलावे
रात-रात भर सोच-फिकिर में आँखी नीन न आवे
ई दुख सहल न जाइ कि मन उबियाइल ए साथी

कूर सँघाती राज हड़पले, भरि मुँह ना बतियावसु
हमरे बल से कुरुसी तूरसु, हमके आँखि देखावसु
दिन-दिन एने बढ़े मुसीबत, ओने मउज उड़ावसु
पाथर बोझल नाव भँवर में, दइबे पार लगावसु
सजगे! इन्हिको अंतकाल नगिचाइल ए साथी

✦

रवीन्द्र श्रीवास्तव 'जुगानी'

राजधानी

मूड़ल कपारे पर नाचत चमगादुर
आहा-आहा-आहा
करवा कोंहारे क, घीउ जजमाने क
स्वाहा-स्वाहा-स्वाहा

दिल्ली क पाथर
पथरे क जंगल
जंगले में डेंकरत
केतने आदमखोर
मूअल शिकारे पर छीना-झपट्‌टी
गुर्री-गुर्रा तोर-मोर

घासी में चारू ओर
खरहा क कान
मुसकइली में पइठल
मनइन क जान
केहू त आज बनी
इनकर मेहमान

बत्तिन क खेल एह जिनिगी के चौराहा
आहा-आहा-आहा
करवा कोंहरे क घीउ जजमाने क
स्वाहा-स्वाहा-स्वाहा

मोहल्ला के मोहल्ला
मोसल्लम एयरकंडीशन

अधनंगी लड़किनिन में
उघार भइले के कंपटीशन
बरत लाल बत्ती एहँ 'नो ऐडमिशन'

साँय-साँय किलकारी
दुलारी मेरी प्यारी
अब तो खुश हो ना?
कर दिया वही जो तुमने चाहा
आहा-आहा-आहा
करवा कोंहारे क, घीउ जजमाने क
स्वाहा-स्वाहा-स्वाहा

'हैलो-हैलो' 'हाँ-हाँ'
मैं बोल रहा हूँ
धीरे-धीरे तुमको ही तोल रहा हूँ
स्कॉच—वाह-वाह
जानी वाकर—क्या कहना!
वाकई ठेकेदारी तुम्हें बहुत दिन है करना
कल फिर भेज देना मैडम को साड़ी
अरे उसकी हाबी है, वह भी है नारी
बाबू से कह देंगे, कर तो देगा ही
कर रहा हूँ उसकी भी मैं ही इन्क्वायरी

क्या कहा-क्या कहा—
हूँ हूँ हूँ हूँ—हाँ हाँ हाँ हाँ
आहा-आहा-आहा
करवा कोंहारे क, धीए जजमाने क
स्वाहा-स्वाहा-स्वाहा

सिनेमा के परदा पर
देखले कहीं गाँव

बीया बेंग बांगर क
सुनले नाइं नाँव
आइल फेरु फाइल पर
गाँव क सवाल
फेरु केहू इनके नाँवे
होई मालामाल
खेत-खरिहान कहीं फेरु चिल्लाई
फेरु कवनो जोजना पर गाँव उजड़ाई

बिगड़ैल हाथी सब
काने में डरले फाहा
आहा-आहा-आहा
करवा कोंहारे क, घीउ जजमाने क
स्वाहा-स्वाहा-स्वाहा

✦

राजेन्द्रप्रसाद पाण्डेय

गीत बैसाखी

हाथ जोड़ि जयराम, सनेसा कहि दीहऽ

हीत-नात-भैवधी-मिताई—सब-सब बुला रहल
मेला-ठेला-नाच-पेखना—अब सब भुला रहल
अइसन कवने काम! सनेसा कहि दीहऽ

बड़का दफ्तर में बाबू बा, छोटका लकदक नेता
मँझिला पानी पी-पी के उन्हनी के गारी देता
कवनो काम न घाम, सनेसा कहि दीहऽ

जबले साँसा तबले आसा, बाबू खटिया धइले
खेत-गिरस्थी माल-मुकदमे हमरे देह नधइले
जाड़ा-पानी-धाम, सनेसा कहि दीहऽ

जून पसेरी दूध दे रहल नीचे चँदुई पड़िया
छल्हिगर घिवगर दही, दही से भरल रहेला हँड़िया
हँ मुर्रा सरनाम, सनेसा कहि दीहऽ

लवँग मतिन फूलन से जामुन के गछिया लदराइल
डाढ़ निचलकी धरती धइलस, धइके धरा धराइल
भरल टिकोढ़ा आम, सनेसा कहि दीहऽ

अबकी दू दाना बा घर में, बा दू पइसा मुट्ठी
बाल बुतरुअन साथे अबकी आ जा लेके छुट्टी
आवऽ करऽ अराम, सनेसा कहि दीहऽ

✦

राधिका देवी श्रीवास्तव

नभ में नाचे बदरी

दिनवा सावन के सोहावन
नभ में नाचे बदरी

छन में घाम छने में बदरी
रहि-रहि आवे लहरा-लहरी
पवन-मेघ में होत रहेला
हरदम झगरा रगरा-रगरी
पछुआ लागल चले पवनवा
जाले भागल बदरी

दिन भर परे फुहेरा झींसी
दुअरा रहे जमल पचीसी
अँगना बारहमासा भावत
चमके गोरिया मुँहे बतीसी
बिरहा गावेले कोइलिया
पपिहा मारे थपरी

पचकन तोन फुलल तलवा के
तरनाइल छतिया नलवा के
नदिया भइल उतान चलेले
हैलक हिलत चले गलवा के
मेघवा चलल डाक ले जछ के
अलकापुर के नगरी

सावन भर कजरी के मेला
मिरजापुर में ठेलमठेला
ढिलुहा पर ओढ़नी के ऊड़त—
देखि-देखि मन उड़त रहेला
लहरल मस्त हवा में लटकल
नागिन गावे कजरी
दिनवा सावन के सोहावन
नभ में नाचे बदरी

◆

रामजियावन दास 'बावला'

चल तहसील कचहरी चल

बरखा बुन्नी जाड़ा पाला चलै सीत कै लहरी चल
चल तहसील कचहरी चल

लेखपाल जी पतरा खोलैं
घुमा-फिरा भकसावन बोलैं
चकबन्दी के भूल-भुलइया
पइसा कारन मरलै गइया
मुखिया के परधान के लेके उठि के तनी भोरहरी चल
चल तहसील कचहरी चल

आहि रे मइया आहि रे दादा
पो लगल रादा पर रादा
चिथरू अउर पवारू दउरैं
सिधऊ अउर सोमारू दउरैं
कुछ वकील पेशकार के लेके पैदल जेठ दुपहरी चल
चल तहसील कचहरी चल

चलल मुकदमा ठाले में
न्याय गिरल बा खाले में
कवने देव के माथ नवाईं
कहाँ-कहाँ परसाद चढ़ाईं
परग-परग पर नागिन लोटैं फूँक-फूँक के डहरी चल
चल तहसील कचहरी चल

हर नम्बर के भयल स्वयम्बर
बाँट-बाँट के खइलैं बन्दर
बिचवलियन के चमकल पानी
अधिकारिन के अवरू चानी
लोटा-बटुआ-गहना कतहूँ रख 'बावला' धरहरी चल
चल तहसील कचहरी चल

◆

रामजी सिंह मुखिया

मुखिया होके का करबऽ

मुखिया होके का करबऽ जब गाँव-के-गाँव भकोले बा
सुखिया होके का करबाऽ, रूआह छछाइल चोले बा

केकर-केकर धरीं नाँव
कमरी ओढ़ले सँउसे गाँव
बाग-के-बाग चउरिए हउए
पेवनी बा ना एको आम
पागल होके का करबऽ जब सनकल सँउसे टोले बा

समाजवाद लँगटे नाचत बा
कलह के ताल बजावे
सम्प्रदाय आ जातिवाद के
राग बेसुरा गावे
भाँग छानि के का करबऽ जब सँउरे गाँव बम भोले बा

जनतंत्र जानल जाहिल ह
लोकतंत्र लरिकाही
बापू के ई रामराज ह
चाचा के खरखाही
टाँग पसार के का करबऽ जब नसखट छोट खटोले बा

घर घोड़ा पैदल जो धावे
पर के काढ़े रीनि
बुड़बक मुँए पराया फिकिरे
मुखिया में गुन तीनि
जीभ बिरा के का करबऽ जब मुँह बवले हरबोले बा
मुखिया होके का करबऽ जब गाँव-के-गाँव भकोले बा

◆

रामनाथ पाठक 'प्रणयी'

गुजरिया माँग सँवारेली

कमवा में लोगवा लागल
लरिका गदेलवा जागल
चहकेला अँगना-दुआर हो गुजरिया केसिया झारेली
गुजरिया माँग सँवारेली

ललकी किरिनिया फूटल
शिव के धनुहिया टूटल
घरे-घरे सीता के सिंगार हो गुजरिया केसिया झारेली
गुजरिया माँग सँवारेली

खेत-खरिहनिया चमकल
नदिया में पनिया चमकल
चमकेला डाँड़-पतवार हो गुजरिया केसिया झारेली
गुजरिया माँग सँवारेली

बैला के खुरवा धइले
ढेलवा कपुरवा भइले
बिहँसेला हरवा के फार हो गुजरिया केसिया झारेली
गुजरिया माँग सँवारेली

हरियर-हरियर पँखिया
देखि के ना टकसे अँखिया

अरिया प सुगवा के हार हो गुजरिया केसिया झारेली
गुजरिया माँग सँवारेली

आगे-आगे बछवा गइया
बीचे चरवहवा भइया
धरती के गोद गुलजार हो गुजरिया केसिया झारेली
गुजरिया माँग सँवारेली

✦

रामप्रकाश शुक्ल 'निर्मोही'

जिनिगी क कहानी

अँजुरी में भरल जइसे पानी
जिनिगी क एतनै कहानी

जिनिगी क चिट्ठी घूमै शहरि-शहरिया
बचपन जवानी आ बुढ़ापा के मोहरिया
लगि-लगि पहुँचै ठेकानी

सुख-दुख-हँसी-खुशी शादी-ब्याह-गवना
जिनिगी के मेला में बिकाला ई खेलवना
कीनि-कीनि खरची खटानी

जिनिगी-पतंग के उड़ावै होनहरवा
एक दिन कटि बिखराई कागज-डोरवा
पाँचो तत्त लुटिहैं कमानी

समय क समुन्दर प्रान पानी भरल गगरी
कहियो फुटी त बिखराइ जाई सगरी
पनिया से मिलि जाई पानी

कबहुँ घटावत करत कबो जोड़वा
बेटी के बियाहे जइसे बपई के गोड़वा
आइसे थकलि जिनगानी

✦

(स्व०) रामविचार पाण्डेय

उलटनि

बीति गइलि बरखा, निखरि गइले पलिहर
हर जोते बलमा चुवेला देहि पनिया
पड़रू के एक मुठी लेहना बिरावे के आ
दिहली मथुरही के एक नाद सनिया
उनुका के तियना आ लिटी संग पानी लेके
झटकल चललि सँवरि एक धनिया
लुगरी से तोपि-तापि ठमकि-ठमकि चले
छलकि-छलकि उठे चढ़लि जवनिया

रुनझुन रुनझुन घंटी आ पिचाड़ी बाजे
चलऽताड़ी जोड़िया बनति बा हरइया
बढ़ि चलऽ सोकनू हो बढ़ि चलऽ कयरू
अब दुपहर निगिचइले ए भइया
काहे तुहूँ कयरा करत कदराई बाड़े
बेचि देबि तोहरा के कटिहें कसइया
तबले त देखले जे आवत मूरति एगो
लहकति देहिया में बरलि जुड़इया

"आवऽतनी खालऽ लोगे, आवऽतनी पानी पी ल
हाली देनी जाये के बा सूनी बा मड़इया"
"काहे ना तू कुटकुरे-कुटकुरे अइलू हा
कइसे लगवलू हा गोड़ में कनइया?"
"छोटकी ननदिया के दछिना चढ़इबों हो
कहिया से सिखलऽ हा कहऽ कबितइया!"

''आछा, अब आजु से छोड़त कबिताई बानी
तोहरे के लेइ के करब फेरिहइया!''

''जाए द ऊ बात, सुनऽ, एह बेरी गोहूँ बोवऽ
ओकरे के बेंचि मों त हँसुली मँगइबों
अपना के एगो सुगापंखिया रँगाइ लेबों
दूनो के पहिरि नइहर तनी जइबों
मनवा के धनी के बहुरिया हवीं जे हम
घूमि-घूमि अपना सखिन के देखइबों''
''ओनिए जो कतहूँ भुलाइ गइलू दादा तब
केकरा खोरी में हम भीखि माँगि खइबों!

तोहरा खातिर इ त जानते बाड़ू कि रानी
सउँपल बाटे ई हमार तन-धनवा
बाकी जमींदार के परल बाटे अबहीं ले
कतने बरिसवा से खेत के लगनवा
तिनिए रुपयवा से तीनि सइ कइलस
रोजे आवऽताटे तोनइल महाजनवा
एही का गुनावन में परल रहत बानी
नीनि नइखे लागत न धँसऽतारे दनवा''

''आछा जिमिदार का करत बा जे हमनी से
बइसल लेत बाटे अतना लगनवा
राम राम कहऽता आ टीका देके घूमऽताटे
भल निरलज बेइमान महाजनवा
अरे दुइ आँख से देखत बाटे दुनिया के
चउपट होइ गइल बाटे भगवनवा
चलित हमार त मिमोरि दीतीं कुल्हिनी के
झोंकि दीतीं चुल्हिया में होइते लवनवा

मरिकी परित चाहे बजर परित बलु
कुल्हि मुँहकरिखा ई मरि-हरि जइते
माता जी के रंथ आइत नाधि देत कुल्हिनी के
मुअनन्हि के झट से सहोथि लेइ जइते
गहना पहिरतीं भा रहितीं उघारे बलु
एक बेरि देखि तनी नैना जुड़इते''

''चुप रहऽ सुनऽतानी भइल सुराज बाटे
सोचऽ तानी कुल्हि ठीकठाक होइ जइहें
इहो हम कहऽतानी जो न सुधियइले
त देखि लीहऽ बस उलटनि होइ जइहें
हमनी के आह से जे धुँआ उठी ओकरा से
लोक काँपि जइहें सरग भरि जइहें
गाँवे गाँव मड़इन से उठी आग लपलप
देखते देखत में महल जरि जइहें

✦

रामेश्वरप्रसाद सिन्हा 'पीयूष'

बस हम-हम बा

सभ बम-बम बा
केकरा गम बा!

मजिगर सेंकीं
धूप गरम बा।

पी गइले सभ
लाज सरम बा?

केकर गाईं
केहू कम बा?

हाथे लागल
बस हम-हम बा।

रामेश्वर सिंह काश्यप

एतना मत

एक

फागुन के अँजोरिया से
मदमातल रतिया में
बल खात, बहत जात
सोभा के नदिया में
एतना मत हल्फा उठावऽ
कि पतझर के सूखल
उधियात पतइन से लदाइल
हमार नाव
डोल डगमगा जाय
भँवर में समा जाय
मँझधारे में डूब के
ओरा जाय

दू

एतना धुमगज्जर मत मचावऽ
करेजा में दलक अमा जाई
पोर-पोर कसमसाई
जब बही पुरवाई
तार-तार होई पितम्मर
रेशम के डोरा अझुराई
चूड़ी करक जाई
कोमल तरुनाई
पसेना में नहाई

हमरा पूजा के माला के दाना
छितरा जाई
ईमान डगमगाई
बिछलहरी में गोड़ बिछिलाई
होके अबाटी मन, औघट घाट
जाने कहाँ-कहाँ भरमाई!
पूजा-पाठ धइले रह जाई
साधना के सीसी ढरक जाई
बेलगाम घोड़ा
फिर हाथे ना आई
एकर टाप बाजी तरेगन पर
रूप के समुन्दर में
सोझे कूद जाई

तीन

एतना मत अपना के रचावऽ
पाकड़ के डाढ़ पर टूसा के दीया
जगमगा गइल
पलास के पियाली में ईंगुर घोरा गइल
अनार के कोंढ़ी पर
सुनुगल इँगोरा धरा गइल
सेमर के गाछ जइसे
तोहरा के देख के
सीना में छुरा घोंप रकत में नहा गइल
मोजराइल आम जइसे
तोहरे इयाद में बउरा गइल
एतना मत सिंगार के झमाझम झमकावऽ
अँइसे अँगड़ा के मत अँचरा सरकावऽ
एतना नगीच आके मत सनकावऽ
रहम करऽ
एतना लहक के मत गावऽ

राहगीर

रूप के बदरिया

मन के गगनवा गोरी
धन के अँगनवा गोरी
सोने के कँगनवा गोरी
चमके बिजुरिया रे
रूप के बदरिया रे

बिजुरी बदरिया बहिनी
गोरी सँवरिया बहिनी
खेले कजरिया पहिनी
सतरंगी चुनरिया रे
रूप के बदरिया रे

मन में उदासी बाटे
प्यार के निशानी बाटे
काली घटा कहाँ जाके
बरसी बहरिया रे
रूप के बदरिया रे

गगन तलइया गोरी
बिजुरी के नइया गोरी
चाँदी के तलइया तड़पे
चाँदनी मछरिया रे
रूप के बदरिया रे

रूप के अँजोरिया गोरी
खोलऽ केंवरिया गोरी
मन के अटरिया बाजे
प्यार के बँसुरिया रे
रूप के बदरिया रे

रिपुञ्जय निशान्त

तंगी के तीर

बरगद के छाँह तले
टोली चरवाहिन के
लइकी से हो गइल सेयान

बचपन के दिन अबोध
हो गइल कहानी
पकुहा जइसन टपकल
अचके जवानी
दउरा में डेग धरत
चुनरी अहवातिन के
छनही में हो गइल पुरान

अँजुरी भर सपना के
कोंढ़ी मरुआइल
लिलरा पर चिन्ता के
रेखा उग आइल
अँइठेला अगियाइल
अँतड़ी बनिहारिन के
गतर-गतर हो गइल गतान

रोजे रोजा खोले
साँझ में मड़इया
फगुआ ना ईद कबो
आवे अँगनइया
तंगी के तीर से
घवाहिल दुखियारिन के
तन-मन बा हो गइल झँवान

✦

रिपुसूदनप्रसाद श्रीवास्तव

करे केहू कतहूँ गोहार

करे केहू कतहूँ गोहार
नयनवा अनेरहूँ लोराला

जिनिगी के बखरा में घाव के अगोरिया
कबहूँ अन्हार घेरे, कबहूँ अँजोरिया
राति-राति जोगवल कुँआर
सपनवा दुअरिए तँवाला

बेरि-बेरि आवे चाहे ओठ के दुअरिया
मनवा न आवे देबे धरे अँकवरिया
पपनी के सबुज ओहार
करेजवा में पीर पउढ़ाला

बदरा के साथे बहे अँखिया के कजरा
धरती के केसे सोहे बुनिया के गजरा
बरखा के रतिया अन्हार
सवनवा में गीत गोराला

रहि-रहि उचटेला केहू खातिर जियरा
चाहे होखे दूर चाहे केहू होखे नियरा
दियरी के तेलवा उधार
बतिहरा सुनुगते ओराला

करे केहू कतहूँ गोहार
नयनवा अनेरहूँ लोराला

✦

लक्ष्मीकांत मुकुल

सियरबझवा

धउरऽता ओहनी के गोड़
समय के चउथाई के पीठ प
ऊ सियरबझवा हवे स
शिकारी कुकुरन के साथे छँउकत
कवनो सवाल मतिन

घोरा गइल बा ओहनी के बोल
सियारन के संगीत में
ओहनी के चिचियाते
फूट परेला
आदिम मानुस के हेरात स्वरलहरी
जवन छिंटा-फेंटा गइल बा
अनगढ़ सभ्यता से रगड़ खा के
भुलाइल जाता
ऊख आ मकेया के खेतन में
ओहनी के गोड़ के धमक

रात जात सियारन के आवाज
सीवान प अबो
सिसिकियन के सीत में ओदात रहेला
जइसे गुमसुमी में दफनात
पथराइल रातन के कबर में
चुपचाप चल गइल होखऽ स सियरबझवा

✦

वशिष्ठ मुनि ओझा

सगुन

ऋत हईं रउरा कि जगत के जोती
हँसींला त हीरा झरे, रोईंला त मोती

रउरे दरस से दलिद्दर नसइले
पगलू भगत परभंस होइ गइले
कतने कुकरमी कबीस कहइले
भइले राउर सखिया संघतिया सगोती

अपने छोहा के रउरा रूप देखवनीं
हमरा कुटुम संगे गवनीं-बजवनीं
बेसवा के बेटा के बसीठ बनवनीं
बजवा के माथे बइठवनीं कपोती

लहचह लागे हमार अँगनवा
रउरे से माँगीं का अउर मँगनवा
लेके आवे खिचड़ी असहीं नवनवा
धिरिजा के पगिया, धरीछनी के धोती

ऋत हईं रउरा कि जगत के जोती
हँसींला त हीरा झरे, रोईंला त मोती

✦

विंध्यवासिनी देवी

धनकटनी

धनकटनी के बहार अँगनवा में

बोझा बान्हल बाटे धान, मने गाजत किसान
देखि भरल खरिहान अगहनवा में

देखऽ गंगा के ओह पार, जेकरा कहत दिआर
जहँवा खेतिहर होनिहार अगहनवा में

गोंइठा जोरि गोलाकार, लिटिया लट्ट के आकार
ततले खिंचड़ी मजेदार अगहनवा में

अंदर सूबे बिहार, 'विंध्य' कहत पुकार
नयका चिउरा के बहार अगहनवा में

✦

विद्यानिवास मिश्र

काँची अमिया न तुरिहऽ

काँची अमिया न तुरिहऽ बलमु काँची अमिया

मोरे टिकोरवा न रसवा पगल हो
हियरा में गँठुली न अबले जगल हो
मोरे सुगापंखी सरिया के कुसुमी मजिठिया में
राँची धनिया न बोरिहऽ बलमु राँची धनिया
काँची अमिया न तुरिहऽ बलमु काँची अमिया

मोरे अमिअरिया में मोजरा न अइले हो
डरियन-डरियन पतवा ललइले हो
चोरिया आ चोरिया जो लगले टिकोरवा
जाँची बतिया न छुइहऽ बलमु जाँची बतिया
काँची अमिया न तुरिहऽ बलमु काँची अमिया

पुरुवा में लसिया के गिरलें टिकोरवा
बाँवे जो गइले ई दखिना पवनवा
मोजरा के गितिया त कोइली सुनवली
साँची बतियो न पुछिहऽ बलमु साँची बतिया
काँची अमिया न तुरिहऽ बलमु काँची अमिया

✦

विनय राय

बेपेनी के लोटा

का पुछले बानीं! बेपेनी के लोटा हईं
देखीं ना, गाँधी क लिहले हम सोटा हईं

कबो ओ गाड़ी प, कबो ए गाड़ी प
भँजावल हम जाईंला एक चुक्कड़ ताड़ी प
चेहरा प लगवलें तिलस्मी मुखौटा हईं

बहस करीं चट्टी प, मौज लेईं भट्ठी प
जोर हम देखाईंला बचल-खुचल हड्डी प
पाटी के नाम प बन्हले लँगोटा हईं

ऊपर से साफ हईं, भीतर से करिया
दुसरो के मिले त साफ करीं थरिया
ईहे ह कारन कि गदहा अस मोटा हईं

दादा कहाईंला, सभके नचाईंला
वोट सभकर हाथ में, जे आवे भजाईंला
जानि जाईं रउरो, फलाने क ढोटा हईं

कैप्चर कराईंला, जाति के मिलाईंला
केहू देखावे आँखि, गोली चलाईंला
ईहे ह लोकतंत्र, चीनी-गुड़-चोंटा हईं

शासन बदल गइल, तब्बो मन थोर बा
हमके बुझात नइखे, अबकी के चोर बा
जनता के नाम प पुरनके हम कोटा हईं
का पुछले बानीं! बेपेनी के लोटा हईं
देखीं ना, गाँधी जी क लिहले हम सोटा हईं

विश्वनाथप्रसाद शैदा

रहलीं करत दूध के कुल्ला

रहलीं करत दूध के कुल्ला
छिल के खात रहीं रसगुल्ला
सखी हम त खुल्लम खुल्ला, झूला झूलत रहीं बुनिया फुहार में
सावन के बहार में ना

हम त रहलीं टह-टह गोर
करत रहलीं हम अँजोर
मोर अँखिया के कोर, धार कहाँ अइसन तेग भा कटार में
चाहे तलवार में ना

हँसलीं, चमकल मोरा दाँत
कइलस बिजुली के मात
रहे अइसन जनात, दाना कहाँ अइसन काबुली अनार में
सुघर कतार में ना

जब से आइल सवतिया मोर
सुख लेलसि हमसे छोर
झरे अँखिया से लोर, भइया मोर परल बा 'शैदा'—
मझधार में
सुखवा जरल भार में ना

✦

विश्वरंजन

गीत गावे अँगना

गीत गावे अँगना, ताल देवे कंगना
पायल बोले बोल—
रुनझुन छमछम

जाँता गुनगुन भर दे तान
ओखर धमधम उमगे प्रान
झपझप फटके पँइचे सूप
माटी चढ़े चकाचक रूप

दमके माथे बिंदिया, उड़ि-उड़ि जाए निंदिया
मौसम करे किलोल—
आँचर चमचम

देहरी पर हो मंगल गीत
स्वर में फूटे कोंपल प्रीत
तन में लहर बहार उमंग
मन में इन्द्रधनुष के रंग

घाम पितरिया चमके, रात कजरिया गमके
हवा बजावे ढोल—
निखरे सरगम

✦

वेदनन्दन

समय के दिआरा

बालू के मछरी पकावऽ गोंड़या
हो पकावऽ गोंड़या
कि नगरी में रेत-दरियाव पइसल

घरे-घरे लोग अब अजगुत जगावे
खनहन अन्हरिया में मटकी चलावे
धरती के फाँड़ा प बाँझिन के पहरा
फतुही से लंका जरावऽ गोंड़या
हो जरावऽ गोंड़या
कि सावन में खेत के हियाव सिहकल

गोरगार पइसा के छुछुमाही बेटी
माटी के बेटा के फोरे नरेटी
पोर-पोर बिखइन के तड़के तमाशा
चुरइल के चान चटकावऽ गोंड़या
हो चटकावऽ गोंड़या
कि असरा के सुघर बनाव बिगरल

कुरुसी के तरे घाम अग-जग अन्हारा
लउकेला आन्हर के सँउसे नजारा
अब त जिनिगिए बा मउअत के खेती
जुलुमी के लुगरी बनावऽ गोंड़या
हो बनावऽ गोंड़या
कि भोरहरिए सूरुज के पाँव थथमल

व्यास मिश्र

समय

समय सरासर सरकत देखऽ, सरपट भागत बा
अगर-मगर आ गजर-बजर में सुधि बिसरावत बा

पल में तोला पल में मासा, कइसे तउलत बा
पलक झपकते देखत-देखत दिन दउरावत बा

आवत-जात कबो ना देखलीं जब-तब भासत बा
कइसन ई बलवान नरेटी पकड़ दबावत बा

कभी हँसावत कभी रोआवत कभी दुलारत बा
कभी सुतावत कभी जगावत कभी रिझावत बा

दिन-रतिया, साँझे-सुबहे ई सगरी नाचत बा
घर-घर एकर फेरा लागे नजर न आवत बा

कभी लाख के लीख, लीख के लाख बनावत बा
कभी रंक के राज, राज के रंक बनावत बा

सबके अपने महाजाल में रोज फँसावत बा
कबहूँ नाच नचावत कबहूँ नाच देखावत बा

कभी बनावे के चाहत आ कभी बिगाड़त बा
सझुरावत, अझुरावत देखऽ, धूर चटावत बा

छन में सोना, छन में माटी, छन में बदलत बा
कबहूँ आग लगावत, कबहूँ आग बुतावत बा

समुझे के बहुते चहलीं ई समझ न आवत बा
समुझे में जिनिगी बीतल, नासमझ बतावत बा।

✦

शमशेरबहादुर सिंह

निंदिया सतावे मोहे

निंदिया सतावे मोहे
सँझही से सजनी
सँझही से सजनी

प्रेम बतकही
तनकहू न भावे
सँझही से सजनी
निंदिया सतावे मोहे...

छलिया रैन
कजर ढरकावे
सँझही से सजनी
निंदिया सतावे मोहे...

दुइ नैना मोहे
झुलना झुलावे
सँझही से सजनी
निंदिया सतावे मोहे...

✦

शारदानन्द प्रसाद

महँगी के बहँगी

1. महँगी के बहँगी

कान्ह पर के
काँवर के
उतार दिहले भार

महँगी के बहँगी
ढोवे लगले
सरवन कुमार

2. कुकुरमुत्ता हँसी

मुस्कियात मुस्कियात
मुँह दुखा गइल

काहे कि
ई कुकुरमुत्ता हँसी
काठ से जनमल रहे

3. जिनिगी के रसरी

जिनिगी
एके बेर
धनकतो नइखे
गते-गते
ओसहीं सुनुगत बा
जइसे
बींड़ी के दोकान में
रसरी जरेला

✦

शिवकुमार 'पराग'

घुरफेंकना भकुआइल बा

नून-तेल-लकड़ी में अस जिनिगी अझुराइल बा
हमके कुछऊ नीक न लागे मन अँउजाइल बा

पाहुन बनके दुश्मन घर में घुसि आइल बाटे
जागत रहिहऽ ए भइया डंकलवा आइल बा

नाक बेंचि के नथुनी कीनल जाता खुशी-खुशी
ईहे अब बिकास कहलाता, मती मराइल बा

आन्हर नगरी चउपट राजा, कइसे काम चली
हमके लागत बा कुँअवे में भाँग घोराइल बा

रोजी-रोटी के जोगाड़ में कइसों त ऊ पहुँचि गइल
लक-दक दिल्ली देखि के घुरफेंकना भकुआइल बा

✦

शिवप्रसाद मिश्र रुद्र 'गुरु बनारसी'

मजा कुछ न पउलीं

न रखिए रमउलीं न अँखिए लड़उलीं
गुरू जिनिगी के मजा कुछ न पउलीं

कबो राम क नाँव लेहलीं न मन में
न रामा क सूरत रचउलीं नयन में
भवन में न रहलीं बिहरलीं न बन में
न मेले में जमलीं न रमलीं हो रन में
हमेसा बखत मार के मन बितउलीं
गुरू जिनिगी के मजा कुछ न पउलीं

तबेला रहल ना तबेले में रहलीं
मिलल धार जब जौन तब तौन बहलीं
न सुनलीं केहू के, केहू के न कहलीं
केहू के सतउलीं केहू के न सहलीं
न टीके लगउलीं न टीके गढ़उलीं
गुरू जिनिगी के मजा कुछ न पउलीं

✦

श्यामबिहारी तिवारी 'देहाती'

देहाती दुलकी

गगरी भरल खिंचाते नइखे
सास-ननद के रह-रह ओठर
मन से तनिक भुलाते नइखे
गगरी भरल खिंचाते नइखे

पातर तिरिया धनुही भइली
छहरल केस झँपाइल अँखिया
अँगुरी सुबुक डोर बा घतियल
अब का करीं बतइहे सखिया
अधजल गगरी कइसे होई
कौनो बात बुझाते नइखे

लटकल केस कहे तिरिया से
कहितू त हम भीतर जइतीं
भरल गगरिया धीरे-धीरे
हमहीं ऊपर खींच ले अइतीं
कान तोंपाइल बा तहरा से
कुछऊ कहल सुनाते नइखे

आँसू कहलस छोड़ बरौनी
भरल गगरिया हम त फोरब
निमने नया घइलिया आई
कब तकले अब कुँआ अगोरब
अइसन अकिल कहाँ हम पाईं
आपन अकिल समाते नइखे

फूल गइल अब दूनो छतिया
गरम तिरियवा साँस चलावे
मोतियन बूँद पसीना चमके
हैकल जुलुम जोर हलकावे
चइत चाँद ओह चंद्रमुखी के
झगड़ा अब फरियाते नइखे

आखिर छूट गइल हथडोरी
डूब गइल गगरी इनरा में
आपन सब अरमान जोगावल
बंद भइल अब त पिंजरा में
कइसे जाईं कहाँ लुकाईं
मन आपन मनुआते नइखे
गगरी भरल खिंचाते नइखे।

✦

श्रीकृष्ण तिवारी

पवन खींचे अँचरा

गते-गते उगेले चनरमा हो रामा
पवन खींचे अँचरा

दूर बहे नदिया पियासलि अँखिया
हाँफि-हाँफि उड़े मन खोलि दूनो पँखिया
पलक-अँजुरि भरि मोतिया हो रामा
सपन देला पहरा

निबिया के गँछिया प पसरे चँदनिया
सूई अस चुभे अँग-अँग में किरिनिया
लिलरा प चमके बिजुरिया हो रामा
मथवा प बदरा

झुरु-झुरु बहे अन्हुआइलि बयरिया
चिहुँकि-चिहुँकि उठि बोले कोइलरिया
सून लगे अँगना दुअरिया हो रामा
टूटि गइले असरा

✦

सतीश्वर सहाय वर्मा 'सतीश'

सामिल

दुनिया के खाली घेरवना में सामिल
लड़िकन के हाथे खेलवना में सामिल

मिलल प्यार कतना भला कइसे नापीं
माई के ममता डिठवना में सामिल

हजारन में पकुहा भरल डाढ़ि बर के
बनल सुगना कुतरीं भुलवना में सामिल

अकासे चढ़ल जे बा कुर्सी प लमहर
ई माटी के बेटा बा बवना में सामिल

गनित-जोग जिनिगी के कइला से हारत
पता ना कि हम कवने-कवना में सामिल

नभ के रतन जोत काजर से घेरल
धरती के फइलल बिछवना में सामिल

✦

सत्यनारायण

राजा जी के बाग में

कइसन-कइसन फूल लोढ़ाइल, राजा जी के बाग में
काँट-कूस-माहुर अगराइल, राजा जी के बाग में

चिरईं चुरुगन से मत पूछीं, जान पड़ल बा साँसत में
खोंता-खोंता साँप समाइल, राजा जी के बाग में

कली-कली से के बतियाई, डाढ़ - पात से खेली के
फुलसुंघी के पाँख नोचाइल, राजा जी के बाग में

ऊहे ढोलक-झाल-मँजीरा अउर जुटान पँवरियन के
ऊहे झूमर रोज पराइल, राजा जी के बाग में

मछरिन के मन ढेर बढ़ल बा, कहलन जब पटवारी जी
ताल तलइया जाल नथाइल, राजा जी के बाग में

गजबे मती मराइल इहँवा, अजबे उल्टा हवा चलल
चुसनी धइले लोग धधाइल, राजा जी के बाग में

सुनऽ संघतिया, काल्ह जरूरे आल्हा के ऊ तान उठी
केहू त होखी अगियाइल, राजा जी के बाग में

सविता सौरभ

राई भइल बा पहाड़ गोंइया

अइसे जिनिगी भइल बा हमार गोंइया
जइसे राई भइल बा पहाड़ गोंइया

बार दींले, बुता जाला मन के दिया
घुप अन्हरिया पसर के डेरावे जिया
धूर आँखिन में झोंके बेयरिया धिया
भइल कइसे कुमुदनी सेवार गोंइया

नेह पा के गलींले भरम में बहल
रोज सपना सजा के रचींले महल
कवना साइत में डोली ई निकलल रहल
लेके आइल बा कहँवा कँहार गोंइया

आस के एगो बिरवा अँगनवा रहे
ओही बिरवा में अँटकल परनवा रहे
तिनका-तिनका जोगावत मयनवा रहे
ले गइल ओके आन्ही उखाड़ गोंइया

✦

सिपाही पांडेय 'मनमौजी'

तीन छंद : वंशी-शतक से

आँख बचाइ के मोहन से
मुरली हम आज जरूर चोराइब
फेंकब कुंजन बीच सखी
कतनो पुछिहें हरि, नाहिं बताइब
सौतिन कान्ह के चूमत ओठ
इ पीर हिया के कहाँ ले छिपाइब
बाँस से जौने बनी बँसुरी
ओहि बाँस के कोठी में आग लगाइब

ले लोढ़वा सिलिया उपरा
कुँचबे कसि के मुहँवा धइ तोरब
ना कढ़िहें सुर ना फटिहें उर
मूड़ी तोहार जरूर मरोरब
सौतिन के सँग कौन सँकोच
तोहे मुरली मँझधार में बोरब
बोलिलऽ आजु भले, पर काल्ह
तोहे जमुना में बहाइ के छोड़ब

जानत बा सब, मानत ना मन
लाज के बात कहीं केकरा से
प्रेमकथा बदली ब्रज में
नदिया बिचवा छपटात पियासे
मर्म के बात न जानत बा ब्रज
बात न मोर केहू बिसवासे
तो से कहीं सखि लागत बा अब
ई बँसुरी अधिका रधिका से

✦

सिपाही सिंह 'श्रीमंत'

तूफान गीत

नइया खोल दिहलीं ढीठे हम तूफान में
सागर का उफान में ना

हवा हों-हों करके आवे
पानी बाँसन उपर उठावे
नइया दोल्हा-पाँती खेलेला मधान में
सागर का उफान में ना

नइखे काम करत पतवार
नइया परल बा मँझधार
अब-तब करेला उठान आ गिरान में
सागर का उफान में ना

लउके तनिको ना किनारा
सूझे एको ना सहारा
तबहूँ तनिको ना अन्दक हमरा जान में
सागर का उफान में ना

कहीं सिंहो खोजी संघत
ई त नामरदा के रंगत
आसरा देखे के ना लकम बलवान में
सागर का उफान में ना

डर के जानी ना हम नाम
एह से कवन हमर काम
हम त जिनिगी जगाईं ले जहान में
सागर का उफान में ना

सुरेन्द्रकुमार सारंग

पूरा भइल पचास

पूरा भइल पचास॥ नजर कुछ धुँधुँआइल बा॥ देह-धजा में झोल-झाल कुछ बढ़ि आइल बा॥ बढ़ि आइल बा अपनन पर पहिले से ममता॥ समता-ओमता बीसन साल पुरान बात ह॥ सुखी रही अतमा, परमतमा बहुते मिलिहन॥

दिन - दिन भर हरवाही कइलन, का पा लेहलन?! रामदरस अजुओ मालिक क हरवाही में॥ बेटा बा चरवाह, बिटियवा चूल्हा-बरतन...॥ मेहरारू के मुँअले पाँचेक बरिस हो गइल॥ जीयत जिनिगी मलिकाइन क गोड़ दबवलस॥ बदला में कुछ जूठ-काँठ बेनागा पवलस॥ मीलल रामदरस के मालिक के शाबासी॥ ''रमदरसा तें ना रहिते बरबादी होइत॥ हमसे ना सम्हरित खेती-बारी के झंझट॥'' रामदरस बुल्ला-अस, फूलेलन-उतरालन॥

पूरा भइल पचास॥ उमर कुछ अनुभव पवलस॥ मगरूरी में बीतल उमर थथम के देखलस॥ परम विरोधी गाँधी के परिवार रहे तब॥ अब त गाँधी टोपी मालिक खूब लगावें॥ बुढ़िया मलिकाइन तक खद्दर धोती धारें॥ फरक तनिक बा, मालिक दुसरा पाटी वाला॥ बुढ़िया मलिकाइन दूसर पाटी क मेम्बर॥ इनकर-उनकर जेकरे बा शासन सत्ता पर...माई-बेटा—एक नाँव त जुड़िए जाई॥

पूरा भइल पचास॥ देश कुछ आगे आइल॥ जात-धरम के पहिचाने में कोर-कसर ना॥ देवी-देवता गिनती में कुछ जादा भइलन॥ भइलन नबी, रसूल, मुहम्मद, हाजी बाबा॥ कर्जा चढ़ल, मगर जिनिगी के कुफ्र कट गइल॥ रमलीला से अनवर हटलन, पाप हट गइल॥ तजिया में सकिचन क कान्ह लगावल छूटल॥ काफिर हटल, ताजिया अउरी पाक हो गइल॥ मंदिर-मंदिर मस्जिद-मस्जिद भीड़ बढ़ गइल॥ जनता

केतना नेम-धरम के पाले लागल॥ हिंदू राम, मिंया अल्ला के जाने लागल॥

पूरा भइल पचास॥ सुराजी एम्पी भइलन॥ सेवा में जनता क पूरा उमर बिलवलन॥ बदला में बेटा प्रदेश में एमेले बा॥ बेटी मंत्री जी के बहू कहाए लागल॥ बहू घरेवाला विद्यालय में मैनेजर॥ छोटका ठिकदारी में रहि के ठीक-ठाक बा॥

पूरा भइल पचास॥ आस आकास-कुसुम बा॥ सपना मुरझाए में तनिको कोर-कसर बा?! जय हो जनता माई! बड़ा दया-दानी तू॥ देलू सबके हँसी-खुशी; एतना, जे ओमें ऊभ-चूभ हो जाए में तनिको शक नइखे॥ बदला में अँगुरी पर आँख लगवले रहि जा... ॥

पूरा भइल पचास॥ नजर कुछ धुँधुँआइल बा॥ आगे रस्ता बा? ''बचवा, लउकत त नइखे...''

◆

सूर्यदेव पाठक 'पराग'

जिन्दगी

तरकुल के छाँव में
नफरत के गाँव में
कतना पैमाल भइल जिन्दगी

पीरा अँगेज के
सपना सहेज के
बंधक पड़ल बाटे धड़कन करेज के
दर्द पोर-पोर के
अँखियन के लोर के
जिउआ के काल भइल जिन्दगी

अपनापन छूट रहल
दिल दरपन टूट रहल
स्वारथ बटमार सबके सोझे बा लूट रहल
अदमी बा दाँव पर
कागज के नाव पर
सतरंगी चाल भइल जिन्दगी

समय ई सँपेरा बा
लगा रहल फेरा बा
चंदन के डारी पर विषधर के डेरा बा
भूख कहीं लहकत बा
लोग-बाग डहकत बा
फटही रूमाल भइल जिन्दगी

✦

सोमनाथ ओझा 'सोमेश'

सीख

सह री शहरी! सब बात, न जा रहरी-रहरी, घर में रह री
अगरा के न तू अगरा के चलऽ, झगरा के बरा के खरी कह री
नित प्रेम से पाँव पुजऽ पिय के, तहरा समना जग ना ठहरी
ठहरी पर तू ठँवठोक रहऽ, उपदेश न द ठहरी-ठहरी
बहरी बनि के तप में बह री, सब साफ करऽ भितरी-बहरी
अघ-ओघ न आई कबो पँजरा, थकि घूमि फिरी बहरी-बहरी
कुल-कानि बँची सगरी, कजरी मन गाइ फिरी डगरी-डगरी
झगरी ना सनेह कबो पिय से, सुधरी-सुधरी सम्हरी-सम्हरी
हमरी उजरी पगरी फहरी, नजरी-नजरी नगरी-नगरी
महरी! तहरी अँचरा लहरी, छवि छाइ छटा छहरी-छहरी

✦

स्वामी फन्दोत्तीर्णानन्दपुरी

लिखिहऽ सबसे ऊपर नाँव

जब पाती लिखिहऽ तब लिखिहऽ सबसे ऊपर नाँव
ना जाने कब पंछी उड़ि के जाई अपना गाँव

जेकरा के हम आपन कहलीं
ऊहे खूब सतावल
जेकरा पर कुछ रहे भरोसा
गलती राह बतावल
अपना स्वारथ में तूहूँ मत कइ लीहऽ बिखराव

करिया चद्दर ओढ़ि के रतिया
जाड़ा के सूतेले
दूर खेत में बइठि टिटिहिरी
टाँइ-टाँइ बोलेले
हमरा सुधियन के तब धीरे-धीरे होत बढ़ाव

अनचितले कुछ पता चलल ना
मन के चैन छिनाइल
ना जाने अनजाने में
काहें द्वे आँखि लोराइल
दुख आइल नियरे आ सुख से बहुते भइल दुराव

जब संझा के सुरुज
पच्छिम में जा के डूबेला
दिन में दर-दर भटकि पखेरू
खोंता में लवटेला
बरबस मन भरमेला जाके अमराई के छाँव
जब पाती लिखिहऽ त लिखिहऽ सबसे ऊपर नाँव

✦

हरिकिशोर पाण्डेय

आवो साँझ

अपने दाँते आपन गाल
पहिलहूँ धरा जात रहे
अपने हाथ के हरका से
आँख पहिलहूँ लोरात रहे
पेट पहिलहूँ पहाड़ रहे
आदमी कीले पर पिसात रहे
लोर के साथे जँतसार रहे

अब त कल्प बदलल बा
एक दिन त ई खबर आइल
कि आदमी एह से मर गइल
कि खायेक में तुलसीदास पर गइल।
लोग पिंजड़ा में उल्लू पोसत बा
सुग्गा मरघट में लउकल।
गुलाब आँख से सटाईं
त अब आँख फूट जाता
इनार के जगत ले आके
भरल बाल्टी के रस्सी टूट जाता।
केहू के देख के धधाईं
अँकवार के बाँह फहलाईं
त सूली पर लटक जाईं।

त धरती के जवन पीर
सोहर के कबो गीत बनल
ऊ अब डइनपन के मंत्र बनो
धरती के अइसन दरद उठो
कि काल-भँवर उलटा नाचो
ई डाइन अब लँगटे नाचो
बान्हो कोख, बनो बाँझ
किरिन डूबल त आवो साँझ

◆

हरिराम द्विवेदी

डुगुर-डुगुर डोलै दुलार एही अँगना

झुरुर-झुरुर डोलै बयार एही अँगना
बान्हल अँचरवा फहरि परै

डारि-डारि जिनिगी कै डोलै सपनवा
पात-पात बिरमैला मुरहा परनवा
मोहिया कै एतनी पसार एही अँगना
पारल कजरवा बहरि परै

अँखिया के कोरे बसी सँवरइया
लदरि-बदरि ओनई गझिन अमरइया
लुपुर-झुपुर झूलै बहार एही अँगना
भुँइया बदरवा उतरि परै

आन कोई अनतै बँसुरिया बजावै
निरफुल भोरहरी नियर रगियावै
झनन-झनन मन कै सितार एही अँगना
रस के सगरवा लहरि परै

कुहुकै जिनिगिया करै बरजोरी
रहि-रहि के मारै उमिर टिटकोरी
ठुमुक-ठुमुक नाचै सिंगार एही अँगना
आल्हर जियरवा सिहरि परै

पँवरे चनरमा पोखरिया के पनिया
लहरन के बिचवा लजाइल किरनिया

हलर-हलर होला जुवार एही अँगना
छुवतै कररवा भहरि परै

पवना बजावैला सनई के घुघुना
झुनुन-झुनुन सुनि के भयल जिया दुगुना
डुगुर-डुगुर डोलै दुलार एही अँगना
सुग्घर असरवा टहरि परै

झुरुर-झुरुर डोलै बयार एही अँगना
बान्हल अँचरवा फहरि परै

◆

हरिवंश पाठक 'गुमनाम'

आँख. मछरी ह रूप जल हउए

आम के फाँक क बदल हउए
आँखि मछरी ह रूप जल हउए

रूप क ताल में खिलल हउए
नैन राउर ह, की कँवल हउए

हाय! हरिनी क ई सुघर छौना
रूप क जाल में फँसल हउए

खने उड़त ह खन ढुरत हउए
नैन-खंजन बहुत विकल हउए

कब न रखलीं परान क पाछे—
मन त बाकिर ई बेकहल हउए

ए के तज दीं कि साँस के तज दीं
ई दरद जानि बेसहल हउए

तोसे 'गुमनाम' छूटि के, हमरा—
का बताईं कि का भयल हउए

✦

हरीन्द्र हिमकर

केकरा सोझा का गावो

असगरूआ मन इमली जइसन
केकरा सोझा का गावो
मन मगहर तन काशी कइले
केकरा से का बतिआवो

अइसन बहल बेयार कि अदिमी से अदिमी कतरा तारे
कतनो काढ़ करेज बताईं केहू ना पतिया तारे
उजड़ल गाँव शहर मुसुकाइल
केकर छप्पर के छावो

अँचरा-अँचरा में आगी बा, लहकत बा अँगना दुअरा
पानी का कोखी के आगी लील गइल पत्तल - पुअरा
राजा करत हवाई रछेया
परजा के के छतिआवो

पोर-पोर से रीसत पानी, धरती के गत्तर टूटल
उनकर घर भर गइल भाव से, जनता के भतहँड़ फूटल
बोली बात सभत्तर पहुँचल
केहू खावो मत खावो

मत लेके मुसुकाइल मनई, मतछिन्नू सबके कइलस
भर-भर कुल्ला झूठ बोल के, गुल-गुल गद्दी हथियवलस
ओकर मनसा बा जनसंख्या
धीरे-धीरे खतिआवो
असगरूआ मन इमली जइसन
केकरा सोझा का गावो

✦

हरेन्द्र देव नारायण

बिना छुअले बाजेला सितार

बिना छुअले बाजेला सितार
पतझर में दरद, मांधो में पिरीत ग़ीत
बरखा में गाईंले मल्हार

कइसन हवे बिरहा जे हियरा में बाज जाय
कइसन बदरिया जे जियरा में गाज जाय
दिन-रैन सोचींले कि कइसन अगम गीत
बाजे मन अँगना-दुआर

दिन में सुरुज नाचे, रात में सितारा नाचे
जइसे अकेला कहीं कोई बनजारा नाचे
जुगनू के दिया-बाती डाले-डाले जगमग
तब काहे मन में अन्हार

तूहीं कहीं छुए ल कि गीत में लहर होला
छोटकी कोठरिया में जोत के पहर होला
तोहरे छुअलका से डेंगी आर-पार जाय
नाहीं त सगरे मँझधार

हीरालाल अमृतपुत्र

नेह भरल बरखा के पाती

पढ़ के आज़ जुड़ाइल छाती
नेह भरल बरखा के पाती

झँउस गइल रहुए तन-मनवा
गरमी बड़ा अधरमी दनवा
बेरहमी के हद पर आके, अब लरकाइल ह उत्पाती

आँगन में बरात बादर के
उतरे लागल उमड़-घुमड़ के
ढोल-मृदंग बजावत ढम-ढम, लहरावत बिजुरी मदमाती

बरसत जल बा अमृत झर - झर
नहा गइल तन तन के भीतर
मरुआइल सूखल सब बिहँसल, हरियाली के उकसल बाती

आँजर-पाँजर भीज गइल बा
बाहर-भीतर एक भइल बा
तन के अउर बसन के केहू, कइसे कही अलग ह जाती

जहर पवन के लहरल ठमकल
शीतल - शीतल सहकल बहकल
बौछारन के छेड़े रह-रह, लागे मन का भल खुरफाती

गड़ल सपनवा ले अँखुआइल
सुतल सनेहिया ले गदराइल
नाचल मन के मोर झूम के, उमड़ल नयन लोर बरसाती

बिरहिन के रख लेलऽ पानी
आसमान के औढरदानी
उखम भरल जिनिगी के रतिया, बीतल लहरल सुर परभाती

बिना सुनवले सुन लेलऽ तू
लाज धरम के गुन लेलऽ तू
तहरा छोड़ जगत में के बा, हम दुखिया जन के संघाती

◆

भाग 2

अवधी

सम्पादक : विद्याविन्दु सिंह

पृष्ठभूमि

अवधी उस क्षेत्र की भाषा है जहाँ श्रीराम ने जन्म लिया। जहा की मिट्टी को श्रीराम के अंग लगने का गौरव मिला। जहाँ की हवा में राम ने अपने तोतले बोल छोड़े। यह अवधी ही है जिसने रामकथा को युग-युग से विश्व का कण्ठहार बना दिया है।

हिन्दी की लोक-भाषाओं में अवधी का विशिष्ट महत्त्व है। महाकवि मलिक मोहम्मद जायसी ने अपने महान् ग्रंथ 'पद्मावत' के लिए अवधी को चुना और पूरे विश्व की एकता का उद्घोष किया—'देस देस के पंछी बैठे एकै ठाँव, आपनि आपनि भाषा लेयँ दइउ का नाँव।' कुतुबन और मंझन ने भी अवधी को अपनी कविता का माध्यम बनाया। गोस्वामी तुलसीदास जी के काव्य के माध्यम से अवधी विश्व मंच पर प्रतिष्ठा प्राप्त कर चुकी है।

अवधी की समृद्ध लिखित साहित्य की परम्परा के साथ ही वाचिक परम्परा की समृद्धि भी रेखांकित की जाती रही है। अवधी में भारतीय संस्कृति को अक्षुण्ण रखने के साथ ही उसे परम्परा में प्रवाहित रखने की सामर्थ्य है। यह लोक धरोहर को सहेज कर नित-नूतन विस्तार देती आ रही है।

हिन्दी की मूल भाषाएँ हिन्दी की पूरक हैं। इन लोक-भाषाओं में जहाँ स्थानीय रंगों की विविध छटाएँ, भाव और अभिव्यक्ति दोनों ही स्तरों पर मिलती हैं, वहाँ समानताएँ भी मिलती हैं। ये भाषाएँ राष्ट्रभाषा हिन्दी की पोषक हैं। लोक-भाषाओं का सहज विकास अपने-अपने परिवेश में होता गया और इनसे हिन्दी समृद्ध होती गयी।

हिन्दी के शब्द भण्डार में से यदि जनपदीय बोलियों/भाषाओं के शब्द छाँट दिये जायें तो इसका कोश रीता हो जायेगा। अत: जब हम हिन्दी की बोलियों, भाषाओं या जनपदीय बोलियों की बात करते हैं तो प्रकारान्तर से हिन्दी की ही बात करते हैं।

कबीर ने सभी जनपदीय भाषाओं की खिचड़ी करके उसमें अपनी बात कही और यह सिद्ध कर दिया कि अभिव्यक्ति यदि सशक्त हो तो भाषा की शक्ति उसे और पैना कर देती है। यह शक्ति जनपदीय भाषाओं में कहीं भी कम नहीं है।

अवधी की ओर इधर साहित्यकारों का ध्यान आकृष्ट हुआ। अभिव्यक्ति और शब्द-शक्ति को देखते हुए अवधी का भविष्य उज्ज्वल लगता है। इसकी भावात्मक सम्पत्ति देखने से इसकी व्यापकता की कुछ थाह मिलती है। इसके माध्यम से भारत की अखण्ड संस्कृति का विश्वास मिलता है।

साहित्य की मुख्यधारा से अवधी की धारा मिली हुई है। यह लोक-जीवन से जुड़ी है, इसलिए अधिक प्रभावी भी है। अवधी का जनपदीय क्षेत्र जनसंख्या की दृष्टि से बहुत विशाल है, इसके रचनाकार और गायक भारत से बाहर भी विश्ववेदना का स्वर छेड़ रहे हैं। इनकी अवधी में लिखी गयी रचनाएँ भी अत्यन्त सशक्त हैं। इनके संकलन और विवेचन ने सामान्य जनता के मन में अपनी इस अमूल्य थाती के प्रति गौरवबोध जगाया। अवधी की लिखित परम्परा में आधुनिक युग के अवधी-कवियों के कृतित्व का आकलन डॉ० मत्स्येन्द्र शुक्ल ने किया।

आधुनिक अवधी कवियों की परम्परा में जिन महानुभावों ने योगदान किया उनमें से कुछ के काव्य की एक-एक बानगी इस संकलन में दी जा रही है। आकाशवाणी के अवधी-क्षेत्र के केन्द्रों ने अवधी की रचनाओं को दूर-दूर तक श्रोताओं तक पहुँचाया। आकाशवाणी से प्रसारित 'बहरे बाबा' धारावाहिक हास्य प्रहसन ने अवधी के प्रति लोगों को बहुत आकृष्ट किया। उसमें 'बहरे बाबा' की भूमिका स्वयं रमई काका ने की थी। उनके व्यंग्य की पैनी धार लोगों को सोचने के लिए विवश कर देती है।

रमई काका के व्यंग्य का एक उदाहरण देना चाहूँगी। अंग्रेज स्त्रियों के लिपिस्टिक रंजित अधरों को देखकर गाँव की स्त्री अपनी सखी से कहती है—जो लाल-लाल रंग (महावर) हम अपने पाँवों में लगाती हैं, वही ये अपने ओठों पर लगाती हैं।

जौन लाल-लाल हम लातन लगवती हैं,
तौन लाल-लाल उइ होंठन लगवती हैं।

लिखित साहित्य के अतिरिक्त स्वतंत्रता आन्दोलन के समय अनेक कवियों ने अवधी लोकगीतों का भण्डार भरा, जो वाचिक परम्परा में प्रचलित हुआ। इसमें शिवप्रसाद सिंह, द्विज छुटकुन आदि का नाम उल्लेखनीय है। स्व० भगवतीप्रसाद नंदन, रामनारायण पाण्डेय 'पागल' ने अवधी में बहुत लिखा। कई विद्वान् कवियों ने अवधी की वाचिक परम्परा से लेकर हिन्दी को दिया है और लोक-साहित्य में भी बहुत कुछ जोड़ा है। हरिवंश राय बच्चन के प्रसिद्ध गीतों की पंक्तियाँ—'जाओ लाओ पिया नदिया से सोन मछरी' व 'महुआ के नीचे मोती झरै' अवधी की ही देन हैं।

साहित्य के क्षेत्र में आंचलिक भाषाओं का सृजनात्मक प्रयोग दिन-प्रतिदिन बढ़ता जा रहा है। इसके समानान्तर बहुत से रचनाकारों ने अवधी को ही अपनी अभिव्यक्ति का माध्यम बना रखा है, इसकी चर्चा करना चाहूँगी।

श्री भवानी भीख 'दिव्य' ने घनाक्षरी और सवैये अवधी में लिखे। श्री रामचरित पाण्डेय ने कई नामों से लिखा। 'पावन' नाम से घनाक्षरी सवैया और गंभीर रचनाएँ लिखीं। 'लुच्चेश' नाम से हास्य व्यंग्य की रचनाएँ कीं और 'गँवार' नाम से ठेठ गाँव की समस्याओं को उकेरा। एक उदाहरण लें—

पाटि-पाटि सतुआ अलोने, पेट पाटि-पाटि,
काटि-काटि कटनी, कुदारि बाप मरिगै

रंग ढंग देखि कै जमाने कै गँवार भइया,
हमरहू सारी कविताई बिसरिगै।

सरस्वतीप्रसाद शुक्ल 'चंचल' ने 'उद्धव शतक' लिखा। इनकी भोजपुरी-अवधी मिश्रित भाषा अत्यन्त मोहक बन पड़ी है, मात्र एक पंक्ति का उदाहरण लें—'केवल वृषभानु के दामाद (राधापति कृष्ण) से डरता हूँ।

'अकेले वृषभानु के दमादे से डेराईला।'

अवधी के सशक्त हस्ताक्षर आचार्य चतुर्भुज शर्मा ने राम जन्म-भूमि विवाद पर लिखा है—

'कुछु बात न दाढ़ी हलाये बनी,
कुछु काम मचाये न हल्ला बनी,
मिलि आपस मा समझौता करौ,
बने बातन के न पुछल्ला बनी
यतना ई दंगा फसादन ते,
कोई राम बनी, न तौ अल्ला बनी।'

उमेश दत्त श्रीवास्तव ने अवधी लोकगीत लिखे। एक गीत में उन्होंने अवधी की महिमा गायी है—

गिरतइ अवधी मुँह से निकरी, अवधी गोदिया म लिहीं हमकाँ
अवधी बनिकै तेलवा बुकवा, लरिका से सयान किहीं हमकाँ।
महतारी क नेह दुलार हमैं, धन दउलति गाँव लिखीं हमका
जो मरी तौ 'सुमन' अवधी के बदे, अवधी जिनगानी दिहीं हमका।

रमेश रंजन की एक पंक्ति कन्या की विदाई के अवसर की है—

'ढुरकि परी अँखियाँ चलत ससुरारि।'

मधुरेश चतुर्वेदी ने बाढ़ की विभीषिका में बादल से गुहार की है—

'रोकौ-रोकौ पनिया का धारि हो बदरवा
बूड़ि गवा गउवाँ हमार हो बदरवा।'

इसके अतिरिक्त उन आधुनिक अवधी कवियों का नाम उल्लेख करना चाहूँगी, जिनकी अवधी रचनाएँ इस संकलन के लिए नहीं मिल सकीं। श्री अरविन्द प्रकाश अवस्थी 'नन्हें भइया', डॉ० राम जवाहर द्विवेदी, डॉ० राघव बिहारी सिंह, रामगोपाल सिंह 'शारद', 'श्री अरुण त्रिवेदी' आदि के नाम उल्लेखनीय हैं।

आधुनिक अवधी कवियों की कृतियों में जो पैनापन और ताज़गी है, वह साहित्य-जगत् में रेखांकित होने योग्य है। चाहते हुए भी सबका नामोल्लेख कर पाना और उदाहरण दे पाना विस्तार भय के कारण कठिन है। कुछ मर्मस्पर्शी पंक्तियाँ जो

स्मृति में हैं, उन्हें उद्धृत करना चाहूँगी। जैसे फारुक सरल की कविताओं में लोकगीतों की मार्मिक अभिव्यक्ति है—

भइया आये नाहीं कौनो मजबूरी होइहैं।
अबकी बरखा म लागी न मजूरी होइहैं।

ब्रजेन्द्र खरे ने प्रकृति का साकार बिम्ब उपस्थित किया है—

तनिकी रुकि बरसा बदरवा
मारे-मारे फिरिहौ त का होई।

अवधी की ओर इधर अवधी भाषाभाषी साहित्यकारों का ध्यान आकृष्ट हुआ है। अनेक साहित्यकार अवधी गद्य और पद्य दोनों विधाओं में भावात्मक अभिव्यक्ति कर रहे हैं।

अवधी के पास विशाल शब्द भण्डार है, कुछ शब्द संस्कृत से सीधे आ गये हैं और कुछ प्राकृत अपभ्रंश से होते हुए आये हैं। कुछ विदेशी भाषाओं के शब्द भी अवधी ने अपनी प्रकृति में ढालकर ऐसा अपना लिया है कि लगता ही नहीं कि यह दूसरी भाषा के शब्द हैं।

अवधी भाषा की लिखित काव्य की विविध भंगिमाएँ हैं। अवधी में पुनीत सरजू का कल-कल निनाद है, उसके चौड़े पाट-सा विस्तार है, गंगा की पावनता है। अवधी के लोक-कवियों ने रामकथा के साथ जीवन की सहजता, अपनत्व, लोकव्यवहार, लोककल्याण की भावनाओं को तो वाणी दी ही, वीरगाथाओं का ओज और प्रेमगाथाओं का लालित्य भी अवधी के माध्यम से जन-जन तक पहुँचाया है। अवधी की वाचिक परम्परा में ऐसे निर्गुन भजन और चैता आदि भरे पड़े हैं जिनके साथ कबीर, सूर, तुलसी का नाम जुड़ा है। लोक ने इन संतों की रचनाओं को कहीं लोक का बना दिया है तो कहीं लोक परम्परा के गीतों में इनका नाम जोड़ दिया है। वे संत कवि अवधी की वाचिक परम्परा में ऐसे घुल-मिल गये हैं जैसे दूध में पानी।

अवधी में गद्य और पद्य दोनों ही विधाओं को वहन करने की अद्भुत क्षमता है। अवधी में राम की संस्कृति का अपनाव है। श्रेष्ठ सद्गुणों को स्वीकार करने का संकल्प है और कमजोरियों के प्रति विरक्ति। यह संतों की भाषा है, सीधे-सादे गँवई गाँव के खेतिहर मजदूरों की भाषा है। इसमें माँ का वात्सल्य है, पिता का अनुशासन और भारतीय नारी की भाँति हर परिस्थिति से अनुकूलन की क्षमता है। अवधी अवध क्षेत्र में बोली जानेवाली हिन्दी की बोली है। अवध शब्द में 'ई' प्रत्यय ग्रहण करके अवधी शब्द बना। इस अवधी में केवल अवध प्रान्त की ही नहीं, केवल अवधी भाषी क्षेत्र की ही नहीं, पूरे भारत की सांस्कृतिक चेतना का प्रवाह है, क्योंकि भारत की संस्कृति राम की संस्कृति है और श्रीराम अवधी के हृदय में हैं।

अवधी का लालित्य और कोमलता अपनी विशिष्ट पहचान रखती है। उसका लचीलापन, मात्राओं को ह्रस्व करने की प्रवृत्ति और जमीन से जुड़े होने की

स्वाभाविकता के कारण अवधी में एक विशेष प्रकार का माधुर्य और प्रवाह है। सांस्कृतिक अभिप्रायों को व्यक्त करनेवाली शब्दशक्ति से युक्त जो शब्दावली लोक-भाषाओं में है, वह विलक्षण है। भाषा इतनी जीवन्त है कि हर जिले के अन्तर पर लहजे में परिवर्तन मिलता है। शब्द वही हैं, क्रियाएँ वही हैं, पर उच्चारण में भेद है।

अवधी में अनुष्ठानों से जुड़े जो शब्द हैं, वे सांस्कृतिक जीवन को अभिव्यक्त करते हैं। उदाहरण के लिए—'जेवना' और 'जेवनार' का माधुर्य 'भोजन' शब्द में नहीं है। इसी प्रकार वाचालता के लिए 'कबोधन' शब्द से जो भाव व्यंजित होता है वह किसी दूसरे शब्द से नहीं हो सकता। अवधी भाषा में शब्दों का केवल शाब्दिक अर्थ ही नहीं है, उसमें एक अभिव्यंजना है, एक ही शब्द की कई-कई अर्थ-छटाएँ हैं। यह जीवन शैली की एक परम्परा है जो समाज के विभिन्न वर्गों को अपनी सांस्कृतिक परम्परा से जोड़ती है। एक-एक शब्द संस्कृति के बोलते हुए चित्र हैं जो अवसर विशेष का बिम्ब प्रस्तुत करते हैं। 'नाखुर', 'नेहछू', 'अँचर धरउवा', 'कोहबर' आदि शब्द विवाह संस्कार के विशेष शब्द हैं, जिनके पर्यायवाची शब्द नहीं हैं, यदि हैं भी तो वह अर्थ नहीं ध्वनित होता। 'कलेवा' और 'कुँवर कलेवा' दोनों शब्द भिन्न अर्थ रखते हैं। कलेवा दैनिक जीवन में रोज किया जाता है किन्तु 'कुँवर कलेवा' विवाह संस्कार का एक अनुष्ठान है। 'शिष्टाचार' लोकानुष्ठान के रूप में विवाह संस्कार में प्रचलित था। उसमें वर-कन्या दोनों पक्ष अपनी-अपनी ओर से शिष्टाचार रीति के माध्यम से मिलते थे, आदर-सत्कार करते थे, परिचय पाते थे। वही शिष्टाचार अवधी भाषा में है जो परिचय पाने की लालसा रखती है।

आज ये सारी परम्पराएँ या तो लुप्त हो रही हैं या अत्यन्त संक्षिप्त होती जा रही हैं। इसी कारण आदमी आदमी से, प्रकृति से दूर होता जा रहा है। आज इस कटाव को रोकने के लिए, परिचय की प्रगाढ़ता के लिए लोक-भाषाओं का वह संस्कार अपरिहार्य आवश्यकता बन गया है। आज अपनी परम्पराओं से, अपनी लोक-भाषा से कटते जाने के कारण बराती आपस में परिचय नहीं कर पाते, घराती-बरातियों का परस्पर परिचय नहीं हो पाता। केवल जलपान, भोजन, सौगात, फोटोग्राफी में बराती शामिल हो पाते हैं। इसलिए आज आवश्यकता है इन रसवन्ती लोक-भाषाओं के प्रयोग की जो आदमी को उस शिष्टाचार का संस्कार दे सके।

गाँव का आदमी आज भी शहर में अपरिचय की धुंध में खप नहीं पाता। वह अपनी आत्मीयता बाँटना चाहता है, भले ही उसे गँवार और आज के जीवन के छन्द के साथ 'बेमेल' कहकर उसका मखौल उड़ाया जाये। आज जीवन में छन्द रह ही कहाँ गया है? छन्द अगर कहीं बचा है तो लोक-भाषाओं में और इन लोक-भाषाओं की व्यक्ति से, परम्परा से जुड़ने की कामना में।

अवधी काव्य का फलक अत्यन्त विस्तृत है। उसका समग्र रूप से संकलन करके उनकी विशेषताओं को रेखांकित करने की महती आवश्यकता है। इस दिशा में बहुत

कम कार्य अब तक हुआ है। कुछ कार्य जो हुए हैं या हो रहे हैं, उनके बारे में चर्चा करना अप्रासंगिक नहीं होगा। अवधी के लिखित साहित्य की गवेषणा तो निरंतर होती ही रही। अवधी की वाचिक परम्परा के साहित्य का संकलन और विवेचन जिन महानुभावों ने किया उनमें पं० रामनरेश त्रिपाठी का नाम सदैव आदर के साथ याद किया जाएगा। इनकी अवधी में लिखी हुई रचनाएँ भी अत्यन्त सशक्त हैं। इनके संकलन और विवेचन ने जनता के मन में अपनी इस अमूल्य थाती के प्रति गौरवबोध कराया। इसी प्रकार स्व० श्रीकृष्ण दास भी आजीवन लोक-साहित्य के संकलन व विवेचन से अत्यन्त भावुकता के साथ जुड़े रहे। इस दिशा में और भी कई लोगों का नामोल्लेख किया जा सकता है, जो विस्तार भय के कारण नहीं दे पा रही हूँ।

अवधी भाषा साहित्य के संवर्द्धन हेतु वर्ष 1976 में अवधी अकादमी की स्थापना अमेठी, सुल्तानपुर में श्री जगदीश पीयूष ने की। इस अकादमी ने अनेक अधिवेशनों, गोष्ठियों का आयोजन किया, स्मारिकाएँ प्रकाशित कीं। इस समय 'बोली बानी' नामक अनियतकालीन पत्रिका का प्रकाशन कर रही है, जो समकालीन अवधी कवियों का अपना एक मंच है। 1990 के दशक में हैदरगढ़ बाराबंकी के डॉ० रामबहादुर मिश्र ने 'अवध भारती समिति' की स्थापना की और अवधी कवियों के काव्य को प्रकाश में लाने का कार्य किया। फैजाबाद में श्री राजबहादुर द्विवेदी ने 'अवधी साहित्य संस्थान' की स्थापना की। उसके माध्यम से कुछ प्रकाशन और अधिवेशन सम्पन्न किये गये।

अवधीभाषी क्षेत्र के प्राय: सभी जनपदों के अवधी रचनाकार अवधी को अपनी काव्य प्रतिभा से समृद्ध कर रहे हैं। जिसमें सीतापुर, सुल्तानपुर, गोण्डा, बहराइच, फैजाबाद, बाराबंकी, प्रतापगढ़, इलाहाबाद, जौनपुर, लखनऊ, कानपुर आदि जिलों के कवि प्रमुख हैं। ये अवधी में आधुनिक परिवेश की कविताएँ भी लिख रहे हैं।

कुछ अवधी की पत्रिकाओं का नामोल्लेख करना भी उचित होगा, जिनमें लोकायतन, अवधी, तुलसी तरु, बिरवा, नखत, आखत, जोंधइयाँ आदि प्रमुख हैं। इनमें से कुछ तो आर्थिक कारणों से नहीं चल पा रही हैं, कुछ निरन्तरता में हैं, भले ही अनियतकालीन हों। इन पत्रिकाओं के महत्त्व को अनदेखा नहीं किया जा सकता, क्योंकि अवधी साहित्य के इतिहास-लेखन में इनकी उल्लेखनीय भूमिका होगी।

इस संकलन में विगत पचास वर्षों से लेकर आधुनिक युग के वरिष्ठ अवधी कवियों की रचनाओं के साथ वर्तमान वरिष्ठ व नवोदित रचनाकारों की भी अवधी कविताओं की एक बानगी प्रस्तुत की जा रही है। इतने छोटे कलेवर में सभी को समेट पाना कठिन कार्य है। अभी बहुत से अवधी के रचनाकार छूट गये हैं, उसका कारण है कि कुछ लोगों के पते नहीं मिल सके और कुछ लोगों से रचनाएँ नहीं मिल सकीं। फिर भी प्रयास किया गया है कि इस संकलन में अवधी के उन स्वनामधन्य कवियों की रचनाएँ सम्मिलित हों जो अपनी कृतियों में अमर हो चुके हैं और उन आधुनिक

कवियों की भी रचनाएँ हों जो निरन्तर अवधी के माध्यम से हिन्दी को समृद्ध कर रहे हैं।

इन रचनाओं के माध्यम से अवधी की परम्परा के निर्वाह, उसके विकास, उसमें होनेवाले परिवर्तनों को रेखांकित किया जा सकता है। यह धारा अवरुद्ध नहीं है, निरन्तर प्रवाहित है, यह भी इससे प्रमाणित होता है। कवियों द्वारा वाचिक परम्परा और लिखित साहित्य की परम्परा दोनों से छन्द लिये जा रहे हैं, जो अवधी की काव्य शक्ति की व्यापकता और प्रवाह का उद्घोष करते हैं।

अवधी में भारतीय संस्कृति को अक्षुण्ण रखने के साथ ही उसे परम्परा में प्रवाहित रखने की सामर्थ्य है। यह लोक-धरोहर को सहेज कर नित-नूतन विस्तार देती जा रही है।

जीवन का रस इस लोक-धरोहर और जीवन के काव्य में ही सुरक्षित रह गया है। इसलिए इस तरह के संकलनों की आवश्यकता है। जीवन में रस किंचित् भी कहीं बचा हो, उसे सहेज कर रखने की ही नहीं, चरणामृत की तरह बाँटने की आवश्यकता है। कहा जाता है कि चरणामृत जितना बाँटा जाता है, उतना ही उसका अमृततत्त्व बढ़ता जाता है। यह श्रीराम की भूमि की भाषा का चरणामृत सबके मन को अमृत का रसास्वादन करा सके, इसी अभिलाषा से यह संकलन रसज्ञ पाठकों के समक्ष प्रस्तुत है।

विद्याविन्दु सिंह

अनीस देहाती

माटी

जउनी माटी का माथे दै, रन माँ जूझें नेता सुभास।
जउनी माटी कै चरन छुवै का, नइगा चारिउ मूँ अकास॥
जउनी माटी माँ जलम पाइ, भे धन्न माघ भवभूति भास।
जउनी माटी का ना पायेन तौ भै देवी देउतौ उदास॥

ई माटी बीर भगत सिंह कै, ई माटी दास कबीरा कै।
रसखान, बिहारी, राजगुरु, ई माटी नानक मीरा कै॥
ई माटी आल्हा ऊदल कै, औ बीर सिवा रनधीरा कै।
ईसा, मूसा, गाँधी, गौतम, ई माटी आलमगीरा कै॥

ई उहै देस जहँ मुरलीधर, मुरली कै तान सुनाइ गये।
जहँ दसरथ की अँगनाई माँ, राघव पैंजनी बजाइ गये॥
जेहकै सपूत एक पवनपूत, रावन घर आग लगाइ गये।
पुरखै जिउ दइके भये धन्न, माटी कै करज चुकाइ गये॥

पुरखन के लोहू से सींची, बगिया कै हम रखवार अही।
आपुस माँ हम सब एक, मुला दुस्मन की खातिर चार अहीं॥
भारत की रच्छा की खातिर, असफाक, भगत, सरदार अही।
बैरी कै सीना देय फार, हम ऊ तेगा तलवार अही॥

भारत के बीर जवानौ तोंहका, कसम देस की माटी कै।
एकरे कन कन माँ जोस भरा, बा हलदी वाली घाटी कै॥
सुधि करा बहादुर बीर सिवा, औ राना की परिपाटी कै।
छन भंगुर ई जीवन तोहार, जिन गरब करा यहि टाटी कै॥

✦

अब्बास अली 'बास'

कामना

जेहि धोइ धरा विधि ने विधि सों, सोइ आइ धरा दुख दारिद दाहत,
तन पाहन-गौतम-नारि तरी, तिहुँ लोक अजौं गुन गाइ सराहत।
हठि केवट धोइ पिया सकुटुम्ब, जिन्हें परसे जग पावत राहत,
वहि पावन-पाँवन कै रज-पावन, 'बास' अपावन पावन चाहत।

उद्धव से—

निज नैनन नीके निहारे जिन्हें बिसरै न बिसारेहुँ रूप सलोना,
यहि हाथेन छाँछ प्रलोभन माँ नचवायेन केतना भुलाय अबौं ना।
पुलकाय, भोराय दुहाइन गाय, चोराय के बँसरी, हैं देखेन रोना,
अब आवै न आवै, मिलैं न मिलै, मुल मोरे गोपाल काँ ब्रह्म कहौ ना।

प्रति रोम रह्यो रमि रूप मनोरम, का मन माँ अनुमानिय कइसे।
अटके रहे द्वार गलीन अलीन के, लीन है ध्यान में ध्यानिय कइसे।
पड़ै पाँव किसोरी के चोरी नाहीं, वरजोरी वन्हें सनमानिय कइसे।
यहि गोचर माँ गो चराये सगोचर, वन्हैं अगोचर मानिय कइसे।

✦

असविन्द द्विवेदी

गाँव का हाल

यक्कौ दिन अस कबौ न बीतै, जेहि दिन होय बवाल न काका।
पूछा गाँव क हाल न काका॥
बूड़ा कबहूँ झूरा कबहूँ। द्वियनौ पूरा-पूरा कबहूँ॥
मेहनत करा सुबह से सामै। बिना खाद कै बिया न जामै॥
बहुत महँग भै खेती बारी। कहत रहें यक रोज तेवारी॥
आज ढोल मा पोल बा काका। साँच कै पत्ता गोल बा काका॥
ढेर पिछरगा कइउ बात मा, बढ़ा बा यक्कौ फाल न काका। पूछा गाँव... ॥
जेहकै चटकी नेतागीरी। ओहकै गदहा खायँ पँजीरी॥
अस आँखी कै उतरा पानी। खायँ पंडवे लखैं भवानी॥
दिन भैं करैं भरोसे खाँसा। चलत अहै बस स्वासै स्वाँसा॥
कक्कू जब गुजरा रमनौजा। रोय दिहीसे पूरा मौजा॥
बूढ़ा भोगतिन अहैं अबै तक, भले रहैं शिव लालन काका। पूछा गाँव... ॥
अस अंधेर कि धरती हीलै। बोकड़ी कै मुँह कोहड़ा लीलै॥
थाना और बलाक मा काका। सब घूसेन की ताक मा काका॥
लूट पाट व्यभिचार गाँव मा। फैला है अँधियार गाँव मा॥
के अँधियार मिटावै काका। आपनं दुयाह पिटावै काका॥
सब थुकिके चाटै वाले भै, केहके टेढ़ी चाल न काका। पूछा गाँव... ॥
बहु झुठबोला बच्छुट पापी। इर्षा दोषी परसन्तापी॥
बिटिया सुन्दर भले पढ़ी बा। काका दैजा बहुत बढ़ी बा॥
ओनही आग लगावै वाले। ओनही आग बुझावै वाले॥
बड़े जोर कै चाल न पूछा। महँगाई कै हाल न पूछा॥
आग लाग सागे पाते मा, मिलै अघउवा दाल न काका। पूछा गाँव... ॥
पेट उघार न चोटी फीता। सही कहा तौ लगै पलीता॥
किंचौ लोक लिहाज न काका। परदा पुरदी आज न काका॥
चोरी बीच-खून अब काका। जहाँ सुना बस डाकै-डाका॥

घर से यस उबियायगा काका। रम्बरना सधुवायगा काका॥
केहू न मानै देबी-देवा। के अब करै बड़ेन कै सेवा॥
द्वियठू अगर सपूत हैं काका। कइयौ ठौर कपूत हैं काका॥ पूछा गाँव... ॥
जे महतारी बाप का पूजैं। अस माई कै लाल न काका॥
घनी पेड़ कै छाँव न काका। पहले वाला गाँव न काका॥
गायब भा गंगा कै पानी। घरे घरे मदिरा महरानी॥
नम्बर द्विय कै धन्धा फैला। मस्त वही मा मजनूँ लैला॥
बहुत योजना छूट कै काका। चार सौ बीसी लूट कै काका॥
चलति अहै असविन्द गाँव मा, दीन दुखी खुसहाल न काका॥ पूछा गाँव... ॥

✦

आद्याप्रसाद 'उन्मत्त'

नीव के पाथर

हम अही नीव कै पाथर, हमरी छाती बज्जर अस कठोर,
हमरी छाती पर डंड करइँ, राजा परजा औ साह चोर।
पंडित मुल्ला हमरिन छाती पर, चढ़ि के धरम बघाराथीं,
औ बीर बाँकुरे हमरिन छाती, पाँव पटकि ललकाराथीं,
हमरे माथे मा होइ पसीना, तउ ई धरती हरियराइ
हमरी अँखियन के आँसू से, ई मुरझुराइ अउ सुलुगि जाइ।
ई माघ पूस कइ ठिठुरन सब, नंगिन छाती पर झेलीथै,
जब तपै जेठ कइ दुपहरिया, तपतै सूरज से खेलीथै।
हमरे हाथे का जोर पाइ के, पाथर ताजमहल बनिगा।
हमरिन छाती की कुब्बत से, भाखरा बना नंगल बनिगा।
जंगल जंगल मा अँटकि भटकि, हम सब कइ राह बनाईथै,
सब सोवइँ सुख कइ निंदिया, हम मेहनत कइ अलख जगाईथै।
नंगे पायन से रौंदि रौंदि, काँटन कइ मुँह हम तोरीथै,
हम आपन छाती पटकि पटकि, धरती कइ छाती फोरीथै।
हम ओका फोरि निकारीथै, कोइला पानी औ रतन खान,
मुल जेतनइ ओका फोरीथै, ओतनइ हम छिरकीथै परान।
केउ आँख देखावै तौ एका, फिर आँख रही की जान रही,
हम एकरे रिन से उरिन होब, जब तक ई देह परान रही।
हम अही सिपाही सीमा पै, कसिके संगीन सँभारीथै,
छाती कै लोहू गारि गारि, माटी कै करज उतारीथै।
माथे पगिया काँधे हर लइ, जब हलधर बनी सेवाँरी माँ,
तब भेद न तनिकउ कइ पाई, हम माटी माँ महतारी माँ।

माटिन माँ गति, माटिन माँ पति, माटिन माँ जनम करम माटी,
माटिन कइ अही सेवकिहा हम, बस माटिन दीन-धरम माटी।
बारहौ महीना तीसउ दिन, चौसठौ घरी कइ पूजा बा,
माटिन देवता, माटिन अच्छत, हमरे कुछ अउर न दूजा बा।
केउ कुच्छउ कहइ, सुनइ कुच्छउ, बस आपन डिउटी जानीथै,
हम आपन जननी जनम भूमि, सरगौ से बढ़ि के मानीथै।

◆

आद्याप्रसाद सिंह 'प्रदीप'

देखा मोरे अँगने

(1)

निमियाँ कइ पेड़वा मोहरवा प सरसइ।
अमवाँ के बउरा से रस कन बरसइ।
पेड़ कचनार सोहइ हमरे दुउरवा।
घुरवा पइ फरा थइके कोहँड़ा भुअरवा।
लउकी अउ तोरी—सेम लटकइँ ओरउता।
देखा मोरे अँगने भरी बा सुनरउता।।

(2)

अँगना मा एक ओर तुलसी कइ बिरवा।
गगरी कइ पनियाँ हराथइ तन-पिरवा।
मटिया कइ दियना अउ घियना कइ बाती।
अरती उतारी तउ जुड़ाय मोरि छाती।।
हउवा झकोरइ जइसे चलथै परउता।
देखा मोरे अँगने भरी बा सुनरउता।।

(3)

गइया भँइसिया भरावैं दूध-कछरी।
तलवा तर्लारिया माँ कूदइँ रोज मछरी।
सरिया मा बछरू, दुअरवा पइ लरिका।
सँझवा सबेरवाँ जपथै, सब हरि का।।
दुख काटइ जड़ी बूटी, जइसे सरउता।
देखा मोरे अँगने भरी बा सुनरउता।।

(4)

कुँअना के पनियाँ मा अमरित धारा।
गंगा कइ नेह भरा वहिमा निहारा।
गेनवाँ गुलाब खिलइ, सजी बा कियारी।
रितुवन कै राजा-रानी, सुषमा नियारी।
मन रहइ निरमल, तउ गंगा कठउता।
देखा मोरे अँगने भरी बा सुनरउता॥

आशाराम त्रिपाठी

अवधी क बिरवा

साँची पिरितिया के फल बदे जायसी,
अवधी क बिरवा लगाइ गये जायसी।
नेहइ से सींचे इ बिरवा सँवारे,
नेहइ से देखभाल साँझ अउ सकारे।
नेहइ के बन्धन से बाँधि गये जायसी,
अवधी क बिरवा लगाइ गये जायसी। साँची...
बिरवा सयान भवा फइला अकास माँ,
ठण्डी ठण्डी छाँह मिली एकरे बिकास माँ।
लोग कहइँ 'पूत होइ जैसे तू जायसी',
अवधी क बिरवा लगाइ गये जायसी॥ साँची...
बिरवा में फूल लगा महका जग सारा,
बिरवा में फल आवा लगे प्यारा प्यारा।
फलवा क अमृत रस पिआइ गये जायसी,
अवधी क बिरवा लगाइ गये जायसी॥ साँची...

✦

उमादत्त सारस्वत 'दत्त'

अवसरवादी

ददू! बदलति भेखु जे, उइ मनई कस आयँ।
काल्हि चिमिरखी अस रहैं, चलति बीस बलु खायँ।
चलति बीस बलु खायँ, रहैं बकरी कस छौना।
दूरै ते गन्धायँ, न जानी कैस घिनौना।
मस्तराम कह घुड़कि, चलैं जस घोड़वा लद्दू।
उइ अब 'जेन्टुरमैन', बने कस घूमैं दद्दू।

दद्दू! इनकी रहनि कसि, कस है इनका ढंगु।
ई तो गिरगिट की तना, बदलति रोजुइ रंगु।
बदलति रोजुइ रंगु, रोज उइ जीतैं हारैं।
कबहूँ रहैं चियाँय, कबहुँ उठि बादरु फारैं।
मस्तराम कहि घुडुकि, होति का ना ई बद्दू?
ई को महकति फिरैं, सरम सब छाँड़े दद्दू।

भैया! यू कलजुग अहै, यहि की अद्भुत बात।
ई माँ उइकी जीत है, करै जौनु उतपात।
करै जौनु उतपात, बना बहुरुपिया घूमै।
सब काँ धता बताय, मस्त हाथी अस झूमै।
मस्तराम कह घुडुकि, समय कै ई परखैया।
भागौ इनते दूरि, साँप ई बिखुधर भैया।

भैया, इनकी सकल तें, काँपति सारा देस।
घामें माँ इनके उजर, भये न ऐसन केस।
भये न ऐसन केस, छोरु ना देवतौ पइहैं।
भगिहैं कान उमेठि, देखि इनका लुकि जइहैं।
मस्तराम कह घुडुकि, बड़े ई रंग जमैया।
'औसरवादी' कहत, इनहिं सहरन माँ भैया।

उमाशंकर शुक्ल 'शितिकंठ'

देसु उजियार ऐस कौनु?

देसु उजियार ऐस कौनु, जैस भारत भा,
ल्वाटै अँधियारु मुला आजु ठौर-ठौर पर।
त्याग सिरमौरु औरु कौनु भवा भूतल माँ,
लाग लोभ-लासा का, अँबारु बौर-बौर पर।
असन-बसन जहाँ, रहैं कन्द-मूल-पर्न
सुरा-सुन्दरी-सुबर्न, हुवैं दौर-दौर पर।
बूड़ति गरीब की गोहारि, हे गोसैंया सुनौ,
ठाढ़ भ्रस्टाचार, मुँह बाये कौर-कौन पर॥

फूलि रहा द्यास माँ, अतंकबादी कंस-बंसु
करौ निरबंस सबै, छाँटि देउ अँधियार।
मुस्टिक-चानूर जैस, जतने अतंकी जहाँ
करौ चूर-चूर, हरौ भ्रस्टाचार धुवाँधार।
कुटिल कुचालिन ते, खाली करौ पुन्यभूमि,
होइ मजबूत, भाईचारा क्यार अधिकार।
खलस्थानी सपन उजारौ, द्यास का सँवारौ
फ्यारौ तौ सुदर्शन, सुधारौ करुना की धार॥

उमेश सिंह चौहान

भारत भुइँ

भारत भुइँ तुम्हैं बुलाय रही, ना रुकौ ठिठुकि अब बढ़े रहौ
झाँखरु कटिगा मुलु ठूँठु ऐसि, अब ना ख्यातन माँ खड़े रहौ।
सोने के चिरिया माटी भै
कुछ मति हमारि असि काटी गै
सतमंजिला कै बस नींव सुनौ
खाली बरुआ ते पाटी गै।
ढहि गयीं मंजिलै, अलग न तुम, निचली मंजिल माँ परे रहौ।
भुइँ मोरि चन्दरमा ऐसि रहै
मुलु राहु-केतु सब गाँसि लिहिन
परदेसी चतुर चिरैयन का
चुपके लासा माँ फाँसि दिहिन
अब इधर बढ़ौ या उधर बढ़ौ, ना चौराहे पर खड़े रहौ।
तुम्हरे असि जूनन के द्वारा
जो मानवता का बोझु बँधा,
वह छूटि बिथरिगा मुला तबौ
जूना अस ऐंठबु तुम्हैं सधा
तुम गदहा-घोड़ा के संकर, खच्चर पर अब ना चढ़े रहौ॥
मँगता कुबेर के लरिका भै
हथिनी के पैदा मूसु भवा
उइ काँटा पाँयन सालि रहे
जिनका बिरवा हम खुदै बवा
बिनु मढ़े ढोलकिया ना बाजै, सो बार-बार तुम मढ़े रहौ॥
तुम पाँच रहौ अब अनगिनतिन
चेतौ अब तत्त्व बिचारि लेव
अपनत्व छूटिगा दुनिया ते

अब आपन स्वत्व सँभारि लेव
चिलबिल की तितुली जैसे तुम, ना हवै हवा में उड़े रहौ॥
तुमकाँ कुपंथ के अमरिबेलि
हरियर बिरवा अस झुरै दिहिसि
मेहनति तुम्हारि सब फुर होइगै
बिसु भरा घाव कोउ दुखै दिहिसि
अब सजग होउ, ना माटी के माधव बनिगै तुम परे रहौ।

◆

ओंकारनाथ उपाध्याय

अँजोरिया डब डब डभकइ हमरी

दिनवाँ सुरुज अथै गय, बिरछन ओनई डरिया,
अँजोरिया डब डब डभकइ हमरी
धूरि धरनियाँ पानी होइ गइ, फूटी खेत कियारी।
सरपतवा माँ तीतिर छिपि गय, बन मुर्गी बँसवारी।
गड़ही मेघा बोलइँ, तलवा मा टिटिहिरिया॥
अँजोरिया...
बिना बिरिछ कइ फूल गुलाबी, धोबिन कूला-कूला।
घास-घास पइ लिल्ली घोड़ी, झूलइ सावन झूला॥
कुइयाँ पानी, दुधवा बाढ़ि गवा महुअरिया॥
अँजोरिया...
अँधियर रहिया अँगरवा यस, चमकइ केंचुवा माटी।
गुड़ भेली मा चिउँटा जूमइँ, खुलिगय कण्ठ किलहटी।
गोली खेलि रहे गोबड़उरा चारिउ ओरिया॥
अँजोरिया...
काँकर-काँकर दुधिया होइ गय, पपिहा पिया पुकार।
बगिया बगिया मोरवा नाचइ, बरखा मा ओंकार।
भुइयाँ हरियरि होइ गइ, स्याम सरगवा करिया।
अँजोरिया डब डब डभकइ हमरी।

कंचल लता जैन

हमरे आँसू

पलकन ते बाहर ना निकरौ हमरे आँसू, हमरे आँसू
जो घर माँ बास तुम्हार रहै।
ऊ घर ते रूठब ठीक नाहिं
जो घर माँ जनम तुम्हार भवा
उइ घर ते ऊबब ठीक नाहिं।
का संकटु तुमका घेरि लिहिस, जेहिके कारन अकुलाय रह्यो।
पलकन ते बाहर ना निकरौ हमरे आँसू, हमरे आँसू।।
तुम तौ उपज्यौ हमरे मन ते
तौ मन से कस घबराये हो।
इन अँखियन से बरखा बनिकै
केहि कारन बाहेर आये हो।
हमरे मन की उपज अरे! तुम फिर से घर का लौटि चलौ।
पलकन ते बाहर ना निकरौ हमरे आँसू, हमरे आँसू।।

फातिमा वसिया 'जायसी'

मीरा

मीरा पीयैं विष कैं प्याला, ऊ अमृत होइ जाय
भजन सुनावैं अइसे मीरा, मन मोहित होइ जाय
लरिकइयैं से मन का बनायीं, मनमोहन कै दर्पन
ई है महिमा प्रीत कै, जैसे मन मूरति होइ जाय
मीरा दरद की मारी डोलैं, साँवरिया के गाँव।
बन-बन, गली-गली मा घूमैं, तबौ न थकतै पाँव॥

✦

कमलनयन पाण्डेय

अवधी ग़ज़ल

नीच है करम नीच जात नहीं।
नीच रावन कभी पजात नहीं॥

जेकरे दिल माँ दया धरम नाहीं।
अइस मनई हमैं सुहात नहीं॥

सायरी कै सहूर का होइहैं।
आन कै दर्द जौ पिरात नहीं॥

बुद्धू कहत हइन अक्लमन्दन से।
दिल बिना आँख का देखात नहीं॥

और के सुख में जो सुखी होवैं।
ओकरे भीतर खुसी अमात नहीं॥

घिरा अन्हिआर मुलुक माँ ऐसा।
हाथ से हाथ सुझात नहीं॥

वक्त की आँख काँ किहा बंजर।
अब तौ कोनौ सपन उगात नहीं॥

धूप कै धौल पीठ पै भारी।
गीत सावन कै अब गवात नहीं॥

खून कै होली खेलाया हमसे।
हँसि के बोल्या हमार हाथ नहीं॥

दिल्ली गान्हीं कै तीन बाँदर हैं।
गूँग है, सूर है, सुनात नहीं॥

✦

काका बैसवारी

उजियार

घर आवा मोरे उजियार, अँधेरिया सरमाये,
बोले मुरगा खड़े पिछवार, अँधेरिया सरमाये।
रात-रात भर लेत बलइया,
पच्छिम दिसि जा रही जोंधइया।
पहिरे तरइन का हार, अँधेरिया सरमाये,
घर आवा मोरे उजियार, अँधेरिया सरमाये।
पूरब की लालिमा निहारे,
धरती की आरती उतारे।
सुरजन का थार सँवार, अँधेरिया सरमाये,
घर आवा मोरे उजियार, अँधेरिया सरमाये।
कउवा अँटरिया मोहरिया ते बोले,
कुहू-कुहू कोयल मधुर रस घोले।
आँगन मा नाचै गलार, अँधेरिया सरमाये,
घर आवा मोरे उजियार, अँधेरिया सरमाये।
प्रकृति छटा की आँखी उधरी,
थिरकत आवे, किरन सुनहरी।
गोदी लिहे भिनसार, अँधेरिया सरमाये,
घर आवा मोरे भिनसार, अँधेरिया सरमाये।

केशवप्रसाद वाजपेयी

हम गाँव नहीं आपन छ्वाड़ब

हम गाँव नहीं आपन छ्वाड़ब,
नाता जुग-जुग का ना त्वारब।
केतने पुरिखा जीवित यहिमाँ, अबहूँ है गंधि समाय रही,
जइसे उनके मन कै भाखा, अबहूँ हमते बतिआय रही,
हम उनकै निहछलता खुस ह्वै, अपने जीवन माँ नित धारब।......
सहरै हम जाय नहीं बसिबै, है जहाँ हवा-पानी मुसकिल,
जीयत हैं कउनिउ भाँति लोग, जेहिमाँ साँसै लै-लै तिल-तिल,
फुटपाथ किनारे गंधउरे, हम कीच-मड़ैया ना डारब।......
यहु नीम दुआरे कै रोयी, जउने माँ फूल फुलाये हैं,
उइ आम पुरानी बगिया के, का यही लिये बउराये हैं?
जब एतने संगी-साथी हैं, हम हार नहीं आपन मानब।......
ई गाँवन कै माटी सोना, ई गाँवन कै माटी चन्दन,
यहिमाँ हीरा-मोती पैदा, यहि माटी का सौ-सौ बन्दन,
यहि माटी की सेवा माँ हम, यह जीवन अरपन कइ डारब।......
छोटी-छोटी कुटिया ते लै, बड़ राजमहल तक छायी है,
ई गाँवन के पुरषारथ ते, राजा तक कै अँगड़ाई है,
ई गाँव नहीं तो देस नहीं, भइया इनका हम उद्धारब।......
बस एतनी अरजी है तुमते, भइया तुमहूँ कुछ साथ देव,
जो हमरे मन माँ साध जगी, कुछ-कुछ वहिका अपनाय लेव,
फिर हमका काहे कै चिन्ता, हम जीवन हँसिकै निस्तारब।......

✦

कृष्णाकान्त एकलव्य

दिवारी

आँगन की तुलसी गदरी, गहि बाँह में बाँह झुकी बँसवारी,
डारि लदी केतकी कचनार क, गंध उड़इ महकइ महुवारी।
पीत कनेर भ फूल झरइ, जस कोटिन दीप लसी फुलवारी,
आजु अँजोरे क बायन बाँटत, मंगलमय सुभ आइ दिवारी॥

एक दिया बिन सून अभागिन, आँखिन` में सपना भरि जीया,
पाती क आस लिहे सँझवाती के, नेह क बाती सँवारि के सीया
माटी क घाँटी बजइ बजना, कँगना खनकाइ कहैं कुल धीया,
गौरी-गनेस क भाँवरि घूमति, माई जराव दिवारी क दीया॥

आइ गई लछिमी धनतेरस, भेद लिखैं अन्हियारे क भेदी,
आँगन-आँगन में दपकइ, घन ज्योति क पुंज प्रभा घट छेदी।
सासू क पुन्य लिलार बरै, जस दीप सिखा देहरी दर-बेदी,
बोली जेठानी सुवानी चलऽ, देवरानी दुवारे दरिद्दर खेदी॥

आँचर में लहरात दिया, जस मोतिन माल लसी चुनरी बा,
रूप की रासि भरी अँजुरी, अँगुरी नग-सोन जरी मुदरी बा।
डूबि गई बखरी ओंजियारी में, उप्पर आँखि टँगी पुतरी बा,
लागत वा कलसा पे जरी, तरई पे नयी तरई उतरी बा॥

देस के खातिर जूझत जे, रन में रन बाँकुर रेख उठानी,
एक नवा इतिहास गढ़ै, बलिदान करै हँसि ठाढ़ि जवानी।
आल्हर खून क धार गिरै, न गिरै जेकरे तरुवारी कै पानी,
आजु दिवारी क ज्योति करै, वहि वीर सपूतन कै अगवानी॥

✦

गणेशदत्त सारस्वत

दोहे

करनी राखै ठीक तौ, काहे पावै क्लेस।
सुख-संपति पाछे चलै, दुःख क रहै ना लेस॥

राम-नाम अमिरितु भरा, पीवा चाहै पीव।
आवाजाही ते बचै, कस्ट न पावै जीव॥

जो चाहै सन्तोस तौ, नाहीं भरे उड़ान।
जितना दीया राम ने, वहै बहुत ही जान॥

राम भरोसे जे रहइँ, सोवइँ पाँय पसार।
उनकी चिन्ता उइ करइँ जो जग-सिरजनहार॥

राम रंग महँ जे रँगे, तिन्हहिं न औरु सुहात।
दुनिया महँ उनकी रहनि, जिमि पुरइन के पात॥

जे विषयी मतिमन्द हैं, तिन्हहि न सूझइ गैल।
वहै ठौरु फिरि फिरि फिरइँ, जिमि तेली के बैल॥

जौ चाहै कल्यान तौ, भजि ले सीताराम।
चूकि गये तौ काल फिरि, करिहैं काम तमाम॥

परहित महँ जे निरत हैं, दुखियन के जे मीत।
तेई साँचे भगत हैं, सेवक परम पुनीत॥

करइ दिखावा जो बहुत, सो नहिं सन्त कहाय।
सज्जन उजियारा करइँ, मन का दीप जलाय॥

तन निर्मल तौ का भवा, मन जो निर्मल नाहिं।
निर्मल मन महँ हरि बराइँ, हरिजन हरि ही आहिं॥

माला फेरइ रात-दिन, करइ घिनौने काम।
अइसे बगुला भगत कहँ, दूरिहि ते परनाम॥

दूर कुसंगत ते रहइ, करइ साधु का साथ।
जहाँ-तहाँ नाहीं झुकै, हरि भगतन का माथ॥

दुनिया महँ दुख बहुत है, सुख के पल हैं अल्प।
हर पल सुखमय होय जब, होवै सुभ संकल्प॥

या असार संसार महँ, राम नाम है सार।
राम-भजन ते होत है, सबका बेड़ा पार॥

बड़े भाग तें है मिला, मानुस क्यार सरीर।
पंच अरिन कहँ जीति कैं, कहवावै तू वीर॥

◆

गणेशशंकर शुक्ल 'बन्धु'

परछाईं

हम तौ तुम्हारि परछाईं हन,
हम साथु तुम्हार कबै छोड़िबै।
तुम मानौ या न भले मानौ,
हम तुमका जनम बियाही हन।
हम तौ तुम्हरे साथै-साथै,
उइ दुनिया ते हिन आई हन॥
तुम जेहिका चाहौ दुलराओ,
मुलु प्यार हमारौ बनो रहे।
तुम्हरे पायन के चूमै का,
अधिकार हमारौ बनो रहै॥
हम अरधंगिन तुम्हरे तन की,
तुम्हरे साथै जीवै मरिबै। हम...
तुम्हरा सुखु हमरा सुखु होइगा,
तुम्हरा दुखु हमरा दुखु होइगा।
तनकौ कोऊ तुमका छुइगा,
तौ समझौ उइ हमका छुइगा॥
तुम ठाढ़ होउ हम ठाढ़ होत,
तुम बइठौ तौ हम बैठि जात।
छिप जाउ जबै अँधियारे मा,
हम अँधियारे मा पैठि जात॥
तुम्हरे बिन आपनि ई नीलम—
काया का हम फिर का करिबे। हम...
हम काली अउर कलूटी हन,
हमते दुनिया मुँह फेरि लेय।
तुम्ह खूब हँसौ, ब्वालौ बताव,
जब तुम्हें उजरिया घेरि लेय॥

चाहै जेहिकै तारीफ करौ,
चाहै जेहिके तुम गुन गाओ।
चाहै जिहिका तुम प्यार देउ,
चाहै जिहिके साथै स्वाओ॥
हम सिकुड़ी, सिमटी याक तरफ,
पासै तुम्हरे पौढ़ी रहिबै। हम...
सब माँगि रहे परमेसर ते,
पइसा, कपड़ा अरु रंग रूप।
हमते कुछु भूल अइस होइगै,
जो करि दीन्हेसि विधना कुरूप॥
हमका न चहिय कुछु अउर, उमर—
साथै बीती सुखु-दुख द्याखत।
तुम जौन कहौ, हम उहै करत,
काटै का जीवन, रुखु द्याखत॥
तुम चहिहौ तौ आगे चलिबे,
तुम चहिहौ तो पाछे चलिबे। हम...

◆

गीता श्रीवास्तव

फागुनी गीत

महकै भोरही सपनवाँ,
खनकै बैरी हो कँगनवाँ,
डोले फगुनी बयार॥

अमवाँ के गाँछी-गाँछी, मंजराई डरिया।
सुधिया कऽ बीन बाजै, मन महुवरिया।
बाजै बनपखिया कऽ मौसमी सितार।
डोले फगुनी बयार॥

टेसुवा फुलाने, ओठे दहकइ अगिनियाँ।
गदरी ढकुलिया कऽ खुलि गइ मउनियाँ।
भँवरा-भँवरिया कऽ ऋतु गुंजार।
डोले फगुनी बयार॥

मटकै सिवान, ओढ़े गाढ़ी हो चुनरिया।
घुँघटा के ओट झाँकइ, सरसों पियरिया।
पपिहा बिरावै टीहूँ-टीहूँ सीटी मार।
डोले फगुनी बयार॥

घन बँसवरिया में कुहकइ कोइलिया।
बिरहा क पाती बाँचैं, सखिया, सहेलिया।
खनकै बिरहिया सनेहिया कऽ तार।
डोले फगुनी बयार॥

✦

गुदड़ी के लाल

पलही बयारि

दिनकर कै सेखी ठुरुठुराय।
पलही बयारि जौ सुरुसुराय॥
ना छ्वाँड़ै पिण्डु रजाई मा,
ना भागत है तपता बारे।
चिरई, मनई, हरहा-गोरू,
सिकुरे बैइठे गुटुवा मारे।
जाड़े की जोर जवानी मा,
ठाढ़े-बइठे जिउ गुरुगुराय।
पलही बयारि जौ सुरुसुराय॥
कुहिरा ते जानि परै अइसे,
जइसे भुँइ ल्वाटत हैं बदरा।
छपरन पर पाला जमिगा अस,
जस बिछिगा हुवै उजर चदरा।
बहि चले आँस, बहि चली नाक,
खुर-खुर-खुरु गटई खुरुखुराय।
पलही बयारि जौ सुरुसुराय॥
जाड़े मा ककस नहायी हम,
अब ताब दइ दिहिसि है जवाब।
देहीं मा पानी लागत है,
चल-चल्ल-चल्ल जइसे तेजाब।
'गुदड़ी के लाल' वाँठ चिटके,
चुन-चुन-चुन अँगुरी चुनचुनाय।
पलही बयारि जौ सुरुसुराय॥

✦

गुरुप्रसाद सिंह 'मृगेश'

उजरि बदरवा मानी ह्वैगे

उजरि बदरवा मानी ह्वैगे,
उड़ अकास मा, कास दूयास मा, दूनो एक निसानी ह्वैगे,
गुजरि गवा बरखा का करखा, उजरि बदरवा मानी ह्वैगे।
बड़ी पियास आस से प्राणी, दिन-दिन देबी देव मनाइनि,
तपी ताप मा धरती तब ई, धुवाँ धूरि कै काया पाइनि।
भुइयाँ चले बकइयाँ-पइयाँ, सागर की कनियाँ मा किलके,
राई लोन उतारिन चन्दा, नखत बखत पर लोरी गाइनि
नव जलधर हलधर के प्यारे, सुघर स्याग सुखवानी ह्वैगे। उजरि...
लागि हवा लरिकइयाँ बीती, ई सहजै परबत पर चढ़िगे,
देखि जगत गरजी फिरि गरजै, छोड़ि धरा अम्बर पर उड़िगे
आँधी उठी बवंडर आये, मुल इनका भा बार न बाँका
उठी रेख अवरेखि उमंगें, अड़िगे बड़े-बड़ेन से लड़िगे
मिली आगि पानी मनमानी, ई सब मा अगवानी ह्वैगे। उजरि...
ई बन मा, बिरवन मा बरसे, फूलन मा पातन मा बरसे
सगरन मा डगरन मा बरसे, नगरन-देहातन मा बरसे।
धूम मची गाँवन-गाँवन मा, मन भावन सावन कै इनके
ई खाई खन्दक मा बरसे, ख्यातन मा ग्यातन मा बरसे
हरसि उठा जग परसि, मुला ई बरसि-बरसि बेपानी ह्वैगे। उजरि...
पानी कै न निसानी राखिनि मानी मन उमहेगे तबहूँ
जानि जरा कुछ भै गलानि, मुल बानि पुरानि गहेगे तबहूँ
धनुहाँ बान फुलान लाख, मुल गरजनि गरू गँभीरी गरजे
जीव न रहा, जगत के जीवन दाता जलद कहेगे तबहूँ
दल बल घटे, मिटे सब सम्बल, बगुला बिना जवानी ह्वैगे। उजरि...
इनका जौहर जोग जवानी, पानी चौहद्दिन से पूछो
धनिकन की गद्दी से पूछो, दलितन से रद्दिन से पूछो
तकै चकोर पपीहा डीहा, देखि मुरैली बन मा नाचै
ऊ मुद मोद विनोद, कछारन, नारन से, नद्दिन से पूछो
ई तीनिउ पन के जीवन कै, अपने आप कहानी ह्वैगे। उजरि...

गौरीशंकर पाण्डेय

हम बादर सावन कै

हम बादर सावन के आयन बरसै काँ।
जानी केतनिब कलियाँ पाती भेजिन हैं,
प्यासे पउधै पेड़ लता सब हेरिन है।
सूखी ताल-तलइयै मन से टेरिन हैं,
हम तौं बिना बुलाये नाहीं आइत है;
हम तौ आयन, तन काँ, मन काँ हरसै काँ।
हम बादर सावन के आयन बरसै काँ।
आस लगाये गोरी कब से दुबराई है,
पीर सतावै, बहरी देहियाँ झुलसाई है,
रहि-रहि जोहत बाट, आँखिन पड़ि गै झाईं है,
हम तौ बिना रिझाये नाहीं जाइत है;
हम तौ आयन, पावन कै मेंहदी निरखै काँ।
हम बादर सावन के आयन बरसै काँ।
पुरवइया के बहतै उतरेन बगियन माँ,
रिमझिम-रिमझिम परत फुहारैं खेतन माँ,
नहवाइब तुलसी कै बिरवा आँगन माँ,
हम तौ बिन चूमे-झूमे नाहीं जाइत है;
हम तौ आयन, छिन-छिन अँगना बरसै काँ।
हम बादर सावन के आयन बरसै काँ।
धरती की चुनरी काँ मन से लहरउबै,
गाँवन की गोरिन काँ हिय से हुलसउबै।
मस्ती की कजरिन काँ गलियन गुंजउबै,
हम तौ बिन गरजे-तरजे नाहीं जाइत है,
हम आयन, अँचरा बिजुरी लै दरसै काँ।
हम बादर सावन के, आयन बरसै काँ।

♦

चन्द्रभूषण त्रिवेदी 'रमई काका'

धरती हमारि!

धरती हमारि! धरती हमारि!
है धरती परती गउवन कै औ ख्यातन कै धरती हमारि।
धरती हमारि! धरती हमारि!
हम अपनी छाती के बल से धरती मा फारु चलाइत है।
माटी के नान्हें कन-कन मा, हमहीं सोना उपजाइत है।।
अपने लोनखरे पसीना ते, र्‌याती मा ख्यात बनावा हम।
मुरदा माटी जिन्दा होइगै, जहँ लोहखर अपन छुवावा हम।
कँकरील उसर बीजर परती, धरती भुड़गरि नींबरि जरजरि।।
बसि हमरे पौरुख के बल ते, होइगै हरियरि दनगरि बलगरि।
हम तरक सहित स्याया सिरजा, सो धरती है हमका पियारि।।
धरती हमारि! धरती हमारि!
हमरे तरवन कै खाल घिसी, औ रकतु पसीना एकु कीन।
धरती मइया की सेवा मा, हम तपसिन का अस भेसु कीन।।
है सहित ताप बड़ बूँद घात, परचंड लूक कट-कट सरदी।
रोंवन-रोंवन मा रमति रोजु, चन्दनु असि धरती कै गरदी।।
ई धरती का जोते-जोते, केतने बैलन के खुर घिसिगे।
निखवखि, फरुहा, फारा, खुरपी, ई माटी मा हैं घुलि मिलिगे।।
अपने चरनन कै धूरि जहाँ, बाबा दादा धरिगे सँभारि।
धरती हमारि! धरती हमारि!
हम हन धरती के बरदानी, जहँ मूँठी भरि छाँड़ित बेसार।
भरि जात कोंछ मा धरती के, अनगिनत परानिन के अहार।।
ई हमरी मूठी के दाना, दूयालन की छाती फारि-फारि।
हैं कचकचाय के निकरि परत, लहि पौरुख बल फुरती हमारि।।
हमरे अनडिगे पैसरम के, हैं साक्षी सूरज औ अकास।
परचंड अगिनि जी बरसायनि, हम पर दुपहरि मा जेठ मास।।
ई है रनख्यात जिन्नगी के, जिन मा जीतेन हम हारि-हारि।
धरती हमारि! धरती हमारि!

चन्द्रशेखर सिंह 'चन्द्र'

राम वन्दना
(राधिका छन्द)

कटि माँ तरकसु, कर तीरु, धरे धनु काँधे।
गरमाँ सोहत बनमाल, जटा सिर बाँधे।
कानन माँ कुण्डल, भाल तिलक अति सोहै।
जलजात नयन चितवनि, कामहु मन मोहै।
अधरन पर मृदु मुसकानि, लसत है कैसे।
बिकसत खन खुलत सरोज, पँखुरी जैसे।
भृकुटी दोउ चापाकार, बनीं अति न्यारी।
दसनन दुति दाड़िम, तड़ित मान मद हारी।
आनन आभा जेहि, शशिहु पार नहिं पावैं।
जसु जासु सारदा, शेष निरन्तर गावैं।
अरुनारे चरन सरोज, 'चन्द्र' मन भाये।
जिन पर नित मुनि मन मधुप, रहत हैं छाये।
कोमल श्यामल तनु, सींव मनोहरता की।
प्रति अँग अँग प्रभु के, मानहु छबि टाँकी।
मैं यहि सरूप कर ध्यान, धरत कर जोरे।
जय दीन बन्धु, करु सफल मनोरथ मोरे।
मोहि भगति आपनी, देहु सरन मैं आयो।
अरु चहत नाथ मैं, चरित आप के गायो।
मम इच्छा कीजै पूर, दास हितकारी।
जय दया सिन्धु, जन रक्षक, अवध बिहारी।

जगदीश सिंह 'नीरद'

एक किरन

जेहिकी डेउढ़ी रही सदा, रवि ससि कइ पहरेदारी।
एक किरन की खातिर वह, खुद बनिगा आज भिखारी॥
चार वेद छ सास्त्र ग्यान कइ, जेहिके लिखिन कहानी,
नौ व्याकरण पुराण अठारह, पढ़ि-पढ़ि जग भा ज्ञानी,
जउनी धरती पर गीता कै, कान्हा ज्योति जलाइन,
वहाँ देस मा ज्ञान नदी कै, सूखि गवा है पानी,
जेहिकी खींची रेख न अब तक, कोऊ सका मिटारी।
एक किरन की खातिर वह, खुद बनिगा आज भिखारी॥
अँधरी दुनिया के हाथे कै, काल्हि तलक जे लाठी,
खोलिस जग मा सबके मन कै, अँधियारे कइ गाँठी,
जे अपने प्रकास ते सबकाँ, राह सुराह देखाइस,
नाम सुने से थर थर काँपै, अँधियारे कै छाती,
आज वही के घर मा होइगै, तम कै अस पैठारी।
एक किरन की खातिर वह, खुद बनिगा आज भिखारी॥
जेहि की कीरति के पन्ना गै, दुनिया भर माँ बाँचे,
ज्ञान गिरा अबहीं तक जेहिकै, सारा जगत सँवाचै,
राति अमावस कै पूनम बनि, बिहँसी जेहि के अँगना,
सुर्ज जोन्हइया, जेहिके एक इसारे पर है नाचै,
संज्ञा जेहिकै जगत गुरु है, आजौ जाय पुकारी।
एक किरन की खातिर वह, खुद बनिगा आज भिखारी॥
चलौ राति की चूनर मा, फिर टाँकी चाँद सितारा,
पी जायी बनि दिन कै मालिक, देसवा कै अँधियारा,
करी उजारे कै दसखत, फिर तम के हर पन्ना पर,
जेहि से पहिले वाला भारत, फिर से बनै दुबारा,
नीरद मिलि के सबै, देस कै गौरव फिर लौटारी।
एक किरन की खातिर वह, खुद बनिगा आज भिखारी॥

✦

जगदीश पीयूष

लागा अँन्हरे के हथवाँ बटेर

लागा अँन्हरे के हथवाँ बटेर माई जी
कतौ आँधी कतौं पानी।
कतौ भुंइ डोलि जाय॥
चढ़ा देसवा क पपवा बँड़ेर माई जी।
लागा अँन्हरे के हथवाँ बटेर माई जी॥
कतौ रोवाथे किसान।
कतौ मराथे जवान॥
होइगा जियरा हमार तौ ठठेर माई जी।
लागा अँन्हरे के हथवाँ बटेर माई जी॥
कतौ . काश्मीर हिल्स।
कतौ बाँगला राइफिल्स॥
करे छतिया कै पिपरा टटेर माई जी।
लागा अँन्हरे के हथवाँ बटेर माई जी॥
कतौ रूस वाले जार
गोली चलाथै बिहार
धन धरती कै जंग बेर बेर माई जी
लागा अँन्हरे के हथवाँ बटेर माई जी

✦

जाहिल सुलतानपुरी

अब चुप न रहा जाई

फुर बात जउन होइहै, बस वहै कहा जाई।
अब घर दुवार छूटै, बगिया मा रहा जाई॥
ठेंगे से जौ गर्मी है, रस्ता मा कयामत के।
जुल्फी के तले उनकी, समथाय लिया जाई॥
एक रोज गयेन हमहूँ, सरकार की महफिल मा।
जौ रंग हुँवा देखा, हमसे न कहा जाई॥
सोना के वजन गल्ला, चाँदी के वजन सब्जी।
सुरमा के वजन सिरमिट, हमसे न लिहा जाई॥
कब ताई जुलुम सहबै, इन अत्याचारियन कै।
अन्याय कै हद होइगै, अब चुप न रहा जाई॥
उठते ही नजर उनकै, दिल खाय कलाबाजी।
अब उनके दिवानन मा, नाम हमरौ लिखा जाई॥
अबकी जौ कभौ देखिस, ऊ घुइर के बुलबुल काँ।
सइयाद का पेड़े मा, लटकाय दिहा जाई॥
तूँ शेर औ गजल आपन, रक्खे रहौ थैली मा।
जल्दी बा हमैं जाहिल, फुर्सत मा सुना जाई॥

जुमई खाँ आजाद

भारत वन्दना

फूल टूटी जवन, बस वतन के बरे,
शीश चरनन माँ, मइया झुकावत रहब।
जब लगी काम, हमरे एसस पूत कै,
तोहरी बेदी पै, सर बस लुटावत रहब॥

जेकरी गोदी माँ लोटे, बेकइयाँ चले,
ओकरी माटी काँ, माथे लगावत चलब।
जेकर कन न पियारा, अहैं प्रान से,
खून ओकरे बरे, हम बहावत चलब॥

हम न रहबै, न एकर बा कौनौ फिकिर,
मुल अमर जोति, जग माँ जलावत चलब।
यहि वतन के बरे, शीश जब जब चढ़ी,
'मातरम्' गीत हम हँसि के गावत चलब॥

गांधी, लोहिया, तिलक, गोखले कै चमन,
ऐसे उजरइ न पायी, रखावत चलब।
फूल टूटी जवन, बस वतन के बरे,
शीश चरनन माँ मइया झुकावत रहब।

लाजपत, चन्द्रशेखर की कुर्बानी कै,
मीठ होई फला, हमका विश्वास बा।
टोंट मारइ न पाई, विदेशी केहू,
देशवासिन से, हमका इहइ आस बा॥

अपनै खुनवा से सिंचबै, सुबह साम हम,
जवनी बगिया माँ, देवतन कै अब वास बा।
जउने हरियर रहैं, फूल कै सब कली,
आज सब के बरे, काम ई खास बा॥

माई माली अही, तोहरी फुलवारी कै,
घास जामै न पायी, निरावत रहब।
फूल टूटी जवन, बस वतन के बरे,
शीश चरनन माँ मइया! झुकावत रहब॥

◆

त्रिलोचन शास्त्री

बरवै

उठे चले बइठे ओलरे हर दाइँ,
तोहरिन सुधि हमरे आपन कछु नाइँ।
तोहइँ देखि सब देखे देखेसि आँखि,
अब का देखे चित्त अधिक अभिलाखि।
काउ करी मन हम्मइँ दिह्याऽ अकेल,
मिला न एकर मेल खोइ गऽ खेल।
मृतक जियावनि मुसकी देखि तोहारि,
बिसरी सम्मइँ चोटि भूलि गइ हारि।
नित्तिमान भिनसारे उअइ अँजोर,
देखि-देखि देखवारे होइँ विभोर।
जेहि छन अपने ओप उषा सेन्हुराइ,
तेहि छन मंगल-गीत जागि उपराइ।
पिअरनाभ फूले-भरि सरसइ फूलि,
अपने रङ्गे बयारीं झलुआ झूलि।
नओ-नओ पंल्लओ तामबरन विस्तार,
अमवा फगुने एतनइ किहेसि सिंगार।
बेझि के कहेसि पवन बसंत रितु आइ,
पीपर चिलबिल महुआ गये नँगाय।
डउँडी डउँडी महुआ उठा कुँचाइ,
रतिगर पाये फूल चुआवत जाइ।
अमिलतास कइ रंग सोनहुला झूल,
लरछा-लरछा लेसे कली कि फूल।
घेरइँ हेरइँ गरजइँ बरसइँ जाइँ,
बादर भुइँ कर ताप ताकि अफनाइँ।
बहइ बतास, मेघ झूमइ, बँसवारि,
जइसे परछन करइ उआरि-उआरि।
कोहरन भुइँ अउ बदरन भरा अकास,
पवन झकोरइ बिरवा बिरई घास।

बदरी ओरमी घेरि-घेरि बुनियानि,
फर्च पात होइ गये अइस खेह धोवानि।
बरखा मऽ बोलइ अकास जिउ खोलि,
भुइँउ न पछरइ उछरइ बोलिनि बोलि।
लहलहाइ हरिअरी दहउ बुनिआइ,
बरखाँ भुइँ पहिरन पहिरइ चुनिआइ।
पातिन कइ कस छूटि रंग फरचान,
भइ बूनिन से फूलन कइ पहिचान।
बरखा-जल पिइ सोरि-सोरि हुमसानि,
कल्ला-कल्ला धइ आभा अलगानि।

✦

दिनेश सिंह

अवधी नवगीत

दुख मोरे मइके से आया,
सासू कै बड़बोला जाया।
दुख कै खेती जोते-बोवै,
बासंती आठ पहर रोवै।

भुखिया न अँगरेजी जानै,
चूल्हे की रोटी पहिचानै,
सेन्हुर के रंग सनी बड़की
तानन कै पिचकारी तानै।

रँगे-धुले छिन-छिन पर काया,
जूठी थाली जैसी माया।
भाई की सुधि हिया करोवै,
बासंती आठ पहर रोवै॥

मैना के बोल वहाँ होये,
पिया कै किलोल जहाँ होये।
पूजा के फूल हँसें-पूछें,
सेजा के फूल कहाँ होये।

दूध झरे आँचर की छाया,
कथरी यस ठठराई काया।
टाँक-टाँक बैठे टटोवै,
बासंती आठ पहर रोवै।

दूधनाथ शर्मा 'श्रीष'

अँजोरिया में गाँव

बड़ा नीक लागै अँजोरिया में गाँव।
धीरे-धीरे उतरि के चली है अँजोरिया,
अस नीक लागै जइसे सजल सुगोरिया।
चली आवै धीरे धीरे धइ धइ पाँव। बड़ा...
नखत की नाहीं रात खिली रातरानी,
डँड़वा कै मेंहदी जहिउ अरधानी
गम गम गमकै चलै पछियाँव। बड़ा...
निरमल जलवा से भरलि पोखरिया,
बइठ अँजोरिया खेलै छपकोरिया।
बिहँसि कुमुदिया निहारइ ठाँव-ठाँव। बड़ा...
दिनवाँ कै तपन बुझावथै अँजोरिया,
ननदी खिझावै बैठी भउजी के दुवरिया,
लेइ लेइ भइया के सारै कै नाँव। बड़ा...
ऐसी अँजोरिया में रधिया कै मनई,
सँगे-सँगे बइठ के निकारे रहै सनई।
सहज सनेहिया में नाहीं पेंच दाँव। बड़ा...
निकरी अँजोरिया कै देखिकै किसनवाँ,
नाहीं जानै रतिया औ जानै न बिहनवाँ।
हरवा बयल लेइके करै दाहिन बाँव। बड़ा...
अइसी अँजोरिया से भरलि खेतरिया,
मौज उड़ावै बैठे शम्भु कै सवरिया।
भैरो के सवारी 'श्रीष' करइ हाँव-हाँव।
बड़ा नीक लागै अँजोरिया में गाँव।

✦

देवीसहाय पाण्डेय 'दीप'

वर्षा वर्णन

गीत

देखौ, आई ऐसी बरखा बहार सजनी,
सोहै गरवा माँ बूँदन कै हार सजनी॥
घुमरत आसमान बीच कारे बदरा,
फहरावैं झीनीं-झीनीं बूँदन कै चदरा।
पिपरे के पातन माँ लूके लुकैया,
खेलत हैं जुगुनू, बहति पुरवैया।
बिजुरी करति उजियार सजनी।
देखौ, आई ऐसी बरखा बहार सजनी॥
ताल औ तलैयन माँ भरि गवा पनियाँ,
उमड़ति चली आवै नदी कै जवनियाँ।
लिल्ली घोड़ी लादे फिरै डबल सवरिया,
अँगना माँ सेंवई बरति केंचुवरिया।
बदरा बना है पनिहार सजनी।
देखो, आई ऐसी बरखा बहार सजनी॥
बालिन के बालक का लादे अहैं कनियाँ,
जोन्हरी खड़ी हैं खेते जैसे दुलहिनियाँ।
ककरी फरी हैं, अहैं तोरई फुलानी,
झुमुकी पहिरि झूमि रहीं मूँगी रानी।
रही ककुनिउ नथिया उलार सजनी।
देखौ, आई ऐसी बरखा बहार सजनी॥
चारिउ ओर होन लागि खेतिया-किसनियाँ,
खेतवा माँ पानी लैके आवै बारी धनियाँ।

ठुमुकि-ठुमुकि चलै, बाजै पयजनियाँ,
खेतवा निरावै गावै झूलति झुलनियाँ।
काटै, खुरपी से खर पतवार सजनी।
देखौ, आइ गयी बरखा बहार सजनी॥

छन्द (मात्रा विहीन)

घर घर घर घर घहर घहर घर
नभ मँह धड़ धड़ घन घहरत।
चम चम चमकत, लक लक धम धम
छम छम छम छम छम जल बरसत।
फर फर फहरत पवन लगत जल
भगत छपत खग गन वन सहरत।
बह जल छल छल घल घल सर मँह
दल दल दल दल दल थल थलकत।

♦

द्वारिकाप्रसाद मिश्र

श्री कृष्ण गाथा

दोहा : नील पीत पट, लट मुकुट, कुंडल श्रुति ताटंक,
अरुझत एकहिं एक मिलि, राधा-माधव-अंक॥

चौपाई : बहेउ अनवरत रास-प्रवाहा, बसुधा सुधा-सिंधु अवगाहा।
उमहत-उछरत शशधर ओरा, सींचत अंतर हर्ष हिलोरा।
अमर-बाम निज-निज पति संगा, बहीं रात-रस निर्मल अंगा।
किन्नर, सिद्ध, नाग, गंधर्वा, नभ नाचत अनुहरि हरि सर्वा।
उदधि-वीचि, विधु-निशि कर जोरे, नाचत नखत रास-रस-भोरे।
महि, खग, मृग, तरु, लता, विताना, नाचत सस्मित विविध विधाना।
नहिं जड़ चेतन कहुँ कोउ वाचा, हरि-लय-लिप्त विश्व सब नाचा।
विधि-शारदा, इन्द्र-इन्द्राणी, नाचत विहँसि महेश-भवानी।

दोहा : रास-सुधा-सिंचित बहुरि, पाये अंग अनंग,
नाचति रति पति पाय पुनि, राधा माधव संग॥

चौपाई : परमानन्द मगन जग जानी, कीन्हेउ कौतुक सारंगपानी।
गहे हाथ निज राधा हाथा, गवने कुंज-भवन ब्रजनाथा।
जमुना-नीर तरंग बढ़ायी, पुनि-पुनि चरण पखारत आयी।
झुकत महीरुह करत प्रनामा, बरसत सुमन पराग ललामा।
स्वागत-गीत कोकिला गावहिं, अलि-कुल विरुदावली सुनावहिं।
चंद्र-मरीचि रंध्र-मग आयी, विलसति वदन-कुमुद विकसायी।
श्रम-कण मलय-समीर सुखाये, आसन किसलय लाय बिछाये।
मंजु निकुंज ब्रह्म आसीना, अंक विराजति प्रकृति प्रवीना।

दोहा : बिहँसत हरि हेरत प्रियहि, लास-रसीले नैन।
अधर मधुर बरसे बहुरि, सुधा-सिक्त मृदु बैन॥

चौपाई : हम दोउ एक, नाहिं कछु भेदा, कहत सकल निगमागम वेदा।
निवसित यथा क्षीर धवलाई, यथा हुताशन दाहकताई।
बसत प्रिये! तस तुम मोहि माहीं, तुमहिं विहाय मोरि गति नाहीं।
मैं सृष्टा, तुम चिर नव सृष्टी, मैं संतोष, परम तुम तुष्टी।

मैं दिनपति तुम दिन उजियारी, मैं शशि तुमहु कान्ति समहारी।
मैं दीपक, तुम शिखा सोहावनि, मैं जलनिधि, तुम वेला पावनि।
मैं पावक, तुम स्वा। रूपा, मैं धनेश, तुम ऋद्धि अनूपा।
मैं जहँ अर्थ तहाँ तुम बानी, मैं नय, तुमहिं नीति कह ज्ञानी।

दोहा : धर्म संत क्रिया सदृश हम, बोध बुद्धि अनुहारि।
व्याप्त विश्व भरि तत्त्व इक, दिखत पुरुष अरु नारि।

◆

द्वारिका प्रसाद यादव 'यदुचन्द'

किसान की चिन्ता

बावन हैं बाकी प्वात, साठि हैं महाजन के,
साढ़े चारि परा अबै, गाड़ी क्यार करु है।
बुधिया सयान हुइकै, छाती क्यार पीपरु भै,
देखि-देखि वहिका, चढ़ति जूरी जरु है॥

ललिया बुढ़ाय आवा, कलुवा के नसी लगी,
भरे भादौं बाट परी, बन्द होइगा हरु है।
करम के लिखे क, मेटैवार को है यदुचन्द,
बोयो रहै धान, तौनु होइगा सब खरु है॥

सहना सिपाही नकदम किहे प्वात कॉ है,
पटवारी अदहनु किहे नजराना काँ।
सेठ औ महाजन बियाज बरे काँड़े देंय,
मकुवा का मौलबी अड़ा है सुकराना काँ॥

आवा है तिलंगा, जरी जउँरी अस अइँठा जाय,
कहति है चोरी किहे, चलु सार थाना का।
पल्ले है न कउड़ी याक, घर माँ बेटउना भवा,
घेरिहैं जौ जागा भाँड़, करिबै बहाना का॥

✦

द्वारिकाप्रसाद त्रिपाठी 'ब्रजनाथ'

जराये चला दियना

जराये चला दियना रात अँधियरिया,
कारी घटा अँधियारी डगरिया
रात चलत पग लागै कंकरिया
उठाये चला दियना रात अँधियरिया।
जराये चला दियना रात अँधियरिया।।

घायल की गति घायल जानै
पीर कहे कोउ पीर न मानै
कतिक दिन जियना, रात अँधियरिया।
जराये चला दियना रात अँधियरिया।।

बारे बलम तोरे पइयाँ परौं मैं
अबहीं उमर लरिकइयाँ डरौं मैं
लगाये चल हियना रात अँधियरिया।
जराये चला दियना रात अँधियरिया।।

देहिया क दियना परवना क बाती
सुधिया क जोति जरै सारी राती
चुवाये चल घियना रात अँधियरिया।
जराये चला दियना रात अँधियरिया।।

के ब्रजनाथ विथा पहिचानै
आदि-मध्य-अन्ताई के जानै
मना धरु धियना रात अँधियरिया।
जराये चला दियना रात अँधियरिया।।

निर्झर प्रतापगढ़ी

भाग बचउवा आँधी आय

भाग बचउवा आँधी आय।
गोरू हाँकै चलै नगेसर, खूँट लाग परे भहराय॥
भाग बचउवा आँधी आय।

भा समाज कै बंटाढार, छुटुवै बनये अलग जेंवार।
कहि द्य. पंडित तेल लगावैं, भल बउरानें पूड़ी खाय॥
भाग बचउवा आँधी आय।

सुनिकै बड़ी खुशी भै भाय, चिँउटी चली प्रयाग नहाय।
एक्कौ बिगहा चलै न पाई, एक छछूँदर दिहेस दबाय॥
भाग बचउवा आँधी आय।

टुटहा एक्का, लंगड़ घोड़ी, अच्छी राम लगायेन जोड़ी।
बहुत सम्हरि के बइठा पंचौ, कौनी घरी कहाँ गिरि जाय।
भाग बचउवा आँधी आय।

वड़से भौजी वड़से भाय, आन्हर मारै बहिर ओनाय,
रोजै रोज करै पंचाइत, जेका बदा अहै ते खाय
भाग बचउवा आँधी आय।

केकर कड़से बाटै रोल, ढाँका-मूदा खुलिगा पोल।
बजा नगाड़ा भै नौटंकी, ताऊ मुगरा लिहें उठाय॥
भाग बचउवा आँधी आय।

आन के लोखड़ी सगुन बतावै, अपुवाँ कुकुरे से चिथवावै।
जब देखा तब खौ-खौ-खौ, धड़के दाबें छिछिनी आय॥
भाग बचउवा आँधी आय।

✦

पवन बाथम

गीत

उठे पूरब से करिया पहाड़, गुइयाँ घर काँ चली।
द्वारे ढाढ़ा बा बैरी असाढ़, गुइयाँ घर काँ चली॥

अलसाई रतिया म प्रीति क खुमारी।
तापै बा गदराई अमुआ की डारी॥

संजोगी सपनन क घूमि रहा चरखा।
पाँवन की बिछुअन क पहिली है बरखा॥
आयी नदिया निगोड़ी माँ बाढ़, गुइयाँ घर काँ चली॥ उठे...

कजरी के बोलन पै खनके पायलिया।
बागन में हूक रही बौरी कोयलिया॥

गाल लाल-लाल भये झुकी-झुकी अँखियाँ।
ऐसी वैसी बातन काँ पूछि रहीं सखियाँ॥
खैर खबरु की लै लै के आड़, गुइयाँ घर काँ चली॥ उठे...

लागति है जहर बुझी उपदेसी बानी।
अमृत पट छलकावै भोग क कहानी॥

पछितायी प्रीतम काँ झुरमुट माँ लाइके।
बढ़ी-चढ़ी प्रीति काँ नैनन से आँकि के॥
बैरी तिल काँ बनाय रह्यो ताड़, गुइयाँ घर काँ चली॥ उठे...

✦

पारस 'भ्रमर'

कहाँ गयी निबिया जवान

हमरे अँगनवा न बोलै सुगनवा,
अँखिया मा सिसुकै परान।
कहाँ गयी निबिया जवान?

निबिया के बिरवा कटाय दिहौ बाबा,
घर की चिरैया उड़ाय दिहौ बाबा।
उड़िगै नयनवाँ सयान॥
कहाँ गयी निबिया जवान?

निबिया कै चिफुरी चइलिया कै अगिया,
जरि जरि होइगै कोइलवा से रखिया।
लागै जहनवा मसान॥
कहाँ गयी निबिया जवान?

सूनी है पुरई, सूने हैं पुरवा,
सूनी देहरिया है, सूने दुवरवा।
सूने ओसरवा सिवान॥
कहाँ गयी निबिया जवान?

दुधवा कै खिरिया लै ओखै मंतरिया,
भूले से कगवा न बोलै अँटरिया।
जइसे परनवा हेरान॥
कहाँ गयी निबिया जवान?

✦

प्रकाश द्विवेदी

बरवै

बरसत नीर नयनवाँ, जिय अकुलात,
बैठि बिसूरत, मनुवाँ पाछिल बात।

जब फागुन यस, मन कै साधि फुलानि,
याद आइ ऊ, पाछिल बात पुरानि।

तब रस बरसत, मेघ आज जेस नीर,
तब कै पुलकन बनी, आज कै पीर।

जानि परै जेस गय, सुख कै दिन बीति,
बैठि आज पछताय, उछाहिल प्रीति।

अँसुवन संग कजरवा, ढुरि ढुरि जाय,
सोनजुही यस देहियाँ, मुरझत बाय।

भयहु बिछोहिल, केकै करौं भरोस,
मरघट यस लागय, ई भरा परोस।

रैनि न डोलत, भूलि न खुरकत पात,
धरती तलफत, आतप के उतपात।

बरसत आगि सुरुजवा, झुरसति घासि,
तलफत जियरा रटत पियासि-पियासि।

झिरकत पुरवा, बादर घेरे जात,
पिहँकत देखि पपिहरा, लहकत पात।

यक तौ पावस, बहुरि अमावस रात,
पिय परदेसवाँ, भूलि न पूछत बात।

यहि तें चन्दन लेपत, सखि सकुचात,
रगर परे चन्दन महँ, अनल समात।

आवत सुन्यो सजनवाँ, लपकी नारि,
हार समझि करधनिया, गर में डारि।

महल अँटारी, अब का करिबै पाय,
पिउ कै सुघर मड़ैया, हमहिं सुहाय।

उड़ी उदासी, जेस पतझर कै पात,
फागुन यस, खिलिगै प्रीतम कै गात।

✦

प्रेमशंकर द्विवेदी 'भास्कर'

फसली गीत

देखि के फसल मन लहरै किसनवाँ।
इहिं साल गोरिया गढ़उबड़ गहनवाँ॥

सरसों के फुलवन से, सजि गई सेवरिया।
फरिगा चना, मटर, गदरी मसुरिया।
खेतवा में अरहरि बजावयि बजनवाँ॥ देखि...

मटरा अउ गुरवा से भरि गइ कोठिलिया।
बेंचि के बलम बनवायि दा महलिया।
चइता में बेटवा का आवय गवनवाँ॥ देखि...

आम बौराई गये अरुसा पुलाइगै।
रंग अउ अबीर लिहे फगुनवाँ आइगै।
फिरि से जवान मन तड़पइ सुगनवाँ॥ देखि...

भउजी से रंग खेलबह नइहर पठाई द्या
छोटकी बहिनियाँ का इहाँ मँगवाइ ल्या।
खूब खेले ऊ तोंहसे रंगनवाँ॥ देखि...

✦

बलभद्र प्रसाद दीक्षित 'पढ़ीस'

बिटउनी

फूले काँसन ते ख्यालयि,
घुँघुवार बार मुँहुँ चूमयि।
बछिया-बछरा दुलरावयि,
सब खिलि-खिलि, खुलि-खुलि ख्यालयिं।
बारू के ढूहा ऊपर,
परभातु-अयिसि कसि फूली!
पसु पंछी मोहे-मोहे,
जंगलु मा मंगलु गावयिं।
बरसायि सतऊ गुन चितवयि,
कँगला किसान की बिटिया।
तितुली के पाछे दउरयि,
थकि-थकि कयि ल्वाटयि-प्वाटयि।
लुकि-छिपि कयि व्यरझरियन मा,
तित्तुर के बच्चा पकरयि।
रोटी का कउरु चलावयि,
कबरा कुतवा ललचावयि।
पीठी पर बिल्लो रानी,
न्यउरा ते खीसयि काढ़यि।
लरिकई क पूर खजाना,
कँगला किसान की बिटिया।
भ्वरहरे जगि वह आवयि,
टिल्लन पर बेनि बजावयि।
सब गोरू पाछे उदरयिं,
फिर चाटयिं, चुकरयिं हुँकरयिं।
द्यखतयि पुँछारी नाचयिं,
दयि ताल मुरइला उछरयिं।
साधे सनेहु की जउरी,
जर चेतन बाँधे घूमयि।

बन-कन्या-असि किलकारयि,
कँगला किसान की बिटिया।
जब आगि भरी आँखिन ते,
सबिता दुनिया का द्याखयिं।
दस दिसि ते बादर दउरयिं,
भरि करियारी के फीहा।
मुँह झाँपि लेयिं द्यउता का,
कुम्हलायि न कहूँ कुँआरी।
जब रिमिक झिमिक झरि लागयि,
बिरवा तकि छतुरी तानयिं।
कुस डाभन ऊपर पनपयि,
कँगला किसान की बिटिया।
दुइ घरी राति बीते पर,
वह नदी-तराई घूमयि।
म्यढ़की, मछरी तकि-जकि कयि,
गुनगनि-गनि गीतु सुनावड़िं।
मँझरा के बीच मड़इया,
वह ऊँचा-खाली दउरयि।
जुगुनू पियमर के मारे,
ग्वाड़न तर दिया जरावयिं।
वह चली जाय निःकंटक,
कँगला किसान की बिटिया।
पैरा पर पउढ़ी-पउढ़ी,
वह चितवइ चाकु चंदरमा।
मुसक्यायिं रूपु छबि छकि-छकि,
अरघ प्रेम की अँजुरी भरि।
भ्याटयिं अकास ते तारा,
दुगनायि दिपित देंही की।
बप्पा के तंप की बेदी
अम्मा की दिया-चिरइया।
धनवान की द्वासरि दुनिया,
कँगला किसान की बिटिया।

✦

लताश्री (मंगेशलता श्रीवास्तव)

लोकगीत

गोइयाँ री गोइयाँ ओ मोरी गोइयाँ।
गाँव मोरा सरग समान ओ मोरी गोइयाँ॥

फूली-फूली बगिया मा फूली फुलवारी,
गोबरा से लीपी घर बखरी हमारी।
अँगना मा बबुआ भरत किलकारी,
जा लखि जिअरा अघान ओ मोरी गोइयाँ।
गाँव मोरा सरग समान ओ मोरी गोइयाँ॥

सास - बहुरिया - ननदिया - जिठानी,
हिल-मिल बोलैं सब मीठी-मीठी बानी।
कोऊ धना देवी लागै, कोऊ महारानी,
देउता से लागत किसान ओ मोरी गोइयाँ।
गाँव मोरा सरग समान ओ मोरी गोइयाँ॥

ट्यूबेल धरती काँ रोज नहवावै,
धरती हमार सोना चाँदी उपजावै।
हाली-हाली-हाली-हाली ट्रैक्टर धावै,
जा बैठि चुनरी उड़ान, ओ मोरी गोइयाँ।

युक्तिभद्र दीक्षित 'पुतान'

नदिया

नदिया धीरे-धीरे बहु री।
परबत की ऊँची चोटी ते नीचे गयी गिरायी,
लोक-लाज मरजादा के, दुइ छ्वारन बीच फँसायी।
उइ काँपइ, अउ माथु उठाये बिहँसयि गगन-कसायी।
उमरि-घुमरि कयि कोहु हिये का, बनिगा गहबर दहु री
नदिया धीरे-धीरे बहु री।

चली कहाँ ते, कहाँ-कहाँ ते भरमति-भरमति आयी,
ऊँच-नीच, खाहीं-ड्यबरन ते कइ-कइ अकथ लड़ायी।
पाथर धरि हियरे सबु झेलै, अबतउ कुछु तउ बहुरी।
नदिया धीरे-धीरे बहु री।

आगे महिका लीलि जाय का मुँहु फइलाये सागर,
गर्जि-गर्जि जग का ललकारइ, मोर नाउँ रतनागर।
चाहे बटोही मरइ पियासा, भूलिउ भरी न गागर।
मोरे अँसुवन ते खारा भा, पारावार दुसहु री।
नदिया धीरे-धीरे बहु री।

मयिं चुप हउँ यह आस लगाये, बरखा के दिन अयिहँयि,
बारू के ई कूर कगारा, आयुरूपु बहि जयिहयिं,
फनफनायि फनु काढ़ि लहरिया, आपन रूपु देखयिहँयि।
घूमि घूमि नचिहइँ,, बिधिना की बाजि उठी जब महुरी।
नदिया धीरे-धीरे बहु री।

✦

रफीक सादानी

ग़ज़ल

कबहूँ ठंढी तौ कबहूँ गरम जिन्दगी।
एक गँजेड़ी कै जइसे चिलम जिन्दगी॥

का कही ऐसा पावा है, हम जिन्दगी।
बिन सियाही के, जइसे कलम जिन्दगी॥

दिल के चक्कर मा, अस छीछालेदर भई।
हाय सत्यम्-सिवम्-सुन्दरम् जिन्दगी॥

हम ई जानेन की, अब दुख से फुरसत मिली।
दुह घड़ी हँसि के, भै बेधरम जिन्दगी॥

◆

रामेश्वरप्रसाद द्विवेदी 'प्रलयंकर'

तुम परे अँधेरी कोठरी मा

तुम परे अँधेरी कोठरी मा, पइरा बिछाय मस्ती काटौ।
साँवा कोदौ बेझरा काकुन, है तुमरे लिये यहै डाटौ॥
उइ छपरा फारि कमात हवैं, तुम भुइयाँ गोड़त मरे जाव।
उइ नोट हलावै बैठे हैं, तुम फरे आम अस झरे जाव॥
बुधआ तुमार माटी लोटै, बासी माठा रोटी खावै।
बिस्कुट मक्खन और टोस्ट सुना हम, साहब के कूकुर पावै॥
तुम यही लिये तौ जनम लिहौ, की धरती सींचौ बोवउ खूब।
जब रकम कटै तौ कर्ज दियौ, बेंचौ बिकनी औ रोवउ खूब॥
रमदिनवा केर बियहवा है, बुधुआ कै होई इम्तहान।
भुसुवा कै कुरता फाट॰परा, औ बाढ़ मा ढहा परा मकान॥
कब ख्याल तुमार लीन जाई, तुम ई धरती के स्वामी हौ।
बस कहै बदे आजाद भयौ, मुल काटत अबौ गुलामी हौ॥

राजेश दयालु 'राजेश'

दोहे

दिन नियरात 'दयालजू' हरि जैहै सब पीर।
बँटि कै रहिहैं धरनि, धन, धाम, धंध, धी, धीर,

दुलहिन बनि फूली फिरैं, कीने बहुत बनाव।
काल्हि भये मिलि जाइहै, आँटा-दाल कै भाव॥

केवट! बेगि डुलाय चलु, मतवारी पतवार।
जौ नदिया के पार हौं, तौ नदिया के पार॥

सरस स्याम मूरति किये, दर्सक एक समान।
दुख भूले दुखवान सब, सुख भूले सुखवान॥

कहा समुझि राजेशजू, बिषयनि हौ चितु देत।
फैंकैं हरि सौं दूरि बहु, ये भे याही हेत॥

विन्ध्येश्वरीप्रसाद श्रीवास्तव

खुसुर-फुसुर

घुन मुनि भै बड़े बड़ौवन मा, कुछु कानाफूसी खुसुर-फुसुर।
फिरि फैलति फैलति बात फैलिगै, चरचा होइ लागी घर-घर॥
कुछु थोरै-थोरा समुझि परा, बहुतै बातन का ना समुझेन।
तब पढ़े लिखेन ते मिलेन जाइ, सब भेदु और ब्यौरा पूछेन॥
जब बात समुझ मा आइ गई, तौ सोचेन राजनीति खेली।
जानिब मन मा सब खाइ गये, अबकी चिउँटै गुड़ की भेली॥

✦

राधा पाण्डेय

बिटिया कै अरजी

(विवाह गीत)

जनम के पहिले न मारिउ हमका
बस इहै अरजी हमार हो।
केका तू कहबू मइया रानी बिटियवा
केका पहिरउबू 'फराक' हो
के तुहैं अम्मा कहिकै बोलाये
के कै तूँ करबू सिंगार हो।
नान्हें नान्हें गोड़वा मा पहिर पायलिया
अँगना करब झनकार हो
ठुमुकि ठुमुकि मैया अँगना मा नचबै
सोभित करबै दुआर हो।
आये सवनवा तब के बनये गुड़ई
के झूलै अमवा की डारि हो
रखिया के दिन भइया सूनी कलइया
अँखिया तब छलके तोहार हो।
चुल्हवा जलउबै मैया, रोटिया हम पोउबै
झाड़ू बुहारू सगरौ कार हो
मरबू गरियैबू मैया कुछ नाहिं बोलबै
रहबै हम सँगवा तोहारि हो।
दुलरू दमाद कहाँ पउबू तू मैया
केकर करबू कन्यादान हो
केका बइठइहैं मैया डोलिया माँ भइया
केका तू भरबू अँकवारि हो।
पढ़ि लिखि कै मैया नाँव तोरा करिबै
लेबै हम तोहरै असीस हो
अपने गुना से कुल कै मान बढ़उबै
नउँवा बढ़उबै तोहार हो।

✦

राम इकबाल त्रिपाठी 'अनजान'

हमार इहह गाउँ

हमरे देसवा क सरगवा हमार इहह गाउँ।
जहाँ प्रकृति-परी नाचइ दिल खोलि ठाउँ-ठाउँ।
रतिया सुतावइ लोरी गाइ के चननियाँ,
भोरवा जगावइ आवइ सुरुज कइ किरनियाँ।
पुरवा बयरिया डोलावइ रस-बेनियाँ
घरवा-दुअरवा बोहारइ पछियाउँ

परदूषन-मुकुत गली-गली गीत गावइ,
कमल-कुई ताल अउ तलइया खिलि बोलावइ,
सतरंगी तितिली सँग भौंरा मनुहार करइ
देखत निक लागइ, मुल कहत के लजाउँ।
आदी निंबुआ, करवन, गमकइ मधुबनवाँ,
महँ-महँ महँकइ महुआ, महुआरी मनवाँ,
बँसवरिया झूमि-झूमि, बाँसुरी बजावइ जब
निंदिया आवइ कसि के, निंमिया कइ छाउँ।

दया-दान पुन्नि फरइ, धरम कइ कमाई,
धरती सोना उगिलइ, सरग लखि लजाई।
निरमल मन-गंगा जल, धीरज-सन्तोष धरइ,
भूलेउ-बिसरेउ न देइ, कबहुँ केहु के दाउँ।

लिपा-पुता घर-आँगन, छन्हिअर-खपरैला,
नन्हका परिवार लिहे गाइ, भँइसि, बैला।
रातिउ-दिन धरम-करम, नेह-नात निर्बाहइ
धोवइ 'अनजान' अतिथि, धुरियाने पाउँ।

रामकृष्ण 'संतोष'

औसर पाय बिया अँखुवइहैं

औसर पाय बिया अँखुवइहैं
धरती के अँचरा तर कब लौं, ई मन मारे सोइहैं।

कतनिउ लम्बी घनी अँधेरी, रात होइ का करिहैं,
जैसे समउ आई वह तिल-तिल, आपइ आप विधुरिहैं,
खिलिहैं कमल चहकिहैं चिरई, चक-चकई मिलि जइहैं।
औसर पाय बिया अँखुवइहैं।

झेलि पवन सिसियात सीत कै, सबै पात पियराने,
ठाढ़ रहे चुप रूख, लै गवा पतझर बसन पुराने,
सोचति फेरि बसंत बहुरिहैं, यहै ढूँठ हरियइहैं।
औसर पाय बिया अँखुवइहैं।

तपति तपन्ता तब है बरसत, घिरि झुकि झूमि बदरिया,
रगदावति इक दूजे कहिया, रहति अँधेर उजरिया।
अँसुवन के जल सिंचे अधर पे, कमल काल्हि मुसकइहैं।
औसर पाय बिया अँखुवइहैं।

टूटै साँस आस नहिं टूटत, तब है चलति कहानी,
आइस के बल पग-पग छिन-छिन, जूझति जियति परानी,
जे हरिहैं हरिहैं, जे चलिहैं, वहै जनम फल पइहैं।
औसर पाय बिया अँखुवइहैं।

रामगुलाम रावत

किसान की व्यथा

माघ-पूस की राति किसनवा कबौं न सुख ते स्वावैं।
आधा पेटु भरै पानी ते, खाइके रोटी नोन,
मरियल बैल लिये हरु ज्वातैं, ग्वाड़ै ख्यात के कोन,
दससाला पिल्लही रजाई मा टाँगैं गुड़ियावैं। माघ-पूस...
लै उधारु ख्यातन मा डारैं, बिया, खाद औ पानी,
नीलगाइ छुट्टा हरहन ते, फिरि कइ-कइ निगरानी,
पाकि फसल जब द्याखैं, तौ फिर रागु मल्हारै गावै। माघ-पूस...
घर मा जस्ता का गिलासु, टाठी, परात औ लोटिया,
नातेदारन की खातिर, घर कासा मूँज की खटिया,
पाहुन आवै तौ उधारु सक्कर दुकान ते लावैं। माघ-पूस...
घर मइहाँ रोटी खातिर, जोन्हरी, मकई का आँटा,
कबौं-कबौं घर के लरिका, चबायँ महुआ का लाटा,
नहर किनारे कपड़ा लत्ता, रेहू मइहाँ ध्वावै। माघ-पूस...
कबहूँ जायँ कोल्हारे, तौ लइ आवैं चिप्पी चँदना,
घर के लरिका खायँ खुशी ते, नाचि-नाचि कै अँगना,
कबहूँ आलू भूँजि भूँजि, लरिकन का पेटु जियावैं। माघ-पूस...
माघ-पूस जब पानी बरसै कबौं होंय झलबद्दुर,
लड़ैं खूब कथरी की खातिर, रामू औ बलभद्दर,
उघरि जायँ बूढ़ी अजिया तौ, दुनहुन काँ गरियावैं। माघ-पूस...
जाड़े मइहाँ छप्पर नीचे, तापैं तपता बारैं,
कब निकसै चूल्हे ते रोटी, लरिका खड़े निहारैं,
बचा-खुचा लरिका बच्चन का, घर की मलिकिनि पावै। माघ-पूस...
पाकै चना मटर तौ कबहूँ कबहूँ भूजैं ह्‌वारा,
तिनुक खायँ अपुना, लरिकन काँ बाँटि देयँ फिरि सारा,
यही तना ते चैतु तलक, लरिकन का पेटु जियावै। माघ-पूस...

घर मइहाँ कबहूँ होवै, लरिका, बच्चा कै सादी,
घर की पुरखिनि हँसी-खुसी ते घूमैं नाची-नाची,
पैसा, नाजु उधारु महाजन के घर तेने आवै। माघ-पूस...
जाड़े मइहाँ हटिया, गंगा मेला के दिन आवैं,
मेला जाय की खातिर, घर के लरिका रारि मचावैं,
झूँठ-मूँठ तब बोलि, सबै लरिकन का वह बेलमावै। माघ-पूस...

◆

रामबहादुर मिश्र

बिरवा

गोहराय कहैं ई सब बिरवा
तुम हमका काहें काटत हौ?
हम तौ करजा से उरिन भइन
तुम अपनेन कुल्हरी मारत हौ॥

फल-फूल पात औ डारि सबै
ई तुम्हरेन कामे आयीं हैं
जब तपै सुर्ज दुपहरिया मा
तब भागेउ हमरिन छायीं है॥

हमरे तौ लरिका सबै होंय
लरिका हम सबै जियाइत हैं।
हम अपने बरे कब जीइत है
हम तुम्हरेन कामे आइत है॥

मानुस और बिरवा कै नाता
चोली दामन कै नाता है।
मनई तौ हितुवा अपनै है,
मुल ई बिरवा तौ दाता है॥

ई प्रानवायु बिरवन ते ही,
ना विज्ञानिन से पूरि परी!
जेतने दिन तक रहिहैं बिरवा
मनइउ कै जीवन तइन घरी॥

औषधि सगरी ई बिरवन से
फल फूल प्राण के रच्छक है।

बगिया बिरवा औ घास फूस
मनई कै जीवन सिरजत है॥

ईंधन जो बहुत जरूरी है
इहका सब बिरवा पूरि करैं।
सोने कै मुर्गी मारि दिहे
रोजै फिर अंडा कहाँ धरैं?

बन, बिरवा, नद्दी, संत, सबै,
पैदा भे हैं औरन खातिर
मुल इउ मानुस लालची बड़ा
स्वारथी बहुत है जग जाहिर॥

रामलखन यादव 'अनपढ़'

हम माटी क, माटी हमार

अपने-अपने मन क डगरा, अपने-अपने मन क विचार।
हमरे भीतर बाहर माटी, हम माटी का माटी हमार।
माटी डोलइ माटी बोलइ, माटी रोवइ माटी गावइ।
माटी मुँह माँगा रतन देइ, तनिकौ मेहनत ममता पावइ।
माटी भरि देह अनाजन से, खरिहान खेत बखरी बखार॥
माटी के रोवे रोवा हम, माटी के गाये गावा हम।
माटी के हम सरबस देइके, माटी से सब कुछ पावा हम।
माटी में दुइ दाना बोवा, माटी दाना दइ गइ हजार॥
माटी रस भरइ अनाजन माँ, फल माँ अमरित रस घोरि-घोरि।
माटी महकावइ फूलन काँ, अनमोल अतर मा बोरि-बोरि।
रूप रंग रस अलग-अलग, अमरूद, आम, इमिली, अनार॥
माटी के जे भूला बिसरा, ओकर माटी बनि गइ दुस्मन।
माटी कै जे पहिचान किहिस, ओकरे खेते में बनी रतन।
हम से, तोहँ से, येन से, ओन से, सब से, ई माटी समझदार॥
सब के पालइ पोखइ वाला, धरती माई क परिपाटी।
कायर कपूत के बदे बनइ, ई कुरुक्षेत्र, चम्बल घाटी।
माटी ओनकाँ माटी बनवइ, माटी ऊपर जे बना भार॥
माटी हमार हीरा मोती, माटी हमार सोना चाँदी।
ई मटिया केसरि कस्तूरी, ई मटिया में अमरित पानी।
अमरित दुनिया में कतौ नाइ, अमरित बा माटी के मझार॥
माटी हमार गंगासागर, माटी हमार मथुरा कासी।
ई माटी आपन तीर्थराज, ई माटी देवता अविनासी।
हम का जानी मन्दिर, महजिद, कइसन गिरजाघर, गुरुदुवार॥
ई माटी जे छोरे हमार, हम ओकर हथवा छाँटि लेब।
जबरी जे गोड़ धरे ये पर, ओकर गोड़वा हम काटि लेब।
मटिया के बेटवै शेर बबर, मटिया नाहीं जनमी सियार॥
हम माटी क, माटी हमार

✦

रामशंकर उपाध्याय 'रवि'

वीना पानि बंदना

मइया मोरी! बसी रहउ उर अँगना,
तोहरी नेहिया निसिदिन नहाऊँ।
पोर-पोर निर्मल मति पाऊँ,
ममता नेह,. बरसयि अँचरवा से।
झूलौं तोरे प्रिय पलना,
मइया मोरी! बसी रहउ उर अँगना॥

तोहरी किरनियाँ से ज्योति जगायी,
उर अन्तर तम बसा भगायी।
जग उजियार करी, लौ तुँहसे,
तउ न लहयि मोहे छलना।
मइया मोरी! बसी रहउ उर अँगना॥

तुलसी, कबीर, मीरा, कवि कालीदास भये,
व्यास बाल्मीकि रचे ग्रन्थ अनेक नये।
तोहरी कृपा से मातु अमर सराहे गये,
सीख सके सब चलना।
मइया मोरी! बसी रहउ उर अँगना॥

सुन्नर सरूप पावयि, मनई जग माँ
सुमन - सुमन बरसावयि, मन माँ।
ज्ञान कइ गंगा बहे, तोहरी लहरिया से,
माँगि रहा 'रवि' ललना।
मइया मोरि बास करउ उर अँगना॥

रूपनारायण त्रिपाठी

सुनि लऽ अरजिया हमार

हथवा माँ फूल, नयनवाँ माँ विनती,
सुनि लऽ अरजिया हमार हो गंगा जी।

देहियाँ के दियना, परनवाँ कै बाती
झिलमिल-झिलमिल बरै सारी राती।
तबहूँ न कटै अन्हियार हो गंगा जी,
सुनि लऽ अरजिया हमार हो गंगा जी।

नगर पराया, डगर अनजानी
मनवाँ माँ अगिनि, नयनवाँ माँ पानी।
कब मिली अँचरा तोहार, हो गंगा जी
सुनि लऽ अरजिया हमार हो गंगा जी।

केहू नाही केहुके विपतिया कै साथी
दिनवाँ कै साथी, न रतिया कै साथी।
सुनै केहु न केहु क गुहार, हो गंगा जी
सुनि लऽ अरजिया हमार हो गंगा जी।

काउ कही गुलरी क फूल भये सुखवा
मनई न बूझै, मनई क दुखवा।
छन-छन धोखवा कै मार, हो गंगा जी
सुनि लऽ अरजिया हमार हो गंगा जी।

सीत-घाम-बरखा माँ बरहो महिनवाँ
राति-दिन एक करै खुनवाँ पसिनवाँ।
तबौ रहै देहियाँ उघार, हो गंगा जी।
सुनि लऽ अरजिया हमार हो गंगा जी।

पिठिया पै बोझ लिहे, पेटवा माँ भुखिया
दिन राति रोटी बदे, जूझा करै दुखिया।
तबहूँ न मिलत अहार, हो गंगा जी
सुनि लऽ अरजिया हमार हो गंगा जी।

पियरी चढ़ावै तोहइँ, गउवाँ कै गोरिया
छीछिल पनियाँ माँ खेलै छपकोरिया।
धरती कऽ राजकुमार हो गंगा जी
सुनि लऽ अरजिया हमार हो गंगा जी।

जाने कब आँखि खोलि अन्हरे निहरिहैं
जाने कब गउवाँ क दिनवाँ बहुरिहैं।
कब मिली यनकाँ अहार हो गंगा जी।
सुनि लऽ अरजिया हमार हो गंगा जी।

♦

लवकुश दीक्षित

बसन्त राजा

बसन्त राजा फूलै तोरी फुलवारी।
मह मह महकै खेतवा की माटी, महकै कियारी-कियारी—
बसन्त राजा फूलै तोरी फुलवारी॥

गदराने गोंहुआँ, सरसौं ठाढ़ी ठुनुकै,
फूली कुसुमियाँ पियर रँगु दमकै,
हरी हरी मटरी की पहिरे घघरिया, अरसी का गोटा किनारी—
बसन्त राजा..॥

महुआरी महकै अँबवा बउराने,
बेर पके कचनार फुलाने,
बेला चमेली और फूलै चँदनियाँ, पहिरे उजरी सारी—
बसन्त राजा..॥

मदमाते भँवरा कली का मुँह चूमै,
रँग-रँगी तितली पराग पियै झूमैं,
लपटी बेलि, गरे बिरवा के, बप्पा की बिटिया दुलारी—
बसन्त राजा..॥

बिथरी परी बसन्त की माया,
बँहकै मनु और बँहकै काया,
ज्ञानी गुनिउ बसन्त म बँहकैं, बँहकैं सन्त पुजारी—
बसन्त राजा..॥

✦

लक्ष्मीशंकर मिश्र 'निशंक'

बिनती

का न पसिजिहौ, दसरथ-नन्दन?
मोह का जाल, लोभ का चारा,
देखति चारिउ ओर पसारा,
फैसनु रूप कला निपुनाई,
मनइन का मनु रहा लोभाई,
कैसन नाउँ जपी निफिकिर होइ, का न दूरि करिहौ छल-छन्दन?
सिच्छा-गुरु भये ब्यौपारी,
बनिकन के घर चोर बजारी,
सब लँग धन कै मारा मारी,
पैसा भवा बापु-महतारी,
सेवा बर्तु अकास चढ़ि गवा, चन्दा लेयँ लगाये चन्दन।
कब लगि सही अतंकु अकेले,
पचै न पापड़ इनके बेले,
राजु करैं औ आँखि देखावैं,
'रामराज' भाषन माँ गावैं।
लच्छनहीन समाजु कै दिहिन, तोरेनि सबै प्रीति के बन्धन।
केहिते कही, सुनैया को है?
नैया केर खेवैया को है?
जो आवै सो लूटि मचावै,
छोटेन का दुर-दुर दुरियावै।
कौन गरीबन केर पुछैया, होत अमीरन को पद-बन्दन
का न पसिजिहौ दसरथ-नन्दन।

✦

आचार्य वागीश शास्त्री

ख्यात दीन्हेंनि हैं आँखी खोल

ख्यात दीन्हेंनि हैं आँखी खोल
कि साथी! बढ़ौ, अउर कुछ बढ़ौ—
लड़ौ ना सब मिल जुल कै चलौ॥
न स्वाँचौ आलस माँ परि कबौं,
कि हम तौ बहुतै ज्यादा बढ़ेन।
है आगे पढ़ब लिखब बेकार,
कि हम तौ बहुतै ज्यादा पढ़ेन॥
पढ़ाई मइहाँ धरा न कुच्छु—
कढ़ाई ज्यादा ह्वावा चही।
मुला का कबौं विचार्‍यो भला—
कि अउसर कबौं न ख्वावा चही॥
एक दिन केर बताइत बात—
ख्यात माँ जौन जइस कुछ दीख।
न यहि माँ अचरज कै कछु बात—
ख्यात ते मिली हमैं या सीख॥
ख्यात के अगल बगल के बिरिछ—
बढ़ै तौ छुइ लीन्हेंनि आकास।
लिहिन सब धरती का रस चोहँकि,
न बिरवा पनपैं पाये पास॥
न तौ अउरे बिरिछन की भाँति,
दिहिन उइँ बइठैं तक का छाँह।
अउर ऊपर ते मद माँ बूढ़ि,
कण्टकाकीरन कीन्हेंनि राह॥
देखि के उनके ई रंग ढंग,
ख्यात के ह्‌यालौ हँसि के कहेन।
बढ़ै जो दुसरेन काँ दइ दुःख,
कहति हैं वहिकै बुद्धि छिछोल॥

ख्यात दीन्हेंनि हैं आँखी खोल,
कि साथी! बढ़ौ, अउर कुछ बढ़ौ—
लड़ौ ना सब मिल जुल कै चलौ॥
फूल सरसौं के अस पियरान,
कि मानौ चुइ चुइ परा बसन्त।
सूखि गे कउनौं कउनौं पात,
व्यापि गै गरमिउ हुवाँ इकन्त॥
वास की उइँ बूदैं नन्हकई,
बताएनि झट बरखा का हालु।
औ डारैं डोलि डोलि कहिं रहीं,
सरद ऋतु चली अपन अस चाल॥
ठण्ढ ते सिकुरे बिरवा कहेनि,
हियाँ छाई हेमन्त बहार।
गिरे पत्ता भुइँ के हँसि कहेनि,
भाग्य माँ है हमरे पतझार॥
जहाँ पर छहौ ऋतू एक संग,
करि रहीं आपसु माँ किल्लोल।
ख्यात दीन्हेंनि हैं आँखी खोल,
कि साथी! कढ़ौ और कुछु कढ़ौ
लड़ौ ना, सब मिल जुल कै चलौ॥
ख्यात की म्याँड़न ते जो गैन,
तौ बिरवा हमते लिपटैं लाग।
लखा जब उनका इतना नेहु—
तौ पैदा भा हमरेव अनुराग॥
नम्रता हम तबहिन सिख लीन—
मिलि गवा सिच्छा का उद्धरन।
टिटिहरी 'टिड्ढ़ाणञ्' कहि उठी—
लीन सिखि लगे हाथ व्याकरन॥
मेढ़की टर्र टर्र 'टर्रान',
पढ़ा तब हम निरुक्त स्वच्छन्द।
कोइलिया बोलि बोलि कै बोल,
पढ़एसि हृदय खोल कै छन्द॥
सुरिज ते पूरब पच्छिम समुझि,
लीन सिखि ज्योतिष का विज्ञान।
चँदरमा के सीतल चाँदनी,

करAएसि कल्प शास्त्र काँ भान॥
जहाँ पर छहौ सास्त्र एक संग,
रहे हैं एकुह मुंह ते बोल।
ख्यात दीन्हेंनि हैं आँखी खोल,

✦

विकल साकेती

धरती के सिरमौर

धरती के सिरमौर, अपनी मातृभूमि के ठौर
इतनी सुन्दर भारत माँ कै तस्वीर है बनी।
उत्तर माँ हिमालय रोज देत है पहरवा
दक्खिन माँ चरन रोज धोवत है सगरवा
नेफा औ लद्दाख दूनौ आँखि कै कजरवा
ब्रह्मपुत्र, सिन्धु, नर्मदा कै जलधार बा
गंगा जमुना सोहैं जैसे गरे बिच हार बा।
विन्धाचल करधनी अस गढ़े बा सोनरवा
दीवाली, दसहरा, होली राखी कै त्योहरवा
गावें सब आल्हा, फाग, कजरी, मल्हरवा
बरखा माँ घेरि घेरि बरसै बदरवा
गर्मी माँ निबिया डोलावत अँचरवा
घरे घरे कृष्न सोहैं, घरे घरे ग्राम हैं
चारौ कोनवा पै गोरी! बने चार धाम हैं।
गउना माँ बसे इहाँ, बड़े बड़े ज्ञानी
तोता मैना गावैं इहाँ, वेदवा के बानी
तरह-तरह के ज्ञान, मथि-मथि सारा वेद पुरान
गावैं तुलसी, सूर, मीरा औ कबीर सजनी
इतनी सुन्दर भारत माँ कै तस्वीर है बनी
उत्तर कश्मीर फुलवा कै फुलवारी
नइया पै लहरै केसरिया कै क्यारी
आगे है पंजाब पाँचौ नदिया कै पानी
घरे घरे गूँजै गुरु नानक कै बानी
खुनवा क सींचा जहाँ बाग जलियाना
जूझे जहाँ अमर महान मरदाना
आगे राजस्थान जहाँ बसी बीर बाला
देसवा के कारन जलायी जौहर ज्वाला
उत्तर परदेस जहाँ के दसरथ निवासी
तीरथराज मथुरा अयोध्या औ कासी

बड़े-बड़े वीर जहाँ झूलि गये फाँसी
देसवा कै बड़ी मसहूर भूमि झाँसी
आग है बिहार मीठी बोलिया कै खानी
जनता की खातिर हर जोते राजा रानी
आगे है बंगाल बाबू बोस कै नगरिया
जने जने बाँधे, बिद्या बुद्धि कै गठरिया
आगे है आसाम, धरती कै एक कोना
बड़े-बड़े तपसी का लगि जाय टोना
रिमझिम बरसै पानी, धरती ओढ़े चुनरी धानी।
बहै धीरे पुरवा समीर सजनी
इतनी सुन्दर भारत माता कै तस्वीर है बनी।
दक्खिन ओर चला गोरी! धरती उड़ीसा
पुरी जगन्नाथ, जहाँ बसै जगदीसा
आगे आंध्र प्रान्त है, रतन कै जखीरा
दिहिस गोलकुण्डा, कोहेनूर अस हीरा
आगे मदरास, नारियलवा कै पानी
लहरै सगरवा कै लहर सुहानी
केरल कै जमीन, चाय बगिया सुहानी
शंकराचार्य भये बड़ा ब्रह्मज्ञानी
आगे महाराष्ट्र, तलवार भवानी
बम्बई नगरिया, बनी है रजधानी
चारों ओर लहरें, सगरवा कै पनियाँ
सजी दिन रात जैसे सजी दुलहिनियाँ
आगे सागर तीर बसा वीर देस गोवा
रहा चार सदी से, गुलामी मा सोवा
लक्षदीप गोवा दमन दीप कै के खाली
भारत के जवनवन से भागे पुर्तगाली
आगे गुजरात, कौनो ऋषि के समाधी
जनमे पटेल, दयानन्द और गांधी
आगे मध्य भारत, देसवा कै हिरदैया
केसव औ बिहारी कै कर्म भूमि भैया
अइसन देस हमार, अइसन होली कै त्योहार
उड़े फागुन मा गुलाल औ अबीर सजनी
इतनी सुन्दर भारत माँ कै तस्वीर है बनी।

◆

विद्याविन्दु सिंह

गउवाँ गिरउवाँ

गउवाँ गिरउवाँ सहर भये बाबा।
सहर भये बाबा, जहर भये बाबा॥
कागा ना बोलैं, न बाँचैं सगुनवाँ,
बइठैं मुड़ेरिया न उतरैं अँगनवाँ।
दूध भात खोरवाँ नोहर भये बाबा। गउवाँ...

उड़ि गयीं कोइलरि, उजरि गयीं बरिया,
अँखिया म नाचै सब खेतवा कियरिया।
नये नये देवता उपर भये बाबा। गउवाँ...

नाहीं आये हरदी नेवत लिहे बभना
टूटि गयी निनियाँ न पूर भये सपना
मन जइसे खुँटिया कै हर भये बाबा। गउवाँ...

छूटि गयीं बाबा! तुहार चौपरिया,
निबिया, जमुनिया औ सखी सहेलरिया।
फुलवा करेजवा बजर भये बाबा। गउवाँ...

महुवा के फूल चूवै, डहकै परसवा,
रोज रोज गोरिया, निहारै अकसवा।
चढ़तै चइतवा दुसर भये बाबा। गउवाँ...

सोन्ह सोन्ह महकै, असढ़वा कै माटी,
बजर करेजवा, अकेल दिन काटी।
कहहीं के गोंइड़ा, उसर भये बाबा। गउवाँ...

मनवै म महकै, कुवरवा कै रतिया,
अँगना कै चुटकी, ओसरवा कै बतिया।
सब सुख यहर वहर भये बाबा। गउवाँ...

कइसे केहू रहिया बचाइ चले बाबा
नेहिया कै दियना लेसाइ चले बाबा
नये नये चोरवा जबर भये बाबा॥ गउवाँ...

◆

आचार्य विश्वनाथ पाठक

घर कै कथा से

जइसे नानी घर से निकरीं, लइके संझा बाती,
तइसे लौटै लाग पहुँचि के, दुनौं गोड़ पै नाती।
मुँह चीन्हें पै पलक ताल भै, नयना होइगा कुइयाँ,
दियना छूटि परा हाथे से, आँचर गिरिगा भुइयाँ।

बइठि गई जुरतै धरती पै, बन्ही टूटिगै मेड़ी,
ऊपर भींजै कबि कै मुड़वा तर नानी कै एँड़ी।
जइसे आन्हर आँखि लहै, अउ रंक परा धन पावै,
जइसे मरि कै पूत राँड़ कै, लउटि सरग से आवै।
उही खानि नानी के जिउ माँ, उपजा हर्ष अनोखा,
ब्रह्मा लिहे तराजू तउलैं, तबहूँ जाय न जोखा।
धरै करेजा माँ अपने, की जुतरी माँ लुकवावै,
की घुलि कै मिलि जायँ एक माँ, हाली सोचि न पावै।
बरबस बहियाँ पकरि खींचि कै, बइठाई भरि कोरा,
एक एक आखर पै मुँह से, रस कै गिरै कटोरा।

हाड़े-हाड़े वन कै रिन बा, माँसु प्रीति माँ सानी,
वन कै अंस मिला खूने माँ, जस दूधे माँ पानी।
बिना बयरिया पालि भरति ना, नाव रहति पौड़ाई,
नानी देतीं जौ न छाँह तौ, कबि न करत कबिताई॥

✦

विश्वनाथ सिंह 'विकल गोडवी'

धरती कै धिया

जब घोर अकाल के आतप से,
अकुलाइ गये मिथिला बसिया।
मिथिलेस महीपति धाइ परे,
कर माँ गहि कै हर कै मुठिया।
हर केरे नोकारन फारन से,
जब फारै लगे धरती कै हिया।
धरती के हिया से तबै प्रगटीं,
धरती कय धिया, सुकुमारी सिया।

धरती कै धिया मिथिलेस के भौन,
भई मिथिलेस कुमारी सिया।
सुख वैभव के पलना माँ पलीं,
गईं स्नेह से साजी सँवारी सिया।
पितु मातु के आँखिन कै पुतरी,
सबकै भईं प्यारी दुलारी सिया।
घर औ अँगनैया जोन्हैया समान
बिखेरै लगीं उजियारी सिया।

सिया लै जबहीं जयमाल चलीं,
अतिसय हरषाय गहेस हँसे
मन ही मन गौरी असीसै लगीं,
देवता अरु देवी सबै हरषे।
अतिसय हरषाय कै, सूँड उठाइकै,
सिद्धि कै दाता गनेस हँसे
जब राम गले जयमाल परी,
तब अम्बर से फुलवा बरसे।

जननी जगत केर जानकी जोन्हइया अस,
धीरे धीरे जाइके पताल माँ अथै गयीं।

भव नीर हारिउ के, उर उफनान पीर,
जग दुख हरनी, असह दुख दै गयीं।
दुनिया कै दैन, दुनिया कै सब दोस पाप,
माई निज माथ धरि, साथ साथ लै गयीं।
राम कै धरोहर, निसानी निज नेह केर
अंत काल दुइ अनमोल लाल दै गयीं।

('धरती कै धिया' से चुने हुए अंश)

✦

शशि पाण्डेय

हरिना हेरान

बाबा पहिरे पगिया।
अमऊ बौरै बगिया॥
बोलैं पपिहा तउ जरथै परान ननदी।
बोला कउने वन हरिया हेरान ननदी॥
बहै फागुनी बयार।
गोरी अँचरा सँभार।
अरहरिया कय छिमिया झुरान ननदी।
बोला कउने बन हरिना हेरान ननदी॥
भौंरा बड़े मुँह जोर।
जुगनू कइगे अँजोर।
बगुला पढ़ै रोज गीता कुरान ननदी।
बोला कउने. बन हरिना हेरान ननदी॥
गये अँगना असाढ़।
दिन बीत गये गाढ़।
सावन लागा तउ सगुनवा फुरान ननदी।
बोला कउने बन हरिना हेरान ननदी॥

वेणी माधव व्यास

वन्दना

सढ़िया से चिकने अँगनवाँ, ठुमुक पग धावै हो,
लाला तेहि बिच परा बिछलाय, मयरियै उठावै हो।
अंग अंग अँचरन झारै, तौ मथवा सँवारै हो,
मइया कोरवा माँ लइके बलकवा, चकित चुमकारै हो।
धवल कमल कै सेजरिया, पहुँच भट टारे हो।
माई बेगि हंसा बुलावै, पीठि बइठावै हो,
मुला तबहूँ न मानै पुतवा, न दुधवा निहारै हो।
तबहूँ न मानै बलकवा, तौ वीणा उठावै हो,
मइया तार तार झनकारै, ललन मन भावै हो।
पहिले तार स्वर बोलै, तौ दुसरे मा नवरस हो,
तहाँ तिसरे ताल अउर छन्द, तौ चउथे मा सरबस हो।
यहि विधि माधव दास व्यास कहवावै हो,
सब सिद्ध कैरै सेवकाई, रिद्धि घर आवै हो।

वंशीधर शुक्ल

राम मड़ैया

नदी किनारे सड़क न गल्ली, द्वारे भरी तलैया।
हुवैं बनी है राम सहारे, अपनी राममड़ैया॥
जहाँ बयारि लगावै बढ़नी, जुगुनू दिया दिखावैं।
सुअर, सियार, चील्ह, गिलहरिया कूरा सैंति उठावैं॥
चिरई-कौवा का-का कहि-कहि, जागि जगाय सोवावैं।
उइ-उइ, अथै-अथै के सविता दिनु औ राति बतावैं॥
जहाँ बँदरवा डाका डारैं चोरी करै बिलैया।
हुवैं बनी है राम-सहारे, अपनी राममड़ैया॥
जहाँ जाड़ू मुद्ठिन माँ बाँधा, बरफ जमी छपरन पर॥
राति-दीसु बीतै पयार माँ, मौत टँगी खुँटियन पर॥
दसौ दिसा गुर्राय गरम है, जेठ दुपहरे झोंकै।
सुर्ज चूसि कै धरती भिजवै, धूरि उड़ै नम छौंकै॥
सावन रोयै, चैतु हँसाये, बीतै छप्पक-छैया।
हुवैं घास माँ बनीं फूस की अपनी राममड़ैया॥
जहँ गाइन का घण्टा ठनकै, भैंसिन का हुँकारा।
घोड़वा हींसै, बघवा डहुँकै, गदहा देय नगारा॥
कूकुर उल्लू बने पहरुवा, निहुकी निहुकि जगावैं।
पीपर बरम, नीम पर भुइयाँ, जिन्द परेत पुजावैं॥
जहाँ बजै रैदास की डफली, नाचैं कुँवर-कन्हैया।
हुवैं बनी निंबियन के भीतर, अपनी राममड़ैया॥
कहूँ-कहूँ बाँसन का झुरमुट, नागफनी चौधारा।
मूँजा, बेलझर, काँट-करौंदा रूँधि रहे गलियारा॥
जहाँ बसन्त चुवावै महुआ, जेठु तपै, जलु बरसै।
सरद कमल, हेवंतु गेंदन पर, सिसिर कुसुम पर बिलसै॥
जलचर बनचर करैं किलोलैं, नाचैं सुवा-चिरैया।
हुवैं बनी सूनी दुनिया माँ, अपनी राममड़ैया॥

नेउरा, बीदर, बर्र डिंगारै, साँप कहैं घरु अपना।
मुसवा सुड़ग सेंधि रचि चेटा, सम्पत्ति चहैं हड़पना।
राजा ब्योहर निगलैं उगिलैं, नदी हिल्वारा मारै।
सूखा, आगी, पानी, पाथर, छिन-छिन प्रान निकारै।
कोऊ दवा न दुवा देवैया, घर-घर हापा-दैया।
हुवैं बनी आफति की मारी, अपनी राममड़ैया॥
करिया अच्छर भैंसि बराबरि, उजड़ मूढ़ भगवान।
मचा अँधेरु स्वार्थ का गाना, बैरिन का सम्मान॥
जहाँ नहीं व्यापी अँगरेजी, जमि न सकी सुलतानी।
नई सभ्यता डरि-डरि भागी, घर-घर रीति पुरानी॥
जहाँ किसान जगत के पालक, बसैं बया के भैया।

✦

सतीश आर्य

जनमैं से भगिया माँ लिखि अन्हियरिया

बीतै पथरै के बिचवा उमिरिया होऽना।
मटिया मा लथपथ उघारे बदनवा,
दबि-दबि जाय बोझवा से बचपनवा,
नान्हें-नान्हें हथवा से ढोवैं ईंट गारा,
उपरा से मुड़वा पे बरसे अंगारा,
नन्हवें माँ इनके तो धँसिगै पुतरिया, कमरिया होऽना। बीतैं...
कट-कट दँतवा करै हो जब काँपै,
सारी-सारी रतिया बैठि कै तापैं,
बरखा में डँसि लेय नदिया नागिनिया,
लेनदार तोलें रोज बिटिया-बहिनियाँ,
मथवा पे इनके लिखा है बस गरिया, बेगरिया होऽना। बीतै...
हथवा मा हल औ मुड़वा पे फफरी,
अपनी जिनिगिया बितावे जस बकरी,
बड़े-बड़े लोगवै तो दुहैं औ निचोरैं,
इनके पसिनवा से सोनवा बटोरैं,
देहियाँ मा इनके फटी है हर ओरिया-बेवरिया होऽना। बीतै...
ब्रड़की बखरिया कचहरी पठावै,
सिर कै पगड़िया झार चली आवै,
कुरकी मा उठि जाय टुटही पलंगरी
दिन दुपहरिया मा लुटि जाय देहरी,
गिरवी धरी है देखो इनकी पँजरिया-पसुरिया होऽना। बीतै...
रोज-रोज रिनकै मरोर के सपनवाँ,
जहाँ-तहाँ दिन कटै आन के अँगनवाँ,
कबहूँ मिलै जो अनुदान सरकारी,
बिचवैं मा गुटक लेंय अधिकारी,
अँखिया से टप-टप चुबै, हर बेरिया बदरिया होऽना। बीतै...

इनकी गरिबिया कै विकट कहानी,
सूद औ बियाज से लदी है जिनगानी,
न्याय औ नियम केर फूटि गई पुतरी,
इनकै तो गति जैसे रेतवा कै मछरी,
हाय मजबुरिया पे बिहँसे अटरिया-बखरिया होउना। बीतैं...
कबौं रिरियाय कै कहै जो दुख झोपड़ी,
मुँह से न निकरे कि खुल जाय खोपड़ी,
कबहूँ सिवनवा क जाय जब धेरिया,
अँचरा माँ भरि-भरि लौटे अँधेरिया,
जब तब लुटि जाय सुघरी कै लोरिया-निंदरिया होऽना। बीतै...

✦

साधुशरण शर्मा

शंकराचार्य कृत भज गोविन्दम् के कुछ अंशों का अवधी काव्यानुवाद

पुनरपि जननं पुनरपि मरणं	मरै बेर-बेर, जनम धरती मा पावै
पुनरपि जननीजठरे शयनम्।	मइया केरी कोखिया मा, बेर-बेर आवै॥
इह संसारे बहुदुस्तारे,	बहुतै कठिन है, ई जग कै बयारी।
कृपयापारे पाहि मुरारे॥	महती दया से तू, बचाउ हे मुरारी॥
(भज-गोविन्दं भज-गोविन्दं...)	गोविन्द भजो रे भइया, गोविन्द भजो रे
	गोविन्द भजो रे मूढ़, गोविन्द भजो रे॥
रथ्याचर्पटविरचितकन्थः	जोगी जौन गुदरी, पहिरि रहै जग में।
पुण्यापुण्यविवर्जितपन्थः।	तजि गुनदोष जो, पथिक चलै मग में॥
योगी योगनियोजितचित्तो	जोगिया जे निज मन, जोग मा रमावै।
रमते बालोन्मत्तवदेव॥	देखन मा बालक या पगला कहावै॥
(भज-गोविन्दं भज-गोविन्दं...)	गोविन्द भजो रे भइया, गोविन्द भजो रे
	गोविन्द भजो रे मूढ़, गोविन्द भजो रे॥
सत्संगत्वे निस्संगत्वम्	सतसंग से मिलै, निहसंग कै डगरिया।
निस्संगत्वे निर्मोहत्वम्।	छूटै निहसंगवै से, माया कै गठरिया॥
निर्मोहत्वे निश्चलतत्त्वम्	माया गये ब्रह्म कै प्रकाश जागइ जहिया।
निश्चलतत्त्वे जीवनमुक्तिः।	छूटि जाय जनम-मरन आवाजहिया॥
(भज-गोविन्दं भज-गोविन्दं...)	गोविन्द भजो रे भइया, गोविन्द भजो रे
	गोविन्द भजो रे मूढ़, गोविन्द भजो रे॥
नलिनीदलगतजलमतितरलं	कमल की पंखुरिया पै हिलै जस बुँदिया
तद्वज्जीवितमतियशचपलम्।	थिर नाही अहै तस, केहू कै जिनिगिया।
विद्धि व्याध्यभिमानग्रस्तं	ग्रसित ई-अभिमान रोग से तू जानहु
लोकं शोकहतं च समस्तम्॥	आहत यहु, शोक से, सकल धरा मानहु॥
(भज-गोविन्दं भज-गोविन्दं...)	गोविन्द भजो रे भइया, गोविन्द भजो रे
	गोविन्द भजो रे मूढ़, गोविन्द भजो रे॥

✦

सियाराम मिश्र

बैल बतावँइ

बाँधि गये बिरवा के तरे
सुधि लीन्हीं नहीं भई साँझ है प्यारे,
कौन से पाप किये हमने
जो भये यहि जन्म मा बैल बिचारे।
भूखेन पेट घमाइ रहे
निकरी परैं आँखी, पिआसेन मारे,
जानि सकै को बिथा हमरी
हम बैल या बैल हैं पालनहारे॥

काटि के गोंहू किसान फरँइ
हमका चोकर अनखाइ खवावइँ,
नित्त पनेठी दुहत्थि धरँइ
अनबोलो हमैं कसिकै गरियावँइ।
जोति बनाइ कै बंजर खेत
जुतइँ हर मा हम अन्नु उगावँइ,
दूध हमारो छोड़ाई पिअइँ
हमका तहूँ बैल के बैल बतावैं

मैया हमारी का माता कहँइ,
हमरो लइ गोबर खादि बनावँइ,
बादि मरै के निकारि के चाम,
सुभ पाँवन कै पनहीं बनवावैं
कामु निकारि के दूरि करैं
फिरि बेंचि कसाइनि ते कटवावैं॥
जो खुद बैल से बाढ़ि हैं मूढ़
मुला हमका वोइ बैल बतावँइ॥

✦

सुरेन्द्र पाण्डेय 'रज्जन'

फागुन

अब हाल न पूछौ फागुन के,
कुल धरती पर रंगु छावा है।
नीचे तो हरा, पियर ऊपर,
यहु अजब-गजब पहिरावा है॥
फागुन अउते शाखैं झुकती,
हर नारी ही लजवन्ती हैं।
ख्यातन-ख्यातन, बागन-बागन,
बहि रही बयार बसन्ती है॥

कुल धरती हरी पेरि होइगै,
राई-सरसों कै फ्याँट खुली।
हरियरी गोहुँन कै दबिगै,
बाली लटकैं जैसे हँसुली॥
भोरहरहे महुवा टपकत हैं,
जिनते भुइ होइगै गीली है।
हर कूँच-कूँच भँवरा चिपके,
बउखा तक भई नसीली है॥

जानै का होइगा लतिकन का,
वै डार पकरि कै लटक गईं।
कुछ नशा हवा माँ है सायद,
येहि कारन ते वह चिपक गयीं,
टेसू के झुमका लाल-लाल
नंगी होइगै है डार-डार।
पत्ता तो बचा न एकौ है,
कुल बिरवै है अब ग्वार-ग्वार॥

कुछु रही खुही जो कसर रहै,
बौरन ते होइगै पूरी है।
कल्ला पत्ता तक मूँदे हैं,
अवलम्ब आम दस्तूरी हैं,
कोइली बागन मा बोलि रही,
भेदुइ फागुन का ख्वालित है।
मनइन के हाल तो जस तस हैं,
पशु पक्षी चिहुकत इ्वालित हैं॥

है कतौं महक अब ह्वारा कै,
जेहिमा सोंधापन खारा है।
बिरवन कै छाँह नीक लागै,
फागुन मा यहै सहारा है॥
हिरना-हिरनी, गइया, भैंसी,
बैठब ना कुहक गवारा है।
यहु फागुन का आवा 'रज्जन'
अब सबै केरि पौ बारा है॥

✦

शिव भजन 'कमलेश'

लरिकैयाँ

मन बसिगै उमिरि लरिकइयन कइ॥
छोट-बड़े सब चूमैं-चाटैं
लालचु दै चिज्जा बाँटैं
मना करैं महतारी, तौ न मानै उन कइ। मन बसिगै...॥
ना समझी मा, गे बहलाये
आये-बाए कान छिदाये
बने खिलौना, बहिनी बड़े भइयन कइ। मन बसिगै...॥
घम्मर-घम्मर होय मथानी
सेरु क दूध अढ़ैयन पानी
फूटै मुस्की, ठुनुक-ठुनुक रोवइयन कइ। मन बसिगै...॥
जो कुछ पावैं मुँहिमा डारैं
र्याँगत चीटीं-चींटा मारैं
थर-थर काँपैं, सकलि देखि बिलइयन कइ। मन बसिगै...॥
अबहूँ ताजी वा लरिकैंया
खनत खनैंया कौड़ी पैंया
आवति हैं सुधि, बाबा के घोड़इयन कइ। मन बसिगै...॥
लुकी-लुकव्वल, काँधापारी
छैल कबड्डी लब्भो डारी
ऊना-पूरा चन्द पौ खेलइयन कइ। मन बसिगै...॥
ताल का पानी तालै जाय
घूम-घूम पतालै जाय
छुई-छुवव्वल ओथली तलैइयन कइ। मन बसिगै...॥
टेसू हो तुम बावन बीरा
हाथ लिये सोने का तीरा
लरिकन पाछै आवै टोली झोंझियन कइ। मन बसिगै...॥
भले बुरे का भेद न जानैं
आपनु अइस सबै का मानैं
गुन-अवगुन कहि डारैं, साथ पढ़इयन कइ।
मन बसिगै उमिरि लरिकइयन कइ।

शिवलोचन तिवारी

बरवै

आगि परायी पानी लिखी न धीर,
कविता उपजी अपने मन के पीर।

सबद जुहावत बाँजी मति अनुकूल,
सुरभि बिखेरत कविता आखर फूल।

सब्द निपट निरमोहिया छली लिखाय,
सरनाकत् कवि सुधिया निकरि पराय।

ई कबीर कै धरती तुलसीदास,
लिखा राम के आगे बा बनवास।

अरथ-उजास न मिलिहैं मिलिहैं नाँव,
सुरभि-सान्ति महँ कहिहै कविता गाँव।

उजटट त्याग पियसिया उजहर भाग,
जिनगी जन अभिलाषा सघन विराग।

पूरन भाग सपन कै सुभ संजोग,
कविता मन की पीर गहन वियोग।

आतुर लागि पियसिया बेचैं तास,
रचना भाव-साधना जीवन भास।

✦

शोभनाथ अनाड़ी

गीत

मोती अस मथवा पै चमके पसिनवा।
ठीक दुपहरिया मा गरमी कै दिनवा॥
देखि कै सुरुज जरि जाय।
गोरी जब खेतवा काँ जाय।

हँसि-हँसि के गोहुँआ कै लेहना लगावै।
बाँधि के रसरिया मा बोझवा बनावै।
मुड़वा पै धइके चलै जब डगरिया।
लचर-लचर लचकै हो पतरी कमरिया।
जियरा खुसी से भरि जाय।
गोरी जब खेतवा काँ जाय॥

मारे झकोरा हो पछुआ पवनवाँ।
लू कै तपनिया जरावै बदनवाँ।
मटिया से मोतियन का चुनि-चुनि उठावै।
धूरि भरी देहियाँ कै सुधिया न लावै।
सौ सौ जनम तरि जाय।
गोरी जब खेतवा काँ जाय॥

सगरी जिनिगिया विपतिया मा काटै।
आपन खुसी सारी दुनिया काँ बाँटै।
घर मा रहै तौ कुसल बनै घरनी।
खेतवा रहै तो कहावै मजुरनी।
कबहूँ न मन कुम्हिलाय।
गोरी जब खेतवा काँ जाय॥

✦

श्याम जी पाण्डेय 'करुणेश'

जाड़ा

दिन निकरे ऊ जागत बा, जे जागत रहा सबेरे।
जेकरेन मुँह से सुना कहत बा, ज़ाड़ा बाय करेरे।
नाती लिहे पतरकौ काकी, बाटीं करत घमउनी।
अँगना माँ बटुरी बिटिहिनियैं, बीनैं बेना मउनी।
राम पदारथ काका घामें, बीनत बाटें झउआ।
करत घमउनी हये पन्नि माँ, बटुरि गेंहड़ि भै कउवा॥
वहर लखा पखना फइलाये, बीसन ठवर भुजइठा।
घाम खायँ ताले के तीरे, पतियारी से बइठा॥
फाट-पुरान चउबियसौ घंटा, लादे रहैं सुमेरे। जेकरेन मुँह से...
पहिले रहे नहात दुइ घरी, राति रहे पै भाने।
जाड़ देखि जिउ छोट होइ गवा, तिसरे रोज नहाने।
तीनि चारि लोटा पानी से, अब नहाय रमसगरा।
बहरी रहा नहात भिनउखे, भरि-भरि अठ-अठ गगरा।
परा न सुबरन की देहीं पै, पनरहियन से पानी॥
किहिन आज असनान महीनन पै फागू, रमफेरे। जेकरेन मुँह से...
किंचौ ना मन कहै छुवै का, बरफ होइगवा पानी।
बड़े पुजारिउ काँ यहि साइति, याद आवाथीं नानी॥
सर-सर-सर-सर, बहै बयरिया, हाथ गोड़ भा कनई।
छिन भै आगि न छोड़ा चाहै, यहि हेंउते माँ मनई॥
थर-थर काँपै देह जाड़ बा, सबकाँ बहुत सताये।
बइठ रहैं बदरी बाबा, दिन भै अदाह सुलगाये॥
रहैं कोल्हारे माँ सन्झै से, मारे मनई घेरे। जेकरेन मुँह से...
कइसौ मौसम होय, नेम कै पक्का बाटे छंगा।
बरहौ मास करथे, मुरगा बोलतै हर हर गंगा॥

पाला पाथर बरखा बूनी, आवै आन्ही बउखा।
तब्बौ रोज नहाय उजगिरा, चारिन बजे भिनउखा।
कहत रहे अपने लरिकन से, राम जवाहिर लाला॥
जौ नहाइ ले भिनसारे, लागे जाड़ न पाला।
बूढ़न काँ बा काल, न जाये लरिकन बच्चन नेरे। जेकरेन मुँह से...

◆

श्याम तिवारी

पँचरँग बरवै

धारि सहज बिसवसवा मन धरि धीर,
जिय करु हिय भरु सिय-पिय सिरि रघुबीर।

कम्मर चहै पितम्मर पहिरउँ थान,
किहें बयम्मर केऊ त अम्मर भा न।

मनबसिया के बँसिया असि रगिआय,
सखिया, बसि निरबसिया सँसिया जाय।

देख्यों नैना जबसे, नैना मोर,
देखी अयना देखि परै मुँह तोर।

भउजी-भइया भल अस मान समान,
जस पुनवाँसी परिवा तस परधान।

लागी पहिल लगनिया लहरा लेय,
हँसि कै लागै रोवै फिर हँसि देय।

परी नजरि मुँह दुलहिनि परछत जाय,
छबि की चोन्हीं ससुई गै चउन्हियाय।

चोटहिल-घइहल होइ कै पीर सिरात,
कलबलात फाटे पर चित दिन-रात।

बौर-मौर दै सतदल आसन कीन,
बर-बसंत बनसपतीं सेन्हुर दीन।

राम बरें तजि दीन्हें घर सुख जोय,
लछिमन जइसन भइया भागन होय।

जेहि दियरी न देह कै निरमल धारि,
तेकाँ कस अन्हिअरिया कस उजियारि।

राहि अगोरइ भर दिन दुबुकि दुवार,
रोवइ साँझ छोहरिया छाँड़ि भोंकार।

पर दुख-सुख आपन जे कइकै जान,
होय सुजन-सग तौ जग सरग समान।

◆

श्यामनारायण अग्रवाल 'विटप'

यौ देस न कच्चा गोला है

यौ देस न कच्चा गोला है॥
आसामी तीर कमान चलै या खालिस्तानी बम फूटैं।
जातीयवाद बारूदन के चाहे लाखन पहाड़ टूटैं॥
यो टस से मस ना डोला है॥
जौनी पतरी मा खाय रहे, ऊ मा ना लाखन छेद करौ।
मंदिर का रणस्थल बनाय, ईमा ना लाखन भेद करौ॥
नहिं खम्भ अशोकी पोला है॥
अलगाव की बातैं छोड़ देव, जो भाय तुम्हार वहै रहिहैं।
भारत कै बेटवा हर प्रदेस, महतारी ई का सब कहिहैं॥
फट जाई माँ का चोला है।
तुमरे पेटे मा दर्द अगर, सब मिलि ऊका उपचार करी।
तुमरे दुख मा हमरौ दुख है, तुमरे बिन का हम राज करी॥
अलगाव मा मिलिहै सोला है।

✦

पं० हरिनाम शर्मा

घोंघा बसन्त

भोर भवा तब जागि परे, 'हरिनाम' भनै उठि बैठे तुरन्त।
लीबर लेसे उभै अँखियाँन, बड़े-बड़े ओठ, बड़े-बड़े दन्त॥
घूमन लागे अकारथ भन्त, सु आपने आगे किसी को न गन्त।
लोग लुगाई हसन्त लखन्त, बताओ कहाँ चल्यो घोंघा बसन्त॥

✦

श्यामसुन्दर मिश्र 'मधुप'

अवधी

दाउद महमूद, तुलसी, कीन्हिनि प्यार,
भाव यहे मा प्रकटे, सन्तन क्यार।

कबिरा गाइनि यहि मा, आपन गीत,
सूफी लिखिनि यहे मा, सकल अतीत।

किहिनि राम का तुलसी, पूरन राम,
कहिनि राम परमेसुर, अखिल अकाम।

कृष्न-चरित्रउ कविगन, लिखिनि अनूप,
पंडित सोधि न पाइनि, यहि कइ रूप।

बड़ि-बड़ि गाथा गाइनि, कहिनि पुरान,
कउनउ ना करि पाइनि, बल अनुमान।

प्रकृति-जन्य यह भाखा, अतिसय पूत,
सब भाखन मा यहि कै, सकति अकूत।

राष्ट्र-गान यह गाइसि, सउ सउ वर्ष,
किहिसि बहाली गाँवन, नगरन हर्ष।

बरवै औ चौपाई, यहि कइ छन्द,
तरह-तरह के ढारिसि, अगनित बन्द।

बिरहा, सोहर, आल्हा, यहि कइ दास,
लोक लोक के गीतउ, यहि के पास।

बैयाकरन न पाइनि, यहि काँ बाँधि,
पडित सके न अब तकु, यहि काँ नाधि।

श्रीपाल सिंह क्षेम

मदमाता पपिहरा

मदमाता पपिहरा बोलइ रे, मदमाता पपिहरा।

बागे-बगीचा बहइ पुरवाई,
बँसवा के बाहीं उठइ अँगराई।
निमियाँ के बेनिया डोलइ रे,
मदमाता पपिहरा बोलइ रे, मदमाता पपिहरा...

पूरब के राहे बदरिया आवइ,
साँझ-सकारे दुअरिया गावइ।
गाँठि हिया के खोलइ रे,
मदमाता पपिहरा बोलइ रे, मदमाता पपिहरा...

बदरा के छाहीं उड़इ लागे कजरा,
बेला के बाहीं फुलइ लागे गजरा।
तिरुन-तिरुन तन तोलइ रे
मदमाता पपिहरा बोलइ रे, मदमाता पपिहरा...

बुनियाँ के घूँघुर बजइ जागे अँगना,
बीजुरि कलइयाँ चमकि रहे कँगना।
अंगुर-अंगुर मोती डोलइ रे
मदमाता पपिहरा बोलइ रे, मदमाता पपिहरा...

रतिया के भावइ सघन अन्हिअरिया,
दिनवाँ अकासे उड़इ हरियरिया।
कोइलरि के 'कुहू' अनमोलहु रे
मदमाता पपिहरा बोलइ रे, मदमाता पपिहरा...

सपनन के पाँती बहइ मोरे पँखिया,
अँसुअन के ओरी चुवइ मोरे अँखियाँ।
बिरही परनवाँ हौलइ रे
मदमाता पपिहरा बोलइ रे, मदमाता पपिहरा...

श्रीराम सिंह 'शील'

जेठ-जलाका

गरू मूड़े पै बोझ धरे,
जिंदगी मरुधर बीच जरै।
जलाका जेठ क्यार विकराल,
बयरिया थप्पर मारै गाल
आँखि माँ बारू-रेत भरै!
झराझर सुरुज झरैं अंगार,
तपै तावा अस भुँइ संसार!
अटपटे भुइयाँ पाँव परै,
दूरि तक देखि परै ना गाँव!
कहूँ नाहीं तिनुका भइ छाँव,
न पल भर कतहूँ यह ठहरै!
झलाझल लहरै समुहे ताल,
सरल मन का जानै यू जाल,
पियासा चहुँ दिसि दौरि मरै!
चिरइया चींव-चींव चिचियायँ,
छ्वटकये किरवा जरि भुनि जायँ,
ककस संकट से जिव उबरै!
कइव दिन बीतै कइयौ रात
मिटा नाहीं अबहूँ उत्पात
भला मन कैसे धीर धरै।
चुनौती सब कीन्हे स्वीकार
मूड़ पै हरियर ठाढ़ मदार,
सुखे-दुःखे समरस भाव भरै।
जिंदगी मरुहर बीच जरै!

✦

हरिश्चन्द्र पाण्डेय 'सरल'

मन कै अँधेरिया

मन कै अँधेरिया अँजोरिया से पूछै,
टुटही झोपड़िया महलिया से पूछै,
बदरी मा बिजुरी चमकिहैं कि नाहीं,
का मोरे दिनवाँ बहुरिहैं कि नाहीं।

माटि हमारि है हमरै पसीना,
कोइला निकारी चाहै काढ़ी नगीना,
धरती कै धूरि अकास से पूछै,
खर पतवार बतास से पूछै,
धरती पै चन्दा उतरिहैं कि नाहीं।

दुख औ दरदिया हमार है थाती,
देहियाँ मा खून औ माँस न बाकी,
दीन औ हीन कुरान से पूछै,
गिरजा घरे औ भगवान से पूछै,
हमरौ बिहान सुधरिहैं कि नाहीं।

नाहीं मुसलमाँ ना हिन्दू इसाई,
दुखियै हमार बिरादर औ भाई,
कथरी अँटरिया के साज से पूछै,
बकरी समजवा मा बाघ से पूछै,
एक घाटे पनियाँ का जुरिहैं कि नाहीं।

आँखी के आगे से भरी-भरी बोरी,
मोरे खरिहनवाँ का लीलय तिजोरी,
दियना कै ज्योति तुफान से पूछै,
आज समय ईमान से पूछै,
आँखी से अँधेरे निहरिहैं कि नाहीं।

✦

भाग 3

कुमाउँनी

सम्पादक : **बटरोही**

पृष्ठभूमि

भारत के उत्तरी अक्षांश 28^0—14'-45'' व 30'-50'' तथा देशांतर 76^0—6'-30'' व 80'-58'-15'' के बीच कुमाऊँ क्षेत्र स्थित है। इसका कुल क्षेत्रफल 21,035 वर्ग किलोमीटर है जिसमें लगभग दो-तिहाई से अधिक भूमि आबाद है। 1991 की जनगणना के अनुसार कुमाऊँ में लगभग 29.4 लाख जनसंख्या निवास करती है। विगत दिनों उत्तर प्रदेश के उत्तरी हिस्से के दो मण्डलों (कुमाऊँ एवं गढ़वाल) तथा हरिद्वार जिले को मिलाकर एक नया प्रांत निर्मित हुआ है—'उत्तरांचल'...इसी प्रांत का पूर्वी भाग कुमाऊँ है। इस समय कुमाऊँ में छः जनपद हैं और प्रशासनिक दृष्टि से ये छहों जनपद मिलकर कुमाऊँ मण्डल बनाते हैं जिसका मुख्यालय नैनीताल है। नैनीताल के दक्षिणी भाग से निर्मित नये जनपद 'उधमसिंह नगर' तथा उसके उत्तरी भाग और पिथौरागढ़ जिले के दक्षिणी भाग को छोड़कर कुमाऊँ का सारा क्षेत्र पहाड़ी है। समस्त हिमालय-शृंखला के सन्दर्भ में इसकी स्थिति पश्चिमी हिमालय के धुर पूर्वी किनारे पर है।

प्राचीन किंवदन्तियों के अनुसार विष्णु का दूसरा कूर्म (कच्छप)-अवतार इसी क्षेत्र में चम्पावती नदी के पूर्व की ओर कूर्म पर्वत में (जिसे आजकल कांडादेव या कानदेव कहते हैं) तीन वर्ष तक खड़ा रहा। इसी कारण इस क्षेत्र का नाम कूर्मांचल (कूर्म + अंचल) हो गया। ऐसा समझा जाता है कि यह शब्द स्थानीय भाषा में बदलकर पहले 'कुमूं' और बाद में कुछ शिष्ट उच्चारण के साथ 'कुमाऊँ' बन गया। अपनी भौगोलिक स्थिति के कारण यह क्षेत्र भू-राजनैतिक दृष्टि से अत्यन्त संवेदनशील क्षेत्र बन गया है, क्योंकि इसकी समस्त उत्तरी और पूर्वी सीमाएँ अन्तर्राष्ट्रीय हैं। उत्तर में भारत-तिब्बत जल-विभाजक इसे चीन से पृथक् करता है तो पूर्व में इसकी समस्त सीमा नेपाल से मिलती है। भारत-तिब्बत जल-विभाजक पर स्थित अनेक पर्वतीय दर्रे—विशेष रूप से कुंगरी-बिंगरी (5564 मीटर), लम्प्या धुरा (5533 मीटर) तथा लिपुलेख (5121 मीटर) इन सीमांत क्षेत्रों के निवासियों तथा सुदूर तिब्बत के आंतरिक क्षेत्रों के सम्पर्क एवं व्यापार माध्यम रहे हैं। दक्षिण की ओर कुमाऊँ के पर्वत-पादुका स्थल पर विकसित रामनगर, हल्द्वानी और टनकपुर जैसे व्यापारिक नगर आंतरिक भागों को यात्रा-मार्ग उपलब्ध कराने तथा दो भिन्न भौगोलिक दशाओं के मध्य विशेष स्थिति के कारण कुमाऊँ के प्रवेश-द्वार के रूप में विकसित हुए हैं।

कुमाऊँ का महत्त्व कई अन्य कारणों से भी रहा है। पिण्डारी हिमनद, जो आज भी हिमालय स्थित सभी हिमनदों में यात्रा के लिए अत्यन्त सुगम माना जाता है, या फिर

कैलाश-मानसरोवर मार्ग, जिस तीर्थ-स्थान का सम्पूर्ण भारतवासियों के लिए विशेष महत्त्व रहा है, कुमाऊँ के पूर्वी जनपद पिथौरागढ़ से होकर ही जाता है। ऊँचाइयों में अन्तर एवं व्यापक स्तर की धरातलीय विभिन्नताएँ इस समस्त क्षेत्र के भैगोलिक व्यक्तित्व को नया आयाम प्रदान करती हैं। पर्वत-पादुका स्थल पर लगभग 250 मीटर ऊँचे क्षेत्रों से लेकर 7000 मीटर ऊँची निरन्तर हिमाच्छादित हिमालय की चोटियों के मध्य घाटियों, पर्वत-शृंखलाओं, ढालयुक्त भूमि, असमान धरातल की निचली भाबर पेटी व तराई के लगभग समतल क्षेत्रों में कुमाऊँ की भौगोलिक विविधता के दर्शन होते हैं। इसके अन्तर्गत 250 मीटर से 500 मीटर तक की भाबर एवं तराई पट्टी, 700 से 1000 मीटर तक फैली हुई शिवालिक शृंखलाएँ, 1000 से 3000 मीटर तक फैला हुआ लघु-हिमालय क्षेत्र, 3500 से 4000 मीटर तक फैला हुआ बृहद् हिमालय और फिर हिमालय वृष्टि-छाया या 'जन्सकर हिमालय' क्षेत्र है जिसकी भूगर्भिक दशाएँ अत्यन्त जटिल हैं और जिनके सम्बन्ध में अभी शोध की अनन्त सम्भावनाएँ हैं।

अनादिकाल से, शेष दुनिया से लगभग कटे हुए लेकिन बौद्धिक रूप से सक्रिय इस क्षेत्र में सांस्कृतिक एवं नृतत्वशास्त्रीय विविधताएँ भी देखने को मिलती हैं। आर्य संस्कृति से पूर्व यहाँ यक्ष, गंधर्व, किन्नर, किरात, नाग आदि जातियों का निवास था जिनसे सम्बन्धित लोक-विश्वास, गाथाएँ और देवता यहाँ के जीवन में आज भी जीवित हैं। यही कारण है कि लोकाभिव्यक्ति का अत्यन्त समृद्ध स्वरूप हमें यहाँ के जनजीवन में देखने को मिलता है जो लोकगाथाओं, गीतों, पहेलियों, लोकोक्तियों आदि के रूप में विद्यमान है।

कुमाउँनी में लिखित साहित्य की परम्परा का आरम्भ उन्नीसवीं सदी के आरम्भिक वर्षों से होता है जब लोकरत्न पंत 'गुमानी' (1790-1846) ने सामन्ती और उपनिवेशवादी शोषण से त्रस्त अपने समाज की व्यथा को अपनी कविताओं के माध्यम से उजागर किया। यह वह समय था जब कुमाऊँ एक ओर तो गोरखा शासन (1790-1815) के अमानवीय अत्याचारों से मुक्त हुआ था, दूसरी ओर 1816 की सिगौली की संधि के द्वारा ईस्ट इण्डिया कम्पनी के ब्रिटिश राज का यहाँ पदार्पण हो चुका था। गुमानी बहुमुखी प्रतिभा के धनी व्यक्ति थे जो कुमाउँनी के साथ-साथ नेपाली के भी प्रथम कवि माने जाते हैं। वे एक साथ चार भाषाओं में कविता लिखते थे। गोरखा शासन के अत्याचारों का वर्णन करते हुए गुमानी आक्रोश और विवशता के मिले-जुले स्वर में कहते हैं—

दिन दिन खजाना का भार का बोकणा ले,
शिव शिव चुली में का बाल नै एक कै का।
तदपि मुलुक तेरो छोड़ि नै कोई भाजा,
इति बदति गुमानी धन्य गोरखाली राजा।

(हर रोज उनके खजाने को सिर पर ढोते हुए, हे भगवान्, सिर पर का एक बाल भी नहीं बचा। इस पर भी तुम्हारे इलाके को छोड़कर कोई नहीं भागा...ऐसे हे गोरखाली राजा, तुम धन्य हो!)

इसी प्रकार अंग्रेजों के अत्याचार को लेकर उनकी कविताएँ आज भी अपने अंचल में याद की जाती हैं—

विष्णु का देवाल उखाड़ा, ऊपर बंगला बना खरा,
महाराज का महल ढहाया, बेड़ीखाना तहाँ धरा।
मल्ले महल उड़ाई नन्दा, बँगलों से भी तहाँ भरा,
अँगरेजों ने अलमोड़े का नक्शा और ही और करा।

कुमाउँनी भाषा के दूसरे महत्त्वपूर्ण कवि थे—कृष्णा पाण्डे (1800-1850)। अपने क्षेत्र के ग्रामवासियों के बीच जाकर ये नाचते और गाते हुए अपनी कविताएँ सुनाते और भक्ति एवं समाज सुधार का सन्देश देते। आयातित पाश्चात्य संस्कृति के प्रति अपने क्षेत्रवासियों के आकर्षण तथा उसकी विसंगतिपूर्ण परिणति को लेकर उन्होंने अनेक व्यंग्यात्मक कविताएँ लिखी हैं—

बिलैती कपड़ौक बणायो कोट,
ऋण करि बेर घर कुड़ि चोट।

(घर-मकान बेचकर और ऋण लेकर बिलायती कोट बनाया!)

शिवदत्त सती (1848-1910) कुमाउँनी के तीसरे उल्लेखनीय कवि हैं जिन्होंने भावाभिव्यंजना के साथ-साथ भाषा-विन्यास और शब्दों की ध्वन्यात्मकता पर भी विशेष ध्यान दिया। कुमाउँनी कविता के कई इतिहासकारों ने शिवदत्त सती को गुमानी के बाद दूसरा युग-प्रवर्तक रचनाकार माना है। इसी दौरान कुमाउँनी के एक उल्लेखनीय अनुवादक का भी उदय हुआ जिनका नाम है—चिन्तामणि ज्योतिषी (1874-1934)। ये संस्कृत के विद्वान् थे इसलिए सभी अनुवाद संस्कृत से कुमाउँनी में किये गए हैं। इनके तीन अनुवाद उपलब्ध हैं—'दुर्गा (चण्डी) पाठसार', 'सत्यनारायण कथा' तथा 'भगवद्गीता'। चण्डी पाठ का अनुवाद देखें—

तू कल्याण की कर्नेर शिवा त्वे सूँ नमो नमः
तू प्रकृति आदि छै तू धात्री त्वे सूँ नमो नमः
तू नित्य गौरी तू रौद्रा अंत में तू नमो नमः
तू चन्द्र रूपी सुखदा ज्योति त्वे सूँ नमो नमः।

कुमाउँनी कविता का तीसरा और सबसे महत्त्वपूर्ण युग आरम्भ होता है गौरी दत्त पाण्डे 'गौर्दा' (1872-1939) की कविताओं से। कुमाऊँ के पाटिया ग्राम के निवासी गौर्दा पेशे से वैद्य थे। अपनी कविताओं के माध्यम से भी उन्होंने एक प्रकार से अपने समाज में फैली बुराइयों तथा सामाजिक कुरीतियों का इलाज ही किया है। अपनी

मातृभूमि के बारे में लिखी गई उनकी कविता 'हमरो कुमाऊँ' आज भी इस क्षेत्र के बच्चे-बच्चे द्वारा याद की जाती है—

हमरो कुमाऊँ हम छौ कुमइयाँ हमरी छ सब खेती बाड़ी
तराई भाबर बण बोट घट गाड़ हमरा पहाड़ पहाड़ी।
याँई भयाँ हम याँई रूँला याँई छुटलिन नाड़ी
पितर कुड़ी छ याँई हमरी काँ जूँला यै कन छाड़ी।
सबन है ठुलो हिमाचल याँ छ कैलास जै का पिछाड़ी
राजा लै याँ का स्वाधीन छिया सुन्दर छिन रजवाड़ी।

गौर्दा की सबसे मशहूर कविता है—'वृक्षन को विलाप', जिसमें मनुष्य के द्वारा अपने पर्यावरण को अनियंत्रित ढंग से खत्म कर डालने की व्यथा को प्रकृति के नजरिये से व्यक्त किया गया है। अल्मोड़ा में जब रवीन्द्रनाथ टैगोर ने इस कविता को गौर्दा के मुँह से कुमाउँनी में सुना तो इसका अंग्रेजी अनुवाद सुने बिना ही वे इसे समझ गए और अत्यधिक प्रभावित हुए। गौर्दा के बाद श्यामाचरण पंत (1901-1967) तथा उनके लगभग समकालीन कवियों में रामदत्त पंत 'कविराज', बची राम, हीरा वल्लभ शर्मा, चिन्तामणि पालीवाल, शिरोमणि पाठक, चन्द्रलाल चौधरी, जीवनचन्द्र जोशी आदि का नाम आजादी-पूर्व के उल्लेखनीय कवियों में लिया जा सकता है। इसी बीच हिन्दी के युग-प्रवर्तक कवि सुमित्रानन्दन पंत की एक बेहद रोचक कविता प्रकाश में आई—'बुरूंश' :

सार जंगल में त्वि ज क्वे न्हाँ रे क्वे न्हाँ
फुलन छै के बुरूंश! जंगल जस् जलि जाँ!

सल्ल छ द्यार छ, पईं, अंयार छ,
सबनाक् फाड़ न में पुडनक भार छ;
पै त्वि में दिलैकि आग, त्वि में छ ज्वानिक फाग,
रगन में नई ल्वे छ प्यारक खुमार छ!

सारि दुनी में मेरि सू ज, लै क्वे न्हाँ,
मेरि सू कैं रे त्योर फूल जै अत्ती भाँ!

काफल छ, कुसम्यारु छ, आरु छ, आँखोड़ छ,
हिसालु-किलमोड़ त पिहल सुनुक तोड़ छ,
पै त्वि में जोवन छ, मस्ती छ, पागलपन छ,
फुलि बुरूंश! त्योर जंगल में को जोड़ छ!

सार जंगल में त्वि ज क्वे न्हाँ रे क्वे न्हाँ,
मेरि सू कैं रे त्योर फूलनक मौ सुहाँ!

1950 के बाद कुमाउँनी कवियों की एक भिन्न प्रकार की भाषा, शिल्प तथा संवेदना की दृष्टि से अत्यन्त जागरूक पीढ़ी का उदय हुआ। इन कवियों ने भारतीय कविता, विशेष रूप से हिन्दी कविता की मुख्य धारा से जुड़कर अपनी अभिव्यक्ति को समकालीनता से जोड़ने की कोशिश की। चारुचन्द्र पाण्डे (जन्म 1923) का नाम निश्चय ही इस दौर के कवियों में सबसे पहले लिया जाना चाहिए। प्रस्तुत संकलन में इस दौर के लगभग सभी उल्लेखनीय कवियों की प्रतिनिधि कविताओं को शामिल किया गया है। इस बीच कविता से जुड़ी विभिन्न शैलियों को भी कुमाउँनी कविता में अपनाया गया...विशेष रूप से गजल, क्षणिकाएँ, हाइकू, मुक्त-छन्द आदि रूप। विगत पचास सालों में कुमाउँनी कविता में विषय, शैली और प्रस्तुतीकरण की दृष्टि से एक नयी जमीन तलाशी गई है जिसे इस संकलन की कविताओं को पढ़कर समझा जा सकता है।

प्रस्तुत संकलन में संकलित उन्नीस कवियों में से तीन कवियों—सर्वश्री चारुचन्द्र पाण्डे, शेरदा 'अनपढ़' (1933) और रमेशचन्द्र शाह (1941) की दो-दो कविताओं को शामिल किया गया है, शेष कवियों की एक-एक प्रतिनिधि कविता ही ली गई है। हम चाहते थे कि अन्य कवियों—वृजेन्द्रलाल साह (1928), गिरीश तिवारी 'गिर्दा' (1943), गोपाल दत्त भट्ट (1940), देवकी मेहरा (1937), मथुरा दत्त मठपाल (1941), हीरा सिंह राणा (1942), देवकीनन्दन काण्डपाल (1944), राजेन्द्र बोरा (1947), बालम सिंह जनौटी (1949), महेन्द्र मटियानी (1943), रतन सिंह किरमोलिया (1951), जगदीश चन्द्र जोशी (1956), अनिल भोज (1954), शेर सिंह बिष्ट (1953), सुधीर शाह (1953) और हेमन्त बिष्ट (1958) की भी एकाधिक कविता शामिल कर पाते ताकि उनके काव्य की विविधतामयी विशिष्टता को इस संकलन में रेखांकित किया जा सकता किन्तु स्थानाभाव के कारण यह सम्भव नहीं हो पाया। फिर भी ऐसा प्रयास किया गया है कि कुमाउँनी कविता के अब तक प्रकाशित प्राय: समस्त शिल्प-रूपों को संकलन में शामिल किया जा सके।

कुमाउँनी भाषा में स्वरों की संख्या, हिन्दी की अन्य बोलियों की भाँति, विविधतामयी एवं बहुआयामी है। इसमें रूप, ध्वनि एवं अर्थ-विचार के अन्तर्गत अनेक विलक्षणताएँ सामने आती हैं। शब्दों में आ, ए, ऐ, ओ, औ ये पाँचों स्वर दीर्घ तथा ह्रस्व दोनों रूपों में निरन्तर प्रयुक्त होते हैं। हिन्दी के तत्सम ही नहीं, अनेक तद्भव और देशज शब्द कुमाउँनी में आकर अपनी भौगोलिक एवं अन्य स्थानिक विशेषताओं के कारण परिवर्तित हुए हैं और कहीं-कहीं तो एकदम नये रूप में सामने आये हैं। हिन्दी से भिन्न 'आ' के दो रूप (ह्रस्व और दीर्घ) कुमाउँनी में पर्याप्त मात्रा में प्रयुक्त होते हैं। उदाहरण के लिए ह्रस्व 'आ' के साथ उच्चरित 'आ़म' का अर्थ 'दादी-नानी' है तो दीर्घ 'आ' के साथ बोले जानेवाले शब्द का अर्थ हिन्दी की ही भाँति एक फल विशेष से है। इस प्रकार के अनेक शब्द कुमाउँनी में प्रयुक्त होते हैं जिनका सही

उच्चारण प्रस्तुत करने के लिए हमने ऐसे शब्दों के नीचे रेखा डाल दी है। (ऊपर उद्धृत 'आम की भाँति।)

आशा है, प्रस्तुत संकलन आजादी के बाद की कुमाउँनी कविता का एक समग्र एवं प्रामाणिक चित्र पाठकों के सम्मुख रख सकने में समर्थ हो सकेगा। संकलन का चयन एवं उसकी पाण्डुलिपि तैयार करने में डॉ० दीपा काण्डपाल ने मेरी सहायता की है, इसके लिए मैं उनका हृदय से आभारी हूँ।

बटरोही

अनिल भोज

तेरि काथ[1]

काँ बटि शुरू करूँ भागी,
तेरि तो काथे-काथ।
नौ म्हेण कोखि[2] में सैंतो,
खुट जामन तक काखि में,
घाघरि पाट इतखै तिन[3] करणी
तुकै सिवा सुकी में[4]
हाथ-क् गास हाथै रौछ,
लगै दौड़ त्यर रूँण में[5]
मैं भागी, बस जोड़ने रई,
देवी-क् थान हाथ,
काँ बटी शुरू करूँ भागी
तेरि तो काथे-काथ।

घर बटी इस्कूल लगायो
तू लुकै उड्यार[6] में
मैसों च्याल लेखी-पढ़ी बणी सैप,
तू रये कच्यार[7] में
बाट-बाट उनूल—तौ नाम कमायो
तू डोलि रये बजार में
इज बौज्यू किस्मता-क् भागि
काँ काँ नि जोड़ि हाथ
कति बटी शुरू करूँ भागी
तेरि तो काथै-काथ।

---

1. तेरी कहानी, 2. गर्भ में, 3. गीला, 4. तुझे सूखे में सुलाया, 5. तेरे रोने पर,
6. गुफा/ गह्वर में छिपा, 7. कीचड़ में रहा।

आम-क्[1] गलोबन्द बेचि
ब्या करो त्यर कर्ज में
दुल्हैणि त्वील मैत भजैछ
तू रमै बोतलाँक खर्च में
द्वी आँखर बाब बुलाणी
भाजै तू परदेश टाड़ में
तू जो भागी परदेश गछे
फिर नि आये हाथ
कति बटी शुरू करूँ भागी
तेरि तो काथै-काथ।

बाट खोजो, ठौर पुछि
बैणी रैगे चानै में
बौज्यू न्हैंगी आँखाँ ताणि[2]
तू नि आये पछ्याण में
आखिर बखत म्यर लै ऐगो
नि रै के आब बखान में
य डाना य कुड़ि का भागी,
रैगे काथै-काथ
कति बटी शुरू करूँ भागी
तेरि तो काथै-काथ।

---

1. दादी का, 2. पिता राह तकते चल बसे।

गिरिश तिवारी 'गिर्दा'

बसन्ती परि[1]

रात उज्याली घाम निमैलो,[2]
डान-कानन् केसिया फूलो।
शिब ज्यू कैं मारि मुट्ठी रङै की,
सारै हिमाल है गो रङ रङीलो।
हुलरि ऐगे बसन्तै की परी,
फोकी गो जाँ-ताँ रङ पिडलो॥
पिडली आज नानों[3] की झगूली,
पिडला ठुलों का टाँक पिडला।
पिडलपूर धरती पिछौड़ी,
पिडला आज अगासा बादला॥

ध्यान टुटो छार फोक्का जोगी को—
आज बिभूत जाँले पिडली गे।
मुल-मुल हँसे हिमालै की चेली,
सुकिलि हँसि थोलनै[4] अनमनी गे॥
हुलरि ऐगे बसन्तै की परी,
फोकी गो जाँ-ताँ रङ पिडलो॥
बँण-बोटन फुटी गई पुङ,
कैरु किल्गोड़ी का कान कौंलीणा।
आड़ू-कुसम्यारू का फूल मौलीणा,
हरिया सार में पिडलो दैंणा॥

सुर-सुर हवा पड़ी फागुणौ की,
ठुम-ठुमा बँणि परि नाचण फैगे।
फर-फर उड़ो बसन्ती आँचल,
सुर-सुर ही में कुरकुताली लैगे॥

---

1. बसन्त की परी, 2. निर्मल, 3. बच्चों के वस्त्र, 4. होंठ।

हुलरि ऐगे बसन्तै की परी,
फोकी गो जाँ-ताँ रङ पिडलो॥
ख्वार चड़ैया तिनाड़ जौं का,
दैंण है जैया भुमियाँ[1] गौं का।
गाई की बाछी, चेली को च्योलऽ,
सबना माथि तुमौरो हो स्योलऽ[2]
हुलरनै[3] रौ बसन्तै की परी,
फोकीनै[4] रै जौ यो रङ पिडलो॥

✦

1. ग्राम देवता, 2. छत्रछाया, 3. उतरती रहे, 4. बिखरता रहे।

गोपाल दत्त भट्ट

गीत

पीड़ लै जब हिमालै पिघवणा लागौ
गीत की गोमती छल छलानै बगी!
गीत तब ल्ह्यों जनम, पीड़ जब हों अथा,
पीड़ छू जुग-जुगों की, कबीरै कथा।
पीड़लै बौइ बेर, सूर-तुलसी जागा,
जहर पी-पी बेर नाची छु मीरा गभा॥[1]
नाग माला बणी, जहर अमिर्त बणौ
और लै फौरीणीं[2], पीड़ लै जिन्दगी॥
छेद बासुई में भाय, सुर उठा मौ[3] भरी,
बणि गेई भगवती, सीता बण-बण फ्येरी;
फोड़ि बेर धर्ति कैं, फुली बनस्पती
काथ रामायणकि, पीड़ै की सरस्वती।
अन्यार[4] जब-जब जुलम ज्यादे कावौ[5] बड़ौ
गीत तब-तब सकर, झल झलाने जागी।

✦

1. साक्षी, 2. मस्त होना, 3. शहद, 4. अन्धकार, 5. कालिमा।

चारुचन्द्र पाण्डे

कत्थ हुड़ुक कत्थ गैण[1]

ताँ पन चुड़नौ छणमणाट[2]। याँ पन भाननौ खणमणाट[3]।
ठ्या पन बुड़नौ गणगणाट। वाँ पन छ्वारनौ मणमणाट।
ओ नरैण त्वी हो दैण। कत्थ हुड़ुक कत्थ गैण॥ 1॥

कास निउजी[4] जास गनेल। भर पटाड्ण माटा डेल।
तासनौ ब्याकर बड़ झमेल। कसि जै उमर कास जै खेल।
ओ नरैंण त्वी हो दैण। कसिकै कटँछ चैतौ म्हैण॥ 2॥

पैले फूल झड़ि जै ग्वे। लाग फुल्यूड़ सड़ि जै ग्वे।
उभ[5] हौ कौछि पड़ि जै ग्वे। हिटण फैंटो रड़ि[6] जै ग्वे।
ओ नरैंण त्वी हो दैण। कत्थ सजम, कत्थ स्वैण॥ 3॥

बिसौ पुरीण खालि रैं घाड़। के खै मुसनन के ल्हिगै चाड़।
च्याल पसरी तुणी जा हाड़। बाँजै रै गाय मड़ुवा बाड़।
ओ नरैण त्वी हो दैण। के लै निधर कैंणन्-मैण॥ 4॥

के कूँ बैणा कइयै भै। बुड़ज्यू तिथाण[7] चइयै भै।
नी लै जाना जइयै भै। अब मेरि घरकुड़ि हइयै भै।
ओ नरैण त्वी हो दैण। कत्थ चुलन उमर ख्वैण[8]॥ 5॥

✦

---

1. कहाँ वाद्य कहाँ गीत (विसंगति होना), 2. चूड़ियों की झंकार, 3. बर्तनों की खनक, 4. ऊर्जाहीन घोंघे जैसे, 5. ऊपर, 6. फिसलना, 7. मरघट, 8. उम्र गँवाना।

होली गीत

बुरुँशिका फूलूँ[1] को कुमकुम मारो, डानाकाना छाजि गै बसंति नरंगी
पारबती ज्यु की झिलमिल चादर, ह्यूँ की परिन लै रङ सतरंगी।
लाल भई हिमांचल रेखा शिबज्यु की शोभा पिडलि दनकारी
सुरुजा की बेटियों लै सरगै बे रङ घोलि सारीहि गागर ख्वारन खिति डारी।1।

ढलुकै की ढमढम मजिरा की खनखन, कैंछ सितार को झन झनकारा
कैं हुड़ुका की दमदम द्वाँ—दुकि,[2] के मुरुली ढप झाँझ दोतारा।
सेती दाड़ी लै लाल भई छन, बुड़ज्यू औतरिगै शिबज्यु का द्वारा
रंग तौरानि सुहागिलि छमछम, मूख लुकै भाज सखिन का ध्वारा।2।

अबीर गुलाल की धूल उड़ीगे, लाल भया छन बादल सारा
घरधर "होहा होलक रे" धुन, घरवालि जी रौं बरस हजारा।
के होलि बैठि मसिणि कति ड्योड़ा, ढय्या कती, कति जमि गे धमारा,
कति 'बृंदाबन फाग मचायो' छ, कति 'बिन्दुली गई सागर पारा'।3।

खितकनी झमकनी गौंना की भौजो![3] मालिक दैण हो, भरियो भकारा
पूत कुटम्ब नाती प्वाथा जी रौ, घरबण सबनैकि हो जैजैकारा।
हथडला तेल गुलाल चुपड़िया, आँखिन सान गुमान भरी छैं।
थोलनै लाल पिटारी में जगमग, दाँतन का मोत्यूँ हार धरी छैं।4।

चारै जातिन[4] को हात मिलै गयो, अबिर गुलाल छः, रंग फुहारा।
एकै माटी का हानभाना हम सब, बामण बणियाँ भंगि सुनारा।
भ्यार को रंग भितर खिति देखौ, सब आपुणै छें, एकै संसारा।
सुख-दुःख, नक-भलमिलिचालि भोगौ, सब भाइबैणि एकै परवारा।5।

✦✦

1. बासन्ती मौसम की सूचना देने वाला रंग का पर्वतीय फूल, 2. एक पहाड़ी वाद्य की ध्वनि, 3. गाँव की भाभियों, 4. चारों जातियों।

जगदीश जोशी

पैलियै हौत

खबरदार!
आब उ हाव कैं भुलि जया
पैलियै हौत[1] झन लिया—
        म्यारै बड़ाई भान्न[2] में जब
        खाण पकूंछिया,
        और मेरी खड़यै जागि तिर,[3]
        छ्वड़ खित छिया।[4]
के हैगो? जो खोरि फुलि, फुसेरि हैगे
नारियलाक जाटनजै दाड़ि अल्जि गे[5]
सवाँ बगेठन जस आङ चिमड़ि गे
औरनै तड़ि में तराणै रैगे।
        के हैगो? चमकि नि सक्यूँ
        क्वैलाँक[6] बीच हिर बणि बेर,
        कम-है-कम जलि सकूँ
        क्वैलाँक दगड़ि क्वैल बणि बेर।
उजाड़ाक नाम पर बाँकि नि छोड़ि एक कसर?
थानौक द्याप्त मट खाणिक माट नि धर?
हरी-भरी जडोव उजाड़ि सब नडौण कर?
डान-कान काटि राँड स्यैणिक[7] जा हाथ कर?
        यमैं लै उल्ट कै मैं परी धौंस?
        मैं हुणि अन्धेर लै मैं हुणि तौंस?
        उज्याड़ ले म्यौंर खवाय, मैं हुणी बाण?

---

1. पहले की बराबरी, 2. बर्तनों में, 3. जगह पर, 4. शुद्धि के लिए जल छिड़कना, 5. उलझ गई, 6. कोयलों के, 7. विधवा के से हाथ।

उज्याड़-क् गुसैंक वाणनै, गोरु गुसैंक बाण?

खुद आपुँ सवा-क् बगेठ बाइ बेर
तुमार बावण हुँ बांजाक क्वैल दि बेर
आपुं तीसैल गव[1] सुकै बेर
तुमार स्यार[2] झोवण हुँ पाणि दि बेर—

अगर आब तुमूल
ऊँटै जै गरदन ठाड़ि करि
आँख ताणि
मेरि उज्याणि चायौ—

ढड़ुवा-क्-जा[3] आँख गाड़ि बेर
बेड़ुक पात में नि धरि दि
मुनेइ पकड़ि
आफर भितेर नि कोच दि
चान में धरि, थेचि नि दि

आपण बौज्यूक च्यलै नैं
हिरु ल्वार म्यर नामै नैं।

✦

.. गला, 2. खेत, 3. बिल्ले की-सी।

देवकीनन्दन काण्डपाल

फुलगो बुरुँश[1]

धुर-जंगव पड़िगे धात
लाल-लाल फूलों दगाड़
झुमार-झुमार पात-पात
पानस जास बोटन में
बेईब्याल सान्धिकाल
नानतिन जास हँसनई[2]
झक्क लाल अबाक साल
बुरुँश-फूल फुलि रई।
ब्याकि ब्योलि[3] राधा जसि
डोलि बिसै हुलरि बेर
धुरपना जै ठड़ी रै
धुरपातलि रणीं रै।
मणमणाँट मौंनोंक है रौ[4]
गुफवाँमें[5] रिटि रई
बुरुँश-कि भुकि ल्हि-ल्हि[6] बेर
बगछ्वड़े-कि सोचनई।
जाँणि किलै कम्प छुटी
थरथराणो घुन-घुना हिमाव
भ्वीं घुरियाल जब आँसु
को करौल हो, समाव?
आजित[7] फुलि रई
फाँङ-फाँङ में, बन्द-बन्द
छिटमिटान अगास लै
सम्पुट लगाल तब
खिल-खिल खिलखिलाल छन्द-छन्द। ✦

1. खिल उठे बुरांश, 2. बच्चों की तरह खिल खिला रहे हैं, 3. दुल्हन, 4. भँवरों की गुंजार हो रही है, 5. कलियों में मडराना, 6. चुम्बन ले ले कर, 7. अभी तो।

देवकी मेहरा

कुन्थी

पहाड़ै कुन्थी
तेरि पराणि छु लपोड़[1]
दिन भरि ढुँग सारा,
ब्याव डुबुक[2] धपोड़ि
फाटी आँगड़ि में,
टाल[3] हालि हालि
घाघरी भिदड़ि में,
गाँठ पाड़ि-पाड़ि
तसी बिताय पूस कुन्थी
तसीकै बिताय सौण[4]
पहाड़ै कुन्थी...
नूणै[5] टपक खान-खानै,
उमर तमाम
निपाय स्यो[6] त्वील कभैं
निपाय आम
मैसों लिजी तेरि कमायी,
हुनी रै लहौंण[7]
पहाड़ै कुन्थी...
खुटाँ में चिर[8] पड़ा
लिसाँल भरनै रयी
मैसना लिजी,
रोज मरनै रयी
कब जालै रौल कुन्थी
तड़ि में तराण[9]

✦

1. जंजाल, 2. दाल की पिट्ठी का बना तरल खाद्य, 3. पैबन्द, 4. सावन, 5. नमक की, 6. सेब, 7. फलदायी, 8. दरार, 9. शरीर में ताकत।

बालम सिंह जनौटी

कतुक भल्[1]

जाड़नै रात,
खताड़नै तात[2]
आमा[3] मुख बै काथ कौण,
नाती मुख बै औं औं औण[4],
काथ सुणण,
फिरि गुणण,
कतुक भल्!

दिन मैं बुबुक,
पकाई डुबुक,
आमौ-क् धरी,
जतन करी,
लासौण-क् लूण,
उमैं मिलूण,
कतुक भल्!

जाड़न में तैल[5],
लागों निमैल,
भाडक लूण[6],
दै गूड़,
निमू सानण,
पीड़ बाटण[7],
कतुक भल्!

---

1. कितना अच्छा, 2. रजाइयों की गर्मी, 3. दादी/ नानी, 4. हुँकारे देना, 5. सूर्य की धूप की जगह, 6. नमक, 7. पीड़ा बाँटना।

अहो भाग,
गडेरी साग,
मड्डुवा र्‌वाट[1],
लगाओ ग्वाट[2],
चुल आपण,
आग तापण,
कतुक भल्!

बिछै पराव,
फसक फराव[3],
कभतै प्यार,
कभतै खार,
आँण[4] लगौण,
आँण तरौण,
कतुक भल्!

इज बाब[5],
आम बुब[6],
नाति प्वाथ,
झुपि झुप,
दुःख में दगड़ै,
सुख में दगड़ै,
कतुक भल्!

मडुवा भकार,
डकम डकार,
भट भुटण,
खाज कुटण,
अखोड़ा गुद,
खाजा बुज,
कतुक भल्!

---

1. मडुवे की रोटी, 2. बड़े-बड़े कौर खाना, 3. गपशप, 4. पहेलियाँ पूछना, 5. माता-पिता, 6. दादा-दादी।

जाड़न में तरूड़,
खाण भै जरूड़,
सिरौनी तरूड़,[1]
सापई तरूड़,[2]
तरूड़ा गुटुक
चहा घुटुक,
कतुक भल्!

जम्बू धुडार,[3]
स्वाद क सिडार,
बाछलै[4] टपकी,
दगाड़ हो जबकि,
ठटवाणि भात,
चाटण हात,
कतुक भल्!

चेलि थैं कौण,
ब्वारि कैं सुणैण,
नि खितो गुस्याणि,
काटी में खुस्याणि,[5]
झिटघड़ि झाकड़,
दिन भरि दगड़,
कतुक भल्!

कार्तिक-मडसीर,
नाक में नक्सीर,
पूस-माघ,
ठन् दिमाग,
जाड़ों म्हैण,
माल साइ गैण,[6]
कतुक भल्!

✦

1. कुण्डली के आकार के कंद, 2. सब्बल की आकृति के कंद, 3. एक प्रकार का पहाड़ी बघार, 4. लाही का साग, 5. कटे में मिर्च डालना, 6. राजा मालूशाही की वीरगाथा गाना।

ब्रजेन्द्रलाल साह

निश्त्रास[1]

टुली-टुली आँसू र्‌वेली
कब लागी आँखी मेरी...?
परांणी कुरेदी खाई,
कलमली लागी हाई।
कै ले आजी लगै जांणी,
रणमणी हो ऽ ऽ ऽ पराई।
क्वाठा[2] ऊँना हौसी जसी
फुकी जेंछ घेरी घेरी॥ टुली-टुली आँसू र्‌वेली...।
यो अन्यारौ[3] नेली खाँ छऽ,
को जै कथाँ बाटो जाँ छ?
मी अगाश चानें रयों,
निमैलो[4] उज्यालो काँ छऽ?
एकै धुरा रिटी गयूँ
यति ओं छू हेरी फेरी॥ टुली-टुली आँसू र्‌वेली...।
तारुँ माजा जोती नैं छ ऽ,
ज्यूँना[5] कथाँ लुकी रे छऽ?
हाथा छोड़ी मेरी साडी[6],
कै खुवा[7] पसरी रै छ?
भेटी ल्हे अँग्वाव[8] हाली
एकै आसा रै गे तेरी॥ टुली-टुली आँसू र्‌वेली...।

---

1. गहरी उदासी, 2. हृदय अन्तर, 3. अँधेरा, 4. निर्मल, 5. चाँदनी, 6. संगिनी, 7. खोह, अज्ञात स्थान, 8. आलिंगन।

मथुरादत्त मठपाल

मेरि भानि[1]

मेरि भानि।
अबोध नानि॥

अल्लै बटि[2] यो-कदुक खानि।
अल्लै बटि यो-कदुक बुकानि॥

फुन-धमोलि।
टिकुलि-बिन्दुलि।
चुड़-चर्‌यो।
धोति-साड़ि।
नथुलि-मुनड़ि।
पौडर-नड्यालिस लै, कैंछ।
हाड़ी-मन कैं कदुक जै चैंछ।
पर मिलु—
बिलांत भरी-फरौक।
हात भरी रीबन॥
मन घ्वड़म-भैटी ल्वड़म॥

यो कदुक फरफरानि।
यौ कदुक बलबलानि[3]।
मेरि भानि।

नानि[4] दातुल-बिटाइ नानि—
घा ल्यैगे-मुठि भरि भानि।
गजुक भरि[5]—धरि बेर मोव—
इजा पछिल[6] बाटऽ लैंगे भानि।
छुल्लु-छुल्लु—कसिनि-ल् पाणि—
ब्यल-गिलास-मासीं भानि।
नानि कुटइ-लु-खिरोइ-खिरोइ—
साग-पाता बीं-बुतीं भानि।

---

1. मेरी छुटकी, 2. अभी से, 3. कितनी चंचल, चुलबुली, 4. छोटी दरात, 5. मुट्ठी भर, 6. माँ के पीछे।

लकडौ तौ[1]—माटा ग्वाद्—
ढुङा गोरु-भैंस-बणैं[2] भानि।
नान-नान कतर-ध्वीं भानि—
न वार चानि-न पार चानि।
अपणैं बुत में-अपणै बौल में
दिन्न भरि-फतोड़ी[3] रैं भानि।

यो कदुक टकटकानि[4]।
यो कदुक टरबरानि[5]।
मेरि भानि।

फसक मारीं-इसकूल जैं।
खोइ-बाखई-खबर ल्यैं।
मलखन लुकी-नाच करैं।
पलखन पणसी-गीत गैं।

यो कदुक कचकचानि।
यो कदुक करकरानि।
मेरि भानि।

भुली अपणि अपणि-थितण।
काखि में धरि-नचानै रैं।
आमें मुनई-झकोइ द्यैं।
मयड़ि झाँकरि-लझोइ जैं।
बाबू दगाड़-खिजोई रै।
नान दादि कैं—चिगोटि द्यै।
ठुल दादि पुठि-म् भैटि जैं।

दया थुपुड़ि।
माया पुन्तुरि[6]।
मोहै गाँठि।
मामुतै फाँचि[7]।

यो कदुक चलबलानि।
यो कदुक छलछलानि।
मेरि भानि।

✦

---

1. लकड़ी का तवा, 2. पत्थर के गाय-भैंस बनाती है, 3. थक जाना, 4. फुर्तीला, 5. बातूनी, 6. माया की पोटली, 7. ममता की गठरी।

महेन्द्र मटियानी

जिन्दगी

देखभाल नि रै
सज-समाव[1] नि भै
नन्तरि
जिन्दगी
चीज भली छि।

छाल भितेर माँस
माँस भितेर हाड़
हाड़ भितेर गुदि
गुदि भितेर सकत छि
नसन भितेर रगत छि
रगत-क् रङलाल छि
हिटि हिटि बेर बाट् बणूनी
जिन्दगी-कमाल छि

क्वाठ[2] में हिरद
हिरद में चेत
चेत में चितूणि
चितूणि में पीड़ छि

दुनी भरिक माय छि
जमान भरिक क्वीड़ छि

पौंठन हुँ माँस छि
आँखन हुँ आँसु छि
कपाव भितेर गुद्दि छि
सोचण हुँ बुद्धि छि

के-के जै छी
के जै नि छि

---

1. देखभाल, 2. हड्डियों का पिंजरा।

भागा-क्[1] र्यखाड़ हत्याई में
देखि लिछि जिन्दगी
आपुण हातैल आपुण भाग
लेखि लिछि जिन्दगी

रोग हूँ औखध[2]
दोख हुँ मान्ति
छाँटि लिछि
आपुण सुख-पराय दुःख
साँटि[3] लिछि

थाई पसकी
द्वी में है बेर
डेढ़ गास बांटि लिछि

के-के जै करछी
के जै नि करछी।

बखता-क् बली पौंठ[4]
थामि बेर
ऐंठि दिछी जिन्दगी
खुटाक छाप बाट में
किल जास
गैंठि दिछी जिन्दगी

आपूँ हुँ बाट[5] बणूछी
औरों कैं बाट बतूछी
धर्ति कैं नापि दिछी
अगास में
रिटछी जिन्दगी
आपुण ख्वारा-क्
मणि-क् उज्याव में
हिटछी जिन्दगी

आँपु कैं जाणि काँ-काँ
चढ़ै दिछी जिन्दगी

1. भाग्य की रेखायें, 2. औषधि, 3. बदल देना, 4. समय की बली भुजायें, 5. रास्ता।

ढुङ कैं थापि बेर द्याप्त[1]
बणौ दिछी जिन्दगी

आँपू पकै-ततै खाँछी
औरनैकि जतै जाँछी
जुठ चुल लिपि धैंसि बेर
धरि जांछी जिन्दगी
पछिल वालनौ-क् इन्तजाम
करि जाँछि जिन्दगी

द्वी बखत पछिल चै बेर
एक लाप अघिल धरछी
पैली भितेर रिटि ल्हिछी
पैं भ्यार कै दीठ करछी

द्वी बिलाँता-क्[2] क्वाठ् भितेर
सृष्टि भरिकि ठौर छि
जिन्दगी दिन गणन नि छि
जिन्दगी कुछ और छी

सुनुकि डई जसि जिन्दगी
माट में मिसूण हैगे
जिन्दगी, जिन्दगी काँ रै
बाड़ मैं-क् भिसूण[3] हैगे

◆

1. पत्थर को देवता बनाना, 2. दो बालिस्त, 3. प्रेत।

रतन सिंह 'किरमोलिया'

कणिक

जो भ्यैर सफेद,
    भितेर काव छन्
वीं याँ भौत छाव छन्।[1]

ऊ हमूँ बै बिलकण भै गो छी,
    धौ-धौ कनै चणीं रौ;
सारैं घ्यू चाटि बेर
    ढडू घ्यूक पहरू बणि रौ।

शरमदार तो शरमैल मरूँ,
    बेशरम कुल्याड़ हाँणि[2] नि मरण।
याँ तो आब यौस बखत ऐगो,
    कि शरमदारौक काम लै,
बेशरम बिना नि सरन॥

भुक् पेट नि भरीन,
    डालाँ गणति बातौंल;[3]
यौ मैल नि धोइन
    तौ मैल हातौंल[4]।

जैक मन चित्त बाट न्है,
    उँ लारीं याँ गाड़ तरौंण;[5]

---

1. ऊर्जावान, 2. कुल्हाड़ी मारकर, 3. बातों की टोकरी से, 4. हाथों से,
5. नदी पार करना।

यौ गाड़ तो उनूल तरै,
जो जाँण छीं बौं लगौंण[1]।
कै कै हात् में बन्दूक तलवार,
कै के हात् बै कट्ट छू,
पर वैक के हौल,
जो निहत्त छू;
किलैकी याँ तो भैंस वैकि छू
जैक हात् बै लट्ठ छू॥

वर्षों बटी दिवाई[2] जगौंन जगौंनै,
यौ मनखी जदूकै बुड़ है गेयीं;
काव पट्ट अन्यारा-क्
उदुकै थुपुड़[3] है गेयीं।

जैक हात नि लाग उ,
तबै ताँलै ईमानदार छू;
के कनछा यारो—
इनार अघिल साँरै
देश लाचार छू।

अरे तौ खट्ट छै मिठ्,
आजि ताँलै नि चाख;
पर उ तबै ताँलै ईमानदार छू,
जब ताँलै वैक हात नि लाग।

1. तैरना, 2. दीपावली, 3. हाथ न लगाना।

रमेशचन्द्र शाह

गज़ल

डाना-काना सब उनुकैं चितै रँई[1]।
चानै[2]—चानै मेरि आँखै पटै गई[3]॥

अल्लै-अल्लै[4] चौदिकी छई छी।
अल्लै-अल्लै जाणि काँहुणि हरै गई॥

मकैं चानेर मकैं ताल जै लगे गे।
भलभद्यूनेर[5] जै खूबे चलै गँई॥

म्यारा मन में त थातैं उनरि छि।
उनार पहरु म्यार द्यारै कटै गँई॥

सबनाँ आँखा दुण-दुगुण करी बेर।
मैंरै लिजिया म्यर मोलै घटै गँई॥

देखनै-देखनै कातिकी पुन्यौ कीं।
जेठा म्हैणै-कि धोपरि जस ततै गँई॥

पौंची जानीं[6] मैं उसिकै आफी है[7]।
जाँ पौं चूँहूँ[8] ऊ मकैं बटै गँई॥

✦

1. महसूस करना/अहसास होना, 2. देखते देखते, 3. थक जाना, 4. अभी-अभी, 5. भला मानने वाले, 6. पहुँच ही जाता, 7. अपने आप, 8. जहाँ पहुँचाने के लिए।

उकाव-हुलार[1]

खूबै काटीं उकाव-हुलार
आब जै अघिल सैण[2] देखि रौ।
पटै बिसूणी[3] जगै यौ भै
जाँ बटि द्याप्ता दैण[4] है जौ।

हाय! यो कै भै? कत्थै जाँ आब?
अघिलौ-क् कई बाटै नि देखीन!
पछिल लै उस्सी धुरमंड[5] है रै
छार फोकि रौ, माटै नि देखीन।

✦✦

---

1. उतार चढ़ाव, 2. समतल, 3. थकान मिटाना, 4. देव कृपा होना, 5. धुँधलका छाना।

राजेन्द्र बोरा

बांजि कुडिक पहरू[1]

उदेख लागण[2] लागि गो
यो पहाड़न आब।
यो सुवाल-कोसी-पनार...
यो गंग-जमुना जाड़
आब म्यार आँङ पिड़ाँण[3] लागि गई।
सवा बोटूँक सव-सवाट
कान कल्यूँण लागि गो—
बाँजा जाड़न पाँणि लै मैं कैं
सूद्दै लागण लागि गो।
छन मैंसे निमैसी गयूँ,
जोगि-बादि है गयूँ
तू, कौलै रीस करूँ
त्वील द्वि आँखर पड़ि हाली
के मैं कणि नक् लागल?[4]
नै भया नै...
के करूँ खाप बटि छुटि जैं।
जो गे पछिन नि चान
यौ गाड़, यौ गध्यार...
यौ रौली, यौ बगड़...
नडै बेर मेर उज्याँण नँङ छिट करि जानी
म्यौर आडलै नि बरबरान
बौव दिण बाट लै नि भै म्यौर।
कावा दिन पुर्यूँण हूँ[5]
ज्यून छूँ।

---

1. उजाड़ घर का प्रहरी, 2. उदासी, 3. पीड़ित करना, 4. बुरा लगना, 5. जैसे-तैसे दिन काटना।

बुसिल ढुँग जस
बुसी[1] नयूँ।

अघिलैकि फसल बरबाद हुनै
गौं-गौं-बजी गईं
हाड़-भिड़ मन करण बिजारि
सैंण है गई—लाल पट् है गईं।

क्वे कसिकै गै—
क्वे कसिकै भाज्—

तुमार जाँण में—तुमार भाजण में- भान माँजण में,
तुमरि भानि-कुनि बिचाँणी[2]
तुमार आँङ्ग कान् टटकीण।[3]

पहाड़ सकी गईं....
रई गईं...
यौ रई थईयै
सज समाव करन्[4] करनै
कै दिन...
म्यार गिज लै अगास लागा,[5]
पै के ह्वल[6]...

म्यार कल्जन वयर[7] पड़नी
च्याँरि छुटै।

यारो मणि लै—
मेरि उज्याँण चाना...
मेरि जतूना...
मेरि सुणना...
मेरि यो गत् नि हुँनि
डिकर दाऽ!
बाजि कुड़िक पहरू है गयूँ
बाजि कुड़िक पहरू॥

✦

1. संवेदना शून्य होना, 2. सब कुछ बिक जाना, 3. बला टलना, 4. देखभाल करना, 5. यदि मैं भी मर गया तो, 6. फिर क्या होगा, 7. हृदय विकीर्ण होना।

शेरदा 'अनपढ़'

मुर्दा-क् बयान

अब तलक बैठुँल कुनैछी, बट्यावो बट्यावो है गे।
पराण लै छुटण नि दी, उठाऔ-उठाऔ है गे॥
जो दिन अपैट[1] बतूँ छी
वी मैं हूँ पैट हौ,
जकैं मैं सौरास[2] बतूँ छी
वी म्यौर मैत[3] हौ।
अणदेखी बाट म्यौर, ल्हि जाओ-ल्हिजाओ है गे।
पराण लै छुटण नि दी, उठाऔ-उठाऔ है गे॥
जनू कैं मैंल एकबट्या
उनूलै मैं न्यार करुँ,
जनू कैं भितेर धरौ
उनूलै मैं भ्यार धरुँ
जनू कैं ढक्यूँणा लिजी
मैंल आपुण ख्वौर फोड़ौ,
निधानै घड़ि मैं कैं
उनूलै नाडौड करौ।
ब्वेई तक आपण, आज निकाऔ निकाऔ है गे।
पराण लै छुटण नि दी, उठाऔ-उठाऔ है गे॥
ज्यूंन जी कैं गास नि दी
मरी हूँ सामोउ[4] . धरौ,
माटौक थुपुड़ हौ
तब नौ लुकुड़ चड़ौ।
देखूँ हूँ कैं कान चड़ा
दुनियैल द्वि लाप[5] तक

1. अशुभ, 2. ससुराल 3. पीहर 4. भोज्य 5. दो पग।

धूँ देखूँ हुँ सबै आई
आपुण मै-बाप तक।
बलिक बाकोर जस, चड़ाऔ-चड़ाओ है गे।
पराण लै छुटण नि दी, उठाऔ-उठाऔ है गे॥
जो लोग भ्यारक् छीं ऊँ
दुखूँ हूँ तैयार हैई,
जो लोग भितेराक छीं ऊँ
फुकूँ हूँ, तैयार है ई।
पराई पराई जौ भै
तात पाणि[1] पिलै गई
जनू थैं आपुण कूँछी
वीं माट में मिलै गई।
चिताक छारण तलक्, बगाऔ-बगाऔ है गे।
पराणं लै छुटण नि दी, उठाऔ-उठाऔ हैगे॥
यौ रीत दुनियैकि चलि रै
चलण जरूरी छू
ज्यून रूण जरूरी न्हैं
मरण जरूरी छू।
लोग कुनई दुनि बदलीगे
अरे दस्तूर त वीं छन,
छाति लगूणि न्है गई याँ बै
आग लगूँणी वीं छन।
जो कुड़िकं लै द्वार खोली, तैं लठ्याऔ लठ्याऔ है गे।
पराण लै छुटण नि दी, उठाऔ-उठाऔ है गे॥
जब तलक बैठुल कुनैछी, बट्यावो-बट्यावो है गे॥

✦

---

1. परेशान करना।

को छै तु?[1]

भुर-भुर उज्याव[2] जसि, जाणि रत्तै ब्यांण
भैकूवै सिकड़ि कसि ओड़ि जै निशाँण
खित्त कनै हँसण, झऊ कनै चाँण
क्वाठन[3] कुरकति लगूँ मुखक बुलाण
मिसिरि है मिठि लागी
कारतिकी मौ छै तू?
पूसकि पालङ जसि
ओ खड्यूंणी
को छै तू?
दै जसि गोरि[4] उजेई बिगौत जै चिटि
हिसाउ किल्मोड़ि कसि, मँणि खटि मिठि
आँखैकि तारि कसि, आँख में रै रिटि
ऊ देई[5] फुलदेइ हैजीं, जो देई तु हिटि।
हात् पातै हरै जैंछै
के रुड़िक्[6] द्यो छै तू?
सुर बुरि बयाव[7] जसि
ओ च्यापणीं
को छै तु?
उताकैं चौमाँस देखीं छै तू, उताकैं रूड़
सुनुकि सांबैइ देखी छै तू, उताकै स्यूड़
कभैं हर्याव चड़ी, कभैं पुजीं च्यूड़
गदुवौ-क् झाल भितेर तू, काकड़ी फुल्यूड़।
भ्यार बै अनारै दाणि
भितेर बै स्यो छै तू
नौ रत्ति बावन त्वालैकि
ओ दाबणीं
को छै तू?

---

1. तुम कौन हो?, 2. ऊषःकालीन प्रकाश-सी, 3. हृदय को गुदगुदाना, 4. दही जैसी गोरी-चिट्टी, 5. देहलीज, 6. गर्मियों की बरखा, 7. सरसराती हवा-सी।

जाँ लै चै त्वी छै, फाङ फूल पात में
नौंणि जै बिलै रैछी, म्यार दिन-रात में
को फूल अडाव हालूँ, रङ जै सबूँ में छै
न तू क्वे, न मैं क्वे, मैं तुमें, तू मैं में छै

तारुँ जै अन्वार हँसैं
धार पार जो छै तू
ब्योलि जै डोलि भितेर[1]
ओ रूपसी
को छै तू?

ब्यूंज में क्वाठम् रैंछै, स्यूंणाँ[2] में सिराँण
नरै लगै बेर लगैं, मन में दिसाँण
शरीरै माटौक म्यर, त्वी छै तराँण[3]
जाणि को जुग बटिक जुग जुगै—कि पच्छ्याँण

साँसों में कुतकनै छै
साँमणी जै के छै तू
मायादार माया जसि
ओ हंसणी
को छै तू?

◆◆

1. डोली के भीतर दूल्हन सी, 2. सपनों में सिरहाने रहना, 3. आन्तरिक शक्ति या ऊर्जा।

शेर सिंह बिष्ट

हे राम

गाँधी ज्यूक
तीन बानर
आँख-कान
मूख बुजि[1]
गट-नक[2]
देखण सुणन
बुलाण है मुचि;[3]
आदिम एक
बानर तीन,
किलै न दिखै
एक बानर में
संदेश तीन?
आँखौं सामणि
हात जोड़ि
नाथूराम ठाड़,
गाँधी ज्यूल
नक न द्यख,
करि गो
काम तमाम
हे राम!

✦

---

1. बन्द करके, 2. अच्छा बुरा, 3. बच जाना।

सुधीर शाह

टुपुक

सितण[1] जै के भै
टोव मारण[2] भै।
खाँण[3] जै के भै
कोचींण[4] भै।
घुमण जै के भै
डोईण भै।
सिणुँक तोड़नै नामम्
नाना कैं सेटँण भै।

दगड़ू[5] बँण गई—व्याँणतार[6]
याँ जस भै—
उसै भै।

हुड़्र स्यूष्पाँक आफी-आफी कै
झडै़ घाँण आफी-आफी थै।

यो ज्यून औते यौस बज्याँणी
कटुवौं गासक चारि—
यथै चै
उथै चै।
आब के कूँ

---

1. नींद निकालना, 2. सोने का उपक्रम करना, 3. भोजन करना, 4. अनिच्छा से जबरन खाना, 5. साथी, 6. सुबह का तारा।

कतु कूँ मोत्दा!
उतकै कै
जतूक भै।

चार देब
रच्छा करें,
बीरमा-बिसून-मिहेश
चौथूँ म्यर
ललू गनेश!

✦

हीरा सिंह राणा

गरीबै चेली खवट डबल[1]

चिरी झगुली पारि सौ टला[2], छिया हौंटुमा[3] हैंसिक[4] र्‍यला।
भाजि हैंसनैं त्युड़ि मारनैं[5], मुठि भतेरा[6] एक डबल।
निपड़ भिं खुट उ खड्यौंणी, पु पाकि मनम[7] गण-माणिक।
सौ जग पड़नि सुकिलि चम्कनि, द्वी आँखि भरिय दूद का ब्याला।
छी सैंत उ एक गरीबै चेली, उड़ई झँकर खुली धमेली।
नङड़ गव हन सिरप छीया, हिनोई खेलन लुङड़ी पाला।
निदेखि दुङि कानि सरग आँखीं, थुचकुल्या जे वीकि सिंगाणा नाखी।
ललाङ हौठु म बीचम दाँत, गुलाब फूलम मोती सुकिला।
उत्यौंड़ खानै उ गे दुकानम, जाँ भगत जस द्यप्तै थानम्।
मनम अपण सोचण लागी, यो चीज ल्यूँजै या उ चीज ल्युला।
ओ दुकानदारा! जरा बताधैं, त्यर एतिं क्ये क्यौ छ जरा दिखाधैं।
धौंस दिखानैं उ हतगई खोली, जपरि किटिया छिया डबला[8]।
इजा हैं चर्यो बोज्यू हैं टाँकौं, नानभुलि मरिय छुण मुण्याँकौं।
एक मुरुली दाज्यू हैं दिद्यौ, भौजि हैं जंजीर जो हौ नौंपला।
बाँकि रै गेछ गोठै कि बाछी, घानि दि दिना त बड़ै दया छी।
सबु है भौल क्य छा दुकानम, उ चीज तुमा मकणीं देला।
थामि बै वीलै डबल, कौ उनि हैं, का इथाँ झगुली।
द्वीं बिंय चाण का जरा मुफली, धरिबै कौ यौछ खवट डबला।
उ हौंस हैंसि ज्याणीं कथाँ गे, हाई गे मुखी चद् र्‍व्वे ऐंगे[9]।
छिरिकि गया चाण मुफली, छि चिरिया हो टलुक टला।

✦

1. गरीब की बेटी और खोटा सिक्का, 2. पैबन्द, 3. होठों में, 4. हँसी ही हँसी, 5. उछलते कूदते, 6. मुट्ठी के अन्दर, 7. सुन्दर कल्पनायें करना, 8. वह मुट्ठी खोली जिस पर पैसे कस कर छुपाये थे, 9. चेहरे पर रुलाई छा जाना।

हेमन्त बिष्ट

चौमास म्यर गौंक[1]

हर बरस,
आते ही चौमास
मनै-कि चड़ि
फुर्र उडैं—
पुजै ऊँ दिन, ऊ मास
ऊ सौण, भदौ, अषाड़
ऊ जंगव, धुर, स्यार, गौं गाड़।

याद ऐ जैं—
याद ऐ जैं ऊ गाड़[2]
गाड़ में बगणियों-कि सूरत[3]
जनार बाट आइ जानै चाई छन,
उनारौंक इज
गाड़म पुल बणूनाक ऊ वैद,[4]
जो गाड़ाक सुकण है पैलिकै सुकि जानी।

याद ए जैं—
चौमासि कच्यारैल भरीण ऊ नौलेकि
घट जाणी बाटम काव जौस रौलेकि
जै में दब गाछी
हरदा-क् द्वी कौंव-कौंस नान[5]
पै ऊ रौल कें रोकण हूँ
ठेकदार ज्य-क् बड़ाई ऊ दिवाल

---

1. मेरे गाँव का चौमास, 2. बरसाती नाला, 3. बहने वालों के चेहरे 4. वायदे 5. सुकोमल बच्चे।

जो आथिलै चौमास में
ऊई रौल कैं ढोक दिण हूँ
पसर गैछि—
नई रौलेकि बुनैत
खुदै थर गै छि।

याद ऐ जैं—
दाद कैं लाम भेजण[1] तक—
भौजिक भरीण आँखेकि,
रड़ी गिजेकि[2]
दिन भर बुति-बौलैल् थकी पटाणि
अथमरी इजैकि
खेतों में पनपी
निमखँण झाड़ेकि
इजाक खुटाँक, ज्वाकांक लगाई
खूनेकि गाड़ेकि।

याद ऐ जैं—
ईजा-बाबु-क्, ददा-दिदि-क्
बौल-बुतिम हाड़ हसन
पै बड़ि थान कावाँ-ल् फसल[3] बड़न
और आदुक फसलैल्
तार दिण कर्ज
जो ले छी, ठुल दिदि-क् ब्या में।

याद ए जैं—
भेकुवा-क् बोटम
पाटा-क् झूलेकि
गाड़-पाराक ऊ पुराण स्कूलेकि
ऊ कमेट, ऊ पाटि

1. सैनिक सेवा में भेजते समय, 2. रुआँसा चेहरा, 3. अत्यधिक श्रम के बाद हाथी आयी फसल।

बद्द पुठम पड़न
पंडिज्यू-कि जाँठि
और कूण—
"पाँच पास कर ल्याला
आदिम बण जाला"

याद ऐ जैं—
गौंक सामणिक पख्यालम
घा काटण दिदि-क्
सौरास हूँ जाण तक
डाड़ मारण दिदि-क्
घा चरण हार-हारी
गोरु, बाकार, भेड़ौंक
खेतों में उगेर[1] लगूण
माटाक मेड़ों क
हर्यावा-क् दिन
ईजा, आमा, बाबू बुबु-क् हाथों
रोपी गई पेड़ो-क्
जनूकैं रोपण हूँ आज
पोस्टर लगूण पड़नी
विभाग चलूण पड़नीं
याद ऐ जै...

◆◆

---

1. पौधों के चारों ओर मिट्टी चढ़ाने की क्रिया।

भाग 4

गढ़वाली

सम्पादक : डॉ० शिवानन्द नौटियाल

पृष्ठभूमि

गढ़ों का आधिक्य होने के कारण 'गढ़' शब्द में 'वाला' प्रत्यय लगाने से 'गढ़वाल' नाम सन् 1500 ई० के लगभग पड़ा है। प्राचीन ग्रन्थों में इस क्षेत्र को तपोभूमि, देवभूमि, हिमवन्त, बदरिकाश्रम, ब्रह्मावर्त, उत्तराखंड और केदारखण्ड आदि नामों से जाना गया है। स्कन्दपुराण के अनुसार 'केदारखण्ड' को 'स्वर्गभूमि' कहा गया है—

अन्यत्र पृथ्वी प्रोक्ता गंगाद्वारोत्तरो विना।
इदमेव महाभाग स्वर्गद्वारं समृतं बुधै॥

गंगाद्वार (हरिद्वार) के उत्तर में जो पवित्र भूमि है, उसे हमारे ऋषियों ने 'स्वर्गभूमि' माना है और हरिद्वार को उस 'स्वर्ग' का 'स्वर्गद्वार' मानकर पूजा की है। जिस सम्पूर्ण भूमि को स्वर्गभूमि होने का गौरव प्राप्त है—वह केदारखण्ड की ही भूमि है। महर्षि वेदव्यास ने केदारखण्ड के बृहद् हिमालय के महत्त्व को सर्वप्रथम समझा था। इसीलिए उन्होंने इस बृहद् हिमालय को पाँच खण्डों में विभाजित किया था—

खण्डा पंच हिमालस्य कथिता नेपाल—कूर्माचलौ।
केदारोऽथ जलन्धरोऽथ रुचिरः कश्मीर संज्ञोऽन्तिमः॥

नेपाल, कूर्माचल (कुमाऊँ), केदार (गढ़वाल), जलन्धर (हिमाचल प्रदेश) और कश्मीर, बृहद् हिमालय के पाँच खण्ड हैं—जिनका उल्लेख स्कन्दपुराण में विस्तार से किया गया है। इन पाँच खण्डों के भूगोल का वर्णन करते हुए महर्षि वेदव्यास ने प्रत्येक खण्ड के पवित्र स्थलों का वर्णन भी किया है। नेपालखण्ड, मानसखण्ड (कुमाऊँ क्षेत्र), केदारखण्ड (गढ़वाल क्षेत्र), जलन्धरखण्ड (हिमाचल प्रदेश) और कश्मीर खण्ड। ऐसे पाँच स्वतंत्र खण्ड है जिनमें इन क्षेत्रों का विस्तार से वर्णन किया गया है।

स्कन्दपुराणान्तर्गत केदारखण्ड के चालीसवें अध्याय के 27, 28 तथा 29वें श्लोक में इस क्षेत्र (केदारखण्ड) की सीमा और लम्बाई-चौड़ाई का विवरण दिया गया है—

पंचाशद्योजनायायं त्रिंशद्योजन विस्तृतम्।
इदं वै स्वर्गगमनं न पृथ्वीं तां महाविभौ॥
श्री गंगाद्वार मर्यादं श्वेतांतं वर वर्णिनी।
तमसातटतः पूर्व भागे बौद्धाचलं शुभम्॥
केदारमंडलं ख्यातं भूम्यास्तद् भिन्नकं स्थलम्।
वात्सल्यात्तव देवेशि कथितो देश उत्तमः॥

अर्थात् पचास योजन लम्बे और तीस योजन चौड़े क्षेत्र में फैले हुए केदारखण्ड के पूर्व में बौद्धाचल (नंदा पर्वत) पर्वत, पश्चिम में तमसा (टोंस) नदी का किनारा, दक्षिण में गंगाद्वार (हरिद्वार) और उत्तर में श्वेतांत (महाहिमालय) पर्वत स्थित है।

तमसा (टोंस) नदी से बौद्धाचल (बधाण में नंदा देवी) पर्वत तथा गंगाद्वार (हरिद्वार) से श्वेतांत (महाहिमालय) तक फैले हुए पौराणिक 'केदारखण्ड' की सीमा के अन्तर्गत आज के उत्तरांचल (उत्तराखंड) के वर्तमान देहरादून, उत्तरकाशी, टिहरी, चमोली और पौड़ी जिले आते हैं। केदारखण्ड में इस क्षेत्र की लम्बाई 50 योजन और चौड़ाई 30 योजन लिखी गयी है। योजन का सही-सही माप बताना कठिन है। यदि एक योजन को तीन मील अर्थात् साढ़े चार कि०मी० मानकर चलें तो केदारखण्ड की लम्बाई 150 मील अर्थात् 225 कि०मी० और चौड़ाई 90 मील अर्थात् 135 कि०मी० के लगभग निकलेगी। प्राचीन समय में दूरी मापने का सही पैमाना उपलब्ध नहीं था। पैदल चलकर दूरी की माप रखी जाती थी। अत: कुछ हेर-फेर होने की सम्भावना है। वर्तमान में जबकि माप का सिद्धान्त अब हो गया है तो इस अंचल की दूरी का माप प्राप्त किया जा सकता है । अत: तमसा नदी से नंदापर्वत तक 230 कि०मी० और हरिद्वार से जेलूखागा तक की दूरी भी लगभग 230 कि०मी० मापी गई है।

अत: पुराणकालीन केदारखण्ड और वर्तमाान गढ़वाल मण्डल की सीमा में पर्याप्त समानता है। आज के गढ़वाल मण्डल के पूर्व में कुमाऊँ, पश्चिम में तमसा (टोंस) का छोर और हिमाचल प्रदेश, उत्तर में श्वेतांत (बृहत् हिमालय पर्वत), भोट (तिब्बत) प्रदेश और दक्षिण में गंगाद्वार (हरिद्वार) के सहारनपुर और बिजनौर जिले हैं। यही सीमा केदारखण्ड की थी और यही सीमा हरिद्वार सहित वर्तमान गढ़वाल मंडल की भी है। अर्थात् पौराणिक केदारखण्ड ही आज का गढ़वाल मंडल है।

गढ़वाल मंडल का सम्पूर्ण भू-भाग अलकनंदा, भागीरथी, यमुना और तमसा की उपत्यका में स्थित है पश्चिमी छोर पर देहरादून जिला है। इस जिले के पश्चिम में यमुना और तमसा (टोंस) और पूर्व में गंगा अथवा भागीरथी उपत्यका है। देहरादून जिले के उत्तर में लघु हिमालय शृंखला है, जो टिहरी-गढ़वाल से मिली हुई है और दक्षिण में शिवालिक की शृंखला है, जिसके दक्षिण में सहारनपुर जिला स्थित है।

देहरादून जिले के पश्चिमी क्षेत्र में यमुना और तमसा (टोंस) नदियाँ हैं जो गढ़वाल के उत्तरकाशी जिले के बन्दरपूँछ पर्वत शृंखला से निकलकर हिमाचल प्रदेश के कोने पर सीमा बनाती है। तमसा (टोंस) नदी कालसी-हरिपुर के पास यमुना से मिलकर संगम बनाती है।

देहरादून से पूर्वी और उत्तरी छोर पर टिहरी-गढ़वाल और उत्तरकाशी जिले स्थित हैं। ये दोनों जिले भागीरथी-यमुना और टोंस उपत्यका में बसे हुए हैं। भागीरथी का उद्गम स्थल शिवलिंग शिखर के पाद प्रदेश में है। शिवलिंग शिखर के उत्तर पूर्वी भाग में सतोपंथ शिखर है—इसी शिखर के हिमनद और सतोपंथ ताल के निर्मल जल से अलकनंदा का जन्म होता है। अलकनंदा में विष्णु गंगा, लक्ष्मण गंगा, धौली,

मंदाकिनी, पिण्डर, नंदाकिनी और नाबालिका आदि कई गंगाओं का मेल होता है। उधर भागीरथी केदारगंगा, जाह्नवी (जाड़) गंगा और भिलंगना आदि प्रमुख गंगाओं से मेल कर देवप्रयाग में अलकनंदा से मिल जाती है। देवप्रयाग में अलकनंदा और भागीरथी की दोनों जलधाराएँ मिलकर गंगा बन जाती हैं। देवप्रयाग से ऋषिकेश तक गंगा की उपत्यका में पौड़ी-गढ़वाल, देहरादून और हरिद्वार के कुछ भाग गंगा उपत्यका की शोभा बढ़ाते हैं।

मानव की उत्पत्ति से ही केदारखण्ड (गढ़वाल) हिमालय का अपना विशिष्ट स्थान रहा है। भारतीय जन-जीवन में गंगा-यमुना और हिमालय पूरी तरह छाये हुए हैं। इसीलिए भारत के प्राचीन साहित्य एवं इतिहास में इस क्षेत्र (केदारखण्ड-गढ़वाल) को तपोभूमि, बदरिकाश्रम, ब्रह्मपुर, रुद्रहिमालय और स्वर्गभूमि कहा गया है।

पौराणिक कथाओं के अनुसार सृष्टि के आरम्भ में ब्रह्मा ने केदारखण्ड में हिरण्यशृंग पर्वत पर गंगास्रोत के समीप बिन्दुसर के किनारे यज्ञ किया था। भीष्मपर्व के अनुसार स्वायंभुव मनु का निवास भी बिन्दुसर के ही तट पर था। महाभारत के शान्ति पर्व के अनुसार मनु के वंश में उत्पन्न पृथु का राज्य इस क्षेत्र से लेकर आज के मध्य प्रदेश तक फैला हुआ था। पृथु ने केदारखण्ड के मेरुपर्वत से स्वर्ग प्राप्त किया था। दक्ष की पुत्री अदिति के पौत्र वैवस्वत् मनु ने जीव-जन्तुओं को तथा वनस्पति और अन्नादि के बीजों को अपनी नौका में रखकर उनकी रक्षा की थी। प्रलय-जल के उरर जाने पर जीव-जन्तुओं और बीजों से पुनः सृष्टि का आरम्भ यहीं से किया था। यह स्थान अलकापुरी के अति निकट और बदरिकाश्रम के समीप स्थित है।

बदरीनाथ के अति निकट गणेश गुफा, नारद गुफा, मुचुकुन्द गुफा और स्कन्द गुफाएँ हैं। ये वही गुफाएँ हैं जहाँ वेदों और पुराणों की रचना हुई थी।

इसी क्षेत्र से गंगा-यमुना का जन्म हुआ। पवित्र-पावनी गंगा और यमुना भारतीय जनजीवन की प्राण हैं। गंगा को द्रवित ब्रह्मा कहा गया है। सम्पूर्ण भारतीय सनातन जगत् गंगा को 'गंगा मैया' कहता है। केदारखण्ड के गोमुख से लेकर गंगासागर तक गंगा प्रत्यक्ष परब्रह्म मुक्तिदायिनी, पाप-तापों से मुक्ति दिलानेवाली और परमपद दिलाने वाली मानी गई है। प्रत्येक सनातनी ही नहीं, अपितु निपट नास्तिक भी गंगा की एक बूँद प्राप्त करने की अमिट अभिलाषा रखता है।

वास्तव में, भारत की संस्कृति 'गंगा संस्कृति' है। हम जिस प्राचीन भारतीय सभ्यता, संस्कृति एवं साहित्य की चर्चा कर गौरव का अनुभव करते हैं। उस सभ्यता, साहित्य और संस्कृति को सर्वलोकोपकारी बनाने में पवित्र-पावनी गंगा की लहरों ने ही सर्वप्रथम मानव हृदय को मंगलमयी प्रेरणा दी थी। इसीलिए गंगा-यमुना के नैहर प्रदेश के प्रति युग-युगों से भारतीय जन-जन का विशेष आकर्षण रहा है।

गंगा-यमुना के साथ ही इस क्षेत्र के हिमालय का भी हमारे देश के साहित्य एवं संस्कृति पर गहरा प्रभाव पड़ा है। केदारखण्ड के स्वामी केदारनाथ का शिवलिंग पर्वत सबको प्यरा रहा है। भृगुपतन से स्वर्गारोहण तक का भूभाग पांडवों की याद दिलाता है।

मेरु पर्वत शृंखला और गन्धमादन पर्वत श्रेणियाँ प्राचीन युग की ऐसी थातियाँ हैं, जिन पर भारतीय साहित्य की सृष्टि हुई है। केदारखण्ड के नर-नारायण पर्वत भी पुराणकाल की स्मृति को जाग्रत कर देते हैं। यहीं और इन्हीं पर्वतों के मध्य वेदव्यास ने पुराणों की रचना की थी।

मारकण्डेय पुराण के देवी माहात्म्य के अनुसार पार्वती के शरीर से कालिका की उत्पत्ति, हिमालय के इसी अंचल केदारखण्ड (गढ़वाल) में गंगा की उपत्यका में हुई थी। यहीं शुम्भ और निशुम्भ नामक दैत्यों का वध करने के लिए उन्होंने (पार्वती ने) अम्बिका का मनोहर रूप धारण किया था, शाक्तों ने नन्दादेवी हिमालय पर आदिशक्ति नंदा का कोट (दुर्ग) माना है।

महाभारत में स्पष्ट कहा गया है कि बदरिकाश्रम में अर्जुन और कृष्ण ने नर और नारायण के रूप में तपस्या की थी। नारायण विष्णु, या श्रीकृष्ण को अपना आराध्य माननेवाले वैष्णवों ने बदरिकाश्रम को अपना पुण्यधाम माना। शैवों के महादेव शंकर की तो यह भूमि थी ही। केदारखण्ड के वे स्वामी थे ही। अत: शैवों का केदारनाथ धाम अपना धाम होना स्वाभाविक ही था। पर्वतपुत्री पार्वती का तो इस क्षेत्र से जन्म का ही सम्बन्ध रहा है। अत: शैवों, वैष्णवों और शाक्तों का केदारखण्ड (गढ़वाल) से इष्ट देव जैसा सम्बन्ध पौराणिक काल से हो गया था, जिसके फलस्वरूप वैष्णवों, शाक्तों एवं शैवों का इस क्षेत्र में आना-जाना होता रहा है।

रामायण काल से ही इस क्षेत्र (केदारखण्ड-गढ़वाल) में धार्मिक यात्री आने शुरू हो गये थे। राम का श्रीनगर के कमलेश्वर मन्दिर में शिव की पूजा करने का इतिहास शास्त्रों में लिखा हुआ है। लक्ष्मण और भरत का भी इस क्षेत्र से घनिष्ठ सम्बन्ध रहा है। हेमकुण्ड लोकपाल में रहकर लक्ष्मण ने राम के कहने पर तपस्या की थी। इसी तरह सिखों के गुरु गोविन्द सिंह ने भी हेमकुण्ड लोकपाल नामक स्थान पर अपने पूर्व जन्म में तपस्या की थी। आज इस स्थान पर सिखों का एक बहुत बड़ा गुरुद्वारा बन गया है।

महाभारत काल में तो यह क्षेत्र अपनी महानता के लिए प्रसिद्ध हो चुका था। स्वयं कृष्ण ने अपने मित्र उद्धव से बदरिकाश्रम में तप करने को कहा था—

गच्छोद्धव मयादिष्टो बदर्याख्यं ममाश्रमम्।
तपश्चरतु तीर्थोदे स्नानोपस्पर्शनैः शुचिः॥

तप करने के लिए इस क्षेत्र में बड़े-बड़े ऋषि-मुनि आते रहे हैं। स्कन्दपुराण में जाबालि, गालव, मार्कण्डेय, महामना च्यवन, महातेजस्वी भार्गव आदि ऋषियों का इसी क्षेत्र में तप करने का विवरण मिलता है।

जैन परम्परा के अनुसार भी इस क्षेत्र का विशिष्ट महत्त्व आँका गया है। आदितीर्थंकर ऋषभदेव अपने पुत्र भरत चक्रवर्ती को अयोध्या का राज्य सौंपकर बदरिकाश्रम में तपस्या करने हेतु चले गये थे। बौद्ध धर्म के अनुसार स्वयं बुद्ध

केदारखण्ड के शत्रुघ्न नगर (शायद श्रीनगर) तक पहुँचे थे। अद्वैतवाद के आदि गुरु आचार्य शंकर सन् 820 ई० के लगभग केदारनाथ पहुँचे थे। सौन्दर्य लहरी की रचना उन्होंने केदारखण्ड के श्रीनगर नामक नगर के कमलेश्वर शिव मन्दिर में की थी। तभी उन्होंने बदरिकाश्रम मन्दिर में विष्णु की मूर्ति को नारदकुण्ड से निकालकर प्रतिस्थापित किया था। बलदेव उपाध्याय ने अपनी पुस्तक 'श्री शंकराचार्य' के पृष्ठ 34 में यह स्वीकारा है कि केदारनाथ में ही आदिगुरु शंकराचार्य ने देहत्याग किया था।

आदिगुरु शंकराचार्य के आगमन के बाद से सम्पूर्ण भारत के वैष्णव, शाक्त एवं शैव मतावलम्बी केदारखण्ड की पवित्र भूमि में अधिक संख्या में आने लगे थे। कई कट्टर धर्मावलम्बी इसी क्षेत्र में निवास भी करने लगे थे। रामदास गौड़ ने भी इस बात को माना है। उन्होंने (हिन्दुत्व : 364) में यहाँ तक लिखा है कि केदारखण्ड के बदरिकाश्रम में सन् 1153 ई० में माधवाचार्य आये थे। उन्हें वहाँ वेदव्यास जी मिले थे। वेदव्यास जी ने उन्हें विष्णु की शालिग्राम शिला से बनी तीन मूर्तियाँ दी थीं। माधवाचार्य जी ने उन तीनों मूर्तियों को सुब्रह्मण्य, मध्यतल और उदीपि में प्रतिष्ठापित किया था।

जैसा कि पहले लिख चुके हैं कि केदारखण्ड में समस्त भारत के तीर्थाटन करने वाले लोग आने लगे थे। कुछ अपने-अपने प्रदेशों को लौट जाते थे तो कुछ यहीं रह जाते थे। सातवीं-आठवीं शताब्दी तक इस क्षेत्र में छोटे-छोटे राजाओं का राज्य स्थापित हो गया था। सन् 887 ई० में धार मालवा के राजा वाक्पति के सौतेले छोटे भाई कनकपाल केदारखण्ड की धार्मिक यात्रा पर आये थे। तत्कालीन चाँदपुर गढ़ के राजा भानुप्रताप ने उन्हें अपना दामाद बनाया और बाद में चाँदपुर गढ़ का राजा भी बना दिया। यही वंश पवार वंश है जिसका गढ़वाल में एकछत्र राज्य सन् 14 मई, 1804 तक रहा है और 1815 के बाद टिहरी गढ़वाल में उनका राज्य सन् 1949 तक रहा। उसके बाद टिहरी गढ़वाल भी उत्तर प्रदेश का एक हिस्सा बन गया।

14 मई, 1804 को गढ़वाल नरेश प्रद्युम्नशाह देहरादून के खुड़बुड़ा मुहल्ले में गोरखों के साथ लड़ते लड़ते वीर-गति को प्राप्त हुए थे। उस समय उनके राज्य की सीमा उत्तर में तिब्बत तक, पूर्व में सतलुज नदी तक, पश्चिम में सिरमौर आज के हिमालय प्रदेश तक और दक्षिण में पातलीदून भावर, छुटमलपुर तथा ज्वालापुर तक थी।

आज जबकि उत्तरांचल (वास्तविक क्षेत्र का नाम उत्तराखंड) राज्य 9 नवम्बर, 2000 से बन गया है—तब भी गढ़वाल क्षेत्र अपनी पूर्व स्थिति में ही कुमाऊँ अंचल के साथ अपना पौराणिक स्थान बनाये हुए है। मध्य हिमालय के गढ़वाल एवं कुमाऊँ मण्डल आज भी उत्तराखण्ड के विशिष्ट अंचल हैं।

यमुनोत्तरी, गंगोत्तरी, केदारनाथ, बदरीनाथ और कालीमठ के दर्शन करने हेतु बाहर से आनेवाले लोगों के कारण केवल लोकसंस्कृति, लोकगीतों एवं लोकनृत्यों में

ही अन्तर नहीं पड़ा बल्कि यहाँ की बोली-भाषा में भी पर्याप्त प्रभाव पड़ा है। गढ़वाली भाषा में गुजराती, राजस्थानी, पंजाबी, बंगाली, नेपाली, सिन्धी, मराठी, तमिल, तेलुगु, असमी, ब्रजभाषा, अवधी, भोजपुरी और तिब्बती आदि भाषाओं के कई शब्द समान रूप से वर्तमान हैं। अब ऐसे शब्द गढ़वाली के शब्द हो गये हैं। वे शब्द गढ़वाली में इतने रच-बस गये हैं कि उनको अलग से देखना या ढूँढ़ना भी कठिन हो गया है।

भाषा की दृष्टि से भी गढ़वाल मंडल के प्रत्येक भू-भाग में गढ़वाली भाषा का ही प्रयोग होता है। प्राचीन समय में इस क्षेत्र में वैदिक संस्कृत का प्रयोग विशेष रूप से होता था। आज भी गढ़वाली भाषा में अधिकांश वैदिक संस्कृत के ही शब्द मिलते हैं। अपभ्रंश और प्राकृत के शब्दों की अपेक्षा गढ़वाली में वैदिक एवं लौकिक संस्कृत के शब्दों की भरमार है।

आज जो गढ़वाली बोली जाती है—वह संस्कृत प्रसूत अपभ्रंश की शौरसेनी शाखा की भाषा है। शौरसेनी शाखा की इस भाषा का पल्लवन स्वतंत्र रूप से हुआ है। हिन्दी भाषा की सहायक भाषा गढ़वाली भाषा है—बल्कि गढ़वाली, हिन्दी की भगिनी है।

लिंग्विस्टिक सर्वे ऑव इंडिया (खण्ड 2, पृष्ठ 120) के प्रसिद्ध भाषा वैज्ञानिक डॉ० ग्रियर्सन ने भारतीय आर्य भाषाओं के वर्गीकरण में पहाड़ी समुदाय की भाषाओं की स्थिति को आर्य भाषाओं की भीतरी उपभाषाओं के अन्तर्गत निर्धारित किया है। डॉ० ग्रियर्सन ने पहाड़ी समुदाय की भाषाओं को क्रमशः पूर्वी पहाड़ी (नेपाली), केन्द्रीय पहाड़ी (कुमाउँनी एवं गढ़वाली) तथा पश्चिमी पहाड़ी (जौनसारी, सिरमौरी, चम्बावली, कुल्लई और क्योंठाली) के रूप में स्वीकार किया है।

उच्चारण तथा भौगोलिक परिवर्तन के कारण गढ़वाली भाषा में भिन्नता के भी दर्शन होते हैं। परगने-परगने की पट्टियों में भाषा अर्थात् बोली में अन्तर दिखाई देता है। यह अन्तर भौगोलिक कारणों से होता है। इसी उच्चारण के अन्तर को देखकर डॉ० ग्रियर्सन ने गढ़वाली के आठ भेद किये। उनका उल्लेख उन्होंने इस प्रकार किया—

(1) श्रीनगरी, (2) नागपुरिया, (3) दशौल्या, (4) बधाणी, (5) राठी, (6) माँझ कुमैयाँ, (7) सलाणी और (8) टिरियाली। डॉ० ग्रियर्सन ने माँझ कुमैयाँ को छोड़कर सभी सात बोलियों के उदाहरण भी लिखे हैं, परन्तु, चक्रधर बहुगुणा ने इन भेदों में तनिक नामों का भेदकर मात्र छः प्रकार के ही रूप भेद गढ़वाली भाषा के अन्तर्गत माने हैं। उनका विवरण इस प्रकार हैं—

(1) बधाणी, (2) सलाणी, (3) जौनसारी, (4) रंवाल्टी, (5) बाजारी या प्रमुख गढ़वाली भाषा का रूप—(अ) श्रीनगरी और (ब) टिरियाली तथा (6) रागसी (राठी)।

उच्चारण के इन्हीं रूपों में गढ़वाली भाषा की कविताओं का सर्जन (सृजन) हुआ है। हम यह स्वीकार करते हैं कि गढ़वाली का एक सर्वसम्मत मानक रूप अभी तक

निर्धारित नहीं हुआ है—इसीलिए क्षेत्र अथवा भौगोलिक दृष्टि से स्थापित अंचलों की बोली में कविताओं के रचनाकारों ने अपने-अपने क्षेत्रों में बोली जानेवाली बोली अथवा भाषा में काव्य रचना की है। इसीलिए गढ़वाली में उपर्युक्त भेदों के अनुसार भिन्नता के दर्शन होते हैं। परन्तु यह अन्तर मात्र उच्चारण की दृष्टि से होता है, भाव की दृष्टि में कोई अन्तर नहीं रहता। गढ़वाली भाषा का पुट उसके कथन में पूर्णतः समाहित रहता है। इसीलिए समस्त गढ़वाल क्षेत्र की बोली-भाषा अपना गढ़वाली स्वरूप बनाये हुए ही मिलती है।

'स्वर्ग-भूमि' में निवास करनेवाले पंचजनों का विवरण भी इस क्षेत्र में मिलता है। नाग, यक्ष, किन्नर और गंधर्व जनों के इस क्षेत्र में अनेक स्थान हैं। आज भी इस क्षेत्र में वासुकी नाग, कालीनाग, करकोटक नाग, सेमनाग, शेषनाग की पूजा-अर्चना होती है। गढ़वाल-कुमाऊँ के अधिकांश गाँवों में नागराज को इष्ट देवता के रूप में नचाया और पूजा जाता है। यक्षों का पूजन भी नागपूजा के समान ही होता है। आज भी बदरीनाथ के दर्शन करने पूर्व 'देव-देखणी' नामक स्थान पर सबसे पहले घंटाकर्ण यक्ष की पूजा अर्चना करने की परम्परा चली आई हैं। गन्धर्वों और किन्नरों के साथ किरातों के भी प्राचीन अंश इस धरती पर अपना अस्तित्व बनाये हुए हैं। इन सबके गीत इस धरती पर आज भी गाये जाते हैं। पंचजनों के गीतों को वाद्ययंत्रों के द्वारा बजाकर और गाकर उन्हें नचाया जाता है।

यहाँ पर नाग, किन्नर, यक्ष, गंधर्व और किन्नरों का उल्लेख करना, इसलिए भी आवश्यक है कि गढ़वाल के प्राचीन इतिहास में इन सबका महत्त्वपूर्ण स्थान रहा है। इन सबके अपने-अपने इतिहास हैं। इन पंचजनों को गढ़वाल-कुमाऊँ में देवताओं के रूप में पूजा और नचाया जाता है। लोक-गाथाओं में इन सबका अपना-अपना पराक्रमी विवरण मिलता है। डौंर-थाली बजानेवाला धायी इनके इतिहास को गाकर और डौंर-थाली बजाकर देवता विशेष के अवतारू (पस्वा) को नचाता है। देवता विशेष का अवतरण किसी एक पस्वा के सिर आकर उसे नाचने के लिए प्रभावित (विवश) करता है। गढ़वाल-कुमाऊँ के अंचल में बसे प्रायः सभी लोग अपने इष्ट-देवों की पूजा-अर्चना इसी प्रकार से करते हैं। तात्पर्य यह है कि गढ़वाल-कुमाऊँ में ऐसे गीत-गाथाओं की प्राचीन समय से सुदृढ़ परम्परा रही है। ऐसे गीत-गाथाओं को गढ़वाल में 'जागर' नाम से जाना जाता है।

'जागर' देवताओं से सम्बन्ध रखनेवाले अति प्राचीन गढ़वाली भाषा के मौखिक काव्य हैं जो शताब्दियों से मौखिक रूप में ही चले आ रहे हैं। ऐसे कुछ गाथागीतों (जागरों) को लिपिबद्ध करने का प्रयास सन् 1950 के बाद किया गया। इस कार्य को करनेवाले विद्वानों में तारादत्त गैरोला (हिमालय फोकलोर), शम्भुप्रसाद बहुगुणा (विराट् हृदय), डॉ० गोविन्द चातक (गढ़वाली की लोकगाथाएं), अबोध बन्धु बहुगुणा (धुंयाल), मोहनलाल बाबुलकर (गढ़वाली लोक गीतों का विवेचनात्मक अध्ययन), डॉ० शिवानंद नौटियाल (गढ़वाल के लोक नृत्य गीत और उत्तराखण्ड की

लोक गाथाएँ), भजनसिंह 'सिंह' (सिंहनाद) और डॉ० हरिदत्त भट्ट 'शैलेश' (गढ़वाली भाषा और उसका साहित्य) का विशेष योगदान माना जाता है।

उत्तराखंड में 'जागर' गीत या जागर कविताएँ सबसे पुराने काव्य रूप हैं। पुरानी गढ़वाली या कुमाउँनी भाषा के पुराने रूप (भाषा के रूप) वाले 'जागर'—महाकाव्य की योग्यता रखते हैं, दूसरे पुराने काव्यरूपी 'मांगल' गीत है। ऐसे गीतों में वैदिक कालीन शब्दों की भरमार है। वैदिक कालीन देवताओं का आह्वान कर अपने मंगल कार्यों की सिद्धि प्राप्त करना ऐसे गीत-काव्यों का मुख्य उद्देश्य रहता है।

गढ़वाली में लिखित साहित्य

यह तो सर्वविदित है कि गढ़वाल के सबसे पुराने काव्य जागरों और मांगलों में ही मौखिक रूप से प्राप्त होते हैं परन्तु लिखित रूप में गढ़वाल राजवंश के उदयकाल से ही हस्तलिखित परम्परा के दर्शन होने लगते हैं। यह समय सन् 888 के आसपास का माना जाता है। उस समय की गढ़वाली में दिये गये शासकीय आदेश आज भी देवप्रयाग के रघुनाथ मन्दिर में ताम्रपत्रों के रूप में सुरक्षित हैं।

गढ़वाल में हस्तलिखित पोथियों को लिखने की परम्परा बहुत पुरानी है। ईसवी सन् की प्रथम शताब्दी के पहले से भी गढ़वाली भाषा में ऐसी अनेक पोथियों के दर्शन होते हैं।

भोजपत्रों पर अनेक यंत्र, मंत्र तथा तंत्रों की हस्तलिखित पोथियाँ आठवीं शताब्दी से लेकर 15वीं से 18वीं शताब्दी तक लिखी हुई मिलती हैं। कर्मकांड, ज्योतिष-फलादेश जन्मकुंडली निर्माण और आयुर्वेद तथा तंत्र-मंत्र साहित्य पर 'भोजपत्रों' पर लिखी गई अनेक पोथियाँ पहली शताब्दी से लेकर अठाहरवीं शताब्दी के पूर्वार्द्ध तक की लिखी हुई मिलती हैं।

नाथ पंथ का प्रभाव गढ़वाल में अधिक मिलता है। 'ढोल सागर', 'घट थापना', 'इन्द्रजाल', 'श्रीनाथ जी की सुकलैस' और 'समैणा' जैसी नाथ सम्प्रदाय की पोथियाँ गढ़वाल में आज भी मिलती हैं। ये सभी ग्रंथ हस्तलिखित हैं और भोजपत्रों पर लिखी गई हैं। इन सभी पोथियों में तत्कालीन गढ़वाली कविता के दर्शन होते हैं।

आठवीं शताब्दी से लेकर बारहवीं, तेरहवीं शताब्दी के बीच जो गढ़वाली भाषा की कविताएँ मिलती हैं—उनमें अपभ्रंश-सिद्धोंवाली भाषा के स्पष्ट दर्शन होते हैं, जैसे—'धरती-आकास फेरन्ता चले। अयाणा चले, सपना चले, मार-मार करन्तो वीर मैमन्दा चले।'

सत्यनाथ की गद्दी आज भी पौड़ी गढ़वाल जनपद के देवलगढ़ में स्थित है। 15वीं शताब्दी के राजा अजयपाल पर नाथ सम्प्रदाय का विशेष प्रभाव पड़ा था। केदारखण्ड (गढ़वाल) में गुरु गोरखनाथ के भ्रमण की और केदारनाथ के दर्शन करने की चर्चा आज भी होती है।

बदन्त गोरख राई परस ले केदारं
पाणी पीओ पूता तृभुवन सारं
ऊँचे-ऊँचे परबत विषय के घाटं
तहां गोरखनाथ कै लिया सेवाटं

(गोरखबानी—डॉ० पीताम्बरदत्त बड़थ्वाल)

नाथपंथ के अलावा गढ़वाल में वीर परम्परा का ओजस्वी स्वरूप भी मिलता है। पौराणिक आख्यान 'दैंत संहार' की कथा का काव्य रूप गढ़वाली कविता का एक अनोखा ढंग लोक जीवन में मिलता है—

श्री भवानी श्री वेर भूमी तो उधारणी
तो जल्ल मध्ये तो बमंडे तो दैंता धारणी
तो नारसिंघि तो नारायणी बावनी फर्सधारणी
तो जोगेश्वरी स्याह माया तो जगत बंदनी
तो करणामही तो कृस्नामही वाकवंदनी बाकमाया
तो नमोः मोहिसौं चौदहों लोक छाया
तो नमस्यामि जलमध्य भगवन्त कीनो
तो नमोः के कमल ते ब्रह्म छीनो
तो बर्बला मैलदो दैंत गाड़ो
तो जनै जाऊँ मधु कैंट प्रबल बाड़ो

पुरानी गढ़वाली कविता का ऊपर एक उदाहरण दिया गया है। 'दैंत संहार' की वीर परम्परा में ही गढ़वाली के वीरों की गाथाएँ कविता के रूप में गायी जाती हैं। ऐसे गीतों को 'पवाड़ा' कहा जाता है। राजस्थानी, गुजराती, मराठी, बुन्देली, भोजपुरी और ब्रज आदि भाषाओं के वीरगतों के लिए भी थोड़े बहुत परिवर्तन के साथ इसी 'पवाड़ा' (पंवाड़ा) शब्द का ही प्रयोग होता है। गुजराती में 'हंसाउली' (1414 ई० में रचित) को 'पहला पवाड़ा' माना जाता है। सारे भारतवर्ष में पवाड़ों का रचनाकाल तेरहवीं शताब्दी से अठारहवीं शताब्दी तक माना जाता है। गढ़वाल में भी पवाड़ों का रचनाकाल बारहवीं-तेरहवीं शताब्दी से 18वीं शताब्दी तक ही माना जाता है। ब्रह्मदेव, प्रीतमदेव, कालू भंडारी, माधोसिंह भंडारी गढ़, सुमरियाल, तीलू, रौतेली और लोदी रिखोला आदि वीरों के पवाड़े गढ़वाल में प्रसिद्ध हैं। काव्य रूप में ही इन वीरों के गीत (कविताएँ) मिलते हैं। अधिकांश ऐसे काव्य गीत मौखिक रूप में ही गाये जाते हैं। आज इन पवाड़ों (भडवालो Ballads) का प्रकाशन द्रुत गति से हो रहा है। शिव नारायण सिंह विष्ट ने गडुसम्याल का प्रकाशन कर एक प्रशंसनीय कार्य कर डाला है।

महाराज प्रदीपशाह के राज ज्योतिषी जयदेव बहुगुणा ने लगभग सन् 1750 में 'रंचजुड़या, पंचजुड़या जुडगे घियसाण जी' नामक कविता लिखकर गढ़वाली साहित्य में महत्त्वपूर्ण कार्य किया था। गुमानी पंत (1780–1846) मूलत: गंगोलीहाट, पिठौरागढ़ के निवासी थे, परन्तु वे कुमाऊँ गढ़वाल और नेपाल के राजाओं के दरबारों की शोभा बढ़ाते रहे हैं। उनकी कविताओं की यह विशेषता थी कि कविता के मुख्य पदों को संस्कृत में लिखते थे और अंतिम पंक्तियाँ लोक-भाषा में रचते थे। ऐसी कविताओं के अन्त में कुमाउँनी, गढ़वाली और नेपाली भाषाओं के पद मिलते हैं। जैसे—

उत्तम टम्क पादन्ति, मध्यमम् च दुराटुरी,
निष्षिदम् फस्क पादन्ति, कछड़ि मां च थुकाथुकी।

इसमें अंतिम पद गढ़वाली का है। गुमानी पंत महाराजा सुदर्शन शाह के राज दरबार में थे। सुदर्शन शाह स्वयं गढ़वाली में कविताएँ करते थे। वे मुख्यत: ब्रजभाषा में कविता करते थे—परन्तु उनकी ब्रजभाषा की कविताओं के शीर्षक गढ़वाली भाषा में ही लिखे होते थे। उनकी कविताओं का संग्रह 'सभासार' (1825) ग्रंथ में मिलता है। ब्रजभाषा की कविताओं का सार वे पहले गढ़वाली में लिखे थे। यथा—

ईश्वरन जब रूप दिने, तब समझ नी दीनी,
जब समझ दीने, वष धन नी दीने

('ष' का उच्चारण 'ख' के रूप में अभी भी गढ़वाल के तंत्र-मंत्रों के प्रयोग में किया जाता है।)

सन् 1830 ई० में अमरीकी मिशनरियों ने 'न्यू टेस्टामेंट' का गढ़वाली में अनुवाद प्रकाशित किया। उसके बाद सन् 1860 से 1880 के बीच गढ़वाली कविताओं का विधिवत प्रकाशन कार्य शुरू हुआ। पं० हरिकृष्ण दौर्गादन्ति रूडोला ने गढ़वाली कविता में 'वेदान्त संदेश' की रचना इसी काल खंड में की थी। उनकी गंगा पंचक, चेतावनी और शिक्षा नामक कविताओं ने गढ़वाली समाज में चेतना और जागरूकता का बिगुल बजाया था।

सन् 1860 के बाद के प्रमुख कवियों में हरिकृष्ण दौर्गादन्ति रूडोला, लीलानंद (दत्त) कोटनाला, महन्त हर्षपुरि गुसाई और जयकृष्ण दौर्गादन्ति विशेष रूप से विख्यात हुए। इन कवियों की कविताओं में राष्ट्रप्रेम और कुरीतियों से लड़ने की शिक्षा प्रमुख रूप से दी गई थी। गढ़वाल के युवकों को नयी चेतना शक्ति देने की प्रेरणा इन कविताओं का मुख्य विषय था।

शैल वाणी (हिमालय कला संगम सी-3 ए/112 ए, जनकपुरी, नयी दिल्ली) के सम्पादक अबोध बन्धु बहुगुणा ने गढ़वाली साहित्य के उत्थान के चार चरण माने हैं। इसी तरह स्व० दामोदरप्रसाद थपलियाल और स्व० आचार्य गोपेश्वर कोठियाल ने भी

गढ़वाली साहित्य के चार युग स्वीकारे हैं। उनका मानना है कि सन् 1900 से 1925 तक पहला उत्थान, सन् 1926 से 1950 तक दूसरा उत्थान, सन् 1951 से 1975 तक तीसरा उत्थान और सन् 1976 से अब तक चौथा उत्थान हुआ है।

मेरा मानना है कि 1860 से 1900 तक के समय को गढ़वाली कविता का प्रारम्भिक काल माना जाना चाहिए, क्योंकि इस काल खंड की गढ़वाली कविता का स्वरूप पूर्णतः नये रंग-ढंग में बदल चुका था। स्वतंत्रता प्राप्ति की छटपटाहट गढ़वाल के जनमानस में पूर्णतः समा गई थी।

यह सत्य है कि सन् 1860 के बाद के कवियों की रचनाओं में देश-प्रेम की भावना के अधिक दर्शन होते हैं, परन्तु गढ़वाली में लिखने और काव्य रचना करने की रुचि अधिक दिखाई देती है।

प्रथम उत्थान (1860-1925)

मैं गढ़वाली साहित्य का प्रथम उत्थान सन् 1860 से 1925 के काल खंड को मानता हूँ। सन् 1860 से 1900 ई० तक पं० हरिकृष्ण दौर्गादन्ति रूडोला, पं० लीलानंद कोटनाला, महन्त हर्षपुरी और जयकृष्ण दौर्गादन्ति रूडोला की गढ़वाली कविता ख्याति प्राप्त कर चुकी थीं। गढ़वाली भाषा की पहली कहानी 'सूरवीरों का मिलन' सन् 1900 ई० (पर्वतीय भाषा, प्रकाशक नामक पत्रिका में) गंगादत्त उत्प्रेती ने छापी थी। सन् 1900 ई० में ही गोविन्दप्रसाद घिल्डियाल ने 'राजनीति' पुस्तक के साथ ही 'हितोपदेश' का गढ़वाली में अनुवाद किया था उसी वर्ष गिरिजादत्त नैथाणी ने गढ़वाली मांगल गीतों का काव्य संग्रह प्रकाशित किया था।

सन् 1905 में 'गढ़वाली' नामक पत्र का प्रकाशन शुरू हुआ। इस पत्र के सम्पादकों में तारादत्त गैरोला और विश्वम्भरदत्त चन्दोला प्रमुख थे। जब से गढ़वाली पत्र का जन्म (1905 ई०) हुआ तभी से गढ़वाली कविता, कहानी नाटक आदि साहित्यिक विषयों पर पर्याप्त सामग्री छपने लगी थी। सन् 1911 में भवानीदत्त थपलियाल का 'जयविजय' नाटक छपा। सन् 1913 ई० में 'विशाल कीर्ति' पत्रिका के प्रकाशन के साथ ही 'गढ़वाली समाचार' पत्र का भी प्रकाशन हुआ। इन पत्रिकाओं में गढ़वाली साहित्य की विभिन्न विधाओं में रचनाएँ छपीं। काव्य के क्षेत्र में विशेष प्रगति होती रही। इनमें लीलानंद कोटनाला की छन्दमाला जो सन् 1918 में छपी थी—उसकी चारों ओर प्रशंसा हुई थी।

प्रथम उत्थान के श्रेष्ठ कवियों में हरिकृष्ण दौर्गादन्ति रूडोला, लीलानंद कोटनाला, हर्षपुरी और जयकृष्ण; दौर्गादन्ति रूडोला के अलावा आत्माराम गैरोला, सत्यशरण रतूड़ी, भवानीदत्त थपलियाल, शशि शेखरानंद सकलानी, सनातनानंद सकलानी, देवेन्द्र दत्त रतूड़ी, गिरिजादत्त नैथाणी, मथुरादत्त नैथाणी, सुरदन्त सकलानी, देवेन्द्रदत्त सकलानी, दयानंद बहुगुणा, सदानंद कुकरेती, रत्नाम्बरचन्दोला 'रत्न', चन्द्रमोहन रतूड़ी, बलदेवप्रसाद शर्मा 'दीन', रामप्रसाद खंडूड़ी और तारादत्त गैरोला

आदि अनेक कवि हुए हैं जिनके उस समय अनेक महत्त्वपूर्ण काव्य संग्रह प्रकाश में आये थे।

सत्यशरण रतूड़ी हिन्दी-अंग्रेजी में भी काव्य रचना करते थे। उनकी कविताओं के चार संग्रह छपे थे। 'सरस्वती' में इनकी हिन्दी कविताएँ छपती थीं। इसी तरह तारादत्त गैरोला ने गढ़वाली के अतिरिक्त अंग्रेजी में भी गढ़वाल संबंधी विषयों पर लिखा था। उनकी प्रसिद्ध पुस्तकों में 'द साँग्स ऑफ दादू' और 'हिमालयन फोकलोर' प्रसिद्ध हैं। पादरी ई०एस० ओकले के साथ उन्होंने 'हिमालयन फोकलोर' की रचना की थी।

गढ़वाली काव्य के प्रथम उत्थान की सर्वश्रेष्ठ कृति 'सदेई' को माना जाता है। इस कृति के कृतिकार तारादत्त गैरोला थे। इस काव्य में बेटी के दुःखों का कारुणिक चित्रण किया गया है। पादरी ओकले 'सदेई' की निम्न पंक्तियों को पढ़कर रो पड़े थे—

हे ऊँचि डॉड्यो तुम नीसि जावा।
घैंणी कुलायूँ तुम छाँटि ह्वा वा,
मैं कू लगीं चा 'खुद' मैतुड़ा की
बाबाजि को देश देखण द्या वा।

—हे, ऊँचे-ऊँचे पर्वतो! तनिक झुक जाओ। अरी चीड़ की घनी द्रुमावलियो। दयाकर छँट जाओ! मुझे मायके की बहुत 'खुद' (याद आ रही है) लगी है। मुझे तनिक बाबा जी (पिता जी) के देश को देखने दो। गढ़वाली कविता की इन पंक्तियों को पादरी ई०एस० ओकले ने अंग्रेजी में इस प्रकार लिखा है—

Bend down ye high hills!
Disperse ye crowded pines!
Let me see my papa's home,
My heart for that place pines.

इसी काल खंड में (सन् 1914-1915) में, फ्रांस का युद्ध हुआ था। अंग्रेजों ने गढ़वाली पल्टन को वहाँ भेजा था। फ्रांस में रहते हुए गढ़वाली सिपाहियों को गढ़वाल की ऊँची-ऊँची पहाड़ियों की याद आती है। उसी भाव को गिरधारीलाल डोभाल ने निम्न पंक्तियों में प्राणवन्त किया—

कख होली मेरी डॉडी व काठी, कख कुयेडी सौण की।
रुमझुम बरखा छुम-छुम छोया, मैंकु सुझी छ रोंण की॥

—मेरी हरी-भरी पर्वत चोटियाँ न जाने कहाँ होंगी? उन पर्वतों के कलेजे पर लिपटा हुआ कुहरा न जाने कहाँ-कहाँ लगा होगा? उधर मेरे उन पर्वतों पर रुम-झुम, रुम-झुम वर्षा बरस रही होगी। बरसाती सोते जहाँ-तहाँ फूट पड़े होंगे। इधर मेरा

केवल मात्र रोने का मन कर रहा है, क्योंकि मैं इतनी दूर हूँ कि उन पर्वत शृंखलाओं को देखना तो दूर—उनकी कल्पना भी नहीं कर सकता।

दूसरा उत्थान (1926–1950)

प्रथम उत्थान के कवियों ने ही दूसरे उत्थान को अपनी सशक्त काव्य कृतियों के माध्यम से आगे बढ़ाया। इस काल खंड के कवियों ने गढ़वाली जन-जीवन की कठिनाइयों को अपनी कविताओं का विषय बनाया। बेमेल विवाह, पारिवारिक कलह, जुआ, शराब खोरी, मुकदमेबाजी आदि सामाजिक बुराइयों को दूर करने हेतु कवियों ने विशेष प्रयास किया।

बलदेव शर्मा ने 'रामी' और 'जसी' नामक खण्ड काव्यों की रचना इसी काल खंड में की थी। रामी गढ़वाल की आदर्श पतिभक्त नारी चरित्र आज भी लोक-जीवन में सीता के चरित्र की तरह पूजा जाता है। शशि शेखरानंद की 'पुष्पांजलि', चक्रधर बहुगुणा की 'मोछंग' और तोताराम गैरोला की प्रेम और विवाह पर आधारित 'प्रेमी पथिक' नामक खण्ड काव्य इसी दूसरे उत्थान की प्रमुख कृतियाँ हैं। योगेन्द्र पुरी की 'नलदमयंती' और 'फूलकंडी' के प्रकाशित होते ही गढ़वाल अंचल में हलचल हो गई थी। फूलकंडी के गीतों से प्रभावित होकर भोलादत्त डेंबरानी ने 'पारवा घसेरी', 'जुओ और जनानी' तथा 'मलेथा की कूल' नामक काव्य लिखे। इन तीनों काव्यों ने गढ़वाली जन-जीवन पर गहरा प्रभाव डाला। केशवानंद कैंथोला की 'चौंफला रामायण' अपने ढंग की श्रेष्ठ कृति वर्ष 1930 के लगभग प्रकाश में आयी थी।

रत्नाम्बरदत्त चंदोला, केशवानंद जदली और दयाशंकर भट्ट 'वंदी' आदि कवियों ने अपनी-अपनी ओजस्वी कविताओं के माध्यम से गढ़वाल के युवकों को नया मार्ग दिखाया और सुझाया था। देश की आजादी में बलिदान होने की सीख दी थी।

यही वह काल खंड था जिसमें वीर चन्द्रसिंह गढ़वाली ने पेशावर में पठानों के ऊपर गोली चलाने से इनकार कर दिया था। स्वतंत्रता की लड़ाई में इस घटना ने सम्पूर्ण देशभक्तों का मनोबल बढ़ाया था। गढ़वाली सेना का यह प्रथम विद्रोह था। अंग्रेजों के पाँव भारत से इस घटना के बाद उखड़ने लगे थे। गढ़वाली कवियों की कविताओं में देश-प्रेम और देश पर कुर्बान होने की होड़-सी लग गई थी।

हिन्दी साहित्य के प्रथम डी०लिट्० डॉ० पीताम्बरदत्त बड़थ्वाल ने भी अनेक गढ़वाली कविताओं की रचना कर युवकों का मार्गदर्शन किया था। काशी नागरी प्रचारिणी सभा की ओर से डॉ० पीताम्बरदत्त बड़थ्वाल ने हिन्दी साहित्य की अनेक खोज रिपोर्टों को प्रकाशित किया था। इन रिपोर्टों में कई स्थलों पर गढ़वाल के सम्बन्ध में अनेक जानकारियाँ प्राप्त हुई थीं। गोरखबानी और अनेक निबन्धों में इन सब महत्त्वपूर्ण तथ्यों और विषयों का डॉ० बड़थ्वाल ने उल्लेख किया था। वे स्वयं गढ़वाली में लिखते थे और गढ़वाली युवकों को गढ़वाली में कविता रचने और लेख लिखने की प्रेरणा देते थे। वे हिन्दी के सर्वश्रेष्ठ शोधकर्त्ता ही नहीं थे, बल्कि हिन्दी

और गढ़वाली के श्रेष्ठतम सेवक भी थे। उन्हीं की प्रेरणा से सन् 1938 में शालिग्राम वैष्णव की पुस्तक 'गढ़वाली पखाण' का प्रकाशन हुआ था।

'मेघदूत' का गढ़वाली कविता में अनुवाद रूपमोहन ने सन् 1937 में किया। सन् 1937-1938 में तुलाराम सकलानी ने 'कर्मयोग' और सन् 1950 में विशालमणि शर्मा ने 'वीरगढ़वाली' नामक कृतियों की रचना कर, गढ़वाली कविता के क्षेत्र में प्रसंसनीय कार्य किया।

स्वतंत्रता सेनानी व पूर्व विधायक स्व० भगवतीचरण निर्मोही को 'हिलांस' नामक काव्य रचना गढ़वाली काव्य क्षेत्र के द्वितीय चरण की अति प्रशंसित कृति है। इसी समय पीताम्बर डेबरानी ने भी अनेक गढ़वाली कविताओं की रचना की।

गढ़वाली के द्वितीय उत्थान के सर्वप्रिय कवि भजनसिंह 'सिंह' को माना जाता है। लगभग 1937-1938 में उनकी प्रसिद्ध कृति 'सिंहनाद' प्रकाशित हुई थी। आज भी इस कृति का महत्त्व पूर्ववत् बना हुआ है। 'सिंहनाद' के कवि ने पहली बार गढ़वाल के गीतों, गाथाओं, कथाओं और पहेलियों को एक साथ समेटकर पाठकों का ध्यान आकर्षित किया। उनके इस संग्रह में वीरबहू, खुदेड बेटी और कुसगोरी कज्याण' जैसी कविताओं का आकर्षण आज भी ज्यों-का-त्यों बना हुआ है।

'सिंहनाद' में भजनसिंह 'सिंह' ने खुदेड़ बेटी का दर्द मार्मिक शब्दों में प्रकट किया है। इस कविता में उन्होंने लोकगीत के शब्दों को लेकर सुन्दर काव्य रचना की है—

फूली जालो काँस ब्वै, फूली जालो काँस।
मेल्वड़ी बाँसली ब्वै, मैं बुराँस,
मौली गैने डाली ब्वै, हैरी हैन डाँडी,
गौं कि दीदि-भुलि ब्वै, मैतु आई गैन,

—माँ मायके आने की ऋतु आ गई है अब तो वनों में काँस फूलेगा। मेल्वड़ी पक्षी भी वृक्षों पर बैठकर मधुर गीत गायेगा—क्योंकि बुराँस के फूल वनों में फूलने लगे हैं। वृक्षों में कोंपलें फूटने लगी हैं। पर्वत-चोटियों में हरियाली दिखाई देने लगी है। अब तो गाँव की छोटी-बड़ी बहनें अपने-अपने ससुराल से मायके आ गई होंगी! (परन्तु मैं अभागी अभी तक मायके जाने का रास्ता ही देख रही हूँ।)

गढ़वाल से दूर नौकरी करनेवाले गढ़वाली युवकों ने गढ़वाली में कविता कर अपनी मनोदशा और विवशता का चित्रण अपने-अपने काव्यों में किया। सन् 1932 में शालिग्राम शास्त्री ने लाहौर से 'नीति प्रकाश' नामक कविता संग्रह का प्रकाशन किया। सन् 1935 में 'क्वेटा' से कमल साहित्यालंकार ने 'जमुना' और 'कर्तव्य बोध' नामक काव्यों का प्रकाशन किया। सन् 1935 में लाहौर से बलदेवप्रसाद नौटियाल ने 'छाया रामायण' नामक काव्य की रचना सुन्दर गढ़वाली भाषा में की।

इसी काल खंड में उन्होंने (बलदेवप्रसाद नौटियाल ने) गढ़वाली शब्दकोश का निर्माण भी किया। सन् 1938 में ललिताप्रसाद 'ललाम' ने 'सासू-व्वारी' नामक बहुचर्चित कविता का लाहौर से प्रकाशन किया। सन् 1937 में गढ़वाली प्रचारक मंडल, इंदौर सिटी से गढ़वाली-नागरी कोश का प्रकाशन हुआ। इस कोश के कोशकार तुलाराम शर्मा 'चन्द्र' ने 'कर्मयोग' नामक कृति को प्रकाशित किया था।

गढ़वाली में भवानीदत्त थपलियाल के 'जय-विजय' और 'प्रह्लाद' नामक नाटकों के सन् 1930 में प्रकाशित होते ही घनानंद बहुगुणा का 'समाज' नामक नाटक (1932 में) प्रकाश में आया। सन् 1934 में ईश्वरीदत्त जुयाल का 'परिवतन' नामक नाटक प्रकाशित हुआ। सन् 1936 में वाणीभूषण शर्मा का 'प्रेमसुमन' नामक नाटक प्रकाशित होकर प्रशंसित हुआ। कहानी क्षेत्र में भी परशुराम नौटियाल ने 'गोपू' और श्रीदेव सुमन ने 'बाबा जी' नामक कहानी लिखकर गढ़वाली साहित्य की श्रीवृद्धि की।

जब भी भारत पर दुश्मन देशों का आक्रमण हुआ—गढ़वाल के वीर सैनिकों का सबसे अधिक बलिदान हुआ। राष्ट्र पर मर मिटने की चाह—प्रत्येक गढ़वाली की सदैव रही है। अबोध बन्धु बहुगुणा की निम्न पंक्तियों में सच्चे, गढ़वाली की राष्ट्र प्रेम की भावना व्यक्त हुई है—

हमूँ तैं राष्ट्र पैले च, हमारी जान पैथर छन।
जबरि भी औंद वची संकट, तरुण बलिदान ऐथर छन।

हमें (गढ़वालियों को) अपना राष्ट्र (देश) अपनी जानों से भी अधिक प्यारा है। हमारी जानें बाद में हैं—और राष्ट्र का सम्मान पहले है। जब भी राष्ट्र पर कोई संकट आता है—तभी राष्ट्र रक्षा के लिए तरुण (गढ़वाली युवक) आगे आकर राष्ट्र पर बलिदान होने (मर मिटने) के लिए होड़ लगाने लगते हैं।

और इन गढ़वाली नवयुवकों की यह विशेषता होती है कि वे युद्धभूमि से कभी भी पीठ दिखाकर नहीं लौटते। डटकर शत्रु का सामना करते हैं। यदि शत्रु की गोली खाने का अवसर भी आता है तो सीने पर ही गोली खाकर देशहित के लिए प्राण त्यागते हैं—

उट्यां छन मोरचों पर त अ, पिछाड़ी नी हटा करटा,
नि खाँदाजो मार, जौंको नि जाँदो वार क्वी खाली,
इना छन शूर रण बाँका, बहादुर वीर गढ़वाली।

—यदि मोरचों में रहते हैं तो मृत्यु के अंतिम क्षण तक भी मोरचों में डटे रहते हैं—पीछे कदापि नहीं हटते। दुश्मन के सामने कभी भी घुटने नहीं टेकते। गढ़वालियों का रण कौशल इतना सधा होता है कि इनका निशाना कभी चूकता ही नहीं, ऐसे रणशूर होते हैं—गढ़वाली वीर सिपाही।

दूसरे उत्थान के कवियों ने 'राष्ट्र प्रेम' की कविताओं को अधिक महत्त्व दिया। प्राचीन साहित्य एवं संस्कृति का प्रचार-प्रसार किया। स्वतंत्रता की लड़ाई में भरपूर

योगदान दिया। संस्कृत के छन्दों का प्रयोग भी दूसरे उत्थान के समय अधिक हुआ। व्याकरण की दृष्टि से भी काव्यों का उत्कृष्ट उत्थान हुआ। कवियों की दृष्टि सदैव समाज-सुधार की ओर ही रही। स्वतंत्रता प्राप्ति के लिए गढ़वाली जनमानस हर क्षण तत्पर रहा।

तीसरा उत्थान (1951-1975)

स्वतंत्रता प्राप्ति की प्रसन्नता के साथ गढ़वाली भाषा और साहित्य का उत्थान भी द्रुतगति से हुआ। वर्ष 1940 से 1970 के बीच तत्कालीन काशी विद्यापीठ के प्रो० भगवतीप्रसाद पांथरी सबसे अधिक सक्रिय रहे। उन्होंने अपने सहयोगी मित्रों के साथ मसूरी में 'गढ़वाली साहित्य कुटीर' की स्थापना की। उन्होंने स्वयं भी गढ़वाली में कविताएँ, गद्यगीत, निबन्ध, नाटक, एकांकी नाटक और कहानियाँ लिखीं और अपने मित्रों से भी कविताएँ आदि साहित्यिक कृतियों को लिखवाया। बहुत से विद्वान् सन् 1940 से 1970 के काल खण्ड को 'पांथरी युग' के नाम से संबोधित करते हैं। इस काल खण्ड में नये कवियों की कविताओं में जन-जागरण का शंखनाद हुआ। प्रो० पांथरी के 'अधःपतन' और 'भूतों की खोह' नामक एकांकियों का अधिक प्रचार-प्रसार हुआ। इनकी बांसुली गद्यगीत' की अधिक प्रशंसा हुई। डॉ० आनन्दशरण रतूड़ी ने भी गढ़वाली में अनेक निबन्ध और कविताएँ इसी काल में लिखी थीं।

प्रो० पांथरी की प्रेरणा से देहरादून में 'गढ़वाली जन परिषद्' का गठन हुआ। इस परिषद् ने अत्यन्त प्रशंसनीय कार्य किया। 'युगवाणी' के संस्थापक-संपादक स्व० आचार्य गोपेश्वर कोठियाल, जनपरिषद् के प्रधान उर्वीदत्त उपाध्याय, डॉ० गोविन्द चातक, डॉ० हरिदत्त भट्ट शैलेश, डॉ० पुरुषोत्तम डोभाल, डॉ० शिवानन्द नौटियाल, डॉ० उमाशंकर सतीश, जीतसिंह नेगी आदि उस समय के ऐसे कर्मठ युवक थे जिन्होंने गढ़वाली साहित्य की प्रत्येक विधा में डटकर काम किया।

सन् 1950 के बाद सम्पूर्ण देश में 'लोक संस्कृति' को उजागर करने का कार्यक्रम शुरू हुआ। गढ़वाल में रहनेवाले और देश के कोने-कोने में नौकरी या अन्य कार्यों को करनेवाले गढ़वाली युवकों ने भी अपनी संस्कृति, भाषा और साहित्य को अक्षुण्ण रखने का प्रयास शुरू किया। सन् 1954 में, गढ़वाली साहित्य मंडल, दिल्ली ने 'धुँयाल' नामक लोकगीतों का संकलन अवोधबन्धु बहुगुणा के सम्पादकत्व में प्रकाशित किया। इस संकलन के प्रकाशित होते ही सारे देश में फैले हुए गढ़वाली युवकों के मध्य जागृति फैल गई। डॉ० गोविन्द चातक के इसी समय में गढ़वाली लोकगीत और गढ़वाली गीत गाथाओं के संकलन प्रकाश में आये। 1956 में डॉ० पुरुषोत्तम डोभाल, डॉ० शिवानंद नौटियाल और कैलाश पांथरी का 'हिंसर' नामक कविता संग्रह प्रशंसित हुआ।

हिन्दी के कवि स्व० चन्द्रकुंवर वर्त्वाल की कविताओं का भी जोर-शोर इसी काल खण्ड में अधिक रहा। गढ़वाल का दर्द—इनकी कविताओं का विषय होता था।

ललित मोहन थालियाल ने चार नाटक 'खाडू लायता', 'अंछरियों को ताल', 'घर जवैं' और 'एकीकरण' इसी समय छपे। जिनका अत्यन्त महत्त्व आँका जाता है।

सन् 1956-57 में गढ़वाल मंडल दिल्ली ने 'गिरीश' नामक एक निबन्ध संग्रह बदरीश पोखरियाल के सम्पादकत्व में प्रकाशित किया। इस संकलन ने चारों ओर गढ़वाल की महत्ता को उजागर किया।

गढ़वाल के साहित्य को आगे बढ़ाने और शोध कार्य को करने की प्रेरणा देने का श्रेय प्रो० शम्भुप्रसाद बहुगुणा को जाता है। उन्होंने 'विराट हृदय' और 'मानस मंदाकिनी' जैसी कृतियों को रचकर गढ़वाली शोध करनेवाले युवकों का मार्गदर्शन किया। डॉ० गोविन्द चातक, डॉ० शिवानन्द नौटियाल, अवोधबन्धु बहुगुणा, मोहन लाल बाबुलकर, भजनसिंह 'सिंह', डॉ० पुरुषोत्तम डोभाल, डॉ० हरिदत्त भट्ट 'शैलेश' और उमाशंकर 'सतीश' जैसे विद्वानों विभिन्न विषयों पर शोधात्मक पुस्तकें लिखीं।

गढ़वाली लोकगीतों, लोकगाथाओं, लोककथाओं और पहेलियों के संग्रह पर भी अधिक ध्यान इसी काल खंड में दिया गया। इस दिशा में डॉ० गोविन्द चातक, डॉ० शिवानंद नौटियाल, अवोधबन्धु बहुगुणा और मोहनलाल बाबुलकर का विशेष योगदान रहा। डॉ० शिवानन्द नौटियाल के श्याम बुक डिपो देहरादून से गढ़वाली लोकगीतों के आठ संग्रह छपे। जुगलकिशोर एण्ड कम्पनी देहरादून से डॉ० गोविन्द चातक के दो संग्रह इसी समय प्रकाश में आये।

गढ़वाली कवियों की इस काल खंड में अधिकता रही। नये-नये विषयों में काव्य रचना के दर्शन हुए। प्रसिद्ध कवियों में अवोधबन्धु बहुगुणा, डॉ० उमाशंकर 'सतीश', मुरलीमनोहर सती, मनसाराम शास्त्री, डॉ० महावीरप्रसाद गैरोला, भजनसिंह 'सिंह', आत्माराम पौखरियाल, काशीराम शास्त्री, गुणानन्द पथिक, विष्णुदत्त जुयाल 'मनुज', श्रीधर जमलोकी, कन्हैयालाल डंडरियाल, गिरधारीप्रसाद 'कंकाल', प्रेमलाल भट्ट, डॉ० गोविन्द चातक, डॉ० शिवानंद नौटियाल, कैलाश पांथरी, भगवतीचरण निर्मोही, भगवानसिंह रावत 'अकेला', डॉ० पार्थसारथि डबराल, पीताम्बर डेबरानी, सदानंद जखगोला, केशवध्यानी, हरीशचन्द्र घिल्डियाल, केशव अनुरागी, आत्माराम फांदणी, घनश्याम रतूड़ी, महेश तिवाड़ी, ललित केशवान, योगेश पांथरी, हर्ष पर्वतीय, जागू नौडियाल, जीतसिंह नेगी, जीवानंद श्रीयाल, धर्मानन्द जमलोकी, धर्मानन्द उनियाल 'पथिक', पूरनपंत, शकुन्त जोशी, शेरसिंह, गढ़देशी, सुदामा प्रसाद 'प्रेमी', पारेश्वर गौड़, जयानंद खुकसाल, नित्यानंद मैठाणी, नरेन्द्र सिंह नेगी और मोहन थपलियाल आदि काव्यकारों की महत्त्वपूर्ण काव्य कृतियाँ प्रकाश में आईं।

इस काल खंड में कवियों ने संगीत की दिशा में भी महत्त्वपूर्ण कार्य किया। गढ़वाली कविताओं को संगीतबद्ध करनेवाले कवियों में दयाशंकर भट्ट 'वंदी', केशव अनुरागी, महेश तिवाड़ी, हरीशचन्द्र घिल्डियाल, केशवध्यानी और मदन नयाल का नाम विशेष रूप से उल्लेखनीय है।

हिन्दी के प्रसिद्ध कवि लीलाधर जगूड़ी, मंगलेश डबराल ने भी गढ़वाली में सुन्दर कविताएँ लिखी हैं। इसी तरह डॉ० गंगाप्रसाद 'विमल' ने जहाँ हिन्दी में उपन्यास और कहानियाँ तथा आलोचनाएँ लिखी हैं—वहीं उन्होंने गढ़वाली में भी कविताएँ रची हैं। हिन्दी-संस्कृत के जाने-माने कवि डॉ० पार्थसारथि डबराल ने भी गढ़वाली में काव्य रचना की है। इन चारों कवियों का गढ़वाली के काव्य क्षेत्र में भी विशेष योगदान रहा है।

इस काल खंड में उपर्युक्त सभी कवियों ने कहानी, नाटक, उपन्यास, गद्यगीत और कविताएँ लिखी हैं। इस तरह गढ़वाली के तीसरे उत्थान से चौथे उत्थान का श्रीगणेश होता है।

गढ़वाली कविता का चौथा उत्थान 1976 से अब तक

सन् 1950 के बाद से ही देश में राष्ट्रीय सांस्कृतिक स्वरूप का पुनर्जागरण होने लगा था। हिन्दी में भी नये-नये प्रयोग होने लगे थे। कविता, अकविता, छन्दरहित कविता लिखी जाने लगी थी। गढ़वाली साहित्य भी इससे अछूता नहीं रहा। आया भजनसिंह 'सिंह' जैसे पुराने कवि ने छन्दरहित कविता का निम्न प्रकार से विरोध किया—

काव्य-कामिनी से करी, अति अवैध सम्बन्ध
वणणा छन इख अकवि कई, तोड़ि छन्द प्रतिबन्ध।

परन्तु, उनका विरोध गढ़वाली कवियों को हिन्दी के कवियों की तरह स्वीकार नहीं हुआ। गढ़वाली में आज अधिकांश कविताएँ छन्दरहित ही लिखी जा रही हैं।

गढ़वाली के तीसरे उत्थान काल से ही कवियों ने अपनी कविताओं का विषय बदलना शुरू कर दिया था। राजनीति और राजनीतिक भ्रष्ट नेताओं पर अधिकांश कविताएँ लिखी गईं। पहाड़ों के साथ मैदानों के राजनेताओं का सौतेला व्यवहार भी कविताओं का मुख्य विषय बना। पहाड़ से युवकों के पलायन करने की पीड़ा को व्यक्त करनेवाली कविताएँ भी प्रमुख रूप से रची गईं। 'चिपको' आन्दोलन गढ़वाल से ही शुरू हुआ। सरकार ने जब पेड़ कटवाने शुरू किये तो गढ़वाल का कवि मुखर होकर चिल्लाने लगा। घनश्याम रतूड़ी 'शैलानी' की व्यथा का अवलोकन करें—

जंगलू काटि-काटि रवाड़ा पड़ीगें
डोखरी पूँगड़ि कुड़ा बाड़ा बगीनें
घणा-घणा जंगल अब छाँटा पड़ीगें।
हिमालय का कै केदारी काँठा रड़ीगें।
ल्लीसा का धौलोगि गैरा डाला रोणा छन,
छिल्का तौंका उतारि उजाला होणा छन।
चीड़ कुलै डाल्यो को दुख-दर्द मिटावा
माटा व पाणि की मरम पट्टी लगावा।

—जंगल कटकर सारे क्षेत्र वृक्ष विहीन हो गये हैं। जिससे पहाड़ों में दरारें पड़ गई हैं। ऐसे में पहाड़ों में जब वर्षा होती है तो खेत, खलिहान, मकान आदि तक बह जाते हैं। पेड़ों के कटने से घने-घने जंगल छितरे हो गये हैं। सारे केदारी डाँडे धँस गये हैं या खिसककर नीचे आ गये हैं। 'लीसें' को निकालने से चीड़ के वृक्ष रो रहे हैं, क्योंकि उनके (चीड़ के वृक्षों के) छिलके निकल जाने से और घाव हो जाने से वे (वृक्ष) सफेद दिखने लगे हैं। कुछ दिन में चीड़ के वृक्ष भी टूट जायेंगे। इसलिए भाइयो इन्हें (वृक्षों को) बचाने के लिए मिट्टी-पानी की मरहम पट्टी लगाओ—तभी पहाड़ सुरक्षित रह सकते हैं।

पर्यावरण सुरक्षा के लिए जहाँ गढ़वाली कवियों ने अपनी कविताओं में गढ़वाल का आक्रोश व्यक्त किया—वहाँ मिट्टी, पानी, बयार को नष्ट होने से बचाने के लिए भी आवाज़ उठाई है। अपने अधिकारों को प्राप्त करने की लड़ाई में भी गढ़वाली कवि पीछे नहीं रहे। उत्तराखण्ड (उत्तरांचल) राज्य प्राप्ति के आंदोलन को गति देने के लिए गढ़वाली कवि सबसे आगे रहे। उनकी जोशीली और रोशीली कविताओं ने समस्त उत्तराखंड की जनता को मर-मिटने के लिए तैयार कर डाला था। आज उत्तरांचल (उत्तराखण्ड) राज्य बन गया है। इसके पीछे गढ़वाली कवियों का विशेष हाथ है। अब कवि सुन्दर उत्तराखण्ड बनाने के स्वप्न सँजोने लगे हैं।

गढ़वाली भाषा और साहित्य के इस चौथे उत्थान में कवियों का विशेष योगदान रहा है। इस कालखंड में महाकाव्य भी रचे गये। अवोधबन्धु बहुगुणा का 'भूम्याल' और प्रेमलाल भट्ट का 'उमाल्' दोनों गढ़वाली भाषा के महाकाव्य हैं। प्रेमलाल भट्ट का दूसरा महाकाव्य 'आत्महन्ता चू वू' प्रकाशनाधीन है।

सन् 1975 के बाद के कवियों में नरेन्द्रसिंह नेगी सबसे प्रसिद्ध कवि, गायक और संगीतकार हैं। उनके अब तक चार गढ़वाली कविता संग्रह छप चुके हैं। सैकड़ों कैसेट बाजार में बिक चुके हैं। उन्हीं की देखा-देखी कई नवयुवक कवि कैसेट बना चुके हैं। गढ़वाली कविताओं के कैसेट के माध्यम से नित नये कवि सामने आ रहे हैं।

फिल्म निर्माण के क्षेत्र में भी उल्लेखनीय प्रयास हुआ है। पारेश्वर गौड़ की 'जग्वाल' पहली गढ़वाली फिल्म थी। उनसे प्रेरणा लेकर विन्देश्वर नौड़ियाल ने 'सुख-दुख' और विश्वेश्वरदत्त नौटियाल ने 'घर-जवैं' तथा 'कौथिग' नामक गढ़वाली फिल्में बनाईं। फिल्मों के आकर्षण ने ही नरेन्दसिंह नेगी-चन्द्रसिंह राही जैसे गीतकार-कवियों को शीर्षस्थ स्थान पर बिठाया है।

कविताओं के साथ नाटक क्षेत्र में भी विशेष काम हुआ है। ललित मोहन थपलियाल, राजेन्द्र धस्माना, उर्मिल थपलियाल और जीतसिंह नेगी आदि नाटककारों ने अनेक नाटक लिखे और उनका मंचन किया है। राजेन्द्र धस्माना का 'जंक जोड़' और 'अर्ध ग्रामेश्वर' नाटक ललित मोहन थपलियाल के 'घर-जवैं' और 'खाडूलापता' की तरह अधिक प्रशंसित हुए हैं।

तीसरे उत्थान के कवियों ने सन् 1975 के बाद भी अपनी कविताओं के माध्यम से गढ़वाली भाषा की श्रीवृद्धि करने में अपना विशेष योगदान दिया है, परन्तु इस काल खंड में कुछ कवि विशेष रूप से गढ़वाली काव्याकाश में चमके हैं। उनके नाम संक्षेप में इस प्रकार हैं—भजनसिंह 'सिंह', भगवतीचरण निर्मोही, अबोधबन्धु बहुगुणा, प्रेमलाल भट्ट, मथुराप्रसाद डोभाल, डॉ० उमाशंकर सतीश, जीतिसिंह नेगी, जग्गू नौटियाल, सुदामा प्रसाद 'प्रेमी', डॉ० पार्थसारथि डबराल, शिवानंद पांडे, लोकेश नवानी, विष्णुदत्त जुयाल 'मनुज', सतेश्वर प्रसाद आजाद, वसुन्धरा डोभाल, जगदीश किरण, जगदीश विज्ल्वाण, धर्मानन्द उनियाल 'पथिक', शेरसिंह गढ़देशी, केशव अनुरागी, केशव ध्यानी, महेश तिवाड़ी, सदानंद जखमोला, डॉ० महावीर प्रसाद गैरोला, श्रीधर जमलोकी, हर्ष पर्वतीय, प्रकाश पुरोहित, जयदीप नित्या, नेद मैठाणी, मथुरा प्रसाद बमराड़ा, हरीश घिल्डियाल, पूरन पेल, वसन्त घिल्डियाल, भगवानसिंह 'अकेला', ललित केशवान, कन्हैया लाल डडलियाल और गिरधारी प्रसाद 'कंकाल' जैसे कवि इस कालखंड के चहेते कवि रहे हैं।

आज जिन कवियों की विशेष चर्चा है उनमें नरेन्द्र सिंह नेगी सबसे अधिक चहेते कवि हैं। अन्य कवियों में चन्द्रसिंह राही, शिवसिंह पंवार, नेत्रसिंह असवाल, देवेन्द्र प्रसाद जोशी, चिन्मय सायर, वीना वेंज्वाल, मदन भदूला, राजा खुगशाल, सच्चिादानंद काण्डपाल और योगेश पांथरी जैसे उभरते कवि हैं। इन सब कवियों की आज सर्वत्र चर्चा है।

गढ़वाली भाषा और साहित्य में नित नये-नये प्रयोग हो रहे हैं। नये-नये कवि अपनी कविताओं के माध्यम से गढ़वाली साहित्य की सेवा कर रहे हैं। काव्य-महाकाव्य लिखे जा रहे हैं। हिन्दी की तरह गढ़वाली में भी नये-नये प्रयोग हो रहे हैं। निस्सन्देह गढ़वाली काव्य का उज्ज्वल भविष्य है। नित नये-नये कवि सामने आ रहे हैं।

डॉ० शिवानन्द नौटियाल

धर्मानन्द उनियाल 'पथिक'

गढ़वाल-दर्शन

देवभूमि गढ़वाल देवताओं की भूमि है। इस भूमि को नमन करना प्रत्येक भारतवासी का धर्म है। कवि धर्मानंद उनियाल 'पथिक' ने फिल्मी तर्ज पर गढ़वाल के भव्य दर्शन इस प्रकार करवाये हैं—

आवा बच्चो झाँकी देखा अपणा ये गढ़वाल की।
तिलक लगावा माटी को तुम भारत का ये भाल की॥
देव भूमि बोदान 'ई' कू, नर नारायण वास छ।
पारवती को मैत यखी छः शिव जी को कैलाश छ।
देवी अर द्यबतों को भी यख, हर पर्वत पर वास छ।
तपो भूमि ऋषियों की ई छ, सबको यू विश्वास छ।
गंगा यमुना धौली काली शान छन गढ़वाल की।
तिलक लगावा माटी को तुम भारत का ये भाल की॥
नाथ केदार को पावन मन्दिर बदरी नाम महान छ
सतोपंथ अर वसुधारा की, अपनी न्यारी शान छ।
भीम शिला व व्यास गुफा की, कथा बड़ी महान छ।
तप्त कुण्ड को पाणी देखा, विधि को कनो विधान छ।
नर नारी श्रद्धा से गाँदन महिमा बदरी विशाल की।
तिलक लगावा माटी को तुम भारत का ये भाल की॥
ओ देखा चौखम्बा खड़ो छ, करदो यही बखान छ।
अटल प्रहरी रये देश को, पर्वत यो हिमवान छ।
वेद पुराण रचेन यख ही, रत्नों की या खान छ।
व्यास वशिष्ट अर नारद मुनि को, यो ही तप को स्थान छ।
कालीदासन महिमा गाये ये प्यारा गढ़वाल की।
तिलक लगावा माटी को तुम भारत का ये भाल की॥
तपो भूमि या गुरु गोविन्द की, उत्तर को एक किनारो छ
हेमकुण्ड लोकपाल बोदान, सिक्खौ को गुरुद्वारों छ।

आदि गुरु को ज्योतिर्मठ यख जख नरसिंह को धारो छ।
महापुरुषों की लीला भूमि या, यू सौभाग्यों हमारो छ।
देश माँ एकता बढौण वाली या धरती गढ़वाल की
तिलक लगावा माटी को तुम भारत का ये भाल की।
देखा व फूलों की घाटी, ज्वाशोभा की खान छ।
माली नी छ क्वी भी यख को, ना मालिक इंसान छ।
रंग-रंग का फूल मनोहर, प्रभु को क्या वरदान छ।
माली मालिक और कुइनी, सिर्फ वही भगवान छ।
प्रेम से बोला सब जन मिल की जै जै बदरी विशाल की।
तिलक लगावा माटी को तुम भारत का ये भाल की।
गोमुख की शोभा ओ देखा, तख गंगोतरी धाम छ।
देव नदी भी तख से निकले, गंगा जैंको नाम छ।
जमुना जी को मैत भी तख छ, जख जमनोत्तरी धाम छ।
तन मन तैं हर लेदू यख स्यू, गोधूली को धाम छ।
वर्णन नी ह्वै सकदे कै से शोभा सहासर ताल की।
तिलक लगावा माटी को तुम भारत का ये भाल की।

✦

नरेन्द्र सिंह नेगी

'बावन गढ़ू कु देस'

बावनगढ़ों का देश गढ़वाल अपनी विशेषताओं के लिए प्रसिद्ध है। 'खुचकंडी' काव्य संग्रह की यह पहली कविता है—जिसमें गढ़वाल के बावन गढ़ों का सुन्दर वर्णन—कवि नरेन्द्र सिंह नेगी ने किया है—

बीरू भड़ूकु देस, बावन गढ़ूकु देस
जै जै बदरी केदार, गढ़भूमी गढनरेश। बीरू....॥

ल्वेगढ़ बडियारगढ़ लोदन भरदार गढ़,
गढु का गढ़पती ह्वेनि बड़ा-बड़ा सरदार भड़।
तोपगढ़ का तोपाल चौंडागढ़ का चौंड्याल,
चाँदपुर गढ़नरेश माराजा कनकपाल।
कालू भण्डारि रणू रौत येना भड़ ह्वेनि,
मुंडूं का चौंरा चीणि अर ल्वेका घट रिंगैनि। बीरू....॥

नागपुर गढ़ फल्याण बधाण्यूं कु गढ़ बधाण,
कुंजणी भरपूर गढ़ क्वीलीगढ़ का सज्वाण।
मौल्या अर रैंकागढ़ का गढ़पती रमोला ह्वेनी,
माधो लोदी रिखोला भोटन्त जीतीकि ल्हैनी।
उप्पूगढ़ को जवान धनरे काफू चौहान,
काटी भी सिर नि झुकै कनुरै होलु स्वाभिमान। बीरू....॥

कंडारयूँ कु गढ़ कंडारा नेगी लुहाबगढ़,
संगेला गढ़ी का बिष्ट अस्वालूकु माबगढ़।
बागड़ी रँवाईगढ़ नाला अर जौंटगढ़
मुंगरा हिंदारउगढ़ काँडा का रौतभड़।
टीलू रौत्येलि बीरबाला तेरू क्या ब्वन सास,
उम्टा अर खैरागढ़ कत्यूरयूँ कु कै बिणास। बीरू....॥

अजमेर गढ़ का चौहान नयालूकु गढ़ नयाल,
खिमसारिहाट को माला मालूमा गढु सुम्याल।
टेवलगढ़ राणिगढ़ सांकरगढ़ कोलिगढ़,
भुवना श्री गुरूगढ़ बाँगर दसोलिगढ़।
जगदेव पँवार गढ़भूमीकि हवाई सान,
सीस काटीकि जैन द्यब्तौ थै द्याई दान। बीरू...॥

इड़िया ऐरासुगढ़ गढ़ताँग गढ़कोटगढ़,
साबली नवासुगढ़ बनगढ़ चौंदकोटगढ़।
गुजडू मासूर गढ़ रामि बदलपूरगढ़,
जै देबी उल्लागढ़ी भैरों लंगूर गढ़।
जुग-जुग तक रालु याद, सुमाड़ी कु पंथ्यादादा,
जीतू बगड्वाल पुरिया नैथाणी वीरगाथा। वीरू...॥

✦

बाँद (सुन्दरी)

खूबसूरत रूपवाली वह सुन्दरी न जाने किस गाँव की होगी? गढ़वाली आभूषणों से लदी-सजी रूपसी का वर्णन कवि ने अत्यन्त कुशलता से किया है—

धगुला झँवरा छणमणाद,
रम्म झम्म कौथिग जाँद।
कै गँवाँ की होलि स्य बाँद॥

लक्क दक्क गौणोन सैरी
कनुकै हिटणी होलि बिचअरी
लस्कै कमर टूटि जांद
देखि देखी की मन खयाँद। कै गँवाँ की...॥

फौंडि जनी हल्कणी च्
येन त नथुलि झल्कणी च्

कंदुड़ि मुरखुल्युन भौरीन
गौलि हंसुलि छुब्कि स्वाँदा। कै गँवाँ की... ॥

आँखि पैनि दथुड़ै धार
तड़तड़ी नाकअम् बिसार
घुंड घुंदों धौपेलि लेकि
खिल-खिल हैंसअद जाँद। कै गँवाँ की... ॥

जुनिकीसि जन हो टुकड़ि
येनि च तैंकि स्वाँणि मुखड़ि
झुलि बथौंमा फरफराँद
लटुलि उड़ी मुखमा आँद। कै गँवाँ की... ॥
चमचमा दाँत येन दिखेणा
जुनख्यलि राता सि गैणा
छालि बाघ येन बच्याँद
जन थकुली छणछणाँद। कै गँवाँ की... ॥

धार-धारू बटीन आँद
इगरेली बिरेली बाँद
चला कौथिग देखी औला
येनि ज्वनी सदआनि नि राँद। कै गँवाँ की... ॥

धगुला = हाथ का कंगन जैसा गहना, कौथिग = मेला, स्य = वह, बाँद = सुन्दरी, लकदक = पूर्णतः, गौणोन = गहनों से, हिटणी = चलती होगी, फौंकी = टहनी, हलणी = हिलने, झलकणी = चमकने, तड़तड़ी = सीधी, जूनिसि = चाँदसी, स्वाणी = आकर्षक, जुनख्यालि = पूर्ण चन्द्रमा की रात, छालि = साफ, वाच = आवाज, थकुली = थाली, छणछणाहट = थाली के बजने की आवाज, सदअनि = सदैव, ज्वनी = जवानी, नीराँद = नहीं रहती, इंगरेली-बिंगरेली = नाना प्रकार के रंगों से भरी हुई।

◆◆

केशव अनुरागी

बाजली तेरी झाँवरी छमा छम

खूबसूरत पैरोंवाली, सुन्दरता की मूर्ति और हावभावों की रानी—जब पैरों में झाँवर पहन कर चलती है तो देखनेवाले चलते-चलते रुक जाते हैं और उस सुन्दरी को एकटक होकर देखने लगते हैं। केशव अनुरागी ने अपनी इस कविता में नारी के अद्‌भुत सौन्दर्य की जीती-जागती तस्वीर उतारकर 'गढ़वाली सौन्दर्य' का एक अनूठा उदाहरण प्रस्तुत किया है—

बाजली तेरी झाँवरी छमाछम-ओ हो
बिगरैली खुट्यूँ की भग्यानी। बाजली....
गोरी मुखड़ी माँ घुँगटि खैचिकि खिच हैंसिदि तू,
अनार-मेली सी, दाँतुड़ी दिखादीं।
करालि आँख्योंला अगाड़ी हेरदि पिछाड़ी देखदि,
लटुकि फुपतै की, गुस्सा माँ ठम-ठम जब हिटिदि
तब भग्यानी बाजली तेरी झाँवरी छमा-छम॥ 1॥
घसेर्‌यूँ दगिड़ि घासकू जाँदी तू उकाल़ी-उँदारी
बूण-घरसारी रसीला गीतू ला बण रस्याँदी
कमर पैलुड़ि, धोती फिलोरी माँ, छुणक्याली दाथूड़ी
साजलि हत्यु माँ।

छुण-छुण छुक-छुक, छुण छुण-छुक जब घास काटदी
तब भग्यानी बाजली तेरी हात्यूँ की चूड़ी छमाछम॥ 2॥
सेलुंग डाल़ी सी गात की छड़-छड़ी, हुड़की सी तिगुड़ी
धुवाँ सी हपिल़ी पाणी से पथिली
चौंठी माँ गाजल, टिकुली, सिन्दोल तेरी जनु
धौल़ी की फाट सी
पाणी की नओली, रुम-झुम, ठुम-ठुम जब हिटिदी
तब भग्यानी बाजली तेरी झाँवरी छमाछम॥ 3॥

बिगरैली = खूबसूरत, खुट्यों = पैरों, मुखड़ी = मुख, अनार-मेली = अनार के दानों के समान दाँतोंवाली, करालि़ = टेढ़ी दृष्टि, अगाड़ी = आगे, हेरदि = देखती, पिछाड़ी = पीछे, लटुलि = लट (बालों की), दगड़ि = साथ, उकालि़ = उंदारी, ऊपर-नीचे, पैलुड़ि = रसी, वण = जंगल, छुड़क्याली = छुणकेवाली दराँती, हुड़की सी तिगुड़ी = हुड़की की जैसी कमर, साजलि = सजेगी, हात्यूँ माँ = हाथों में, धौली = धौली नदी।

✦

ह्यूँचलि डाँड्यूँ की कंकोर

हिम से भरी पर्वत शृंखलाओं से बर्फ की ठंडी हवा जैसे ही बही—वैसे ही कवि का मन-मयूर नाच उठा। गढ़वाल के युवक का मन तो हिमाच्छादित पर्वतों में ही बसा करता है। केदार, बदरी, देवप्रयाग, भागीरथी, धौली नदी का मोह गढ़वाली युवक को सदा बाँधे रखता है।

ह्यूँचलि डाँड्यूँ की चली हिंवाँली कँकोर।
रंगमतु ह्वै, नचण लगे मेरा मन को मोर॥
धौली गंगा को छालूँ पाणी
भागीरथी काजोल
देवप्रयाग रघुनाथ मन्दिर
नथुली सी पँवोर-ह्यँचली...
आरू, घिंगारू, बाँज बुराँस,
सकिनी झका झोर
लखिपाखे बण माँग बिरड़ी,
चकोरी को चकोर-ह्यूँचली...
डाँड की रसूली कुलैईं
झुपझुपा चँवोर
उचि डाँडी चौडंडो बर्थोऊँ
गैरी गंगा भँवो-ह्यूँचली...
बसुधारो को ठंडो पाणी

केदार को ठौर
त्रिजुगी नारैण तख
बद्री सिर मौर-ह्यूँचली...

ह्यूँचली = हिमाच्छादित, डाँ्ड्यो = पर्वतों, हिंवाँली कँकोर = बर्फानी हवा, छालू = स्वच्छ, पाणी = पानी, काजोल = मटमैला, नथूली = नथ, पँवारे = नथ का गोलाकार फण, आरू = घिंघारू, बाँज, बुराँस = फल और वृक्ष, विरडी = रास्ते से भटकना, बथाँऊँ = बयार (हवा)।

✦✦

अबोधबन्धु बहुगुणा

वीर गढ़वाली

सारा विश्व गढ़वाल के वीर सैनिकों की बहादुरी से पूर्णत: परिचित है। अंग्रेजों ने, चाहे उनकी लड़ाई फ्रांस से रही हो या रूस से, गढ़वाली सैनिकों की सहायता से ही विजयश्री प्राप्त की थी। वीरता के लिए पहला पुरस्कार 'विक्टोरिया क्रास' गढ़वाल के गबर सिंह और दरबान सिंह को ही मिला था। तभी से गढ़वाली पल्टन को 'रायल गढ़वाल' से रैफन्स का सम्मान दिया गया था। प्रसिद्ध कवि अबोधबन्धु बहुगुणा ने गढ़वाली-वीरों की विशेषताओं पर इस प्रकार प्रकाश डाला है—

हिमालै का पहाड़ू माँ बुराँसाअ लाल फूलू मा
चमकद आग का रंग की, कि जौंका खूँन की लाली
इना छन शूर रण-बाँका बहादुर वीर गढ़वाली।
　　पहाड़ू दगड़ि दिन-राती भुजा जौंकी लड़ा करदन।
　　गरजदा शेर जौं देखी उड्यारू टुप लुक्याँ रहँदन
　　डरी तैं किल्क्वरी मरदन गगन मा जौंकि डर चाली।
भुला: छन जो गबरसिंह का, कि जौंकी चौड़ि छन छाती
रये जख, मालु सैं, जन्ना भड़ू की आज तैं थाती
वणी छै तीलू रौतेली कभी रणचंडि जख काली
　　छया हिंड्वाण हीरू जख रिखोला लोदि भड़ भारी
　　वली जख पुत्र की देगे नहर मा माधु भंडारी
　　सुमन की वीर गाथा जख नमूना मा गड़े जाली।
लुकी छ मित्र ह्यूँ मा जख अदेखी आग लपल्याँदीं।
छिँछाड़ौं मा सदा तत्पर जवानी पाड़ु चटकाँदी
खड़ो तुफान कर देंद वथौं मा दाथि छुणक्याली।
　　बुकै जाँदन जु बैर्यों तैं, न गोलौंन फटा करदा
　　डट्याँ छन मोरचौं पर तअ, पिछाड़ी नी हटा करदा
　　नि खाँदा मार जो, जौंको नि जाँदो वार क्वी खाली।
करलि जख युद्ध मा बैणे, भयौं को दान हँसि-खेली
पत्यौं तैं भेजली ब्वारे, मयेड़ी पूत निज देली
मुलक का काम जाणू तं कि जख तैं कि जख अगल्यार लग जाली।

ब्वदन जो—'जो कि डर्खू च, छिः ब्वे को लाल नी छ वो
दगा कद, अपणो हित द्यखद, अखाड्या माल नी छ वो
मर्‌यूँ छ, कर नि सकदो जो डटी तैं घर कि रखवाली'।

(रण मंडाण से उद्धृत)

हिमालैं = हिमालय की, जौंका = जिनके, उड्यारू = गुफाओं, टुप = चुपचाप, लुक्याँ = छिपे हुए, लपल्याँदीं = आग की लपटें, छिंछाडौं = झरनों, बैरियों = दुश्मनों, मयेड़ी = माताएँ, अगल्यार = आगे आने की ललक, अखाड्या = अखाड़ों का वीर।

◆◆

चीन का नौं

धोखेबाज चीन ने 'पंचशील' के सिद्धान्तों का नारा देकर भारत पर आक्रमण कर डाला था। चीनियों के भयंकर आक्रमण से निपटने के लिए गढ़वाली सैनिकों को भेजा गया था। तत्कालीन नेफा (अरुणाचल) के दिरांग-जोंग (बौमडीला) के समीप गढ़वाली सैनिकों ने चीनियों को अपनी जानें देकर बुरी तरह पछाड़ा था।

उसी भावभूमि में अबोधबन्धु बहुगुणा ने 'चीन के नाम' एक कविता लिखी थी। इस कविता में कवि ने स्पष्ट लिखा कि हमने अपने देश की आजादी को अपने अमर शदीदों के खून से प्राप्त किया है—हम तुम जैसे धोखेबाजों से अपनी आजादी की रक्षा करना अच्छी तरह जानते हैं—

शहीदू का तरुण ल्वै से सिंची च हमरि आजादी
द लोला चीन! तू यख मा खलल कुछ डाल्‌णो चाँदी!
हमारी एकता छ या पवेत्तर गंगा को पाणी
हमारी मातृभूमिन दे जगत तैं शान्ति की वाणी!
खुलाआम् ध्यौ च सह-जीवन, मगर हम से छड़ेलो जो
बुरी करलो अफी अपणो स्यियाँ सिंघू जगालो जो।
हमूँ तैं राष्ट्र पैले च, हमारी ज्यान पैथर छन
जबरि भी औंद क्वी संकट तरुण बलिदान अैथर छन।
बहादुर मैत्वड़ौ की छन हमारा गौं कि सैंदाणी
कि जौंका लाल दुश्मन तैं नि देंदा पेण कभि पाणी।
सलौ की डार-सी सैना तुम्हारी नेफा का पाडू
हमारी योजनाओं की फसल तैं अैगे ज्वा खाणू।

हमन आड़ा जगै की तैं धुवाँ लौंकोंण डाँडों मा
तुम्हारी राँड करणन अब हमन किनगोड़ि काँडौं मा।
उथैं लद्दाख तैं भी च हमारी सार पुस्तैनी
हमारा वूँ गथोड़ौ मा तुमन जो हौल़ सरकैनी।
भली नी बात, तुम जाणा, तुम्हरि जड़ घाम लगणन अब
हमारा तोप गोलौं से तुम्हारी ल्हास बिछणन अब।
कि तुम रैल्या, कि हम रौला, खुलो ऐलान च अब यी
चला ऐ जा दिखै जाली भलै को जब जमानो नी।
फुँड़ैं धरि बुद्ध की वाणी तुमन रण-राग यौ छेड़े
पुराचिन मित्रता की सब जगैने गाँठि अर गेड़े।
उथैं जा थू पइयाँ तुम पर अफीम्ची नक्-कटा छा तुम
लगैकी भाई चारो भी अनाड़ी विष-भरा छा तुम
बहानो करि के ओडा को डुलाये नेथ भारत पर
'नि छाँ विस्तारवादी', बल, जणैं गे जात स्या आखिर।
अज्यूँ तैं पंचशीलै वा न स्याही सुखण तक पाये
खजेने ख्वप्रि पर तुम्हारी हतैं तुत पर इनी आये।
जरा सोचा त सै आखिर तुमन अफतैं चितै क्या च
बड़ा जबरन जबरजंगी छयाँ? तागत जतै या चा?
इनो मालूम होणू च गुरू क्वी तुमन नी पायो
स्यि कोरी स्यक्कि छन पाल़ै जबरि तै धाम नी आयो।
अणत्तर देश दुनिया का हमारी पालि़ छन सारा
बटोही तक भि परदेसी धड़ोई छन, न पंचारा
हमारी शक्ति खुद कम नी भर्याँ छन अन्न से घर-घर
बड़ी छन फैक्टरी जौ मा गढ़ेणा शस्त्र छन सर-सर।
मथे माणा बटी मूड़े कुमारी तैं कि धड़कन छ
असम बटि पंचनद तैं सब भुजौं की एक फड़कन छ।

तरुण-ल्वै = जवान खून, स्यियाँ = सोये हुए, सिंघू = शेरो, अैथर = आगे, मैत्वडों= मायकों, सैंदाणी = स्मृतियों, लौकोणो = फैलाना, गथोड़ों = गहत के खेतों, भलै = भलाई, उथैंजा = उधर जाओ, अज्यूँ तैं = अब तक, अफतै चितै = अपने आपको क्या समझा है।

✦✦

जीतसिंह नेगी

मेरी कमला

गढ़वाली सैनिक जहाँ देश पर बलिदान होने के लिए तत्पर रहता है वहाँ गढ़वाल की माताएँ अपने बेटों को, बहनें अपने भाइयों को, पिता अपने पुत्रों को और पत्नियाँ अपने सुहाग (पतियों) को देश की आजादी की रक्षा करने हेतु मर मिटने के लिए भेज देती हैं।

'मेरी कमला' ऐसी ही एक नवविवाहिता पत्नी की त्यागमयी कथा की कविता है। अभी उसके विवाह हुए दो महीने भी नहीं हुए थे कि उसके पति को युद्ध क्षेत्र में जाने का आदेश मिल जाता है। पत्नी उसे संकेत देकर अपने भविष्य की चिन्ता जताती है, परन्तु उसका सिपैया (स्वामी) अपने देश धर्म को बताता है। पत्नी अपना गढ़वाली कर्तव्य समझकर अपने सिपैया को विजयी होने तक तिलक लगाकर युद्ध भूमि में खुशी-खुशी भेज देती है। जीतसिंह नेगी ने इस कविता को लोकगीत की शैली में लिखा है—

पाकी गैना गौं की सारी, पड़िगे सट्यों की झड़ाई—मेरी कमला।
भेंटि जा तू आज मी तैं, हिमाली जाँदु छौं लड़ाई—मेरी कमला॥

द्वी मैना वी नी होया, पैरियाँ नाक मा नथूली—मेरा सिपाई।
कनकै जी रौंलो मी घर मा यकुली-यकूली—मेरा सिपाई॥

बग्त नी छ रोण की, खिलै दे मुखड़ी को रंग—मेरी कमला।
हँसि खुशि जाणि दे मी, निथर वीरता छ भंग—मेरी कमला।

जब भारी खुद लागली, दगड्या जिकुड़ी मा मेरी—मेरा सिपाई।
खड़ी रौंलू यीं जागा, तुमरो बाटो हेरि-हेरी—मेरा सिपाई॥

बालि कुंगली मुखड़ी को, हिमाली रंग ना सुखैई—मेरी कमला।
धर्म हमारो आज यो च, छऊँ मी देश को सिपाई—मेरी कमला॥

जावा म्यारा बीर सिपैई, लगै पैटदी पिठाई—मेरा सिपाई।
धर्म हमारो आज यो ही च, छयाँ, तुम देश का सिपाई—मेरा सिपाई॥

छयाँ तुम देश का सिपाई—मेरा सिपाई।
छऊं मी देश को सिपाई—मेरी कमला॥

द्वी मैना बी नी होया = दो महीने भी नहीं हुए, यकुली-यकूली = अकेले-अकेले, हँसि-खुशी जाणि दे = हँसी-खुशी में जाने दे, हेरि-हेरी = देख-देखकर, बालि कुंगली मुखड़ी = बालपन का कोमल मुख।

✦

तू होली वीरा

बेकारी से तंग आकर युवक ने सोचा—मैदानों में जाकर नौकरी की तलाश करूँ पर उसे नौकरी नहीं मिली। सड़कों पर वह भटकता रहा तभी उसे अपनी पत्नी और अपने गढ़वाल के नदी-नालों, पहाड़ों और सुन्दर सुहानी ऋतुओं की याद आ जाती है। वह रोता हुआ अपनी पत्नी का स्मरण कर विलख पड़ता है। जीत सिंह नेगी ने बेकारी से तंग आये युवक की व्यथा को सुन्दर शब्दों में चित्रित किया है—

तू होली उचि डाँड्यों मा बीरा, घसियारी का भेष मा।
खुद मा तेरी सड़क्यूँ पर मी, रोणू छौं परदेश मा॥

उवि-निशि डाँडी गाड-गदीना, हिंसर अर किनगोड़ी ला।
तुलबुल बणिगे होली, डाली ग्वैर दगड़्या तोड़ला॥

धैणि कुलायूँ का बीच अर, बाँज की डाल्यूँ क छैल मा।
बेटी ब्वारी बैठीं होली, बैख होला हैल मा॥

सर हवा आणी होली, बद्रीनाथ का डाँडा की।
मुख मा लटूली उडणी होली, ठंडी हवान डाँडा की॥

पर मी मरणू छौं ठंड अर भूकल ये देश मा।
खुद मा तेरी सड़क्यूँ पर मी, रोणू छौं परदेश मा॥

गौड़ी भैसी भ्वाँ-भ्वाँ करदी, रमदी लैंदी जब आली।
वूंकि गुसैंण भाण्डो ल्हेकि, गौड़ी भैंसि पिजाली॥

सौण-भादौं का मैना जब लोग धाण सब जाला।
वूँका जनाना स्वामि कु अपणा, स्यारों रोटि लिजाला॥

मूला कि भुजी प्याज को साग, दै कि कटोरी भोरी की।
कोदकि अफ्कू स्वामिकु ग्यूँकी, रोटि खलाला चोरी की॥

पर मी कटणू छौं दिन रात, अपणा हाल क्लेश मा।
खुद मा तेरी सड़क्यूँ पर मी, रोणू छौं परदेश मा॥

तू तख यकुली मी यख यकुलो, भाग मा इनी हमारा च॥
कबी सुख त कबी दुख, हे प्रभु जी जग मा त्यारा च॥

गढ़वाल की भूमि सारी मगन च, देवतौं का आदेश मा।
खुद मा तेरी सड़क्यों पर मी, रूणू छौं परदेश मा॥

तू होली = तू होगी, उंचिडाँड् मा = ऊँची पहाड़ियों की चोटियों पर, घसियारी = घास काटनेवाली, लटुली = बालों की लट्, उडणा = उड़ रही होंगी, भूकल = भूख से, छौं = हूँ, मरणू = मर रहा हूँ, रमदी = रँभाते हुए, लैंदी = दुधारू भैंस, गुसैंण = मालकिन, पिजाली = दूध का निकालना, स्यारों = पानी भरे खेत, दै = दही, सड़क्यूँ = सड़कों पर।

◆◆

सुदामाप्रसाद 'प्रेमी'

सिपै (सिपाही)

गढ़वाल की नारी भी देश की रक्षा के लिए सदैव तैयार रहती है। एक सिपाही की पत्नी अपने पति को ढाँढस देती है कि तुम लड़ाई के मैदान में जा रहे हो—सदैव शत्रुओं के नाश करने की सोचना। यदि देश के काम (बलिदान होगे) भी आओगे तो अमर होकर ही रहोगे।

बीर भूमि का सिपै जी, तुम जाणा छौ लाम मा,
स्वदेश को सवाल च यो आणो एका काम मा।
पूत च सपूत ओ, रखद कुल की लाज जो
वैकि करण पूजा हमन, ध्वीन जैन ब्वैका चरन
औंद-जाँद हर बद्वे कु प्यारू च संसार मा।

ध्यान रखणो म्यान मा, बैर्यू का डिसाण मा
आज बुनी च या भूमि, जावा ईं का चरण चूमि
ज्यूँदु रैंद सदनि सिपै भूमि का कपाल मा।

रणशूरू की रणभूमि प्यारि, अलगस्यूँ कु नींद भारी
जागि जावा अब त भयों, धै लगाँद धवऽ या नारी
अफु जाग हौरू जगा हम भि छवाँ साथ मा।

जाणा छौ = जा रहे हो, लाम = लड़ाई में, ध्वीन = धोये, जैने = जिसके, ब्वै का = माँ के चरन पैर, स्यान = सोते समय, डिसाण = बिस्तर, बैर्यू = दुश्मनों, बुनी = बोल रही है, चूमि = चूमकर, ज्यूँद रैंद = जिन्दा रहता है, अलगस्यूँ = आलस्य में पड़ा हुआ, धै = आवाज लगा रही है, धवड्या नारि = चेतना देनेवाली नारी।

✦

ब्वे कि चिट्ठी (माँ की चिट्ठी)

माँ ने अपने बच्चों को अनेक कठिनाइयों में पाला-पोसा। सोचा था, वे बड़े होकर उसका (माँ का) ध्यान रखेंगे। अपने समाज में नाम कमायेंगे, परन्तु उसके बेटे जब से गये तब से उन्होंने अपने गाँव, घर और अपनी माँ की सुध तक नहीं ली। दुःखी माँ चिट्ठी लिखकर अपनी विवशता की स्थिति को अपने बेटों को बताती है—

ब्यटा दयाल; कृपाल;
जब से तुम परदेश गयाँ,
तुमन इख को बाटो नी सुत्यालो;
कथा निर्दे हुयाँ तुम!
जैं व्वेका तुमन संसधरा पेछा,
जैं ब्वेना तुम नाग, भूख सैकी—
अपणी छाती पर चिपकैली रखी छा,
जैं ब्वेना ज्यू मारी की,
लाड़-प्यार से पाळी-पोशी की
अपणो मन बुथ्याई छयो—
कि म्यारा गुरबर—गरवर
बच्याँ राला, गोरू चरैकी भी—
गुजर बसर कारला।
पर तुम गोरू चरौण्याँ न रैकी—
मनिख चरौण्याँ ह्वैग्याँ;
याँ की मी तैं भारी खुशी छैः
अपणी कोख मिन धन्य समझी छैः
पर ब्यटा आज मेरा होणा छन कुहाल,
टक्क लगैकी सूँणल्या ब्यटा दयाल-कृपाल।
हलक मा डाळना को दाणी-दुमखी नी,
तिसाली-तीस बुझाण को इख पाणी नीं;
मी को तऽ या मसल सिद्ध ह्वैग्याई

अरे, सात नौनों मा असागु खयाई।
अब तुम बोला मिन कैका सारा रोंण?
कैमा अपड़ो दुखड़ो रूँण?
मेरी व्यंग ढकौणू हिमालय सरकुणू च उन्दो
मेरी लाज बचाणू फैलाणी च—
अलकबन्दा-भागीरथी अपणो हाथ,
अब जाँदो छौ मी यूँ बैण्यू का साथ।
दे जौंलों मी तुमको भी असगार—
दे छौ जनु शांत्वनु ना दशरथ थैं—
छैंदा पुत्रीं चार।
जब बोगि जाली तौली,
तब आली तुम पर अकल,
पर तब देखि नि सकदा-ब्यटा—
तुम इख मेरी सकल।
तब नचैल्या तुम मेरी हन्त्या,
पुजदा रैल्या भूत सदानी—
पर क्या कन ये भूत पूजा की,
जैं बच्याँ मा नि मीली हो मांड, वेका गिच्चा खव्यावा मुरँयाँ माखाँउ
या भी भलो रै मनख्यांत, अरे अज्यूं समझी जा
वेटि चऽ अभि बाबु कै घोर पर, नि मारा ब्वै परैं लात।
पूत कपूत ह्वै सकदा पर माता-कुमाता नि होंदी,
मी सदाने रैग्यों गंगजादी रोंदी।
ई बात पर करा तुम विचार, सुदि नि गँवावा दिन-चार।
लग्यूँ चऽ इख बसग्याल घनाघोर, लौंक्यू चऽ कुयेड़ो सब-ओर-पोर।
पाँडा टूटी की, उबरौं ऐ गैनी;
गिंवाड़ी-सट्याड्यूँ रौला-बोला ली गैनी।
इना छन ब्यटा इख का हाल, वे अन्त खौरी ऐग्या अबका साल।
चिट्ठी मेरी बाँचि की, सभी भयूँ सूणै दे टक्क लगैकी बिंगै दे, बस!

हाँ, ह्वै सकलो तऽ कर दियाँ तुम-सभि भै मिली की, मेरो उद्धार।
चोली जनु टपराँदो रैग्यों मी, करदी रैग्यों ई करुण पुकार,
चुचों, हिमालय का जाड़ा पर—कबतैं रालो यू धुँआधार-अंधकार!!

बाटो = रास्ता, सुंत्यालो = नहीं देखा, ब्वे का दसधारा पे छा = माँ के दूध की दस धाराएँ पी थीं, सैकी = सहकर, पाली-पोशी की = पाल-पोसकर, गोरू = पशुओं, चरैकी = चुगाकर, कुहात = बुरे हाल, हलक = गले में, असाग = बिना साग (सब्जी) के, असगार = श्राप, बोगि = बह जायेगी, ब्यटा = बेटा, मुरयाँ = मरने के बाद, पांडा = मकान की ऊपरी मंजिल, ओबरी = मकान की निचली मंजिल, गंगजाँदी = रोती हुई स्थिति में, टपराँदो = देखते ही रहना।

✦✦

डॉ० महावीरप्रसाद गैरोला

जु करदो नी मैं यमे पास!

बेकारी की चरम दुःखदायी स्थितियों का सामना करते-करते जब युवक पूर्णतः थक जाता है, तो वह रो पड़ता है कि मैंने एम०ए० की परीक्षा क्यों उत्तीर्ण की। इससे अच्छा था कि मैं अपने खेतों को सींचता, भैसों को लेकर पहाड़ों में डोलता और कम-से-कम अपने परिवार को तो पालता—डॉ० महावीरप्रसाद गैरोला ने बेकार युवक की व्यथा को अति कुशलता से चित्रित किया है—

जु करदो नी मैं यमे पास
त गौणी केक सुखीं होंदी
पड़दा केक अन्न का फाका
अर स्वेण केक घर मूँ रोंदी

जु करदो नी मैं यमे पास
त केक कभी करजा चढ़दो
जख मूँ चाँदो तखमूँ रहँदो
किलै सर्बिस का चक्कर फँसदो।

जु रहँदो मैं कोरू किसान
त दुनिया एक अलग होंदी
मैं रोज काट दो हरियूँ घास
अर भैसीं चार बँधी होंदी
मैं हौल़ लगैक अन्न कमौंदो
बणू मा घुमीक गोरू चरौंदो
दही जमादो, मद्ठा करदो
अफू भी खाँदू औरू खलौंदो।

जु रहँदो मैं कोरू किसान
त नेता अइ अइक करदा सलाम
बोलदा तू छैं किसान, तू छैं महान
त्वेकू प्रणाम, त्वेकू प्रणाम।

गौंणि = पैर के टखने, केक = क्यों, सुखीं = सूखी हुई, स्वेंण = पत्नी, कोरोकिसान = केवल मात्र किसान, हौंदी = होती, हौल् = हल लगाता, अइ–अई क = आ–आकर, त्वेकु = तुझको (तुमको)।

✦

डॉ० पार्थसारथि डबराल

मास्टर जी

मास्टर जी, डॉ० पार्थसारथि डबराल की अति प्रसिद्ध रचना है। भारत देश के प्राइमरी अध्यापक की सामाजिक मान्यता क्या है? इस पर कवि ने एक सशक्त व्यंग्य किया है। व्यवस्था पर करारा चाँटा मारा है। जिस प्राइमरी अध्यापक ने अक्षर ज्ञानं बड़े-बड़ों को कराया है। उसको समाज किस दृष्टि से देखता है। यह अत्यन्त चिन्तनीय विषय है। साथ ही शासन उस गरीब-असहाय अध्यापक की उपेक्षा करता है। इस विषय पर कवि डबराल ने एक मार्मिक दृष्ट प्रस्तुत की है—

(1)

भैजी! मी मास्टर छौं:
भारत को एक मास्टर;
देश को एक मास्टर।
लोगू तैं खट्टी-मिट्ठी खाँदि देखिकी,
मेरी गली कर दी टर-टर
ये वास्ता ही छौं मी मास्टर;
हाँ, केवल मास्टर।

(2)

निखैकी—निपेकी दिन भर घाम माँ
चाय की पत्ती चर दू।
ये वास्ता ही लोग मेकू
बोलदिन—'टी-चर।'
मेरो 'टी-चर' पर लग्यूँ
पैलू वर्ण 'फ' पैले ही
कटि गे छौ! पर छौं मी वी ही
जू पैली छौ!

(3)

मेकू होल्लि़ नी : दिवलिनी, वग्वाल नी
न बिखौती, न तीज त्योहार।
होल्लि़ माँ, न मैं पर

(4)

न क्वी रंग लगाण कू औंदो;
न अफ्फू पर क्वी रंग
लगाण दें दो!
अर, ये रंगू का संसार माँ भी—
मी, सालभर इकरंगो ही रैंदो!
जब मी अपणो गौं जाँदो, तऽ
पल्ली खव्वाल़ की रघनथी दादी तैं
सिवा लगाँदो।
तब वा ठोफरी—का—फूल सी
फुलीं कल़गोस्यारी दादी,
मेरो मुण्डो मलासी की, बोल दी—
''हे चुच्चा! तेरी नौकरी लगी गे;
—कि अब्बि—तक मास्टर ही छे।''
अब कु समझाओ दादी तैंकि
मास्टरी भी नौकरी होंदी!

(5)

ईं फुल-मुण्ड्या दादी की ब्यारी,
एक दिन मैत विटे आयी—
खूब दूण-दैजो लेकी।
दूण-दजो-कल्यो लाँदो लाँदो,
कलर्‌या की धौंण टूटिगे।
भारी बिसैकी, ऊ चौक माँ
लम्पसार हैव्‌की पड़िगे
पल़ेख बिसाण कू।
तब, रघनथी दादी न
ब्वारी तैं पूछ—
''ब्वारी-या! यू कलर्‌या को छ?''

(6)

ब्वारी न जवाब दे,—
(जनु कि अजकाल की ब्वारी
जवाब देण माँ उस्ताद ही हौदिन)

''यू मेरो मैत को प्राइमरी स्कूल को
हेड-मास्टर छ।
जब गौं मा क्वी भराई नी मिले,
त ई विचारो तैयार ह्वै गैने;
बड़ा मुकमुलज्या अर मयाल्दो
आदमी छन,—ई मास्टर जी।''
तब रघनथी दादी न मुंड झटकैकी ब्वाल—
''सराओ, सराओ! यू मास्टर माँ
कलेऊ भारो!
निथर, यूँ मास्टर न क्या काम आण!''

(7)

मी छौं भारत को मास्टर; देश को एक टीचर
देश की नैं—पौध जमाणो वालो!
पर,
भूख अर तीस नऽ स्कूल की दाँदण माँ
जम्हाण वालो।
किलैकि मी मास्टर छौं,
ये वास्ता—
टेलर मास्टर, बैण्ड मास्टर, सब
मेरा विरादर छन।

(8)

कैकि द्यूँ, ये मैना कैकि निद्यूँ!
ई चिन्ता से तन तैं खाण वाली
मि तैं मिलदी,—''तन-खा।''
तन होण पर भी झुरे-झुरे कीं,
मितैं 'बे—तन' करण वालो
मिला दो छमै-वेतन।

(9)

रिटेर होंद-होंद तक।
'दुष्टु क बोर्ड' मितै परमानेंट नी करदो।
जब म्वरधार ह्वैकि रिटैर होणो लगी जाँदो;
तब विभाग बोल दो,—''हम तुतैं

परमानेंट करणा की सोचणा छाँ!
तब मी सोचदू—
"अब, कब कुणी परमानेंट" होण।
जब जिन्दगी ही टेम्पोरेरी छ,
तब परमानेण्ट शब्द को
मतलब ही क्या रै जाँदो!
अर, मी परमानेंटली—टेमपररी
ह्वैकी, रिटैर ह्वै जाँदो।

(10)

मी देश को प्राईमरी मास्टर छौं।
राष्ट्रपति अर प्रधानमंत्री तैं सबसे पैली
अक्षर ज्ञान कराण वालो,
एक 'टी-चर' छौं!
जन छौं
तन छौं,
ठीक ही छौं!

भैजी = भाई जी, लोगूतैं = लोगों को, गली = गला, मी = मैं, छौं = हूँ, निखैकी-निपेकी = बिना खाए-पिए, घाममाँ = धूप में, चरदू = खाता हूँ, बोलदिन = बोलते हैं, पैलेही = पहले ही, मेकू = मेरे लिए, बग्वाल = दीपावलि, विखोत = विषुवत संक्रांत, होलि मा = होली में, अफ्फू पर = अपने पर, इक रंगो = एक ही रंग का, अपणो = अपने, गौ = गाँव, ख्वाल = गाँव का एक हिस्सा, मुण्डो = सिर, मलासी = मलासना (प्यार करना), फुलूमुण्ड्या = सफेद बालों से भरा सिर, दूण-दैजो = बेटी को दिया जानेवाला उपहार, कलर्‌या = कलेऊ (मिष्ठान) ले जानेवाला व्यक्ति, लम्बसार ह्वैकी = थककर भूमि पर लम्बी तानकर लेटना, पलेख = थकावट, विसाण = सुस्ताना, यू = यह, मेरो = मेरे, मैत = मायके, छ = है, क्वी = कोई, भरोई = भार (बोझा) ले जानेवाला, नी = नहीं, विचारो = बेचारा, मुकमुलज्या = मुख का लिहाज करनेवाला, मयाल्दु-आदमी = प्यारा व्यक्ति, छन = हैं, सराओ-सराओ = उठवाओ-उठवाओ, यूँ = इन, मुंड = सिर, झटकैकी = झटका कर, निथर = नहीं तो, मैं = नई पौध बच्चों का निर्माण करनेवाला, तीस्र = प्यास, जम्हाण वालो = जम्हाई लेनेवाला, किलैकि = क्योंकि, दाँदण = चौक के किनारे बनी हुई दीवाल, कैकि = किसका, द्यूँ = किसको दूँ, नि यूँ = किसको न दूँ, झुरे = झुरेकी= अत्यन्त चिन्ता में ग्रसित होना, छमै = छः महीने में, मितैं = मुझको, म्वरधार = मरने की स्थिति आने पर, तु तैं = तुमको।

✦

द्वी गढ़वाली हंसिकाएँ

हंसिकाओं का साहित्य में विशेष महत्त्व होता है। हंसी-हंसी में अर्थ गांभीर्य भी हो तो हंसिका का अर्थ ही बदल जाता है। डॉ० पार्थसारथि की इन दो हंसिकाओं का आनन्द ही अनोखा है—

(1) असल-कुशल

दगाड़े सफर—करदा-करदा;
बस माँ बैठ्यूँ एक यात्री तैं मीन,
गौं पूछणा का बाद नौं पूछे—
वैन बोले, मेरो नौ छ रामशरण!"
फिर मीन पूछे, "कति भाई छवाँ?"
बैन बोले—"चार!
मी रामशरण ह्वैः
दूसरो छ भगवतशरण;
तिसरो छ पुरुषोत्तमशरण;
अर चौथो छ रघुवीरशरण"
आखिर माँ मीन पूछि ही दे—
भैजी!! तुम्हारो क्वी भाई
गंगाशरण नि ह्वै?"

(2) आली पुँगड़ी

मत्थी पुँगड़ी माँ गौं का एक खोल्या बुढ्या—
'नैनू' बोड़ा, दाँत नि होण से
पुँगड़ी माँ गोडदा दफे तर-तर लाल चुआणै छयो।
बेड़ पुँगड़ी माँ गौं की क्वी ब्वारी भी
पुँगड़ी गोडणैं छई।
बुढ्या न गोडदा-गोडदी
अपणी पुँगड़ी बिटे,
तल्ली पुँगड़ी माँ गोडदी
ब्वारी कू बोले—
"हे ब्वारी! सरग ये साल निबरख दो;
बागड़ लनीगे!

बिना आली का बीजू न कनु कै जमणऽ?
ब्वारी न बेड़ पुँगड़ि बटे''
बुढ्या कू बोले—
''जी! तुम त गोडदा दफे,
तर-तर लाल़ भी चुवाणै रैली;
तब भि तुम्हारी पुँगड़ी पर आली रैली!
पर, हमुन क्या चुआण?''

दगाड़े = साथ-साथ, बसमाँ = मोटर में, बैठ्यू = बैठे हुए, गौं = गाँव का, नौं = नाम, पूछण = पूछने के बाद, मीन = मैंने, कति = कितने ही, छवा = हो, ह्वै = हुआ अर्थात् हूँ, गंगाशरण नी ह्वै = कोई भाई (गंगाशरण) नहीं हुआ अर्थात् मरा नहीं? आल़ी पुँगड़ी = बीज बोने लायक गीली मिट्टीवाला खेत, मल्ली पुँगड़िमां = ऊपरवाले खेत में, खोल्या बुढ्इया = बिना दाँत का बुड्ढा,, गोडदा = निराई करते समय, लाल़ चुआणै = लार गिरा रहा था, बेड़ पुँगड़ी माँ = नीचे के खेत में, ब्वारी = बहू, गोडदा-गोडदा = निराई करते-करते, अपणी पुँगड़ी बिटे = अपने खेत से, तल्ली = नीचे के खेत में निराई करती हुई ब्वारी (बहू) से कहा, सरग = आकाश नहीं बरस रहा है, बिना आली = बिना गीली मिट्टी के बीज कैसे उगेंगे, नीचे के खेत से बहू ने कहा—जी (ससुर जी) आप लार भी टपकाते रहेंगे तो आपके खेतों में आली तो आही जायेगी? पर हमने क्या करना है?

✦✦

विष्णुदत्त जुयाल 'मनुज'

जिया कु काल

बहुत सन्तान जी का जंजाल होती है। जब तक दो सन्तानें थीं तब तक मैं भाग्यशाली थी, परन्तु अब बारह सन्तान होने के बाद मैं भाग्यहीन हो गई हूँ, क्योंकि इनका लालन-पालन होता ही नहीं है। इन कीड़ों (बच्चों) ने मेरा खून चूस लिया है। हड्डी और चमड़ी सूख गई है—विष्णुदत्त जुयाल 'मनुज' ने परिवार नियोजन के महत्त्व पर प्रकाश डालते हुए अधिक सन्तान होने से जो कष्ट होता है उस पर सुन्दर कविता रची है—

भौत संतान जीया को काल
 नी हूँदी स्वामी? अब देख भाल़॥

(1)

एक, द्वीई हि सन्तान पाई
पैलि मी कनि भाग्वान छाई
आज छौं बारा छ्वारो की माई
क्यारू जोवन इनि बीति गाई,
क्यारू मुण्डुन्द कनु प्वाड़ जाल़
भौत सन्तान जीया को काल॥

(2)

खून नी राई, कीड़ों ल खाई,
हड्डि-चमड़ी मेरी सूखी ग्याई।
छी! प्यारा स्वामी, कनि गति काई
ह्वैगीं, दशदान तब होश आई
कोखि माँ ह्वेगैं भौत काल़
नी हून्दी स्वामी अब देख भाल़॥

(3)

क्वी ब्वाद रोटि क्की ब्वद सागऽ
मीं थईं नी छाई, जाग, जागऽ

खेतू माँ एक मैना कु राग—
भाउ बण्याउ थैं लाग आगऽ
म्यारु तऽ आई गै गाल गाल् गाल्ऽ
भौत सन्तान जीया को काल॥

(4)

पास पड़ोस स्वारों का बीच,
छ्वारों कु माँग छखिन्दु नीछ,
छैन्दा का हून्द छैलाट भारी
बैर हेव्जान्द नी छैन्दा बीच।
पढ़णा कू आई गै यूँ को काल्ऽ
भौत सन्तान जिया को काल।

भौत = बहुत, जीया = जीका, नीहूँदि = नहीं होती, एक-द्विई = एक दो, पाई = पाकर, बारा = बारह, छ्वारो = बच्चों, माई = माँ, म्यारू जोवन = मेरी जवानी, म्यारा मुण्डुन्द = मेरे सिर पर, प्वाड़ जाल = जाल पड़ा, राई = रहा, कींड़ोल खाई = कीड़ों ने (बच्चों ने) खा लिया, दशदान = बुरेहाल, कोखि = कोख, भाउ = भाव, छारों को नांगु = बच्चों का नंगापन, घसिन्दु नी द = दिखाई नहीं देता, छैंन्दा = घर में सामग्री होने पर, छैलाट = दिखाना।

◆

आतंकवाद

आतंकवाद के कारण जन-जन दुखी है। इस आतंकवाद ने मनुष्यों का जीना हराम कर दिया है। संसार के नष्ट होने के दिन आ गये हैं। लोग बेकसूर मारे जा रहे हैं। यहाँ तक कि मानव बम बनाये जा रहे हैं। यह आतंकवाद विश्व के कोने-कोने तक फैल गया है—न जाने मानवता का क्या होगा? कवि विष्णुदत्त जुयाल 'मनुज' ने आतंकवाद पर चिन्ता इस प्रकार जतायी है—

(1)

छायौ आतंकवाद! धिकरै आतंकवाद!!
कनु हरचल् आई दुन्या कू
मनख्यूँ कु बरबाद! —छायो—

(2)

छूरा, चक्कू, डंडा, ढुंगा, छटा-म्वटा छया दंगा,
समझदार लोग कभी लीन्दा ही नि छया पंगा,
आई गई हरचणा कु भारी आतंकवाद। छायो—छायो

(3)

सीधा सीधा मोरणाँ छईं, अपहरण भी हूणा छईं
वेकसूर लोग भयो! अपणी जान खूँणाँ छईं
मार-काट, बजाकर, रूणूँ धूँणू, आतंकवाद! छायो—छायौ

(4)

सडकु मँ आतंकवाद, गाड्यँ मँ आतंकवाद
मन्दिर मस्जिद मँ तक फैलो आतंकवाद,
भैर भित्तर, चलद फिरद...हूँणूँ छः बरोवाद॥ छायो—

(5)

पोड़णा छईं, तोण-ग्वाला
बन्दू कु की नाल तनीं
बम गोलों का साथ-साथ
मान्खी. बम वर्णी गईं।
कुर्सियों का मूड़ तक
बैठ्यूँ च आतंकवाद!! छायो—

(6)

पूर्व मँ आतंकवाद, पश्चिम मँ आतंकवाद,
उत्तर मँ आतंकवाद, दक्षिण मँ आतंकवाद
देश-विदेश मँ छुचौं? घुसिगै आतंकवाद!! छायो—

धिक = धिक्कार, हरचणु = नष्ट होना, मनख्यू = मनुष्यों, छ्वटा-म्वटा = छोटे-मोटे, गाड्यों = नदियों, पोड़ना = पड़ रहे हैं, छुचौं = अरे भाइयो, घुसगै = घुस गया है।

✦✦

मथुराप्रसाद डोभाल

तेरो मछोई

कभी-कभी मनुष्य की प्रबल इच्छाएँ भी भयंकर एवं दु:खदायी स्थितियाँ पैदा कर देती हैं। नायिका को मच्छी-भात खाने का शौक था। उसने अपने पति से आग्रह किया कि वह उसके लिए मछलियों को मारकर लाये ताकि वह मच्छी-भात खा सके। एक दिन पास ही नदी में बाढ़ आ गई। पत्नी ने पति को भयंकर बाढ़ में मच्छी पकड़ने के लिए भेज दिया। पति गया। मच्छी पकड़ने का प्रयास करने लगा। इसी समय नदी की एक भयंकर धारा ने पति को नदी में खींच लिया और वह सदैव के लिए इस संसार से दूर-बहुत दूर चला गया। कवि ने व्यंग्य में नायिका पर आक्षेप लगाया कि अब खा मच्छी-भात! अरी राँड! अगर तू जिद्द न करती तो तेरा पति बाढ़ की शरण में न जाता। कवि मथुराप्रसाद डोभाल ने बड़े सुन्दर शब्दों में इस दृश्य को चित्रित किया है—

तेरो मछोई गाड बौगिगे, अब खा राँड माछा।
बड़ी मछोई राँड छै तू, अब खा राँड माछा।
काल़-बसग्याल भारी मद्यूड़ .
गाड-गदिन्यू की घद्-घद्यूड़
लगि माछौं की रौड़। तेरो मछोई गाड बौगिगे,अब खा...
माछौं को भोर्यूँ औत देखी की—
चढ़दा भेंडों मा जाल फैंकिकी,
बैठे गाडा का छाला। तेरो मछोई गाड बौगिगे, अब खा...
सौण-भादौं का बसग्याली मैंना—
अतरा गदना बगदा गैना—
आये गाणी छलार। तेरो मछोई गाड बौगिगे, अब खा...

माछौं का झोल माँ बिन्दुली को भात—

टपख्या नेथ की राँड की जात—

मछोई मैसौ बिसाण। तेरो मछोई गाड बौगिगे, अब खा...

मछोई = मच्छी मारनेवाला, बौगिगे = बह गया है, काल्-बसग्याल= काल के समान वर्षात का समय, मट्यूड़ = मैला पानी, गाड गदिन्यू = नदी नालों की, घट-घराट, मछलीओ = मछलियों से भरा, टपक्या नेत्र = चंचल मन और नियंत की राँड।

✦

डॉ० शिवानन्द नौटियाल

सौंण (सावन का महीना)

सौण (सावन) का महीना जब आयेगा तो गढ़वाल की धरती पूर्णतः बदल जायेगी। सौण की कविता में कवि ने प्रकृति का अद्‌भुत चित्र खींचा है।

जब मैना सौंण को आलो
बरखा होली गदिरा भरेला, स्वींस्याट होलो गाड को।
काल़ा-काल़ा बादल आला, राग मल्हार गाला,
अन्धेरो होलो चाल चलकेली, उज्यालो होलो धार को।
थम-थम मोर नाचला, मिंडखा टर टर बोलाला,
पैरा पोड़ला, रस्ता टूटला, चोट होली रात को।
छाम छाम के कोदो गोडेलो, कुयोड़ो लगलो रात-सि लगली
जकबक रैली कूटी दायी हाथ माँ होली नाम नि हो लो बाट को।
घाम की खुद सी लागली, छी छी होली पाणी की
घाम आलो कमाण पोड़ली, रंग अनोखो सौंण को।
हरो-तरो सभी जगा होली, छोया फुटला जगु-जगु मा
पशु-पंछी पाणी पाला, कुयड़ो फटालो जिकुड़ी को।
जब मैना सौंण के आलो।

मैना = महीना, गदिरा = छोटी नदी, स्वीस्याट = गधेरे के पानी की आवाज, चाल-चलेगी = बिजली चमकेगी, धार = चोटी, उज्याल़ो = उजाला, छाम-छाम = जल्दी-जल्दी, कोदो = मंडवा, गोडेलो = निराई होना, कुयड़ो = कुहरा।

✦

महेश तिवाड़ी

कांठ्यों की गोद माँ

कवि महेश तिवाड़ी एक अच्छे गायक और संगीतकार भी हैं। बारह महीनों का वर्णन इस कविता में है। इन महीनों में गढ़वाली समाज में क्या-क्या होता है, इसका मार्मिक वर्णन इस कविता में हुआ है।

उचि डाँडि-काठ्यूँ कि गोदि माँ
लौंकि जाँद कुएड़ी स्य बरसात माँ
वखि रौंद म्यरि दैवि राजेश्वरी
वींकि छाया हमकू हरीं च भरीं
कुणजा दुबला का फूल चढ़दन वख
ट्वखणी पाणी कि रौंद थमीं हात माँ।
ऋतु बौड़ि औंदन बारा बनी
गाड गदिन्यों कु स्वींस्याट होंद तनी
सौंण भादौं कि बरखा का झुमणाट माँ
बिजलि घाम लगौंद जनू रात माँ।
मेल्वड़ी वासदन डाँड्या चैता मासा
उचि डाँड्यूँ मा जम्द हौरू-हौरू घासा
मैंता की बेटि सैसुर जाँदनऽ जब
कंडि कलेऊ की रौंद थमीं हात गा।

उचि = ऊँची, डाँडि-कांठयू = पर्वत चोटियों में, गोद = गोद, लौंकि जाँद कुएड़ी = कुहरा फैल जाता है, कुणजा = एक फूल विशेष, दुबला = दूब, टोखणी = लुटिया, स्वींस्याट = नदी-नालों के पानी का स्वर, सौंण -भादो कि झुमणालाट = सावन-भादौं की बारिश का स्वर।

✦

जयानन्द खुकसाल बौल्याँ

इल्मत्तु दादा

जयानंद खुकसाल बौल्यां ठेठ गढ़वाली भाषा के मौलिक कवि हैं। यह कविता 'इल्मत्तु दादा' के हल लगाने के कार्यों का लेखा-जोखा है, जिसमें गढ़वाली जनजीवन की सम्पूर्ण झाँकी देखी जा सकती है—

हैल् लगाँदा बुखणा कु बुकाँदा, इल्मत्तु दादा भदोड़ा बाँदा
कुरता चिरीऊँ ट्वपला फट्यूँ चा कोट की बौंली सफाचट नी चा
घुंड मा सुलार तैको फट्यूँ चा, झपड़म हिटणा लग्यूँ चा
रकर्याट कैकी पुगड़ौं मा आँदा, इल्मत्तु दादा हैल् लगाँदा।
बल्द भि वैका ठडगैल् छीना, ढमणा द्यूँ का बैठ्याउ छीना
रंग मा काला कबरीणा छीना दाँत भि बूंका निखुल्याँउ छीना
ठेली-ठेली भी अगनैं नि जाँदा, इल्मत्तु दादा भदोड़ा बाँदा।
हैल् को वैको हथनड़ो नीचा, निसुड़ा को मुक उन्नी ख्वींड्यूँ चा
यकसिंग्या ढाँगो भिल्लो ज्वत्यूँ च, जिमदार कना को क्वी ढंग नी चा
यकसिंग्या ढाँगो भिल्लो ज्वत्यूँ च, जिमदार कना को क्वी ढंग नी चा
पिछनै भटेका हैल् अल्गाँदा, इल्मत्तु दादा भदोड़ा बाँदा।
रोई पिते की बल्द हकाया, निरभगि ढाँगा तीर नि गाया
तल्या हँकादा ढिसनैंइ जाँदा, मल्या हकाँदा चट पोड़ि जाँदा
भारी असन्द बैथैंकि आँदा, इल्मत्तु दादा भदोड़ा बाँदा।
कुछौ घसेर्यो! जरा सूणि लियाँ, घुतड़ कि ब्वे इन बोल दियाँ
पल्या ख्वाल जैकी छाँच माँगी लियाँ मी खुणि जरा-सी छँच्या पकैयाँ
ढइया मा खड़ ह्वै धाई लगाँदा, इल्मत्तु दादा भदोड़ा बाँदा।

हैल = हल, बुखणा = चबेना, भदोड़ा बाँद = भादौ महीने के खेतों में हल लगाना, चिरीऊँ = चीर की तरह फटा हुआ, रकर्याट = हड़बड़ाहट, पुँगडियों = खेतों, निख्याउँ = निकले हुए, अलगाँद = ऊपर उठाना, तल्या = नीचे की तरफ वाला, ढिसैं = ऊपर की ओर, जाँदु = जाता है, मल्या = ऊपर की तरफ, हकाँदा = हाँकता है। कुछौ = कौन हो, ब्वे = माँ, पल्या खोला = दूसरी तरफ का गाँव का छोर।

✦

भगवानसिंह रावत 'अकेला'

गंगा माई (गां गंगा)

हे माँ गंगा! तुम शिव की जटा को छोड़कर मानव कल्याण के लिए धरती पर आई हो। तुम्हारा हिमालय का अंचल तो बहुत सुन्दर है। तुम स्वयं अपने मायके में अति सुन्दर हो। तुम्हारा मायका देवताओं का पवित्र स्थान है—

शिव जी की जटा छोड़ी बगदी तु आई
हिमवन्ती गुणवन्ती मेरी गंगा माई।
औंदी गंगा वख वटि जख देव-थान
जख बारा मास कौंला फूल फूलदान
उमा को घर बार जख शिवजी को बास
जख हिमवन्त देव सुमेरू कैलास।
आछरी बसदिं जख हिंवाला गलदा
बदरी केदार धीक जख लोग औंदा
जख से पांडव पाँच स्वरग चढ़ीन
जख ऋषि मुनि ऐक अमर बणीन
ताल तलबला जख गमीला बुग्याल़
हिमानी बथौंऊँ औंद, हरदी बयाल़
गीत गाँदा जख भौंरा केशर उड़ौंदी
गुण-गुण गुण गुण मुवारि रूणाँदी।
कनि औंदी गंगा माई दूध की सी धार
बटेन्दी लगुलि जनि लगौंदी छल्लार।
लटकदा मेंडा औंदा घास का सी पूल़ा
जु यना दिखेंदा जना घटु का-सी कूल़ा।
शीतल बथौऊँ गंगा तेरा छाला रन्द
अमिरत जनु पाणी तीस मिटै देन्द।
परसिध छन तेरा परयाग पाँच
जख नहींक धोईक मिटि जाँदा पाप।

दुनिया का लोग औंदा तेरो नाम धेक
तरि जाँद जीव तेरा दरशन पैक।
विदेशू मा परसिध तेरू भलो गऊँ
धन मेरी गंगा माई धन तेरू नऊँ।

कौंला = कोमल, आँछरी = अप्सरा, जख = जहाँ, बसदि = बसते हैं। चढ़ीन = चढ़े, एके = आकर, तलबला = लबालब भरे हुए, बथौऊँ = हवा, बुग्याल = फूलों से भरा हुआ अंचल, उड़ौदी = उड़ते हुए, छाला = किनारे, गऊँ = गाँव अर्थात् क्षेत्र।

✦

भगवतीचरण शर्मा 'निर्मोही'

ढिमढिम

प्रसिद्ध कवि 'निर्मोही' ने गढ़वाल में लोक-देवताओं को बलि देने की प्रथा को उजागर करने का विशेष कार्य किया। भेड़ा और बकरा किसी घर में पाले गये थे। नरसिंह को प्रसन्न करने के लिए भेड़ा की और नाग राजा को मनाने के लिए बकरे की बलि चढ़ाने की प्रथा है। एक दिन एक पुजारी आकर मकान के ऊपरवाले खण्ड में डमरू और थाली बजाने लगा। तब नीचे के खण्ड में पलनेवाले इन दोनों बकरे और भेड़े में बात-चीत होती कि यदि नागराजा की पूजा होगी तो बकरे तेरा काल आ गया है और यदि नरसिंह पूजा जा रहा तो भेड़ा के लिए दुनिया चूक गई है—अतः दोनों आज की रात गले मिल जाओ—

एक भली सी मौ का घरपल्याँ छया द्वी प्राणी
खाड् एक लगोठ्या, पौंदो रैने पींडो पाणी
घास पात देन्दू रहँदी छै वै घर की बौराणी
मूक छया द्वी, किलै पल्यां या कुछ ऊंन नि जाणी
एक शाम को वीं मौ का घर आए द्यकता को धामी
खै पे की तैं डौंर सँभाले और थाकुली थामी
घमके डौंर थाकुली छणकै द्यवता नाचे पांडा
वबरा बुगठ्या खाडू की जिकुड़ी पर झरक्या काँडा
पूछण बैठे बुगठ्या, खाडू जी या ढिम डिम केकी
डौंर्या यो कै गौं कू आये मनसा भली नि येकी
बोले खाडू, बुगठ्या भाई, द्यवता ये नी नचाये
माल भोरिकी भोल् चली जालू यो याँकू आये
त्वै मा मैं मा अब दुय्यों मा काल एक को ऐगे
यो डौंर्या अपणी झाबी पर काल् हमारो लैगे।
ये को क्या बिगड़ै, क्वी नाचे, रूप्या ये न कमाये
कै कू हमन विगाड़े, कुछ ना, काल हमारू आये

नाचे यदि नरसिंह समझले दुनिया रूठै मैं कू
नागर्जा नाचे समझीले दुनिया चूके त्वैकू,
खैले घास, भेंटिले मैं सण, भेंट आखिरी दाँकी
त्वै या मैं पर केतु ऐगे या ढिमढिम ह्वै याँकी,

मौ = किसी के घर, पल्याँ = पाले हुए, खाडू = भेड़ा, लगोठ्या = बकरा, बौराणी = बहू, धामी = पुजारी, डौर = डमरू, घमके = डौंर का बजना, छणके = बजती थाली के स्वर, येकी = इसकी, मनसा = इच्छा, भोल् = कल (आनेवाला), डौंर्या = डमरू बजानेवाला, त्वैकु = तुमको, चूके = खत्म होना, खैले = खा ले, आखिरी दाँकी = आखिरी वक्त की, ढिमढिम = डमरू बजाने के शब्दों का स्वर, याँकी = इसलिए।

✦

तारादत्त लखेड़ा 'नक्षत्र'

माँ

'माँ' की याद आते ही आँखों में आँसू आ जाते हैं। हे माँ! तुम मुझे ऐसी शिक्षा देती थी जिससे मेरा कल्याण हो जाता था। तुम्हारी दी हुई शिक्षाओं से ही मेरा जीवन सुधरा है।

बोल्दी सदा थइ तु मैक इ बैंन प्यारा।
भाई समान जग का छन प्राण सारा॥
था ये सभी जगत मा नर नारि बारी।
ये हेतु मानि निज तौर हि जीवधारी॥
कनीं नि कैकि जग मा कभि भी बुराई।
बैरी कि भी बिमल चैन्दि करीं भलाई॥
बेटा भला कु भलो फल ईश देन्दो।
मन्खी इनो जगत मा भलि कीर्ति पौन्दो॥
कैकी जगत मा चुगली नी खाणी
तल्मार बात कखि भी दिल से नि लाणी॥
इर्ष्या व डाह मन नी कभि कैकि ल्हौणी।
चल्नो नि चैन्दो कभि भी त विराणि भौंणी॥
चोरी जुआ कु बणि ना जग माँ खिलाड़ी
अख्त्यार पैक कभि भी वणि ना अगाड़ी॥
उन्मत्त ह्वैक कभि कैकु न कष्ट देई।
बेटा तु जाणि बद नौं जग माँ न लेई॥
सुल्फा शराब कु तु सेवन कै न बेटा।
पूरा हि ये जगत मा छन काम खोटा॥
दग्ड़ो हमेशा जग मा भला कु कर्नो।
नालो यदी कखि मिलो त सि होश तर्नो॥
झगड़ा लड़ै करनि नी कभि साथ कैका।
ना क्वी की भि बुरि बात सिखौण हैका॥

नीती सदा रखणि दूध समान प्यारी।
तारीफ हो जगत मा प्रिय नित्य सारी॥
ऐबी नि होण कपटी सुण सत्य जाणी।
मीठी सदानि जग मा प्रिय बोल वाणी।
मैला कभी नि रखणा कर दान्त अपड़ा।
पैर्नो च धोईक भला निज नित्य कपड़ा॥
चैन्दो रणो जगत मा भला नाम वालो।
रख्यूँ चहेन्दु जिउ अपणु हमेशा छालो॥
बोली सदानि सब मा प्रिय सत्य वाणी।
झुठी कखी कभि नि बात चढ़ीक लाणी।

मन्खी = मनुष्य, बोलदी = बोली, थई = छई, बैन = शब्द, कर्नी = करना, विराणी = दूसरे की, भौणी = दूसरे के कहने पर, अख्त्यारपैक = अधिकार पाकर, वणि = बनकर, दगड़ो = साथ, कर्नो = करना, सिखौण = सिखाना, सदानि = हमेशा, कखी = कहीं।

✦

डॉ० उमाशंकर 'सतीश'

'टीरिनगर'

टेहरी गढ़वाल का टिहरी नगर सरकारी योजना के अन्तर्गत अब डूब जायेगा। कवि के मन में भारी कष्ट है कि भिलंगना और भागीरथी के पानी से टिहरी डूब जायेगा। एक रमणीय स्थान सदा के लिए नष्ट हो जायेगा। इन्हीं दुखद स्थितियों का आंकलन कवि ने सुन्दर भावनाओं के साथ किया है—

यो पापि पराणि ऊबणू च
अब मेरो टीरि डूबणू च!
भिलंगना तु गाडऽ बाचऽ
भागीरथी तेरि मनसा क्या च?
जिकुड़ि मा गरूड़ रीटणू च
अब मेरो टीरि डूबणू च!
मनसा क्या होण मेरी
द्यखलू तुमारि दिलेरी
फजलै माँ घाम बुडणू च
अब मेरो टीरि डूबणू च!
माई का लालू को मातम
मातमी मरदू को जनम
पितरू को परसाद रूठणू च
अब मेरो टीरि डूबणू च!
मुखड़ि को पाणि सूखणू च
अब मेरो टीरि डूबणू च!

उबणू = ऊब रहा है, डूबणू = डूब रहा है, गाड = निकाल, बाचऽ = आवाज, गरूड़ सी रिटणू = गरुड़ की तरह घूम रहा है, मनसा = इच्छा, फजलै = सुबह ही, घाम = धूप, पितरों = पुरखों, परसाद = आशीर्वाद, रूठणू = रूठ रहा है। मुखड़ि को पाणि = चेहरे की रौनक समाप्त हो रही है।

✦

देवेन्द्रप्रसाद जोशी

एक स्वीणो (एक स्वप्न)

नयी पीढ़ी गढ़वाल से पलायन कर रही है। पुराने संस्कार समाप्त हो रहे हैं, स्वप्न में कवि एक बूढ़े गढ़वाल की पुरानी संस्कृति को नष्ट होते देखकर दुःखी होता है। वह स्वप्न में गढ़वाल की दुर्दशा का चित्रण कर नयी पीढ़ी को जाग्रत करने की चेष्टा करता है—तभी कवि का स्वप्न टूट जाता है। परन्तु, चेतना जागृति के लिए इतना ही उद्‌बोधन पर्याप्त है—

"उजड़दा कूड़ा
टुटदा संघाड़
तिबारि किवाड़
दैड़ा
भीड़ा
बाटा ग्वरबटा
ह्यराम क्य कन!
ह्यराम क्य कन!
इन बरड़ाँद!"
एक दानोसि मनखि
म्यारा स्वीणाम् दिखे
ब्यालि राति
मिन पूछे
तुम को छा
ऊँन बोले—
'नातीऽ तिन क्या पछ्यणु रै
मि तेरा दाजिका दाजिको भि दाजि दौं
आज तु बड़ु सि ह्वेगे
हम तैं बिसरिगे

पर सिरप त्वी न
बल्कि मेरि हर पीढ़ि
बिंसरणी छ
अपणि हर पीढ़ि तैं
अरेऽ
आज जु तुम्हरो
असलि गौं छ
वे तैं बसाण मा
कतगै/ खैरि खै मिल
तेरि ददिल
कूड़ा बणाणौ
पटला बलिण्डा
छज्जा अर ढुंगा सरद् सरद्
काँध घिसीं
चुफ्फा खुरसीं
अर आज वी गौं
बाँजो सि पोड़गे
द्वार पर तालो
भितर खन्द्धार
अहा।
कन बिगड़
सैरा मुल्कै अंद्धार
नातीऽ
हमुन घुण्डौ मा
थ्यगलि धैरि धैरिऽ
नाँग ढाक
गोर—बखरा चरैने
ऊन काते
दन्न बणैने
मन्दरा बुणने
डाँडा खैण खैणिक

सैंणा सैंणा
पुंगड़ा बणैने
भीड़ा चिणने
जो आज उजड़ना छन
कुछ उजड़ि गैने
वे जमाना
कख छै सरकार?
अफखुणै बाटा
अफी ख्वजीं
अफी बणै
जौं पर
कथगै पीढ़ि हिटीं
पर तु
बूँ बाटौं
हिटण त क्या
दिखण भि नि चान्डो
लाटा!
तिल क्या जणन
वूँ डाड्यों तैं सज्याण मा
हमुन—/कथगै जीवन खपै दीं
वूँ थाड़ौं मा
चौफला
थड्या गीत
मण्डाण
माँगल लगैने
जागर लगैने
अर तु
वूँ थाड़ौ तैं
भ्यटण भि नि चाँदो
आखिर किलै?
मिल सूणे

हौरि लोग
अपड़ा पुरखों कि समलौण तैं
धना छन संग्रहालयों मा
पर बबा!
तु कथगा बड़ो ह्वे
अपड़ा नौनौ तक तैं
वीं बोलि अर भाषा
नि बिंगै सकणू छै
जो हम ब्वदा छा
सैत
तु इन समझिदिऽ
य/असभ्य जंगलि
भण्डमंजा अर लाटा कालौं कि भाषा छ
मानल्या यो सच बि छ
त म्यारा लाटा
किलै बिसरदी
तुभि
कै न कै पुश्त मा
यों की औलाद छै
अच्छो
अंक्वै रै
अंक्वै खै
अबमि जाँदो छौं
फेरि कबि औंलों
इथगा मा
बर्र बीज मेरि निन्द
अर मि खौल्यूँ सि रैग्यों
अर मि—

('काँठ्यों माँ औण से पैलि' पुस्तक से)

उजड़दा कूड़ा = टूटते-उजड़ते मकान, टुटदा संघाड़ = दरवाजों के टूटते चौखट, म्यारा स्वीणम = मेरे स्वप्न में, दानो सी मनखि = वृद्ध का मनुष्य, दाजिका = दादा जी

का, विसरणी छ = भूल रही है, कूड़ा = मकान, चुफ्फा = चोटी, खुरसीं = बाल घिस-घिस कर साफ हो गया, घुण्डौ = घुटने, नाँगढाक = नंगेपन को ढका, डाँडा = पहाड़, खैणं-खैणिक = खोद-खोद कर, सैंणा = समतल, पुंगड़ा = खेत, कथगै पीढ़ी हिटीं = कितनी ही पीढ़ियाँ चली हैं। क्य = क्या, जणन = जानना है, समलौण = स्मृति चिह्न, अंक्वै = अच्छी तरह, रै = रहना, औलाद = वंशज, खै = खाना, वर्र = यकायक, बीज = खुल गई, खौल्यू रैगयों = हक्का-बक्का रह गया।

✦

भाग 5

ब्रजभाषा

सम्पादक : डॉ० लक्ष्मीशंकर मिश्र 'निशंक'

पृष्ठभूमि

भारतीय संस्कृति, धर्म, दर्शन एवं विभिन्न ऐतिहासिक प्रवर्तनों की संवाहिका के रूप में ब्रजभाषा देश की राष्ट्रीयता, अखण्डता एवं सामाजिक चेतना की सूत्रधारिणी रही है। उसने देश की भौगोलिक विविधताओं को एक सूत्र में जोड़ने का कार्य किया है। लगभग 275 वर्ष पूर्व कच्छ के महाराज ने एक ब्रजभाषा विद्यालय की स्थापना की थी, जिसे स्वतंत्रता प्राप्ति के बाद बन्द कर दिया गया। केरल के राजा स्वाति ब्रजभाषा में काव्य रचना करते थे। गुरुनानक के पद एवं गुरुगोविन्द सिंह के सरस सवैये ब्रजभाषा में मिलते हैं। बंगाल के कवियों ने उसमें 'ब्रजबुली' नाम से कविताएँ लिखी हैं। महाराष्ट्र में भूषण कवि महाराज शिवाजी के दरबार में रहकर ब्रजभाषा में काव्य रचना करते थे।

ब्रजभाषा श्री कृष्ण की संगिनी रही है। उसमें उनकी बाँसुरी के स्वरों और रास-लीलाओं में कला, संगीत, नृत्य, गायन आदि का अद्‍भुत समन्वय मिलता है। ऐसी रसमग्न करनेवाली सांस्कृतिक चेतना के दर्शन अन्यत्र कहाँ मिलते हैं? इसीलिए यह ब्रज तक सीमित न रहकर सारे देश में फैल गई। वह संपूर्ण देश के कवियों, संगीतज्ञों और संगीत प्रेमियों का कण्ठहार बन गई। ग्वालियर के महाराजा मानसिंह तोमर ने ध्रुवपद गायकी के लिए ब्रजभाषा के पदों को ही चुना। ग्वालियर के बाहर भी जैसे-जैसे 'ध्रुपद' गायकी का प्रसार हुआ वैसे-वैसे ब्रजभाषा भी लोकप्रिय होती गई। स्वामी हरिदास एवं तानसेन जैसे गायकों ने इस संगीत को चरम सीमा तक पहुँचा दिया। उसने सामान्य व्यक्ति से लेकर राजा-महाराजाओं तक को मुग्ध किया। स्वामी हरिदास, सूरदास, कुंभनदास, नारायणदास, चन्द्रसखी, भगवत रसिक आदि के पद मंदिरों और धर्म-प्रेमी अपार जनता के घरों में गाये जाने लगे। ये गायक कलाकार दरबारी थे और सुल्तानों, राजाओं और सामन्तों के दरबार में रहते थे। इनका प्रभाव तो कम पड़ा, किन्तु सन्त और भक्त-कवियों का संगीत जंगल की आग की तरह सारे उत्तर भारत में फैल गया।[1]

सांस्कृतिक चेतना का चित्रण

ब्रजभाषा-कवियों ने सामाजिक जीवन एवं मानव-हृदय की संवेदनशीलता का चित्रण इतनी गहराई से किया है कि सहस्त्रों वर्ष पूर्व की सांस्कृतिक-चेतना आज भी

1. आधुनिक हिन्दी का आदिकाल, लेखक पं० श्रीनारायण चतुर्वेदी पृ०सं० 153।

जीवन्त प्रतीत होती है। वह भारतीय संस्कृति के हृदय की भाषा है, इसीलिए हृदय की आँखें ही उसके सूक्ष्म सौन्दर्य को देख सकती हैं। वह निश्छल प्रेम और अनिर्वचनीय सौन्दर्य की कुशल चितेरी है। उसमें चित्रित सांस्कृतिक चेतना मन से मन को सहज ही जोड़नेवाली है। उसमें कोई भेद-भाव नहीं रहता। बालक-मन उसमें मुक्त होकर विचरण करता है। उस संस्कृति का कोई लिखित संविधान नहीं है। वह प्रेम पर आधारित है। ब्रजभाषा कवियों द्वारा चित्रित श्रीकृष्ण-लीलाओं में यही बात स्थल-स्थल पर व्यंजित हुई है। उसमें स्त्री-पुरुष के बीच कोई भेद-भाव नहीं है। गोप-ग्वाल भी मैत्री भाव से समान स्तर पर जुड़े रहते हैं। खेल-कूद में कोई छोटा बड़ा नहीं रहता। वहाँ पर ऊँच-नीच का भेद स्वयं मिट जाता है। ''खेलन मैं को काको गुसैयाँ'' जैसा पद आज के युग के लिए ज्योति-स्तंभ की भाँति सही दिशा की ओर जाने का संकेत दे रहा है कि शासक वर्ग को विशेष सुविधाओं से सुसज्जित करना अनुचित है।

कन्हैया ने द्वापर युग में होली खेली थी। वह आज भी उसी प्रकार गाँव-गाँव और घर-घर खेली जाती है। उसमें आज भी कन्हैया गोपियों से अपना मुँह रँगवाने के लिए आतुर रहते हैं। वहाँ स्त्री-पुरुष के बीच कोई भेद नहीं रहता। गोपियाँ कान्हा को पकड़कर भीतर ले जाती हैं और उन्हें रंग से सराबोर करके कहती हैं—''लला फिरि आइयो खेलन होरी।'' फिर खेलने के लिए आमंत्रण में भाव व्यंजना की जो सूक्ष्मता है उसे शब्दों में व्यंजित करना बड़ा कठिन है। इसी के कारण आज भी ब्रजभाषा-कवि मौज-मस्ती, समर्पण और सूक्ष्म भावनाओं के चित्रण के लिए स्मरण किये जाते हैं।

मध्यकालीन कवियों का युगबोध

अनेक समीक्षक ब्रजभाषा कविता में युगबोध के अभाव का दोष लगाते हैं। उनका कथन है कि इन कवियों ने जनजीवन की समस्याओं और ऐतिहासिक घटनाओं की उपेक्षा की है। यह बात अवश्य है कि उनकी कविताओं में जनरुचि की अपेक्षा आश्रयदाताओं की रुचि को अधिक महत्त्व दिया गया है, किन्तु वे समीक्षक यह भूल जाते हैं कि उस सामन्तवादी युग में इसके लिए कोई अवसर ही नहीं था। उस समय की जनता में इतना आत्म संतोष था कि 'क्रांति' जैसे शब्द से वह सर्वथा अपरिचित थी। उस समय आज जैसी जन-शक्ति की कोई कल्पना भी नहीं कर सकता था। युद्ध होते थे, किन्तु वे राज्य संरक्षण अथवा संवर्धन के लिए होते थे। उस युग के पूरे साहित्य का अवलोकन किये बिना बेचारे ब्रजभाषा कवियों पर ऐसा दोष मढ़ना न्यायसंगत नहीं प्रतीत होता है।

ब्रजभाषा-कवि अपने समय की समस्याओं से परिचित थे। इस संबंध में अधिक विस्तार में जाने की अपेक्षा मैं यहाँ ब्रजभाषा के कुछ उदाहरण देकर स्पष्ट करना चाहता हूँ कि उस युग के कवियों ने अपने ढंग से युगबोध का परिचय दिया है। बिहारी ने दोहों के माध्यम से अनेक बातें कही हैं। इसी प्रकार अन्य कवियों ने भी अन्योक्ति द्वारा अपना युगबोध व्यक्त किया। अकबर के समय में श्रीधर नाम के एक

कवि थे जिन्हें समस्या दी गई थी—"करौं मिलि आस अकब्बर की" उसकी पूर्ति कवि ने इस प्रकार की थी—

अब के सुलतान भये फुहियान, जो बाँधहिं पाग अटम्बर की।
नरकी नर की कबिता जु करै तेहि काटहु जीभ सो लब्बर की।
इक श्रीधर आस है श्रीधर की नहिं त्रास है कैसेहु जब्बर की।
जिन्हैं काहू की आस न है जग मैं, सो करौ मिलि आस अकब्बर की॥

आज अछूतोद्धार समस्या को लेकर राजनीति में बड़ी हलचल है। ऊँच-नीच के भेद-भाव को लेकर सारा देश चिन्तित रहा है ओर उसे दूर करने की चेष्टा की जा रही है। महाकवि 'देव' ने बिना किसी राजनैतिक आन्दोलन या दबाव के, इस समस्या के प्रति सहानुभूति व्यक्त करते हुए लिखा है—

हैं उपजे रज बीजहिं ते, बिनसेहू सबै छिति छार कै छाँड़े
एक से देखु, कछू न बिसेखु, ज्यों एकै उन्हार कुम्हार के भाँड़े।
तापर आपुने ऊँचे ह्वै, औरनि नीच कै, पायँ पुजावत चाँड़े।
बेदन मूँदि करी इन दूँदि, कि सूद अपावन, पाँड़े॥

ब्रजभाषा में समसामयिकता के अभाव की बात वही लोग कहते हैं जिन्होंने सम्पूर्ण ब्रजभाषा काव्य का अध्ययन नहीं किया है। गंग, नरहरि, भूषण, सूदन, लाल, भगवंत राय खीची, महाराजा छत्रसाल, गुरु गोविन्द सिंह, गुरु अर्जुन सिंह तथा सुखदेव मिश्र जैसे कवियों की राष्ट्रीय वाणी से उनका परिचय नहीं है। यदि पढ़ा भी हो तो उस पर ध्यान नहीं दिया है। गुरु गोविन्द सिंह सिक्खों के धर्मगुरु ही नहीं, राष्ट्र के नायक और वीर नेता माने जाते रहे हैं। उन्होंने कविता में अपने जीवन का उद्देश्य व्यक्त किया हैं जो इस प्रकार है—

हम यहि काज जगत महँ आये, धर्म हेतु गुरुदेव पठाये।
जहाँ तहाँ तुम धर्म बिथारौ, दुष्ट देखतहिं, पकरि पछारौ॥
याही काज धरा हम जनमें, समझि लेहु साधू सब मन में।
धर्म चलावन, सन्त उबारन, दुष्ट सबन को मूल उखारन॥

—वाणी गुरु गोविन्द सिंह

भूषण का निम्नलिखित छन्द उस युग की राष्ट्रीय भावना का द्योतक है जिसमें कवि उसी की कीर्ति का गान करने को तैयार है जो शिवाजी की भाँति धर्म और जनता का रक्षक हो। वह दिल्लीपति के दरबार में भी जाने को तैयार है; किन्तु वह जानता है कि भारत वसुन्धरा को शिवाजी के समान ही कोई व्यक्ति निहाल कर सकता है। डॉ० महेन्द्रप्रताप सिंह ने तो इस छन्द को 'राष्ट्रीय गीत' की संज्ञा दी है[1] —

---

1. रीतिकालीन हिन्दी साहित्य की व्याख्या, पृ० सं० 198।

मोरँग जाहुँ कुमाँउ, कि श्रीनगरै हू कबित्त बनाये।
बाँधव जाहुँ कि जाहुँ अमेर, कि जोधपुरै कि चितौरहिं धाये।
जाहुँ कुतुंब कि एदिल पै, कि दिलीसहु पै किन जाहुँ बुलाये।
भूषण ह्वै है निहाल मही, गढ़पाल सिवाहिं कि कीरति गाये॥

वास्तविकता यह है कि ब्रजभाषा कवियों ने सही समय पर वीरवाणी प्रस्फुटित की है। वे काल्पनिक युद्ध को प्रस्तुत करने की प्रवृत्ति से प्राय: दूर रहे हैं। कविवर पद्माकर जैसे शृंगारी कवि का निम्नलिखित छन्द कवि के युग-बोध एवं देश की राजनैतिक परिस्थितियों के सम्यक् ज्ञान का द्योतक है। उन्नीसवीं शताब्दी के प्रारम्भ में जब फिरंगी लोग एक-एक कर देश के प्रदेशों पर अपना आधिपत्य जमाते जा रहे थे तब कवि ने महाराज दौलत राय सिंधिया की प्रशस्ति में उन्हें, परोक्ष रूप में ललकारते हुए निम्नलिखित छन्द सुनाया था—

मीनागढ़[1], मुम्बई, सुमन्द करि मन्दराज[2],
बन्दर को बन्द करि बन्दर बसावैगो।
कहै पद्माकर कटा कै कासमीर हू को,
पिंजर सो घेरि कै कलिंजर छुड़ावैगो।
बाँका नृप दौलत अलीजा महराज कबौं,
साजिदल, दपटि, फिरंगिन दबावैगो।
दिल्ली दहपट्टि पटना हू को झपट्टि करि,
कबहुँक लत्ता कलकत्ता को उड़ावैगो॥

उक्त छन्द में कवि ने महाराज दौलत राय सिंधिया के सम्मुख कश्मीर से लेकर कोरोमण्डल एवं पश्चिमी घाट के समुद्र तटों का स्पर्श करनेवाली भारत की धरती का समूचा भूगोल उपस्थित कर उसे फिरंगियों से मुक्त कराने हेतु, उन्हें ललकारा है। कवि ने उनकी शक्ति पर अपना आत्म विश्वास भी व्यक्त किया है तथा जनमानस और देशहित में अपने कर्त्तव्य पालन का भी संदेश दिया है। जब तक इसका इतिहास और भूगोल पक्ष स्पष्ट नहीं होगा तब तक इसका महत्त्व नहीं समझा जा सकेगा।

---

1. मछली पट्टन बन्दरगाह का पर्यायवाची है। युद्ध एवं आक्रमण की दृष्टि से इसका बड़ा महत्त्व था।
2. डॉ० महेन्द्रप्रताप सिंह के मतानुसार मन्दर + राज इन दोनों की संधि से बने मन्दराज शब्द को ही छन्दाग्रह से 'मन्दराज' बना दिया गया है। इस शब्द में कवि का मूल भाव यह है कि जिस प्रकार 'मन्दराचल' पर्वत को मथानी बनाकर देवों और असुरों ने समुद्र का मंथन किया और चौदह अमूल्य रत्न प्राप्त किये, उसी प्रकार फिरंगी भी अपने सुदृढ़ पर्वताकार जलपोतों से सागर का मन्थन करके लक्ष्मी का दोहन करने में सफल हो गये हैं। रूपकातिशयोक्ति अलंकार के प्रयोग द्वारा एक ही शब्द में लम्बी पौराणिक कथा को लक्षित कर दिया गया है—
(रीतिकालीन हिन्दी साहित्य की ऐतिहासिक व्याख्या, पृ०सं० 160)

शृंगार रस की प्रधानता

शृंगार रस को आचार्यों ने रसराज माना है, यह आदिकाल से लेकर आज तक सभी रसों में प्रधान रहा है। अत: अकेले मध्यकालीन ब्रजभाषा कवियों को शृंगारी कहकर उनकी उपेक्षा करना दिन को रात कहने के बराबर होगा। प्रत्येक युग की अपनी विशेष प्रवृत्तियाँ होती हैं जो उस काल के साहित्य में भी प्रतिबिंबित रहती हैं।

मध्यकालीन ब्रजभाषा कवियों ने जहाँ नायिका भेद की रचना की है वहीं उन्होंने मानवीय संवेदना और प्रेम की पीड़ा की गहरी अनुभूतियों का भी चित्रण किया है। दरबारी कवियों की दृष्टि सौन्दर्यपरक थी। जहाँ जीवन के प्रत्येक क्षेत्र में कला के सूक्ष्म तत्त्वों की प्रमुखता हो, वहाँ कवि उससे कैसे बच सकता है? दरबार में रहकर आश्रयदाताओं एवं सामन्तों की रुचि का ध्यान रखना ही पड़ता है। इस संबंध में पं० श्रीनारायण चतुर्वेदी जी ने ठीक ही कहा है—"फारसी संस्कृति में रँगे होने के कारण बादशाहों, नवाबों तथा अन्य सामन्तों की रुचि वैसी ही कविता की हो गई थी। हिन्दी के दरबारी कवि फारसी की शृंगारिकता, नाजुकखयाली, अतिशयोक्ति आदि से टक्कर लेने के लिए हिन्दी में भी वैसी ही कविता करने लगे।"[1]

परिवर्तन की प्रवृत्ति

ब्रजभाषा कविता में यह सामर्थ्य रही है कि उसने युग के अनुकूल अपने को बदला है। भारतेन्दु युग में जब हिन्दी को राष्ट्रभाषा बनाने की बात चली तो स्वयं भारतेन्दु जी ने ब्रजभाषा में ही अपने उद्गार व्यक्त किये—

निज भाषा उन्नति अहै, सब उन्नति की मूल।
बिन निज भाषा ज्ञान के मिटै न हिय को सूल॥

ब्रजभाषा कवि सदैव समय के साथ रहे। इस कथन की पुष्टि में भारतेन्दु युग के प्रतिष्ठित लेखक और कवि पं० प्रतापनारायण मिश्र की निम्नलिखित पंक्तियाँ प्रमाण रूप में प्रस्तुत हैं। अंग्रेजों के शासन काल में देश की दुर्दशा का चित्रण करते हुए उन्होंने कहा है—

कब लखिहौं जहँ रह्यो एक दिन कंचन बरसत,
तहँ चौथाई जन रूखी रोटिहु कहँ तरसत।
जहँ आमन की गुठली अरु बिरछन की छालैं,
ज्वार-चून महँ मेलि, लोग परिवारहिं पालैं।
लोन, तेल, लकड़ी, घासहु पर टिकट लगत जहँ,
चना, चिरौंजी मोल मिलत जहँ दीन प्रजा कहँ।
जहाँ कृषी, वाणिज्य, शिल्प, सेवा सब माँहीं,
'देसिन' के हित कछू तत्त्व कहुँ कैसेहु नाँहीं॥

1. आधुनिक हिन्दी का आदिकाल, पृ०सं० 155।

बीसवीं शताब्दी के प्रारम्भ में ब्रजभाषा कवियों का साहित्य-जगत् में बड़ा प्रभाव था। किशोरीलाल गोस्वामी जी ने अपने गंगावतरण काव्य में मनोरम शैली अपनाकर लोगों को प्रभावित किया। उस युग के कवियों ने विषयवस्तु के साथ प्रयुक्त होनेवाले छन्दों में भी परिवर्तन किया ओर उनकी लय युग-प्रवाह से जुड़ गई। इस प्रकार की नई भाषा और नूतन शैली की एक कविता प्रस्तुत करने का लोभ संवरण नहीं कर पा रहा हूँ। यह कविता संभवत: कहीं प्रकाशित नहीं हुई है। पं० श्रीनारायण चतुर्वेदी जी का यह कथन द्रष्टव्य है—"ऐसा एक उदाहरण दूँगा, यद्यपि वह सन् 1908 के बाद का है; जिससे मालूम हो कि ब्रजभाषा के उपेक्षित होने पर भी, उसकी प्रगति नहीं रुकी। इसे देने का एकमात्र प्रयोजन यह बतलाना है कि ब्रजभाषा के कवि समय के अनुसार चलने को सक्षम थे। इस कविता का विषय भी अनूठा और इसका छन्द भी ब्रजभाषा का परम्परावादी न होकर आधुनिक है। कविता का शीर्षक भी अनोखा है। वह है 'चिता' और वह मदनलाल चतुर्वेदी नाम के कवि ने लिखी थी। यह कविता मैंने प्राय: 40 वर्ष पूर्व (अर्थात् आज से लगभग 90 वर्ष पूर्व) अपनी एक नोट बुक में लिख ली थी। कविता यह है जो चिता को संबोधित है। उसकी कुछ पंक्तियाँ उद्‌धृत हैं—

हे समता चिर अमर शांति की गोद!
तुम अनन्त की सरल गैल, पुरजन अन्तिम आमोद!
पीव मिलन कौं साध भरी, अधिरात स्वर्ग सुख हेला,
घोर प्रलय उन्माद, तऊ जीवन प्रभात अलबेला।
धधकि धधकि कै का गावै तू कल्लोलिनि के तट पै,
केहि भासा के मधुर शब्द, अंकित तुव अचल अधर पै॥[1]

स्वतंत्रता प्राप्ति के लिए 'याचना', 'धरना' और 'सत्याग्रह' जैसे शब्दों का प्रयोग तो उन्नीसवीं शताब्दी के अन्त में हुआ था। क्रान्ति के स्वर तो बीसवीं शताब्दी के प्रारम्भ में 'बंग-भंग' घटना के बाद फटे थे। क्रान्ति का बिगुल भी बहुत बाद में बजा था। ब्रजभाषा कवियों ने अपनी सांस्कृतिक चेतना एवं संकल्प-शक्ति के माध्यम से देश और समाज को सदैव प्रेरित किया और विभिन्न रूपों में साहित्य को समृद्ध किया।

स्वतंत्र्योत्तर ब्रजभाषा कविता

स्वतंत्रता प्राप्ति के बाद देश गुलामी से आज़ाद हुआ। अधिनायकवाद से मुक्त होकर उसने जनतांत्रिक शासन प्रणाली अपनाई। देश की सुरक्षा, विदेशनीति, आर्थिक एवं सामाजिक विषमता दूर करने की उसे पूर्ण स्वतंत्रता प्राप्त हुई। पहले तो एक ही समस्या थी। स्वतंत्र होने पर समस्याओं का अम्बार लग गया। खड़ी बोली कविता का महत्त्व बढ़ने लगा, ब्रजभाषा उपेक्षित होने लगी। उसे मात्र लोकभाषा का पद दिया गया। साहित्य में विदेशी विचारधारा का सम्मान आवश्यकता से अधिक हुआ। वाद-पर-वाद

1. आधुनिक हिन्दी का आदिकाल, पृ०सं० 178।

चलने लगे। कविता गौण होती गई, वाद प्रखर और महत्त्वपूर्ण बनते गये। मेरा यह कहना नहीं है कि उनमें कोई तत्त्व नहीं था, किन्तु उनके प्रचार से हम अपनी पहचान भी भूल गये। नये का हमने सदा स्वागत किया है, किन्तु पुरातन को हीन समझना हमें स्वीकार नहीं है। जिससे देश की राष्ट्रीयता और सांस्कृतिक गरिमा को ठेस पहुँचे वह विचारधारा हम आज भी नहीं स्वीकार कर सके हैं। इसका यह अर्थ भी नहीं लेना चाहिए कि हम प्रगतिगामी नहीं हैं। ब्रजभाषा-कवि सदैव युग के साथ रहे हैं। युग की विषमताओं को उन्होंने देखा है, अनुभव किया है और ईमानदारी से उसका चित्रण किया है। वे नारेबाज़ी से सदैव दूर रहे हैं।

आजकल नारी को शक्ति-सम्पन्न करने का नारा जोरों पर है। मातृरूपा नारी की हमने पूजा की है। ब्रजभाषा कवियों ने सदैव नारी की वन्दना की है। वे आज भी उसे अबला मानने को तैयार नहीं हैं। भारतीय नारी अपने चरित्र बल पर सदैव पूज्य और वन्दनीय रही है। एक कवि का स्पष्ट कथन है—

है न मनोज को नाटक जीवन, औ युवती रति की न कला है,
लै इन देविन को बल, भूतल पै न रही अबला, अबला है।

—श्री हरिप्रसाद पाठक 'निराश'

ब्रजभाषा के कवि नई प्रगति के प्रवाह में बहकर भी अपने अतीत को नहीं भूले हैं। अतीत का स्मरण कर वे वर्तमान को प्रेरणा देने में कुशल रहे हैं। आज का कवि भी बीच-बीच में एक हुंकार भर कर अतीत के गौरव को दीप्त करके वर्तमान को प्रगति पथ पर बढ़ने की शक्ति प्रदान करता है। अतीत और वर्तमान का समन्वय ही भविष्य का दिशा-निर्देश करनेवाला है। अतीत बिजली की कौंध के समान हमें सचेत और सावधान करके अपना प्रकाशपुंज बिखरा देता है। अतीत को आज भी न भूलनेवाला कवि कहता है—

जिहि ठाँव परे उनके पग हैं नित लागत शेषहु को झटके हैं,
उठि देखु प्रताप के दादुलि के, राब के सब घाव अबै टटके हैं।

—गजराज सिंह 'अमर'

1962 ई० में भारत पर हुए चीनी आक्रमण को हम आज तक नहीं भूल सके हैं। इस त्रासदी पर भी ब्रजभाषा कवियों ने वीर रस का संचार करके राष्ट्र प्रेम की भावनाओं को प्रबल बनाया था। उस समय लिखा गया श्री त्रिभुवननाथ सिंह 'सरोज' का निम्नलिखित छन्द प्रस्तुत कर यह स्पष्ट कहना चाहूँगा कि ब्रजभाषा-कवि आज भी युगीन समस्याओं से जुड़े हैं, वे आज भी युग के साथ हैं। छन्द इस प्रकार है—

पायो है सुखद मनचीतो ये सँयोग सुभ,
परब अपूर्व सी 'सरोज' रन-रेला है।

उतरी धरा पै तप त्याग की त्रिपथगा सी,
बीथिका सी स्वर्ग की, महान मुक्ति-मेला है।
आपदा अपार परी पाप के पहार सम,
आतताई 'चीनिनि' को सीस पै झमेला है।
भारत-जननि-छीर सारथ करन हेतु
वीरो! बलिदान की विसद ब्रह्म बेला है॥

—ज्योति कान्यकुब्ज कालेज पत्रिका
जागरण विशेषांक, 1963, पृ०सं० 55

आज के राजनीतिज्ञों की स्वार्थपरता, माफियों, बाहुबलियों का दबदबा और अनेक अयोग्य व्यक्तियों को मिले सत्ता सुख से जनता, विशेषकर प्रबुद्ध वर्ग चिन्तित है। यह स्थिति देश को कहाँ लिये जा रही है, इसका अनुमान लगाना कठिन है। एक ब्रजभाषा कवि ने अनेक प्रतीकों के माध्यम से सारी बात कह दी है। अन्योक्ति द्वारा उसने देश की दुदर्शा पर तीखे वार भी किये हैं—

देखि धनवन्त, ब्यभिचारिन अनारिन कौ,
केतिक सुधीरन के चित्त लागे बहकन।
बिपरीत झूँकन मैं, काग-उलूकन मैं,
बसि कै मरालन के चित्त लागे दहकन।
सिंह दुम दाबि निज खोहन समाने जाय,
स्यार, मृगराज बनिवे को लागे डहकन।
'लाल' परे लाले हैं, सेवार हू के हंसन को,
मोतिन के ढेर बैठि काग लागे चहकन॥

—बाँकेलाल मिश्र 'लाल' सीतापुर, उ०प्र०

हास्य और व्यंग्य आज के युग की कविता के प्रमुख अंग हैं। व्यंग्य लेखन एक नई विधा बनकर उभरी है। आज के सत्तालोलुप व्यक्तियों की मनोवृत्ति पर कटाक्ष करते हुए एक कवि ने पैरोडी का सहारा लिया है। वह कहता है—

पाहन हौं तो बनौं पुखराज, मिनिस्टर जाहि करैं नित धारन,
जो खग हौं तो बसेरो करौं नित, संसद भौन असोक की डारन।

—सुन्दरलाल 'अरुणेश'

इसी प्रकार सत्ता पाने पर उससे चिपके रहने की प्रवृत्ति पर प्रहार करते हुए दूसरे कवि ने भी सत्ता प्रेमियों पर गहरा कटाक्ष किया है—

सत्ता महबूबा मिले रहिये सदा जवान,
असी साल कौ डोकरा खींचै सब के कान।

कह 'अनुभव' कविराय मिल्यो है जोग अजूबा,
रहिये सदा जवान, मिलै सत्ता महबूबा॥

—अवध बिहारी वाजपेयी

आज देश में पद और पैसे की होड़ है। लोग यह भी जानते हैं कि पद मिलने पर पैसा स्वयं उनके पास आता है। इसीलिए आज सरस्वती के भक्त दीन-हीन हैं किन्तु लक्ष्मी का वाहन बनने के लिए सभी आतुर रहते हैं और उनकी पूजा करते हैं। व्यंग्य विधा के आचार्य कवि ने यह बात बड़ी सफाई से कही है—

आजुहै दिवारी, घर आपने बुलाइबे को,
जगमग दीपन जरावत रहत हैं।
कैसे, कब कृपा करि बाहन बनावौ उन्हें,
'उल्लू बनिबे' को अकुलावत रहत हैं।

—श्री विनोद शर्मा

इसी प्रकार वर्तमान कवियों ने युग की विविध विषमताओं एवं विसंगतियों का चित्रण अपनी पैनी दृष्टि से किया है। कहीं बजट पर अपनी प्रतिक्रिया व्यक्त की है तो कभी भ्रष्टाचार की समस्या का उचित समाधान न होने पर ईश्वर से अर्चना की है।

अध्यात्म और भक्ति भी आज ब्रजभाषा कवियों से अछूती नहीं रही है। कृष्ण भक्ति, राम भक्ति के साथ-साथ हिमालय, गंगा, यमुना, नर्मदा एवं देश की प्राकृतिक सुषमा की भी वन्दना की गई है। यद्यपि उसमें परम्परा का प्रभाव मिलता है, किन्तु कवियों के कहने का ढंग अलग-अलग है। इस रस-धारा में आज भी मुसलमान कवि ब्रजभाषा के रस से सराबोर होते दिखाई दिये हैं। इन कवियों ने प्राचीन शैली में अपने-अपने ढंग से भावों और विचारों के रंग भरे है। डॉ० नज़ीर मोहम्मद जो बात दोहों में कहते हैं, वही अब्दुल रशीद खाँ छन्दों में व्यक्त कर अपनी रसमयता में स्वयं मग्न हो जाते हैं। स्वामी वाहिद काज़मी विरह वेदना में मस्त दिखाई देते हैं और डॉ० सैयद महफूज़ हसन रिज़वी 'पुण्डरीक' दोहा ग़ज़ल को एक साथ मिलाकर उसे संगम का रूप देने में निपुण दिखाई देते हैं। प्रस्तुत संग्रह का शुभारम्भ ही श्री अब्बास अली 'बास' के 'त्रिदेव वन्दन' से हुआ है जिसमें सरस्वती, शिव और हनुमान की वन्दना है।

कविताओं के चयन में विविधता का पूरा ध्यान रखने का प्रयास किया गया है। जीवन और समाज के महत्त्वपूर्ण पक्षों पर कवियों के उद्‌गार इस संकलन में सम्मिलित किये गये हैं, फिर भी मैं पूर्णता का दावा नहीं कर सकता।

लक्ष्मीशंकर मिश्र 'निशंक'

श्री अब्बास अली 'बास'

त्रिदेव बन्दन

भारती

आओ हंस की हसीन-पीठ पै सुआसनी माँ,
जड़ता की जमी जड़ उरतैं उखारती।
शब्द, स्वर, ध्वनि, मन्त्र-सिद्धि सी प्रसिद्ध कर
बरन-बरन पै चरन-रज झारती।
बात बने अपनी हू नाम हो तिहारो मातु,
ज्ञाताज्ञात ज्ञान-गुरु-गरिमा उधारती।
बेर भई दर पै दया करौ, न देर करौ,
भावना मैं भव्य भाव भारती! उभारती!

शंकर

असरन-सरन, हरन भव-नद-भय,
मदन-दहन, दस-बदन मन-सदन।
घट-घट पर परघट, मरघट पर,
असन जहर, फण धर धर अभरन।
अवढर-वरद, बरद पर टहरत,
हरत-दरद-जन, लसत भसम तन।
हर-हर बम-बम कहत हरत गम
सहज-सदय, गज-बदन-जनक मन॥

हनुमान

देखे देव-देहरा दुनी मैं दौरि द्वार-द्वार
दुरे न दुराये हू, दुहाई दुहराये बिन।
सोर सुनि केसरी किसोर की करोर-मुख,
दारिद दबाये न रहैगो द्वार आये बिन।
आपनी हू बात, बात-जात भूलि जात तब,
बात न बनैगी 'बास' बिरद बताये बिन।
मेरे दुख-द्वन्द्वन को भंजन करै को और
जन-मन-रंजन, प्रभंजन के जाये बिन॥

(राजा) अजय वर्मा 'कृष्ण'

करि सेवा रिझाइबो सीखौ

जो मन मेलिबो चाहौ कहूँ
मन मोहन ही सौ मिलाइबौ सीखौ।
जो रसना पर गायो चहौ,
तौ गुपाल ही के गुन गाइबो सीखौ।
जो सत मारग पायो चहौ,
सदा सन्त-सभा बिच जाइबो सीखौ।
जो सरवेश रिझायो चहौ,
कर सों करि सेवा रिझाइबो सीखौ॥

धीर-धरैया नहीं जग मैं कोउ, पै मिलिहैं बहु कान भरैया।
बात करैया अकास-पताल की, पै न ठिकाने की बात करैया।
हैं धन-धाम हरैया सबै, न धरैया कोऊ सिर भार हरैया।
बीच डुबैया मिले भव मैं, न मिले भव सागर पार तरैया॥

कान कुबोल कहाँ लौं सुनैं, अपने मुखहू ते कछू कहि जैहैं।
लाल सों लागि गई अँखियाँ जुपै, तौ भवभीति सबै ढहि जैहैं।
पास-परोसी, चबाइन को, नित व्यंग्य को बान नहीं सहि जैहैं।
प्रीति-प्रवाह मैं रीति-रिवाज औ लाज-लिहाज सबै बहि जैहैं।

है जिन फूलन मैं न सुबास,
कबौं अलिबृंदहु पास न ऐहै।
साधना माँहि बिसास नहीं,
फिरि बुद्धि मैं नैकु बिकास न ऐहै।
लाख करौ उपवास, निरास ह्वै,
अन्तर बीच हुलास न ऐहै।
जो हिय मैं हरि-बास है तौ
जग-बासना की कबौं बास न ऐहै॥

श्री अटलबिहारी वाजपेयी

दो मुक्तक

(1)

धधकि उठ्यो गंगा को जल है

जे० पी० डारे जेल मैं, ताको यह परिनाम,
पटना मैं परलै भई, डूब्यो धरती धाम।
डूब्यो धरती धाम, मच्यो कोहराम चतुर्दिक,
शासन के पापन को जनता ढोवै धिक्-धिक्।
कह 'कैदी कविराय' प्रकृति को कोप प्रबल है,
'जय प्रकाश' हित धधकि उठ्यो गंगा को जल है॥

(2)

धन्य तू बिनोवा

जान की लगाय बाजी, गाय की बचाई जान,
धन्य तू बिनोवा! तेरी कीरति अमर है।
दूध बलकारी, जाको पूत हलधारी होय,
सिन्दरी लजात मल-मूत्र उरबर है।
घास पात खात, दीन बचन उचारे जात,
मरे हू पे काम देत चाम जो सुघर है।
बाबा नैं बचाय लीन्हीं, दिल्ली दहलाय दीन्हीं,
बिन लाव-लश्कर समर कीन्हों सर है॥

(आधुनिक रसखान) श्री अब्दुर्रशीद खाँ 'रशीद'

माखनचोर

चोरिन ते उपज्यो जग मैं, अरु चोरिहिं ते गोकुला चलि आयो।
चोरिन चोरि कियो महारास, औ चोरिहि ते दधि-माखन खायो।
चोरी कै धाय कदम्ब चढ्यो, पुनि चोरिन ते बहु चोर बढ़ायो।
चोरिन ब्याहु कियो चितचोर, पै केवल माखनचोर कहायो॥

माखन चोराय फोरि डारी है महेड़ी हाय,
लत्ता हू न छोड्यो; बाढ़ी सत्ता आम चोरी की।
बाँभन के चाउर चबायो दुइ फंका बेगि,
तबहीं ते परी नाथ! टेंव घूस खोरी की।
गहि ब्रज बालन नचायो मधुबन मध्य,
याही सों परी है बान आजु बरजोरी की।
भाषत 'रसीद' बात कौंन नैंकु मानौ माखु,
छमा करौ नाथ! रितु आय गई होरी की।

दोहा दर्पन

चउरन के रँग राधिका, उरद-दालि-रँग चोर,
खिचड़ी ह्वै कै जो मिलै, अहो भाग्य है मोर।

जो कूकुर दर-दर फिरै, दर-दर दुर-दुर होय,
जो एकै दर पर रहै, काहे 'दुर-दुर' होय।

नाक घिसत हाथी चलत, पेटे के बल साँप,
मानुस अस किरपिन भयो, सिर न झुकावत आप।

माखन चोरी काह है, लियो पाव द्वै पाव,
तब जानौं कै चोर हौ, मन-मन भरिलै जाव।

श्वेत-श्वेत लखि कचन को, बृद्ध कहौ जनि कोय,
खोजन मैं घनश्याम के गई श्यामता खोय।

✦

श्री अम्बिकेश शुक्ल

आञ्जनेय

हाँक सुनत रण तजत, लंकपति, अस्त प्रभानन,
पदाघात डगमगति धरा, आकुल सहसानन।
निशिचर मण्डल मध्य, युद्ध मण्डत बलमण्डित,
खण्डत रावण दर्प, शिरोमणि भट रण-पण्डित।
द्रोणाचल धरि हस्त पै, करत प्रचण्ड प्रघोर रव।
कँपत अकम्पन, इन्द्रजित, लखि मारुति-कौशल-विभव॥

कोटिन रवि सम तेज, सदा आनन भल भ्राजत,
उच्च पुच्छ सुचि स्वच्छ, गुच्छ तव शिर पर राजत।
बंक भौंह निस्संक, लंकपति गर्व विनाशक,
मर्दक खगपति मान, द्यौसपति के संत्रासक।
पिंग नयन आजानुभुज, उर विशाल, तनु कुलिशवत,
ब्रज दन्त नख चण्ड अति, रव प्रचण्ड सुनि दनुज हत॥

तनु विशाल जिमि मेरु, लूम लाँबी अति सोहति,
बरन बाल रवि सरिस, वीरता प्रभु मन मोहति।
ब्रह्मचर्य व्रत युक्त, शक्ति अतुलित, यश कारक,
कुम्भकरन बल मथन, लंक अक्षय-क्षय कारक।
अमित प्रभा परिपूर्ण हैं अंजनिसुत भव-भय हरन,
परम भागवत नीति रत, 'अम्बिकेश' आनँद भरन॥

अमृतलाल चतुर्वेदी

पुष्प-वाटिका में राम-सीता

मान्यो मन दूजौ, तुम कहौ गौरि पूजौ सखी,
नाम है विदेही आजु बिना तन ताई है।
सुधि कछु ना सरीर, बौरी सी बनी है बीर!
और कहा चाहैं जब रामधन पाई है?
इत है बिहाल अरु उत हू बिहाल भये
एक दूसरे की छबि एकै सम भाई है।
प्रीति-परतीति नाहिं दुरति दुरायें कहूँ
तोरत सुमन जे सुमन जोरि आई है।

बाटिका विदेह की सदेह प्रेम-प्रतिमा है
देखि भयो सफल सखीरी तहाँ जाइबो।
इत तैं तौ सीय जू पधारीं गौरि पूजै, उत—
चुनन प्रसून रघुबंस-हंस आइबो।
दोउन के दोउन सों दृग उरझाने तबै
कौन सुनै सखी! भ्रात-सीख समुझाइबो।
दोऊ नेह भीजैं, रीझैं खीझैं कर मीजैं दोऊ
पुलकि पसीजैं, भूलि पुहुप, पुजाइबो।

जनक दुलारी भारी करिकै तयारी आई,
संग लेकै सखी पूजा हेतु सिव-बाम की।
अवध-किसोरन की जोरी ताही बाटिका मैं
बीनत प्रसून धुन सेवा गुरु-काम की।
ताही घरी सीता-राम दीठि एक दूजैं परी।
'अमृत' बखानै कहा सोभा सुखधाम की।
सीतल भयो है हिया, सिया को बिलोकि राम
लखि सियरानी, सियरानी छाती राम की।

श्री अवधबिहारी अवस्थी, 'विमलेश'

मुक्तक-कण

वेद प्रमानत हैं, सब जानत औ पहिचानत हैं सब को री।
लाइकै 'डामर' बैठि के सानत, कारो करैं मुख के बरजोरी।
लानत बार हजार मिलै, तऊ लेपत कारोइ रंग घनो री।
मानत ना, नई रीति निभावत हैं यहि भाँति सों खेलि कै होरी॥

गावत बेद निरन्तर हैं, जस भाषत हैं, कहैं पाप-नसौना।
हैं बलि को छलिबे हित जाय के, द्वार पै रूप धर्यो जिन बौना।
छीर-समुद्र के सोवनहार, कियो जिन सेषहिं केर बिछौना।
सो अब गोद जसोमति के नित साँझ ते माँगत चंद्र खिलौना॥

सक्ति कवित्तन की रचना की, न पावत कोऊ बने बिन चेला।
कोऊ न मल्ल भयो जग मैं, बिन दाँव औ पेंचि सिखे डँड़पेला।
उत्तम काव्य को रूप अनूप बिना गुरु काके हिये बिच हेला।
जो न बनै इतनों 'विमलेस' तो जानिहै कैसे बबूर औ बेला॥

लक्षना, व्यंजना, व्यंग्य-ध्वनी की सजे सिर सारी मनोहर खासी।
हाव औ भाव भरे अनुभाव, बिभावन की गति है छबिरासी।
कण्ठ कबीनन के 'विमलेस' लसै बिलसै सुलवंग-लतासी।
मोहत चित्त प्रबीनन कों, बनि आवत जो कविता बनिता सी॥

है जग बीच प्रतच्छ प्रमान, ये काहू सों बात गई नहिं मेटी।
पाँवरे मंजु बिछाय कै तूलन, फूलन सेज रहै चहै लेटी।
नाह के नेह नहाई रहै, धन सों 'विमलेस' भरी रहै पेटी।
केतो सुपासु मिलै ससुरे, तऊ बाप को भौन न भूलत बेटी॥

✦

श्री अवधबिहारी वाजपेयी

तीन मुक्तक

(1)

मुखचन्द

खीन, मलीन, बिहीन-प्रभा दिन,
चन्द सों मो मुखचन्द कहौ ना।
भावै सो भावतो लाल! करौ
पै भरोसे गुबिन्द जू मेरे रहौ ना।
धाय धरौंगी, पुकारौंगी धाय को,
प्रेम-प्रवाह मैं धाय बहौ ना।
कारी ह्वै जाउँगी, कारिख सों
मेरो, साँवरे गात सों गात गहौ ना।

(2)

सत्ता महबूबा

सत्ता-महबूबा मिलै, रहिये सदा जवान,
असी साल को डोकरा, खींचै सबके कान।
खींचै सबके कान, बुढ़ापा पास न फटके,
नई नबेलिहु मौन, देखि खाला के झटके,
कह 'अनुभव कबिराय' मिल्यो है जोग अजूबा,
रहिये सदा जवान मिलै सत्ता-महबूबा॥

(3)

बाजीगर की कला

बाजीगर की कला सब, आजु गये हैं भूलि,
पग न धर्‌यो जिन धरा पर, चाटि रहे हैं धूलि।
चाटि रहे हैं धूलि, भई है जरजर काया,
तऊ न छूट्‌यो मोह, न छूटी कुर्सी-माया।
कह 'अनुभव कबिराय' न पूछैं मुल्ला-काजी,
कमर झुकाये जुटे अबौं जीतन को बाजी॥

डॉ० आनन्द

दामिनि आगि लगावन दौरी

आन मरोर दियो मन मोर, करी बगुलानहु ने मनमानी,
चातक चीरि करेजो गयो, इत डोलि कै डारन बोलि कै बानी,
अंगन अंगन पै गिरी गाज सी और उमंगन पै पर्‌यो पानी,
वा खिन ते कढ़े प्रान ही, जा खिन आन अटा पै घटा घहरानी।

भोरई बावरी बोलि उठी उत, डोलि उठी इत लाज की चादर,
बोय उठे बिष-बीज घने घन रोय उठे बिरही मन कादर,
जोरि जमात उठे जुगुनू-गन मोर उठे करि मोर अनादर,
भाजिबे कों इतै प्रान उठे, उतै आन उठेरी असाढ़ के बादर।

बागन बागन झुण्ड के झुण्ड नई चुनरीन मैं आवन लागे,
डारन डारन डार हिंडोल मलार मलार कै गावन लागे,
तीर सी तान चलाय चलाय, पपीहरा पीर बढ़ावन लागे,
सावन लाग्यो जबै तै सखी! विष बूँदन लै बरसावन लागे।

भाव भरै सुनि गीत सखीन के, घाव हरे हिय के उभरैंगे,
साँझ सकारे घरी घरी पै घन आन के अम्बर ते उतरैंगे,
देख अनन्द नदी नद आज के लाज के टूटि जहाज परैंगे,
एक दिना नहि एक दिना हमैं ये बदरा बदराह करैंगे।

आँगन देखि भरे अँसुवा दृग, बादर देखि भई मति बौरी,
पंथ कुपंथ न सूझिं परै, नहिं बूझि परै कछु काह भयौ री,
दादुर दौर पर्‌यो पुर मैं, उरमैं बिरहानल जात जर्‌यो री,
आए गए बक फूस बिछावन, दामिनि आगि लगावन दौरी।

श्री आनन्दवल्लभ शर्मा 'सरोज'

अण्डमान की प्रकृति-छटा

मन्द-मन्द मारुत सौं मृदुल मरोरनि लै,
मुरि मुरि झूमि झूमि झुकि झहरानी सी।
अंग अंग उमंगि विसाल गिरि श्रृंगन की,
गैलन में फैलि फैलि ठगि ठहरानी सी।
सुकवि 'सरोज' चूमि चूमि कै कपोलनि त्यों,
लोल लोल लहरि लखात लहरानी सी।
फूल्यो मन, भूल्यो जनु स्याम-सिंध माँहिं इतै,
साजै साज बन-श्री विराजै ब्रजरानी सी।

नारिकेलि, पुंगीतरु कदली के पुंजन के,
मंजुल निकुंजन ज्यों कुन्दकली विकसी।
कैधौं मातु भारत के प्यार कौ परस पाइ,
बन्दिनी बनी है प्रेम पंजर मैं पिक सी।
धराधर धारनि पहारनि के ढार बीच,
पगनि पसारि कै गई है पुनि टिक सी।
सुकवि 'सरोज' अण्डमान की धरा त्यों लसै,
सागर सों गागरि लै नागरि ज्यों निकसी।

स्त्रोत कल कीरति को अमल अमन्द किधौं,
मुदित उदोत चारु चन्द्र कौ गगन मैं।
जगमग जगती पै रंच हू न डगमग,
पाग्यो अहै पग पग प्रेम की पगन मैं।
प्रकृत प्रभाव सों 'सरोज' सिन्धु-तीर लसै,
सिन्धुजा सहोदर सौं आपनी लगन मैं।
मेरे जान अण्डमान मानदण्ड भारत के
मान को, प्रभासमान हीरा है नगन मैं।

✦

श्रीमती आशा चतुर्वेदी

भक्ति-पद

(1)

रीझ में खीझ

कान्हा लागैं न बतियाँ तोहार नीकी।
काहे झटक मरोरी रे मेरी बैंयाँ,
तिन रोकै है गैल कदंब छैंयाँ,
कोऊ जान न पायौ बान तोरे जी की।

जब लौं सुनी मुरलिया धड़कै हियौ
लागत सब फीकौ, ऐसौ रस जो पियौ,
रैंन निंदिया चुराई काहे नैना ही की।

लकुटिं लै गिराई काहे सिर सों मटकी,
ये बान लला, मेरे मन में खटकी,
का कहूँ नाहिं मिली कोऊ मो सरीकी।

घेरै काहे पनघट पै भई रे देरी,
घर लड़िहै ननदिया-सासु मेरी,
काँपूँ थर-थर देखत मैं नजर पी की।

(2)

मीन नीर कौ संग

मनुआँ धीरज राखौ संग,
कैसेहु करि जतनन मिलि पिय सों, कूल ज्यों मिलै तरंग।
छूटहि देह बरु नेह न छूटै तान ज्यों खैंचे कुरंग॥
झलक पाय झकि झकि क्यों झाँकत मरकट सौ हुरदंग।
रहि रे मगन अगाध तरंगन मीन नीर कौ संग।

✦

डॉ० एन० रामन नायर

केरल का गुरुवायूर तीर्थ
(पद)

गुरुवायूर[1] प्रभु बाल गोपाल सँग राखो मैं बलिहारी।
मेलपत्तूर[2] के कर्णामृत से, डोल रहे हरि दुखहारी,
पूंतानं[3] की अमिय धार, अभिषेक कै रही मनहारी।
केरल-भू के तीर्थ सिरोमनि, हे भक्तन के हितकारी,
मुरलीधर! कर मुरली सोभित, जन-जन-मन रंजनवारी।
पीत-दूकूल की विद्युत सी छबि, कलजुग कौ कल्मष हारी,
इन्द्रधनुष सम मोरपखा सिर, जापर मो तन-मन वारी।
रे मन! नाचु, देखु इन नैननि गुरुवायुर की छबि न्यारी,
'राम' रमो अभिराम हिये हरि! जन-मनहारी गिरिधारी॥

✦

1. केरल का प्रसिद्ध तीर्थ, जहाँ बाल गोपाल की प्रतिष्ठा है।
2. मेलपत्तूर भट्टनिरि का संस्कृत में 'नारायणीयम्' काव्य जनता द्वारा आज भी समादृत है।
3. मेलपत्तूर के समकालीन, मलयालम के भक्त कवि एवं श्री कृष्ण चरणामृत के रचयिता।

श्री ओमनारायण तिवारी

बजट प्रतिवेदन

वर वस्त्र-विन्यास भये महँगे, रँग रूप रँगाई बड़ी महँगी,
चिकनाई कपोलन की महँगी, अधरानि ललाई बड़ी महँगी,
मसि कागद कोरे लिखी महँगी, बिना काम पढ़ाई बड़ी महँगी,
रस छंद के भाव बड़े महँगे कविताई-मिठाई बड़ी महँगी।

कहूँ बंद लिफाफन में मनमीतन गीत भिजायबो है महँगो,
अब कारड भेजि सुता-सुत को सुख दुःख मँगायबो है महँगो,
अभिअन्तर की दशा अन्तर्देशिय पत्र मैं पायबो है महँगो,
रतियाँ पढ़िकै पतियाँ पति की, छतियान लगायबो है महँगौ।

टुथ पेस्ट को टेस्ट भयो करुओ, मधुरै मुसकायबो है महँगो,
सिगरेट दुलारी भई महँगी, धुँआ ऊँचो उड़ायबो है महँगो,
लखनौआ तमाखू भई महँगी सुँघनी को सुँघायबो है महँगो,
चुसकी ह्विसकी में बसी महँगी अब पीबो पिलायबो है महँगो।

पटरी पर रेशम डोरिन पै कर झूला झुलायबो है महँगो,
सुर सुन्दरी हू के प्रसाधन साधन अंग लगायबो है महँगो,
कर दर्पन के मुँह कारे भये, प्रतिबिम्ब दिखायबो है महँगो,
प्रतिवेदन मंत्री जू ऐसे दयो चना चारि चबायबो है महँगो।

अब रेल के डब्बन बब्बन दाई को तीरथ न्हायबा है महँगो,
बिटिया को बुलायबो है महँगो, ससुरार पठायबो है महँगो,
प्लेटफारम पै युवामित्रन को हँसि हाथ मिलायबो है महँगो,
अब दूर पै दूर कै नेरे कहूँ सच आयबो जायबो है महँगो।

✦

श्री करुणाशंकर शुक्ल 'करुणेश'

श्याम छवि

काहू भाँति लूटैं सुख वाही रेनुका मैं लोटि,
साँटी खाय कान्ह चाटी माटी जेहि ठाम की।

'करुणेश' सन्त हू सराहैं भूरि भूरि जाहि,
जीवन की मूरि धूरि धारौं नन्द ग्राम की।

अब तौ प्रपंच मोहिं रंच हू सुहावै नाहिं,
ऊमि घूमि भूमि मन भावै पुन्य धाम की।

ब्रज को निवास रुचै, वृन्दावन रास रुचै,
आँखिन कौ झाँकी रुचै बाँकी श्यामा-श्याम की।

श्याम की सलोनी छवि जब सों निहारी जाय,
तब सों न दूजी छबि नैनन निहारी जाय।

'करुणेश' का बिधि सँभारि उर धारी जाय,
धारी जाय उर में, न उर सौं निकारी जाय

रीते स्नेह सों हैं गए बीते ब्रज नारिन सों,
कौन ब्रजवारी जो मुरारी पै न वारी जाय?

मेरी तौ बिचारी बुद्धि सोचि-साचि हारी जाय,
जीवन को धन कैसे बन बनवारी जाय।

सीस पर मुकुट बिराजमान सो है अरु
मोहै 'करुणेश' बनमाल बनवारी की।

कुण्डल किरीट तापै कोटिचन्द वारि जात,
वारि जात रवि छबि हेरि गिरधारी की।

मुरली लुभावै, मन भावै, हरषावै चित्त,
सुषमा सुहावै संग राधा सुकुमारी की।

जग बलिहारी, दीठि टरत न टारी अरी
लागै बड़ी प्यारी मोहिं सुछवि मुरारी की।

✦

श्री किशोरचन्द कपूर

बंशी-बिलास

बंसी धुनि स्त्रवनन परे गृह कारज न सुहाय।
मतवारी सी ह्वै फिरै, इत उत देखत धाय॥

आपुस मैं सब मिलि कहैं भली बजी है आज।
बंसी हम सब तैं भली, सँग राखत ब्रजराज॥

बाँस बँसुरिया सौत सम, याको लेयँ चोराय।
बिन बंसी हरि विकल ह्वै, ढूँढ़न आवौं धाय।

धनि बँसुरी है स्याम की, सब कौ रही लुभाय।
अपनी सुमधुर तान मैं ब्रज को रही नचाय॥

✦

श्री गजराज सिंह 'अमर'

भारत माता

(1)

नहिं सूझत अम्ब! उपाय कछू तुम्हरो रिनु हौं केहि भाँति चुकावौं।
मन याही ते सोधि-समोधि भली बिधि छन्दन मैं तुम्हरो जस गावौं।
जन-मानस मैं भरि भाव अनूप स्वदेश की भक्ति के बीज उगावौं।
तजि चन्दन भाल खरी सुघरी, तुम्हरी महि की रज नित्य लगावौं॥

(2)

तुम्हरे हित भारत मातु! सपूत सदा बन बीहड़ मैं भटके हैं।
तजि दूध-दही बरु व्यंजन हूँ बन मैं फल सूखे-सरे गटके हैं।
जिहि ठाँव परे उनके पग द्वै नित लागत शेषहु को झटके हैं।
उठि देखु प्रताप के दादुलि के, सब के सब घाव अबै टटके हैं॥

(3)

भारतमातु! मही तल पै प्रन पारिबे की अस आन न ह्वैहै।
आर्य-सपूतन छाँड़ि कोऊ नित बात पै यों बलिदान न ह्वैहै।
जुद्ध अनेकन होत सही, महाभारत जुद्ध समान न ह्वैहै।
पारथ होंहि भले जग मैं, कहूँ पारथ को रथवान न ह्वैहै।

(4)

मातु तिहारो प्रभाव महा, महिमण्डल मध्य कृतित्व लसे है।
तेरे सपूतन के बल ते, महि फारि प्रहार पताल धँसें है।
देहिन मैं कहुँ दोष नहीं, सति भाव नरायन ही बिकसे हैं।
सिंह नहीं, तुम्हारे घर खम्भन ते नर-सिंह बसे-निकसे हैं।

(5)

तुव खेतन कंचन बेलि फलै, धन-धान्य सबै भरपूर लखात है।
परमारथ मैं रत पन्थी रहैं, जहँ स्वर्ग नहीं कुछ दूर लखात है।
अभिशाप त्रिपातन के भयते, मुख वीरन को नहिं झूर लखात है।
भय दानव-सक्ति को कौन करै, जहाँ घास हूँ जीवनमूर लखात है।

✦

श्री गजेन्द्रनाथ चतुर्वेदी

तीर से समीर पूत उड़त चले गये

कोटि मारतण्ड की अखण्ड जोति मंडित सी
चारु मुख मण्डल की आभा छहरावै है।
कंचन कलेवर पै दिव्य दामिनी सी दौरि
दीप्ति बर बीरता कौ बानो पहिरावै है।
पलमैं त्रिलोक नापिबे कौं त्यों त्रिविक्रम लौं
विक्रम अपार फैलि फबि फहरावै है।
एक एक बारिधि की बीचि कौ जवाब दैन
उर मैं उछाह कौ समुद्र लहरावै है।

बेग हरि-बाहन, सुसप्त सप्ति बाहन के
मारुत प्रवाहन सों जुड़त चले गये।
खेत त्यों अनन्त अंतरिक्ष के तुरन्त मानौं
गति के हलायुध सों गुड़त चले गये।
मग में परैं ना, डरै ग्रह-उपग्रह यातैं
दौरि दुरि दूरि ही तैं मुड़त चले गये।
देवन की भीर सी जुरी है सिंधु तीर जबै
तीर से समीर पूत उड़त चले गये।

राम की रजायसु के भार, पुहुमी के भार,
पल मैं उतारन के भार उर लाये हैं।
सीता-सोध बिकल वियोग व्यग्रता के भार,
प्रभु-मुद्रिका के मंजु भारन समाये हैं।
बानर समाजन के लाज के जहाजन के
गुरुतर काजन के भार अपनाये हैं।
एते भार बिसद अपार निरबारि कैसैं
ह्वै कै निरभार हनुमन्त उड़ि धाये हैं।

✦

श्री गयाप्रसाद शुक्ल 'सनेही'

लेखनी

बानी की लकुट, मनभाये भाव देन वारी,
महि मैं महान, कल्पतरु की निसानी तू!
निज मुख मसिलाय, ऊजरो करति मुख
संतत 'सनेही' ह्वै सुकवि सुखदानी तू!
कुण्ठित कटारी काटवारी कटी तेरे काट,
पानी होत पाथर हू, ऐसो रखै पानी तू।
मेटत लिलार-लेख, एकहि निमिष माँहिं,
जापर कृपालु होति, लेखनी भवानी तू॥

तीन मुक्तक

बंस की ह्वै कै छुड़ावति बंसहिं, तीर सी ह्वै, हनै तीर-सी तानै।
बेधी गई, तऊ बेध की बेदना बूझैन, वेधति खेद न आनै।
सूखि गई, हरियारी तऊ रही, ह्वै कै हरी है सुखावति प्रानै।
पीवै सदा अधरामृत पै, बैर बाँसुरिया बिषु ढोइबो जानै॥

नव नेह को नेम निबाहत चातक कानन ही मैं मवासो रहै।
रट 'पीकहाँ' पीकहाँ की है लगी, भरो नीर रहै, पै उपासो रहै।
तजि पूरबी पौन न संगी कोऊ, कछु देत हिये को दिलासो रहै।
लगी डोर सदैव पिया सों रहै चहै बारहौ मास पियासो रहै।

दिन चारि की चाँदनी है ये नहीं, सती-सूर की हैं इक देह की बातैं।
परछाहीं नहीं यह बादर की, यह है अँसुवान के नेह की बातैं।
हठि नेह करै, यह देह औ गेह की, औगुन-गेह अदेह की बातैं।
नस नेह की जो पहिचानत ना, तौ सनेही करौ न सनेह की बातैं।

✦

श्री गयाप्रसाद तिवारी 'मानस'

दो वन्दन गीत

(1)

हिमालय वन्दन

जयति हिमालय, जय गिरिराज।
तुम भारत के प्रहरी,
तुमसों डरपत सत्रु-समाज॥
तुमसों जुरी सनातन-संस्कृति,
सुख सम्पति के साज॥
हिम—किरीट सोहत सिर,
अनुपम रूप रह्यो है छाज॥
जब भारत पर भीर परी,
तुम सदा बचाएहु लाज॥

(2)

नर्मदा वन्दना

जय मेकलनन्दिनि सुखरासी।
भारत माता की कटि-किंकिनि,
विंध्याचल की उर-माला सी॥
छवि अवलोकि अलौकिक अनुपम
रीझै विश्वनाथ अविनाशी॥
सुरसरि सरस विमल जलधारा,
महिमा वेद-पुरान प्रकासी॥
अम्ब! राष्ट्र कौ देहु सुमति-सुख
'मानस' की हरि लेहु उदासी॥

✦

श्री गिरिजादयाल 'गिरीश'

नवजात शिशु

करत कहाँ-कहाँ हिराये से पराये देस
रोदन तैं मोद रोदसी पै प्रकटाये हौ।
अम्बर विहीन है दिगंबर 'गिरीश' भेष
अंग तैं अनंग अंग-सहित लखाये हौ।
दुरित दुरूह-दुःख रूप भवसिंधु बीच
द्वन्द्वहीन मंजुल मुकुन्द छबि छाये हौ।
लूटी तुमने है सुर संपति की मोटि, जौन
छोटी सी सुमूठी मैं अनूठी भरि लाये हो।

आनन अनूप अवलोकि ईरषानल सों
जरि-बरि वारि बीच वारिज जियो करै।
काँच होत कंचन, विलोकि कमनीय कांति,
साँच-जाँच हेतु तप आँच मैं कियों करै।
दिव्य कुल-दीपक, तुम्हारी दुतिमान देह।
गेह को 'गिरीस' दुति-विद्युत दियो करै।
जननी मयंक मुख चूमि न अघावै, जब
रंक-निधि नाई, निज अंक मैं लियो करै।

बूड़ी छवि-सिंधु मैं तुम्हारे रहती हैं तऊ
अँखियाँ पियारी सफरी हैं अफरी नहीं।
कर-पद-कंज की कलोल पालने पै मंजु
हेरिबे की उभरी उमंग है भरी नहीं।
कौन सी 'गिरीस' मृदुताई-मंजुताई जग
आई जो तुम्हारी है निकाई-नगरी नहीं।
पाइ प्रिय लाल बिस्व संपति है कौन जौन
दम्पति के पायन सुभायन परी नहीं।

✦

श्री गोविन्द चतुर्वेदी

सरस दोहे

लुटत लाल के भाल पै, मुकताहल लर लूमि,
मनों अवलि बगुलीनि की रही श्याम घन चूमि॥
मनि मण्डप, मानिक महल, खम्भन झिल-मिल होत,
प्रतिबिंबित पुखराज की पुतरी जगमग जोत॥
सीस फूल दै सीस पै, मोतिन माँग सँवारि,
मनहुँ नखत-मण्डल सहित ससि सोहत सुकुमारि॥
सिर की सारी सरकतहि, फिरकी लई अजूब,
खिरकी ते खुरबोइ के खुले खजाने खूब॥
दुज दोहा, केकी कबित, सुकन सवैया साज,
भृंग छन्द कविराज बनि, आवत है रितुराज॥
गोरी बहियाँ, गेरि गल, पकरे नन्द कुमार,
भोरी बरजोरी करत, होरी खेलन हार॥
सुनत बैन विथकित भई तन न सँभारत चीर,
ब्रजबनिता सब उठि चलीं, कालिन्दी के तीर॥
बढ़त नेह सों नेह, अरु घटत मोह सों मोंह,
काँटे सौं काँटे कटैं, कटत लोह सों सोह॥
जल बिछुरी मछरी मरत, परत पतंगा लोइ,
हँसि चकोर चिनगी चुगत, अस गति नेहिन होइ॥
अलि गुंजन, पिक काकली, कुहकनि केलि कलाप,
हरि भक्तन की रस कथा, सुखद सुकवि आलाप॥

✦

डॉ० जगदीश गुप्त

रूप-सुधा

(1)

झूलतीं ज्यों झखियाँ जलजात की झालर मैं झलकी परैं आँखैं।
पीर के भार भरीयै रहैं, पलहू न कबौं हलकी परैं आँखैं।
बेसुध सी जनु संग बड़े-बड़े बूँदन के ढलकी परैं आँखैं।
आँखिन सों अँसुवा छलके परैं, आनन सों छलकी परैं आँखैं।

(2)

छ्वै कै कछू छवि दन्तन की, नग-हीर-कनीन खचे मधुराधर।
जो जिय बीच घुर्‌यो करै, ता अनुराग के रंग रचे मधुराधर।
धोइ सुधाकन तैं मुसकानि के प्रानन तैं बिरचे मधुराधर।
फूल से हैं रहिहैं अली! भौंर की भूलसौं कौलीं बचे मधुराधर।

(3)

कोऊ प्रभात के पंकज की पँखुरीन पै ओस के विन्दु बतावै।
कोऊ कहै जुग सीपिन मैं मुकुताहल की अवली छबि छावै।
बाल विलोचन मैं अँसुआ लखि मेरे हिये कछु औरई आवै।
नैनन के तट पै नट-नागर नीर भरी गगरी ढरकावै।

(4)

कजरारे विलोचन कोरन मैं दुरि बैठी मनौ रजनी घनी ह्वै।
बिधु आनन तैं परे तारे-जरी अँगिया पै सुधा-स्त्रम-सीकर च्वै।
सुरचाप दुकूलन मैं झलक्यो कचरासि गई जलदावलि छ्वै।
अँगरानि मैं बाँहैं मिलीं बिछुरी, जनु टूटि कै ह्वै गई दामिनि द्वै।

(5)

किरनैं रस मैं सनी चाँदनी की घनी कुंज मैं छोह की छाँहैं मिलीं।
दिन के सपनेन मैं नैन मिले, निसि के सपनेन मैं बाँहैं मिलीं।
भले भूमि पै मारग भिन्न गये, नभ एक ही बिन्दु पै राहैं मिलीं।
बिछुरे परे कोसन दूरि दुऔ, तऊ चन्द पै आइ निगाहैं मिलीं।

(6)

कुंजनि मैं बरुनीन के नैसुक दीठि के छोर रहे अरुझाइ कै।
साँसन की सुकुमार मलैज खिलै लगे लाज के फूल लजाइ कै।
भीतर लौं मन भीजे रहे, तन मैं पुलकावलि के घन छाइ कै।
आँखिन की करि छाँह दुहून के प्रान मिले अधरान पै आइ कै।

प्रो० नजीर मोहम्मद

भाव-भक्ति

भाव-भक्ति कौं पाइकें, को मुक्तिहि गठियाय।
कोटि मुक्ति फल देइ ब्रज, गरि गोखुर तरबाय॥
ब्रज-रज, पग-रज, स्याम की, मिलि ह्वै गई निहाल।
तातैं ब्रज-रज मुक्ति कों, मुक्ति देइ तत्काल॥
योगासन की सिला तें, दाबि मनहि मति मारि।
मूरख ग्यानी! स्नेह सौं, स्यामा-स्याम निहारि॥
एकाग्रता, समीपता, दृढ़ आस्था अनुराग।
मर्कट सावक लौं भगत, देइ निजी हित त्याग॥
यह सरीर ब्रज भूमि है, उर वृन्दावन धाम।
रोम-रोम राधा रमें, साँस-साँस में स्याम॥
अधर मधुर नयना मधुर, मधुर-मधुर मुसकान।
रसघोलनि बोलनि मधुर, मधुर मुरलिया तान॥
अधर-मधुर नयना सरस, नित चितवन चित-चोर।
मंद-मंद मुसकान सौं सरस करहु मन-मोर॥
जित देखूँ तित राधिका, जित सोचूँ तित स्याम।
लखि जग स्यामा-स्याम मय, जीवन भो अभिराम॥
स्यामा-स्याम सरोज-पग, लग्यौ रहै मन-भृंग।
पान करहि मकरंद रस, प्रेम-प्रीति के संग॥
भाव-भक्ति माती रहै, कबहुँ रुचै नहिं आन।
ऐसे भावुक भक्त कौं, देउ भक्ति भगवान॥
प्रेम वारि बरसा हरहु, प्रिय पपिहा की पीर।
नँदनंदन के नेह की, बनै 'नजीर' नजीर॥

✦

श्रीमती पद्मा साधिका

सलोने श्याम

भक्ति-पद

तेरे अंग सलोने श्याम,
लिपट जाऊँ पट बन के।
तेरी मुरली में घनश्याम,
मैं बस जाऊँ रस बन के॥

मोर मुकुट पीताम्बर सोहै,
मोती-माल गरे मन मोहै।
तेरी मुँदरी में मेरे श्याम,
मैं जड़ जाऊँ नग बन के॥

कटि किंकिणि, पग नूपुर बाजै,
अधर सुधारस मुरली साजै।
तेरे लोल कपोल ललाम,
लटक जाऊँ लट बन के॥

या रज कूँ सुर-नर-मुनि तरसैं,
अमृत बिन्दु अवनी पर बरसैं।
तेरे चरनन मैं घनश्याम,
लिपट जाऊँ रज बन के॥

'पद्म' सखी चेरी चरनन की,
आस लगी तेरे दरसन की।
तेरी उँगरी पै घनश्याम,
मैं नच आऊँ नट बन के॥

✦

श्री बद्रीप्रसाद पाल 'पाल'

रण विदा

माँगत विदा हौ मातृभूमि के सपूत, प्यारे,
अमित उछाह भरे जाहु, छोह लैहौ ना।
जौहर दिखैहौ जोर संगर मैं घोर, सत्रु—
रुधिर बहैहौ, दूध मातु को लजैहौ ना।
ह्वै कै प्रलयंकर सों समर रचैहौं 'पाल',
अंतक जो अैहै तऊ शंक नेकु खैहौ ना।
विजय पताका फहराये बिनु मेरी सौंह,
जीवन बितैहौ पै इतैको लौटि एहौ ना।

रक्षिका तुम्हारी रण-चण्डिका रहैगी सदा,
ताको बल पाइ सत्रु सीसन उतरिहौ।
रुण्ड मुण्ड काटि काटि पाटि रनमंडल कौ,
कन्दुक लौ टैंक तोरि-तोरि कै उछरिहौ।
अगम अपार अरि-सैन्य पारावार बीच,
कुम्भज लौं सोखि ताकौं मद छार करिहौ।
ऊँचो करि भाल, देस रिन-कौ चुकाय 'पाल'
दसौ दिसि निज कीर्ति कौमुदी पसरिहौ।

अमर बनाइबे कौ सुजस तुम्हारौ प्रिय,
देवन मनैहौं तप नेम व्रत करिहौं।
चरचा तिहारे रण कौशल की स्त्रौन सुनि
भेंटिबे कौ चौगुनो हिये मैं भाव भरिहौं।
ऐहौ जयमाल धारे, ललकि मिलौंगी धाय,
दैके भाल टीको 'पाल' आरती उतरिहौं।
भाग्य की अमिट रेख, मौत जो बनेगी सौत,
सौंहन तिहारी कहौं वाहू अंक भरि हौं।

✦

श्री बैजनाथ गुप्त 'बृजेन्द्र'

रसवन्त कवित्तन की रितु आई

रसहीन भई, तुकहीन भई, बिखरी कविताहू बिथा तजि है।
रमिहैं कमला कमलासन पै सजि रूप, कुरूप कला भजिहै।
रस प्याइहै मोहन की मुरली, अब दुंदुभी सारद की बजिहै।
मँजिहै सत साहित भारत कौ, ब्रजभाषहु भूषन सों सजिहै॥

मिलिहै सुर सारद-साराँग को, खिलिहै वर भावन जोति सवाई।
उठिहै लिखनी कविराजन की, लिखि है रचना सब भाँति सुहाई।
खिलिहै उर की लय गीतन मैं, सजिहै पुनि छन्दन मैं कबिताई।
अब होहु प्रसन्न रसज्ञ सबै, रसवन्त कबित्तन की रितु आई॥

✦

श्री ब्रजनन्दन गुप्त 'ब्रजेश'

प्रेम प्रतीति

भाव बिना जग सेंत न पूछत, भाव भलो कर जोरत दोऊ।
कोटिन की धन सम्पत्ति वारिये, कोटि सगो अपनो नहिं सोऊ।
भव दुराव सों दूर 'बृजेश जू' भाव में नाचि गये इत ओऊ।
भाव अभाव में कोऊ न कोऊ को, भावहिं में सब को सब कोऊ॥

प्रेमहिं के कन पे छिन में, बृजराज हमारेइ हाथ बिकानो।
प्रेमहिं को दधि चाखन को, ललको नित लाखन में ललचानो।
प्रेमहिं को गुन गायो 'बृजेश जू', प्रेमहिं है प्रिय प्रेम प्रमानो।
श्री बृजराज को राज जहाँ लगि, प्रेम को राज तहाँ लगि जानो॥

आय लगे अब ग्रीषम के दिन, पौन चलै जिमि काठ पै आरी।
खौलि उठौ जमुना जल आपुहिं, काँपि उठी ब्रज भूमि बिचारी।
ऊधौ 'बृजेश' वियोग की आग ने, चौगुने बेग सों चौकसी पारी।
ताहु पै ये ब्रज गूजरी मोद सों, गावती हैं घनश्याम की गारी॥

मान हरो सुरराजहु को, ब्रजराज जू ने गिरिराज धर्‌यो कर।
या ब्रज के ब्रजवासिन के सिगरे, दुख दन्द लये अपने सर।
गे मथुरा, पथरा उर धारि, 'बृजेश' हमैं धर प्रेम धरोहर।
ओहर सों हरि हैं करि हैं, सुधि ऊधव गाये जिन्हें हम सोहर॥

धनि ऊधव जू पर कारज लागि, पधारि इहाँ श्रम आप उठायौ।
भ्रम होत रह्यौ कछु और हमें, सोइ श्याम सँदेश सुनाय मिटायौ।
गिरिराज उठायो 'बृजेश' जू ने, तुमने दुखभार-पहार घटायौ।
कछु पीर भई उनहूँ के हिये, इहि ते तुमको ब्रजराज पठायौ॥

✦

श्री ब्रजनंदन पाण्डेय

ऊधव से

जो जो सिखायो है सीखी सबै कछु, या ब्रज माँहि रहे जब हेती,
जोगहु देते सिखाय तबै, तौ भली बिधि सों गुनि कै सिखि लेती,
गूढ़ बिषै यह ऊधौ सुनौ, गुरु संग बिना समुझैं किमि ये ती,
जाय कहौ 'ब्रजनंदन' सों कहुँ होत न देखी सँदेसन खेती।

जब प्रेम नदी मैं नहाय चुकीं तब नेम के कूप झँकाइए ना,
रसिया को बतावत ज्ञानी भए, रसरी कहँ साँप बनाइए ना,
'ब्रजनंदन' लाल को ऊधो लुकाय, अगोचर जोति ढुँढ़ाइए ना,
हमैं देखि वियोगिनी जोग सिखाइ जरे पर लोन लगाइए ना।

बालक ह्वै जिन गोद पले तिन नन्द-जसोमति हू को रोवायो,
पीतम ह्वै हम गोपिन के तन कौ बिरहागिनि मैं झुरसायो,
ह्वै कै गुरू 'ब्रजनंदन' त्यों तुमहूँ सन चाहत भीख मँगायो,
ऊधो, रह्यो छलिया सों सचेत, 'कहूँ दही धोखे कपास न खायो।

करि बेषु छली को चल्यो छलिबे, उपदेस तै स्त्रौननि पाटत हौ,
ब्रज भक्ति-लता लहरै तिंहिं ऊधव, ज्ञान कुठार तैं काटत हौ,
'ब्रजनंदन' कौं बिलमाइ उतै, इत ध्यान है, सोऊ उचाटत हौ,
हमतौ समुझीं तुम चोर बने, उलटे कोतवालहिं डाटत हौ।

बातैं ब्रजेस की भावैं हमैं, वहि ब्रह्म की व्याख्या न नैकु सुहाती,
है उपजावै सुखै हरि मूरति, जोति की ज्वाल है नैन दुखाती,
ऊधव कूबरी भेजि तुम्हैं, हमकौं बहकाती तो यौं कहि आती,
धाती पै कोऊ धरेस तपै तो कँपै सुरलोक सुरेस की छाती।

✦

आचार्य ब्रजेश

गांधी-गौरव

जन्म

जा दिन जनम भयो गांधी गुरु-मंदिर को,
ताही छुन छुद्रन को दूरि छल-छन्द भौ।
कहत 'ब्रजेस' भयो हिन्द मैं जनेस ऐसो
रहित कलेस, देस-देसन अनन्द भौ।
पादप प्रबल परतन्त्रता को छीन भयो,
अंकुर स्वतंत्रता को उमगि अमन्द भौ।
सुख मन्द सेजन को, ऐन मन्द भेजन को,
तेन अँगरेजन की नेजन को मन्द भौ।

स्वभाव

कोकनद प्रात के, प्रसन्न चित कोक जैसे,
सोक हर लोक-परलोक हितकारी है।
बर्धन बिनोद के, गोबर्धन गिरीन्द्र सम
भार हिन्द ब्रज को गुबिन्द सम हारी है।
कहत 'ब्रजेश' जप-जोग-तप देखन मैं,
संयम-नियम-व्रत एकै धर्म धारी है।
गांधी ने उजारी है अधर्मिन की कारी नीति
हिंसा पुरी जारी है, अहिंसा को पुजारी है।

गांधी और सूर्यास्त

महालोहित दोउन के लखिगात
विमोहित ह्वै कै महान गिरे।
रहे जोग मैं तेज मैं दोऊ प्रधान
प्रताप के दोऊ निधान गिरे।
तम पूरित ह्वै गयो बिस्व सबै
जग जीवन के मनौ त्रान गिरे।
इतै गोली के लागत गांधी गिरे,
नभ तैं उतै शोकित भानु गिरे।

✦

डॉ० भगीरथ मिश्र

नई सोभा बसन्त में आई

डोलै बसन्ती बयारि महामह धीरे धरा अँगना महकावै।
भेंटति आवै लता-द्रुम बागन, भौंर की भीरन छेड़ति धावै।
फूलन को दुलरावै, तड़ागन बीच उमंग तरंग उठावै।
बाँटति आवै सुगन्ध की रासि, हिये मैं हुलास जगावति आवै।।

फूलन बीच है रंग की होड़, रँगे रँगे झूलत डाल पै बावरे।
धूम सुगंधिन के उमड़े परैं, डोलै उतंग बयारि की नाव रे।
प्याला भरे मकरन्द के लखि, है उमड़्यो अलि बृन्दन चाव रे।
आँखिन छायो महोत्सव रूप को धाय सबै छबि लूटन जाव रे।।

है द्रुम पातन बीच बसी छबि, जाहि निहारि समीरन दौरै।
फूल की पाँखुरी रंग बिरंगिनि, कौने रँगी सु तौ जानत भौंरै।
कोकिल जाहि कुहू कुहू टेरति, सो बन-अगन मैं कोउ औरै।
है कोउ प्रान समान समायो, पगे अनुराग सों आम हैं बौरै।।

कौने लगाई महावरी बेलिन, टेसुन बीच बिखेरी है रोली।
कौन की वा पिचकारी चली, रँग बोरि गई लतिकान की चोली।
कौन की तान में माते हैं भृंग, औ काहि रिझावत कोयल बोली।
काकी सनेह सुबासहिं पाइकै, बावरी सी या बयारि है डोली।।

जोतित है नाखतावली जोति सों, चन्द में सीतल छाँह सगाई।
नीले अकास में साँवरे रंग की, साँवरी रेख है आँखिन छाई।
लै उषा सों अनुराग को रंग, खिली धरती की सबै तरुनाई।
लै नव कान्ति दिवाकर की, है नयी नयी सोभा बसन्त मैं आई।।

कुँ० भानुप्रताप सिंह 'भानु'

शरद-श्री

गगन को धोयो अरु धरनिहू धोय दीन्ही,
दारिद की पंक धोई मोतिन लुटाय कै।
सुकृति के भार गुरुआई हरुआई भई,
ऊँचे भये घन, घन कीरति कमाय कै।
भूमि-तन-ताप गयो, थोरो थोरो सीत भयो,
चहुँ ओर स्वच्छ सुघराई रही छाय कै।
दक्खिन की ओर झुके भानु, छवि निरखत,
प्रकृति की रानी आजु निखरी नहाय कै।

चाँदी कैसो थाल, ताल पंकज नवीन भरो,
दीठि उरझत भानु मानत न रोक री।
डोलत मराल-वाल, बक ध्यान धारें ठाढ़े,
सारस की जोड़ी फिरै बिन रोक टोक री।
साँवरी, सलोनी, सुघरई तरुनई नई,
बारी बैस वारी सोहै हाथ गहे टोकरी।
अंजन दृगन दीन्हे खंजन सी थिरकत,
बीनत सिंघारे डोलै दीभर की छोकरी।

कल कल करि कलनादिनी बहत आवै,
कंज विकसन लागे, खंज लागे दरसन।
रोगी अरु भोगी-जन मन हरषन लागे,
जोगी हरसन औ किसान लागे हरसन।
चोर तरसन औ चकोर हरसन लागे,
मेघ बरसन छाँड़ौ, नेगी लागे बर सन।
दरस न होत हरि हरष न होत भानु
नैन बरसन लागे बीति रहे बर सन।

✦

श्री मदनमोहन शर्मा 'अरविंद'

मातृभूमि-वन्दन

(1)

जय-जय भारत भूमि कर्ण बलि से दानिन की,
करनहार अभिवृद्धि सिन्धुजा सी रानिन की,
लालन पालनहार शौर्य शालिन मानिन की,
जीवन दायिनि मातृ मही मुनि अरु ज्ञानिन की।

पावन परम पुनीत, पुनि बलशाली शत्रुन अजय।
हरित फलित पूरित सुखन, जयति-जयति जय हिन्द जय।

(2)

सोहै छटा अनूप अंग नीलाम्बर साजै,
सुन्दर सुखद स्वरूप मुकुट मणिमय छवि छाजै,
उन्नतिशील समृद्ध परम उत्तम मन भावन,
धन्य-धन्य पद पद्म नमो गौरवमयि पावन।

भनत सुकवि 'अरविन्द' पुनि, शांत सौम्य धन-धान्यमय।
मातृ-भूमि महिमा अगम, जयति-जयति जय हिन्द जय।

(3)

मलयाचल कमनीय परम सौम्य सरसावन,
कल-कल करत निनाद रम्य सुर सरिता पावन,
बिबिध मनोहर छटा पूर्ण घन घटा सुहावन,
सब बिधि सुन्दर मही यहै अति है मन भावन,

तृण तरु अरु धन धान्य युत, दिव्य स्वच्छ जल अन्नमय।
मातृसृजा माता मही, जयति-जयति जय हिन्द जय।

डॉ० सैयद महफूज हसन रिज़वी 'पुण्डरीक'

दोहा-गज़ल

बेनी अरुझी आँगुरी, साँवरि करै सिंगार।
मोद भरी अँखियाँ दोऊ, बरसैं रस की धार॥
उलटै-उलटै लट-लरी, जलकन झलकैं भाल।
मन्द-मन्द मुसकाय कै, हिरदय लेति पुकार॥
अँजुरी भरि-भरि चाँदनी, पीवत नाहिं अघाउँ।
खिली, जुन्हैंया रूप कै, हारौं बार हजार॥
कोमल किसलय सों खिल्यो नख सिख तेरो गात।
मानहुँ बिधि निर्मित कियो अतन रूप साकार॥
ऐसे पानीदार दृग, जेहि निरखैं सत-भाय।
ताको मनहिं चोराइ कै, पानी देत उतार॥
चोर-चोर जब लरि मरैं, तब अस दुर्गति होय।
'पुण्डरिक' गठरी पाप की, बिथुरै बीच बजार॥

✦

श्री महेन्द्रकुमार 'सरल'

देस-दसा

देखि कै अनीति की चमू को साज, कौन धीर
कूदि आसु संगर मैं क्रान्ति नई लावैगो?
कौन भाँति नीति कौ, प्रतीति कौ खुलैगो पन्थ
कीरति-बितान भारती के सीस छावैगो?
दीनबन्धु! जबलौं न करिहौ कृपा की कोर
बूड़त समाज को जहाज को बचावैगो?
दल-दल ह्वै है, न निबल उठि पैहै कबौं
सबल सतै है, दीन सम्बल न पावैगो?

लूटि अधाधुन्ध रहे, देस के हितैषी बनि
तिन्हैं रोकिबे को कौन साहस दिखावै आजु?
कबिन के बाढ़्यो है छपास औ पढ़ास रोग
बिके जात हाथ सुविधा के, को बचावै आजु?
सिष्य-संख्या-वृद्धि मैं निरत मठाधीस-सन्त
बिखर्‌यो समाज, एकता को कौन लावै आजु?
वारि-हीन मीन जैसे तलफत दीन-छीन
पीत-पट-वारे को सुजस कौन गावै आजु?

स्वारथ मैं लीन परमारथ न जानै नैकु
पातकी कहाँ ते गाँव प्रीति के बसावैंगे?
भीख लैन वारे, लूटिबे की सीख दैन वारे
दाप ताप कौन भाँति देस के नसावैंगे?
आवैंगे अवसि दिन नीके जननी के कबौं
दुरिहैं दुरित पुन्य-भाव दरसावैंगे?
ममता जगाय, समता को अपनाय जब
मेटि कै विषमता सुप्रीति अपनावैंगे?

✦

श्री महेन्द्रपाल सिंह

सूर की आँखें

जन्म लियो बिनु आँखिन ही,
कछु लोगन की यह गल्पिका ह्वै गई।
कोऊ कहै पर नारि लखे,
दृग-पाप निवारिनी सूचिका ह्वै गई।
दोऊ बिचार असार लगे,
हिय सूर के भक्ति की भूमिका ह्वै गई।
दाहिनि आँख जु स्याममई भई,
बाम सनेह सो राधिका ह्वै गई॥

चन्दन खौरि लगावत है, कोऊ गावत गीत मनौं खग कूजे।
चाउर चारि चढ़ाय कोऊ बिनती करै, बोल रहैं नभ गूँजे।
पूजा के फूल कियो अँखियान को, सूर सों सूर नहीं जग दूजे।
वारि दई बनवारी पै एक, औ एक ते राधिका के पग पूजे॥

मण्डप मानि करील निकुंजन, बाँसुरी खम्भ करी हँसि गोरी।
गाँठि लगाय दई पट मैं, करि राधिका-स्याम दुऔ इक ठोरी।
टैसू के फूलन माँग भरी, पग ओर न दीठि गई मति भोरी।
सूर तबै पहिराय दई, अँखियाँ करि कै बिछुवान की जोरी॥

आँखिन वारेन नैं जग मैं
ब्रज गोकुल औ बिंद राबन देख्यो।
गाइ चरावत गोप सखा,
गिरिधारी धर्‌यो गिरि गोधन देख्यो।
कालिन्दी-कूल कदम्ब लखे,
कल-कुंज करीरन को बन देख्यो।
सूर की कौन करै समता?
बिनु आँखिन मोहन को मन देख्यो।

✦

श्री माधवप्रसाद सेन

सोहाग की चुरियाँ

गौरव-सतीत्व उर अन्तर सँजोये रहैं,
पति-भक्ति के महान ठान मैं ठनी रहैं।
चक्र, सूल, सेल, बज्र की न भीति नैकु रहै,
चाहै जम की कराल भृकुटी तनी रहैं।
आर्य ललना हैं, हम भारत की नारी अहैं,
भले ई अनेक आपदन मैं सनी रहैं।
कठिन कसालो हँसि-हँसि झेलि लैहैं, जुपै
हाथन हमारे चारि चुरियाँ बनी रहैं॥

सोभा माँग सेंदुर की, भाल लाल बिन्दु हू की,
नैन कारे अंजन की, कण्ठ चन्द्रहार की।
सोभा उर मुक्तमाल, बाजूबन्द छबि जाल,
किंकिणी रसाल पायजेब सुखसार की।
नूपुर की, बिछुवा की, एँड़ी लगे ईंगुर की,
सारी जरतारी, भारी कंचन किनार की।
रूप उजियार बहुभूषण सिंगार तऊ
राज सो करति, कर सोभा चूरी चार की॥

सैकत जनम थल, दीन्ह्यो रूप त्यागि सोऊ
निज सरबस त्यागि, त्याग की प्रतीक हैं।
अनल तपाय देह, छीन काय कष्ट पाय,
बारि कै अधार तप त्याग की प्रतीक हैं।
रानी-महारानी, साहूकारिनी-गरिबिनी की,
समभाव-सेवा, अनुराग की प्रतीक हैं।
त्याग-तप-सेवा की प्रतीक चुरियाँ विशेष
सत्यव्रत-साधना, सुहाग की प्रतीक हैं।

✦

सुश्री मनोरमा 'मधुर मनीषा'

न पखेरू सो जीवन मेरो रह्यो

नहीं पायो प्रकास 'मनीषा' कहूँ, घिर्‌यो मावस जैसो अँधेरो रह्यो।
मिल्यो जोग-सँयोग को योग नहीं, पै वियोग को योग घनेरो रह्यो।
बस्यो पीतम दूरि बिदेस अली, उपदेस को सूनो बसेरो रह्यो।
उड़ि कै मिलौं जाइ, न पंख मिले, न पखेरू सो जीवन मेरो रह्यो॥

कहुँ फूले पलास, कहूँ सर मैं अरविन्द खिले टटके-टटके।
लखि पाटल लाल गुलाल भये, मधुपायी फिरैं मटके-मटके।
मधु मैं मिलिबे के उछाह भरे, अरमान रहैं भटके-भटके।
भरि आँखि, निहारिबे को तुम्हैं प्रान, हैं आँसुन मैं अटके-अटके॥

✦

श्री रघुवंशकुमार श्रीवास्तव

राम की नाउँ हेराइ गयो है

पुरिखान को लक्ष्य रह्यो परमारथ
स्वारथ आजु समाइ रह्यो है।
धरती तब एक कुटुम्ब हुती,
अब तौ घरहू बिनसाइ रह्यो है।
तब तौ घृत-दूध की धार बही,
सुरभी अब राज कटाइ रह्यो है।
फहरी जहँ धर्मधुजा वहि देस मैं
राम को नाउँ हेराइ रह्यो है।

नृप खेवन हार रहे तब के,
अब नायक देस डुबावत हैं।
तब 'हर्ष' से दानी नरेस रहे,
अब तौ सब पूँजी दबावत हैं।
तब तौं परमारथवादी रहे,
अब आपनो नाउँ पुजावत हैं।
बनि राम के पूजक, लोभ भरे
निज भ्रात को सीस कटावत हैं॥

अति दूरि की बातन दूरि धरौ
सदी बीस बिसै है दुरंगी भई।
तब बात के केते धनी जनमें,
अब बानी लखौ बहुरंगी भई।
तब देस पै ह्वै कै सहीद जिये,
पद पै अब जान पतंगी भाई।
चल चित्रन, टी०वी० मैं नित्य लखौ,
तौ स्वदेस की नारिहु नंगी भई॥

श्री रवीन्द्र वाजपेयी

श्रीराम-लवकुश मिलन

बौरि बसन्त गयो बन बीथिन मंजु प्रसून सुगंध सिंचाई।
रम्य भयो तप कीरति को थल, कोकिल तान चहूँ दिसि छाई।
जानि गई निमिराजसुता तप-कानन में प्रगटे रघुराई।
बूँद बड़े बरसे दृग ते, जब स्त्रौन परी रघुबीर दुहाई॥

सीतल मन्द समीर चल्यो, प्रभुसेन समाधि तजी उठि धाई।
बन्धु उठ्यो रन नींद तजी चहुँ ओर फिरी रघुबीर दुहाई।
प्रीतम को सनमान करै मिस देवि सिया सब सिद्धि बुलाई।
आयसु दीन्ह हरौ सबको श्रम, आजु अनूप करौ पहुनाई॥

प्रेरित सक्ति छमामयि की, रनभूमि को रंग की भूमि बनायो।
देखि महामयि की महिमा, करुनानिधि के उर मोह समायो।
द्वौ मुनि बालक आइ तहाँ, नृपनायक के पद सीस नवायो।
राजिवनैन भरे उर ते उमगाइ दोऊ सुत कण्ठ लगायो॥

छन्द

उर लियो दोऊ सुत मनोहर नयन प्रीति सुधा बही।
पितु-पूत को पावन मिलन लखि हरषि उर पुलकी मही।
सुर सिद्धि नभ ते सुमन डारेहु, जय पुकारेहु हरसि कै।
सुमनहुँ जनम सार्थक कियो निज नाथ को तनु परसि कै॥

सुत तात अवलोकनि परस्पर, बरनि को कवि पाइहै।
उपमा अनन्वय की कहाँ जग खोजि समय नसाइहै॥
एहि हेतु मैं अभिराम संगम चरित संछेपहि कह्यो।
आखर समर्थ न पाइ कहुँ हिय सोंचि अद्‌भुत फल लह्यो॥

✦

श्री राजेश दयालु

दोहा-दर्शन

धरम, मिताई, रसिकई, आवौ काहूँ माहिं।
तो सँग सब कछु करि सकौं, आन संग कछु नाहिं॥
चहुँ दिसि लागै नीर-पट, मोहन! नेरे आउ।
मेहा उतै बरसि रह्यौ, नेहा इत बरसाउ॥
मोहिं बिहाये जात तौ, चेतु राखियो लेस।
निपट निहत्थे हू पथी, लुटत देस-परदेश॥
आज काल्हि अनबन अहै, सनमुख परिगे दोउ।
दुहुनि देखि विहँसे दुहू, बोलै कछू न कोउ॥
सराबोर मोहि कै गये, मोहन होरी माहिं।
रँग वारे रँग ध्वै गये, गयौ अरँग रँग नाहि॥
कैसे नोखे राधिके! तेरे नैना-बान।
लगे लहैं सुख साँवरे, निकसे दुःख महान॥
नील कलेवर ललित अति राजत रसिक रसेस।
जित हरि जात कलेस करि, तित हरि जात कलेस॥
सब पै निसिदिन स्याम घन बरसत सहज सुभाय।
नाहिं भजै, भीजि न सकै, भजै भीजि सो जाय॥
धन हित आवत काम हैं, धन हित डारत ढील।
काहूके नहिं होत हैं, वेस्या, बैद, वकील॥
गिरिबौ सबही थल सहज, चढ़िबौ कठिन महान।
कूप खने जहँ-तहँ मिलैं, कहुँ न गगन-सोपान॥
क्यौं हूँ जुरे बड़ेन सौं नामु आपनो होइ।
जहँ गांधिहिं तहँ गोडसेहिं भूलि सकै नहिं कोइ॥
सब बिधि दीन-अधीन है मानुष या जग माहिं।
सोचै सो कहि नहिं सकै, कहै करि सकै नाहिं॥

श्री रामचन्द्र शुक्ल 'सरस'

प्रभाव पिचकारी को

होरी! आजु भोर ही तैं लीन्हें ग्वाल-बाल संग,
रोरी-रंग लीन्हें, पथ रोकत कन्हैया है।
जेती बरजो री, करैं तेती बरजोरी, कहैं—
'ओरी! आजु होरी, जामैं रीति ना रवैया है,
बोरि-बोरि रंग सों, उमंग सौं त्यों मीड़ि रोरी,
मानत न एक, अमनेक एते, दैया है!
गोकुल मैं ये ई लाल लाड़ले कन्हैया एक?
ये ई होरिहार? ये ई होरी के खेलैया हैं।'

हरि होरिहारिन के संग रंग रोरी लिये,
जात हुते होरी आजु खेलत मगन मैं।
कहत बनै न, नैन देखत बनै है, बस,
जैसो कछु हाव-भाव कींह्यो तेहि छन मैं।
खेलत 'सरस' मोहिं मोहि सी रही जौ हुती,
हरि पिचकारी दौरि मारी ताकि तन मैं।
औरै रंग आँखिन मैं, औरै चूनरी मैं चढ्यो,
औरै रंग तन मढ्यो, औरे रंग मन मैं॥

एकै रंग लाइ त्यों चलाइ रंग एकै मो पै,
कौतुक कियो जो, कहा कहियै मुरारी को।
लोयन मैं लाल लस्यो, अंगनि मैं स्याम बस्यो,
बिलस्यो विशेष हियैं, रंग हरियारी को।
पायो ना परेख, अवरेख भेद भारी अरी,
हारी पेखि पेखि हियैं हरि अभिहारी को।
अंग को प्रभाव, श्याम ढंग को प्रभाव कैधौं,
रंग को प्रभाव, कै प्रभाव पिचकारी को।

श्री रामचरण हयारण 'मित्र'

जमुना

बरनै कवीन्द्र-सेस-सारदा-गनेस कहा,
लगन तिहारी जो गुबिन्द सों लगी रहै।
टटकी अभीत प्रिय प्रीति की पुनीत रीति,
पीत पटवारे की प्रतीति में पगी रहै।
'मित्र' वारि सरस प्रवाहन की मन्द धुनि,
बाँसुरी के सप्तसुर सुर सों जगी रहै।
जमुने! तिहारी धार, स्याम को सँयोग पाय,
एक रस ह्वै कै स्याम-रंग मैं रँगी रहै।

दरस तिहारो, रूप सरस तिहारो पाय,
जीव जग जूथ बनि परम सुखारी जात।
धारत तिहारो ध्यान, गावत तिहारो गान,
अकृत अकूतन की जातना अपारी जात।
'मित्र' ससि, सेष, सिद्ध, सारदा-सुरेस हू तैं,
तेरे पुन्य-पाथ की न कीरति उचारी जात।
जमुने! तिहारी एक-एक बूँद प्यारी देखि,
कोटि-कोटि कुँवर कन्हैया बलिहारी जात॥

✦

श्री रामदेव सिंह 'कलाधर'

कब खेलिहै होरी

लरिकाई तौ मारि के हाथ भगी, छन मैं घनी प्रीति पुरातन तोरी।
झुकि कै हू चले दबे पाँव, युवापन रंग कमाल दिखावत गोरी।
छिपि पावै 'कलाधर' तौ न कबौं, निहुरे निहुरे अरी! ऊँट की चोरी।
लखतै रँग तू मरजै, बरजै, अब खेलिहै ना कब खेलिहै होरी?

अपनी नहिं, बात सयानन की, रहिबौ न भलौ दिन होरी के कोरी।
कछु भोरी है तू, अनुमानत हौं, नहिं मानत हौं पर बैस की थोरी।
परै मैली 'कलाधर' चाँदनी हू तव आनन की अस है दुति गोरी।
करै दूध सौ यौवन तौ उफन्यौ, अब खेलिहै ना कब खेलिहै होरी?

बातन मोहिं भुराइ चल्यौ लइ मंजुल बंजुल-कुंजन-ओरी।
लागै अहीर 'कलाधर' सौं मोहिं लै गयो कुंज जहाँ पै घनो री!
'है दिन होरी कौ' यौ कहि कै झट बीर! निकारी अबीर की झोरी।
बोलि पर्‌यौ नहि खेलिहै आजु, कहो कब तू फिर खेलिहै होरी?

✦

श्री रामलला

द्रौपदी-दुकूल

अब अवनीतल रसातल चलै है कहा, कान सुख-दान के हिये की झनकार है।
'लला कवि' सार है बिचारन बिचार चारु, कारन करार क्रूर करन अपार है।
धीरन दरार है, अधीरन अधार भार, भारी भीरु धार है सनेही सुकुमार है।
त्रासन दुसासन के पासन प्रकार दीन, द्रोपदी चिकार है कि करुना पुकार है॥

टेर करुना की सुनि करुना निधान कान, कान करिवै कौं कहा करि हौं तयारी अब।
'लला कवि' भूपति सुयोधन बला-कलान, अबला बिचारी भला होय नाँ उधारी अब।
मानिन के मान, तम तोम जोम नासिबे कौं, एक बेर अवसि दिखायहौं उदारी अब।
भूमि पै सौं अंबर लौं, अंबर बरन करौं, द्रोपदी के अंबर कौं अंबर-बिहारी अब॥

पाय अनुशासन दुसासन जु खैंचों चीर, तबै भीषमादिन कौ हिय हहरै लगौ।
'लला कवि' द्रुपद-सुता कौ रोद अम्बर लौं, बरबस आज गाज-गाज छहरै लगौ।
सनक समानी कान, कान के सुकान जानि, कान की कलान कौ प्रमान छहरै लगौ।
सेत पट में सौं त्यौं असेत पट में सौं पट, नील-पट में सौं पीत-पट फहरै लगौ॥

✦

श्री रामलाल

घन से उपालम्भ

दीसत न अमरित धरती-अधर पै है,
पीसत है दन्त घहरत रोस मैं भरो।
जगत कहत संत तोकों दामिनी के कंत,
परती करत, परती के दोस मैं परो।
लानत है पानी पै तिहारे, बेसरम नीच,
कीच है उलीचत अरे परोस मैं खरो।
कवि 'लाल' परजन बनत है, परजन्य,
बरसत है न तू तो मदहोस ह्वै अरो।

बादर! न आदर कमैहै, 'लाल' रंचक तू,
बंचक! तिहारे नाम पर जग हँसिहै,
दुख सनमुख ह्वै है, बिमुख बिलैहै सुख,
तैसे तेरे मुख पै कलंक कारो लसिहै।
पातक-करम सों धरम घटि जैहै, पैहै,
चातक न जल, पी-पी कहि कै तरसिहै।
घहरि-घहरि घनश्याम! जो बरसिहै न,
कहरि-कहरि नभ धरती में धँसिहै

बिपति बयार मैं अधार है तिहारो एक,
टेक छाँड़ि नेक निराधार धार रसिये।
कसिये अकाल-जाल मैं न यो बिहाल जग,
मीन सों अलग रहि नभ मैं न बसिये।
सूखत है अन्न तैसे भूखत है जन-जन?
दूखत हैं तन मन, धरती परसिये।
बरसि-बरसि घनश्याम! अविराम धाइ,
सरस सघन छाइ बिघन बिनसिये।

✦

डॉ० रामशंकर शुक्ल 'रसाल'

श्रीकृष्ण-वन्दन

पीत पट वारो, लोल-लोनी लटवारो, माथै
मुकुट सँवारो, मंजू मोर पंखवारो है।
नन्द को दुलारो, नैन-तारो जो जसोमति को,
सो मति कौ मोहन ह्वै चख-झख-वारो है।
सतत 'रसाल' पै निहाल ह्वै गोपाल रहै,
काहू पै कदापि हू न जो अनखवारो है।
न्यारो ह्वै अन्यारो प्रेम-नेम-ओप-ओपिन कौ
गोपिन को प्यारो, सो हमारो रखवारो है॥

नीकी नील नीरद सी जाकी स्यामता मैं सजीं,
सेतता सलोनी चारु चन्द की जुन्हाई की।
ऐसी है अनूपमा, मिलै न सूपमा हू जासु,
जो मिलै तौ कोमुदी पयोनिधि-अन्हाई सी।
जाको, जोहि, मोहि-मोहि वारैं निजता हू निज,
आनती न चिन्ता चित्त गोपिका नन्हाई की।
सो छबि विराजियै रहै 'रसाल' नैननि मैं,
बैननि मैं राजी रहै, जै जै जै कन्हाई की॥

एकै चाहना है नित्त, और चित्त चाह ना है,
पूरी चाहना सो रहै, रंच न कमी रहै।
नैननि मैं आठौ याम छाये घनस्याम रहैं,
रस-सरसाये सिझी रुचि-पुहमी रहै।
अन्तर बिना ही सुखकारी ह्वै निरन्तर ही,
अन्तर मैं प्यारी हरि-यारी हू जमी रहै।
राधा कृष्ण चारु चरनारबिन्द की रति मैं।
गोपी-कृष्ण-कीरति मैं मति बिरमी रहै।

श्री रामावतार शुक्ल 'चातुर'

चातुर-तरंग

भक्ति परक

सिद्धि के सदन बन्दौं वारन-बदन पद
कलुष कदन ढंग जासु अंग अंग मैं।
'चातुर' बखानैं कौन शील शैलजा को शुभ
देखि दीन द्रवै, द्रुत करुना उमंग मैं।
आशुतोष शिव सम और को उदार जाकी,
शुचि रुचि रँगी पर उपकार रंग मैं।
देत को कनक ताहि देत हैं कनक सदा
मगन रहत दान-उदधि-तरंग मैं।।

श्रवत पियूष बाल इन्दु की मयूखैं शीश
भ्राजै जटाजूट छवि जह्नुजा ललाम की।
उज्ज्वल तुषार करपूर कुंद इंदु गौर
कालकूट नीलिमा त्यों मंजु गुणधाम की।
डिमडिम बाजै कर डमरू उताल ताल
मधुर मृदंग धुनि तांडव निकाम की।
त्रयताप मोचन सुखद त्रयलोचन
सु 'चातुर' चकोरन सुधा है शिव नाम की।

हिमगिरि श्रृंग पर राजत सदाई रहै
जीवन सुभोग करि योग बरसाये देत।
सम्पति सुमेरु औ कुबेर की लुटाये मंजु
पुरट पटंबर सों जन हरषाये देत।
कृत्यवास धारे भवभूति छबि वारे
त्रयशूल कर धारे त्रयताप झरसाये देत।
दोषाकार भाल पै विराजमान 'चातुर' जू
गंग सितधारा त्यों सुधा को बरसाये देत।।

डॉ० लक्ष्मीशंकर मिश्र 'निशंक'

भारत की माटी

सिंधुजा के पति जाके उर मैं बिलास करैं,
सिंधु जाके चरन पखारि उमहति है।
सैलजा के नाथ जाके माथ पै धरे हैं हाथ
सैल जाके सीस चढ़ि गौरव लहति है।
संगम की बानि, जाके थल जड़-जंगम की
प्रेम की पुनीत रस-धार सी बहति है।
छंदन सों बंदन कै ऐसे दिव्य भारत की
भारती हू आरती उतारति रहति है।

अजहू स्वदेस-प्रेम-भाव उमह्यो सो परै
राना बेनीमाधव की अकह कहानी मैं।
अजहूँ भगतसिंह जैसो है उछाह भर्‌यो।
सूली कौ पटल चूमिबे की अगवानी मैं।
जौहर की ज्वाल जरै अजौं देस-नारिन मैं।
गूँजै ललकार अजौं कबिन की बानी मैं।
माटी कौं सिंगार अजौं सीस दै करत बीर
बूड़त बिपच्छी अजौं भारत के पानी मैं।

लाजपति गोखले औ तिलक के तप-त्याग—
साधना तैं यामैं सुघराई कछु आई है।
जुगन ते सोय कै गवाई जो कमाई, तामैं
गांधी-ज्ञान लहि गरुआई कछु आई है।
पोंछि पोंछि माँग कौ सिंदूर चढ्यो चावल तैं
तब दूति पाइ अरुनाई कछु आई है।
सींची गई धरती सहीदन के स्त्रोनित सौं।
माटी माँहि तब तरुनाई कछु आई है।

✦

श्री वासुदेव गोस्वामी

ब्रज कौ फाग

धाय के, आय के पाय के मोहिं,
छिपाय कै मारि गयो पिचकारी।
डारि गयो 'वसुदेव' गुलाल
बिगारि गयो सब सुन्दर सारी।
हारि गयो अपनो हिय—
रूप निहारि निहारि कै कुंज बिहारी।
फाग तो नित्त निमित्त रह्यो इत,
लै गयो चित्त औ दे गयो गारी॥

गोपिन के दल संग लिये, सिगरे ब्रज मण्डल धूम मचाई।
जाय सबै सकुचाय छिपे, 'वसुदेव' बिलोकत कीरति-जाई।
नन्द के नन्द कों नन्द सी साजि कै, लेत अनन्द महाछवि छाई।
रंग महावर साने लली, बरसाने चली बरसाने ते आई।

केसर की पिचकारी चलावत, बैसर बैस बिषेस लसी है।
ताहि समै मलयागिरि कीच उलीचत स्याम-घटा बरसी है।
अंग पै रंग रचै न कहूँ, 'वसुदेव' अनंग-उमंग धसी है।
चन्दन-बास बसी तन मैं, मन मैं नँदनन्दन-बास बसी है॥

खेलत फाग फिरी सिगरी निसि
चंचलता अति आलसी ह्वै गई।
लाल को लाली लगी न लगी,
या लगा-लगी लेखें बिहाल सी ह्वै गई।
डूबी रही रस सागर मैं,
'वसुदेव' जु मंजू मृनाल सी ह्वै गई।
बाल सी जो गई बालन मैं
बनमाली गरे बनमाल सी ह्वै गई॥

श्री विश्वम्भरदयाल मिश्र 'ललाम'

श्रम-सीकर

धानी परिधानन मैं खेत मुसकात, पै न—
इनके निकेत कबौं फूलैं, फलैं, सरसैं।
स्याम मनमारे फिरैं; गोबिन्द उघारे फिरैं
हाय! नंदलाल छाछहू कौ आजु तरसैं।
फाटे चिथरनि कोहू, उरन दुबेचे दाबि,
बेरि बेरि जोहै, अंग बेरि बेरि दरसैं।
इनकी विथान की कथा न कहि आवै कछु,
थोरी देर घन, घर सारी राति बरसैं।

साहस सकेलि बढ्यो, दुख कौ ढकेलि पाछे,
आसा भरी दीठि सौ निहारें बिरवान कौ।
पूजा पाठ; जोग-जप; जो कछु है श्रम ही है,
माटी मैं दिखाति ताहि बिम्ब भगवान कौ।
हेरै धन-धाम को; न सीत को, न घाम को,
न चुवत मकान कौ, न दैवी विपदान कौ।
हेरै तौ बरद हेरै; पद की गरद हेरै,
हल औ जलद, कबौं आपनी भुजान कौ।

विपति कथान वारी, रातैं सियरान लागीं,
सुख नियरान लाग्यो, घिरे श्रम-घन हैं।
पोखर तलाव मानसर से लखान लागे,
माटी के अवास हैं कि सिद्धि के सदन हैं।
नन्दन समान बन-बाग हैं दिखाई परैं,
धन है कहूँ जौ बन ही तौ एक धन है।
भूमि को, भुजान हू कौ, खेत खलिहान हू कौ,
देश को, जवान को, किसान कौ नमन है।

✦

श्री विनोद शर्मा

उल्लू बनिबे कौं अकुलावत रहत हैं

सारे जगबासी तेरे पाछे फिरैं पागल ह्वै,
'लक्ष्मी जी सहाय होहु' ध्वायत रहत हैं।
खोटे-भले काम करि चाहत कृपा की कोर,
कैसेहू पधारौ, ये मनावत रहत हैं।
आजु है दिवारी, घर आपने बुलाइबे कौं,
जगमग दीपन जरावत रहत हैं।
कैसे कब कृपा करि बाहन बनाऔ उन्हें,
उल्लू बनिबे कौं अकुलावत रहत हैं।

भाइन सों भाई, पिता पुत्र हू ते न्यारे होत,
नचत है राजनीति तेरे ही इसारे पै।
पनपति भ्रष्टाचार तेरी कृपा कोर लहि
त्यागी हू हैं डिगि जात जूती तेरी मारे पै।
अमरीका, रूस, चीन, जर्मनी, जापान, सबै
करत गरूर एक तेरे ही सहारे पै।
बंद, हड़ताल, लूट सिगरे उपद्रव कों
तुमही हौ ढावती या भारत बिचारे पै।

चंचले! न थिर रहौ निज मतवारेन पै
विष औ कलंकी की बहिन गुनरासी हौ।
सज्जन, सुपात्र, सूधे सेवकन दूरि राखि
कुटिल कुपात्रन की बनि जाती दासी हौ।
धरम-धुरीन विद्या बृद्धि मैं निपुन जौन
उनकों तौ फूटी आँखि देखौ न, बिसासी हौ।
आवति दया है वा बिचारे विष्णु पै हमें, जु
शेषहू पै लेटे, तऊ बनी गल-फाँसी हौ।

श्री श्यामबिहारी शर्मा 'बिहारी'

श्याम-माधुरी

श्यामा मुग्ध श्याम की अनूप मंजु माधुरी पै, सामुहे बिलोकैं नेकु दीठि ना टरति है।
लेन्स दृग देंह केमरा है चित्त चौकी पर, प्रेम की पलेट तामें रुचि कै भरति है।
कहत 'बिहारी' तम कोठरी हिये में लाय, चाव चतुराई की दवाई चुपरति है।
कुंजन में देखो आज चाँदनी छबीली माँहि, राधिका रंगीली फोटोग्राफरी करति है॥

जैहैं भूलि सिगरो सुछन्द ह्वै अनन्द लीवों, देखिं लेहैं नन्द तोपै भेद-घट फूटैगो।
रावरी कहानी फैलि जैहै ब्रज खोरिन मैं, मोर के पखान वारो लोक लाज लूटैगो।
बरजी बुझाय नीके बिपिन 'बिहारी' जू सों, बाबरी सनेह फेरि तोरे नाहिं टूटैगो।
तेरो जुपै जाइबो न छूटैगो निकुंजन कौं, मोहन को बाँसुरी बजाइयो न छूटैगो॥

परत न चैन जो 'बिहारी' पल ओट होत, उठत बियोग की अनोखी आगि छन मैं।
छूटति न नेकु दिन रैनि मैं मरीसी जात, प्रेम की प्रबल फाँस ऐसी फँसी तन मैं।
तुम ही बतावो री बिसारौं केहि भाँति वाहि, भूलिबे को करत बिचार जो पै मन मैं।
वाकी सुधि आनि उर चूमनि लगति, अरु घूमनि लगति वाकी मुरति नयन मैं॥

प्रो० सिद्धिनाथ मिश्र

जुन्हाई अनंग की

वय-सन्धि की सोरह सी निखरी खरी बारह बानी लुनाई सी रंग की,
सखि देह री दीप शिखा नखतें सिखलौं भरै साखि कन्हाई के संग की,
कछु गोपि कै अम्बर तैं विकसी निकसी टटकी सी अन्हाई उमंग की,
छवि अंगना अंगनि की अंगनाई मैं छाई जुन्हाई अनंग की॥

यह बानि तजौ किन आरस की, रसकी सरिता अवगाहिबे मैं,
खरी धार मैं पार लौं पैरि कबौं, बड़ी देर लौं बूड़िकै थाहिबे मैं,
हिय हौंसनि सों सनि कै सब ओर हिंलोरन बीच उमाहिबे मैं,
यह नाहीं नहीं नहीं ठीक नहीं निज नाह सों नेह निबाहिबे मैं॥

चोरी सों लाल सों जाइ लगीं, अखियाँ भई लाल गुलाल निचोरी,
गोरी निगोरी रँगी रंग साँवरे, ज्यों री बँध्यो सो न जाय तज्योरी,
और हू गाँठि गहेरी भई, गई जोरी सनेह सों भीजि कै जोरी,
छोरे छुटै न अहीर की छोरी सों, श्री रनछोर की पीरी पिछौरी॥

श्री ब्रजचंद गए इत तैं, उत तैं घिरि आई अपार अमावस,
ऊधो, कहा कहैं कान्ह की कामिनी जामिनी बीतति जो न कहा बस?
छाई छहौ ऋतु अंतर मैं पतझार हिमंत रमै बिरहा बस,
साँस मैं सीत, सुगात बसंत, बस्यो उर ग्रीषम नैन मैं पावस॥

कुलकानि की आनि न मानै हिए, कछु कान्ह कियो अभिचार सो है,
चढ़ती वय अंगनि अंगनि मैं सुअनंग लियो अवतार सो है,
इतराति उड़ी-उड़ी सी गति है, उर मैं उत आयो उभार सो है,
अखरै खरो खार सो सौतिन को, तिय के तन नोखो निखार सो है॥

✦

श्रीमती सी०बी० प्रसाद

सूक्ति-सुधा-बिन्दु

प्याज की गाँठि को बार हजारन, सिंधु की धार मैं धोय सँगाई।
केसरि की पुट बीसक दै, पुनि चन्दन बृच्छ की छाँह सुखाई।
बेला-कलीन लपेटि धरी तऊ, खोले पै नैकु सुबास न आई।
दुर्गुन सन्त तजैं अपने, खल नाहिं तजैं अपनी सठताई॥

जैसे तिली बिच नेह बसै, अरु सीप मैं मोतिन की छबि आनै।
जैसे बसै ससि हीय चकोर के, देखै तऊ मन सान्ति न मानै।
मीन ज्यों व्याकुल नीर बिना, लखि दीप ज्यों प्रीति पतंग प्रमानै।
त्यों मम चित्त में मीत बसै नित, मीत के चित्त की दैव ही जानै॥

✦

श्री स्वामी वाहिद काजमी

पावस में विरहिणी

गरजैं घन चौंकि परौं, सिहरौं, डरपौं चमकै जबै दामिनियाँ।
अति सीत परै सब गात कँपै, बहु भाँति सतावतीं जामिनियाँ।
नित पास बिराजैं पिया जिनके, सुख सौं जियैं वे घर जामिनियाँ।
न मरैं न जियैं कस धीर धरैं विरहागि जरीं जिती कामिनियाँ।

रितु पावस की यह शीतल रैन, कहा कहौं आजु मों भागि परी।
यहि कौन बुझावै तिहारे बिना, अँग अंगन मैं मनौ आगि परी।
सपने हूँ न चैन परे मन कौ, पिय पावत ही छिन जागि परी।
इन आँखिन कौं हैं अँगार भई, बुंदियाँ गिरैं छातिन दागि परी।

✦

श्रीमती सरोज गौरिहार

आनन्द छलिया

आनन्द छलिया नाम तिहारो, आनन्द छलिया नाम।
तीन लोक के स्वामी तुम प्रभु, वृन्दावन शुभ ठाम।
आनन्द छलिया नाम।
विश्व विमोहन गौरस दोहन, माखन चोरी काम।
मोर मुकुट बंसी मृदु अधरन, शोभा सरस ललाम।
आनन्द छलिया नाम।
चंचल चितवन चित्त चुरावत, मधुर मधुर मुसकान।
गोपी बल्लभ प्राण गोपाला, राधा-प्राणाराम।
आनन्द छलिया नाम।
हृदय 'सरोज' चाह मनहर की, नहीं और सौं काम।
मन मंदिर में आन बिराजो, रसिक रसी रसधाम।
आनन्द छलिया नाम।

कान्ह के नयन

कान्ह के नयन करत बरजोरी, हारी ब्रज की गोरी।
चितवन मनहर मन मोहन की, मधुरस में ज्यों बोरी।
छलकावत रस रंग हेरि हरि, छलत राधिका भोरी।
पल हेरत, पल फेर लेत दृग बाँधि नेह की डोरी।
दीठि देत, फिरि पीठि देत, बरु चितवन बहुरि बहोरी।
चित्त 'सरोज' बड़ी अँखियाँ जे निकरत नाहिं निगोरी।
जोरी अब तो नन्दलला सों सकल जगत सों तोरी।

श्री सुन्दरलाल 'अरुणेश'

राजनैतिक पैरोडियाँ

मानुस हौं तौ बनौ कोऊ नेता, बसौं नित मंत्रिन के दरबारन।
जौ पसु हौं तौ बनौं कोऊ साँड़, चरौं हरे खेत, भ्रमौं नित हारन।
पाहन हौं तो बनौं पुखराज मिनिस्टर जाहि करैं नित धारन।
जौ खग हौं तो बसेरो करौं, नित संसद भौन असोक की डारन॥

सेठ, मुनीम, वकील औ जज्ज, अफीसरहू जिनके गुन गावैं।
जाहि उदण्ड, मुसंड, कुढंग, खलेस छलेस सबै बतरावैं।
बाढ़ घिरै, चहै आवै अकाल, कबौं जिनको मुख देखि न पावैं।
सोई चुनाव मैं वोट के कारन, द्वारन-द्वारन दाँत दिखावैं।

श्री सुमन दुबे

साँवरी

चंचलता सहमी छबि हेरत, रूप की लच्छना जैसी लजान है।
बोलन माँहि प्रसून पराग, मनोज की व्यंजना सी बतरान है।
सादगी देखि सिहात सिंगारहु, अंगन मैं अरुझानी रिझान है।
साँवरी है तो कहा भयो, सोंधे सनेह सों मोई भई मुसकान है।

लाखन रूप की आगरी नागरी, पै परतीत परै नहिं जी की।
लाख छटा छवि की छिरकावहिं पै मन कौं सब लागत फीकी।
गोरी गरूर भरी नहिं भावत, भावना जानत जो नहिं जी की।
साँवरी है तो कहा भयो, मोहि तौ नेह करै सोइ लागत नीकी।

अंगन कौ मिली संगति मैने की, रंगति नील अकास ने दै दई।
सोंधी सनेह सनी मुसकानहुँ चंद की चोखी उजास ने दै दई।
बैनन मैं बजै बाँसुरी सी, कछु माधुरी सी मधुमास ने दै दई।
साँवरी झील सरोजन सों सजी, मोंहि तौ प्रीति की प्यास ने दै दई।

अंगन कों दयो ढंग अनंग ने, सादगी सादे लिबास ने दै दई।
बोलिबौ लागै बतासन फोरिबौ, सोंधी सुबास बताने दै दई।
लागी न छूटि है, नातौ न टूटि है जागत प्रेम की फाँस ने दै दई।
मेरे हितै बनी बावरी डोलत, नेह की नीकी तलास ने दै दई।

आस सी लागत है बिपदा परे, सम्मति देन मैं मीत सी लागै।
नेह-नहाई रहै निसि द्यौस ही, कामना एक पुनीत सी लागै।
जानत है छलछन्द न बावरी, ताहिसों मोहि प्रतीत सी लागै।
रूप सों, रंग सों, बात के ढंग सों, साँवरी तौ खरी प्रीत सी लागै।

✦

आचार्य सेवकेन्द्र त्रिपाठी

छत्रसाल-बावनी

वीरता कौ विटप विलोकि कैं विध्वंस होत,
पावन पियूष बरषैया बन आ गयौ।
'सेवकेन्द्र' भारतै स्वतंत्रता सिखैया स्वच्छ,
भगत कन्हैया कौ कन्हैया बन आ गयौ।
चम्पत करैया यश, संपत अरिन्दन की,
रैयाराय चम्पत कौ छैया बन आ गयौ।
भैया द्विज-गैया कौ, रखैया छत्रसाल वीर,
देश-लाज नैया कौ खिवैया बन आ गयौ।

उदित अखंडित प्रताप मारतण्ड चंड,
सोम यश उन्नत स्वदेश प्रतिपाल भौ।
मंगल-प्रदाता भ्राता दीन बुध गोकुल कौ,
मातृ-भूमि त्राता गुरु गौरव विशाल भौ।
सेवकेन्द्र कवि ताकौ वीररस मूर्तिभाव,
व्यसनि स्वतंत्रता कौ, शत्रु-कुल काल भौ।
राहु भयौ वक्रता हिलाल हेतु, सूर केतु,
ग्रह गुण मंडित छितीश छत्रसाल भौ।

पिंजर कलिंजर ते काढ़ि कैं बिपच्छी पच्छी,
तीरथ पुनीत कीन्ह्यौं अवढर दानी कौ।
मर्दि मर्दि मर्द वेग गर्द में मिलाय दीन्हें,
छुयो नाहिं छाँह-छोर, काहू मुगलानी कौ।
वीर छत्रसाल छत्र पाल भयौ हिन्दुन कौ,
छत्रसाल भयौ मुगलेश रजधानी कौ,
कसर न राखी नेंकु शत्रुन छकायवे में,
असर दिखायौ है बुन्देलखण्ड पानी कौ।

श्री सोम ठाकुर

विलोमोक्तियाँ

नित काटत बन्धन मोहन के, सोइ मोहन-मोह मढ्यो हम देख्यो।
बर बैननि, नैननि सैननि मैं, दिन-रैन सनेह बढ्यो हम देख्यो।
चितचोर के चित्त पै राधिका को, चलचित्र विचित्र कढ्यो हम देख्यो।
सखि, श्याम पै दूजो न रंग चढ्यो, तापै गोरी को रंग चढ्यो हम देख्यो॥

मीन फँसे छबि जालन मैं, लगि कै सखि, जावत जावत लौटी।
सोन-सिला से ललाट कौ चूमि, कहै लगी बाल सों काटि चिकोटी।
जो कछु होय सो थोरो इहाँ, हम देखी बिंरचि की बाँकी हतौटी।
भौंहन पारि भली बिधि सौं बिरि[illegible] कंचन हू पै कसी है कसौटी॥

स्याम की बाँहन मैं घिरि कै सखि! स्याम कसौटी पै कंचन ह्वै गई।
बैननि बैन मैं ह्वै गई बाँसुरी, नैननि नैन मैं अंजन ह्वै गई।
बन्धन ह्वै गई बन्धन कौ पुनि साँस उसाँस मैं चन्दन ह्वै गई।
मोहनि मोहन की छबि कौ, छिन भई, छिन दर्पन ह्वै गई।

अंक मैं आइ सनेहमयी, छवि सों अकलंक मयंक सी लागै।
दैन न चाहत मैन को भेद, अभेद के भावन अंगन पागै।
सैनन सैनन मैं समुझै सब, नैनन नैनन मैं अनुरागै।
सं।वति साँस सी कुन्तल छोरि कै, लाज लजाइ कै भार सी जागै॥

आचार्य हजारीप्रसाद द्विवेदी

ब्रजबानी

जिन साँवरे मीत की प्रीति न जोये, न रोये अहीरिन के बिरहा।
जिनकी हिय-कंज कली न खिली, लखि राधा लली को सुप्रेम महा।
जिन भूले नहीं सु अहीर की छोहरियान की नेह कला पै हहा।
मनमोहन! ऐसे अभागिन को, अनुराग-तड़ाग मैं दीजो बहा॥

जिन रावरे साँवरे लाल के नेह मैं, थोथी विलासिता लावते हैं।
जिन प्रेम-भिखारिन की कविता को, चुड़ैल की चेली बतावते हैं।
जिन वा ब्रजबानी सुधारस सानी मैं, गाली की नाली बहावते हैं।
बृज सुन्दरि! रावरे पाँय परौं कहौ कैसे कृपा कन पावते हैं॥

तजि नीरद-साँवरो श्याम लला, सजनी! जिन भूले बबूलनि मैं।
मनमोहन पै मन वारे नहीं, रहे राते विवाद की भूलनि मैं।
न लख्यो युग-मूरति बाग-तड़ागनि, कुंज-लता-द्रुम-फूलनि मैं।
बिन झूले हहा दुख-झूलनि मैं, रगरे बगरे चख-धूलनि मैं॥

जिनकी अँखियाँ ब्रज-सुन्दरि की, मन मोहनी मूरति फीकी लगै।
जिनकी रति की कल केलिकला, तनि स्याम लला कीन नीकी लगै।
जिनकी वा कसाइनि लौह की लेखनी मैं न कथा बिरही की लगै।
परौं पाँच लला! तिनकी अँखियाँ रज नैकु तेरी पनही की लगै॥

जिन गोपी-गुवाल की रास कला मैं, विलास की बात बतायो करैं।
जिन बाँसुरी के सुर मैं न कहूँ, रस की सरिता लखि पायो करैं।
जिन राधिका रानी की बानी सलोनी मैं, गंदगी-गान दिखायो करैं।
ब्रज लाड़िले जू के सनेह परे, तिनकी अँखियाँ करुआयो करैं॥

✦

श्री हरिनन्दन शुक्ल

भागीरथी-अवतरण

चौंकि चतुरानन चहूँधा चख फेरि रहे,
कौन धौं त्रिलोक में मचाये खलभलु है।
काके भय पातक बिडरि, बिललाने जात,
काके डर पलटि परान्यो जात छल है।
शम्भु की जटान सौं निकसि महि पूरि रह्यो,
काहे धौं अमन्द प्रभामण्डल अमल है।
नृपति भगीरथ को संखनाद कान पर्‌यो,
जानि पर्‌यो आनि ढुर्‌यो जाह्नवी को जलु है॥

दिव्य तपी आगे, दिव्य स्यंदन बिराजि चले,
गाजि चली पाछे धुधकारी धार धावा सी।
कुटिल कटीले, गर्व-गाँठिन गठीले—
कर्म कठिन कटीले द्रुम-दण्डनि पै दावा सी।
काबा काटि-काटि चली कर्दम कटक ढेलि,
हेलि चली देत जमदूतन दुचावा सी।
बलहिं बुलावा देति, छलहिं छलावा देति,
छूटी गंगधार गिरि श्रृंगन तैं लावा सी॥

धाइ गिरि श्रृंगनि तै, आई भव्य भूतल पै,
भूपति भगीरथ के पुन्य के नगारे देत।
गारे देत पातक पहार महि-भार सबै,
दीह दुख द्वन्द्वन के निकर बिदारे देत।
टारे देत दुरित दुरन्त द्रुम दावा जिमि,
लाई वसुधा पै सुधा धारहिं उतारे देत।
तारे देत सबै अघवारेन बजाइ डंक,
दूत पुरहूत फिरैं दौरि दौरि तारे देत॥

✦

डॉ० हरनारायण सिंह

रंग बिरंगे दोहे

जानत हौ कबि काहि ते राखत लम्बे बार,
घर-बाहर के भार को बार सँभारत वार॥

पैसा दै अफसर बनौ, अपनीयै सरकार,
कछू दिननि पैदल चलौ, फिरि फटफटिया-कार॥

अफसर, नेता दोउ की चमकति है तकदीर,
हमैं चरैबौ भैंसिया, उनकौं खैबो खीर॥

थकि कै बुढ़िया गिरि गई, मुखतें कढ़्यो न बोल,
नाती बोल्यो, चुकि गयो, नानी को पेट्रोल॥

✦

श्री हरनारायण गौड़ 'हरिजू'

दक्षिण भारत के मंदिर

दक्खिन में चहुँ ओर है सागर, छोर है भारत की धरती को।
सूरज को कढ़िबो अरु बूड़िबो, दृश्य विशेष हरैं जहँ जी को।
ऊँचो, विसाल, जगामग स्मारक, गांधी महातमा सत्यब्रती को।
कन्याकुमारी की का बरनौं छवि; मूरति नीकी कि मंदिर नीको॥

राम के नाम को मंगल दर्सन
औ मणिसेन को दूध सों स्नान है।
मानिक रूप चिदम्बर सौं नहिं
वादन खम्भ शचीन्द्र समान है।
खंग है, ढाल है, मूर्ति विशाल
त्रिवेन्द्रम शेष के शायी की शान है।
मन्दिर हैं मदुरा तैं बड़े
तऊ गोप्र याके समान न आन है॥

सोने के खम्भ औ सोने को मण्डप, तामैं चमाचम बिज्जु बितान है।
बित्त को, रत्नन को, मनिको, सो कहाँ लगि कोऊ करै अनुमान है।
भीति के चित्रहु बात कियो चहैं, ऊँचो उठान, ढक्यो परिधान है।
खम्भन-खम्भन ठाढ़े निहारियै, रंगन मैं कला दीसै सप्रान हैं।

✦

श्री हरिप्रसाद पाठक 'निराश'

स्वतंत्रता को अभिमान खरो है

देस की ओर निहारत ही भये राजसी-व्यंजन के रस फीके।
दासता-दाख बिसारि लगे जिन्हैं नीके स्वतंत्र ह्वै बेरे बनी के।
भौन मसान समान तज्यों सुचि पाहन सेज बने धरनी के।
कंचन-भाजन पातरि पै सत बार निछावर देस-धनी के।

धन्य सोई जननी जग मैं जिन जन्म-मही हित सन्तति जाई।
धन्य सोई दुहिता जिन सीस ते तात को हाथ दियो बिसराई।
धन्य सोई भगिनी, रन कौ जिन बीर-भुजा दई पूजि बिदाई।
धन्य सोई पतिनी जो स्वदेश पै देति सहर्ष सुहाग चढ़ाई।

वीर-पथी पति के पद-चिह्न पै छाँह सी शक्ति चलै सचला है।
देति हमैं उपदेश चरित्र सों, साधना जीवन की सफला है।
है न मनोज को नाटक जीवन औ युवती रति की न कला है।
लै इन देबिन को बल भूतल पै न रही अबला अबला है।

हौंसत होड़ लिये नर-नारि, समर्पन को जननी धरती को।
वीर-सुहागिन सद्य सुहाग की स्वीकृति देत सहर्ष पती को।
दम्पति प्रेम पवित्र बनाय, हुतासन आसन सौंपि सती को।
बीर धरे तन केसरिया रन मैं हँसि पावत वीरगती को।

थान नहीं रजपूतन को, उर बीरन को गुरुज्ञान भर्‌यो है।
पावक मैं परखो भयो देस-स्वतंत्रता कौ अभियान खर्‌यो है।
जीवन-संगर के बिजयीन कौ मातृ-मही-कर प्रान धर्‌यो है।
वीरता-त्याग, सती-बलि कौ इतिहास खुलो महि मैं पसर्‌यो है।

श्री हीरालाल शर्मा 'सरोज'

ब्रजभाषा

ब्रजभाषा की सुघरता कौ, नाहीं कहुँ अन्त,
मुसलमान नागर नरन सेवी, बड़ वे सन्त।
सेवी बड़ वे सन्त, राष्ट्र मैं मेल बढ़ायो,
करि कान्हा को गान परम पद साँचो पायो।
आलम, आदिल, ताज, छकी भरपूर सुबासा,
धनि रे कारेखान, मधुप पूरो ब्रज भाषा॥

सूरा तो को धन्य है, मन्थन कियो सँवारि,
निरखि रूप नँदलाल को, हरखे सब नर नारि।
हरखे सब नर-नारि, ज्ञान भगती सँग भाख्यो,
कियो जगत कल्यान, पास निज कछू न राख्यो।
वात्सल्य-वारीस, भर्‌यो यह रस भरपूरा,
चतुर बाल-छबिकार, धन्य तोको है सूरा॥

✦

श्री हृदयनारायण पाण्डेय 'हृदयेश'

रूप-माधुरी

बावरी भई हौं आलि हेरि घनस्याम छवि
बिना मोल बिकी वाके हास के विलास मैं।
ज्यों ज्यों पियो पानिप अमी को नीको 'हृदयेश'
अरी, मरी वीर! त्यों त्यों अधिक पियास मैं।
दरद बढ़्यो है अरु उलटो दवाई किये
कैसो भयो रंग-भंग हरष-हुलास मैं।
मेरो मन-मीन बूड़्यो जात नेह-सागर मैं,
देखु प्यार-पक्षी उड़ै रूप के अकास मैं।

सुमन-मनोरथ खिलेई बिनु मुरझाने
बेदना विषम सही बिरह-दुखारी मैं।
पायो हुतो जुपै ये सनेह-रोग बिधि सों तौ
क्यों न पाई भेषज अमोघ रुजहारी मैं।
'हृदयेश' हिये की हिये ही मैं रही है सबै
रचि कै उपाय पचि पचि बहु हारी मैं।
पंखहीन पंछिन सों मेरे अभिलाभ व्यर्थ
गहि न सकी हौं उड़ि चंद उजियारी मैं।

काहे चाँदनी तैं किरननि सों छुवति गात
अंग अंग तोरि तोरि पीर उपजावै है।
कबौं सहरावै उन्हैं, कबौं लहरावै, सुप्त—
सुधिहिं जगावै, मीठी कसक नचावै हैं।
सूधी राह आवै किन, कौन मन खोट गहे?
खिरकी झरोखनि तैं चोरा चोरी आवै है।
आवति तौ आवै सांति-सीलता सों मौन बैठै,
ढीठ, बिनु पूँछे उर-बीनहिं बजावै है।

✦

भाग 6

बुन्देली

सम्पादक : प्रो० नर्मदाप्रसाद गुप्त

पृष्ठभूमि

बुन्देली की आधुनिक कविता को तीन कालखण्डों में विभाजित किया जा सकता है। एक पुनरुत्थान-काल, जो इस जनपद में बीसवीं शती के पूर्वार्द्ध तक रहा। दूसरा है आन्दोलन-काल, जो इस जनपद में सामाजिक पुनरुत्थानवादी जागरण के समानान्तर चलता रहा, पर उसका मूल स्वर संघर्ष का था। तीसरा है गणतंत्र-काल, जो 1947 से आज तक जीवित है और जिसका मूल स्वर रचनात्मकता का है। गणतंत्र-काल के ग्यारह कवियों की रचनाओं में विविधता है। उनके काव्यदेश में वैविध्य होते हुए भी अंदरूनी ऐक्य है।

पुराने कवि 'चतुरेश' में हास्य-व्यंग्य का स्वर प्रधान है, जबकि 'वत्स' की रचनाएँ जीवन के यथार्थ चित्र लिखती रहती हैं। पूरनचन्द्र श्रीवास्तव ने नागरी आँख से गाँवों को देखा है। विन्ध्यकोकिल भैयालाल व्यास बुन्देलखण्ड की लोकसंस्कृति के चितेरे हैं, लेकिन उन्होंने बगिया के सभी रंगों को बदला पाया है। द्वारिकेश का 'झाँसी की रानी लक्ष्मीबाई चरित' बुन्देली की राष्ट्रीय चेतना का महाकाव्य है, जिसमें बलिदानी रानी का यथातथ्य चित्रण है। 'मनोज' में बुन्देली कविता का प्रयोगवादी स्वर मुखर है। संतोष सिंह की रचनाओं में गाँवों की लोकसंस्कृति के असली चित्र उभरे हैं। 'प्रकाश' की चौकड़िया फागों में लोककवि ईसुरी की फागों जैसे शृंगारी रंग हैं। 'बुन्देला' की रचनाओं में एक ओर ओजमयी दीप्ति है, तो दूसरी ओर ग्रामीण यथार्थ। 'सत्यार्थी' के गीत प्रकृतिपरक हैं और उन्होंने भी नये प्रयोग किये हैं। 'कंज' तो गाँव का कवि है, क्योंकि उसकी रचनाओं में गाँव की आत्मा बोलती है।

इस संकलन की अपनी सीमा है, लेकिन कुल मिलाकर उसकी प्रभावशक्ति अधिक है। अगर आप गहरे गोता लगायें, तो आपको बुन्देली कविता में कई प्रकाशवान मणियाँ मिलेंगी। फागकार और सैरकार कवि हर गाँव में तीन-चार हैं, जिन्हें इस संकलन में स्थान नहीं मिला है। साथ ही ऐसी लोकरचनाएँ हैं, जो मौखिक रहकर अपना प्रभाव छोड़ती हैं। संकलन की सभी रचनाएँ बुन्देलखण्ड की संस्कृति, समाज और संघर्ष के प्रतीकात्मक चित्र उरेहने में सफल हुई हैं।

नर्मदाप्रसाद गुप्त

चतुर्भुज दीक्षित 'चतुरेश' (1907-84 ई०)

गुरगा

सकल देश के बूड़े बारे सज्जन सुनैं तमाम
बिगारौ इन गुरगन नें काम।
जासें बनौ बनाऔ भैया बिगर न जावै ग्राम
न लइओ इन गुरगन कौ नाम।
गुरगन की अथाइ जित होबै, उतकों जाबै बारौ रोबै।
आँखें फार-फार कें हेरत—सबरे जागें कोउ न सोबै॥
जे ऊँघे तो सब चढ़ जैहें—खायँ मांस और चाम।
चली कहावत आइ पुरानी, गुरगन की अथाई है जानी।
आजकल गुरगा गैलन में—बेकारन करतई मनमानी।
दार भात में मूसर बनकें—खाबें फिरत हराम।
नेक काम में टाँग अड़ाबैं, काम काउ के नैंक न आबैं।
कैसेउँ हो जाबै गुटबन्दी, इतकी झूँटी उतै भिड़ाबै।
खायँ दलाली केउ तरा सें—तौउ न जुरो छदाम।
बिगारौ इन गुगरन ने काम।

✦

तेरी मोंटर

तेरी मोंटर में नइँयाँ तेल—चलैगी अब काहे सें।
ढड़कत ढड़कत ढचरा हो गई-पुरजा पिच गये पचरा हो गई।
ना जानैं कितने दिन चलनैं—नाहक रहे ढकेल—चलैगी अब काहे सें। तेरी मौंटर...।
मौंटर तेरी तौ गड़बड़ है—रस्ता हू ऊबड़-खाबड़ है।
चोर लुटेरे फिरत गली में—कैउ तराँ की पकड़-धकड़ है॥
दिन डूबौ जा रऔ चलने कों—होत जात है झेल—चलैगी अब काहे सें। तेरी मौंटर...।
कार निकर गई लारी कड़ गई गई—सरी बैल गाड़ी हूँ बड़ गई।
खिसकत नई नैक आँगूँ कों—तेरी मोंटर ऐसी अड़ गई॥

पाछे बारे आँगें कड़ गये—छाँड़ तिहारौ मेल—चलैगी अब काहे सें। तेरी मौंटर...।
जा ढचरा की छौड़ौ आसा—पैदर चलकें देख तमासा।
अवै भैत चलनौ है भैया—श्रमयुग की पढ़ लो परभाषा॥
जल्दीं चल नई पाँच बरस में—खतम हो रहौ खेल-चलैगी अब काहे सें। तेरी मौंटर...।
हमनें में बाँचा—बदल गऔ दुनिया कौ ढाँचा।
उठौ उठाऔ देश सबइ मिल—जौ के गये हैं नेंहरू चाचा॥
कवि चतुरेश भरौ सुख सम्पत—घर घर ठेलमठेल—चलैगी अब काहे सें।
तेरी मौंटर में नइँयाँ तेल—चलैगी अब काहे सें। ✦

परदेसी

परदेसी अपनें घर जाओ।
तुम बनै पांहुनें आये हते—संगै बताऔ का ल्याये हते।
भूँके से जान जिबाये हते—भई पौरई में बैठाये हते॥
तुम सरकन लगे चौक में कों—का बात बताओ समझाओ—परदेसी...
तुमने लल्लू जो बुरौ करो—मेंरे आँगन में पाँव धरो।
लर परो रात कें घर सबरो—बोले जौ काँ कौ काय परो॥
हमनें कईती बंजारे हें—दो रोज टिक रहे गम खाओ—परदेसी...
तुम नैं कईती दो दिन रैहैं—दो दिन के होत चले जैहैं।
जो कैहौ सो भारौ दैहें—जौरैहें तौ तैसी कैंहें॥
जौ मेरौ घर छोटौ सौ है—बा चिन्टा के घर कर खाओ—परदेसी...
तुमने भैया कों भरमाकें—सीदौ सौ देखो पुटयाकें।
कछु लोभ दिखा कैं डरबाकै—झगड़ौ करवा दऔ बैकाकें॥
अब तुमई बता दो जौ का है—घर फोरा नाव न धरवाओ—परदेसी...
टन्टौ करवा दओ बन बैठे—सवरी बखरी में तन बैठे।
लाचार हमई सरकन बैठे—लै अपनौ हू सों मन बैठे॥
जौ काँकी भल मन्साहत है—घर घुस आऔ फिर गुर्राओ—परदेसी...
हम थानें में जाकें कैंहैं—ना मानौ दावा कर दैहै।
अपनी बखरी तौ लै लैहैं—लर जैहैं चाहे मर जैहैं॥
हम सब जानत तुम लवरा हो—इन बातन में जिन भरमाओ—परदेसी...
डुकरा बिडवादओ जौ काहै—बौ सीदौ सादौ बब्बा है।
छोटौ भैया ज्वाला काँ है—वौ मेरे घर कौ थूमा है॥

ना जानैं कितकौं काँ कर दये—बे हीरा मेरे ढुलवाओ—परदेसी...
हमने तुम सें का लै लओ—कै डारौ तुमनैं का दओ है।
हम कै दैं जो भओ है—सबरौ गुर माटी हो गओ है॥
बे पास परोसी लरत हते—कै रयेते इनकौं टरकाओ—परदेसी...
तुम ड काय कौं लरनौं है—मेरी दैरी पै धरनौं है।
दो दिन में डाँकौ परनौं—तुम कौं ससुरे का करनौं है॥
है भलो जाई में सोचौ तौ—अपनौ करिया मौं कर जाओ—परदेसी...
घर जाओ मोंडा रोउत हुएँ—अँसुवन सें मुइँयाँ धोउत हुएँ।
बे बाट तुमाई जोउत हुएँ—नई सुख की निंदिया सोउत हुएँ॥
तुम इतै और वे उतै डरे—जाबे की पाती पौंचाओ—परदेसी अपनें घर...
है परदेसी की प्रीत बुरी—जबसें बखरी में परी खुरी।
जा घर की लच्छो अना ढुरी—भैया भैया में चली छुरी॥
जे काँके जम से जम बैठे का फूफा कौ घर कर पाओ—परदेसी...
बे रातें ठेलम ठेल खतम—अब लालटैंन में तेल खतम।
बाती सनेह कौ मेल खतम—जोइ तेल खतम सोइ खेल खतम॥
सब जाग परे दिन हो गओ है—चतुरेश पुलिन्दा बँधवाओ—
परदेसी अपने घर जाऔ। ✦

बा भई बा

कैकैं ऐन बखत पै नठ गये—बा, कैकैं ऐन बखत पै नठ गये...
हा में राखे भौत दिनन सें—ना कै कैं झट पट्ट निपट गये—बा भई बा।
कै कैं ऐन बखत पै नठ गये—बा भई बा॥
झूँठ झूँठ की हद्द हो गई—चित्त बात की फद्द हो गई।
आसा बेल जतन से सींची—मिली निरासा रद्द हो गई॥
पेड़ लगाये हते फल दैबे—एड लगी तौ सबई उखट गये—बा भई बा—कैकैं...
तिकड़म कर कें उन्हें जिता दऔ—हमनें उनकों काम बता दऔ॥
उन्नें हमसें वादा कर दऔ—हमनें उनकों काम बता दऔ॥
सब चुनाव की चरचा भूले-कुर्सी या चिन्टा से उठ गये—बा भई बा—कैकैं...
को कैसौ है जात न सोची—जन सेवा की बात न सोची।
चार दिना की चमक चाँदनी—आहै कारी रात न सोची॥
गुरकी परिया पा रसखोरा खुसामदी दसवीस चिपट गये—बा भई बा

मौंका पा बे मजा उड़ा रये—हम ओंठन पै जीभ फिरा रये।
हम भूँके बैठे गम खा रये—वे अपनौ भत्ता सटका रये॥
जो बरसाती बदलू मिदरा नरुबा बउतन देख उचट गये—बा भई बा
मैनत की हो रोटी भाजी—बौ छप्पन भोजन से साजी।
जो हराम की खायँ चहत हैं—बे पुंगा पाखण्डी पाजी॥
कवि चतुरेश बना के कबिता उनैं सुना कैं हम तौ हट गये—बा भई बा—
कै कैं ऐन बखत पे नठ गये—बा भई बा॥
हाँ में राखे भौत दिनन से ना कैकैं—झट पट्ट निपट गये—बा भई बा॥

✦

भड़यन की बात

तजौ रे मन इन भड़यन कौ संग।
जिनके कार बिकार अनैकन दुरगुन दोष दुरंग—तजौ रे मन इन...
ब्लैक भाव में दान लेत हैं देत तौल में तंग।
शुद्ध घीउ में डाल्डा डारें जे लूटन के ढंग—तजौ रे मन इन...
दफ्तर में बाबू जी बैठे राखत नगद उमंग।
गलियन में भौंरा कलियन के देखें रस के अंग—तजौ रे मन इन...
नेता अपनी जेब भरन कौं पियें स्वार्थ की भंग।
काम परे पै कन्नी काटें जैसें कटी पतंग—तजौ रे मन इन...
टीचर बनैं फटीचर तब तौ लड़का भये लफंग।
चुराबैं सुकवि सहादर कहतई नऔ प्रसंग—तजौ रे मन इन...
बात कहैं किन किन की देखे धोती में सब नंग।
कवि चतुरेश छोड़ इन भड़यन रंगौ राम के रंग॥
तजौ रे मन इन भड़यन कौ संग।
जिनके कार विकार अनैकन दुरगुन दोष दुरंग॥
तजौ रे मन इन भड़यन कौ संग।

✦✦

लक्ष्मीप्रसाद शुक्ल 'वत्स' (1915 ई०)

लँगुटया—लँगुटनी

लँगुटया दाबे दहकत लोह, लुगाई झूमर झाड़त जाय।
लँगुटनी ऐसो हत्ता हने कि लोहो लत्ता सो लफ जाय॥
अकब्बर ज्यो घेरो चित्तौर कि मच गओ घना घोर घमसान।
अड़े कट गये मुछारे मरद, खड़े कट गये केसरी ज्वान॥
जगा जौहर जर गईं लुगाई निभा दई सतवन्तिन की साँच।
पतोरा सी जर गई पदमनी, आन पै आउन न दइ पै आँच॥
उनइँ रजपूतन के जे लाल न जिनने करी प्रान परवाय।
लँगुटनी ऐसो हत्ता हने कि लोहो लत्ता सो लफ जाय॥
गिरस्ती गाड़ी में सब भरें पहुँच जँय गड़गड़ात हर गाँव।
देस को बची न कौनउ जगा जहाँ पै परे न इनके पाँव॥
हतौरा हेकड़ हुमकाँ चले धोकनी धुकत जाय दिन रात।
करीले कोंचा इनके कसे कुचरदें केरा सो इसपात॥
दनादन देखो पीटें लोह पसीना टप टप टपकत जाय।
लँगुटनी ऐसो हत्ता हने कि लोहो लत्ता सो लफ जाय॥
न चोरी करें न डाकों देंय, पसीना की जे खायँ कमाई।
कढ़ै सूरज की जैसइँ कोर काम पै जुँट जयँ लोग लुगाई॥
मलीदा सो मीड़त जयँ लोह, गढ़त जयँ तीखे फरसा फार।
तपे लोहे पर छनकत जाय, पसीना के पानू की धार॥
पसीना को जब पानू चढ़े, तो हँसिया तेगा सो बल खाय।
लँगुटनी ऐसो हत्ता हने कि लोहो लत्ता सो लफ जाय॥
भभक भटिया से लूघर उड़ें, चिपटरय चींटा से चिनगार।
तपन तीखी में तपरई तोउ लँगुटनी करै चोट ठंकार॥
हुमक कें ऐसी देबै चोट दनादन करत जाय इक साँस।
कि धमकन धरती धसकत जाय, धुनी से गूँजत जय अग्गास॥

लगा दे जइ लोहे में हात कि गल के पानू सो बह जाय।
लँगुटनी ऐसो हत्ता हने कि लोहो लत्ता सो लफ जाय॥
लँगुटनी चोटन में सुर मिला गुन गुनाबे पुरखन के गान।
बखानत जय बीरन की बिजय खिलत जय चेहरा मों मुस्कान॥
कि ज्यों जौहर की गाथा गाइ झूल गओ आँखन जुल्मी जुद्ध।
तमक गइ त्योरी चेहरा लाल भवानी सी भइँ भौंहें क्रुद्ध॥
मनो चंडी बन बदलो लेय, अकब्बर को मों कुचरत जाय।
लँगुटनी ऐसो हत्ता हने कि लोहो लत्ता सो लफ जाय॥
लँगुटनी जब घन घुमा चलाये चुटैया लचे नटी सी खेल।
कमर करधौनी झुन झुन करे हिये पै डोलत जाय हमेल॥
कमानी सी कम्मर बल खाय नथुनियाँ लेय लँगुर सी लूम।
नदी सो उमड़ हिलोरा खाय घाँघरो घूम घुमारो घूम॥
झपट्टाँ जैसइ झूमर देय सिंघनी सी हूँकारत जाय।
लँगुटनी ऐसो हत्ता हने कि लोहो लत्ता सो लफ जाय॥

✦

दुलैया की दिनचर्या

कमर करधनियाँ झुन झुन करै, पाँव पैजनियाँ छमकत जाय।
दुलैया गुल गेंदा सी हँसै, छमा छम छम छम फरकत जाय॥
सखिन के खिल खिल जावें जिया कुँआ पै ऐसें करै किलोल,
आँख मिचका मुइयाँ मटकाय हँसा दे पनिहारिन के गोल,
लगा कें होड़ कि पानू भरै झपट्टन ऐसो करै कमाल,
खेंच कें गगर जीतले होड़ गुलगुला दे गुइयन के गाल,
कि चलदइ धरके ऐसें खेप, भुनैयाँ मानो फुँदकत जाय।
दुलैया गुल गेंदा सी हँसै, छमा छम छम छम फरकत जाय॥
लीप चौका चमका दओ चौक मनो चन्दन को कर दओ लेप,
लौकिया लहक लहक लहरायीं सींच दइँ लै गागर की खेप,
मटकिया में चट भाँ लओ दही महेरी करी मठा में घोर,
कलेऊ पानू सिर पै धरैं झमक कें चल दइ खेतन ओर,
तपै सोने से गोरे अंग चलै तो रग रग दमकत जाय।
दुलैया गुल गेंदा सी हँसै, छमा छम छम छम फरकत जाय॥

हँसा दओ बलम हार को थको, बिखेरी यों मीठी मुस्कान,
फेर दओ बैलन पे जब हाँत फड़क गइ रुँआ रुँआ में जान,
उखारी सींच दई खिल खिला कूक कोयल सी नीदी धान,
पसीना ज्यों ज्यों जाको गिरो अन्न सें भरो खेत खरयान,
छमक के छूदे जानइँ खेत, कि मिट्टी सोनो उगलत जाय।
दुलैया गुल गेंदा सी हँसै, छमा छम छम छम फरकत जाय॥
पाँव पैजनियाँ की सुन छमक मुरलिया से सुन मीठे बोल,
दौर के गैंयन नें लओ घेर बछेरू कुदकत करें किलोल,
हूँकतइ जाबै जाकों हेर हतेली गैयाँ चाटत जायँ,
फेर के हाथ उन्हें जब दुहे की दूनी धार बहायँ,
राधिका सी यों ठुमकत फिरै, कि घर में वृन्दावन दिखलाय।
दुलैया गुल गेंदा सी हँसै, छमा छम छम छम फरकत जाय॥
नाच गाकें पूजे गनगौर गमक कें गुइयाँ ढुलक बजायें,
नाचरइ ठुमुक ठुमुक दै ताल अंग मोरा से मटकत जायें,
नचा कें कजर कटीले नैन फिरकिया सी ज्यों फिरकी देह,
उढ़नियाँ उड़ उड़ चूमें गाल घँघरिया घूम बलैयाँ लेय,
नचे ऐसे फर्राके पाँव बिजुरिया मानो कोंधत जाय।
दुलैया गुल गेंदा सी हँसै, छमा छम छम छम फरकत जाय॥
जिठानी कुढ़े सास खिसयाय ननदिया छोर चुटैया लरै,
कलह की जमन न दे तउ जरें ठिठोलीं मुसका करै,
नन्द से कहै न हमसे लरो, अगर तोय लरबे को जी होय,
गधा सो कुटे न तऊ खिसयाय कि ऐसो दूला ला दूँ तोय,
ननदिया यों मुस्कागइ मानों, गधा से दूला कों ललचाय।
दुलैया गुल गेंदा सी हँसै, छमा छम छम छम फरकत जाय॥ ✦

लोहागढ़ का युद्ध

मीड़ दये माँड़े से गोरा मसक दये गरदान।
हिन्दूपत राजा के थे ये बाँके वीर पठान॥
लोहागढ़ के ग्योंड़ें आये ज्यों गरबीले गोरा,
तोप दाग दई ताला सैयद भून दये ज्यों होरा,
गोला लगे जोंन गोरन कें उड़त जायँ लत्ता से,

हाड़ हड़उआ उड़ें गेंद से टोप उड़ें पत्ता से,
भून दये लफ्टेन्ट बहादुर कर दये लोहु लुहान।
हिन्दूपत राजा के थे ये बाँके वीर पठान॥
बची न जब बारूद, खेंच लये तीखे तेज दुधारे,
ऐसें काटत जायँ फिरंगी उड़े खून फब्बारे,
काटें एक कि दो कट जायें दो घबराकें मर जाबें,
चमक चले यों तेग कि गोरा गर्द वर्द हो जाबें,
गिरें फिरंगी ओंधे मौं यों कौंधे काल कृपान।
हिन्दूपत राजा के थे ये बाँके वीर पठान॥
घुसे फिरंगी जोइँ किले में लरन लगे बे कुस्ती,
ऐसें पकर पीट दें गोरा उतर जाय सब मस्ती,
मूरा सी मरोर दें गरदन दबा काँख में लेबें,
टोर टेंटुआ प्रान निकारें पटक खास में देबें,
खास खोंड़ियाँ भर गोरन सें कर दये कबरिस्तान।
हिन्दूपत राजा के थे ये बाँके वीर पठान॥
पती लड़ें संग संग लुगाई खपरा तान चलाबें,
बगरे लोउ रायते सो मौं चपरा से हो जाबें,
तक कें खपरा देंय थूथरी मिटर जाय कठिया सी,
करती जायँ खुपड़िया तोहू चटका दें हँड़िया सी,
भओ घमण्डी गोरन कों लोहागढ़ लोह समान।
हिन्दूपत राजा के थे ये बाँके वीर पठान॥
बाप मताइ मरे लै गुथना बच्चा बने गुरिल्ला,
देंय घुमाकें डेल कि मुन्डी फूट जाय ज्यों घिल्ला,
डीलौ लगत चीख दें गोरा कीकत जायँ फिसड्डी,
धुँआधार यों डेल देंय चटकादें हड्डी-हड्डी,
जान बचाकें भगे फिरंगी धन्य हिन्द के ज्वान।
हिन्दूपत राजा के थे ये बाँके वीर पठान॥ ✦

कवि पत्नी

आगइँ नाक फुलाकें।
किलकिलात काली सी धाईं दाँत पीस दर्राकें। आगइं नाक फुलाकें।

आज्ञाँ कबहुँ न टारी इनकी, करतई रहो हजूरी।
एक तनक सी गलती हो गइ, परगइ ती मजबूरी।
तइपै टूट परीं नाहर सीं चढ़ बैठीं गुर्राकें। आगइँ नाक फुलाकें।
बासन भाँड़े फोर फारकें, कर दए पत्ता पत्ता।
उन्ना कपड़ा चीथ-चाथ कें, कर दए लत्ता-लत्ता।
पकर-पकर मोंड़ी—मोंड़न कों, पटकन लगीं उठाकें। आगइँ नाक फुलाकें।
रहै नाक पै हरदम गुस्सा, हो जय जो कउँ चुक्का।
ऐसी करीं हैं सुभाव कीं, तुरतइँ तानें मुक्का।
मनु मताइ ने इनें जाओ तो, तीखौं मिरचें खाकें। आगइँ नाक फुलाकें।
इनको भओ जब ब्याओ, हमउँ पछतानें बन कें दूला।
हाय लूघरन परीं भाँवरें, फुलका मिले न फूला।
धुआँधार सीं मिलीं धना तब, धनुस जज्ञ रचवाकें। आगइँ नाक फुलाकें।

✦

चैतुआ

चुनों चुनबे खों दिन दो चार, चैतुआ चैंत काटबे चले।
न तन पै झँगा झँगुलिया एक, सिर पै टोपा टुपिया धरें
लँगुटिया लटी लपेटें लंक, हाथ में हँसिया हेकड़ गहें
हड्डलियाँ हिलती डुलती डगें, पसुरियाँ पल पल पिंजर परें
दलिद्दर दाबें दूबर देह, चित्त में चिरन चौगुनी भरें
भजन दुरगा मात के गाउत, पेट पापी खों पालन चलें।
चुनों चुनबे खों दिन दो चार, चैतुआ चैंत काटबे चले।
दई देबै नेकउ संग, करम करतूत करोंटा करें,
पेट में भरें भयानक भूक, तोउ कर करें न काऊ तरें,
भाग को कढ़ो भरोसो भरम, भुजन अपनी को तोउ बल भरें,
गरीबी के गहरे लयें घाव, तोउ जे गाउत् फागें फिरें,
थिरकतइ हँसतइ हिलमिल गाउत् चिरैयन से चहकत ये चले।
चुनों चुनबे खों दिन दो चार, चैतुआ चैंत काटबे चले।
इनइँ के गावे के गुन गरज, गाँव की गली गूँजवे लगी
इनइँ के सुन सैरे सारंग, खेत में खुसी खेलबे लगी
सुरीली सुनकें इनकी फाग, बाग में कुहू कूकबे लगी
हँसे जे, चैत चाँदनी हँसी, जुन्हैया जग मग जगबे लगी

इनइँ के दुख ने लइ अँगड़ाइ, खुसी के फूट फुआरा चले।
चुनों चुनबे खों दिन दो चार, चैतुआ चैंत काटबे चले।
लुगाइँ लयें लाबरो लाल, पीठ पै परदनियाँ सें गसें,
लगा रइँ लागन सें बे होड़, काट रइँ कमर कछोरा कसें,
ढुलकते ढेलन में से ढूँड चचन की सुन चुन घेंटी धरें,
बिटोला बेटा बिटिया दौर, बगरती बालें बीनत फिरें,
लगा दाने दाने पै दाब, दुखउ खों दयें चिनौती चले।
चुनों चुनबे खों दिन दो चार, चैतुआ चैंत काटबे चले।

◆◆

पूरनचंद श्रीवास्तव (1916 ई०)

बिसराम घरी भर कर लो जू...

बिसराम घरी भर कर लो जू, झपरे महुआ की छैंयाँ।।
ढील ढाल हर धरौ घरी भर, पोंछौ माथ पसीना।
तपी दुफरिया देह झाँवरी, करों क्वाँर महीना।
भैंसें परीं डबरियन लोरें, नदी तीर गईं गैयाँ।
बिसराम घरी भर कर लो जू, झपरे महुआ की छैंयाँ।।
सतगजरा की सोंधी रोटीं, मिरच हरीरी मेवा।
खटुवा के पातन की चटनी, रुच को बनों कलेवा।
करहा नारे को नीर डाभको, ओगुन पेट पचैयाँ।
बिसराम घरी भर कर लो जू, झपरे महुआ की छैंयाँ।।
लखिया-बिंदिया के पाँउन उरझें, एजू डीम—डिगलियाँ।
हफरा चलत प्यास के मारें, बात बड़ी अलभलियाँ।
दया करो निज पै बैलों पै, मोरे राम गुसैंयाँ।
बिसराम घरी भर कर लो जू, झपरे महुआ की छैंयां।।

भोर भओ ईंगुरिया...

भोर भओ, ईंगुरिया, हरख हैल आबै,
पैजनियाँ बजैं अंगन, छनन-मनन छाबै,
सार बँधी हुमक रही, गाय मात कपली,
पिसनहरी गीत भींज, भरम भई जकली,
उलर छोड़ फर्र उड़ीं, राम की चिरैयाँ,
जन-जन मन घूम चलीं, काम की ढिरैंयाँ,
उरबतिया टँगो सुआ, रटै राम सीता,
दादी जी माल फेर, करैं पाठ गीता,

छितवन के पार कहूँ, रेल झम झमाबै,
भोर भओ, ईंगुरिया, हरख हैल आबै,
पैजनियाँ बजैं, अँगन छनन-मनन छाबै,
मंदिर के अँगन महक धूप धुँआ धारा,
'हरिओम् तत्सत' अनंत सबतर पैसारा,
गैल सूरदास अंध खंजनी बजाबै,
'जागौ हो बाल वीर' मगन मना गाबै,
बड़ी बहू भमा रहीं झूमकें मथानी,
भोर की उरेन अहा दूर झिलमिलानी।
अहर-फहर लूम लेत बैहर लहराबै,
भोर भओ, ईंगुरिया, हरख हैल आबै,
पैजनियाँ बजैं, अँगन छनन-मनन छाबै,
ताल नीर तरंग जगी कमल कली डोली
भौंर-भीर झुमट परी गुन-गुन-गुन बोली,
बिरछन की फोंक-फुनँग सोन-पीक फूटे,
रसवंती धरनी के सुरँग बिरँग बूटे,
टुनटुन-टुन घंटी धुन बैलों को हाँके,
खेतिहर चल परो खेत लये सपन बाँके।
प्रभु की लीला अपार कंचन बरसाबै,
भोर भओ, ईंगुरिया, हरख हैल आबै,
पैजनियाँ बजैं, अँगन छनन-मनन छाबै,

सुनो, गुनो धरौ मन...

सुनो, गुनो धरौ मन
बखत है बड़ो कठिन
इतै-उतै चारउ दिस, कौनउँ ना कौनऊ मिस
फुड़-फुड़ात देस सबई, लगत बस होत अबई—
कहूँ सें धमाको औ धुँआधार
रन-बन मनँख सबई, छियाछार।
पिछली सरकार यार, बोलो का बैकें गई?
आई सरकार नई—काये कछू लैकें है?

चींजन को मोल-तोल, उप्फ नाव डँवाँ-डोल
भैयन में रार मची, गैल-घाट खचा-खची
गांधी को नाँव लेत, नेता दुर्बुद्ध कढ़े
ऊपर से नीचे लौं, सबरे परपंच पढ़े।
विधना रखवारो है, न तु भुजंग कारो है
मंत्रियन में फेरफार, आउत हैं जाउत हैं
आउत का लैकें, औ जाउत का दैकें है?
निन्दा करें कीकी हम, येई में टूटै दम—
ऐसो हम चाहें ना, इत्ती बड़ी बाहें ना
अबतो बखत बदलो है, सुनहरो कल-अगलो है
मिहनत दम तोड़ करौ, सोये तौ खोये तुम
इकर-फिकर छोड़ौ सब, बदल जायँ सबरे ढब
कर्म-बँधे पार भये, डूबे, जो हार गये,
जिये जौन मरे हैं, पार भये, तरे हैं
देखौ ना मुँह उनको, ख्याल करौ निज-धुन को
आये का लैकें ते, जाने का लैकें है।

◆◆

भैयालाल व्यास (1920 ई०)

हरदौल का विषपान

बम कड़ी बम बजत नगारे हते, उततौ खुशियाली हो रई ती।
इत विष के भोजन थार सजा, रानी मन ही मन रो रई ती॥
थारी विष के पकवान भरी, लयें अँखियाँ डब डब डब रोयें।
मानो करए पर भाबैं बे, अँसुआ निरमल जल सों धोयें॥
रानी ठाड़ी सोचें महलन दई बुरौ समय अब आन परौ।
राजा ने कठिन परीक्षा को छाती पै पथरा तान धरौ॥
है उतै बाबरी कुँआ इतै विपता में मैं पर गई दईया।
उत पती हुकुम इत देवर की हत्या कौ पाप मरी मैया॥
देवर ऊ ऐसौ ऊसौ नइयाँ साँचो सपूत बुन्देला है।
साँचो सुदेश कौ सेवक है साक्षात धर्म कौ हेला है॥
रीं कुल देवी तैं बचा बचा मैं पर गई भारी आफत में।
नारी की लाज बचाबे कों नारी के तन मन काँपत हैं॥
हिरदौ कंपरऔ है मेरो तौ जौ पाप कमाऊँ मैं कैसे।
जो नहीं करौं तो पतिव्रता कौ धरम गवाऊँ मैं कैसे॥
वौ धरम सती को धरम बड़ौ जाके लाने हो गये जौहर।
जाके लाने मेरी कितनऊँ मातायें मर गईं कस कैं कमर॥
दाऊ जी की सुपेत दाड़ी में कारौंच नई पुतबैहौं मैं।
मर जैहौं पै भभ्भा जू की नई कूँख में दाग लगैहौं मैं॥
आ गऔ झनानौ सौ छिन में बुन्देलखण्ड को जोश बरौ।
अंग अंग से आभा फूट परी मुख पै लालामी तेज भरौ॥
झट उठा लऔ बौ थार हाथ चढ़ चली अटा पै छम छम छम।
हरदौल की मूरत आँखन में आ गई ठिठक गई ठम ठम ठम॥
बे लौट परीं धर दऔ थार चौका में धम से बैठ गई।
आँखन कै मारग सैं हिरदैं हरदौल की सूरत बैठ गई॥
मन में सोच लगी करबे, जौ कैसे हुकुम अजब धुन है।
निरदोषी की हत्या हूहै दुनिया मन में का-का गुन है॥

महराज आज हैं अपनी पै भर दये हैं उनको गुरगन नैं।
घर कौ सब नाश करावें के मनमानी कर हैं छिन छिन में॥
पै ऐसौ होन न देहौं मैं चँयें लाज जाये सबरी मेरी।
आ गये जुझार, कर नैन लाल भड़के कैसी हो रई देरी॥
रानी कँप गई लऔ थार उठा चढ़ गई महलाँ पै मन मारे।
हरदौल उठे हँस पाँव छिये रानी के बोल भये भारे॥
आशीस नई निकरी मौंसें डब डब डब आँखें भर आइँ।
मेरी भौजी मेरी भौजी हरदौल सें कैसी निठुराई॥
आशीष काये नइँ दई तुमनें मैंने कुसूर है कौन करौ।
हो गई देर है भूख लगी तुम लयें काये इत थार धरौ॥
लै लऔ थार रानी कर सें भेजन की बिरियाँ ज्यों आई।
कँप चीकारें रोई रानी चिल्लाई पै धुन भर्राई॥
गिर गई मुर्छा खा छन में हरदोल कहे मैया मैया।
कछु देर में आँखें खोल उठी बोली भैया मेरौ भैया॥
हो गई मौन रुक गओ बोल छन छन छन में फिर हिचकी आई।
बोलो बोलो कछु बोलो तो हरदौल की बोली भर्राई॥
का बिपदा पर गई है तुम पै का बात रोक लई मन आई।
सेवा में तन मन हाजिर है कओ साफ काये कों सकुचाई॥
रो रो रानी नें भरौं गरौ कै दई बिथा अपनी सारी।
बोले हँस के हरदौल बस्स इतने को रोउत बेचारी॥
परमात्मा जानत है जौ तौ तुम मेरी धरम की माता हौ।
तुग मेरी पालन कर्ता हौ तुम मेरी जीवन दाता हौ॥
माँ तेरी लाज बचावे कों हौं धन्य आज जो मर जाऊँ।
बुन्देलखण्ड के बुन्देलन कौ माथौ ऊँचो कर जाऊँ॥
हरदौल लगे भोजन करबे देखत ही रै गई भौजाई।
धो हाथ पाँव छी भौजी के हरदौल कों मूर्छा सी आई।
बोले हँस कैं भौजी तुम नई चिन्ता करियो जौ काम हतौ।
जई में अपने कुल कौ सबरौ बुन्देल वंश को नाम हतौ॥
थक गओ बोल कै जय बुन्देल जय जय भौजी मेरी भौजी।
इतनई में नैचें सें जुझार की भर्राई बोली गूँजी॥
मैं भूल गओ कोउ बचा बचा भैया मैं आओ भैया मैं।
अब भेद खुलौ है आँख खोल ठाड़ो है तेरौ भैया मैं॥

आ गई मूर्छा राजा कौं बाँयन पै ले लये महारानी।
मेरी रानी मेरी रा-रा टूटी सी निकर परी बानी॥
हरदौल देह पै दम्पति नैं अँसुआ मुक्ता कर-कर संचय।
खा-खा पछार रो-रो छिन में महलन में मचा दई पिरलय॥
रो-रो कैं ओरछें की रैयत कै रई ती रानी की जय हो।
जै पुण्य-भूमि—बुन्देलखण्ड हरदौल वीर जय हो जय हो॥

हरदौल—दर्शन

बज रई नफीरीं द्वारे पै कऊँ नौबद धम् धम् सोर करै।
कऊँ रमतूला तुरई तू-तू कऊँ मदन भरे घनघोर करै॥
तासिन की तड़तड़ात कितऊँ कऊँ ढम-ढम ढोल बजे सुर में।
बाँसुरियन कीं कोमिल तानै कोइल सीं कूकैं उर-उर में॥
मखमल सैं मड़ खम्भ जिनके वे पाल-चँदेवा तने हते।
गोटन कीं गोटें मुतियन की झालर के द्वारे बने हते॥
गनपत की मूरत बीच द्वार में लिखी अजब छब देत हती।
हाथी-घोड़न पै रुके दीठ पनिहारिन मन हर लेत हती॥
सज रहे कलस और बाँस वृक्ष सोभायमान हो रये द्वारे।
हर काऊ कों मन हरो करैं बे हरे-हरे बन्दन बारे॥
आगौनी होई चुकी ती उत डरन में दूब दान होबै।
भीतर नाइन चीकट लैबे कुंजा के अंग उबट धोबै॥
भैयन सें हू हे गठजोरी ननदें हँस-हँस छिन करैं हास।
मुसका मुख फरें कुंजावति मिहलन में गूँजे अट्टहास॥
मदमातीं गारीं गाँउन लगीं चली चल दई द्वारे कों ठमक-ठमक।
छुम-छूम-छमक-छम चलैं, अंग गज गामिनियन के रये दमक॥
कुंजा कौं बीच में लयें तीं सब मानौ चन्दा घैरं तारे।
पाँवन माँदी, हातन लाली मुख नैन गुलाबी-रतनारे॥
लालई सारीं मिल रई चोलीं गानैं जाँ के ताँ सजे हते।
चकचौंदा रइ आँखें सबकी वे अंग-अंग मानो मँजे हते॥
'आ गई चीकट' 'आ गई चीकट' जब गूँज उठी ऐसी बोली।
दरवाजे पै पौंची तब नौ भोली भामिनियन की टोली॥
सामान चौक में सज गऔ पै भैया की नई लखी सूरत।
'काँ हैं भैया? काँ हैं भैया?' काँ है बौ मोहन सी मूरत॥

छाती पै धक्का सौ लग गऔ जब सूनी पटरीं घूर उठीं।
छिन में अँसुअन के मौतिन सें वे पुरे चौक कौं पूर उठीं॥
आँधी सी उठन लगी मन में आशा के आँकुर उखर गये।
जतनन सैं जमा पाये ते पै पल भर में जर सैं निकर गये॥
टिक गई द्वारे की चौखन सैं नाइन नैं बढ़ खैं पकर लईं।
हो गई सुन्न—रुक गऔ लोऊ-पीरा नै आतैं जकर दईं॥
न्योंतारैं दर्द भरे चीकट के गीतन खौं जो गा रईं तीं।
कुंजा के गैरे घावन में मानौं वे नौन लगा रइँ तीं॥
बाजिन की चोटें ताड़-ताड़ कुंजा की छातीं लगत हतीं।
हिरदे में भैयन की मूरत उठ-उठ सो-सो फिर जगत हतीं॥
''ग्यारा भैयन की बैन ताऊ पै भेंट करौं आ कोऊ नईं।
हरदौल दिलासा देकमें तुम अब आये भैया तौऊ नईं॥
पीतौ नइया सब भैंयन कौं, मेरे भैया हरदौल अजा।
कायें तरसा रये बैना कौं का और कछू नइ बची सजा॥
मोये काये नईं संगै लईं जब आज दिखानै तौ जौ दिन।
थारी पीरी पर गईं मेरी गिन रईं तेरे टीका के छिन॥
फट रईं छाती मेरे भैया मैं कौनें गरैं लगाऊँ अब?
लट मिला-पिया सरबत टींका कर अपनैं भाग जगाउँ अब?
जब दरस नइ दये भैया तैं-तौ कौन काम चाँदी सोने।
नईं धीर धराबेबारौ है तो मौ खौ जनम-जनम रोनें॥
वे लौट परीं भीतर कों जब सूनौं द्वारौ नई देखौ गऔ।
हिरदे पै चोट परी भारी हो गऔ हाल उनकौ औरऔ॥
पौंची मड़वा नौं-चौक लखौ चीकट की देखी तैयारी।
गिर परीं 'हाय-हा' तड़प उठीं—मानौ मछरी बिन जल मारी॥
ठाँड़ी तौ पियर चढ़ी बेटी 'मामा-मामा' चिल्यान लगी।
रो उठ पाहुने-पिता-सबई कन-कन सैं हिचकी आन लगीं॥
सर्राई हवा सन्-सनन्-सनन् आकास में धूरा सी छाई।
मड़वा ने बन मनु कल्पवृक्ष मन चाही मूरत प्रकटाई॥
धींरै धींरै बढ़ गई छाया कुंजा के माथै हात धरौ।
रो उठी लिपट गई भैया सैं कछु कन चाही भर आओ गरौ॥
ठाँड़े ते सादें मौन सबई अँसुअन के फूल चढ़ा रयै ते।
भानैज उठाबें कौ 'हरजू' छाया के हात बड़ा रये ते॥

चिल्याई भनैजा डरा गई जब आँख फार छाया देखी।
धन बेटी भाग जाने सबके हरदौल की नर काया देखी॥
रजपूती बेस लखौ सबनै रो उठे गरैं मिल चीकट दै।
जय धर्म वीर हरदौल भ्रात बोली जगती जै-जै-जै-जै॥

रानी साँरंदा

मुगलन की सेना पग-पग पै चम्पतरा खौं पछिया रई ती।
मारग में काँटे बिछे हते डग-डग पै आफत आ गई ती॥
रानी साँरंदा छत्रसाल बालक संग बन-बन फिरत हतीं।
भूँकी प्यासी ठेबे खा-खा गस आ-आ उठ-उठ गिरत हतीं॥
कौंमिल तरवा हो लौ लुहाँद पीरन पै पींरै दै रए ते।
फूलन में पले भए तन मन हँस कैं अब सब दुख सै रए ते॥
भोली आँखन सें छत्रसाल माता कौं लख-लख चल रऔ तौ।
मुख चूम पसीना पोंछ-पोंछ मैया कौ हिरदौ हल रऔ तौ॥
बरसन सें भगत फिरत राजा गए दिक्ख जुर-जोर बड़ौ।
रुक गए मोरिया पर्वत पै कुटिया में तुरत पड़ाव पड़ौ॥
मइँनन सें कसे हते घोरे सिरदारन नें अब खोल दए।
दुश्मन दल नें मौका पाकें बागिन कों तुरतइँ घेर लए॥
तरबार उठा लई सेनापत रण आज्ञा चाही राजा सें।
तुम छत्रसाल खौं लै भागो बच जाए बुन्देला कुल जासें॥
अब लरबे कौ है समऔ नाइँ बालक बिरथई फँस जैहै।
बुझ जैहै कुल को दिया जुग-जुग को बड़ तो जस जैहै॥
लै लऔ करौंटा राजा ने जाओ रक्षक शंकर मेरे।
अब मौत मुगल की सैना सें आखीर हात हू है मेरे॥
छाती चिपका लऔ सुतकों माता की आँखें बरस परीं।
माता सें उनके प्रानन की बिछरन की आई आन घरीं॥
हम छत्रसाल कौं लए जात जौ कैसेऊँ जे बच पैहैं।
तौ बुन्देलन की धुजा भारत में फिर फसैं फहरेहैं॥
दै देऔ कुँअर कों विधगत पै का मोह में फँस रई महरानी।
सोचौ तुम वीर वधू हौगी बुन्देलन हौ धन क्षत्राणी॥

छत्रीयन कौ धरम नईं जौहै वै समैये पै डिग जाऐं।
सुत मोह फाँस में फँस चूकें फिर जनम-जनम कों पछताऐं॥
वीरसिंग देव बुन्देला नैं इकलौते खौं मरवा दओ तौ।
कर्तव्य न्याय के पालन में उकौ नई पुत्र मोह भओ तौ॥
पुरखा तुमाए रजपूती की ऐसी आनें हैं राख गए।
नईं धरम करम त्यागें अपने बलिदान भलें ही लाख भए॥
माता तुमनें दओ मोह त्याग हम हिए में दुका बचा लैहैं।
पैहैं नईं झर तक कुँअर रोम अपने हम सीस कटा दैहैं॥
रानी सुत कौ माथौ चूमौं रो-रो हिरदै सें लगा लओ।
दै देबे खौं दओ बड़ा हात रुक फिर छाती में छिपा लओ॥
छिन खौं सन्नाटौ सौ छा गओ चम्पत नें रानी कोत तकौ।
आँखें भर गईं मौं फेर लओ जब नैनन सें सुत मुखे लखौ॥
लै कुँअर छत्रसालै तबईं सिरदारन के घोड़े उड़ गए।
ठक-ठक ठक-ठक ठपक-ठपक पलमें कोसन आज उड़ गए॥
औंधे मौं गिर गई महरानी छाती नइँ धीरज धर रई तीं।
नीचें पै अर्रा कैं घोरिन की टप-टप टापैं सुन पर रई तीं॥
राजा कौ जोश उभर आओ चट्टड़ खटिया सें कूद परे।
नाहर से गरज उठे वन में कन-कन कर सम-सम भए बहरे॥
जय बम्ब-बम्म महादेव कटि की तलवार निकर आई।
धड़-धड़ कर मानो वेगवती भादौं की नदी उमड़ आई॥
बीमार हतै नइँ सहौ गहौ हतयार बोझ मूर्छा आई।
गिर बैत गए घूँटिन पै आँखन में अँधियारी छाई॥
बोले रानी सें अब तुमकों हमखौं दुश्मन खोंई दैहौं।
का बन्दी बनवा अपने खौं कारौंच मुखन पै पुतवैहौं॥
पैलें तौ रानी साँरंदा लख चौतरफा अकबका गई।
का देख रई अब चम्पत की ललकार सुनी छटपटा गई॥
झट उठा लई तरवार हात राजा की छाती भौंक दई।
हुंकार भरी निज शीस काट पति के चरनन में लोट गई॥
मुगलन के सेनानी बोले उफ ओफ-ओफ री औ रानी।
हिन्दोस्तान ओफ री और ओफ री बुन्देला छत्रानी॥

✦

टेसू की बाँकी झाँकी में

बदल गए रंग सबई बगिया के,
काया बदली छाया बदली बदलै जोर जिया के।
बदल गए रंग सबई बगिया के,
नई कौपें नए ल्याई संदेसे बौराई अमियाँ के,
नई-नई बात सुहात सबेअस हो गए हाल हिआ के।
पाप झरै पीलै पत्तन से भूमी के भुमियाँ के,
पुण्य-पखेरू गावँन लागै फाग राग रसिया के,
धानी धुतिया ओढ़ समारे बंद केसर अंगिया के,
फूली नई समाए धरनी पाकै प्यार पिया के।
पौन-मौन सी हँसी-हँसी जब बैठी ठौर ठियाके,
चटकी कली अली के आँगें, छल भूली छलिया के,
धारैं तेज दुधारैं जैसी लगत हतीं नदिया के,
पानी खाँ पै करौ पानी अब घामैं नै घमिया के।
टैसू की बाँकी-झाँकी में जग रई जोत दिया के,
चैत काटबै या पूजौं गऔं रौरी लगी हसिया के॥
थिरक उठी बालें बोलैं सुन सरगम कोइलिया के,
ताल देत पीपर के पातर बोल भरें बरिआ के।
फूल-फूल रए सरसौं के संगै अरसी की किरिआ के,
लीली कोर कड़ी जनु भाए पीरी चूनरिया के,
बेर फरे महुआ गदरानें मनई मन मिठिया के,
लाल-गुलाल हाल भए मानौं होरी में हुरिया के।
बदले भोर-मरोर अथए के दिन के दोफरिया के,
सान्ति मिले तबई पै बदलैं बैरी जब दुनिया के,
बदल गए सबई रंग बगिया के,
काया बदली छाया बदली बदले जोर जिया के॥
बदल गए सबई रंग बगिया के॥

अषढ़ा के बदरा

अषड़ा के बदरा चढ हेरौं मे, बरसौ बिरन की नगरिया रे।
गिरुआ तुषार सैं बिगरौ समैया, निंपजौ न किनका चैत में॥

आँखैं लगाऐं अकासे सबई फिर, कर रए बखरनी खेत में॥
आदेई जेठ सें साद के सगुना, बो पूजी है बर की डगरिया रे॥
भैया भतीजे का भौजी भतीजीं, है खेती पै सबकौई आसरौ।
तापर बात के पाँछै करज लैकैं, ढूँड़ौ बड़ौ मोय सासरौ॥
देख के आपन सुरू उनके दुख की, आउत है दूनी खबरिया रे॥
टूटी सी बिलिया फूटी है यारिया, सो हो रओ घर बरा बाँट को॥
गैया बंदत और पनियाँ भरत कौ, है ज्योरा एकई नौ गाँठ कौ।
सूखे से कुअला-तरी नैंक पानी, सो फूटत रोज गगरिया रे॥
कौंदौं की रोटी फिकार के चाँउर, न पूर परैं दोई जोर खौं।
संजा कें जो कऊँ मिल जाए ब्यारी, तो सोचत हैं फिर भोर खौं॥
पैसा किसानी को टोटो है खोटो, कै हौ जात खांडौं खखरिया रे॥
सूख रए सब रूख लपट सैं, छाती दिरक रई भूम की।
काए अबेर करी मेओ मेऔ मेरेन, का लेलई पदबी सूम की॥
औरन काज सजो साज साजे, बौ ऊनए आज बदरिया रे॥
आगम अपनौ न इक दम जनइयौ, जो बिनती करत हौं मैं आपसें।
कै गीलो भुगतबो है मुसकिल इक दिन, सूखे में तप लेत ताप सें॥
पैले फुहारन सें लांगे लगा, जासैं छालैं टूटी टपरिया रे।
जेठ के जोर अषाड़ समेटे, मेटें घटा घिर सावन की॥
वीजुर की छबि छूट छटै, नई अंग अटै मन भावन की।
मौज में सौन करैं उमरैं, नित नूतन रंग चुनरिया के।
लीले से घुरवन चढ़ जिनके भैया, जैहैं लैबे जब धाय के॥
दूर दिसान सें बारे की गुँइआँ, आँहैं मेरी फिर मायके।
साके सें गाँहैं झला के झला, गीत बाँके मना के भुँजरिया के।
केन की कोर मरोर धसान की, बेतवा हे बड़ी आन की॥
विंध्य की छाती सुहाती त्रिबेनी सी, तीन धारें धुरवान की।
पाकैं चौमासे करैं नए तमासे सें, दाब कैं दौरैं कगरिया रे॥
अषड़ा के बदरा अटा चढ़ हैरौं मैं, बरसौ बिरन की नगरिया रे॥

◆◆

द्वारिकेश मिश्र (1922–93 ई०)

भुँजरिअन कौ मेला

जब सावन में भरौ भुँजरिअन कौ मेला,
जनिअन की दमचौर मची ठेलमठेला।
रुच कैं सिंगार करैं, गजब गाँनें बाँदें,
धर मूँड़ पै भुँजरियन की खेपैं लादें।
खनकैं ककरा पैंजन के पैरैं छमाँके,
नुँगरन बिछिया—अनोंठा छमकबैं बाँके।
करया में करदौंनीं के झुमका झूमैं,
लहरैं—छहरैं उछर कैं, तरेटन लूमैं।
छनकैं चुरिआँ, पौंचन में दौंचन पारैं,
ककना-बगुआँ—बंगलिआँ बिच-बिच डारैं।
टिउँना ऊपर भुज बाजूबंद गसे से,
उबराँयँ दोउ जोबन चोलिअन कसे से।
गर हार चम्पकली, गुलूबन्द, तिदानैं,
ढुलरी-तिलरी-लल्लरी, ठुसी, नगदानैं।
पुबुआँयँ पुतरिआँ पोतन बीजासैंनीं,
डारैं गरैं, लगाँयँ बाम सरग—नसैंनी।
नाँकन में दुर रुरकै, कानन तरकौंना,
माँथैं बिंदिआ दमकैं, बैंदा ढरकौंना।
ढरवाँ नैंनन पलकैं, कजरौटी कोरैं,
लरजत-बरकत-उजरत चितवान चितौरैं।
पाँउँन में माउँर, रचाँय हाँतन माँदी,
औंठन में पनवीरा की रच ललबाँदी।
चुन्नटनदार कसबी के लाँगा पैरैं,
ठिकवाँ किनोर गोटन के लुँगरे छैरैं।

जाबैं गबात कजरी के गीत सुहानैं,
हिल-मिल कैं गुंजान करैं कोकिल तानैं।
साँनइँआँ—मिरदंग, बजत जाबैं आँगै,
रमतूला सुर कूकैं, झाँजन की झाँगैं।
उमरी सबरी गैलन में रइँअत आकैं,
छाजन पै बइँअरैं ठसीं जुर घिमसा कैं।
दौरीं दुकान लगीं तीं बजार मँझारैं,
भिड़ जाँयँ कँदा चुल, कड़बौ मुस्कल पारैं।
जन-जन के हाँतन में बहना की राखीं,
परतीत पुन्न की, बीरनपन की साखीं।
बचकान खात खाँड़ ढरे हतिआ-घोरा,
अलगोजा-पीपी पकरैं चकरी-डोरा।
मेला पसरौ ताल नों, मिलान दुकानैं,
जाँ देखौ ताँ सबरैं नरमुण्ड दिखानैं।
सबरीं लछमी ताल में सिराँयँ भुँजरिआँ,
उमदाँयँ छरीं, भौंज भरीं गाँयँ कजरिआँ।
दिनाँ आगव, रिन धरन कौ उतार लो!
बिरन, बीर-बेस धार लो!! दिनाँ...
बैरी अड़े गैंउँड़ौ घैरैं,
जरुआ लगे दाँयँनें—डेरैं,
सबरौ देस फिरंगी पैरैं—
उठौ, बढ़ौ, जनम-भूम खाँ उबार लो! दिनाँ...
जननी जनौं आज के लानैं,
ऊ कौ दूद न तुमैं लजानैं,
रइँ हैं जेइँ बुंदेली बाँनें—
कसौ कमर, तेग धर, समर समार लो! दिनाँ...
हेरत काएँ बाट, का ठानीं,
टेरत बाइसाब मरदानीं,
गोरन खाँ, झाँसी कौ पानीं—
दिखा देबें, सूरमाइँ तौ बघार लो! दिनाँ...

अपनें देस-धरम के लानैं,
रन में अड़कैं सीस कटानैं,
भारत से अँगरेज भगानैं—
धरौ प्रान-गाँठ बाँद, टेक पार लो! दिनाँ...
रानीं अनमन रहैं, तौउँ घोकत रयँ मन में रन के दावँ,
आन चढ़ैं अँगरेज कितउँ तौ कैंसे करहैं अपवँ बचावँ।
फिर-फिर चारउँ कोद ग्वालियर के, देखैं काँ तोप धरायँ,
अँगरेजी फौजैं उसटाबे, कितै-कितै मोरचा करायँ।
अैसइँ अेक दिनाँ जा पौंचीं, सुनरेखा नारे के पार,
नैंन सिराउन बनखण्डी ती, बड़ी उहाउन फूलनदार।
हरसिंगार—बिरछन—तर, कुटिया बनीं शान्ति के मंदिर घाँइँ,
तबइँ कढ़े कुटिया सें बाहर, बाबा गंगादास गुसाँइँ।
साच्छात संकर की मूरत, साँसौ सान्त-धीर कौ रूप,
ग्यान-गँभीर, तपी कौ तप-सौ, सादन-साधौ बदन अनूप।
जैसें आँमूँ साँमूँ पर गएँ, हिमगिर और दुपर के भान,
तेजबान रानीं कौ मन भव, उनखाँ मन की पीर बतान।
रानीं बढ़कैं चरन-बन्दना करी, धरन पै हाँत लगावँ,
बाबा बरदा हाँत असीसौ, तुलसी-धरुआ तर बैठावँ।
बोले लरमानीं गँभीर बानी में, 'कैसें आँइँ बताबें?
इकटक चितै कही मुस्क्या, 'तुम तौ झाँसी की रानीं आवँ?
'हती कबउँ, अबे तौ दासी हों, भटकौ मनइँ दुचित्त निरास,
देस-धरम की रच्छा कौ प्रन पालौ तौ, भव सबरौ नास।
मिटा न पाइँ, फिरंगी परदेसी-अधीनता जौ दुख दैंन,
भारत में सुराज-थापन के टूटे सपनें, रहौ न चैंन।'
बाबा बोले, 'गीता पढ़कैं, मन में काएँ करौ अटकाबें?
करम करत रवँ इकचित होकैं, जिन फल पै अन्तस भटकाबें।
जौइँ भान लो, जो तुम चाहत कर न पैवँ, तौ कैसी हान,
आँगैं बचन तुमावँ पूरबे, कौंनउँ और पठै भगवान!'
'साँसी मानौं, बिरथाँ कबउँ न जैहै जौ तुमावँ बलदान,
आज न सइँ तौ काल ऊग है, भारत में सुराज कौ भान!
जौ भारत की भूम, सरग सें अगरी हे, माँनत सिंसार,
अधरम बढ़ै, धरम थापन खाँ, लेत इतै भगवत औतार।'

'मन जिन उनौं करौ, करत रवँ अपनों करतब चित्त-समार,
जो जैसौ कर है फल भोगै, जौइँ कहौ गीता कौ सार,
तुमनें बामन जनीं होत, छत्री-सौ सूर पनों लवँ धार,
समर-भूम छूटै सरीर तौ, मिलैं सरग में खुले किबार।
बाइसाब कौ मन उमगौ, सुनकैं बाबा के बचन-बिचार,
चौगुन जगी जोत करतब की, औरन कौ बिलगावँ बिसार।
जान लगीं नित बाबा-दरसन, दामोदर खाँ संग लिबाँयँ,
कबउँ कबउँ मुन्दर-गुलमम्मद-रामचन्द्र जू संगै जाँयँ।
इतै होत रएँ नाच, उतै आ धमकौ रोज सजाकैं सैंन,
टोपे जू रानीं, नौं पौंचे, भड़के हड़बड़या कें अैंन।
बोले, 'बाइसाब, अब तुमइँ समारौ समर-डोर अगवायँ
रावसाब के बस कौ नइँआँ, रन कौ रथा कड़ोरैं जायँ।
रानीं बोलीं, 'पैलाँ कइँती, रावसाब सें, तुमसें बीर!
कै-कै हारी तौउँ काउँ के मन कीं अड़ैं न हुमसीं धीर।
मैंउँ पेसुआ के हलके चाकर की बेटी हौं, फिर नार!
बे काँ मानैं मेइँ नायकी, पूँछौ, उनैं, करैं निरधार।'
फिर बोलीं, 'अब जिन उसकेरौ, इतनों रैगवँ कबै उकास,
रावसाब के तरैं, अपुन लर लेबैं, छोड़ प्रान की आस।
कहौ पेसुआ जू सें, देबैं हुकम फौज खाँ दै ललकार।'
जौंनौं इतै हुकम टटकोरौ, रोज आन कें चढ़ौ मुरार।
हपर-दपर बँधवाएँ मोरचा, बाइसाब जैसे समजाएँ,
उत्तर दिसा ताँतिआ सौंपी, पच्छिम रावसाब अटकाएँ।
बाँदा के नवाब खाँ सौंपौ, नगर किले कौ रच्छा-भार,
कठिन मोरचा पूरब तन कौ, ढीलन रानीं गहौ समार।
सबइँ टौरिअन पै अड़वा दइँ, तोपैं बिकट धमाकेदार,
पूरब तन की तोपन पै, जूही खाँ लगा बना सिरदार।
सजे लालकुरती पठान, रानीं के संगै दुगन उफान,
बढ़कैं पूरब दिस मुरार तन, रानीं करौ कटा-मैदान।
जूही की तोपन पै, धरा बाड़ पै बाड़ आग बरसान,
बिछ गएँ बैरी, बचे-खुचे सो भगे पछेल बचा कें प्रान।
उतै राव कौ सुनौं मोरचा बिगरौ, रानीं दौरीं जायँ,
अँगरेजी फौजन खाँ खेदौ, तिगरा नो भेजौ हुल्कायँ।

पाँच दिनाँ नों चली समर की, ऊँची नेंगी लौटा-फेर,
मुलक पल्टनें आँइँ आगरा सें सजकें अँगरेजन केर।
सबरीं फौजें रोज अकड़ कें, अड़वा दइँ मुरार मैदान,
उदना बिकट कटउँआ भवँ, रानी ने हला धरे औसान।
दूजे दिन रानीं कौ चम्पा घुरुवा गिरौ झमा-सो खायँ,
घरिअक में चल बसौ, छोड़ कें अपनी बाइसाब असहाय।
रानीं जू डेरा में जाकें, परीं करेजौ दाब निढाल,
आँखन में अँसुआ उमड़ानें, घुरुवा का गवँ आगवँ काल।
तबइँ कुँअर दामोदर आ गएँ, रानीं नें पकरौ चिपटायँ,
टेर देसमुख रामचन्द्र खाँ, मन की पीरा कही सुनायँ।
'जो कजन्त मैं चली जाउँ तौ, तुमें दैउँ सौगन्द धरायँ,
जौ हमाएँ राजा की थाती, जाय राखिओ प्रान चढ़ायँ।'
इतनीं कयँ रानीं के अँसुआ, चौमासे से लगे ढरान,
छाती लगे कुँअर दामोदर अँसुआ देख परे हैरान,
देखी रानीं की बिहालता, रामचन्द्र के भर गएँ नैंन।
बोले, 'उठौ समर कें माता, इतनीं कायँ होत बेचेन!'
बोलीं रानीं, 'अबइँ कुँअर खाँ बाबा की कुटिआ पौंचावँ।
उतै सब तराँ सुरछित रैहै, जौ मन कौ बिसुआस हमावँ।
बाबा जू सें अरज हमाइँ कै दिओ, काल परै घमासान,
बचहें तौ आकें समार लैं, राखैं बे अपनौं सुत जान!'
डेरन में सें अपनें सबरे संगी-साथी टेर बुलायँ,
करनैं कैसो समर काल, रानीं ने सब खाँ दवँ समजायँ।
मन में गाँठ बाँद लइँ लर हैं काल जुझार आर के पार,
कै तो प्रान छिरक हैं, कै भारत माता कौ भात उतार।
उठीं भुँसराँ, अतबल में सें, नवँ घुरुवा छटवा मँगवावँ,
कासीबाइ ओर मुन्दर के कानैं लग इतनौं समजावँ।
'गोर-मलच्छन में फँस जाबैं, जो कजन्त कऊ हम घिर जाँयँ,
अपनें हाँतन चीर डारिओ, जिअत सरीर न बे छी पाँयँ!'
रानीं चलीं समर करबे खाँ, नएँ घुरुवा पै हो असबार,
मुन्दर कासीबाइ बगल में, चमकाउत बिजुरी तरबार।
संगै लाल कुरतिआ बारे, हौंस भरे सैकरन पठान,
तीन कोद सें घेरौ जाकें, अँगरेजन मुरार-मैंदान।

तबइँ सुनीं ग्वालिअरी फौजें, कर गइँ दगा मिली बा-कोद,
रावसाब फस गएँ हैं उसटत, परी ताँतिअै बिकट हलोद।
भगीं उतै खाँ रानीं, मारत-काटत, कढ़बे गैल बनात,
जोधा कैउँ संग में, मुन्दर कासीबाइ चली पिछिआत।
मचौ कटउँआ चौगिरदाँ सें, रानीं बनीं कालका माँयँ,
दाँतन डोर दुहत्तू तेगा दै, बेजाँ झड़कार मचाँयँ।
घुरुवा लैंन लगौ हिचकोले, रानीं देख परीं हैंरान,
दामोदरै देखबे मन भवँ, चलीं सोनरेखा तन तान।
उतै रोज नें लख लवँ, रानीं खाँ मुरकत, घोरा अड़यात,
तुरत लगा दएँ, जिअत घेरबे, अपने पल्टनयाँ छै-सात।
बोलौ, 'पकरौ जिअत, जौइँ है गुर की कोलू, बिस की बेल,
ई खाँ हतया लवँ सो समजौ, मिटजै पट्ट गदर कौ खेल।'

(झाँसी की रानी लक्ष्मीबाई चरित, महाकाव्य से)

✦

माधव शुक्ल 'मनोज' (1930 ई०)

कितनौ गज इंदियारो

कितनौ गज इंदियारो/चलो, चलें-नापें।
पाँव धरें सदकें/ऐरो नें होय।
माचस की डिबिया की/सीकें-उजयारें।
घुटनों खों मोड़—/रात काँखरी में चापें। कितनौं...।
टुकुर-मुकुर हेरें/चुप्पी खों साध।
कान बाँध गमछा से/छाती खों ठाँक।
गुरसी में आग बार/जड़कारो-तापें। कितनौं...।
कूँदें ओर फाँदें/मारें-छलाँग।
धरती खों रौंदें/चढ़ जावें पहाड़।
साँसें-उसकरें/दहकावें—
मों में की भापें। कितनौं...।

✦

बदमासी

राई के पहाड़ पै/तिल के ताड़ पै
अचार की चिरौंजी सी/दिखात है-बदमासी।
बेईमानी ऐसी बोलत है/कै लगन लगत है
बराई कैसो रस/गुर सी गुरीरी।
ढोंग-धतूरो/मड़िया में गुनगुनात है।
बम शंकर.../काँटो लगै नें कंकर
बेर-बेर गूँजत है।
जी खों सुन-सुन कें/कुजानें काय,
आऊत है—हाँसी। अचार...।
मन की तलहटी में/झिरना सो झिरत है—आदर्श
हाय राम.../सेवा की नौटंकी में
मुखौटो लगा/सफेद कपड़ा पैर
जा जिन्दगानी हो गई/असपताल सरीखी-नर्स।

जी को/कछु/अतापता नइयाँ
कौ कहाँ है बीमार
कितनों खों चलत है—खाँसी। अचार...।
दुखयारे जे खों टेरत हैं/ऐ बैन (सिस्टर)
ई छाती कौ फफोला/कबै फूट है...
अभावों कौ दुख/गरीबी कौ दर्द कबै छूट है।
ऐई धुन में/बाट सी जोहत
कगार पै कब सें ठाड़े।
नेचें खाई-ऊपर फंदा/गरे में अपनेई-आप
लगत है—फाँसी। अचार...!

✦

बुन्देली—लटके

(1)

नंग-धुरंग लरका आ गये
कैसें-ढाँकै/का पहिरावें।
बोअत-अबई कपास खेत में
तिन्न...तनातन.../रुई धुनकत हों।

(2)

आओ, बैठो—भैया/आऊत हुइयै गैया
लगबे वारी लौलइया।
फिर दूध दुहत हों/चाय बनत है।

(3)

सूखी नदिया/नाव पुरानी
तैर न पाये।
चुल्लू भर पानी में भैया
डूबत-डूबत/अतरा आये।

(4)

खा-खा खूब, दवाई हारे
बेर-बेर/खाँसत कूलत हैं
कहबे खों-रोगी हैं-पंगा।

आँख बचा/हेरा-फेरी में
भरी जेब/हो गओ मन चंगा।

(5)

जीत-जात कें/बैठे ऊपर
बाँध लये कुर्सी सें गोड़े।
अपनोई नगर/गाँव सब भूले
नाम बड़े हैं—दर्शन थोड़े।

(6)

बहत धार में/आर-पार लौं
आड़े-तिरछे।
उफनत घी में चुरत पुड़ी से
गहरे-लम्बे, करहा-करछे।

(7)

बीज खुरस दये/पेड़ रोप दये
जंगल में मंगल पूरे।
जब देखो—/चहुँ ओर दिखानें
लम्बे-चौड़े, ढोंग-धतूरे।

(8)

लम्पा जैसे/ऐंड़त-मुड़्रत
डारें खूब अडंगा।
जिनको भजन एक है प्यारे
रिपट परे की हर गंगा।

ढक्कन से उघर गअे

दूध के कटोरा पै—
ढक्कन से उघर गअे।
लेकें कछु फूल खिले।
पूरब की ओर चले।
सूरज खों पीठ दिखा—/संझा की डगर गये।
दूध के कटोरा पै, ढक्कन से उघर गये।
हाथ जोर पुटिया कें।/बातों सें बतिया कें।

राम-राम कह सुन कें—लंगड़ा कें कुडर गये। दूध...।
प्यारे खों लहरा कें/भूखे खों दुलरा कें।
एक मुठी दाने-भर/राई से बिखर गये। दूध...।
गांधी के गाँव में/नेहरू की नाव में।
मौसम की डींग मार—/अंकुरा कें कुकर गये। दूध...।
मांछी से भिन्ना कें/चकरी से गन्ना कें।
बन कें अधूरा-से—/सन्ना कें निकर गये। दूध...।

खायँ करौंदा/बीनें बेर

खायँ करौंदा,/बीनें-बेर,
जे देखो महुओं का ढेर।
अतपई-पौआ/नहीं छटाक।
तोला-माशा/रत्ती खाक।
जिनकौ नाम पसेरी राम—
एक किलो के युग में सेर जे...।
खाल-खुरदरी/करिया-भट्ट।
साफ चुट्इया/मूँछे-चट्ट।
मार पालथी बैठे हैं—
ठाँड़े हैं चौराहो घेर। जे...।
मौं में गारी/हाथ-छुरा।
थर-थर काँपै/गाँव-पुरा।
लम्पा जैसी ऐंठ-मरोड़—
आँखों सें घूरत हैं—हेर। जे...।
उठा पटक/लातों के खेल।
एक लेन/पीछें से ठेल।
मीठे बोल, जहर की पुड़िया—
जानें कीखों दै रये टेर। जे...।
बुकरा काटें/मारें-मूठ।
जे पूरे हैं/ऊँचे-ऊँट।
लाँघ लेत हैं खाई-खन्दक—
नहीं दिखाबे इन्हें सुमेर। जे...।

संतोष सिंह बुन्देला (1930-93 ई०)

गौरीबाई

मिठउवा है ई कुँआँ कौ नीर,
छाँयरौ पीपर कौ गंभीर,
मिटा ले तनिक घाम की पीर, ओ पानी पीले गैलारे,
तनिक बैठ कैं तुम सुस्ता लेव, जानै फिर जा रे।
क्वाँर कौ घामौ है,
औ सूरज सामौ है॥
को ठाकुर तुम आए कितै सें, ओर तुम्हें काँ जाने,
मोखाँ ऐसौ लागत, होव तुम जैसें जानैं-मानैं,
पसीना बैठौ बिलमा लेव,
और दो-दो बातें कर लेव,
न आँगे पानी मिलै पसेव, हौ प्यासे मजलन के मारे।
ओर हम का करिए सत्कार,
गाँव के मूरख अपढ़ गँवार,
गड़ई भर जल हाजिर,
करैं तुम खाँ सादर॥
हम तौ हैं ग्वालन की बेटी, हार-पहारन रइए
गइयन-बछलन सें बाबू जी, मन की बातें कर लइए,
हमारे गुइयाँ छ्योल—सगौन
करैं बातैं हम बे रएँ मौन,
दुक्ख मन कौ जानत है कौन, रहैं मन ऐसइँ समझा रे।
आज जानें का मन में आई, और तुमसें इतनी बतयाई॥
लाज सब टोरी है,
करी मुँहजोरी है॥
माँजी गड़ई निकारो गगरा जब बा पानी ल्याई,
मैंने पूछौ—'नाँव तुम्हारौ', बोली—'गौरीबाई',

न देखे ऐसे निछल सनेह
जा मैंने जब सें धरी है देह,
उमड़ आए आँखन मैं मेह, तौ टेढ़ौ मुँह करकै टारे।
बोली 'तुम—सौ लम्बौ ज्वान, हतो भइया मोरौ मलखान।
पुलिस नें माड़ारो,
दुखी घर कर डारो॥'
फिर मैं बोलो, 'बिन्ना तोरौ ब्याव भओ कै नइयाँ?'
झुक गए नैन, तनिक मुसक्यानी, फिर भर दई तरइयाँ,
तुरत मैं बोलो—'गौरीबाई,
आज सें मैं हौं तोरौ भाई'
नेह की नदिया—सी भर आई, खुसी सैं नैना कजरारे।
चूम लए मैंने ऊकैं पाँव, बताओ नाँव औ गाँव,
और बा लिपट्याई,
फिर बोली हरखाई॥
'मोरी उमर तुमैं लग जाबै, भाभी रहै सुहागन,
दूधन-पूतन फलौ, खेलबैं चन्दा-सूरज आँगन,
लौट आई मोरे घर दोज
मनाहौं मैं अब सावन रोज,
मेरी जनम-जनम की खोज, करी तुम पूरी भइया रे।
रहत तो औरन के मन भार, बिना सारे की है ससुरार॥
दुक्ख सब मिट गए हैं,
कैं भइया मिल गए हैं॥'

लमटेरा की तान

हमारे लमटेरा की तान,
समझ लो तीरथ कौ प्रस्थान,
जात हैं बूढ़े—बारे ज्वान, जहाँ पै लाल धुजा फहराय।
नग-नग देह फरकबै भइया, जो दीवाली गाय॥
दिवारी आई है,
उमंगैं लाई है।
आज दिवारी के दिन नौनी लगै रात अँधियारी,
मानों स्याम बरन बिटिया नैं पैरी जरी की सारी।

मौनियाँ नचैं छुटक कैं खोर,
कि जैसें बनमें नाचैं मोर,
दिवारी गावैं कर-कर सोर, कि भइया बिन बछड़ा की गाय।
बिन भइया की बहिन बिचारी गली बिसूरत जाय॥
भाई दौज आई है।
कि टीका लाई है।

आन लगे दिन ललित बसन्ती फाग काउ नैं गाई।
ढुलक नगड़िया बजी, समझ लओ कै अब होरी आई॥
बजाबैं झाँजैं, झैला चंग,
नचत नर-नारी मिलकें संग,
रँगे तन रंग, गए हैं मन रँग, कहरवा जब रमसइँयाँ गाय।
पतरी कममर बूँदावारी, सपनन मोय दिखाय॥
अ र र र र होरी है,
स र र र र होरी है।

गाई चैतुअन नैं बिलवाई, चैत काटबे जावैं।
सौनें-चाँदी को नदिया-सी पिसी जबा लहरावैं॥
दिखाबें अम्मन ऊपर मौर,
मौर पर गुंजारत हैं भौंर,
कि मानौ तने सुनहरे चौंर, मौर की सुन्दर छटा दिखाय॥
चलत लहरिया बाव चुनरिया, उड़-उड़ तन सैं जाय॥
गुलेलें ना मारौ,
लैयँ का तुमहारौ!

गायँ बुंदेला देसा के हो, ब्याह की बेला आई।
ब्याहन आए जनक जू के घर, तिरियन गारी गई॥
करे कन्या के पीरे हाँत,
कि मामा लैकें आए भात,
बराती हो गए सकल सनात, बिदा की बेला नीर बहाय,
छूट चले बाबुल तोरे आँगन, दूर परी हौं जाय॥
खबर मोरी लैयँ रइयो,
भूल मोय ना जइयो।

बरसन लागे कारे बदरा, आन लगो चौमासौ।
बाबुल के घर दूर बसत हैं, जी मैं लगो घुनासौ॥

उमड़ो भाई-बहिन कौ प्यार,
कि बिटियाँ छोड़ चलीं ससुरार।
है आ गओ सावन कौ त्यौहार कि भइया राखी लेव बँदाय।
माँगें भाबी देव, नौरता खाँ फिर लियो बुलाय॥
और कछु नइँ चानैं,
हमें इतनइँ कानैं।

✦

बिटिया

बिटिया तौ है कपला गाय,
न अपने मुख सें कछु बा काय,
जमाने के सब जुलम उठाय,
ओंठ सें बोंल न दो बोले,
महा जहर खाँ भी अन्तर में,
अमरित—सौ घोले।
सान्ति की सूरत है,
सील की मूरत है।
अन्तर में होय आग तौउ बा सीतल बानी बोले,
नौनी—बुरइ सबइ की सुनबै भेद न मन कौ खोले
खुसी में थोड़ौ मुसक्या देत,
लाज सें दृग नीचे कर लेत,
न ईसें आगें उत्तर देत, मन की चाहे धरा डोले।
करत है जब कोऊ ऊकी बात,
तौ नीचौ सर करकें उठ जात,
लाज भर नख-सिख सें,
कछू न कह मुख सें।
सावन की सोभा है बिटिया और दोज की टीकौ,
न्यारौ-न्यारौ रूप है ईकौ मात-बहिन-पतनी कौ।
ईकौ केवल कन्यादान,
होत है कोटन जग्य समान,
दओ जिन उनके भाग्य महान, भाग्य दोऊ कुल के खोले।
सजाबै अपनों घर संसार,
प्यार कौ लै अपार भंडार,

जात घर साजन के,
छोड़ सँग बचपन के।
कर दए पीरे हाँत, पराए हो गए बाप-मताई,
छूटे पौंर, देहरी, आँगन, पनघट, गली-अथाई।
चली तज बाबुल कौ घर-गाँव,
और माँ की ममता की छाँव,
परबस जात पराए ठाँव, चली डोली होले-होले।
याद कर · भाई-बहिन की जंग,
संग सखियन के बिबिध प्रसंग,
नैन भर-भर आबैं,
सबइ छूटे जाबैं।
पलकन की छाया में राखो, सुख-सनेह सें पालो,
ऐसी नौनी रामकुँवर पै, परै न राम कसालो।
रात-दिन दुआ करैं पितु-मात,
सौंप दओ जीके हाँत में हाँत,
संग में ऊके रहै सनात, नाथ की सेवा में हो ले।
जराबे संजा कैं नित दीप,
धरत है तुलसीघरा समीप,
बड़न के पग लागै,
कुसल पति की माँगे।
लरका जग में एकइ कुल कौ, कुल-दीपक कहलाबै,
'पुत्रि पवित्र करे कुल दोऊ' रामायन जा गाबै।
कन्या कुलवंती जो होय,
तौ ऊसें जस पाबें कुल दोय,
अपने मन मानस में धोय, तौल कें फिर बानी बोले।
करत है हरदम मीठी बात,
मनौ होय फूलन की बरसात,
कि जीमें समता है,
हिये में ममता है।

ओमप्रकाश सक्सेना 'प्रकाश' (1933 ई०)

बुन्देली प्रकाश

कारे नाग कँदन पै पारे लमछारे सटकारे।
दोरे बैठीं घाम खुवारइँ, हारे से छुटकारे।
ब्यार चले सैं उठत गिरत है, लगतइ कै फुसकारे।
कयँ 'प्रकाश' कुड़री सी मारें, चिलकदार घुँगरारे॥ 1॥
आँखें अमियाँ कैसी फाँके, हिरनी कैसी ताकें।
दोउ हातन के दोर बनाकें, घुँगटा में सें झाँकें।
कोइलिया सीं कारीं-कारीं, पुतरिन सें बतराकें।
कयँ 'प्रकाश' हेरत हरया गए, हेरीं पलक झपाकें॥ 2॥
कैसी आँख लगत है भोरी, मद में सपरी खोरी।
लयँ नकेल सैनन की संगै, बाँदें कजरा डोरी।
पलकें दोऊ तरे लचाकें, गाज हिया पै टोरी।
भई- 'प्रकाश' हिया की ऐसें, निवरें-निवरे चोरी॥ 3॥
आँखन हौन लगी अगवानी, सैंनन सैं मनमानी।
बाँदे बन्दन बार बरौनी, पाल पलक की तानी।
डारे पलक पाँवड़े पल-पल, भौंहन चौंर डुलानी।
दए 'प्रकाश' पुतरिन के आसन, ढारौ पाँउन पानी॥ 4॥
तिल कौ बोजा उनकौं लगतइ, जइसें चलत न बनतइ।
मों बे तनक उठावें कैंसें, उनसें नेक न उठतइ।
कारौ तिल मुइँयाँ पै होबै, कैसौ रूप निखरतइ।
कयँ 'प्रकाश' नारी कौ गुन है, ई सें भौत सरमतइ॥ 5॥
उनकौ ईंगुर कैसो तन है, फूलन जैसौ मन है।
ककरा मारें रकत झलकतइ, बैस दूसरौपन है।

मों चमकै चन्दा सें बढ़कें, मानों हीरा कन है।
कयँ 'प्रकाश' मैं तौ रखवारौ, सब ईसुर कौ धन है॥ 6॥
घूँगट नाव चार कों डारें, डारें कछू उघारें।
नैनन समुद हिलोरें लैरव, मद की नाव समारें।
झौंका चलै हबा कौ हलकौ, दिखतीं कजर कगारें।
कयँ 'प्रकाश' मन के पंछी कों, अब तौ उतइँ उतारें॥ 7॥
घाली नैंनन की पिचकारी, जी खन पलक उघारी।
मद में बोर भरी सींकन सें, आँखन में दै मारी।
तक कें दई धार सैंनन की, असमानी रतनारी।
कयँ 'प्रकाश' कै कैउ रँगन सें, हिय बाखर रँग डारी॥ 8॥
काजर सें लजवाय बदरिया, मुख सें डरै बिजुरिया।
आसमान अममानी आँखन, तारे नैंन पुतरिया।
इन्द्रधनुस फींकौ पर जै है, सतरँग देख चुनरिया।
कयँ 'प्रकाश' मानों सूरज सी, बिंदिया करत उजिरिया॥ 9॥
मों पै घुँगटा की ढिक डारें, सैन उरैन समारें।
पूरें चौक माँग सेंदुर दै, आखत टींका पारें।
कजरा दै कें करें अमाउस, दोउ नैन उजयारें।
लगत 'प्रकाश' दिबारी आ गइ, हँसत फलझरीं बारें॥ 10॥
ओ जू कबै गाँव सें आये, हिना कबै तुम धाये।
तुमसें जब सें गाँठ जुरी है, तुम अति मन कों भाये।
आज दिना नों काए आए ना, मोय ऐंन तरसाये।
कयँ 'प्रकाश' भले करमन सें, तुम मिल गए मनचाये॥ 11॥
बातें करतन नँग-नँग फरकें, आमें सामें परकें।
लेतीं लगा उँगरियाँ चारउ, ओंठन गालन करकें।
इतै उतै तन-तन में हेरें, बरक-बरक कें सरकें।
कयँ 'प्रकाश' हिरनियाँ कैसीं, छिन-छिन में बे छरकें॥ 12॥
नैंनू जैसी गोरी मोरी, पाले कैसी गोरी।
ओरे कैसी सीतलताई, बिजुरी कैसी डोरी।
दूदा-गरी हेर लजयातइ, गंगा जल में बोरी।
कयँ 'प्रकाश' कै हीर-कनी सी, चन्दनियाँ सी कोरी॥ 13॥

पैलाँ काए मोहनी डारी, बँसुरिया भारी।
जानें हतौ सबै बिसराकें, बसा बसीकत न्यारी।
कदमन तरें रात-दिन मेले, कैसें भाई अटारी।
कयँ 'प्रकाश' कैं ऐसें बजतइ, एक हात सें तारी॥
बे तौ बिसरत नई बिसारे, कैउ जतन कर डारे।
तन-कोठा में जाँगा दै दइ, हिरदे पै बैठारे।
नैन दोर कीं दईं साँकरें, दै दए नीचट तारे।
कयँ 'प्रकाश' सबरौ जग छूटै, जे रैं सँग हमारे॥ 14॥

◆

शिवानंद मिश्र 'बुंदेला' (1933 ई०)

बरजोरा कौ समरपन

कठिन जेठ को घाम तचें गुस्सा में सूरज,
बरजोरा बिलमो पहूज के नीरें-तीरें
आठ दिना कढ़ गए न एकउ फँसो बटोही
दार-चून-घी निगट रहो है धीरें-धीरें॥ 1॥
सात डाकुअन कौ पहरौ है नदी-घाट पै
बीस ज्वान बरजोर सिंह के हैं रखवारे,
हुकुम कठिन है सब रस्तागीरन कों लूटौ,
निकर न पाबै कोऊ सम्पत बिना निकारे॥ 2॥
तपैं ग्रीष्म महाराज बुँदेलन की धरती है
नीचें तचै ततूरी, ऊपर अँगरा बरसें,
डरे जनावर भार भटोलन भीतर हाँपैं,
मानुस-पच्छी कठिन समइया कढ़ें न घर सें॥ 3॥
संगै छै असवार बाई जू भाजत आबैं,
उनके तन के ऊपर चढ़ गइ धूरइ-धूरा
ऐसौ लगै कि दौर रही है सिंह भवानी,
संगै दौरत आँय अघोरी भूत-भभूरा॥ 4॥
तान तुपकियाँ ठाड़े ह्वै गए सातउ डाँकू,
गैल छैंक लई, 'रोको घोरे', हाँक लगाई,
गोरा धरें पछारी, आँगे करिया रोकें,
का अनहोनी, चौंकी रानी लक्ष्मीबाई॥ 5॥
बोली, 'को हौ ठाकुर? गैल काए खाँ छैंकें?
का अनवाद करो घोरन नें? रहे रुकाई।
बूढ़ौ दउवा बोलो, 'हम हैं डाकू ठाकुर,
लूटन आए तुम्हें' तुरन्त आँख चढ़ आई—॥ 6॥
रानी बोली, 'को है मुखिया?' 'हे बरजोरा!'
'कितै?', 'परे सोउत हैं, उतै करौंदी छाँईं।'

'चलौ बताऔ, दो-दो बातें करकें जैहें'
पीछें-पीछें डाँकू, आँगे लक्ष्मीबाई ॥ 7 ॥
संगी दओ जगाय, उठो तुरतइ बरजोरा
देखो आउत घुड़सवार बक्षस्थल तानें
चढ़ती उम्मर, रेख न निकरी, पैनी आँखें,
टेढ़ी बाँधें पाग, भाल मोती लहरानें ॥ 8 ॥
दग-दग दमकै माथौ इंगुर पोतो मानों
राजन की पोसाक बिधाता रूप समारौ,
लै पाँचउ हँतयार हाँत में नंगौ तेगा
चढ़ तुरंग की पीठ स्वयं बीरत्व पधारौ ॥ 9 ॥
पाँव रकेबन जमे, कसो पीठी सें बालक
बघवाबै चहुँओर बैरियन की घातन में,
सने रकत में बस्त्र, अस्व ज्यों बिजली-कौंधा,
ऐसौ लगै सजीवन यौवन कूँदौ रन में ॥ 10 ॥
ठाढ़ौ भओ तुरन्त समर बागी बरजोरा,
तड़पी रानी, 'क्यों तुमनें मारग रुकवाओ?'
डाँकू उत्तर देत, 'लूट है रोजी अपनी,
को हौ अपुन? कहाँ के! हमनें चीन्ह न पाओ ॥' 11 ॥
'आँखें खोलौ, चीनौं, खोलौ कान सुनाबैं—
मैं हौ लक्ष्मीबाई, बा झाँसी की रानी,
अँगरेजन से छिड़ गओ है संग्राम भयंकर
मरबे और मारबे हेत फिरौं भन्नानी ॥ 12 ॥
गओ मोरचा टूट हमाओ झाँसीबारौ,
धाबा करो कालपी में अब बजहै तेगा
हूहै बरछी-बन्दूकन के संग सगाई
खार-कछारन में जमना के चुकहै नेगा ॥ 13 ॥
मूँछ मुँछारे मुंस! तुम्हारी क्षत्री काया
पौरुस जो है? बने आज अबला के घाती!
मैं नारी ह्वै जूझ रही भारत-बैरी सें
रे क्षत्री नर, हाय न फट गई तोरी छाती! ॥ 14 ॥
अपनी झाँसी गई गड़ौ दुसमन कौ झंडा
बीर सिपाही तरबारन कौ पी गए पानी

धरती कर गए लाल रकत कौ लिख गए साकौ,
जूझे आठ हजार लाल प्रानन के दानी॥ 15॥
तुमनें रस्ता रोकी, बैरी लगे पछारीं
मजल चले हैं घोरे, घायल देह हमारी
आगी उगलै धरती झोराँ लपट झँझाबे
कारे कोसन बसी कालपी जेठ दुफारी॥ 16॥
देखौ मोरे संगी, पाँच पुरुस; दो नारी
मैं, जा मुन्दर, पक्की मोरी संग सहेली
घोरे देखौ सात हमाए हाँपी छोड़े
घावन भरे सरीर करारी विपदा झेली॥ 17॥
पसु हैं घोरे, जान देत, अबला है संगिन
तुम हौ क्षत्री मुंस, छेंक लइ गैल हमाई
हे राणा, हे सिवा हमें अब दोस न दिइयो!''
लम्बी भरी उसाँस, चुप्प भई लक्ष्मीबाई॥ 18॥
देखत मौं रह गओ रानी कौ ठाँड़ो ठाकुर
रोम-रोम जग परो सिथिल-सी ह्वै गई बानी,
लैन हिलोरें लगो रकत पुरखन कौ तातौ
तुरग दिखानों सिंह छबीली सिंह भवानी॥ 19॥
सन्त-मण्डली जैसें बालमीक मन पलटौ,
अंगुलिमाल कान ज्यों परी बुद्ध की बानी,
रानी की उसाँस बरछी-सी हुकी हृदय में,
डाँकूपन की भई कुटिलता पानी-पानी॥ 20॥
टपर-टपर आँखिन सें अँसुवा टपकन लागे
घूँटे टेक दए, नंगी लइ खेंच सिरोही,
बाई साब के आँगें भींजी बनो बिलइया
बौ बरजोरा दस्युराज कट्र निरमोही॥ 21॥
आत्मघात करबे की मन में बात बिचारी
'खबरदार हो', रानी नें ललकार लगाई
'प्रान कर रहे दान तौ फिर बैरी संग जूझौ
घरी दो घरी रोकौ, करौ सहाय हमाई।'॥ 22॥
झटका देकें ह्वै गओ ठाड़ौ, तन गई छाती
सिथिल अंग में जैसें महासक्ति घुस आई,

दई हुंकार कि जैसें बन में सिंह डड़ीकै
'बढ़ौ साथियो!' बरजोरा तरबार घुमाई॥ 23॥
'पार पहूज होय गोरन कौ मोहरा मारौ
रजपूती की लाज बचालो बढ़कें प्यारे
धजी-धजी काया, खपरी हो टूँका-टूँका
चलो बहादो मोरे भइया रकत पनारे।'॥ 24॥
लै-लै निज हथयार सज गये उनतिस जोधा
आँगें-आँगें भैंसा-बाँधी तोप हँकाई
दो संगी रानी नें छोड़े, पाँचइ लैकें
सुमिर गजानन कों, घोरे कैं एड़ लगाई॥ 25॥
टपक-टपक टप-टप-टप घोरे भाजन लागे
उड़ी गुंग धूरा की, छिन में उड़ गई रानी
हाँत जोर कें अंतिम नमन करो डाँकू नें
चूम लई तरबार, आँख कौ पौंछो पानी॥ 26॥

✦

कथा खेत खरयानन की

तुम डिल्ली कीं बातें करौ बड़े भइया,
हमें करन दो सेवा अपने गाँबन की,
तुम कारन पै मलकौ मालपुआ गुलकौ,
हमें कहन दो कथा खेत-खरयानन की॥ 1॥
इन गाँवन में अपने पुरखा रहत हते,
ठाँड़ी कर गए छाय-बनाय मड़इयँन कों;
रात-रात सोई गीले में महतारी,
पाल-पोस स्यानों कर गइ सब भइयन कों॥ 2॥
खेतन की माटी सरसक्क पसीना सें,
दो-दो बीघा भूम सकल सम्पदा हती;
कोहरीं, चना, मुसेला धमके काम करो,
घी कीं चुपरीं बाँटत रहे खबइयन कों॥ 3॥
देखौ कभउँ जाय कें उन रौगड़ियन पै,
अभउँ डरी है धूरा उनके पाँवन की।

इन गाँवन में बारे सें उचके-कूँदे,
हिल-मिल खेले खेल, बनाए घरघूला;
तला-तलइयाँ सपरे, खेतन में लोटे,
दिन-दिन भर सावन में झूलत ते झूला॥ 4॥
ज्वानी अपओं-बिरानो लैकें चढ़ आई,
आँत-हिलोरो भइया तब बैरी बन गओ;
घूरे पै गारी-गुल्ला मुड़कटइ भई,
फाँसी पै टँग गए मतइयाँ मनफूला॥ 5॥
उन दोउन के लरका जूझ करइयाँ हैं,
लै लई है सौगन्ध उन्हें समझावन की।
गाँवन के त्योहार लगत हैं तेरहिं-से,
अब न भरै कोउ स्वाँग न बजत नगाड़े हैं,
ज्वानन की कढ़ आई कुथरियाँ पेटन कीं,
और पथनवारे बन गए अखाड़े हैं॥ 6॥
अब न गाँव की बेटी सबकी बहिन रही
अब न गाँव के लरका ऊके भइया हैं;
कढ़न न पाबैं हार-खेत बहुएँ बिटियाँ
गैल-घाट में ऐसे चरित उभाँड़े हैं॥ 7॥
हमें बेदुला-चढ़वइया बन जानें है,
चन्द्रावल की धरीं भुजरियाँ सावन कीं।

◆◆

गुणसागर 'सत्यार्थी' (1937 ई०)

बसन्त कौ प्यार

क्वाँरी मन-बगिया में कोयलिया कूक रई,
बिरछन नें कर लऔ सिंगार,
झूमे नए फूलन के हार॥ 1॥
दूर हरी खेतन में बगरी है भाँग,
गंध झरत केवरे से झूम रई डाँग,
होंन लगे राग-रंग आ गई बहार,
नदिया की निरमल भई धार॥ 2॥
अनहोंनी बात भई सोंने में बास,
धरती पै होंन लगो महुअन कौ रास।
नाँनी रस-बुँदियन की बरसै फुआर,
रूपे-सौ हो गऔ सिंसार॥ 3॥
पी-पी कें बैर चली बहकी है चाल,
महँक उठी मेंड़े सब हो गई बेहाल।
कलियाँ रस बगरा कें मस्ती रइँ ढार,
पाँखन में भुन्सारे पार॥ 4॥
सेंमर सज आऔ है टेसू के संग,
बौराये आम देख इनके सब रंग।
बनी-ठनी सकियँन सँग ठाँड़ी कचनार,
पीर करै हिय गों तकरार॥ 5॥
सरसों में गोरी कौ कंचन भऔ आँग,
भरी नई बालन नें मोंतिन सें माँग।
सोभा लख आसमान धीरज ना धार—
बगरौ है धरती के थार॥ 6॥
राधा नें रूप सजौ सोरउ सिंगार,
कुंजन में नन्दन बन हो रऔ बलहार।
काए ना कान्हा फिर लेबें औतार?
धरती में इतनों है प्यार॥ 7॥

✦

उरइँयाँ

साँकर बजी दुआरें देखौ टेरन लगीं उरइँयाँ;
गई अँदेरी रैंन सगुन-सीं बोलन लगीं चिरइँयाँ।
कुकरा की सुन बाँग उल्लुअन की धक-धक भई छाती,
अँखियाँ हो गईं चार चकई कीं पिया संग इठलाती।
धुँधरी हो गई जोत दिया में दिया में तेल बचौ न बाती;
गलियारिन में गूँज रई अब साँईं की परभाती।
छिन में चोर सरीखीं दुक गईं अनगिन सरग तरइँयाँ। गई... ॥ 1 ॥
घर के जेठे जगे, पौंर में खाँसें और खकारें;
ओझा बब्बा महामाई के पौंचे सपर दुआरें।
पीपर तरें मनौती करकें बाई सिव खों ढारें;—
चरनन ध्याँन लगा हियरा में आसा-चन्दन गारें।
मन्दिर के घंटा घाराने, कड़ीं बगर सें गइँयाँ। गई... ॥ 2 ॥
हँसी पुरैन तला के बीचाँ, रै पानी सें न्यारी,
महँकन लगी मदरसा-क्यारी कौरें फूलनवारी।
कीनें सोंन-बारिया लैकें बखरी झार समारी?...
राई-सी नच उठी किरन जाँ सतरंगी फगवारी।
राम-राम की रटन लगा रई पिंजरा भीतर टुइँयाँ। गई... ॥ 3 ॥
डार उरैंन सगुन सें पूरे सुबरन चौक सलोंने;
स्यानी बिटिया की ओली फिर भरी काऊ नें नोंने।
बखरी हो गइ अमर सुहागिन हरसे चारउ कोंने,—
उठ डारें बल्दाऊ नोंनें खेतन सगुन हरइँयाँ। गई... ॥ 4 ॥

सरद दुलइया

कीनें कीकौ चुरा लओ चैन रे?
मीठी पीरा जा कीकी देंन रे?
नैंनू की कान्हा नें करबे चोरी,
कौनउँ गुजरिया की गागर फोरी।
बचौ न काँस-तिनूका कोरौ—
दई सारस नें लम्बी तान रे;
देखौ सरद ज़ुन्हइया की सान रे॥ 1 ॥

नौनी दुलइया धरनि सकुच्याबै,
दूला-अकास मगन मुस्क्याबै।
सेंमर-गिंदउआ से बदरा उड़-उड़—
धीरें-धीरें डुला रए चौंर रे;
उठी हियरा में मीठी हिलोर रे॥ 2॥
मनइँ-मनें मुसक्या रइँ रानी;
भऔ नदिया कौ निरमल पानी।
सोंन मछरिया अत छनकीली—
मचलें घुँघटा में प्यासे नैंन रे;
मन देखत भऔ बेचैन रे॥ 3॥
धान गरब सें भर इठलाई,
कनक-छरी नइ भारन भाई।
ताल तलइयन के ऐंना में—
चोखे रूपे-सी चिलकै रैंन रे;
मुख-सोभा खिली है पुरैंन रे॥ 4॥
जुनरी के भुंटा भए गदरारे,
सहजइँ करत हैं बारे-न्यारे।
चाल हंस की लख मतवारी—
रिसि-मुनियँन कौ टूटै ध्याँन रे,
जौ है सरद दुलइया कौ मान रे॥ 5॥

आसा की जोत

रैंन अँदिरिया गैल भुलानी;
हिलबिलान हो रई जिंदगानी।
मिरगा ढूँड़ रए कस्तूरी,
आसा होत न उनकी पूरी।
भरत चौंकड़ीं देख मरीची
कितनी नाप लई है दूरी।
सेंत-मेंत हो रई नादानी। हिलबिलान...।
कौन घरी में भाँवर पारी,
घिरी बदरिया कारी-कारी।

धुरूब तरइया देख न पाए—
कैसें गैल मिलै अबढारी?
थेबौ खात फिरत अग्यानी। हिलबिलान...।
दूर बजत कऊँ ढोल-नगारे,
बैरे हो गए कान हमारे।
बेबस होकें सबई तराँ सें—
भटक रए नित मारे-मारे।
चीर दए नभ-थल औ पानी। हिलबिलान...।
आसा तौऊ पैले पार,
कैसें कोऊ मानें हार।
हार न मानी जब मकरी नें,
गिर-गिर चढ़त रई हरदार।
चढ़ी-चढ़ी मकरन्दो रानी;
इक दिन पार लगै जिंदगानी।

बिरही कौ बसकारौ

परचा रइ पुरबइया तन-मन में आग,
सैरे की तान लगै ईसुर की फाग।
बरत नए गाबे नें झुलसा दए गाँव,
दहक उठे अबा घने मेघन की छाँव।
जोगी-बैरागी के डगमग भए पाँव,
अलबेली आगी कौ अलबेलौ दाँव।
कौसिक से रिसी आज गा रए विहाग,
मियाँ की मलार लगै ज्यों दीपक राग।
धरनी तिलोत्तमा नें कर लऔ सिंगार,
सुसकाए नारायन, देवता बलहार।
अरुन अगन मुख सोहै-सूरज सी झार,
गौरा-सुत देवतन के सेंना आधार
गरबीले बाहन की बानी दई आग,
बदरा के हिऐ पैठ गूँजी बन राग।

ज्वालामुख पर्वत ज्यों फूट परौ आज,
लरम नए पत्तन पै आगी कौ राज।
जग्ग-हवन करबे खों है साकिल नाज,
आहूति खेतन में दई सज कें साज।
मित्र बरुन भूले सब तप औ बैराग;
लखतन घृताची खौं उमड़ौ अनुराग।
गरमी सें रार रोर कामरूप काम,
इन्द्र-धनुस मोर-मुकुट धर लए घनश्याम।
रिसी-मुनी देवता लों तलफें निज धाम,
ई सें तौ सियरौ गऔ जेठमास घाम।
कन-कन में पैठ गई जीवन की आग;
सैरे की तान लगै ईसुर की फाग।

◆

गैलारौ

जीकौ/ओर न छोर
ऐसी है गैल,
गैल गहें चलो जात
हेरौ, बौ गैलारौ।
किदना निगो?
किदना नइँ जानत
बस निगत सबइ नें देखौं/मानों
चका होय गाड़ी कौ/भमत जात है ऐसें
जैसें पथरा ढँड़कत—/चूना पीसत की चकिया कौ।
लीला-धौरा/खैंचत जिऐ समै के बैला
और संग में/पिसत जात हैं दिन चूना-से
हराँ-हराँ सब/चिंदगानी के।

◆◆

रतिभानु तिवारी 'कंज' (1948 ई०)

लगन लगीं लौलैयाँ

सूरज डूब गओ है देखौ, लगन लगीं लौलैंयाँ।
चुन बिसराकें चलीं घेसुअँन, नौनी श्याम चिरैंयाँ॥
ब्यारी करकें गऔ खेत पै रमुआँ करन वसेरौ।
मस्कउँ कथरी लैकें कड़गव, मौड़ा खों नइँ टेरौ॥
उतै बगर के दोरें ठाँड़ी, लगीं रमाँबे गैयाँ। चुन...।
भूरी भैसें बदीं सार में, बड़ी बेर सें डिड़कें।
कमला चपिया लएँ हात में, रै गइ भीतर पिड़कें॥
लाड़कुँवर भैसें दोबे गइ, मौड़ा खों लैं कैयाँ। चुन...।
तन-तन अंदयारौ सौ भव जब, लगन लगौ जड़कारौ।
आँन जुरे कोंड़े पै सबरे, करन लगे बतकारौ॥
भई देर तक किसा काँनियाँ, चमकन लगीं तरैयाँ। चुन...।
लाड़कुँवर कमला अदराते, उठकें चकिया ओरैं।
उनकी चुरियँन कौ ऐरौ सुन, हिय में उठें हिलोरें॥
सन्नाटौ सौ है धरती पै, सो रइँ डार-डरैयाँ। चुन...।
भोर भऔ कुकरा नै बागें, दैकें सबै जगाऔ।
बाबा जू नैं शंक बजाकें, धूनी खों चेताऔ॥
दिन ऊँगौ बखरी के भीतर, फैली सेत उरैयाँ। चुन...।

गाँव की गोरी

पैरें छीताफली पैजना, बिछिया रोंनावारे।
होत छमाके गलयारे में कड़तीं कोउ धनारे॥
बारागजी सुरंग रँग सारी, कमर कछोटा मारें।
गोरीं पिड़रीं गुदनावारीं, आदौ आँग उगारें॥
खनर-खनर खन बजैं ककनियाँ, चुरियँन बीच प्यारीं।
और बखुरियन गोरीं बहियाँ, गसीं सुहाबैं न्यारी॥

बाजूबंद के फुँदना लटकत, कर रय वारे न्यारे।
होत छमाके गलयारे में, कड़तीं कोउ धनारे।
लाल छींटकौ पैर पोलका, करया में करधोंनी।
तीपै बड़ी हमेल झूलरइ, लगै देखतन नोंनी॥
कन्नफूल कानन में मोहें, नाक पुंगरिया भारी।
बीजासेंन तबिजिया सँगै, छुटिया मूँगनबारी॥
लरम उँगरियँन पोरंन पोरंन पैरें कैऊ छलारे।
होत छमाके गलयारे में, कड़तीं कोउ धनारे॥
सोहत कंठ खँगुरिया नोंनी, लल्लारी और तिदानों।
घूँघट उगरत रूप सलोंनों, नैनूँ घाँइ दिखानों॥
मानों एक जुंनइया साँसउँ, घुँघटा ओट मचलरइ।
कै फिर सेंत कमलनी अपनी, भर मस्ती में खिलरइ॥
ईंगुर कैसे ओंठ रामधइ, नैन बड़े कजरारे।
होत छमाके गलयारे में कड़ती कोउ धनारे॥
बिंदिया लगी लिलार लाल औ, सैंदुर माँग संमारें।
ऊँछें बार ककइ कें रोजउँ, दो दो पटियाँ पारें॥
शहरन की 'ऊ' चकाचोंद सें, बर हमेश जे बरकें।
'कंज' कऐं गाँवुन कीं गोरीं, आईं साँसिन ढरकें॥
धरनी की का सुरग लोक लों, सबइ देखकें हारे।
होत छमाके गलयारे में, कड़तीं कोउ धनारे॥
पाँनू भरतन देख कुँआँ पे, अटक जात कैउ नैना।
इक टक हेरत कोउ चकोर से, छिन भर चेन परैना॥
खेप मूड़पै धरकें नोनें, पनघट सें घर आबें।
निगतन गुड़ी परें करया में, कैउ लहरियाँ खाबें।
लखतन हिय में उठें हिलोरें, भटक जात गैलारे।
होत छमाके गलयारे में, कड़तीं कोउ धनारे॥ ✦

चौमासे के पौरा

बसकारे में उन्ना भीजें, दो दो बेर निचोरें।
गलयारे में पौरा कड़रय, नरवा लेत हिलोरें॥
घने मेघ कजरारे लगतइ, लट विखरी गोरी की।
चमकत लाल बिजुरिया जैसें, माँग भरी रोरी की॥

चातक 'पीउ-पीउ' खों टेरें, नचरँइँ प्यारी मोरें। गलयारे...।
धरती की धौरी धुतिया पै, बादर ने रंग डारौ।
सबरौ आँग हरौ सौ हो गव, ऐसौ गजब गुजारौ॥
'कुकर मुता' घूरे पै ठाँड़ौ, हंस रव दाँत निपोरें। गलयारे...।
भरगय गड़ा पुखरियाँ झिरगइँ, चौमासे की झिरियाँ॥
सेंन करें घूँघट में होकें, गाँव पुरा कीं तिरियाँ॥
भूलें गैल छैल गैलारे, लख कांजर की कोरें। गलयारे...।
भींज गईं पगडंडीं गैलें, कटे ठूँट हरयाँने।
फागुन के मइना में जैसें, फगवारे गर्रानें॥
चिरइ-चैनुआँ, सुआ-परेबा, तकं बिरछ की झोरें। गलयारे...।
बिचकें बिना नाथ के खैला, नाँकें नइ बिरवारी।
चैंन परौ भूरी भैंसन खों, भरी खेत की क्यारी॥
हरबारे हारन खों जा रय, धर बैलन पै डोरें। गलयारे...।
जिन के संइयाँ घरमें नइयाँ, बे लैरई उसाँसें।
हिय में हूक उठै का करबैं, चले गए चौमासें॥
आबें पिया भोर 'बे' उठकें, बाट निहारें दोरें। गलयारे..।

✦

वीर हरदौल

त्योरी बदल गई राजा की, रानी खों ललकारौ।
अपने हातन जहर जिमाकें, तुम लाला खों मारौ॥
कालनेम सौ छिपौ राक्षस, है हरदौल बुन्देला।
पतिबिरता लों होकें तुमनें, मैलौ करदऔ सेला॥
करौ न देर तुरत बिष देओ नाहर से गुर्रानें।
पालन करौ हुकुम कौ तुमने, तो पतिबिरता जानें॥
रानी की आँखन सें अपरस लगन लगौ चौमासौ।
हिलकी भर भर रोबे भौजी, लाला कीखों आँसौ।
करौ हमाऔ चाय जो प्रीतम दोस होय जो मोरौ।
नाहक में भइया मरवाकें, रस में बिष न घोरौ॥
पाँचक हात गड़ा खुदवाकें, मोय जियत गड़वादो।
देश निकारौ दै दो बालम, हत्ती दाँय करादो॥

तुलसी गंग धरालो मोसें, स्वामी कौल करालो।
जी बिध मैल छटै ई मनकौ, तैसें तुम अजमालो॥
है हरदौल धरम की मूरत महलन को उजयारौ।
बुन्देलखंड कौ गौरव है सबकी आँखन कौ तारौ॥
लाख जतन समजाबै रानी, राजा एक न मानें।
'गंगा जल' में दोष लगाकें, अपजस करबौ ठानें॥
घड़ी परीक्षा की आई जब, सुध-बुध भूली रानी।
'चम्पा खों ललकार उठी तब, 'बेत्रावती' कौ पानी॥
जीकौ जल पीकें प्रवीन सी, पातुर भई पतिबिरता।
पतीबिरता के धरम जज्ञ में, आज होम दो ममता॥
छाती पै पथरा धरकें फिर रानी उठी विचारी।
हरतार मिला तैयार करी, ऊने भोजन की थारी॥
लाला के महलन में जातन, थार लऐं अकुलानी।
थार धरौ लाला के आँगें, गिरी धरनि पै रानी॥
भर आँई डबरियाँ लाला कीं, भौजी खों लगै सँभारन।
कीनें तुमें सताऔ का है, कऔ पीर कौ कारन॥
मोरे पतीबिरत उर तुम पै, उनखों होगइ शंका।
हरदौल कऐं बजवादो भौजी, पतिविरत कौ डंका॥
बिष भोजन की थारी जेलइ, लछमन से देउर ने।
जीने जनम लऔ धरनी पै, उयै एक दिन मरने॥
जेकें थार परे पलका पै, सेला धरौ उसीसें।
बिष कौ असर भऔ सवतन में, चित्र भंग भऔ जीसें॥
रूंदौ गरौ जब लगे तुरत वे, भौजाई खों टेरन।
तन-तन कछू मूर्छित से भये, छिन में बदली हेरन॥
भर्रानी सी बोली सुनकें, ऐंगर गइ भौजाई।
भरे गरे सें लाला बोले, ओ मोरी महताई॥
लरका थानक लेखौ जबसें, आई डोली चड़कें।
पतिबिरत में तुमहौ भौजी, 'सीताजू' सें बड़कें॥
अब तुम कछू फिकर न करियौ, जो होनें तौ होगव।
ईसें अपने कुलको जग में, माथौ ऊँचौ होगव।
अपने देश धरम इज्जत पै, हरदम मरे अनेकन।
पतिबिरत की लाज राखबे, देह करी है अरपन॥

देउर-भौजी के रिस्ते की, अब नइयाँ जिंदगानी।
टूट रओ है संग आजसें, कपन लगीती बानी॥
चरपन पै माथौ धरकें झट, पाँव परे रानी के।
पलकें झपन लगीं आँखन कीं, बोल थके बानी के॥
छाती फटन लगी रानी कीं, लाला ने मों ढाँकौ।
करगव नाव अमर धरनी पै, बीर बुन्देला बाँकौ॥
चिरइ-चेनुआँ, सुआ-परेबा, मरे रंज के मारें।
रइयत के लाला खों रोबें, उजयारें-अँदयारें॥
नदी बेतवा 'फूलबाग' औ रोए महल कँगूरा।
नगर ओरछा की शोभा फिर, होगइ माटी कूरा॥
'मधुकर साही टीका' कौ रंग, फीको हो गव ऐसें।
'वीरसिंह कौ न्याय' बिलख कें, अँसुवा ढारै जैसें॥

◆◆

भाग 7

बाघेली

सम्पादक : बेजनाथ पाण्डेय 'बैजू'

पृष्ठभूमि

बाघेली वस्तुतः कोसली भाषा की मध्य शाखा है। इसीलिए उत्तर कोसली अवधी और दक्षिण कोसली छत्तीसगढ़ी इसकी सगी बहनें हैं। बाघेली की साहित्य-रचना का इतिहास बहुत नया है। बाघेली और अवधी में अन्तर भी अधिक नहीं है। इसमें वाचिक साहित्य तो प्रचुर मात्रा में है और बहुत समृद्ध है। डॉ० भगवतीप्रसाद शुक्ल ने बहुत परिश्रम से रचनाकारों से संपर्क करके रचनाएँ संकलित की हैं। अधिकतर कवि वाचिक रूप में ही अधिक प्रसिद्ध हैं, प्रकाशित अब हो रहे हैं। स्वाभाविक है कि इस कविता पर समकालीन हिन्दी कविता की नई धारा का गहरा प्रभाव पड़े। भाव-भंगिमा और परिवेश-चित्रण तथा आज की राजनैतिक विडंबना—ये सभी विषय संकलित कविताओं में अपने-अपने ढंग से लिये गये हैं। संकलित कवियों में से अधिसंख्य हिन्दी में भी लिखनेवाले हैं। इन कवियों ने छंद में भी लिखा है और मुक्त छंद में भी लिखा है। हाइकू भी लिखा है, पर अधिकतर ने लोक प्रचलित वीर छंद (आल्हा) में रचनाएँ की हैं।

इस संकलन से पूरे हिन्दी क्षेत्र से सामंजस्य स्थापित होगा और पूरे हिन्दी क्षेत्र की अलग-अलग अभिव्यक्तियों के द्वारा तात्कालिक रंजकता की क्षमता की पार्श्वछवि मिलेगी जो विंध्य भू-भाग के बघेल खण्ड की अपनी भी छवि है और यह देश की छवि की रंग रूप से मिली हुई छवि है।

विद्यानिवास मिश्र

बेजनाथ पाण्डेय 'बैजू'

मेला

कहा फलाने सुनेन गए तइ आसउँ माघ के मेला।
हाल-चाल कुछू अऊर बताबा, होरा केरि कचेला॥
भेंट भए न आसउँ बोला(कबउ तिरथिहा भाई।
गाउँ घरेना रेउरी बाटौं करो न गंगा माई॥
तबियत घर बाकी के, काहे कुछू न बोला।
गंगा खूब नहाइन, आसउँ मनई हमरे टोला॥
कुछू न पूँछा जग्गू बोले, बइठा चुनकू बाबा।
लिखी रही तै भेंट त जाना, जियउ लउटि के आबा॥
पकना होइ गई देह कट्टही, फूली जइसन बेबरा।
बीसन डंडा लगे कंतड़ी, गिनेन पाएन चबरा॥
जबइ बँधाने पहुँचेन गिरिगइ सीधा केरि मोटरिया।
रेला-पेल परा जब भाई, बीचइ छूटि मेहेरिया॥
ढोसा-ढोसी, ठेला-पेली, छूटि परदनी भुर्रा।
आखरि धोतिया असमँइ लीन्हेन समझा होइ गइ चुर्रा॥
चारिउ कइती नागा माँगइँ, दिहे सड़का चन्दन।
हेरे मिलै न चुँदई आपन, परा चऊपरा नन्दन॥
देउता-देवी बदे बिचारै, पाएन एक ठे खम्भा।
आमा केर चढ़इया ठहरेन, हाँथ लगाएन लम्बा॥
धुसे सिपाही लागे मारैं, कसि कै लातै घूँसा।
कउन कही जस परी गहाई, कवनेउ होइगें बूसा॥
मची गौहारि सिपाही भागइ, नागा मारैं हूली।
हम घंटन से दाँत निकारे, तार पकड़ि के झूली॥
किहे तलासी मुर्दन माही, मिलन न मोर लुगाई।
पाँच पहरि से परिखे-परिखे, पुनि कुछ हिम्मत आई॥

सब के पुन्नि छोहते पाएन, दुसरे रोज सकारे।
एक बिरबा के नीचे बपुरी, परी रहइ मुहु फारे॥
तिसरे रोज दुपहरी फइलेन, मनकस मूँड़ मुडाएन।
गाँउ के देखइ खातिर, दसठें माला मोल ले आएन॥
अस तस के हम तीरथ कीन्हेन, तोहसे कही न लबरी।
आसउँ माघ के मेला माही, लागिन कारी कबरी॥
एँही से सुनिले बाबा रेउरी चढ़ा न रोटइ।
घर वाँकी आ मिली विदाई, परी भँइस कस लोटै॥
घरे आइके बाबा अबता एक पारन हम कीन्हेन।
पुनि के कबहूँ जाइके खासिर, कान पकड़ि अब लीन्हेन॥

डॉ० भगवती शुक्ल

(एक)
'कुछ ता होई'

बदरा कस गरजी,
बिजुरी अस कड़की
नरबा कस उफनी
जब जब कविता,
तब तब कुछ ता
दरक़ी[1] उनखर छाती
कुछ ता सरकी,
उनखर कुरसी
कुछ ता अदली-बदली
कुछ ता होई!
मानेन हम—
कुछ न होई
कुछ ना बदली
कुछ ना सरकी
पै मोरे मन कै
गूँगापन तौ टूटी
उनखे—जन-जन के
मन कै
कायरपन तौ उठधइठी
लइके अँगड़ाई—
कुछ ता हलचल होई।

✦

---

1. फटेगी।

(दो)

अपने आप का बदला

गील माँटी के नइयाँ—
हर हाँथ केर खिलउना
ना बना—
जेखे, तेखे, सबके—
बात माँ,
हाँ हूँ, ना करा,
बदला, अपने आप का बदला।
ना जिया तुम
अमरबेर के नाँई—
दुसरे केर बोझा बनिके—
दुसरे के काँधा मा सिर धरिके—
बदला, अपने आप का बदला।
भुँइयाँ केर छाती क चीर के—
अँखुवा कस फूटा
अँकुरा तुम, उगा, बढ़ा
तना—तुम—
जड़ पकड़ा तुम
बदला, अपने आप का बदला।
जन-गण-मन हा
तुम इया देश केर्
भाग बिधाता हया तुमि न
माँटी केर लोंदा
ना बना तुम
बदला, अपने आप का बदला।

◆

(तीन)

हमार गाँव : तोंहार गाँव

गाँव, बूढ़-सयान
देखत हय सब कुछ
हरख-गुनत हय सब कुछ
सुनत हय
पै बोलत नहिं आय—
देखत हय सब कुछ।
लरिका-पनिगा, चिड़िया-चुनूगुन
पढँय गें ते शहर माँ,
नहिं लउटे...
शहरइ केर होइके रहिगे
जड़ से कटि गे
बचि गयन—हम 'किस्सा कहानी कस'
झुरान बरगद कस—
नहिं आय रंगारंग चउपाल अब
नहिं फगुवा—नहिं कजरी-कबीर
सब के मन माँ चोर बइठगा हय—
दुसरउ बेटआ गा—नउकरी करँय—
नहिं लउटा उहउ—
आमाँ सुखान, अमली झरि गय...
करँउदा दुखरान—
नहि आवा... कोऊ नहिं आवा—
गाँव अकेल
बूढ़-सयान, देखत हय सब कुछ...
...सोचत हय...कहत नहिं,
का कबहूँ बहुरि हँय
दिन—हमरउ,
मनई का जन-मनई कहि हँय सब
नेम धरम मनि हँय सब
गइहँइ कजरी-कबीर

✦

अमवा गदराइ, अमिली झपरी
सोचत हम...कहत नहि—
बूढ़-सयान
गाँव हमार।

(चार)

मेरी बनी नहीं

पल भर
छन भर
तो मोरी उनकी
बनी नहीं कबहूँ
जे-जे अनियाइन के
आगे मूड़ हिलखत हैं
शीश झुकावत हैं—
कविता केर बर पाइ कै—
'वाणी' का रोज लजावत हैं—
शीश झुकावत हैं।

◆◆

आदित्य प्रताप सिंह

तीन बाघेली कविताएँ

रात

घोंघा कस कसे—
पहाड़िन, जूड़ा वाली/रात
चाँदी के कंघी खोंसे,
तारन का पानी मा ढोंसे,
लगी किनारे से गेल्हरात,
ओसे,
भूख के साम्हूँ मोसे
विदुरात
फेन फूल परोसे।

बिसंगत

जुआँ हार मा,
बरदा निनार मा,
हर पहार मा,
जोतइया महतारी के पेटे मा,
कानी कउड़ी नहीं टेटे मा।
जिउ बुजबुजात तलइया—
हबा के फेंटे मा
कुइनी के सुगंध
आबै नहीं समेटे मा।
'बिरहा कोऊ टप्पा गाबै
...भीटे मा,
फूस के मड़इया
फुहरान
भरै को जेंटे मा।

पड़रा मा (प्रणय)

...पड़रा मा
पखना लाग भड़करा—
साँसन मा
साँसन के बइहरा
...फेर—
पड़रा भा
जिउ
पड़रा।

12 बाघेली—हाकू (हायकू)

कबिता

बदरा लिखै
...सरग मा कबिता—
भुँइँ मा अर्थै।

डोला

महुआ-डोंगा
...चिहुँटी लीन्हें जायँ—
बहू के डोला...।

(मन)

फूले का उड़ा,
गोंदिली मा गा फे फे
काँदौ मा भिन्ना[1]।

पत्ता मा 'चूँटी'[2]
बेग बहै रेबा रे,
खेबा के 'डूटी'[3]।

---

1. भिन्ना = ड्रैगनफ्लाई, 2. चूँटी = चींटी, 3. डूटी = ज्यूटी।

चौमत

नहीं, नाव, धौ...
तट, हबा, बहत...?
चौमत भेक।

गरीब माँ

दिदी रे दीदी!
दुअरा मा कुलफी
गूँगी गूँगी तू।

उपयोगिता से लालित्य

पेज—पइना
नगरिया बना रे
बिकसी कला।

दृश्य

धूप औ लेदी[1]
धोतया से लहराबै
पूर पोखरी

जिन्दगी

जिंदगी बस
चार,[2] आमा, महुआ
फेर, कहुआ[3]

◆◆

1. लेदी = जलपाँखी, 2. चार = चिरौंजी, 3. कहुआ = सूखा अर्जुन फल।

अमोल बटरोही

'अँजुरी भर प्यार बोइ दे'

बोवा न बरूक कुछू दिना परती रहँइ—
बोबइ का होय अँजुरी भर प्यार बोइ दें।
पुरिखा हमार भुइयाँ एं असीस बोइ गें।
सुख सान्ति प्रेम केर कन्दमूल बोइ गें।
सन्तोष केर पीपर हरियर मिले रहें—
हिलि-मिली रहइको भमना के मधू निचोइगें।
सइतें, बढ़ाये, मागे पइ खोये न ई दें। बोवा...।
भारत माँ प्रेम आम के जंगल जुगे रहें।
संसार के कल्यान अउ मंगल जुगे रहें।
संअब आम कटिगें अउर बमुरा बोबाइगें।
काँटाँ हाँ फूल के जहाँ जंगल जुगे रहें।
कुछू दिन जो ताकि राखि दें खूँथा फुटुकि आई—
ओके जरे जो अँसुअन के धारे बोइ दें।
बोबा न बरूक..॥

✦

'पेट तो उहइ आय'

पेटे त उहइ आय जउन छोट का हबइ।
जब बड़कबा भरइ त कबो छोटकबउ भरइ॥
अपने त पियइ का चहीं सराजाम कुछू—
एनका भला उद्धाआन कुँअउ जो कहउ मिलइ।
कुछू कुम्भ करन सोउतउ माँ खात रहत हाँ—
कस के भिभीखनन के कुटिया भला बचइ।
तसली हइ ठनठनानि परी गोहलती बिना—
चाउर सरा गोदाम माँ बकतत परा हबइ।
बँटरोही बिलारिन के अकिलि माँ परा पथरा—
पलरा लिहे बदराऊँ कहँउ आइन परइ।

✦✦

सैफुद्दीन सिद्दीकी सैफू

कसरे काल्ह कहेन

कसरे काल्ह कहेन तै तोखा पइरा मोट दसाये,
दुअरा मा कउड़ा जराय के डुड़ा जबर जराये॥
या कण्डा करसी के माथे, जईन् नन्चौ जाड़।
फटही कथरी ओढ़त ओढ़त, अटढ़ि आयगेंहाड़॥
टुट्री मारे परै रहसि हम, टिहुनिन का छुपकाये।
जाड़े मा दलकिन के मारे, देह रही अमुआये॥
सैं ता छाँट लिहे दुई धोतिया, लड़िकन का छुपकउती।
जाड़ लगा त परेन परे कुछ, सोहर बनरा गउती॥
चाउर नवा हेर के राँधत, माठा डार खबाबत।
अपने जान करस निकहा, पै भरहम जानन पावत॥
परै ठहारी सन्नपात का, जोरे फिरत समाला।
कउनौ जो टेपुआय जई ता, फेर बजइहें गाला॥
बखरिउँ भर तै गई न होइहें, फाट पुरान लै अउती।
कुछुओ तो मिल जात जड़ावर, जो समकठा लहउती॥
पुसउर केर बइहरा बहिगा, मसिकैं लाग ठहारी।
तैं कोडड़उरी बरी डाल कै, बनै लिहे तरकारी॥
भात बलुक कोदई का राँधे, औ जोन्हरी के रोटी।
या जड़हायें माठा लपचा, कोऊ न सरपोटी॥
चार बजे से बारे कउड़ा, टोरैं टटिया फरकी।
सैफु कहैं कि फगुनहटे तक, कइसों मइसौं टरकी॥

✦✦

गोमती प्रसाद विकल

(1) कउन सँभारै देस का, कउन बुझाबे आग।
आपन-आपन ढोल है, आपन-आपन राग॥

(2) दिखा रहे हैं जोगड़े, आपन-आपन खेल।
राधा जी की नाच म, आबा नौ मन तेल॥

(3) लोकतंत्र के कुंभ म, मची खूब हुरदंग।
गिरगिट प्रवचन कइ रहे, बदल-बदल कई रंग॥

(4) चोरन के सत्संग से, बदला साधू के ढंग।
खरबूजे को देख बदलता खरबूजे का रंग॥

(5) मन म पसरी उरबसी, तन पर तप का घाम।
दुविधा में दूनौ गये, माया मिली न राम॥

(6) राम कृपा से इन दिनो वह है उनके साथ।
घूरे के दिन हैं फिरे लड्डू दूनौ हाथ॥

(7) कोतवाली के साय ने चोरों की चौपाल।
जेल-जुर्म का डर नहीं, सइयाँ हाँ कोतवाल॥

(8) उलटी गंगा बहि रही, भागीरथी उदास।
चोर नाचते चौक म, साहू का गरफास॥

(9) सीस झुका कर सड़क पर सिसक रहा संन्यास।
निकले थे हरिभजन का ओढ़न लगे कपास

(10) भाई चारा खूब बढ़ावा, दूर करा सब दूरी।
एक मंत्र कै करा साधना, मुँह म राम बगल म छूरी॥

(11) एक-एक ग्यारह गणित गयन हम भूल।
केशर वाले देस म, चाटि रहन हम धूल॥ ✦

(बाघेली स्वतंत्रता संग्राम सेनानी रणमत सिंह द्वारा तात्याटोपे (रामचन्द्र पाण्डुरंग) को लिखा गया पत्र)

बढ़िगा बहुत देस म हमरे,
अँगरेजन केर अत्याचार।
भारत माता परी बिपति म,
चारिउ कइत भरा अँधियार॥

रामचन्द्र! पकड़ा कमान तूँ,
करा देस रखबारी।
हम सब जन का तोहरे ऊपर,
बहुत भरोसा हइ भारी॥

सीता कइसन आजादी का,
हरत हमा अँगरेज निसाचर।
चोरी - चोरी पंचबटी म,
राबन कइसन बने सरासर॥

सब कुछु तुहिन हबा येंह साइत,
बबा - बाप - दाई - महतारी।
पंच्छिउ केरि लंका लाबइ क,
चला करी एक साथ तयारी॥

हेरा कहौं बनन म होंइही,
कतनउ हनूमान जी भटके।
बाली के डेरि से पहार पर,
साथ लिहे सुग्रीब का अटके॥

ढूँढ़ा जामबन्त से पूछा,
कुछ उपाय अब साधा।
नल - अउ नीलन का मिलइ कइ,
सेतु - सिन्धु म बाँधा॥

अंगद से सन्देस भेजबाबा,
न करु राबन अधिक ढिठाई।
करु स्वतंत्र सीता महरानी,
अबहूँ छोड़ु छोटाई॥

बीच सभा म गोड़ गाड़ि के,
अब अंगद गोहरामा।
लंका का करि नास सिया का,
घर लइ जइही रामा॥

घायल गिद्ध परे हाँ वन मा,
कब से राह निहारे।
अंख-पंख सब राबन लाइस,
तोहरेन जियाँ सहारे॥

सुनिकइ मूड़ चढ़ाबइ बाले,
आबत चले हमा बलिदानी।
सबरी बइर भरे चुरकिन म,
खड़ी राह म हाँ अगुआनी॥

करा निसाचर नास, भरा बल,—
जनतन म, बनबाबा टोली।
रहइ हमार पताखा ऊँचे,
निकरि परा सब खेलइ होली॥

वीर बघेलखण्ड केरि जनता,
तन - मन से हइ तोहरे साथ।
सुदिन साधि कइ आगे आबा,
आपन अउर बढ़ाबा हाँथ॥

विन्ध्य-सतपुड़ा ऊपर उठिकइ तोहइन का गोहरामा।
वीहर-विछिया-टमस-महाना तोहरिन कइती धामा॥
पंजाब सिंह नान्हे केर हितुआ जात हमाँ लइ पाती।
तात्या तोहरे रणमत सिंह केर जरति लागि हइ छाती॥

◆◆

कालिकाप्रसाद त्रिपाठी

पाँच कविताएँ

(एक)

'गीत'

छितरानी आँगना भर, फागुन कै राति।
फुलही टठलोई मा चाउर कस भात।
हरदी के हाँथ बिकी, बेसन के देंह।
घुंघटा भर झाँकि जाय, पुतरिन के नेह॥
महुआ कस फूल झरै, भउजी कै बाति।
फुलही टठलोई माँ चाउर कस भात॥
अँचरा भर माँह प्रीति ओलिया भर गारी।
भरि आँखी मारि गई, दोहरी पिचकारी॥
पानिउ माँ रहिके हम, पुरइन कस पात।
फुलही टठलोई माँ चाउर कस भात।

(दो)

'गीत'

अरहरिं भई सयान, बइहरन बाति चली।
मसुरी करै गुमान, बइहरन बाति चली॥
सरसों पहिरे जामा जोरा आमा मउरि धरै।
करुआ चूरी करै मँजूरी, हंसुली हंसे गरे॥
बोली करै किसान, बइहरन बाति चली। मसुरी...॥
गादर बालि बिरादर मटरा, पखुरिन-पखुरिन भेंटै।
जइसन कउनउ गोर बिटीबा, ओलियन धाम समेटै॥
धनी ओय खरिहान, बइहरन बाति चली।
मसुरी करै गुमान, बइहरन बाति चली॥

(तीन)

'अकाल गीत'

सूजी कस खेत गड़ै, करसा कस धाम।
सामन माँ पीपर तर, बइठें बिसराम॥
दुइ दाना रोज्जू रहैं, खोंपा के चिरई।
भूख बइजही मागै, रोटी के बिरई॥
खेत कई तिजारी भैं, गाँव माँ बेराग।
सामन माँ पीपर तर, बइठें बिसराम॥
ओरहन कस देत फिरै, मघा, सिंघ, हंथिया।
तब से ओरमाइस मुहूँ घर के जनगथिया॥
चउमासे अरई कस बेधिगा कुकाम।
सामन माँ पीपर तर, बइठें बिसराम॥
लैना कस बररि जाय, जोन्हरीं के बाँहीं।
आंखिन भर सामन हैं, साँसि भर पछाहीं।
पुरिखा बिनु पानी के, तरैं गया-धाम
सामन माँ पीपर तर, बइठें बिसराम॥

◆

(चार)

'गीत'

पोखरी उतरी संझा भड़इया दूधभाती लिह जोन्हइया।
डोभरी जइसै मीठ कलेबा, गइल गाँव के गीत।
हमरौं- तोहरौं प्रीति॥
जब सरसई टिकोरी जनिके, अमाँ आँखी खोलै।
आधी राति कोइलिया बइरिन, का जानि का बोलै
हमरौं - तोहरौं प्रीति॥
अँगना-अँगना खरकै कंगना, बइहर कहै संदेश।
हाथै सगुन धरावैं मेंहदी, आँखिन कटै कलेस।
हमरौं - तोहरौं प्रीति॥
लहुरा देबर लगै बड़बर, दुअरा पढ़ै कबीर।
मन के साधि मनैमा रहिके, होइगैं बरूकन भीति॥
हमरौं - तोहरौं प्रीति॥

◆

(पाँच)

'दोहा'

महुआ कीन्हिसि अधमरा, कोइली करै बिहोस।
सकबन्धे मा माघमा, फागुन बसा परोस॥ 1॥
पीपर बाजै खंझनी गैरइया लै झाँझि।
महाउर छूटिंगा, एड़ी माँज साँझि॥ 2॥
होइगै ऊसर जिन्दगी, आँखी जिलकन खेत।
महतौं गे परदेस का, पीपर बसा परेत॥ 3॥
मनबोधी मन मा जपै, अरजी अउर अपील।
खसरा खाता बेद मैं, तीरथ भै तहसील॥ 4॥
सकबन्धे सामन कटा, कातिक कटा चरेर।
गाँती ओढ़े पूस गा, सथरी किहिस सबेर॥ 5॥
ढाई आखर सुधि करै, बेसन बाली देंह।
भइया के राजी खुसी, भउजी लिखैं सनेह॥ 6॥
खरी मजूरी दिन करै, संझा करै बेसाह।
कोमर उमिर चरेर मन, कब तक होय निबाह॥ 7॥
खोम्हरी बपुरी का करै, खेतन मीजै जाजि।
लइगा बइरी भूर मन, देहें चढ़ी बियाजि॥ 8॥

◆◆

सुदामाप्रसाद मिश्र

(एक)

बघेली दोहे

वन-वन माँ लपटे उठैं, छिउलन सुलगै आग,
बौरें आमा नींद माँ, केसे कही कि जाग।
भौंरन के गुन गान सुन, पुनि वसंत तनियान,
फूलन कुरसी बइठ के, नेता कस विदुरान।
खड़ी दुपहरी कस तपै, कन-कन भ्रष्टाचार,
कोमर पंखुरी मुरुरिगै, सहै न पावै मार।
झरनन के मन टूटिगा, बदरी के बिसुआस,
आँखिन के पानी चुका, झूरझार चउमास।
बइसखहा पहिरे फिरै, धूधुर फटी कमीच,
भूख दुपहरी काटिगै, आँसू आँखी फीच।
बदरी कै गठरी लिहे, ऊँची कुरसी पाय,
सुरुज लगै हैं घर भरै, गागर छूँछी जाय।
गली गली विनती फिरै, झुकै दुआरे माथ
लिहे मजूरी पेट का, रोज पसारै हाँथ॥

(दो)

सवैया

कजरी न मिली हँसिके वनमाँ,
रस बूँद भरे बुलियान नहीं।
अब छेंकि न धावत हैं बदरा,
अस दूरि गये कि दिखात नहीं।
मन भींज न खेतन के अँचरा,
झुकि मेड़न कान बतान नहीं।

जलधारि न दौड़ि हहाय मिले,
तन पोखरि केर जुड़ान नहीं।
बिरछा मन धागन टूटि गये,
अब घाट पहारन मेल नहीं।
नहि बोल सुनाय नगरियन के,
न बजै ढोलकी फगुहार नहीं।
पँखुरी अँगुरी न रँगी रंग माँ,
छिउला मलि जात अबीर नहीं।
रस सूख सबै जिन्दगानिन के,
हँसि फागुन बोल कबीर नहीं॥

◆◆

शम्भू द्विवेदी 'काकू'

गणेश वन्दना

जय गनेस, जय गनेस, जय गनेस देवा।
खाये चला, पिये चला, लोग करै सेवा॥
दुपहरिया दूध-भात, राति हेलुआ पूड़ी।
संझा के खीरि पिआ, भरि-भरि के कूँड़ी॥
लेड़अन के रोज किहे चला तूँ कलेबा॥ जय गनेस......... ॥
भले झूर रोटी हम पाँच चबाई।
भूँख अउ पियासि सहि के जिनगी बिताई॥
अन्न के बिना हमार होई भले केबा।
खाये चला पिये चला, लोग करै सेवा॥ जय गनेस......... ॥
जीति के चुनाउ बड़े ओहदाँ तू पावा।
अक्किलि के देउता हमार तू कहाबा॥
गद्दी माँ बैठ रहा, भरे चला जेवा।
जय गनेस, जय गनेस, जय गनेस देवा॥
मोटर जिहाजन माँ चढ़े-चढ़े बागा।
कोऊ कुछू कहै-बकै, मानै न नागा॥
बड़े-बड़े कऊर भाखें चला तूँ जलेबा।
खाये चला पिये चला, लोग करै सेवा॥ जय गनेस......... ॥
भले बढ़ै भुखमरी, अकाल परै भारी।
तोहरिनि भर हबड़ नहीं पूर जुमेम्दारी।
बेढ़ परै, झारा तूँ मिसिरी और मेवा।
खाये चला पिये चला, लोग करै सेवा॥ जय गनेस......... ॥
आँधी-तुफान बहै, आइ जाय बूड़ा।
देस जाइ चोबरे माँ, लागि जाय लूँड़ा॥
तू बने, बइठ रहा माटी के लेबा।
खाये चला पिये चला, लोग करै सेवा॥ जय गनेस......... ॥

✦

सुदामा द्विवेदी 'शरद'

सवैया

देखि के गभुआर कोऊ ललना बचुआ कहि के गोहराबत होइहीं।
अनुहावरि के लालन की खुली चुचकारि ओही दोहरावत होइहीं।
अपने गदिया मुँह चूमति के हँसि सोचि कुछू सुहरावति होइहीं।
उड़ बाढ़न लागी जोन्हइया बड़ी, ओनखा हमारेउ सुधि आबत होइहीं॥

सुधि आवत लागति पाँउ तरे अस कोस हजारन के सब दूरी।
खटकै मन माँ भटकै बन माँ फिरगा कस लइ आपन कहतूरी।
एक बोल के टोल मा लागति है कम जीवन के सब आजु मंजूरी।
धोखेउ से खनकइ एक बेर जो आलर हाँथ के आलर चूरी॥

एक हाथ लिहे लजुरी दुसरे धरि कूल्हे लिहे गगरी पनिहारिन।
तन से मन से अस कोमरि है जोइतनी कटिआ ककरी पनिहारिन।
रेग चलै अति नीकी लगै अर ठाढ़ि रहे पुतरी पनिहारिन।
लउटि चलै बिरहा अस लागति, अबात के कजरी पनिहारिन।

जब से चउमास लगा एह दार तबै घिरि आई बड़ी बदरी।
सगली गोइयाँ मिलती मइके, हमतौ अबकी ससुर नगरी।
आँखी के आँसु चुबै दिन राति न गाई सकी हिंदुली कजरी।
नहिं पूँछि सके एंह सामन माँ कि न दीन्हें पैरे एक के लुगरी॥

केउ न आखिर दइ सकतें लिखिके नसि के कगदा दुइ आखर।
सोचि के इ बिटिया-सिटिया कइ लीन्हिसि ऊ हमसे मन साँकर।
जेतनै बिटिया ओतनै बेटवा के, लगाइस है मँहतारी के काजर।
अपने जिउ कै सुधि भूलि गई, बिसरइ न तबो मँहतारी के आँचर॥

गाँउ के गइलि मा फइल चला गरे डारि के बाँह सबै गोंसइयाँ।
साँझि सकारे ठढ़ी पगुराति पियावत रे बछरू कहँ गइया।
सुधि आइन जात पियार बड़ी पिंजरा केर बोलत सोन चिरइया।
बिसरै धरती अउ अकास चहै बिसरी न कबो लहुरा भइया।

देवीशरण ग्रामीण

मालिक का प्रेम प्रसंग

लाला समुझि गयेन हम तोंहई गइल चलत बोलिया।
आपन कबहूँ विद्धया नहिं काहुहिं सबका सब लइल्या॥

य मुस्कानें माँ तोहरें हैं, धुरी जहर के पुरिया।
औ चुम्बन माँ चलती आई हैं तुम्हरें सब दिन छुरिया।
द्रयाँह दिखात रहीं आपै, तुम पहिरावा चुरिया॥
औ चुनूका जब चूक परी त काट्या गुरिया-गुरिया।
औ फिर फिर होई जा दूध के धोये, गंगा जाय नहाय॥
लाला समुझि गयेन हम तोहई गइल चलत बोलिया।

सुरिज उये तुहीं ता मालिक, आधिंयारिउ होय तुम्हार।
आवै गमन त तुमहिन आँगे, और रहा रंडुहुन के तुम यार॥
फूलन के भँवरा जस तुमहीं, रही तुहरेन हाँथ तरवार।
लूट्या कहँ त तुमहिन लुट्या, तहीं बाँटत फिरत्या प्यार॥
त प्यारौं की निहछल ललकनमा, द्रया लूँड़ा तुहीं लगाय।
लाला समुझि गयन हम तोहई गइल चलत बोलिया॥

तुम्हरे तो य प्यार माँ प्यारे, हम होई गयेन मिठाई।
औं पोड़कौं भयेन पुरान त, फेक्या जस फठही मिरजाई॥
भूल गया संस्कार धरम उँड़, जब आदि शक्ति रहीं माई।
पै छूट न पाएन तबहूँ तुमसे, लयेन चला डोरिआई॥
कबहूँ दासी रहेन भयेन अब सिस्टर, अब न जाने का होइ जाय।
लाला समुझि गयेन हम तोहई गइल चलत बोलिया.........॥

रामलखन शर्मा 'निर्मल'

कविता

हमरे देश के धुधुर चन्दन, माटी सोन ढ़िमोरा।
खान-खदानि रतन कै सुन्दर, कन-कन मोती हीरा।
उज्जर-बाजर मुकुट हिमालय, निर्मल जमुना-गंगा—
क — ख — घ — ङ

भारत माता लागै अइसन, मानो होय भमाँनी।
अपने लड़िकन का दुलरावै, दइ असीस कल्यानी।
दरसन पाये जिउ जुड़ाय, होई जाय कृतारथ अँखिया—
च — छ — ज — झ — ञ

राम कृष्ण अउ महावीर, गौतम के पारित भुइयाँ।
इहैं कबौ में चन्द्रगुप्त शासक असोक के नइयाँ।
जनमें बीर बहादुर साँगा, चेतक बाले राणा—
ट — ठ — ड — ढ — ण॥

तिलक गोखले बापू नेहरू, नाउ उजागर कइगें।
महापुरुष बलिदानी जुग-जुग पइदा होतै रहिगें।
ध्वजा रहित फहरात अमल्लक, छुइ अकास के थन्ना—
त — थ — द — ध — न॥

न्याय नीति अउ दया धरम के, चउरी आई जगाइ।
सत्ति इहाँ के कबाँ न सौबै, है अपार पुन्निआई।
सम्पूरन सब सुक्ख उटक्कर, झलकै देवी महिमा—
प — फ — ब — भ — म॥

इहाँ असाढ़ी अमरित बरसै, हँसि-हँसि नाचै चइती।
गमकै केसर भरी कियारी, बिरई चारिउ कइती।
हमरे देस के दुनिया माँ, बैकुण्ठ केरि है संज्ञा—
य — र — ल — व — ष — स — ह — क्ष — त्र — ज्ञ॥

✦

बाबूलाल दाह्या

आँखिन माँ धूर न मेला तुम

आपन अभरन सब लये रहा हमहीं यँतैर माँ जियै द्या।
गिल्यान ग़रीबी के आँसू अपनेन अरके सब पियै द्या॥
या नेतहाई छर छन्द केर गमइन माँ बीज न बोवा तुम।
टोला परोस भाई हितुआ घर घर माँ लड़बाबा तुम॥
जब भर तुम गाँव नहीं हिरक्या तवहिन भर हेन कुसियाली है।
जिधना से फेर चरन् ढुरगे खासी चउमत दह चाली भै॥
तोहाई सेवा कै भूख कउन तुमतो कुरसी के भूखे हा।
येहिन से आज जुआँड़िन अस सब लेई पूँजी फूके हा॥
जो जीत गया ता पाँच साल छुट्टा चरके दुरछइया तुम।
हारेव माँ कुछ तो हदक रहो निबला काहीं मुरिहइया तुम॥
तुम केतनौं ऊच ल्या फर्रा मनई का सब अजमाओ है।
देखत देखत जिउ अइका है कइयक दरकी डँहकाओ है॥
ओइसन तो पाँच बरिख कबहूँ भूले भटके ना अउत्या है।
पै वोट परै माँ अतरे दिन पदउक्का खूब लगउत्या है॥
झूरै कहि दिहा कहौं ठइयाँ ढर्रा सड़कै बनबाय देब।
ककऊ तोहरे लड़िकउना का अउगल नोकड़ी लहाय देब॥
दुसरइया फेर नहीं झकत्या को भूखा है धौं खाये है।
आफत माँ कउन फँसा केतू धौं केही को मुरिहाये है॥
वोटै आये माँ दन्द फन्द सबके भेजा माँ बोउत्या है।
जूड़े जिव रहैं नहीं पाइत अस घँघराघोर मचउत्या है॥
अपने तिकड़म दहचाली कै नेतौ अब सहन सकेला तुम।
सब कारसयानी जान गयँन आँखिन माँ धूर न मेला तुम॥

पेटेन खितिर

चींटी मटा साँप से लइके हाँथिव ऊँट न बाँचे।
जीव जंत जेतू पिरथी माँ पेटेन खितिर नाचे।
पेटेन खितिर घोड़ गदहा गोरुआ ढढ़ात सब बागैं।
पेटेन खितिर बाघ तेदुआ करउँछ घुटकी माँ लागैं।
ठाढ़ रहै बकुला एक पाँयें तलबा के तिरवासे।
दाँव घात छलछन्द पेट के पेटै सबका फाँसै।
पेटै भरम जाल माँ अउगल अकरा कुहिर न चाहिस।
हार खेत नदिया ढोढ़बा औ बन पहार भटकाइस।
काम चिन्त जेतू पिरथी माँ पेटै है मुड़धरिया।
पेटेन खितिर चीज बस्तन माँ गंजकी भरी कोठरिया।
पेटेन खातिर मारकाट भींका झपटी औ भगदर।
पेटेन खितिर रात भर चामैं खटकिरवा-औ बगदर।
चोरिउ चंडाली बेइमानी, पेटै सब करबाबै।
रींमा सतना के जहलन माँ पेटै फेर बेड़ाबैं।
पेटेन खितिर लडैं रात दिन पंडित मुल्ला पन्डा।
पेटेन खितिर सिपाही मुन्शी बागैं लीन्हे डन्डा।
झोरा लये मुसद्दी वागैं बस्ता लै पटवारी।
पेटेन खितिर मँगइया बागै काँधा धरे अधारी।
पेटै खितिर हाकिमौं अपसर हापुस हापुस भागे।
चउकीदार सन्तरी बपुरे रात रात भर जागे।

◆◆

सुधाकांत मिश्र 'बेलाला'

संसद हो गई पुनिं से भंग

(1)

पुनिं मतदाता होइहीं तंग,
संसद होइ गइ पुनिं से भंग।
बीता नहीं साल दुइ साल,
तबउ विरोधी भयें बेहाल।
पुनिं से चलिनि पुरनियाँ चाल,
तबउ नहीं पाइनिं जयमाल।
दुइ दिन चला भैरवी ताल,
जुरिके खूब बजाइनिं गाल।
दस दिन मा सब भें बेदरंग,
संसद होइ गई पुनिं से भंग॥

(2)

लालू धोबीपाट चलामा,
एइ अहीं संसद के गामा।
पाँच मिनट सरकार बनामा,
कोमर चरेर मा गाँठि लगामा।
पुनिं-पुनिं अँगुरी उपर उठामा,
एक हाँथे पकड़े पइजामा,
गदहउ काँही कहत हँइ मामा,
परसी टाठी पूर अड़ामा।
जे 'अटल' रहे ऊँ भये अपंग,
संसद होइ गइ पुनि से भंग॥

(3)

स्वामी के देखन गुन-गहथाई,
ढूँढ़त फिरँइ ऊँ अम्मा दाई।
अम्मा फिरति घुमाबति काया,
अस लागइ जस प्रेत के छाया।
नागनाथ अउ साँप बताया,
केहू के संग नहीं हइ 'माया'।
शेखर जी खजुआमइ डाढ़ी,
हाथ पसारे मागइँ साढ़ी।
टूटी डोरी कटी पतंग,
संसद होइ गइ पुनि से भंग॥

(4)

नेता रोज बनामइ मुरचा,
तबहिंउ रोज चुनाउ के खरचा।
कुरसी खातिर सगलउ चरचा,
एक पर बीस भरत हाँ परचा।
चन्दा से हइ खरचा-बरचा,
सही कहे से लागइ मरचा।
कुरसी खातिर बदलँइ पाल्हा,
संसद माहीं गामइ आल्हा।
अबके नेता बनैं लफंग,
संसद होइ गइ पुनि से भंग।

✦✦

डॉ० शिवशंकर मिश्र 'सरस'

सबका चाही सुक्ख के उकावँ

सबका चाही सुक्ख के उकावँ,
हमका धउकाहें आपन सगला दुक्ख नीक लागइ।
हम पले रहैन त छोट-पोट कच्चा घर माँ,
छपरन के सुन्दर ठण्डी-ठण्डी ठाहन माँ।
कुहकी दइ गाय चराएन लइ बंसी वन माँ,
कजरी-बिरहा गाएन तै मिलि चरबाइन माँ॥
हमका न सहर के लपक-झपक कुछ नीक लागइ।
गाँमइ के गोरी, गली-घाट सब ठीक लगइ।
दिया से है परेम, तंबिजुली मा अस ऊकबीक लगइ।
हमका धउकाहें आपन.............॥
हमका न लागै ईस कोहू के बड़े-बड़े गजड़ा देखिके,
ममता बहिनी के गाँठि दीन डोरइ से है।
हमका चाही न खाइ निता टाठी-परात,
मन बोध त सिलबर के टठुली खोरइ से है।
ई अल्ट-सल्ट बुलसल्ट नहीं पहिरेन कबहूँ,
ई हलाकानि जिउ के झबारि लागइ अबहूँ।
हमका पचेन का दसरथ लागै बाप, पंडित जी बालमीक ला गई।
हमका धउकाहें आपन.............॥
हमका न मिला समउ कबहूँ हँस खेल सकी,
लड़िकाईं से मूँड़े पर बोझा गरू-गरू,
लड़िकइयँ से दुख के सामुन्द्र उतारा गा।
मन रहा परेमी, पइ न मिला परेमी कोऊ,
निव है हमरौ नैम, मिलान नेमी कोऊ
कुदिन से जूझत भा अतना, के अब तउ सुदिन छींक लागइ।
हमका धउकाहे आपन सगला दुख नीक लागइ॥

✦

रामचन्द्र सोनी 'बिरागी'

केसे कही रे संदेश

कोउ मइके से आबय न जाइ,
केसे कही रे संदेश।
लड़का त भइया हइ, फउजि माँ सिपहिया
लछिमन के नाई हस सेवा करइया।
सरहदि माँ शत्रुन के डेरा जमइ न—
मूँड़े भी मउसि धरे राति दिन जगइया।
ओखी लाने हइ जिउ से बड़ा देसा॥ केसे कही रे........।

छोटका त भइया करइगा मजूरी
दिल्ली बम्बई हइ इहाँ से बड़ी दूरी।
बिसरा ऊ गउना के पानी पमन का
राति दिन अपिसर के करइ ऊ हजूरी।
ओखार बदला हइ भाउ अउर मेस। केसे कहो रे........।

बाबू त हाइँगे पके साह नाईं
मइया के अँखिया माँ नदिया समाई।
तिउहार मूड़े माँ राखी खजुलइयाँ
हे देवी, कइसन के मइके हम जाईं।
सुनी विनती हे गऊरी गनेस। केसे कहीं रे.......।

आभा न गउना के कउनउ रोजगारी
लाबत रहें मूरी, तरकारी।

कइसन हइ गउना के सखिया सलेहड़ि
कइसन हइ कक्कू के खेती और बारी।
काहे आबा न कक्कू दरबेस। केसे कहीं रे........।।
ओहिन दिन आबा कक्कू दरबेसबा।
सासू-ससुर से बताइस संदेसवा।
छाती लगाइस अउ बोलिसि फफकि के—
माने न सोच मन मोरी करेजबा।
मोरी बेटी तू चल अपने देस।
केसे कही रे संदेस॥

✦

भाग 8

छत्तीसगढ़ी

सम्पादक : त्रिभुवन पाण्डेय

पृष्ठभूमि

छत्तीसगढ़ी साहित्य का इतिहास लोकगाथाओं से प्रारम्भ होता है। लगभग हजार वर्ष पूर्व इस अंचल में प्रेम-प्रधान गाथाएँ लोक-कलाकारों द्वारा श्रुति परम्परा के द्वारा जन-जन में प्रचारित-प्रसारित की गईं। लोक-गायक अहिमन रानी, केवलारानी और रेखारानी की कथा को रात-रात भर लोक वाद्यों के साथ प्रस्तुत कर श्रोताओं को भावविभोर कर देते हैं। 'छत्तीसगढ़ी लोक साहित्य का अध्ययन' में दयाशंकर शुक्ल ने इन लोक गायकों का उल्लेख करते हुए लिखा है कि तीन से पाँच दिनों के मध्य उपस्थित श्रोताओं को अपनी भावभंगिमा और आकर्षक प्रस्तुति से विमुग्ध करते हुए प्रेम-प्रधान इन गाथाओं को जिस तरह वे संप्रेषित करते, वह अविस्मरणीय होता। इनमें नारी जीवन की असहाय स्थितियों के मार्मिक वर्णन के साथ तंत्र-मंत्र एवं पारलौकिक शक्तियों का चमत्कारपूर्ण चित्रण मिलता है। 'प्राचीन छत्तीसगढ़ी साहित्य में' इन प्रेमगाथाओं पर प्रकाश डालते हुए स्व० श्री प्यारेलाल गुप्त ने लिखा है—''कहना न होगा कि इनमें परवर्ती बौद्ध परम्पराओं से प्रभावित समाज की मन:स्थिति का सुन्दर निर्देशन हुआ है।'' मध्य युग में धार्मिक एवं पौराणिक गाथाएँ 'फुलवासन' और 'पँडवानी' के नाम से लोकप्रिय हुईं। रामायण और महाभारत की कथा लोकगायकों द्वारा प्रस्तुत की जाती थी। 'पँडवानी' अभी भी लोकप्रिय है और तीजनबाई इस प्राचीन गाथा को लन्दन और पेरिस तक पहुँचा चुकी हैं। 'फुलकुँवर' देवी गाथा, कल्यानसाय की गाथाएँ, ढोला मारू, लोरिक चंदा, नगेसर कइना जैसी अनेक कथाएँ लोक काव्य के विभिन्न रूपों द्वारा लोकप्रिय हुईं। धर्म, वीरता, नारी की स्थिति से लेकर स्थानीय प्रेमियों की प्रेमकथा का चित्रण इनमें हुआ है।

छत्तीसगढ़ी कविता के विकास में कबीर पंथ का महत्त्वपूर्ण योगदान रहा है। कबीरदास के शिष्यों ने निर्गुण मत के प्रचार-प्रसार के लिए छत्तीसगढ़ी कविता लिखकर छत्तीसगढ़ी काव्य परम्परा को सुदृढ़ बनाया। कबीर के शिष्य धरमदास को छत्तीसगढ़ी का प्रथम कवि कहा जा सकता है। इस संदर्भ में स्व० प्यारेलाल गुप्त ने लिखा है—''यदि हम विविध गाथाओं के रचयिता जनकवियों को छोड़ दें तो सन्त धरमदास ही छत्तीसगढ़ी के प्रथम कृति कवि सिद्ध होते हैं। सन्त धरमदास का गीत-साहित्य विपुल है। निर्गुण मत की विशेषताओं को बड़े ही सहज रूप में उन्होंने छत्तीसगढ़ी में प्रस्तुत किया है—

जमुनिया की डार मोरी टोर देव हो।
एक जमुनिया के चउदा द्वारा

सार सबद ले के मोड़ देव हो।
काया कंचन गजब पियासा
नाम बूटी रस घोर देव हो।
सुरत सुरासिन गजब पियासी
अमरित रस मा बोर देव हो।
धरमदास के अरज गोसाई
जीवन के बाँधे डोर छोर देव हो।

16वीं से 17वीं शताब्दी के मध्य लिखी गई इन कविताओं में छत्तीसगढ़ी का काव्य रूप बड़े ही समृद्ध रूप में मिलता है।

कबीर के बाद सतनाम पंथ के प्रवर्तक संत घासीदास के आदर्श के प्रसार के लिए पंथी गीतों की रचना हुई। पंथी गीत में निर्गुण मान्यताओं के साथ सामाजिक समानता और श्रेष्ठ नैतिक आचरण पर जोर दिया जाता है—

चलौ चलौ हंसा अमर लोक जइबौ
एक संगी हावय धन अउ लक्ष्मी
देखे मा चोला लोभाथे
धन अउ लक्ष्मी बनत भर के
मरे मा ओहू तिरियाथे
एक संगी परभू सतनाम है
पापी मन ला मनाथै
जनम मरन के सबो दिन संगी
ओही सरग अमराथै

मध्य युग के अन्य कवियों में गोपाल, माखन, रेवाराम और प्रह्लाद दुबे का नाम उल्लेखनीय है। रतनपुर निवासी गोपाल तथा माखन कवि की कविताओं पर छत्तीसगढ़ी का यथेष्ट प्रभाव रहा है। सारंगढ़ निवासी प्रह्लाद दुबे की 'जयचन्द्रिका' में छत्तीसगढ़ी का प्राकृत्त रूप अभिव्यक्त हुआ है।

कनिंघम के अनुसार प्राचीन दक्षिण कोसल ही महाकोसल था और यही छत्तीसगढ़ है। सरगुजा से दंतेवाड़ा और राजानाँदगाँव से महासमुन्द के मध्य स्थित छत्तीसगढ़ में 2 करोड़ 8 लाख लोग निवास करते हैं। 31 अक्टूबर, 2000 की मध्य रात्रि के बाद अस्तित्व में आनेवाले इस नये राज्य की संस्कृति नीति निर्मित हो रही है। छत्तीसगढ़ी की राजभाषा बनने की क्षमता के संदर्भ में राजधानी में एक गोष्ठी हो चुकी है। शिवनाथ के एक ओर 18 और दूसरी ओर 18 गढ़ों को मिलाकर इस अंचल का

नाम छत्तीसगढ़ पड़ा। डॉ० रमेशचंद्र मेहरोत्रा के अनुसार छत्तीसगढ़ी के पाँच प्रमुख रूप हैं—

(1) **केन्द्रीय छत्तीसगढ़ी**—कवर्धा से लेकर कॉकेर तक इसमें 18 उपबोलियाँ समाहित हैं। रायपुर, राजनांदगाँव, दुर्ग केन्द्रीय छत्तीसगढ़ी के मुख्य भाषिक क्षेत्र हैं।

(2) **पश्चिमी छत्तीसगढ़ी**—बुंदेली और मराठी प्रभावित पश्चिमी छत्तीसगढ़ी की कमारी, खलटाही, पनकी और मरारी प्रमुख उपबोलियाँ हैं। इनमें खलटाही प्रमुख हैं।

(3) **उत्तरी छत्तीसगढ़ी**— बघेली, भोजपुरी, और उराँव से प्रभावित उत्तरी छत्तीसगढ़ी में पंडो, सदरी कोरबा, जशपुरी, सरगुजिया और नागवंशी उपबोलियाँ हैं। इनमें सरगुजिया प्रमुख है।

(4) **पूर्वी छत्तीसगढ़ी**— उड़िया मिश्रित पूर्वी छत्तीसगढ़ी की मुख्य बोलियाँ हैं—कलंगा, कलंजिया, चर्मशिल्पी, बिंझवारी, भूलिया ओर लरिया। इनमें लरिया प्रमुख हैं।

(5) **दक्षिणी छत्तीसगढ़ी**— बस्तर की 9 उपबोलियाँ इसमें सम्मिलित हैं। प्रमुख बोली हल्बी है।

छत्तीसगढ़ी कविता में नवीन प्रवृत्तियों का समावेश बीसवीं शताब्दी के पहले दशक की कविताओं में स्पष्ट रूप से देखा जा सकता है। आजादी के आन्दोलन से प्रभावित छत्तीसगढ़ी कविता क्रमशः कृषि संस्कृति से औद्योगीकरण की ओर बढ़ते जीवन को अभिव्यक्त करने के लिए सजग दिखलाई पड़ती है। विगत सौ वर्षों में छत्तीसगढ़ी कविता लोक जीवन, प्रकृति, उत्सव, रीति रिवाजों, धार्मिक विश्वासों को व्यक्त करने के साथ तेजी से बदलते हुए जीवन मूल्यों और परिवर्तनों को व्यक्त करने के लिए प्रतिश्रुत दिखलाई पड़ती है। एक ही कवि में कविता के पारम्परिक और आधुनिक दोनों ही रूपों को सहज ही देखा जा सकता है। प्रकृति की सुंदरता से भाव विभोर होकर, कृषकों के श्रम सीकर का स्पर्श प्राप्त कर लोक-जीवन के आह्लाद को प्रकट कर छत्तीसगढ़ी कविता क्रमशः जीवन की आधुनिक चुनौतियों को जानने समझने के लिए अग्रसर दिखलाई पड़ती है। स्वतंत्रता आन्दोलन सम्पूर्ण देश के साथ छत्तीसगढ़ को भी उद्वेलित करता रहा। छत्तीसगढ़ के लोकप्रिय कवि स्व० कुंजबिहारी चौबे ने अंग्रेजों की शोषक प्रवृत्ति का उल्लेख बड़े ही प्रभावी रूप में किया है—

अजी, अंग्रेज! तयँ हर हमला बनाए कंगला
सात समुंदर बिलायत ले आ के
हमला बना दे भिखारी जी।
हमला नचाये तयँ बेंदरा बरोबर
बन गए तयँ हर मदारी जी

चीथ-चीथ के तयँ हमर चेथी के मांस ला
अपन बर तयँ हर टेकाए बँगला

स्व० द्वारिकाप्रसाद तिवारी 'विप्र' ने गांधी जी के योगदान का इन शब्दों में उल्लेख किया—

देवता बन के आये गांधी, देवता बन के आये
अड़बड़ अटपट काम करे तयँ घर-घर अलाव जगाये
तोर करनी ला कतेक बताओं सक्ती नइ हे भारी
देस-विदेश गाँव-गाँव मा तोरेच चरचा जारी

लोक जीवन की रागात्मक अनुभूति यद्यपि छत्तीसगढ़ी कविता की अभिव्यक्ति के केन्द्र में रही लेकिन जीवन के समक्ष उपस्थित नये प्रश्नों से जूझती वह अपनी अभिव्यक्ति क्षमता का निरंतर विकास करती रही—

अन उपजैया मरथें लाँघन
हमर भाग ला धर लिस गरहन
अब तो हमला घलो छेड़ना पड़ही विप्लव राग।

हरि ठाकुर की यह अभिव्यक्ति छत्तीसगढ़ी कविता की नवीन चेतना को प्रस्तुत करती है। आजादी के पूर्व जिस कविता का केन्द्रीय स्वर लोक जीवन की व्यथा-कथा, राग-अनुराग, लोकोत्सव की अभिव्यक्ति तक सीमित था स्वतंत्रता के बाद उसे विस्तार मिला। छत्तीसगढ़ी का कवि अब उन सब लोगों को आवाज देने लगा जो कहीं-न-कहीं व्यवस्था के कुचक्र में पिस रहे हैं—

बीपत संग जूझे बर भाई मैं बाना बाँधे हँव
सरग ले पिरथी मँ ला देहू प्रन अइसन ठाने हँव
मोर सुमत के सरग निसेनी जुरमिल सबे चढ़वरे
मोर संग चलव रे, मोर संग चलव जी

लक्ष्मण मस्तूरिहा के गीतों में लोक जीवन के रागात्मक पक्ष के साथ उसे सजग करने वाली काव्य दृष्टि भी दिखलाई पड़ती है। स्वतंत्रता के दायित्व के निर्वाह के लिए नारायणलाल परमार की कविता स्पष्ट रूप में चुनौतियों को सामने रखती है—

दुख ला पहिरो, सुख ला ओढ़ो
उमर बाढ़ही आजादी के
जस घामें मा धान पाकथे
जस सोन्ना ला कसथे आगी
अपन जियन ला कस लो संगी
देश हमर होही बड़भागी
भूख प्यास ला मीत बना लो
अंग महक जाही माटी के

ग्राम्य संस्कृति में जीते, सीधे-सादे-सरल, अपने काम में डूबे, शोषक के चेहरे से अनभिज्ञ लोगों को भगवती सेन सचेत करने के लिए व्यग्र हो उठते हैं—

बगरे हे चारो खुंट फाँदा
बस्ती होगे बघवा माँदा
अब फूँक-फूँक के पाँव धरो
ये दुनिया हे उसना काँदा
दरवाजा हे बेइमान, थोरिक धीरे बोलो

प्रकृति के परिदृश्य से निकलकर, कृषि संस्कृति के बहुरंगी संदर्भों को अभिव्यक्त करती हुई औद्योगीकरण से आनेवाले परिवर्तनों को रेखांकित करती, नये राज्य की आशा-आकांक्षा को जानने समझने का प्रयत्न करती, नयी कविता की भावभूमि को आत्मसात करने के लिए यत्न करती, सम्पूर्ण छत्तीसगढ़ी परिदृश्य को उजागर करती, आदिवासी जीवन के अपरिचित दृश्य का चित्रण करती आज छत्तीसगढ़ी कविता जिस भावभूमि पर खड़ी है वहाँ तक पहुँचने के लिए स्वयं को परिमार्जित और परिशोधित करती रही है। आज उसकी भाषिक क्षमता के विस्तार के साथ अर्थविस्तार भी हुआ है। छत्तीसगढ़ी की अभिव्यक्ति क्षमता से सम्मोहित कवि स्व० भगवती सेन की इन पंक्तियों में छत्तीसगढ़ी की विशेषता भी घुल-मिल गई है—

घाम दिन में जइसे जूड़ लागथे पचमढ़ी में
ओइसने सवाद हे हमर बोली छत्तीसगढ़ी में
कुसियार अस मीठ अउ जाम अस गुरतुर हे
मयारू बर चिक्कट, झगरहा बर चुरचुर हे
गजब के सवाद हे हमार बोली छत्तीसगढ़ी में

छत्तीसगढ़ी काव्य की शताब्दी-यात्रा पिछले हजार वर्षों की तुलना में ज्यादा व्यापक और जीवन के ज्यादा निकट रही है। यह निकटता और बढ़ती जा रही है। पारम्परिक उपमान अब यथार्थवादी प्रतीकों में बदलते जा रहे हैं। छत्तीसगढ़ी कविता दिनोदिन अधिक प्रासंगिक और चुनौतियों को स्वीकार करने के लिए ज्यादा प्रतिश्रुत होती जा रही है।

—त्रिभुवन पाण्डेय

श्यामलाल चतुर्वेदी

आइस जब बादर करिया

जब आइस बादर करिया।
तपिस बहुँत दू महिना तउन सुरुज मुँह तोपिस फरिया।

जउन रंग ला देख समे के,
पवन जुड़ाथे तिपथे।
जाड़ के दिन में सुर्रा हो—
आँसू निकार मुँह लिपथे॥

गरम के महिना झाँझ होय,
आगी उगलय मनमाना।
तउने फुरहुर सुघर चलिस,
जइसे सोझुवा अनजाना॥
राम भेंट के सँवरिन बुढ़िया कस मुस्क्याइस तरिया।
जब आइस बादर करिया॥

जमो देंह के नुनछुर,
पानी-बाला सोंत सुखागे।
थारी देख नानकुन लइका—
कस पिरथिवी भुखागे॥

मेंघराज के पुरुत पुरुत के,
उझलत देखिन गुढ़वा।
'हा ददा बाँचगे जीव' कहिन,
सब डउकी लइकन बुढ़वा॥

"नइ देखेन हम कभू ऐंसो कस कुहुक न पुरखा परिया"
जब आइस बादर करिया॥

रात कहय अब कोन? दिनों मा,
घपटथ हे अँधियारी।
करिया हँड़िया केरवँछहा कस,
जमो कती अँधियारी।

सुरुज दरस के कोनो कहितिन;
बात कहाँ अब थाहा।
'हाय' 'हाय' के हवा गइस,
चौंगिरदा 'ही ही' 'हा' 'हा'॥
खेत खार म जगा जगा सरसेत सुनाँय ददरिया।
जब आइस बादर करिया॥

का किसान के सुख कइहा,
बेटवा बिहाव होइ जइसे।
दौंड़ धूप सरजाम सके लँय,
काल लगिन होय अइसे॥

नाँगर बिजहा बइला जोंता,
नहना सुघर तुतारी।
काँवर टुकना जोर करँय,
धरती बिहाव के त्यारी॥

बर कस बिंजहा छाँट पछिनय,
डोला जेकर काँवर।
गीत ददरिया भोजली के,
गावैं मिल जोंड़ी जाँवर॥

झेंगुरा धरिस सितार, बजाइस,
मिरदँग बेंगवा बढ़िया।
बजै निसान गरज, बिजली—
छुरछुरी चलाय असढ़िया॥

राग पाग सब माढ़ गइस हे, माढ़िस जम्मो घरिया।
जब आइस बादर करिया॥

हरियर लुगरा धरती रानी,
पहिर झमक ले आइस।
कोतरां बिछिया मुँदरी कस,
फेर झुनुक झेंगुरा गाइस॥

कुँड़ के चौंक पुराइस ऐसी,
नग मा लगे किसानिन।
कुछु पूछिहा बुला के मारे,
कहिथें "हम का जानिन"॥

खाली हाथ अकाम खड़े,
अब कहाँ एकों झन पाहा।
फरिका तारा लगे देखिहा,
जेकर घर तूँ जाहा॥

हो गय हे बनिहार दुर्लभ सब खोजँय खूब सफरिया।
जब आइस बादर करिया॥

पहरी ऊप्पर जाके अरसे,
बादर घिसलय खेलय।
जइसे कल्लू पारबती संग,
कर टेमचाल ढपेलय॥

मुचमुचही के दाँत सही,
बिजली चमकाय अनचेतहा।
जगम ले आँखी बैर मुँदावै,
करय झड़ी सरसेतहा॥

तव गरीब के कलकुत मातय,
छान्ही तर तर रोवय।
का आँसू झन खँगै समँझ,
अघुवा के अबड़ रितोवय॥

अतको मा मुस्क्यावै ओहर,
लोरस नवा समे के।
अपन दुक्ख के सुरता कहाँ?
भला हो जाय जमे के॥

सुख संगीत सुनावै 'तरि नरि ना मोरि ना अरि आ'।
जब आइस बादर करिया॥

✦

धरती रानी हरियागे

धरती रानी हरियागे रे, धरती रानी हरियागे।
कुहूक के तपनी तिड़ी विड़ी होइस माथा छरियागे॥

दू महिना ले थर्र कँपोइस, तरा तरा के मारिस।
गरुआ बइला अदमी तदमी के दुरगत कर डारिस॥
सोंत सुखागे पानी बिन, सुक्खा नरवा का कुँइयाँ।
काला कइहा ये कलकुत मा फार दिहिस मुँह भुँइयाँ॥

पेंड़ गरिब के पान अइँठगे अबड़ सुरुज गुस्साइस।
अन्नेतहा राजा कस भइय्या! सरबगरास नँगाइस॥
पानी बिना तरसगें सब सप्तर कलइय्या मातिस।
तब पापी राजा के करनी, छान्ही चढ़के नाचिस॥

गउ गोहार के टेही सुन, बादर निकरिस घहरावत।
जबड़ मइलहा चेंदरन के तम्मू तानत बगरावत॥
सुरुज के तपनी सटके लागिस, सुकुड़ दुम्म डर खागे।
एक सेर हर सवा सेर ला जब एक घँउवा पागे॥

घहराइस बादर भुँइयाँ गय दलक कुहुक ला मारिस।
ओही दिन धिरजा के आघू बड़का गुस्सा हारिस॥
टिप टिप टप टप धर धर झर झर, झोर झोर के पानी।
खूब रितोइस चारों मूड़ा, करन रजा कस दानी॥

हाय हाय हो गइस हवा, धरती के प्यास बुताइस।
जईसे अपन मितान के घर ले, लहुट सुदामा आइस॥
राज लुटागे राजा के, जनता के राज लहुट गे।
अपन बनाव बिगाड़ हाँथ मा, आके जइसे जुटगे॥

सटका हजवाये अँधरा कस, सवचेती ला पाइन।
लोगन दुख दारिद बहबिरित, फरकै किरिया खाइन॥

नाँगर बइला निकरिस अब तो बूता बड़का बाढ़िस।
ताक जमो खेती पाँती के, कसनो करके माढ़िस॥
घर मा फरिका लगगे ओती, खार कहाहल होगे।
कतका जाँगर बाढ़ गइस जा कहाँ अलाली सोंगे?
चाहे पानी टपकय चाहै चुहय पसीना करिया।
मन बढ़हा किसान अब मातिस, ठलहा कहाँ नँगरिया?

खाना पीना खार म होवै, टेम कहाँ सुस्ताही?
मन भुलवारे बर हे चोंगी, गीद ददरिया गाहीं॥
एक कती ले करैं सवाल, जुआप तड़ाक ले पावैं।
अइसे कई झुंड मा होके, गाके खार गुंजावैं॥

मया पिरित के बात सिरिफ, सब गोठ के लेना देना।
मैना के बोली के संग मा बोलय सुआ परेवना॥
का पुछिहा सेवाद ओ लँग के, सकही कोन बताये।
जिभ म गोठ हाँथ बूता मा, देखा सबे मताये॥

बुता के बाँचौ कहाँ थकासी, गिद के निसा चढ़े हे।
पोथी सबो मुअखरा, एको अच्छर नहीं पढ़े हें॥
तुरते जोंग के गीद बनाथें, अक्किल आसु कवी के।
कागद के इन बात करैं नहिं, करथें मन भर जी के॥

हिरदे के ये बोली बोलँय, छल छिद्दर नइ जानँय।
अपन बात म पबरित मया, मिला मिठास म सानँय॥
उघरा जइसे देंव्ह ओसन हे, मन घलाव हे खुल्ला।
टेंट मा भूजी भाँग नहीं फेर पाहा तूँ कुल कुल्ला॥

ये भगवान के खुड़बेटा ये, जाँगर रोज चलाथें।
तभों रंच कन आधा थोरा नुन मिरचा मा खाथें॥
सउत के बेटा कस लछमी हर, काबर इनला मानै।
इनकर दुख ला थोरको कन काके सेती नइ जानै?

तभो फिकिर नइ हावै इनला, ये हें फक्कड़ बेटा।
ठुठवा रुख कस टाढ़ेचरइथें, कतको परै चपेटा॥
कुछू अनेत कभू कर डारैं, प्राच्छित करैं सँवागे।
पंच इँकर परमेश्वर हे, तसफिसा होय मुँह माँगे॥

धरती के आँगुर आँगुर मा, सोन लुकाये माढ़े।
सिरिफ अगोरा नेवता के हे, ओकरे खातिर ठाढ़े॥
चला सबो मिल करी परघनी, करिया गिरा पसीना।
पूजा पाहुर करके लाबो, बजा तिनक धा धीन्ना॥

मनै तिहार हरेली के, सप्तर खुसियाली छावै।
नाँग पंचमी राखी भोजली के सेवाद सब पावै॥
हरियर लुगुरा पहिर पिरथिवी, बँधवा पार ले झाँकै।
घुमर घुमर के धाकड़ बादर, सब हिसाब ला टाँकै॥

तपने वाला सुरुज नरायेन, परजातक कस होगै।
अइसे लगथे थक के दुख मा, जाय लुकाके सोगै॥
तरी उपर मा राज हरियरी, तन हरियर मन हरियर।
हे हरियरी मयारुक ढाई! झोंक जमोके नरियर॥

दे असीस हम तोरे अन, अब तो हमार मन जागे।
धरती रानी हरियागे रे धरती रानी हरियागे॥

✦

पर्रा भर लाई छरियाये

पुरा बोहागे, चिखला काँदो-गइस सँथाय नँदागे।
काबर बादर के बग्गी हर घोड़वा सहित बँधागे॥

फर्री अँजोरी चुक चुक ले,
बगरे अनलेख तराई।
पर्रा भर लाई छरियाये हे,
गने न जाय सिराई॥

कुँअर हो गइस भुँइया,
घीरी फूल कुँअरहा फूलिस।
बनिस चँदइनी दिन के, ओ—
लहरा म कुलकिस झूलिस॥

ओहो कतेक सुघर तरिया,
टम टम ले भरे हे पानी।
तरी तराई उपर तराई,
सित्तोन के कौन जानी?

लदकाये मइलहा सूपेती,
ले लटपट बुलके हे।
सुरुज नरायेन निरद्वन्द्वी हो,
उये बहुँत कुलके हे॥

चारों मूड़ा ला देखव,
धोये पोंछे कस लागै।
सेंकत हे मद्धिम आँच
सरद के सफ्फा लच्छन आगे॥

नावा नीला तम्मू तर,
दिन के देंवता हरं टहलय।
न कच्चा हे न सुक्खा हे,
न जाड़ लगय न कहलय॥

तरी ऊपर हे कुलकुल्ला,
ये बीच मनई का कम हे?
मन के मँछरी छलगँत हे,
उम्हियावत रकम रकम हे॥

टक टक उड़स न मिलको मारय,
बुड़ती जा सुस्ताथे।
अब तो देखा मँजा साँझ के,
उत्ती म कोन आथे?

पातर झिलमिलहा ओनहा—
ला पहिर बिना मुँड़ ढाँके।
ओकर पीछू अनगिनती,
संगी ओधा ले झाँके॥

आँखी सिरिफ दिखय, मिलकी,
माँरय इन हे लज कुर ही।
के बनजारा हर धोंय पोंछ,
बगराइस कउड़ी सुरही॥

रतिहा कहाँ असुनहा पाहा,
कोलबिला कइय्या बाढ़िस।
फूल कुचाइस गउरा बर,
अउ करमा नाचा माढ़िस॥

माँदर के मस्त मतौना,
सुर घुमक घमक घुमरत हे।
'धाधिन धिधा, धाधिन धिंधा'
झुमरावत झुमरत हे॥

चन्दा के फिटिंग अँजोरी,
जुड़ पवन चिमट थे चोरी।
करमा के होत कुहाहल,
मन माच गइस हे होरी॥

दुनू परानी नाच उठे हें,
देवर भउजी नाचँय।
देखवइय्या के मन नाचत हे,
उहाँ कोन हर बाँचय?

मोटियारी मात गइस हे,
आँखी मछरी कस मटकै।
नाचत हे बाजा के संग,
मन फेर कहूँ जा अटकै॥

पाना रुख के मलकत हे,
तरिया जल तलमल होवै।
झन झन कर झाँझ झमाझम,
जन जन के मरम भिंजोवै॥

"दूदिन झन जा बुता"
धाधिन धिता धाधिन धिता
देखा मन मस्ती ला।
खोंची भर, घर कोदइ न हावै,
लेखा अलमस्ती ला॥

सुलटू बोहिता के बाल कान,
मा गोंदा फूल खोंचाये।
कउड़ी के बहुँटा कमरपटा,
ऐना नानुक मटकाये॥

नाचा बाजा देखके चन्दा,
चुप्पे रस चुचुवाथे।
जे बिचित सुतथें बिहान ले,
उन बर ओस कहाथे॥

सुर्रा चलथे तब, इन लुआठ—
नइ हेजँस, लगा लुआठी।
बहुँतें होथे तव, पंछा पटकू,
लिहिन, बाँध ये गाँठी॥

कलको मर मर बूता कर,
लछमी ल नेउत लाये हें।
जाँगर के जुद्ध जिते हें,
तब तो नाचे गाये हें॥

आदिनिवासी सीत्तो अँय,
इन आदि पुरुष के बेटा।
येकरे सेतिर छल छिछर के,
इनला धरय न लेटा॥

इनकर जउन सुभाव तउन,
गीता म पिछू लिखाइस।
करम करव आसरा न फल के,
करके एही देखाइस॥

उपजारे के इन मालिक हें,
खाये के हें कतका?
करे ल जानैं कतको बूता,
तूँ इनकर मुड़ लतका॥

अन्नकुँवारी बेटी ला,
इन बढ़ो बिदा कर देथें।
पाथें बस परसाद तभो,
कुकरी अँड़वा कस सेथें॥

सोन उगलवाये हें तब,
सोना होही अब खोना।
सरद ऋतु के रात मँजा,
का जानैं, जागय जो ना॥

◆◆

हरि ठाकुर

जय महानदी

महिमा जेखर गावैं पुरान।
जेखर जल गंगा के समान॥
वो हे कोसल के महानदी।
जय महानदी जय महानदी॥
जेखर दूनों तट पुण्यवान।
लहरा मा जेखर सामगान॥
वो हे कोसल के महानदी।
जय महानदी जय महानदी॥
हीरा सोना के जिहाँ खान।
संगम जेखर तीरथ महान॥
वो हे कोसल के महानदी।
जय महानदी जय महानदी॥
जेखर अँचरा मा भरे धान।
जेखर बेटा कर्मठ किसान॥
वो हे कोसल के महानदी।
जय महानदी जय महानदी॥

खारून

उठ जाग जाग खारून नदी।
अद्भुत तोर राम कहानी हे।
लहरा मा भरे जवानी हे॥
बन एक बेर फेर रणचण्डी।
उठ जाग जाग खारून नदी॥
फोकट दुख पावत परे हवस।
कस मौन बरत तैं धरे हवस॥

हबरत हे इक्कीसवीं सदी।
उठ जाग जाग खारून नदी।।
अँटिया के बन बइसा पूरा।
बह जाय प्रदूषण के कचरा।।
बुड़ जायँ सबे लन्दी-फन्दी।
उठ जाग जाग खारून नदी।।
उफना तो तैं लावा बन के।
ढह जाय किला सब शोषण के।।
छत्तीसगढ़ राज बनै जलदी।
उठ जाग जाग खारून नदी।

अन्न ब्रह्म

सब अनाज के राजा धान
अपन प्रजा के राखै प्रान।
जय गंगान।।
चिला बोबरा फरा बनाव
चौंसेला स्वादिष्ट पुलाव।
जय गंगान।।
भात सदा मन के बसिया
बोरे बासी अउ पसिया।
जय गंगान।।
जिहाँ धान हे तिहाँ सुराज
अमर रहे मोर धनहा राज।
जय गंगान।।
गहूँ बने मंत्री परधान
परजा खातिर बनै पिसान।
जय गंगान।।
सरस सोंहारी भरे परात
कभू अघावै नहीं बरात।
जय गंगान।।

खाजा खुरमी मोहनभोग
खावैं अउ सहँरावैं लोग।
जय गंगान॥

सेनापति हे चना जवान
सब के उप्पर मारै सान।
जय गंगान॥

करी चूरमा मोती चूर
ठेठरी अँठियावै मगरूर।
जय गंगान॥

चना चटपटे अमलीदार
चुचवावै झन मुँह मा लार।
जय गंगान॥

राहेर तो हे लम्बरदार
बने भात के हे लगवार।
जय गंगान॥

मसरी पहिरे लुगरी लाल
घुघरी बन के करै कमाल।
जय गंगान॥

मूँग उरिद के पीठी पाय
बरी बिजौरी बरा बनाय।
जय गंगान॥

तिली राज नचकहरिन आय
मुँड़ ले गोड़, तेल चुचवाय।
जय गंगान॥

कोदो कृष्ण कन्हैया जान
साँवर तन उज्जर मुसकान।
जय गंगान॥

मूँगफली चीना बादाम
ठलहा मन के आवै काम।
जय गंगान॥

सरसों पिउँरा करे पिरीत
तन मा चुपरौ भागै सीत।
जय गंगान॥
बटुरा टुरा उलाण्डी खाय
बटकर बन के मजा चखाय।
जय गंगान॥
बाँस बरोवर हे कुसियार
सब ले गुरुतुर अउ हुसियार।
जय गंगान॥
धरती माता के जय बोल
देथे अन्न सबे अनमोल।
जय गंगान॥
मन मा राखै भेद न भाव
गजब मयारुक हवै सुभाव।
जय गंगान॥
सरी जिनिस धरती उपजाय
थोरको नहीं कभू ओतियाय।
जय गंगान॥
ये धरती के करौ जतन
सबे जीव ला देय सरन।
जय गंगान॥
अन्न रखै सब के मरजाद
धरती माता के परसाद।
जय गंगान॥
अन्न ब्रह्म के रूप समान
अन्न जीव बर हे, बरदान।
जय गंगान॥

◆◆

नारायणलाल परमार

गाँव अभी दुरिहा है

तिपे चहै भोंमरा, झन बिलमों छाँव माँ
जाना हे हम ला ते गाँव अभी दुरिहा हे।
कतको तुम रेंगो गा
रद्दा ह नइ सिराय -
कतका आवैं पड़ाव
पावन जस नइ थिराय
तइसे तुम जिनगी माँ मिहनत सन मीत बदो,
सुपना झन देखो गा, छाँव अभी दुरिहा हे।
बिरथा हे लालच गा
सुरुग लोक जाए के
जतन करो धरती माँ
सब्बो सुख पाए के
सुरत ला राखो जी, झन परे कुठाँव पाँव
पाँव के चिन्हैया गा ठाँव अभी दुरिहा हे।
धरती ह माता हे
धरती ला सिंगारो
नइये चिटिको मुश्किल
हिम्मत ला झन हारो
ऊँच नीच झन करिहौ धरती के बेटा तुम,
मइनखे ले मइऩखे के नाँव अभी दुरिहा हे।

✦

हरिहर शोभा

(1)

हाँसत आगे सावन भादों, बरसे रिमझिम पानी
हरियर होगे तरिया—डबरी सबके जुलुम जवानी
नावाँ पहिरिन झाड़ झरूखा, हरियर खेती-बारी
पाके हरियर तन-मन खुश हे अब धरती महतारी।

(2)

पैडगरी मन के आगी सब लेवना सहीं जुड़ागे
घेरी बेरी प्यास सतावे, जाने कहाँ उड़ागे
कुदा-कुदा के बादर ह अब, सुरुज ला ललकारे
बपुरा जाने कहाँ लुकाइस, चन्दा लाज के मारे।

(3)

खोर-खोर माँ लइकामन के, गूँजिस अद्‌भुत बानी
भइया बादर ठउका आये, बरसा दे अब पानी
हवा मयारुक हाट-बाट माँ लहुट-पहुट के आथे
लइकामन के चुम्मा ले थे, भाग अपन सहराथे।

(4)

आनी बानी के तिहारमन दउड़त दउड़त आथे
बस्ती माँ रहिथे दिन-दू दिन, जावत जी करलाथे
राखी आथे, आघू पाछू, आथे तीजा-पोरा
बेटी खातिर तरसत रहिथे, महतारी के कोरा।

(5)

भइया आही रोटी धरके, बहिनी देखत रहि थे
जेखर नइये भइया, बपुरी, कलप के दुख ला सहिथे
होवत रहिथे काम, समे हर सब झन बर सुखदाई
कहूँ खेत ला बाँधे, फोरे, डट के चले निंदाई।

(6)

बड़े फजर ले बासी खा के, खेती सहज बलावे
देखत-देखत हरियर शोभा, आँखी नइज जुड़ावे
झिम्मिर झिम्मर पानी सिरथे, कहूँ कहे सुन बहिनो
पाँत चलत रइही अइसन ओ, कहि दे एक ठन कहिनी।

(7)

ओनहा कोनहा हरियर होथे, हरियर होते नत्ता
बन डोंगरी मन लोहा ले थे, झुमरें डारा पत्ता
देवत देवत नइच अघावे, अइसन बादर दानी
तरसत जिवरा, दहकत चोला, होगें पानी-पानी।

(8)

बारी माँ बरबट्टी अउ कुंदरू के नार लहकगे
तोरई अउ कुम्हड़ा मन तो छानी के पार नहकमे
रूँधना मन माँ सोज्झे चध के नार करेला हाँसे
तीर तीर माँ मुँहू लुकाये सुग्घर खेखसी खाँसे।

(9)

फूले सदा सोहागी सुन्दर, फूले फूल चिरइयाँ
क्यारी क्यारी माँ पतालमन, ठाढ़े जोरे पइयाँ
सेमी अस बौराइस भइया, मड़वा गजब छवागें
अँगना-अँगना अमरइया कस, छइहाँ छइहाँ लागें।

(10)

मरम कि अइसे हरियर दिन के, तुम किसान गा बूझो
कनिहा कस ले अउ उछाह लो, खेत समर माँ जूझो
कउन देश ह भूखन मरही, जब किसान जागत हे
अउ किसान कखरो ले कब गा, दया-मया माँगत हे।

(11)

अपन के भुइयाँ अपन के बइहाँ, दूसर कछू न चाही
रइही जे बइहाँ माँ बल ते, रामराज्य ह आही
देख-देख के हमर गाँव ला, देवता मूँड ठठाहीं
जिनगी के मधुरस चाँटे बर, कोरकिर कोरकिर आहीं।

(12)

खर खर खर खर कातिक अगहन माँ चल ही जब हंसिया
काबर दुनिया भूखन रइही, काबर पी ही पसिया
आज देश के खातिर सब झन, जिनगी अपन लुटा दो
बिपदा के गोबरधन ला जुरमिल के आज उठा दो।

जाड़ घरी माँ

(1)

महकत हावै जाड़ गजब निच्चट छोटे दिन होगे
रात कि जइसे वृन्दावन के सुग्घर ग्वालिन होगे
खोर-खोर अउ खेत खार माँ पावन छुम छुम नाचै
गोरसी तापत कहयँ किसनहा, कइसे जिवरा बाँचै।

(2)

कहूँ अँगैठा अँगना भर ला थोर थोर गरमावैं
कहूँ कहूँ मन भुर्रीतापै उँखरू बइठ जम्हावैं
अधरतिहा ले कहूँ भजनहा मन सन बइठे गावैं
अउर कहूँ तो खाँसत-खाँसत सरी रात पहवावैं।

(3)

कहूँ बाँध कनचप्पी बढ़िया ओढ़े कमरा करिया
रात रात भर दौरी खेदें कस के गायँ ददरिया
बड़े बड़े खरही बाँचे हे अभी बियारा भर माँ
अभी मिंजाई कस के चलही, तब सब जाही घर माँ।

(4)

नाप जोख हो ही आधा तो लेन देन माँ जाही
बाँचे-खोंचे घर मा आही जिवरा थोक जुड़ाही
संसो जाही अउ घरीक ले घर ह, घर कस होही
सुख अँकुराही जनम जनम के तब आमा कस गोही।

(5)

अइसन जाड़ घरी माँ सुख ह दुख सन सहज मिंझरथे
पता नइ चले, समय बली का जादू टोना कर थे
गवन पठौनी के कारज ह अपन अपन ले हो थें
गाँव-गाँव माँ नवा नवा सुख संगी गजब उल्होथे।

(6)

कहूँ मड़ई के इहिच बखत माँ नरियर ठउका आथे
गाँव सरग हो जाथै संगी लोगन मन सकलाथैं
दरसन-परसन होथें कतको बिछुरे मन मिल जाथें
सुख दुनौर हो जाथें सब झन नवा जनम कस पाथें

(7)

कहूँ तियारी होथे ए पइत राजिम तिरथ करे के
कहूँ सोंच थे खल्लारी माई के पाँव परे के
धुकुर-धुकुर माँ सुरुज अपन के रथ ला गजब कुदाथे
जियन जिये के लाहो माँ अस मइनखे जियन सिराथे।

(8)

संगी! अइसन जियो कि जिनगी अपन बनी ला पावै
जनम जनम बर ओहर हाँसत मइनखे ला सहरावै
छोटे छोटे अपन गाँव ला तुम हुशियार बना लो
अउ तुम अपन ला भारत माता के सिंगार बना लो।

◆◆

बदरी बिशाल परमानंद

मधुबन में सावन

मधुबन हरियागे कदम फूले हाबे रे
मोहनी मोहना झूलेना झूले हाबे रे

करिया झूँदरिया चमके चमकुलिया
आँखी में काजर अँजाय
मेघी चुनरिया नाचे सुँदरिया
रुमझुम पैरी बजाय

झुमर झुमर घुमर घुमर मांदर बाजे हाबे रे
मोहनी मोहना झूलेना झूले हाबे रे

धरती माता जग रचो हे
बादर मा नेवता जाय
दाई के नेवता मया संदेसरा
बुंदिया नेवता खाय

तँहू खाले चिला रोटी तिहार आगे हाबे रे
मोहनी मोहना झूलेना झूले हाबे रे

चिक्कन चिक्कन विरछा डोले
डारा पाना धोवाय
सरद गरम पुरवाही परावय
मन ला पुरवनी में ले जाय

सातन सुर में बंसरी बाजे गंगा बढ़े हाबे रे
मोहनी मोहना झूलेना झूले हाबे रे

बइहा के नचई

मोर बइहा के नचई में राम राम, आगी लगगे ना
जरगे बरगे बरके बुतागे घुर्रा उड़ागे ना

पाँवे मा घुँघरू रुमझुम रुमझुम
कनिहा में घोल घोला
टेड़गा मेड़गा लउठी धरा दिस
नचकारिन हा मोला
मोर बइहा के नचई में राम राम, आगी लगगे ना

पेंड़ा खवागे मिठई खवागे
चना खवागे मुर्रा
नाचत नाचत साँसा टूटगे
मोला धरा दिस धुर्रा
मोर बइहा के नचई में राम राम, आगी लगगे ना

लाली गुलाली सँवाग सँवारे
बाँस नचाये घोड़ी
चिता में भाँवर धलो रचाके
माने फागुन होरी
मोर बइहा के नचई में राम राम, आगी लगगे ना

सरद के रात

तैं अँजोर करे चंदा, हीरा मोती के चंदैनी बरे
धरती धोवागे निछमल अगास
खोखमा फूल के होवथे बिकास
लानिस संदेस ला डहरचला
आवथे जीव के जुड़ावन सगा

लुँहगी मारथे सपरिहा, उमड़त हे मन हा उचैनी चढ़े...
खेत के तीर तीर खंजन चराय
कुलकत हे धनमत हाँसय लजाय

आसा बिचारी के मन होगे रीता
सरग ले गिर परे धरती में सीता

तोला खोजत हे पपिहरा, अइसन निठुर चोला कावर बने...
चंदा संग जमुना फुगड़ी खेले
झाँकत हे मधुबन दरपन देखे
का कहिबे दोदी सुहावन के बात
मोहनी सरदा रितु के रात

मुरली बाजत हे मोहना, नाचत हे रधिया बिधुन होके...

पेट मा आगी सुलगे हे

तोरे हीरा के पीरा ला पीरा के हीरा ला,
कइसे भँजावव रे! पिरोहिल काला बताववँ रे

झाँवा के लाँवा जुवालामुखी हा उलगे हे
भीतरे भीतर पेट मा आगी सुलगे हे
भूख सैंकावय तावा मा रोटी कइसे खवाववँ रे
तोरे हीरा के पीरा ला..

लहू खवावय लहू पियावय रक्सा मन
बनगे पेटहा पेट लहू के पइसा मन
जबरा मारे रोवन न देवय कइसे थेम्हाववँ रे
तोरे हीरा के पीरा ला..

दया मया के दुवार देवागे ठगई आगे
दँवघतिया मन बर खाये खातिर मिठई आगे
सच के रस्दा चिकनी पइसा कइसे चलाववँ रे
तोरे हीरा के पीरा ला..

भगवती सेन

मड़ाई

देव बैठारे झूपे टाँगे, हाट-हाट में भरे मड़ाई।
परछो पावे जउन देव के, तौन देव के करे बड़ाई

बिछलत असन घर अँगना ला लीपे पोते अउ खुटियावें।
करें चुरेना दसना-ओढ़ना, लगर-लगर लइका नहवावें।
मूँड़ ल मीजे तेल लगाये पाटी पारें माँग सँवारे।
फुँदरा गूथे गोंदा खोंचे भँवराही खोपा ल पारे।
रींगी-चींगी लगुरा चमके चूरा पहिरे चले मड़ाई।
देव बैठारे झूपे टाँगे, हाट-हाट में भरे मड़ाई।

गर भर मुँगिया माला रुपिया, टिक्ली बेंदुली माथे डारे।
कारी-गोरी अउ संवरेंगी रेंगे झरफर कोहिनी मारे।
मुँड़ उघरा मस्ती में झूमे मिकी मिकी ल माँग में डारे।
कसे कछोरा मटमट मटमट, आँखी आँजे दाँत निपोरे।
पहुँच हाट में मिलथें, जुलथे, चूमे चाटे दाई-माई।
देव बैठारे झूपे टाँगे, हाट-हाट में भरे मड़ाई।

मेघी, करिया, सादा, लाली, फल्लो डाँग में कहूँ केशरिया।
डाँग लिये क्लिकारी पारें साँकर मारे पहिरे फरिया।
हूम-धूप दें निमुआ काटें, डाँग दमोरे अउर रिसावें।
नाचे कूदें, मन भरमाये, रिच्छिन्न कंकालिन गोहरावें।
माँगे नरियर दौड़े धूपें, घोण्डे भुँइया में बइहाई।
देव बैठारे झूपे टाँगे, हाट-हाट में भरे मड़ाई।

आँगा देव उठाया चार झन दौड़त ढकलत पेलत आगे।
सिरहा कुरहा बैगा गुनिया, झुमरत-लठरत खेलत आगे।

कतको दुखिया दाई-माई, कुल तारे वर लइका माँगे।
फिरयादी घर सिरहा बोले तोर परोसिन तोला पाँगे।
बड़ फुरमानिक मोर देव हे जाही गिरहा सोज पराई।
देव बैठारे झूपे टाँगे, हाट-हाट में भरे मड़ाई। ✦

अमरइया में

बिन तुके मारथे गुलेल गा अमरइया में।
भोरहा में हो जाथे मेल गा अमरइया में।

महरे महर नीक लागे आमा के छइहाँ।
मयारु के दिन बादर फरकत हे बइहाँ।
भिंजगे हे अतर अउ फुलेल गा अमरइया में।
बिन तुके मारथे गुलेल गा अमरइया में।

फूल कोंवर मया नोहर बाँटत हे बसंती।
विलम जाथे जहुँरिया ला देख के सुखवंती।
रंग-रंग के होत रथे खेल गा अमरइया में।
बिन तुके मारथे गुलेल गा अमरइया में।

आमा मौरे दिखथे सुघर चुपराये जस हरदी।
नुनछुर सोंध पा के बइठे रथे दिन भर बरदी।
लइका मन भागत हे ढकेल गा अमरइया में।
बिन तुके मारथे गुलेल गा अमरइया में।

कोइली कुहकत रथे झिंगुरा पारे सिसरी।
मिठ लागे बोली ओखर, तन-मन के दुख बिसरी।
धरवंट हे सुरता ल उकेल गा अमरइया में।
बिन तुके मारथे गुलेल गा अमरइया में।

बिछया जाथे अंग अंग ह चाबे बैरी चाँटा।
बोंइरझरी अस नान्हें नान्हें अलकरहा हे काँटा।
दुख-सुख ल हाँसत तैं झेल गा अमरइया में।
बिन तुके मारथे गुलेल गा अमरइया में। ✦

हमर बोली छत्तीसगढ़ी में

जइसन सवाद रहिथे अम्मटहा कढ़ी में।
ओइसने सवाद हे हमर बोली छत्तीसगढ़ी में।
नइ पतियाव ते चिख के देखो
बोले कि आगू लिख के देखो
जेखर आगू मँ बोलिहो
ते मोहा के रही
अमृत के धार मँ बोहा के रही
इहाँ के ददरिया अउ करमा
अच्छाँ-अच्छाँ के मन ल दे हे भरमा
चाहे कोनों सतनामी हो के शरमा
झुमर गे हे
गीत ल सुन के घुमर गेहें
देवारी मँ जउन सुनथें सुवा
इंकर मन ले सबर दिन बर
निकल जाथे जात-पाँत के ठुँवा
घाम दिन मँ जइसे जूड़ लागथे पचमढ़ी में
ओइसने सवाद हे हमर बोली छत्तीसगढ़ी में।
कुसियार अस मीठ अउ जाम अस गुरतुर हे
मयारू बर चिक्कट, झगरहा बर चुरमुर हे
लइका मन के फुगड़ी रे फुन फुन
ठोठक जाथें सुन सुन
अटकन-मटकन
काला छरन, काला फटकन
अरझ जाथे मन
बिलम जाथे तन घरघुँदिया में
साग खाय के मजा गजबे
रसबुँदिया में
गौरा गीत सुन के चढ़ जाथे डंड़इया
लमा के हाथ अचरिज करथें साँट लेवइया
का बतावँ जँवारा के बात

पहा जाथे रात
बाजथे बाजा अउ गाथें सेवा गीत
परथे किलकारी, चढ़ जाथे देवता
नइ माने, बिन बोकरा के नेवता
नाचथें कूदथें अउ अपन देह ल मारथें
लोहा के कँटहा छड़ी में
नइ जियाने ओला मिरतोन हड़बड़ी में
गजब के सवाद हे हमर बोली छत्तीसगढ़ी में
ये आय बिहाव गीत
चुलमाती, तेलचघी, हरदाही, खोर भाँवर
मेड़रानी में मात जाथें सियान अउ आँवर
परघौनी अउ भड़ौनी
टिकावन संग छोड़वानी
सुनैया सुनते रथे, गुनैया गुनथे रथे
कट जाथे दिन बराती के हाँसी में
लहरिया जिनगी लहरात रथे
देवार अन विकारा मैं गुनगुनात रथे
पुरवैया संग गीत मन सुहात रथे
आथे पुन्ना छेर छेरा अउ बसंत पंचमी
बाजथे नगाड़ा चलथे डँहकी
बुढ़वा तक ल चढ़ जाये जवानी
जब गाथें होरी, मस्तिया जाथें रंग में
झूमें उमंग में, हर महिना अलग ढंग से
जइसे बारो महिना बने सुहाथे
तइसे गुन हे अदौरी बरी में
ओइसने च सवाद हे अपन बोली छत्तीसगढ़ी में।

◆◆

लखन लाल गुप्त

विपत के नौतपा

खेती अइसन जग हे संगी, मिल जाथय वरदान रे।
खेती अइसन पूँजी संगी, मिल जाथय भगवान रे॥

ये अइसन भगवान के जेखर पूजा-पाठ भाथय।
दीनबन्धु कस जेखर मया, सबके ऊपर छाथय।
ऊँचहा-नीचहा भेद भाव ले खेती दूरिहा जाथय।
रापा अऊ कुदारी के खन-खन मैं वो रम जाथय।
कमर बाँध के करब किसनहा-खेती के गुनगान रे।
खेती अइसन पूँजी संगी, मिल जाथय भगवान रे॥

हालत कभू न बिगर सकय, जे धरे खेत के हाथ रे।
सुघ्घर रद्दा पा जाथय वो, सहयोगी के साथ रे॥
अइसनहा ला डर्रान पाँवय, दुख के करिया रात रे।
बिपत के नौतपा घलो मैं, सुख के सुघ्घर बरसात रे।
धान के सोनहा बाली हाँसत आवत सोन बिहान रे।
खेती अइसन पूँजी संगी, मिल जाथय भगवान रे॥

खेती अइसन मंतर जेखर ले अभाव के दूत भगय।
खेती अइसन जंतर जेखर नागर माँ सरग दिखय।
पाँव चलय खेती बर अब्बड़, भाग ऐखर से जागय।
ऐखरे मंदिर के चौखट मैं, पाँहव जइसन मन माँगय।
नाँगर के पूजा करवइया, कर लव पूरन अरमान रे।
खेती अइसन पूँजी संगी, मिल जाथय भगवान रे।

गँवई के भुँइया

तोर जय होय गँवई के भुंइया,
तैं देश के पेट पोसइया ॥ 1 ॥
तैं जुग जुग ले चले आए,
अऊ अन्नेच अन्न उपजाए।
एकसरैया अउ दुसरइया,
तोर जय होय गँवई के भुँइया ॥ 2 ॥ तोर जय...
तोला कमिया किसान कमाथे,
तोर छाती मँ नागर चलाथे,
नई चीन्हय घमहा छइयाँ ॥ 3 ॥ तोर जय...
अब बादर अषाढ़ गरजथे,
अउ झर झर पानी बरसथे।
बीजा लाके परें सब पइयाँ ॥ 4 ॥ तोर जय...
जब सावन हर झड़ी लगाथे,
तोर तन हरियर हो जाथे
माते रहिथे बियासी करइया ॥ 5 ॥ तोर जय...
बिजहा संग बनकाँदी जमथे,
तौं किसान निंदाई मँ रमथे
भादों आथें फेर पानी भरैया ॥ 6 ॥ तोर जय...
जब महिना कुँवार हरआइस
जमों डारा-डारा छतराइस
अभी हवै बाली छटकइया ॥ 7 ॥ तोर जय...
जब कार्तिक के आइस देवारी,
अन्नपुन्ना रिगबिग्गिाइस
लुए लागिस धान लुवइया ॥ 8 ॥ तोर जय...
लहसत करपा कोठार में आगे
अउ किसान के जीव जुड़ागे,
ते सबके पेट भरइया ॥ 9 ॥ तोर जय...
भारत देस हमार, है तोरेच से उजियार।
तैं देस के लगता गइया ॥ तोर जय...

◆

बनिहार

गाँव के हम बनिहार।
सुन लेवा हमर गोहार। संगी हमार
कुछ हमरो डहर निहार।
अब हमरो कर उद्धार॥ गाँव के हम...

हम माई पिल्ला कमाथन,
तब लटपट खाये ला पाथन।
एक बेरा जेवन बनाथन,
अउ तीन बेरा ओही ला खाथन।
कभू भाजी कभू बिन दार
अब हमरो कर उद्धार॥ गाँव के हम...

जब खाये मँ खपिस कमाई,
तौ ओढ़ना काखर बिसााई।
जब आईस कभू रोग राई,
तब मरथन बिगर दवाई।
हमर कहाँ हे तिरिथ तिहार,
अब हमरो कर उद्धार॥ गाँव के हम...

मुँधरहे ले उठ जाथन,
अऊ मालिक के बूता मँ आथन।
पानी पी-पी के कमाथन,
फेर ठाढ़ बेरा घर जाथन।
बासी के कउरा खाएन दू-चार,
अब हमरो कर उद्धार॥ गाँव के हम...

फेर कउखन बूता मँ बहुरेन,
दीया बाती बरत ले बिलमेन।
तब तक कूरो बनी ल झोंकेन,
अउ घर आके करम ल ठोकेन।

हमर एक करो से कारबार,
हमरो करो उद्धार॥ गाँव के हम...

हमर लोग-लइका के हाल
जमों दिखत ह जस कंगाल।
बिन ओढ़ना दसना के सोथें।
अउ खाये पीए ल रोथें,
हम काखर सो पारी गोहार।
अब हमरो कर उद्धार॥ गाँव के हम...

✦

चार-पदी

एक कोती जुरियावत हे जभों हथियार।
तौ दूसर कोती खतम होवत हे हथियार॥
न होईस खतम कोहों हथियार के अंबार।
बरिस पचास मँ खतम हो जाही संसार॥

जऊन नवा आज हे, कालि जुन्ना हो जाहय।
जऊ नवा काल हे, आज जुन्ना हो जाहय॥
यही दुनिया के विधान, तैहा ले चलत आइस।
के तैहा पार कर, साम्हू अपन चलाहय॥

✦✦

लक्ष्मण मस्तूरिहा

हम तोरे संगवारी कबीरा

हम तोरे संगवारी कबीरा, हम तोरे संगवारी
लेके हाथ लुकाठी अपन फूँके हन घरबारी

छोड़ देहेन तन सुख के गँठरी साजे हन दुख बाना
तन के तारा टोर टोर के तुनथन मन लाना
फेंक देहेन सब मान बड़ाई बटोरथन गारी...

गली-गली सब रस ला बाँटेन होगेन सुक्खा सुक्खा
गँठियाये तोर दया धरम ल जीथन जुच्छा जुच्छा
जेती जाथन तेती दिखते घपटे अँधियारी...

ढाई आखर प्रेम के तोरे माटी मोल होगे
हमर जमाना मँ रोटी ओनहा अमोल होगे
जिनगानी के धरखन खातिर बूड़िन विद्याधारी...

हमू खड़े हन बीच बजरिया गावत सबी के खैर
ना काहू सो मया हमर हे ना काहू से बैर
तभी ले हमर गुजारा नइहे खावन रोज तुतारी
कबीरा हम तोरे संगवारी...

मँय छत्तीसगढ़िया अँव

मँय छत्तीसगढ़िया अँव ग
भारत माँ के रतन बेटा बढ़िया अँव रे

सोन उगाथौं माँटी खाथौं
मान ला देके हाँसी पाथौं

खेती खार संग मोर मितानी
घाम मयारू हितवा पानी

मोर इही जिनगानी मँय नगरिया अँव ग
किसन के बड़ भइया हलधरिया अँव रे...

देश मया के भारत गीता
दाई ददा मोर राम अउ सीता
दया-मया मोर परवा छानी
परके सेवा मोर सिखानी

घाम पानी सहवइया मैं लहरिया अँव ग
मोर चंदेनीन गोंदा मैं लहरिया अँव रे

ढेरा आँटत उमर पहागे
सुनत गारी कान पिरागे
अतिया देखत आँखी आगे
भूँसा के भुर्री गुंगवागै

झन कह मोला लेढ़वा डोमी करिया अँव ग
सिधा मैं सिधा नई तो डोमी करिया अँव ग
मैं छत्तीसगढ़िया अँव रे

◆

चलो जोंही जुरमिल कमाबो रे

चलो जोंही जुरमिल कमाबो रे
करम खुलगे पथरा मैं पानी ओगराबो
माटी मैं सोना उपजावो

गंगरेल बाँधेन पइरी बाँधेन हसदो ल लेहेन रोक
खरखरा खारुन रुद्री के पानी खेती म देहेन झोंक
महानदी ल गाँव गाँव बगराबो रे...

बस्तर के बाँस सरगुजा के साजा बँबरी कउहा के छोइला
कोरबा के बिजली भिलाई के लोहा वइलाडिला कचलोहिया
बेंच-बेंच कचरा हीरा पाबो रे...

धरती धरम ओकरे जमन जाँगर पेर खाही
आज के जुग मँ बइठे खवइया धारे धार जाही
एही सोर गाँव गली पहुँचाबो रे...

कोनो बइरी अब तोला न मोला सकै नहीं भरमाय
न्याय पंचेती कछेरी अदालत मुफत म मिल जाय
मंजे मजा मँ जिनगी पहाबो रे...

मोर गाँव के गोरी...

चिक्कन चाँदी दीदी दिखय मोती बरोवर नोनी
सोना बरोबर दिखय रे संगी मोर गाँव के गोरी
लाली-पिंवरी छिंटी-बूँदी लुगरा सुवा पाँखी
पहिरे सुघ्घर पाटी पारे काजर आँजे आँखी
चट्टक-मट्टक रेंगय संगी घात करँय ठिठोली...

पींयर-पींयर हँउला बोहे रेंगय पनिहारिन
झउँहा गुरीं धर-धर दउड़य मगन मन बनिहारिन
गावत रेंगय काँदी लुवइया धर-धर हँसियाँ डोरी

अल्लर हाँसी बेलबेलनहि के मोहे कस मन लागै
गवनाही का गुन-गुन के मने मन लजावँय
अँयना देखे मुँह मटकावै नाच लुका चोरी...

गाँव गली घर घाट मँ बाजै तोंड़ा पइरी चूरा
तीजा तिहार मँ मगन लागय गाँव के टुरी टूरा
खेत खार मँ बूता बइठे ओरी ओरी...

कहूँ-कहूँ मेर फुगड़ी माँचे दुलपुतरी अउ बिल्लस
घरघुँदिया मँ रेंमटा भाँचा रोवत रोवत चिल्लत
लउहा लउहा खेत ले आवय संसाँये लइकोरी
सोना बरोबर दिखै संगी मोर गाँव के गोरी...

✦

मोर संग चलव रे

मोर संग चलव रे, मोर संग चलव जी
वो गिरे थके हपटे मन अउ परे डरे मनखे मन
मोर संग चलव रे, मोर सँग चलव ग
अमरइया कस जुड़ छाँव मँ, मोर संग बइठ जुड़ालव
पानी पी लव मैं सागर अँव दुख पीरा बिसरालव
नवा जोत लव नवा गाँव बर, रस्ता नवा गढ़व रे...

मैं लहरी अँव मोर लहर मँ फरव फुलव हरियावव
महानदी मैं अरपा पैरी तन मन धो फरियालव
कहाँ जाहु बड़ दूर हे गंगा पापी इँहे तरव रे...

बीपत संग जूझे बर भाई मैं बाना बाँधे हँव
सरग ल पिरथी मँ ला देहू प्रन अइसन ठाने हँव
मोर सुमत के सरग निसेनी जुरमिल सबो चढ़व रे...

मैं काँटा अँव मोर डार मँ तुँहर फूल झुलाहूँ
तुँहर सुख बर जीहूँ नइतो किरिया हे मर जाहूँ
नवा बेर के नवा जोत मँ नवा बिहान करव रे
मोर संग चलव रे, मोर संग चलव जी

✦

मोर गाँव के नगरिहा

संझा सुमरहूँ अउ बन्दहूँ बिहनिया
मैं तोरे गीत गाहूँ मोर गाँव के नगरिहा...

कासी कस लगथे, तोर घर दुवारी
बिन्दावन लगथे, तोर खेती बारी

(पक्षा) मंदिर के देवता कस दिखथे तोर तन
गंगा कस पानी तोरे मगन मन
दुनियाँ के धूरा अउ बल के खरतरिहा
लछमी कस लगथे तोर घर परानी
सरधा के पुतरी तोरें जिनगानी
तपसी तैं संउहत जस भागीरथी
हरिचन्द कस लगथस सित्तौ ते दानी
माटी के देवता संसार के सियनहा

तोरे गुन गाथे गीता अउ पुरान
बाइबिल के किस्सा अल्ला के कुरान
तुलसी के राघव कबीरा के राम
कोई नइहे दुनिया मैं तोर ले सुजान
मीरा के मुरारी अउ सूर के कन्हैया

◆

मन डोले माँघ फगुनवा

अरे हाँ रे यारो, आ गे फागुन रंग भर के
अब जुवानी के उड़े रे गुलाल यारो
आगे फागुन रस भर के...
मन डोले रे माँघ फगुनवा
रस घोले रे माँघ फगुवना
राजा बरोबर लगे मँउरे आमा
रानी सही परसा फुलवा...
पीपर उल्होगे अउ डुमर घुलोगें
गस्ती तेंदू चार मउहा लुभोवे
मेला मड़ाई गझागे झमाझम
चलैं रइँचुली अउ झुलवा...
पुरवइया आवैं बँड़ोरा उड़ोवैं
घाँम आवैं जावैं लजावैं मुँह खोलैं
गाँव गूँजे गमके अमरइया

कूके रे कारी कोइलिया....
बिहाव पठोनी के लगिन धरागे
संगी जउँरिहा मया मैं बँधागे
गावत बखानत चलैं चउथियारिन
बाजा रूँजी संग बरतिया...
फागुन के रंग झरे पिचकारी
लाली गुलाली होगे संगवारी
चौंरे चौंरा मैं धिड़के नँगारा
खार खार में ददरिया...

◆

गोरी बिलमें कइसे बँगला मैं

गोरी बिलमें कइसे बँगला मैं
दुविधा मैं डोलथे परान...

पड़थे गाय कछारे जावै सियानी के बात
नंगत चतुरा चोर घलो एक दिन बाँधे जात
बाते बात मैं बाढ़े बात...गोरी बिलमें...

चट्टक चाँदनी दूये दिन के फेर अँधियारी रात
काम नी आवै हाँसी होथै उधारी के बात
चतुरा के दूये दिन के चाल...गोरी बिलमें..

जग हे अँधियार बइहा बुद्धू के माल उड़ाले
बहती गंगा में मौका परे हे मन भर नहाले
का जानी का हो जाही काल...गोरी बिलमें....

◆◆

स्व० उधोराम झखमार

अँधरा हे दरपन

का गीत गाँवव का सूर मैं बाँधव
तबला अउ डुग्गी के छूट गेहे खखन
दूसरे के दाग तेलई दाँत ल निहारे
चेहरा खुद नई देखे अँधरा हे दरपन॥

निगरानी साव के चोर घुमे छेल्ला
नाचा में भीड़ गजब किरतन मे हेल्ला
कोन बनय बैरागी पहिर के लँगोटी
दम नइये टूट गेहे कनिहा के करधन॥...

घेरटखर हे कलपना घूमे बजार में
अनभो छदाम नईये संगे उधार में
साध करे सोन हिरन, अमृत कलश के
लाने बर टूटहा टीपा के बरतन॥...

जूझत हे जिनगी रात दिन अभाव संग
थकगे उपचार सब अंतस के घाव संग
एक जाथे एक आथे दुख दरद पीरा
बुलक जाथे आल पाल अलकरहा अड़चन॥...

बोली में ताना हे, झूठ के जमाना हे
नियम हे ननकी बर रोंठ बर बहाना हे
उल्टा हे रीत इँहा लबरा के जीत इँहा
सचहा के अरझे हे फाँसी में गरदन॥

दूसर के दाग तेलई दाँत ल निहारे
चेहरा खुद नइ देखे अँधरा हे दरपन॥...

का जानन

जेला कहेन बघवा, ओला करेन अगुवा
का जानन येहू घलो हुवाँ होही।
करगा ल छाँटे बर, महँगी ला पाटे बर
खने रेहेन गड्ढा का जानन हमरे बर कुंवा होही॥

प्रजातंत्र मरगे
इन्द्रासन रेल म
जनता महँगाई म
बाँचे खोंचे जेल म,
बलात्कार भ्रष्टाचार लट लट फरही
का जानन बों पारेन आमा गोंही।
का जानन हमरे बर कुँवा होही...

पंच सूत्री-बीस-सूत्री,
पलँग बनगे देख ना
नेता मन सुतही
तुँहर बर हे ढेकना
बाढ़े भर हे हिप्पी असन योजना के चुंदी
कोर तो भला ठोम्हा अकन जुँवा होही॥
का जानन हमरे बर कुँवा होही...

सुराज के टुरी
गोठियाय दुख काला,
जतका पहिरिस चूरी,
सब नसबंदी वाला
कहाँ ले होय पैदा लड़का समाजवाद
होही ते चमचा नइ तो डुबा होही॥
का जीनन हमरे बर कुँवा होही...

✦

जेठ के ठड़ियाय घाम

हाय राम
जेठ के ठड़ियाय घाम
बंबूर फर घुन चुक बजाथे
अउ झेंगरा हरमुनिया
कठ खोलवा तबला ठेंसे
रूख हलाये कनिहा
कठल के मँजीरा बजाथे
आमा, अमली, रामजाम ॥ हाय राम...
सरी मँझनिया झाँझ सुरेरे
डारे सुरुज के रिस ला
गाय गरू तब छइँहा खोजे
भँइसा खोजे चिखला
कोलिहा कुकुर हँफरत भागे
जीभ निकाले यहा लाम ॥ हाय राम...
खटिया जठना खोर निकलगे
गोरसी घर लेइस गोड़ा
छाता खुमरी खल-खल हाँसे
चढ़े मूँड में घोड़ा
भोरहा में झन रेंगबे रद्दा
बिन पनही के सियाराम ॥ हाय राम...
ओढ़ के सुत तब छुटे पसीना
नइ ओढ़त हस तब भुसड़ी
हड़बड़-हड़बड़ छटपट-छटपट
खेलत-खेलत तब फुगड़ी
बटर-बटर आँखी छटकाके
भोगत-भोगत चौरासी धाम ॥ हाय राम...

◆◆

मुकुंद कौशल

सुमता के डोरी

फागुन हर आगे उड़य गुलाल अऊ अबीर।
संगी मन जुरिया के गावथें कबीर॥

झाँझ अऊ बँढ़ोरा धूँकय सनन सनन्
जिनगी के गाड़ा रेंगैं घनन घनन्
आज सुस्ता ले रे संगी काँसड़ा ला तीर।
फागुन के आएले हरियाए हे मन दौना
माँघ के महीना के हों गै रे गौना
रेसमइहा पुरवाही होवत हे अधीर।
मोला मिंझार ले तैंह आज अपन संग
रंग झन छींच, बुड़ोदें मोला अपन रंग
जिऊ हर एक हो जावै रहय दू सरीर।
आज सब झगरा के हँड़िया ला फोरौ
सुमता के डोरी ले सब जन ला जोरौं
मन माँ मया ला थरौ मन हे मंदिर।
संगी मन जुरिया के गावथें कबीर॥

अइबी चऊमास

येती उती आगू पीछू मगन मुचमुचावत।
बादर हर नाचत हे कनिहा मटकावत॥

चिरगुन-चिरइया मन सपटे हें छाँव माँ।
सावन हर हबरगे हवय हमरो गाँव माँ॥

पानी हर टूट परे हवय भरमरा के।
लइका मन मँजा लेवत हवय करा के॥

चारों कती हरियाली फरियाए हावय।
गली-गाँव खार-खेत चिखलाए हावय।।

गाय गरु जावथें भोम्हरा के नहावन।
डिपरा मन उल्दत हें डबरी माँ सावन।।

डबरा मन कनिहा माँ पाए हें अकास।
गेंड़ी कूदत हावय अइबी चऊमास।।

धर ले कुदारी

धर ले रे कुदारी गा किसान
आज डिपरा ला खन के डबरा पाट देवो रे।

ऊँच-नीच के भेद ला मिटाएच्च बर परही
चलौ चली बड़े ब ड़े ओदराबोन खरही
जुरमिल गरीबहा मन संगे माँ हो के मगन
करपा के भारा-भारा बाँट लेबो रे।
आज डिपरा ला खन के डबरा पाट देवो रे।

चल गा पंडित, चल गा साहू, चल गा दिल्लीवार
चल गा दाऊ, चलौ ठाकुर, चल न गा कुम्हार
हरिजन मन घलो चलौ दाई-दीदी मन निकलौ
भेदभाव गड़िया के पाट देबो रे।
आज डिपरा ला खन के डबरा पाट देवो रे।

जाँगर पेरइया हम हवन गा किसान
भोम्हरा अऊ भादों के हवन गा मितान
ये पइत पथरा बन हितवा ला अपन हमन
गाँव के सियानी बर छाँट लेबो रे।
आज डिपरा ला खन के डबरा पाट देवो रे।

जिनगी के रद्दा

जिनगी के रद्दा अड़बड़ लम्भा दू ठिन हमरे चरन
गोड़ ला कहाँ-कहाँ हमन धरन
चले पुरवहिया सनन सनन।
बिजहा रे डारेन नाँगर चलाएन
धाने के नेवना माँ बादर ला बलाएन
किंजर-किंजर के बरसौ रे बादर तुहरे पँइया परन
सावन भादों माँ ठँऊका रे बरसिस पानी झनन झनन
चले पुरवहिया सनन सनन।

अगहन माँ बड़े रे बिहनिया नहाएन
धाने लूएन करपा ला बाँधिके ले आएन
मन हर चिरई असन फूदकै अऊ नाचै भुँइया गगन
ब्यारा माँ बइला मन दँऊरी फँदाए दँऊड़ै घनन घनन
चले पुरवहिया सनन सनन।

धाने ला बेचे बर जावत हवन मंडी
कऊनो ओढ़े कथरी ते कऊनो ओढ़े अंडी
कऊनो ह छाँड़य ददरिया तें कऊनो बपुरा ह गावथें भजन।
गाड़ा के बइला के टोंटा के घन्टी ह, बाजे टनन टनन
चले पुरवहिया सनन सनन।

भइया के विहाव माढ़िस खोजी खोजी
पुतरा असन भइया, पुतरी कस भऊजी
रात दिने भइया लुहुर-टुहुर भऊजी मुसकावै हो के मगन
भऊजी के साँटी ह छम छम बोलै चूरी बाजै खनन खनन
चले पुरवहिया सनन सनन।

✦✦

रमेश अधीर

गुदगुदाथे मन ला महमहा के मोंगरा

रतिहा के चंदा दिन के सुरुज
जिनगी के अँजोर
तोला खोजे मोर नैना खोर-खोर

अमरइया हो गे सुन्ना हाँसी जस बैरी
करेजा के अँगना मा सँसो के गैरी
सोन्ना तन माटी, पीरा हे पोर-पोर
तोला खोजे मोर नैना खोर-खोर

गुदगुदाथे मन ला महमहा के मोंगरा
कारी रात छटकाथे, चँदैनी के अँगरा
हिरदय के कुहरा में, रूप तोर-तोर
तोला खोजे मोर नैना खोर-खोर

दरपन बानी पुतरी, धुँधरा गे अनबोलना
काँटा गढ़े अस लागे, अकेल्ला के रेंगना
सुरता के बिख ला बढ़ पियेवँ घोर-घोर
तोला खोजे मोर नैना खोर-खोर

कोयली कुह के

कोयली कुहके मउर फूले, पाना हाले डोले रे
पवन चले सुरूर सुरूर, आनी बानी बोले रे

हरियर लुगरा धरती पहिरे, टेसू लाल किनारी रे
केसरिया झुमका पहिराइस, कइसे करवँ चिन्हारी रे

कथरी ओढ़ेन कमरा ओढ़ेन, बिसरत नइ हे जाड़ रे
गोरसी धर के बइठे भैया, काँपत रहि गे हाड़ रे

झुमरत लहकत फागुन आगे, डहँकी अड़बड़ बाजे रे
पिचकारी धर दउँड़त संगी, केरवस अंग ला आँजे रे

फागुन नाहके ले मोर संगी, घर घर छाथे मड़वा रे
पर्रा धर के ढेड़हिन नाचे, मोहरी साजे गड़वा रे

गाँवे तीरे नँदिया छलके, आमा तरी झुलना रे
चार दिन के जिनगी पायेन, दूवेज दिन के मिलना रे

◆

ढरका दिन बादर के दुहना

असाढ़ सावन मीत बदिन
ढरका दिन बादर के दुहना
चार महीना खातिर अमरित
भुँइया के बन गे पहुना

बदरी जब चूँदी छरियाथे
धरती के जठना हरियाथे
रूख राई फूल पाना लहसे
डोंगरी ला बिजली नहवाथे

फुदक फुदक के नाचे मैना
डारा डारा में सुवना
चार महीना खातीर अमरित
भुँइया के बन गे पहुना

नंदिया कोरा डोंगा खेले
दाई बेटा कें मया अमोले
लहरा जस चाँदी के दरपन
छाया तीर खड़े मन अरपन

नान्हे नान्हे जनमे बहना
मोहे ओरिछा के चुहना
चार महीना खातिर अमरित
भुँइया के बन गे पहुना

◆◆

चेतन भारती

नवा जिनगी के पाती

आमा मोरे के बेरा आगे संगी,
चलव अमरइया मा मिल मुस्कालव।
सुन्दर हाँसत गीत भँवरा गाये,
अपन समझइया ला चल अपनालव॥
पान पतइ हा झा झर झाँके,
नवा जिन्गी के पाती बगेरत हे।
पिलिया सरसों खिल खिल हाँसे,
सुग्घर अँचरा मा फूल सहेजत हे॥
लोरी सुनावत हे सरसती महतारी,
चलव पुजा के थारी सजालव।
आमा मोरे के बेरा आगे संगी,
चलव अमरइया माँ आ मुस्कालव॥
तोर पछीना मा सुन्दर नहाके,
पुन्नी चंदा कस खेती दमकत हे।
हरियर किनारी के लुगरा पहिरे,
बने गंगा कस बेटी चमकत हे॥
सोना उगावत हे धरती महतारी,
चलव नवा पाती ला जिन्गी बनालव।
आमा मोरे के बेरा आगे संगी,
चलव अमरइया माँ आ मुस्कालव॥
तोर पछीना माँ सुन्दर नहाके,
पुन्नी चंदा कस खेती दमकत हे।
हरियर किनारी के लुगरा पहिरे,
बने गंगा कस बेटी चमकत हे॥

सोना उगावत हे धरती महतारी,
चलव नवा पाती ला जिन्गी बनालव।
आमा मोरे के बेरा आगे संगी,
चलव अमरइया मा चल मुस्कालव॥
सुग्घर बनाये अर सरी गँवई ला,
जमे मिलजुल के नवा रद्दा बनालव।
केंवई पौधा ला सुन्दर बढ़ाय बर,
साँस मिलाके एक रस्ता बनालव॥
नीक बात बतावत हे डोकरी दाई,
चलव फु लुवा संगवारी बनालव॥
गरर गरर के दिन बहुरगे,
अब फूँक फूँक पसारव पाँव।
हँफर हँफर के बेरा लहुटगे,
अब पग-पग लगावत छाँव॥
ये दे गीत सुनावत हे चेतन संगी,
चलव माटी ला माथ लगालव।
आमा मोरे के बेरा आगे संगी,
चलव अमरइया मा चल मुस्कालव॥

चल रे पवन पुरजोर

झिमिर झिमिर बरस पानी,
चल रे पवन पुरजोर।
बीच मेंड़ में बइठ किसनहा
चुहकत हे बफौरी के झोर॥
हरियर हरियर लुगरा पहिरे
दुल्हन अस खेती मुस्कावय।
भुँइया ला सुरूज के मया मिले
उमंग के डारा हिल हिल जाये
जिन्गी के बिला मुँदात रहे
छूवत रहय अँचरा के छोर,

झिमिर झिमिर बरस पानी
चल रे पवन पुरजोर॥
सरर सरर चलत पुरवइया
हाँसत झाड़त हावस बासी
ठूठरत रहिथे हाँथ गोड़
तभो पुलकत रहिथस काँसी
जीवरा में परे आंतर देखत
गावत ददरिया करमा
धूमर घामर छावत बदरी
बिजुरी आँखी फरकावे घरमा
भादो के मया अंग अंग भीगे
नवाके माथ माटी, करे ओ ललकार।
कोड़त जात कोरे कोर

सुनता के सरग

अमुआ के छइहाँ हे, फुरहुर पुरवइया हे
जोंही बाजू मा बइठ सुरता ले।
जनम जनम के बिछुरत परानी,
थोरकुन संग मा आ मुस्काले।
ये जिनगानी के नइये ठिकाना
चल दुनों चक्का ला चौकस रखबो
धुरी बनी कहूँ असकुड़ गाड़ी के
संगे मिलके अब कारज करबो।
अपन बोझा मोर मुड़ मा मढ़ा दे
ये दे ढरकगे बेरा बतिया ले
जनम जनम के बिछुरत परानी,
थोरकुन संग मा आ मुस्काले।
चटाचट जरत भुँइयाँ मया मोर
चल झटाझट पाँव उसालन
बगरे श्वासा ला एकमइ करके
चल झमाझम छाँव बनावन।

अपन दुख के गठरी मोला दे दे
अब छटकत चंदेनी संझा में
जनम जनम के बिछुरत परानी,
थोरकुन संग माँ आ मुस्काले।
तें हुमन बन में धुंगिया बनहूँ
चल महतारी के मान बढ़ाबो
अपन पछीना माँ माटी मिलाके
अब धरती के अँछरा हरिया बो
दुनों के हाथ मा हाथ मढ़ाके
ये दे जीवरा ला चेतन बना ले
जनम जनम के बिछुरत परानी,
थोरकुन संग माँ आ मुस्काले।

◆◆

नन्दकिशोर तिवारी

कविता 10

छत्तीसगढ़ मँ जनम लिहेंव
नोहँव रे मैं छत्तीसगढ़िया।

मैं काँदी अँव चारा वनथव
में कोदो गरीब के संगवारी
मैं फूल तिरैया जंगल के
नोहव रे परदेसी गुलाब बढ़िया॥

मैं रगझग-रगझग बादर अँव
मैं पियास बुझाथँव धरती के
मैं भुइँया के चिक्कन चिखला
नोहव मैं जाँगर के लहू पियैया॥

धरती मऊँराथे कातिक-कुँवार
मैं सरद चाँदनी चँवर डोलैया
मैं मुसकाथँव संग धान के
नोहवँ कोलिहा कस लार चुचवैया॥

मोर दाई-ददा इहें जनमिन
इहें सहत दुःख सुख मरगिन
मैं उँकरे राख-फूल रखवार
नोहवँ रे उन्कर पिंड परैया॥

चट कारत मुँह कहिथे उन
घर दुआर तो तोर ये संगी
टोर दुहूँ तोर हाथ-गोड़
कोन अस डेहरी मँ पाँव धरैया॥

कविता 11

मोर पीरा सबके सुख बनगे

सब कोनों आके देथें दिलासा
अपन कोती ले जऊँहर समझाथें
अऊ पीछू मैं दखेंव उनला
अजब-गजब के हँसी उड़ाथे
चौरस्ता में ठाढ़े सीता, संगी
सब के आँखी के काँटा बनगे।

बिन करे धरे अइसन-वइसन
सत् के संग ईमान बेचागे
सब कोनों ल समझा समझा के
मन मँ अब हदराई छागे।
मोर दुःख बनिस आय के जरिया
उनखर एक नवा दुकान सजगे।

चारों खुँट हे जंगल गहरा
अँधियारी के सघन हे पहरा
कइसे जीबे, मरबे कइसे तँय
पानी मँ मर पियास रे हरहा
बचा सफस तो बचा ले खुद ला
घर मँ तोर आगी लग गे॥

कविता 12

ले दे के एक अऊ दिन बीतिस

सरुज उगे के संग समस्या
करना हे का सोच निठल्ला

घूम-घूम के सड़क ल नाप
रहना हे भूखन माई-पिल्ला
कहिन बड़े मन समय ल जीतव
इहाँ समय ह मोला जीतिस॥

मिलथें बहुत सड़क मँ घूमत
फोकट मँ गंगा ज्ञान बघारत
मोर भासा मोर छत्तीसगढ़ के
ले ले नाव, भावना संग खेलत
ये सोषक यें हमरे घर के
इँखरे सेती गीता ज्ञान ह विचकिस।

सुते हवँव खटिया मँ फुरसतहा
आवतं नइये नींद परलखिहा
गरजत बादर संग एक प्रारथना
लोटा भर जाय अइसन बरसिहा
नींद भाग गे छँट गय बादर
फँस के दुःख मँ मन ह रीतिस॥

◆◆

स्व० प्यारेलाल गुप्त

झिलमिल दिया बुता देबे

गोई पूछहीं जब उन हाल मोर, तब धीरे से मुस्का देबे,
अउ आँखिन आँखी माँ उनला, तँय मरना मोर जता देबे।

अतको माँ मोई ना समझे, अउ खोद खोद के बात पूछे
तब अँखियन माँ मोती भरके, तँय उन्कर भेंट चढ़ा देबे।

अउ अतको माँ गर न समझे, प्रीत के रीतला न बूझे
तब फुलकँसिया थारी माँ धरके, मुरझाये फूल देखा देबे।

गोई कतको कलकुत उन करहीं, बियाकुल हो हो पाँव परहीं
तब काँपत काँपत हाथ ले तँय हाँ, झिलमिल दिया बुता देबे।

द्वारिकाप्रसाद तिवारी 'विप्र'

धमनी हाट

तोला देखे रेहेंव गा, तोला देखे रेहेंव रे।
धमनी के हाट माँ बोइर तरी।

लकर धकर आये जोहीं आँखी ला मटकाये गा
कइसे जादू करे भोला, सुक्खा माँ रिझाये।

चोंगी पीये बइठे बइठे माड़ी ला लमाये गा
घेरी बेरी देखे मोला हाँसी माँ लोभाये।
बोइर तरी बइठे बइहा चना मुर्रा खायेगा
सुटुर सुटुर रेंगे कइसे, बोले न बताये।

✦✦

हेमनाथ यदु

सहर जातेन

चल सहर जातेन रे भाई
गाँव ला छोड़ के सहर जातेन।

ढकर ढकर पसिया पीके, कमई करे जाथन
बइला भँइसा कस कमाथन, गाँव माँ दुख पाथन
दुख ला हरे जातेन रे भाई...।
माड़ी भरके चिखला हावय रद्दा किचकिन लगथे
माड़ी ऊपर धोती उघारत अड़बड़ लाज लगथे
चिक्कन चिक्कन रेंग तेन रे भाई...।

टिमटिम टिमटिम दिया करथे, धुँगिया आँखी भरथे
डर लागथे कोलिहा के बोली, हुवाँ हुंवाँ जब करथे
बिजली बत्ती बारतेंन रे भाई...।

दानेश्वर शर्मा

मड़ई-गीत

चल मोर जँवारा मड़ई देखे जाबो।
सँझकेरहा जाबो अउ सँझकेरहा आबो॥
रेसमाही लुगरा पहिर के निकर जा।
आँखी माँ काजर रमा के निकर जा॥
पुतरी जस लकलक सम्हर के निकर जा।
हँसा के टोली माँ हंसा संघर जा॥
रद्दा ला ठट्ठा माँ नान्हे बनाबो। चल मोर ...
छोटे बाबू बर तुतरू लेइ लेतेन।
नोनी बर कान के तितरी बिसातेन॥
अपन बर चूरी अउ टिकली मोलातेन।
तोर भाटो बर सुघ्घर घंड़ी बिसातेन॥
पान ला खाबो अउ मुँह ला रचाबो। चल मोर ...
रइपरहिन बहिनी कहूँ आए ओही।
अचरा माँ बाँधे मया लाए हाही॥
मिल-भेंठ लेबो दूनो जाँवर जोही।
आमा के आमा अउ गोही के गोही॥
मइके कोती के आरो लेके आबो। चल मोर ...
के दिन के जिनगी अउ के दिन के मेला।
के दिन खेंडा भाजी के दिन करेला॥
के दिन खटाही पानी बूड़े ढेला।
पंछी उड़ही पिंजरा होही अकेला॥
तिरिथ बात देवधामी मनाबो। चल मोर ...

✦

पवन दीवान

तोर धरती तोर माटी

तोर धरती तोर माटी रे भइय्या तोर माटी ।।
लड़इ झगरा के काहे काम
जे झन बेटा ते ठन नाम
हिन्दू भाई ला करँव जय राम
मुस्लिम भाईला करँव सलाम
धरती बर तो सबो बरोबर, का हाँथी का चाँटी रे भइय्या ।।
फूँले तरोई के सुन्दर फुँदरा
जिनगी बचाये रे टुटहा कुँदरा
हमन अपन घर माँ जी संगी
देखव तो कइसे होगेन बसुंदरा
बड़े बिहिनिया ले बेनी गंथा गंथा के, धरती हा पारे पाटी रे भइय्या ।।
खावव जी संगवारी धान के किरिया।
चंदन कस चाँउर पिसान के किरिया
बने भिखारिन गली माँ भटकय
हमर महतारी किसान के तिरिया
चुकुल बनाके छाती माँ हमर, बइरी मन खेल थे बाँटी रे भइय्या ।।

✦

सुशील यदु

जिनगी

जिनगी पहाड़ होगे रे
सोचे रेहेन फूल होही
खाड़ा के धार होगे रे ...
रेतो महल बनगे आज बिसवासे हा।
बेली बँधागे हे कतको के आस हा॥
पीरा ह सार होगे रे
सोचे रेहेन फूल होही
खाँड़ा के धार होगे रे ...
महल मा पटागे हे, कुंदरा के पीरा हा।
काँच के मोल हौवे, बोली बोले हीरा हा।
मीठ पानी खार होगे रे
सोचे रेहेन फूल होही
खाँड़ा के धार होगे रे ...
सूरूज पोगराये धरे बइठे हे रक्सा हा।
दुखिया अँजोर खोजे, कइसे होही नक्सा हा।
डोंगा मँझधार होगे रे
सोचे रेहेन फूल हो ही
खाँड़ा के धार होगे रे ...
जिनगी पहाड़ होगे रे ...

जीवन यदु

गोरधन खूँदय इहाँ देवारी

छत्तीसगढ़ के महिमा अड़बड़, रंग हे आनी-बानी
कहें कबी मन चिल्हर-चिल्हर, येकर थोक-कहानी,

मूँड़-गोड़ ले सिधवा मनखे, गउ-सुभाव, बड़-सेवर
जाँगर-टोर कमैया होथयँ, मनखे आरूग-पेवर
करखाना ल पाछू देखयँ, आगे करयँ किसानी।

सग ह भले सगा हो जावय, छूटय नहीं जँवारा
हवे भोजलती गंगा जल ह, सुख-दुख के अधियारा
कोनो बदथे फुल-फुलवारी, कोनो बदय मितानी।

गउ, पिंजरा के सुआ ह रोथय, सुआ-गीत ल सुनके
गीत ददरिया-करमा सुन के, खुन-खुन, खुन-खुन खुनके
रात घलो नइ लगय रात कस, जब चलथे पंडवानी।

छेरिक-छेरा छेर मड़कनिन, डंडा बाजय चटका
तीजा-पोरा, सकट हरेली, बड़ तिहार के झटका
गोरधन खूँदय इहाँ देवारी, काँछन फोरय छानी।

चइत-कुँआर जँवारा बो के, जस पचरा ल गावय
सुघर-भोजली सावन बोथय, हरदी कस पिंवरावय
आय हरेली, लइका मारयँ, गेंड़ी मा छयलानी।

मड़ई ह संगी-संगवारी सन, नाच बजार बिहाथे
ठाकुर-कका अपन दरपन ल फोटू सही देखाथे
नवा बहुरिया उहाँ ले लहुटे, ओली धरे खजानी।

इहाँ के बोली गुड़ कस गुरतुर, पन हँसिया कस धरहा
जोकड़-परी सबद ले मारय, घाव परय अलकरहा
येकर धार के परछो लेवत, देखयँ नाच गियानी।

✦

डॉ० विमलकुमार पाठक

बेटी जाव थे ससुरार

बेटी जावथे ससुरार।
गली-गली रोवँय जम्मों फफक फफक
घर अउ डेहरी-दुआर॥
जावथे, जावथे बेटी, जावय ससुरार॥
बेटी जावथे ससुरार।।

ददा के हिरदे तो पथरा होगे हे,
मुँह ले निरकय न बात।
आँखी के पुतरी तो जावथे रे
करिके दिन ल तो रात॥
चारों कती होगे अँधियारे-अँधियार॥
बेटी जावथे ससुरार।।

न रे एके ठिन रूख रहय पीपर के
जेमाँ खोंदरा बनाय।
रहिस चिरइया तउने उड़िगय न रे
रूख के जियरा कल पाँय॥
सुन्ना-सुन्ना हो गँय जम्मों डारा, पाना, डार।
बेटी जावथे ससुरार।।

जम्मों संगी सँगवारी मन छूटत हें
छूटत हाबँय तरिया पार।
कोठा के बछरू अउउ गइया के संग
छूटत हाबँय खेत-खार॥
कउने तो सुनिही रे जिव के गोहार॥

बेटी जावथे ससुरार।।

दाई, दीदी, भैया अउ भउजाई
जम्मों लइका-सियान।
आँसू भरे मंडप मँ देखत हँय रे
होवथय, कइना-दान॥
नोनी के बिहावे सबले बड़का तिहार।
बेटी जावथे ससुरार।।

पिंजरा मँ बइठे, गुमसुम सूवा हे
ये ही सोचत हे आज।

दुलरू दमादे तो बनिके न रे
आये हे जमराज॥
तिरत ले जाथय गर मँ फंदा तो डार॥
बेटी जावथे ससुरार।।

जतका बड़का सियाने, देवी-देंवता हें
अतका देवँय असीस।
दुनों कुल के नाँवे उजागर करत
जीवँय लाखों बरीस॥
एक ले दू होईन, दूले होवँय तो चार।
बेटी जावथे ससुरार॥

◆

रामेश्वर वैष्णव

मोला जान दे संगवारी

अब मोला जान दे संगवारी, आधा रात पहागे मोला घर माँ देहीं गारी।
गाँव भर के सब मइन्से सुत गिन
देख चिराई चिरगुन सुतगिन
पुरवाई ओंघावत हावय—
ठाढ़े रूख राई मन सुतगिन;
नदिया सुतगे, नरवा सुतगे
छानी सुतगे, परवा सुतगे
दिन दिन भरके थके माँदे
कोठा में सब गरुवा सुतगे
सोवथे रात ये उजियारी, अब भोला जान दे संगवारी।
काल फेरेच मँय ये मेर आहूँ
हाँस हाँस तोर सो गोठियाहूँ
तँय मोर जिनगानी के संगी
तोला छोड़ कहाँ मँय जाहूं;
तोर कहे ले दउड़त आथव
घर माँ अब्बड़ गारी खाथँव
गोड़ पिराथे तभो तोर बर
घेरी पड़त तरड़या आथँव
मँय राधा तोर तँय बनवारी, अब मोला जान दे संगवारी।
तोर का तँय तो तान के सुतबे
दिन चढ़ जाही तम्भे उठबे
बूता कुछू नहीं करे बर,
मोर गली में गावत बुलबे;
मँय घर के सब बूता कथँव
गाय गरू बर पानी भरथँव
रंधाई कुआई करथँव
बड़े बिहाने जाथँव बारी, अब मोला जान दे संगवारी। ✦

राज्य बनाना पड़ जायेगा

छत्तीसगढ़ ज़ब अड़ जायेगा,
सारा खेल बिगड़ जायेगा।

शोषण और उपेक्षा के संग
जुल्मी स्वयं उजड़ जायेगा।

नौकरशाही चरमरायेगी
काला कीड़ा झड़ जायेगा।

आया है जिस मरू देश से
लौट वहीं पतझड़ जायेगा।

जो उभरा है आसमान तक
वह जमीन में गड़ जायेगा।

लोग बढ़ेंगे आगे ऐसे
सारा दौर पिछड़ जायेगा।

शासन को भी इस अंचल को
राज्य बनाना पड़ जायेगा।

परिशिष्ट

निमाड़ी और मालवी लोक साहित्य की यात्रा

नर्मदाप्रसाद उपाध्याय

निमाड़ी और मालवी लोक साहित्य की यात्रा

लोक के बारे में जाने कितनी परिभाषाएँ हैं और जाने कितनी व्याख्याएँ, लेकिन लोक को शब्द कभी बाँध नहीं पाए। इसलिए कि लोक अनुभव है, अनुभूति है और जो कुछ भी इन्हें व्यक्त करने के लिए अभिव्यक्त होता है, वह लोक को पूरी तरह परिभाषित नहीं कर सकता। लोक केवल भाषा से परिभाषित नहीं होता, केवल जीवन-शैली से परिभाषित नहीं होता, वह परिभाषित होता है, युगों से चली आ रही परम्पराओं से जन्मे संस्कारों से। वह परिभाषित होता है, मनुष्य की, मनुष्य बने रहने की आकांक्षा से। इसलिए लोक की अनुभूति बड़ी सहज है। यह गढ़ी हुई नहीं है, तराशी हुई नहीं है, शिल्पित नहीं है। यह अनुभूति, जिसे लोक का भाव कह सकते हैं, नर्मदा के उस कंकर की तरह है, जो सदियों के निरन्तर प्रवाह के स्पर्श से शंकर हो जाता है। लोक जो रचता है, वह भले लोक साहित्य कह दिया जाए, लेकिन यह रचाव बड़ा विस्तीर्ण है। यह रचाव चूँकि शब्दों में है, इसलिए इसे साहित्य कह दिया जाता है। वास्तविकता यह है कि यह रचाव उस शीर्ष पर है, जिसके आगे तमाम तरह के अनुशासन बौने दिखाई देते हैं। कैलाशपति के सामने उनसे बड़ा हो भी कौन सकता है?

मेरे एक प्रश्न के उत्तर में श्रद्धेय विद्यानिवास जी ने कहा था कि लोक साहित्य मेरे अध्ययन का नहीं, जीवन का विषय है। उसे मैं जीवन का प्रेरणा-स्रोत मानता हूँ। मैं तो यही मानता हूँ कि लोक को हमने फॉक मानकर बड़ी भूल की है। हमारी प्रवृत्ति संग्रह के निर्मम विश्लेषण या संरक्षण की हो गई है। उसे जीवन के रस के रूप में स्वीकार करने की प्रवृत्ति कम हो गई है। उनका मानना है कि लोक का अर्थ होता है, इन्द्रियगोचर संसार, जो इन्द्रियों द्वारा अनुभूत होता हो, जिसका प्रत्यक्ष अनुभव होता हो। इस लोक में केवल मनुष्य समाज ही नहीं रहता, प्रकृति भी आती है, व्यवहार भी आता है, भाषा भी आती है। हमारा लोक समस्त विश्व को एक परिवार के रूप में बाँधने की बात करता है। हमारी लोक परम्परा संबंधों के निर्वाह की परम्परा है। लोक तो जीवन में रसा-बसा है, इसलिए इसके इतिहास का कोई प्रश्न नहीं उठता। लोक साहित्य को साहित्य की वाचिक परम्परा से जोड़कर देखना चाहिए।

पंडितजी ने अपने इस वक्तव्य में लोक साहित्य के बारे में बड़े सहज ढंग से उसकी वास्तविकता को उजागर किया है। लोक साहित्य के बारे में विचार करते समय यही महत्त्वपूर्ण तथ्य अपने दृष्टिपथ में रखना होगा कि लोक साहित्य विभाज्य नहीं होता। उसे समग्रता में ही देखना होगा। इसलिए कि वह निर्मल अनुभूति की देन है।

वह किसी विशेष किस्म की शैली के परिधान नहीं ओढ़े हुए है। उत्तर या दक्षिण के लोक की अनुभूति एक सी है। परिधान कहीं सहजता के निर्मल प्रवाह को बाधित करते हैं। इसलिए लोक परिधानों से परे रहता आया है।

लोक साहित्य के मनीषियों ने विस्तार से विभिन्न बोलियों के लोक साहित्य का गहरा अध्ययन और अनुशीलन किया है। मध्य प्रदेश के संदर्भ में यदि विचार करें तो यहाँ का लोक साहित्य बड़ा समृद्ध है। वह विपुल भी है। मध्य प्रदेश के हृदय स्थल में मालवा और निमाड़ बसते हैं। यहाँ के लोक साहित्य के बारे में यद्यपि बहुत कार्य हुआ है किन्तु वह अभी तक समादृत नहीं हो पाया।

जहाँ तक निमाड़ का प्रश्न है, श्रद्धेय रामनारायण उपाध्याय ने लोक साहित्य के क्षेत्र में बहुत कार्य किया। आज भी 85 वर्ष की वय में वे सक्रिय हैं। निमाड़ के लोक साहित्य के बारे में विचार करने के पहले निमाड़ शब्द के अर्थ के बारे में जानना समीचीन होगा। निमाड़ वास्तव में मालवा से नीचे की ओर बसा है। मालवा से निमाड़ की ओर आने में निरन्तर ढलान है। इस तरह यह निम्नगामी है। निम्नगामी होने से इसका नाम निमानी और निमारी तथा निमाड़ी हो गया होगा। निमाड़ी में 'नि' का अर्थ नीची और 'माड़ी' का अर्थ माँ की गोद होता है। इसलिए इन दोनों को मिलाकर निमाड़ बना होगा। निमाड़ पुरातात्त्विक दृष्टि से भी अत्यन्त समृद्ध है। डॉ० हसमुख सांखलिया के शोध ने यह स्थापित किया कि नर्मदा की घाटी में मनुष्य ढाई लाख वर्ष से भी अधिक पहले निवास करता था। निमाड़ में ही माहिष्मती है, जिसे वर्तमान में महेश्वर कहते हैं। इसका उल्लेख रामायण काल में (ई०पू० 600) मिलता है। महेश्वर को हैहय वंशीय राजा सहस्त्रार्जुन तथा चेदिवंश के राजा शिशुपाल की राजधानी होने का गौरव प्राप्त था। महेश्वर में सहस्त्रार्जुन ने रावण को पराजित किया था। डॉ० वासुदेवशरण अग्रवाल के अनुसार चेदि जनपद नर्मदा के किनारे फैला हुआ था और माहिष्मती उसकी राजधानी थी। निमाड़ को अनूप जनपद के नाम से जाना गया। इस प्रदेश पर आभीरों ने भी राज्य किया। ईसा पूर्व चौथी तथा पाँचवीं शताब्दी में निमाड़ तथा मालवा प्रदेशों में आभीरों का आधिपत्य रहा। पूर्व मध्यकाल में यह क्षेत्र फारुकी वंश के सम्राटों के अधीन रहा और मुगलकाल में इस क्षेत्र पर मुगलों का अधिकार रहा। सन् 1818 के अन्तिम मराठा युद्ध के फलस्वरूप पेशवा के उत्तराधिकारी की हैसियत से अंग्रेजों ने सबसे पहले कान्हापुर, कसरावद और बेड़िया परगने तक तथा असीरगढ़ के किले और उससे लगे 17 गाँवों पर अधिकार कर लिया। सन् 1823, सिंधिया के निमाड़ के पाँचों परगनों को अंग्रेजों ने अपने अधीन कर लिया और इस तरह निमाड़ पर अंग्रेजों का शासन हुआ। सन् 1857 में जो देशव्यापी विद्रोह हुआ, उससे निमाड़ भी अछूता नहीं रहा। सन् 1858 में दक्षिण पहुँचने के प्रयास में तात्याटोपे खण्डवा भी आए। खण्डवा पूर्वी निमाड़ का प्रमुख शहर है। उल्लेखनीय है कि निमाड़ पूर्वी तथा पश्चिमी निमाड़ नामक दो भागों में वर्तमान में विभक्त है। पूर्वी निमाड़ का ज़िला खण्डवा तथा पश्चिमी निमाड़ का ज़िला खरगोन है। अभी-अभी खरगोन ज़िले को

विभक्त कर एक नया ज़िला बड़वानी बनाया गया। 19वीं शताब्दी के राष्ट्रीय जागरण काल में निमाड़ का अपना विशिष्ट योगदान रहा। यहाँ स्वामी विवेकानन्द भी आये और महात्मा गांधी भी। निमाड़ अपने आप में अपनी साहित्यिक और सांस्कृतिक विरासत को सहेजे हुए निरन्तर समय के साथ चलने का प्रयास करता रहा है।

निमाड़ में बोली जानेवाली बोली निमाड़ी है। निमाड़ नर्मदा के किनारे बसा है और नर्मदा के प्रति आस्था इसके पोर-पोर में समाई है। निमाड़ में ही ओंकारेश्वर नामक प्रसिद्ध ज्योतिर्लिंग है। निमाड़ी मुख्य रूप से मालवा की सीमा को छूते हुए नर्मदा के आसपास ओंकारेश्वर, मण्डलेश्वर, बीच में खरगोन, पश्चिम में जोबट, अलीराजपुर, धार और बड़वानी तथा पूर्व में होशंगाबाद के नजदीक हरदा और हरसूद को लेकर दक्षिण में सुदूर खण्डवा और बुरहानपुर के आसपास खानदेश की सीमा तक बोली जाती है। यद्यपि बुरहानपुर के आसपास का क्षेत्र महाराष्ट्र से लगा होने के कारण निमाड़ी पूरी तरह नहीं बोली जाती, इसी तरह जोबट, अलीराजपुर और धार में भी निमाड़ी उस रूप में नहीं बोली जाती, जिस रूप में निमाड़ी खण्डवा और खरगोन ज़िलों में बोली जाती है। हरसूद के आगे हरदा में भुवाड़ी बोली जाती है। हरदा वास्तव में मालवा, निमाड़ और महाकौशल की सीमाओं के संगम पर अवस्थित है। इसलिए यहाँ की बोली अपने आप में विशिष्ट है। निमाड़ी पर खानदेशी, गुजराती, मराठी, राजस्थानी और मालवी का व्यापक प्रभाव है। निमाड़ और मालवा एक-दूसरे से जुड़े हुए हैं। इसलिए निमाड़ी और मालवी के शब्दों में काफी साम्य है। निमाड़ अंचल में भील, भिलाले, गोंड, कोरकू और राठ्या नामक प्रमुख जनजातियाँ निवास करती हैं। अब राजपूत, ब्राह्मण और बनिये यहाँ निवास करते हैं। निमाड़ के मेले बड़े प्रसिद्ध हैं। आषाढ़ शुक्ल पक्ष नवमी से पूर्णिमा तक खण्डवा में पूरे सात दिन राम सत्ता का मेला लगता है। श्रावण मास में भगवान पंढरीनाथ की रथयात्रा निकलती है। यह निमाड़ से लगे महाराष्ट्र के पंढरपुर में विराजे विट्ठल का प्रभाव है। निमाड़ में सिंगाजी का मेला बड़ा प्रसिद्ध है। यह कुवार सुदी पूर्णिमा पर लगता है। कार्तिक सुदी पूर्णिमा के दिन ओंकारेश्वर में कार्तिक मेला लगता है। यहाँ की मिट्टी काली है तथा वर्षा भी कम होती है। निमाड़ बहुत तपता है। कपास और मूँगफली की फसल पहले काफी हुआ करती थी, लेकिन अब सोयाबीन उगाया जाने लगा। औद्योगिक दृष्टि से निमाड़ विपन्न है। हाल ही पश्चिमी निमाड़ में मराल ओवरसीज, सेंचुरी तथा जवाहरलाल नेहरू सहकारी सूत मिलें खुली हैं। इसी तरह बुरहानपुर के पास झिरी में स्व० ठाकुर शिवकुमार सिंह ने अपनी सामर्थ्य और जिजीविषा के बल पर एक शक्कर मिल आरम्भ की। कुल मिलाकर निमाड़ का औद्योगिक परिदृश्य आशाजनक नहीं है।

हर अंचल की अपनी विशिष्ट धार्मिक मान्यताएँ होती हैं, उसी तरह निमाड़ अंचल की अपनी धार्मिक मान्यताएँ हैं। यहाँ के अपने लोक-त्यौहार भी हैं, जिनका आधार फसलें हैं। डोडबलई अमावस, नाय, ध्रुव पूजा, पोला, गोवर्धन पूजा, झेंडा, अखाती, भाईबीज, गनगौर, नरवत तथा संक्रान्ति यहाँ के प्रमुख लोक-त्यौहार हैं। गाँवों

में भिलट देव, सामूर देव, भैंसासुर भैरू, मैढ़ा, शीतला, छठी माता आदि देवी-देवताओं की पूजा की जाती है। निमाड़ के अपने लोक विश्वास भी हैं तथा यहाँ की अपनी लोक कला भी है। निमाड़ में भित्ति चित्र बड़े चाव के साथ बनाए जाते हैं। इनमें सबसे प्रभावशाली जिरोती है। जिरोती के बाद नाग भी मांडे जाते हैं। यहाँ का प्रसिद्ध त्यौहार साँझाफूली का है। निमाड़ में गनगौर का त्यौहार बड़े उल्लास के साथ मनाया जाता है। सौराष्ट्र से आई रनुबाई की बड़े मन से आराधना की जाती है। निमाड़ के लोकवाद्यों में प्रमुख हैं—मृदंग, ढोलक, डफ, चंग, घेरा, किंगरी, तोनक्या तथा झाँझ। इनके अलावा सितार, सारंगी, वंशी और करताल भी लोकप्रिय हैं। निमाड़ में रास-मण्डल, रामलीला तथा स्वांग की समृद्ध परम्पराएँ हैं। यहाँ की अपनी लोक-कथाएँ, नीतियों और वृत्तों से संबंधित हैं। इसी प्रकार लोक-कहावतें भी प्रसिद्ध हैं। ज्यादातर लोक-कहावतें अन्य लोक-कहावतों का ही निमाड़ी रूप हैं।

निमाड़ी भाषा के अपने शब्द हैं। अभी तक निमाड़ी कोश नहीं बन पाया है, विभिन्न संगोष्ठियों में यह तथ्य भी उभरकर सामने आया कि दादा रामनारायण उपाध्याय के कार्य को आगे बढ़ाया जाना चाहिए। उन्होंने संकलन के स्तर पर काफी कार्य किया है। अब यह कार्य उस स्तर का होना चाहिए, जिस स्तर का कार्य मालवी में डॉ० प्रह्लादचन्द्र जोशी ने किया है। इस दृष्टि से निमाड़ी कोश का तैयार किया जाना अत्यन्त आवश्यक है।

निमाड़ी लोक साहित्य के निर्माण में सन्तों का महत्त्वपूर्ण स्थान है। संत ब्रह्मगीर, सिंगा, खेमदास, दलुदास, रंकदास और अफजल जैसे संत निमाड़ में हुए। इनमें सिंगाजी की लोकप्रियता बहुत अधिक है। उनका समय संवत् 1576-1616 माना जाता है। यह भी माना जाता है कि वे कबीर के समकालीन थे। उनकी रचनाओं पर कबीर का बड़ा स्पष्ट प्रभाव है। संत सिंगा निर्गुणिया संत थे। उनका यह प्रसिद्ध भजन निमाड़ में आज भी बड़े भक्तिभाव के साथ गाया जाता है—

समझी लेओ रे मना भाई, अंत नी होय कोई आपणा।
आप निरंजन निरगुणा, सगुण तट ठाडा,
यही रे माया के फंद में, नर आण लुभाणा॥ 1॥
भवसागर को पैर के, किस विधि पार उतरणा,
नाव बणी खेवट नहीं, अट्की रह्यो रे निदाना॥ 2॥
कोट कठिन गढ़ चैढ़णा, नर आण लुभाणा,
घड़ियाल बाजत पेहर का, दूर देश का जाणा॥ 3॥
माया के भ्रम नहीं भूलणा, ठगी जासे निदाना,
ब्रह्मगीर कहते भये, पहिचाण ठिकाणा॥ 4॥

संत सिंगा ने निमाड़ी भाषा में 1100 आध्यात्मिक भजन रचे। निमाड़ में शायद ही ऐसा कोई गाँव हो जहाँ की भजन मण्डली सिंगा के भजन न गाती हो। संत सिंगा की

समाधि जिस गाँव में है, उस गाँव को सिंगा जी के नाम से ही जाना जाता है। सिंगा जी ने निर्गुण परम्परा का सम्प्रेषणीय आख्यान किया और न केवल निमाड़ अंचल में, बल्कि आसपास के समूचे अंचल के सिद्ध सन्त के रूप में समादृत हुए। अपने एक भजन में उन्होंने ब्रह्म को परिभाषित करते हुए कहा—

पाणी पवन से हो पातळा, जैसे सूर्या में घाम।
ज्यों ही शशि का चाँदण, ऐसे मेरो राम॥

आशय यह है कि जो पानी और हवा से भी पतला है और सूर्य की धूप या चंद्रमा की चाँदनी की तरह है, ऐसा ही मेरा राम है।

दुनिया के आवागमन से मुक्त होने के बारे में उनकी पंक्तिय़ाँ हैं—

आवागमन मत कीजे रे मन म्हारा,
फिरी जलमऽ मत लीजे रे।
तत्व पलँग पर सेज बिछावणा,
शून्य मँऽ डेरो दीजे रे॥

सिंगा जी के भजन और दोहे आजकल खड़ी बोली में गाये जाने लगे। इसका बड़ा कारण वाचिक परम्परा के रूप में उनके काव्य की यात्रा का आगे बढ़ना है। सिंगा जी ने जो कुछ भी व्यक्त किया है, वह लोक से लेकर ही व्यक्त किया है। सिंगा जी के साहित्य का अध्ययन करते मुझे अनुभव हुआ है कि सिंगा जी के उन भजनों को ही सिंगा जी के मौलिक भजन मानना चाहिए, जो निमाड़ी में हैं और वाचिक परम्परा से उनके काल से आज तक चले आये हैं। जहाँ खड़ी बोली का प्रयोग है, निश्चित ही वह संत सिंगा की मूल वाणी नहीं है। सिंगा का यह भजन अद्भुत है, जिसमें किसान के दैनिक जीवन से संबंधित प्रतीकों के सहारे उन्होंने हरि नाम की खेती का वर्णन किया है। भजन है—

'खेती' खेड़ो रे 'हरीनाम' की, जा मँऽ मुक्तो लाभ।
'पाप' का 'पालवा' कटावजो, काटी बाहर राळ।
'कर्म' की फासी एचावजो, खेती चोखी थाय॥
'बास-श्वास' दो बैल हैं, 'सुर्ती' रासऽ लगाव।
'प्रेम' 'पिराणो' कर धरो, 'ज्ञान' 'आर'ऽ लगाव॥
'ओहं' बक्खर जूपजो, 'सोहं' 'सरतो' लगाव।
'मूल मंख' बीज बोवजो, खेती लट-लूम थाय॥
'संत' को मांडो रोपजो 'धरम' पैड़ी लगाव।
'ज्ञान का गोळा चलावजो, 'सुआ' उड़ी उड़ी जाय॥
'दया' की दावण राळजो, बहुरी फेरा नहिं होय।
कहे 'सिंगा' पहचाण लेवो, आवागमन नहीं होय॥

आशय है कि अरे मनुष्य, तू हरिनाम की खेती कर, जिसमें बहुत लाभ है। पाप के पल्लवों को काटकर फेंक, फिर कर्म के डण्ठलों को बीन। यह करेगा तो तेरा खेत साफ हो जाएगा। वास और श्वासरूपी दो बैलों को श्रुती की डोर से बाँध और प्रेम की लकड़ी हाथ में रखकर इन बैलों को ज्ञान की कील से हाँक! ओम का बक्खर लेकर उस पर सोहं का सरता बाँध तथा उसमें मूल मंत्र का बीज बो, तो तेरी खेती भरपूर होगी। फिर सत्य का मंडप बनाकर उस पर धर्म की सीढ़ी लगा और ज्ञान का गोला चला तो, तोते दूर-दूर तक भाग जायेंगे। यदि तूने दया की दावण लगाकर उस खेतिहर से अपना रिश्ता जोड़ लिया और इस तरह उसे पहचान लिया तो फिर तू आवागमन के चक्र से मुक्त हो जाएगा।

इस तरह स्पष्ट है कि निमाड़ी में संत सिंगा ने सर्वप्रथम ऐसे निरगुनिया भजन रचे, जो जन-जन में लोकप्रिय हुए और उनका गान निमाड़ की पहचान बन गया। उनके शिष्य खेमदास, दलुदास, धनजीदास तथा रंकदास ने भी बड़े सुन्दर और गेय भजनों की रचना की।

निमाड़ी में हिन्दी, गद्य और पद्य साहित्य रचा गया किन्तु गद्य रचनाएँ कम हैं। श्री मुकुन्द विनायक पारखी ने 'सुखानन्द-मनोरमा' नामक नाटक में सबसे पहले निमाड़ी का प्रयोग किया। उन्होंने श्री भक्त सिंगा जी नामक एक छोटा सा नाटक भी लिखा। यह एक पुस्तक के रूप में सन् 1918 में रत्न भारती एण्ड कम्पनी से प्रकाशित हुई। वाणी के निमाड़ अंक में श्री तुलसीराम गावशिन्दे ने कंजूसखोपड़ी नामक कहानी लिखी। श्री नारायण बावने 'वरुण' निमाड़ी के अच्छे लेखक रहे। उन्होंने 'हुशियार घर वाळई' जैसी तथा 'राजा की गप्पो' जैसी व्यंग्य और हास्यपूर्ण रचनाएँ लिखीं। निमाड़ी लोककथाओं को श्री शिवनारायण उपाध्याय ने संकलित किया तथा चंदन और पलाश के नाम से उनका प्रकाशन हुआ। वर्तमान में महेश्वर के प्रख्यात निमाड़ी लेखक श्री बाबूलाल सेन ने भी निमाड़ी गद्य काफी रचा है। उन्होंने लोककथाओं को भी संकलित किया है।

जहाँ तक आरम्भिक निमाड़ी पद्य का संबंध है, 'सलिता का ब्याह' निमाड़ी भाषा की सबसे पहली प्रकाशित रचना है। इसे गणपत जी ढोंढोवा नामक व्यक्ति ने प्रकाशित करवाया था। इसमें भजन संगृहीत हैं तथा संवत् 1966 में जगदीश्वर प्रेस मुम्बई से इसका दूसरा संस्करण भी निकला। बंकटराम आनन्द दो लेखक थे लेकिन रचनाएँ संयुक्त नाम से लिखते थे। दोनों घनिष्ठ मित्र थे। 'लावणी' जो महाराष्ट्र का लोकप्रिय नृत्य गान है, वह निमाड़ी में उन्होंने लिखा। गोगावाँ के श्री बोंदर कन्हैयालाल ने भी गरबी, लावणी और ख्यालों की रचना की। इसी तरह बरुड़ के कृष्णराम परशुराम ने 'रुखमणी का ब्याह' नामक एक सुन्दर कृति रची। उन्हीं के समकालीन फकीरनाथ के द्वारा निमाड़ी में रची गई चार पुस्तकें और मिलीं। श्री कालूराम गंगराड़े के संपादन में खण्डवा से प्रकाशित 'जाति सुधारक' नामक पत्रिका में भी उन्होंने काफी रचनाएँ

लिखीं। जैसा कि ऊपर कहा गया है निमाड़ में सगुण और निर्गुण, दोनों ही प्रकार की काव्य धाराएँ प्रचलित रहीं।

यदि निर्गुण परम्परा श्री सिंगा जी से लेकर उनके शिष्यों तक चली आई और आज भी प्रचलित है तो सगुण काव्यधारा के कृष्णोपासक कवि के रूप में दीनदासराम का नाम काफी जाना जाता है। उनका कार्यकाल संवत् 1892 से 1956 तक रहा। श्री शिवचरणलाल ने 'खण्डवा की आग' नामक एक सुन्दर कविता लिखी। सायल्ली उस्ताद का नाम ख्याल के लिए मशहूर है। श्री रामनारायण उपाध्याय ने यह गीत उनके गाँव कालमुखी के श्री धनसिंह गुर्जर से सुना था। यहाँ यह उल्लेख करना भी प्रासंगिक होगा कि निमाड़ी में लोकगीतों के संकलन करने में श्री रामनारायण उपाध्याय की बड़ी महत्त्वपूर्ण भूमिका रही है। उन्होंने मुझे बताया कि बचपन में महिलाएँ, लोकगीत पुरुषों के सामने नहीं गाती थीं। वे तब छुप-छुपकर ये गीत सुनते और उन्हें लिपिबद्ध कर लेते थे। ऐसे अनेकों गीत उन्होंने लिपिबद्ध किए और सदैव के लिए निमाड़ी के लोकगीत साहित्य की इस अनमोल निधि को सुरक्षित कर लिया। श्री धनसिंह गुर्जर से प्राप्त सावन के एक अबोलो गीत को उन्होंने लिपिबद्ध किया है, जो इस तरह है—

पिया दुई दिन पीयर जावाँ, न मुख सी बोलो।
पातळिया, क्यों लियो जी आज अबोलो॥
एक बारा बरस सी नाँदी, रहई रे थारा अँगणऽ।
मख भेजो हो, महिनो तो आयो सरावणऽ॥
मखऽ लइ देवो जी, अन्दणा फुन्दणा।
हम जावाँ झूलसाँ जी बीरा घर झुलणा॥
मैंदी मऽ रंग्या दुई हाथ, हिंडोळो गावाँ॥
म्हारा रंग भर्‍या ई हाथ, कुणख बतावाँ॥
तुभ करो म्हारा सी प्यारा, प्रेम रस मीलो।
पातलिया, क्यों लियो जी आज अबोलो॥

आशय है कि जब पत्नी सावन में अपने माता-पिता के यहाँ जाने का अपने पति से आग्रह करती है तो पति मौन हो उठता है। तब पत्नी कहती है कि मैं बारह वर्षों से तुम्हारे यहाँ की सारी आज्ञाओं को मान रही हूँ, अब सावन आया है, इन दिनों में तो मुझे अपने मायके भेज दो। मुझे अपने बाजुओं में बाँधने तथा चोटी में गूँथने के लिए पूँदे ला दो। मैं अपने भाई के यहाँ जाकर उसके साथ झूला झूलूँगी तथा हाथों में मेंहदी लगाकर झूले के गीत गाऊँगी। लेकिन इन मेंहदी रचे हुए हाथों को वहाँ कौन देखेगा? मेरे प्रियतम तो यहीं रहेंगे। इतना सोचते ही वह व्याकुल हो जाती है और अपने पति से आग्रह करती है कि तुम मुझसे प्यार करो। आज ऐसा मौन क्यों धारण कर लिया है? ऐसे मार्मिक अबोल निमाड़ में बड़े लोकप्रिय हैं। मुझे बार-बार निमाड़ का यह लोकगीत बेहद याद आता है, जिसके बारे में डॉ० वासुदेवशरण अग्रवाल ने लिखा कि निमाड़ी गणगौर का यह गीत अकेला ही लाखों गीतों के बराबर है, इसकी विराट्

कल्पना स्तब्ध कर देती है। यह गीत निमाड़ी के सर्वश्रेष्ठ लोकगीतों में से एक है। गीत इस तरह है—

शुक्र को तारो रे ईश्वर ऊँगी रह्यो,
तेकी मखऽ टीकी घड़ावऽ॥ 1॥
ध्रुव की बादळई रे ईश्वर तुली रही,
तेकी मखऽ तहबोळ रँगावऽ॥ 2॥
सरग की बिजळई रे ईश्वर कड़की रही,
तेकी मखऽ मगजी लगावऽ॥ 3॥
नव लख तारा रे ईश्वर चमकी रह्या,
तेकी मखऽ अंगिया सिलाव्॥ 4॥
चाँद सूरज रे ईश्वर ऊँगी रह्या,
तेकी मखऽ टुक्की लगाव्॥ 5॥
वासुकी नाग रे ईश्वर देखई रह्यो,
तेकी मखऽ वेणी गुथाव्॥ 6॥
बड़ी हट वाळई रे गौरल गौरड़ी!!

अर्थ है, पत्नी अपने पति से आग्रह करती है कि आकाश में जो यह तेजस्वी शुक्र का तारा चमक रहा है न, उसकी मुझे बिन्दी घड़वा दो और वह जो उत्तर दिशा में ध्रुव की तरफ बरसने योग्य बदली छाई हुई है, उसकी मुझे चूनर रँगवा दो और सुनो, स्वर्ग में कड़कनेवाली बिजली की उसमें मगजी लगवा देना। साथ ही, आकाश में चमकने वाले लाखों तारकों की मुझे कंचुकी सिलवा देना, जिसके आगे के भाग में सूरज और चन्द्रमा जड़े हुए हों। फिर वह कहती है कि, देखो यह जो इठलाता और बलखाता हुआ वासुकी नाग दीख रहा है न, उसकी मुझे वेणी गुँथवा दो। तब उसका पति कहता है कि अरी, गौर वर्ण वाली रनु तू बड़ी हठीली है।

निमाड़ी के आधुनिक काव्य के बारे में बहुत कुछ लिखा जा सकता है। रामनारायण जी आधुनिक निमाड़ी काव्य का आरम्भ 'छोग्या भील' के अकाल गीतों से करते हैं। अकाल का यह मार्मिक गीत बेहद झकझोरता है—

काई कहूँ रे, आज की बात, म्हारी तो मुट्ठी खुली गई रे।
चाल साल की बणेल बात, माटी मँऽ मिली गई रे।
दुई बैल्या को किर्साण, औका सी धाड़क्या नी चुकी रहया जी,
चाँदी चकती गिरवी धरो नऽ, ठिकरा बिकी रहया जी।
लुगई कहे कि म्हारा फाटि गया लुगड़ा,
पोर्‍या-पारई भी फिरी रह्या उघड़ा,
मत मखऽ लगाओ झाळ हउं तो हरबई न बठी गयो जी,
इना साल का महीं म्हारो खेत, पाटी उड़ी गयो जी।

आशय है कि मैं आज की बात आपसे क्या बताऊँ, मेरी तो मुट्ठी खुल गई। चार साल की मेरी बनी हुई बात, आज मिट्टी में मिल गई। दो बैल के किसान से, खेती के मजदूरों की मजदूरी भी नहीं चुक रही है। चाँदी वगैरह सब गिरवी रखने के बाद भी उसके आज बर्तन बिक रहे हैं। पत्नी कहती है कि उसकी साड़ी फट गई और बच्चे उघाड़े बदन घूम रहे हैं। मुझे गुस्सा मत दिलाओ, मैं तो अब हारकर बैठ गया हूँ। इस साल तो मेरा खेत सूखकर कंकाल हो गया।

छोग्या भील के अकाल पर लिखे हुए गीत अपने समय में बड़े प्रसिद्ध हुए। खण्डवा, खरगोन, बड़वाह, सनावद, महेश्वर और हरदा से लेकर बलकवाड़ा तक के छोटे से गाँव में भी निमाड़ी के गीत रचे गए। सर्वश्री प्रभाकर दुबे, बाबूलाल सेन, बंकिम जोशी तथा गौरीशंकर 'गौरीश' व लक्ष्मणसिंह डासौधि ने निमाड़ी साहित्य के संवर्धन के लिए बहुत कार्य किया।

निमाड़ी के अन्य महत्त्वपूर्ण रचनाकारों में हैं—सर्वश्री बाबूलाल अवस्थी, राजाभाऊ व्यास, सोमेश्वर जोशी, बलराम पगारे, विद्याधर टेलर, त्रिभुवनसिंह प्रेमी, रामराव चोरे, मंशाराम यादव, अरविन्द जोशी 'पुष्प', नारायण बावने 'वरुण', मोतीलाल बरवे 'मुक्त', शंकरलाल पाटीदार, भगवान शर्मा, मणीमोहन निमाड़ी, विष्णुराम सनावद्या, सुमनाकर, माँगीलाल सोनी, ओंकारलाल शर्मा 'माखन', राधेश्याम शाण्डिल्य, त्रिभुवनसिंह चौहान, वसन्त निरगुणे, गजानन्द चौहान, शिवनारायण शिव, दिनकरराव दिनेश, शंकरकान्त शर्मा, सुरेन्द्र नेगी, रामाराव चोरे, ताराचन्द निमाड़ी, शंकरलाल प्यासा, सहदेव सिंह मलय, किशोरसिंह डासौंधि, रामाधार उपाध्याय, शिवकुमार चौरे, निर्मल अरझरे, शिवनारायण उपाध्याय, रेवाशंकर माँगरोले, विनोद चौरे, कृष्ण साकल्ले, अशोक गीते, विष्णु प्रसाद डोंगरे, महादेवप्रसाद चतुर्वेदी, दिलीप सिंह चौहान, प्रभाकर भालके, श्याम चतुर्वेदी, कैलाशचन्द्र जोशी, मधुकर जोशी, ललितनारायण उपाध्याय, जीवन जोशी, जगदीशचन्द्र पण्ड्या, उदयसिंह अनुज, पण्डित राजनाथ, संतोषचन्द्र शर्मा, जगदीश विद्यार्थी, गजानन्द सोनी एवं महेन्द्र जैन आदि हैं। इनके अतिरिक्त भी अनेक महत्त्वपूर्ण निमाड़ी रचनाकार हैं, जो निरन्तर सृजनरत हैं।

उक्त के अलावा, कल्पना राठी, निहार अग्निहोत्री, विद्यारानी जड़िया, कांता जोशी, हेमलता उपाध्याय, सुमन चौरे, शोभना चौरे, कामना उपाध्याय, ताराबाई करील, रमादेवी, इन्दिराबाई तारे जैसी महिलाओं ने भी निमाड़ी के योगदान में अपनी महत्त्वपूर्ण भूमिका निबाही है।

श्री सुकुमार पगारे ने सन् 1934 में सिंगा जी साहित्य शोधक मण्डल की स्थापना की तथा निमाड़ी लोक साहित्य को संकलित करने की दिशा में महत्त्वपूर्ण पहल की। निमाड़ी लोक साहित्य पर रामनारायण जी उपाध्याय जी ने महत्त्वपूर्ण कार्य किया तथा निमाड़ी लोकगीत (सन् 1949), जब निमाड़ गाता है (1988), चतुर चिड़िया (1962), निमाड़ी और उसका लोक साहित्य (1964), संत सिंगा जी : एक

अध्ययन (1965), निमाड़ी लोक कहावतें (1969), चंदन और पलाश (1972), निमाड़ का लोक साहित्य और संस्कृति (1973) नामक महत्वपूर्ण कृतियों का सृजन किया।

स्वर्गीय प्रभाकर दुबे, जो बड़वाह के निवासी थे, निमाड़ी के समर्पित व्यक्तित्व थे। वे आजीवन निमाड़ी बोली को संकलन के स्तर से ऊपर उठाकर उसे भाषा के स्तर पर संस्कारित करने के सतत प्रयास में लगे रहे। उनकी प्रतिभा बहुआयामी थी। उन्होंने निमाड़ी साहित्य के नाट्य और राग में छुपी संभावनाओं को साकार कर दिखाया। उन्होंने गीत रचे और गाये, नाटक किये, चित्रों में रंग भरे और निमाड़ी की अस्मिता को निखारने में कोई कसर नहीं छोड़ी। उन्होंने अछूती लोक धुनों को रचा। वे निमाड़ अंचल के वाद्यों को निपुणता से बजाने के लिए भी प्रख्यात थे। प्रभाकर दुबे ने कई पुस्तकें लिखीं, 'ई कुण आय', 'गुड़िया की बारात', नाक मऽ नथ जसो ताळो दियो तिजोरी', 'ठुमका', 'हिन्दी नृत्यगीत' और खण्ड काव्य 'ज्वार माता'। उन्होंने निमाड़ी बालगीतों का संग्रह किया, 'एक परि कहानी सुनाए' के नाम से। उन्होंने निमाड़ी में व्यंग्य भी लिखे, जिनका अपना मौलिक शिल्प था, जैसे—'सच्चाई कम झूठ ज्यादा', 'साहुकारी कम लूट ज्यादा', 'हुई गई रे असी जिन्दगाणी—मूलधन कम सूद ज्यादा'। प्रभाकर दुबे और उनकी मंडली ने न केवल निमाड़ और मालवा अंचल के विभिन्न नगरों में बल्कि दिल्ली तक अपने नाट्य प्रदर्शन किए। उन्होंने विलक्षण माँझी गीत लिखे। वे ओंकारेश्वर में जन्में तो नर्मदा में नाव के खेनेवाले माँझियों पर गीत रचा, "खेंचों खेंचों रे अवळई हारे खेंचों अवळई/हो रे खेंचों अवळई, नाव या पार चली।"

उनके गीतों की उपमाएँ भी ठेठ निमाड़ी हैं। उनका यह गीत अपनी अनूठी उपमा के लिए बड़ा प्रसिद्ध हुआ—

कोई चोर नी करी ले चोरी
राखऽ बड़ी नजर तू गोरी
थारी नाक मऽ नथ असी लागऽ
जसो ताळो दियो हौय तिजोरी...
ई केस जो कड़ी रुलन्ता,
सण सरीखा हुई जासे ओ।
यो रूप रस भर्यो अम्बो
गुठली सो चुसई जासे ओ।
सब चाटी पोटी जासे या उमर बड़ी छे चटोरी...।

वे बौराए आम और घाटी पर दमकते सूरज की उपमाएँ निमाड़ी प्रतीकों में देखते हैं। उनके लिए बौराया आम ऐसा लगता है जैसे दूल्हे ने मोर बाँध लिया हो और घाटी पर उगा सूरज ऐसा प्रतीत होता है, जैसे दूल्हे ने रेशमी पगड़ी बाँधी हो—'मौरायो अम्बो रे लागऽ कसो/मोड़ बन्धेल होय दुल्हन जसो/घाटी पर सूरज लागऽ कसो/दूल्हा राजा की पागा जसो।'

प्रभाकर दुबे निःसंदेह निमाड़ी के आधुनिक पद्य के शलाकापुरुष कहे जा सकते हैं। उन्हें प्रथम गणगौर सम्मान मिला, निमाड़ गौरव सम्मान मिला और राज्य अकादमी का ईसुरी पुरस्कार भी। वे कहते थे कि आजकल लोककर्मी बिना पंख का पखेरू है। यह उनकी अपनी व्यथा थी, जो बिल्कुल सही थी, लेकिन उनकी जिजीविषा अदम्य थी। उन्होंने अपने सीमित संसाधनों के भरोसे निमाड़ी के लिए जो किया, वह कल्पनातीत है और अपने मरने तक उनकी यह आशा जीवित रही, 'हँसी खुशी, नाच गीत वाली/जिन्दगी फिर जीवाँगा/वार तीवार तीरथ अबऽ बरत/जिंदगी सी फिर जोडाँगा।'

निमाड़ी साहित्य के अवदान पुरुष के रूप में श्री बाबूलाल सेन का नाम एक समर्पित व्यक्तित्व के रूप में जाना जाता है। 'हर-हर रेवा मैया' नामक निमाड़ी काव्य संग्रह उनका प्रसिद्ध काव्य संग्रह है। उन्होंने अनेक ग्रंथ लिखे तथा पिछले चालीस वर्षों से साहित्य साधना में वे संलग्न हैं। नर्मदाचंल की बालकोपयोगी मनोरंजक लोककथाओं को उन्होंने खड़ी बोली में प्रस्तुत किया तथा पुस्तक का नाम रखा 'मुर्गे का ब्याह'। उन्होंने निमाड़ के निर्गुण सन्त अफजल साहब के वचन संग्रहों को दो भागों में प्रकाशित कराया। उनका यह कार्य निमाड़ी के मानक अवदानों में से एक है। श्री बाबूलाल सेन का कृतित्व क्षेत्र अत्यन्त विस्तृत है। उन्होंने निमाड़ी गद्य के लिए बहुत साधना की तथा आज भी बिना किसी अपेक्षा भाव के वे अपना अवदान निमाड़ी साहित्य के लिए दे रहे हैं। श्री सेन ने निमाड़ी गीत गंगा के रूप में एक सुन्दर संकलन प्रस्तुत किया जिसमें 47 कवियों की निमाड़ी कविताएँ संकलित हैं।

श्री वसन्त निरगुणे ने 'बिसरे रंग निमाड़ के' शीर्षक से निमाड़ के विभिन्न रंगों से साहित्यिक जगत् को परिचित कराया। श्री निरगुणे अपने लोककर्म के लिए जाने जाते हैं। निमाड़ी कविताओं का संकलन वर्ष 1957 में श्री जगदीश विद्यार्थी ने प्रकाशित कराया। इसके अलावा श्री विष्णुराय सुमनाकर ने वर्ष 1980 में निमाड़ी लोकगीत संकलित कर प्रस्तुत किया। निमाड़ी गरवा गीतों का संकलन श्री दिलीपकुमार मण्डलोई ने प्रकाशित कराया। 36 कवियों की निमाड़ी कविताएँ श्री गौरीशंकर शर्मा 'गौरीश' ने प्रकाशित कराई। इस तरह निमाड़ के लोकगीतों पर काफी कार्य हुआ।

निमाड़ के लोकगीतों की अपनी विशिष्टता है। ये लोकगीत लोक आत्मा से उपजे हुए गीत हैं। ये श्रम के, शक्ति के और सुंदरता के गीत हैं, ये धार्मिक आस्था और एक निश्छल निमाड़ी के मन की सहज व्यथा के गीत हैं। ये निमाड़ के पर्वतों, प्रान्तरों और नदियों के गीत हैं। लगता है कि निमाड़ सदैव गाता ही रहता है। जन्म से लेकर मृत्यु तक के गीत निमाड़ी में उपलब्ध हैं। यदि बच्चे का जन्म का गीत नन्द के उल्लास के माध्यम से व्यक्त होता है तो इस सद्यजात शिशु के जन्म पर यह माना जाता है कि यह बच्चा कामदेव की तरह सुन्दर है। एक गीत की कुछ पंक्तियाँ हैं—

म्हारा घर मदनसिंह जलमियो।
हउँ तो जोसी घर भेजूँ बधाओ,
हमारा घर पोथी-पुराण लई आवऽ।
पोथी वाचसे नानो-सो बालुड़ो, पुराणवाचसऽ ओके बाप।

इन पंक्तियों का अर्थ है कि मेरे यहाँ कामदेव की भाँति सुन्दर बच्चे का जन्म हुआ है। मैं ब्राह्मण (जोशी) के यहाँ बधाई भेजती हूँ, वह मेरे यहाँ पोथी व पुराण लेकर आए। पोथी तो मेरा बच्चा पढ़ेगा और पुराण उसके पिता जी पढ़कर सुनायेंगे।

निमाड़ में विवाह के अवसर पर गाए जानेवाले गीत बड़े विलक्षण हैं। एक बधाई गीत में उन पाँच बधाइयों का वर्णन किया गया है, जो ससुर, पिता, जेठ, भाई और कोख को दी जाती हैं। इस बधाई में ससुर, पिता, जेठ और भाई के प्रति समान प्रेम प्रदर्शित किया गया है और माँ की उस कोख को प्रतिष्ठा दी गई है, जिसके कारण यह शुभ दिन देखने को मिला। जिस दिन किसी के विवाह का निश्चय किया जाता है तो सबसे पहले 'खन माटी' का मुहूर्त निकाला जाता है, इस दिन परिवार की महिलाएँ गीत गाते हुए गाँव से बाहर जाकर वहाँ से मिट्टी अपने हाथों से खोदती हैं तथा उस मिट्टी से इस अवसर पर चूल्हे और कोठियाँ बनाई जाती हैं। एक मार्मिक गीत में यह बताया गया है कि यदि निकट के रिश्तेदार नहीं आ पाते तो घर किस तरह सूना लगता है और जब आ जाते हैं तो घर किस तरह उल्लास से भरपूर हो उठता है। गणेश पूजा के बोल अपने आप में अद्‌भुत हैं। गणेश पूजा का गीत है—

जी हो आज म्हारो देवमन्दिर लहलहे,
आया म्हारा गणपत राव,
हरकत पगरण आरम्भियो।
जी हो आज म्हारी पटसाळ लहलहे
आया म्हारा दशरथ बाप,
हरकत पगरण आरम्भियो।
जी हो आज म्हारो पाळणो लहलहे
आई म्हारी कौशिल्या माय,
हरकत पगरण आरम्भियो।
जी हो आज म्हारो मण्डप लहलहे
आया म्हारा राम-लछमण बीरा
हरकत पगरण आरम्भियो।
जी हो आज म्हारी आरती लहलहे
आई म्हारी सुभद्रा बेण
हरकत पगरण आरम्भियो।

आशय है, आज मेरा देव मन्दिर लहलहा रहा है। मेरे यहाँ गणेश जी आये हैं। मैंने यह खुशी के साथ यह शुभ कार्य आरम्भ किया है। मेरे यहाँ दशरथ जैसे पिता जी आए हैं। आज मेरा पालणा लहलहा रहा है। मेरे यहाँ कौशल्या के समान माँ आई हैं। मैंने बड़े उल्लास के साथ मंगल कार्य आरम्भ किया है। मेरे यहाँ राम-लक्ष्मण की तरह भाई आए हैं। आज मेरी आरती लहलहा रही है। मेरे यहाँ सुभद्रा की तरह बहन आई है।

निमाड़ का एक सुन्दर ब्याह गीत है, जिसमें सुग्गे को आमंत्रित किया गया है—

तुम तो आवजो हो रे, अम्बाज वन का सूअड़ा।
तुमखऽ बठणऽ ख रे अच्छा सा बाजुट देवाँ,
बठो तो लागो सुहावणा।। 1।।
तुमारा पायण ख रे रुणझुण घुघरू देवाँ,
चलो तो लागो सुहावणा।। 2।।
तुम्हारी चोंच न रे हीरा रत्न जड़ावाँ
बोलो तो लागो सुहावणा।। 3।।
तुमखऽ चुगण ख रे केशर चाँवल देवाँ,
चलो तो लागो सुहावणा।। 4।।

इसका मार्मिक अर्थ है कि आम के वन के सुग्गे तुम मेरे यहाँ विवाह में अवश्य आना। तुम आओगे तो तुम्हें बैठने के लिए अच्छा बाजुट देंगे, जिस पर बैठोगे तो बड़े सुहावने लगोगे। तुम्हारे पाँवों के लिए रुनझुन घुँघरू देंगे, चलोगे तो बड़े सुहाने लगेंगे। तुम्हारी चोंच हीरे और रत्नों से जड़ा देंगे, बोलोगे तो बड़े सुहावने लगोगे। तुम्हारे खाने के लिए केशर और चावल देंगे। चुगोगे तो बड़े सुहाने लगोगे।

निमाड़ में यदि विवाह के समय अनाज भी बीना जाता है तो उस समय भी गीत गाए जाते हैं। विवाह किसी एक घर विशेष का उत्सव नहीं होता, वह पूरे गाँव का त्यौहार होता है। किसी के भी घर ब्याह होता है तो गणेश पूजन के अवसर पर गुजरात से गणेश जी आते हैं। दूल्हे को जब स्नान कराया जाता है तो प्रतिदिन चार सुहागिन स्त्रियाँ इस अवसर पर स्नान गीत गाती हैं और दूल्हे को स्नान कराती हैं। विवाह के समय प्रतिदिन गीतों के द्वारा हर सुबह और साँझ का स्वागत किया जाता है। सुबह गाए जानेवाले गीतों को कुकड़ा और शाम के समय गाए जानेवाले गीतों को साँजुलीं कहा जाता है। सूर्योदय का सुंदर वर्णन इस गीत में किया गया है—

सुघड़ भयो परभात, साँवरो सुघड़ भयो परभात।
तिरिया जो जागे नऽ चीर सँभाले,
मरद सँभाले पाग,
जोगी जागे नऽ जोग सँभाले,
भोगी चाबे पान।

ब्रह्मा जागे नऽ वेद उच्चारे,
शोभाँव वरणी न जाये।

अर्थात् सुहावनी सुबह हो चुकी, सलोना प्रभात हो चुका, स्त्रियाँ जागकर अपने कपड़े सँभाल रही हैं और पुरुष अपनी पगड़ी के पेंच। योगी जागकर अपना योग सँभाल रहे हैं और भोगी जागकर पान चबा रहे हैं। ब्रह्मा जाग गए हैं और वे वेद का उच्चारण कर रहे हैं। ऐसे सुंदर प्रभात की शोभा का वर्णन नहीं किया जा सकता। मुर्गे के बोलों को प्रभात वेला से जोड़ा गया है। एक गीत में कहा गया है कि हे मुर्गे, तुम्हारे बोलते ही सब जाग गए हैं और चारों देवता जाग गए हैं, तुम्हारे बोलते ही काशी के विश्वनाथ और बद्रिकाश्रम के बद्रीनाथ जागे हैं, अयोध्या के रामचन्द्र और मान्धाता के ओंकारदेव जागे हैं।

विवाह के अवसर पर विनोद भी बहुत होते हैं। ऐसे ही हास्य विनोद के क्षणों को निमाड़ी लोकगीतों में बाँधा गया है। साँझ के उतरने पर गाया जानेवाला एक लोकगीत है, जिसमें कहा गया है दीप से ज्योति का मिलन हो रहा है और यही सुंदर संध्या का समय है। साँझ के बाद जब दीपक घर में जलाया जाता है, तब इसी दीये के सहारे पारिवारिक जीवन की समृद्धि की कामना की जाती है। दीये की अभ्यर्थना करते हुए कहा गया है कि इसे इन्द्र लुहार ने बनाया है तथा यह सोने की समाई में जल रहा है। आनेवाली नव वधू के रूप सौन्दर्य की अद्भुत कल्पनाएँ निमाड़ी गीतों में हैं। निमाड़ के लोकगीतों में कुँआरे लोगों के साथ भी विनोद किया जाता है। मण्डप में गाए जाने वाले गीत भी बड़े मार्मिक हैं। एक गीत है, जिसमें मण्डप के दिन जब भाई को आने में देर हो जाती है तो बहिन का मन इतना चंचल हो उठता है कि वह आकाश में उड़ने वाले एक हंस के जरिए अपने भाई के आने का संदेश मँगाती है। मण्डप में दी जाने वाली भेंटों के गीतों के बारे में बड़ी सुंदर कल्पनाएँ हैं। मण्डप में स्मृति गीत भी गाया जाता है, जिसमें अपने पूर्वजों का स्मरण किया जाता है। सबसे करुण लोकगीत हैं, बिदाई के। बेटी की बिदा के समय माँ के मन की व्यथा ऐसी होती है कि, उसका वर्णन नहीं किया जा सकता। उसे लगता है कि जैसे उसका पूरा बाग ही पराया हो गया। जब बारात वधू को लेकर लौटती है, तब उस एकाकी नववधू के मस्तिष्क में अतीत के चित्र घूमने लगते हैं और भविष्य के प्रति जिज्ञासाएँ भी उत्पन्न होती हैं। एक ऐसे ही गीत की पंक्तियाँ हैं—

बना थरो देश देख्यो नी मुलुक देख्यो,
काई थारा देश की रहेवास।
बनड़ा जी धीरा चलो, धीरा धीरा चलो जी सुकुमार,
बनड़ा जी धीरा चलो॥
बनी म्हारो देश माळवो, मुलुक निमाड़,
गाँवड़ा को छे रहेवास।

मतलब है कि हे प्रिय, मैंने न तो तुम्हारा देश देखा न मुल्क देखा। तुम्हारे देश का रेहवास केसा है? जरा धीरे चलो, हे सुकुमार जरा धीरे चलो। इस पर पति कहता है कि हे प्रिये मेरा देश मालवा और जिला निमाड़ है और मैं गाँव का रहनेवाला हूँ, तुम घर चलो।

निमाड़ में गनगौर का त्यौहार 9 दिनों तक चैत्र में बड़े उल्लास के साथ मनाया जाता है। गणगौर का उत्सव निमाड़ की विशेषता है। शिव-पार्वती, ब्रह्म-सावित्री, विष्णु-लक्ष्मी तथा चन्द्रा-रोहिणी की वन्दना के गीत गाए जाते हैं। इनमें सबसे अधिक गीत रनु देवी और उनके पति (धणियेर) सूर्य के संवाद के रूप में कहे गए हैं। रनुबाई सौराष्ट्र से आई हैं। पलाश के फूलों की आँच के बीच वसंत में मनाया जानेवाला यह त्यौहार निमाड़ के लोक जीवन की आत्मा है। होली की राख से चुने गए कंकरों में गीतों की स्वर लहरी के साथ गौरी क़ी प्रतिष्ठा कर छोटी-छोटी टोकरियों में मिट्टी भरकर उनमें गेहूँ बोने के लिए रखा जाता है, मानो नारी के हाथों फसल की प्राण-प्रतिष्ठा हो रही हो। फिर उसे प्रतिदिन सींचते हुए आरती की जाती है। इस अंकुरण को जवारे कहते हैं। गणगौर के गीत संवाद रूप में इसमें आराधना के गीत भी हैं, विनोद के भी और लोक जीवन की छोटी-छोटी घटनाओं के भी। रनुबाई के नखशिख वर्णन की छटा निराली है, जिसे इस गीत में व्यक्त किया गया है—

थारो काई काई रूप बखाणूँ रनुबाई,
सौरठ देश सी आई ओ॥
थारी अँगळई, मूँग की सेंगळई रनुबाई,
सौरठ देश सी आई ओ॥
थारो सिर सूरज को तेज रनुबाई,
सौरठ देश सी आई ओ॥
थारी नाक सुआ की रेख रनुबाई,
सौरठ देश सी आई ओ॥
थारा डोळा निंबू की फाक रनुबाई,
सौरठ देश सी आई ओ॥
थारा दाँत दाड़िम का दाणा रनुबाई,
सौरठ देश सी आई ओ॥
थारा ओंठ हिंगुळ की रेख रनुबाई,
सौरठ देश सी आई ओ॥
थारा हाथ चम्पा का छोड़ रनुबाई,
सौरठ देश सी आई ओ॥

थारा पाँय केळ का खंब रनुबाई,
सौरठ देश सी आई ओ॥
थारो काई काई रूप बखाणूँ रनुबाई,
सौरठ देश सी आई ओ॥

अर्थ है, देवी तुम्हारे किन-किन रूपों का वर्णन करें। तुम सौराष्ट्र देश से जो आई हो, तुम्हारी अँगुलियाँ मूँग की फली जैसी पतली, नरम और कोमल हैं और तुम्हारा चेहरा सूरज की तरह दीप्तिमान है। तुम्हारी नाक सुग्गे की चोंच की तरह नुकीली है और आँखें नींबू की फाँक के समान गोल, बड़ी और चमकीली हैं। तुम्हारे दाँत अनार के दानों की तरह सुन्दर हैं और तुम्हारे ओंठ हिंगुल की तरह लालिमा लिये हुए हैं। तुम्हारे हाथ चम्पे की टहनियों की तरह पतले और सुकुमार हैं तथा तुम्हारे पाँव केले के खम्भे की तरह गोल, चिकने और सीधे हैं। हे देवी! तुम्हारे कौन-कौन से रूपों का वर्णन किया जाए?

रनु को प्यार से उसके पिता जी उपदेश देते हैं। यह बड़ा गंभीर उपदेश है। वे कहते हैं कि तुम खेलने के लिए जाना चाहती हो, तो जाओ, लेकिन सृष्टिरूपी लम्बा बाजार देखकर दौड़ना नहीं, क्योंकि उसमें उलझकर गिरने या गुमराह होने का भय होता है। भारतीय परम्परा में सपनों के प्रतीकों के अर्थ किये जाते हैं। एक दिन रनुबाई अपने सपने में चौदह वस्तुएँ देखती है और अपने पति से उनका अर्थ पूछती है। इन चौदह वस्तुओं में—मानसरोवर, भण्डार, गंगा, भरी बावड़ी, सावन की हरियाली तीज, कड़कती बिजली, गोकुल का कन्हैया, बिच्छु, गुलाब का फूल, झपकता हुआ दिया, केले का वृक्ष, बाँझ स्त्री का खेत, पीला वसन ओढ़े हुए नवयुवती और उगता सूरज है। उसके पति कहते हैं कि मानसरोवर उसके पिता, भण्डार उसके ससुर, गंगा उसकी माँ, बावड़ी उसकी सास, सावन की हरियाली तीज उसकी बहन, कड़कती बिजली उसकी ननद, कन्हैया उसका भाई, बिच्छु उसका देवर, गुलाब का फूल उसका बच्चा, झपकता हुआ दिया उसका जमाई, आँगन की केल उसकी कन्या, बाड़ की बाँझ ईख उसकी दासी, पीला वसन ओढ़े हुए युवती उसकी सौत और उगता हुआ सूरज उसका पति है। रनुबाई आँखों ही आँखों में सवाल और जवाब भी देती है। यदि कोई स्त्री गणगौर उत्सव में भाग नहीं ले सकती, तो वह बड़ी व्यथित होती है। रनुबाई के साथ उसकी सहेलियाँ तरह-तरह के विनोद करती हैं। वह अमृत की तरह मीठी वाणी बोलती है और जब वह नदी पर पानी भरने के लिए जाती है तो उसके सामने यह विवशता होती है कि यदि नैं नदी के पानी में आगे जाऊँ तो भय लगता है और पीछे रहूँ तो गागर नहीं डूबती। यदि पानी भरी गागर को सिर पर रखूँ तो बाजूबंद भींगते हैं और यदि उसे कमर पर रखूँ तो उसका बच्चा रोता है।

निमाड़ के लोकगीतों का माधुर्य विलक्षण है। चाँदनी रात, तारे का उदय और भोर का आगमन, निमाड़ी गीतों में बार-बार आए हैं। इसी तरह नायिका के सौन्दर्य को लेकर तरह-तरह की उपमाओं के द्वारा उनका वर्णन किया गया है। निमाड़ की

नायिका को रनुबाई के माध्यम से लोकगीतों को सजाया और सँवारा गया है। जहाँ एक ओर उसके दैहिक स्वरूप को बड़े लालित्यपूर्ण ढंग से व्यक्त किया गया है, तो दूसरी ओर उसकी दैवीय प्रकृति को भी अभिव्यक्त किया गया। रनुबाई आभिजात्य नायिका भी एक ओर है तो दूसरी ओर सामान्य नारी भी, जिसके चूल्हे पर खिचड़ी खदबदाती है और अंगारों पर दाल सीजती है। यह नारी खेत पर गये हुए पति के लिए रोटियाँ और भात लम्बे अँगोछे में बाँधकर ले जाती है। निमाड़ की इस नायिका के माध्यम से घर-गृहस्थी की छोटी से छोटी घटनाएँ व्यक्त की गई हैं। यह निमाड़ी नायिका अपने सौन्दर्य के प्रति सजग है। वह अपने प्रियतम से कहती है कि मुझे टीकी घड़वा दो और जब पति कहता है कि यह टीकी तुम्हें शोभा नहीं देगी, तुम्हारा तो रूप ही साँवला है, तो यह कहते हुए कि यदि आप हमारे पास आए तो आप भी साँवले हो जायेंगे, वह रूठ जाती है। यह नायिका बार-बार अपने मायके जाने के लिए ज़िद करती है तथा धमकी भी देती है। कन्या और जमाई के आगमन पर होनेवाले सम्मान के भी काफी गीत हैं। पति और पत्नी के खेलों के भी गीत हैं। निमाड़ी गीतों में मातृत्व की वंदना है और बाँझ जीवन का पश्चात्ताप। आम्र वृक्ष के प्रतीक बहुत आए हैं, क्योंकि निमाड़ में आम्र वृक्ष बहुत होते हैं। निमाड़ की नारी के लिए माता होना एक वरदान है और सौत के बारे में कल्पना करना भी उसके लिए असहनीय है। लोकगीतों में वर्णित श्रृंगार के बारे में आचार्य हजारीप्रसाद द्विवेदी ने बड़ी सटीक बात कही है कि लोकगीतों की एक-एक बहू के चित्रण पर रीतिकाल की सौ-सौ मुग्धाएँ, खण्डिताएँ और धीराएँ न्यौछावर की जा सकती हैं, क्योंकि ये निरलंकार होने पर भी प्राणमयी हैं और अलंकारों से लदी होकर भी निष्प्राण हैं। निमाड़ की नायिका के आभूषण बड़े सुंदर हैं, नायिका सोनी से आग्रह करती है कि वह उसके हार को चन्द्रमा के प्रकाश में बनाए, क्योंकि उसके प्रिय उसे उसे रात के उजाले में ही निरखनेवाले हैं। यह नायिका नृत्य में प्रवीण है। नृत्य करते समय उसका ध्यान उस बेसर पर जमा रहता है, जो चाँदनी रात में चमकती है। उसे शरद ऋतु प्रिय है, वह मृगनयनी है।

निमाड़ में बच्चों को सुनाई जानेवाली लोरियाँ भी बहुत हैं, जिनमें लोककथाओं को पिरोया गया है।

निमाड़ में श्राद्ध पक्ष की प्रपिपदा से अमावस्या तक, बच्चियों के द्वारा घर की दीवार के एक हिस्से को गोबर से लीपकर संजा देवी बनाई जाती हैं। चाँद, सूर्य आदि की विभिन्न आकृतियाँ भी बनाई जाती हैं। इन आकृतियों की संख्या बढ़ती जाती है और अमावस्या के दिन ये आकृतियाँ अपनी पूर्णता प्राप्त कर लेती हैं। प्रतिदिन साँझ के समय फूलों की रंग-बिरंगी पंखुरियों से उन्हें सजाया जाता है तथा उनकी पूजा-अर्चना की जाती है। संध्या को एक कन्या के रूप में पूजा जाता है। जब उसे अपने ससुराल जाने की याद दिलाई जाती है, तो वह कहती है—

तुम तो जाओ संजा वेण सासरऽ।
तुम्हारा सासरऽ सी,

हत्थी भी आया, घोड़ों भी आया,
पालकी भी आई, म्याना भी आया,
तुम तो जाओ संजा बेणा सासरऽ।

इस पर संध्या कहती है—

हत्थी सामनऽ उभाड़ो घोड़ा घुडसाल बँधाड़ो,
पालकी छज्जा उतारो, म्याना धाबा खरोड़ों,
हऊँ तो नहीं जाऊँ दादाजी सासरऽ।

आशय है कि संजा तुम अपने ससुराल जाओ। देखो तुम्हारी ससुराल से हाथी आया है, घोड़ा भी आया है, पालकी भी आई हैं और म्याना भी आया है। इसलिए संजा बहन तुम ससुराल जाओ। इस पर संजा कहती है कि पिता जी हाथी को सामने खड़ा रहने दो और घोड़े को घुड़साल में बँधवा दो। पालकी को छज्जे में उतारो और म्याने को धावे पर रखवा दो। मैं तो ससुराल नहीं जाऊँगी।

संजा कुँवारी सुकोमल बच्चियों का उत्सव है। शंकर-पार्वती की पूजा के रूप में इसे मान्यता दी गई है। उत्सव का उद्देश्य यह है कि कुँवारी कन्या को अच्छा वर मिले। यदि गणगौर का उत्सव निमाड़ में ब्याहता का पर्व है तो, संजाफूली कुँवारी कन्याओं का। ये बच्चे तरह-तरह के गीत गाते हैं।

निमाड़ में रक्षाबंधन का पर्व बड़े महत्त्व का है। इस पर्व को लेकर भी कई लोकगीत हैं। बहन, गाय और बछड़ों की याद करते हुए अपने भाइयों को राखी बाँधने की कल्पना करती है। निमाड़ के लोकगीतों में तीर्थों के गीत हैं, तीर्थ-यात्रियों के गीत हैं, जब तीर्थ यात्री लौटकर आता है तो पूरा घर उल्लास से भरपूर हो जाता है। तीर्थ पर गए हुए यात्री की बड़ी व्यग्रता के साथ प्रतीक्षा की जाती है। एक लोकगीत में कहा गया है कि, देहलीज तो पर्वत हो गई और आँगन परदेस। मेरे भाई अब तुम तीर्थ करके जल्दी घर आ जाओ। कचहरी में बैठे तुम्हारे पिता जी तुम्हारी बाँट जोह रहे हैं। तीर्थ यात्रा से लौटे हुए पति को देखकर पत्नी कहती है कि आप तो दुबले हो गए, तब पति कहते हैं कि हे! गौरवर्णा पईसे हमारे और पाँव तुम्हारे हैं। एक तीरथ तुम भी तो कर आओ। निमाड़ में मनौती मानने की प्रथा है। जब मनौती पूर्ण होती है तो बड़े समारोहपूर्वक पूजा की जाती है और ऐसे अवसर पर गाए जानेवाले गीत निमाड़ में मानगीत के रूप में जाने जाते हैं। ओंकारेश्वर की पहाड़ी पगडण्डियों से उतरती नारियाँ जब यह गीत गाती हैं, तो निमाड़ की सच्ची अस्मिता साकार हो जाती है, गीत है—

उंकार देव न लिख्या कागज दई भेज्या,
तू रे ईरा, बेगो रे घर आव,
हम कंसा आवाँ म्हारा उंकार देव,
हमारा माथऽ नारेळ की मान।
नारेळचढ़ावऽ थारो माड़ी जायो,
तू रे ईरा, बेगा रे घर आव्।

अर्थ है, ओंकारदेव ने कागज लिखकर भेजा है कि हे भाई तू शीघ्र आ। हम कैसे आयें, हमारी तरफ नारियल का मान बाकी है। तब ओंकार कहते हैं कि नारियल तेरा सहोदर भाई चढ़ा देगा, तू शीघ्र आ। मनौती के पूर्ण होने पर स्वयं ओंकार घर आते हैं, उनके घर आने पर पत्ते पर जोत जगमगा उठती है। निमाड़ में आरती लेकर स्वयं देवी खड़ी रहती है, जो मेहमानों की बाँट जोहती है। निमाड़ के लोकगीतों में वहाँ की भोली निमाड़ी प्रकृति का सहज चित्रण है। बेहुला गाय की कथा का वर्णन भी लोकगीतों में किया गया है।

निमाड़ में आम, कपास और पलाश बहुलता से होते हैं। एक सुन्दर लोकगीत में इन्हें पिरोया गया है, कुछ पंक्तियाँ हैं—

अमरई सी करऽ कोयल पुकार।
धरती क आई गई बरात॥
धवळो फेटो पेरी न आओ कपास,
अगवानी कर नऽ दौडयो पळास,
बंईण संजा न संजवी परात। धरती की...॥

किसान निमाड़ की आत्मा है। माना जाता है कि किसानों के कंधों पर ही सारा संसार टिका हुआ है। निमाड़ी के प्रसिद्ध कवि श्री निर्मल अरझरे की ये पंक्तियाँ इस संदर्भ में विशेष उल्लेखनीय हैं—

उठ उठ म्हारा किरसाण भाई रे।
जागी जा जागणऽ की घड़ी आई रे॥
थारो रे खाँदा पऽ दुनिया को भारऽ
थारो डगऽ डोलऽ तो डोलऽ संसार
विधि थारी महिमा गाई रे॥
खंदऽ कुल्हाड़ी न माथऽ जेका पाणी
रहयसे रे राजा ओकी खेती राणी
असी बात बड़ा बूढ़ा कई रे॥

यह आह्वान गीत है, जिसमें किसान से आह्वान किया गया है कि वह जागे, जागरण की घड़ी आ गई, उसके कंधों पर दुनिया का भार है और यदि उसके पाँव डोलते हैं तो सारा संसार डोल उठता है।

निमाड़ी लोकगीतों के बहुविध आयाम है। यदि एक ओर वे लालित्य और सौन्दर्य से भरपूर हैं, तो दूसरी ओर वे प्रकृति की महिमा का गान करते हैं। यदि उनमें बहन और भाई के स्नेह और माता-पिता के दुलार भाव गाए गए हैं, तो रनुबाई के माध्यम से पूरे लोक-जीवन के व्यवहार और रिश्तों की व्याख्या भी की गई है। आम आदमी के सुख और दुःख के स्वर इन लोकगीतों में मुखरित होते हैं। इनमें यदि सन्त वाणी है, तो वह आह्वान करती है कि व्यक्ति लोक के काम किस तरह आए और बिना किसी

आडम्बर के अपने राम की आराधना कैसे करे? टेसू के फूल निमाड़ का श्रृंगार हैं और इन फूलों के मार्फत निसर्ग की शोभा शब्दों के माध्यम से अनावृत्त होती है। पति और पत्नी के बीच होनेवाले विनोद यदि इन लोकगीतों में हैं, तो नारी सौन्दर्य की अनुपम उपमाएँ भी इन गीतों में सँजोयी गई हैं।

निमाड़ की अपनी लोककथाएँ हैं। हलछट की कथा, ओंकार अष्टमी की कथा, गणेश चतुर्थी की कथा, रक्षाबंधन की कथा, कार्तिक स्नान और गंगा स्नान की कथाएँ लोकप्रिय हैं। यह शैव क्षेत्र रहा है तथा ओंकारेश्वर का प्रसिद्ध ज्योतिर्लिंग भी निमाड़ में है। इसलिए शिव के प्रति आराधना भाव प्रत्येक निमाड़ी की आस्था का प्रतीक है। निमाड़ की आत्मा और जीवन रेखा मेकलसुता नर्मदा है। उसका सारा जीवन इसी नर्मदा के किनारे विकसित होता है और विराम पाता है। इसलिए नर्मदा के बिना निमाड़ अपनी अस्मिता की कल्पना भी नहीं कर सकता। नर्मदा, उसकी प्राणधारा है और यह नर्मदा का ही प्रवाह है, जो बड़ी विपरीत परिस्थितियों के बीच भी निमाड़ को संघर्ष करने की शक्ति देता है। नर्मदा अपने प्रवाह से निमाड़ की देह में प्राणों के रूप में प्रतिष्ठित है।

निमाड़ की अनेक लोक-कहावतें हैं। ये लोक-कहावतें प्रतीक रूप में भी हैं, इनके अलावा खेती, वर्षा, पशु-पक्षी, मौसम और सौन्दर्य से संबंधित कहावतें भी हैं। निमाड़ की अपनी पहेलियाँ भी हैं। कुछ कहावतें उल्लेखनीय हैं। जैसे—'सौंदारऽको दळणूं, न भमसारऽको चलनु' अर्थात् सुबह-सुबह आटा पीसने और सुबह-सुबह की पैदल यात्रा से कभी आदमी थकता नहीं। एक सुंदर कहावत है, 'फाट्या खऽसिवणू, न रूठ्या खऽमनावणू' अर्थात् फटे हुए कपड़े को सीना और रूठे हुए मनुष्य को मनाना चाहिए। इसी तरह की जाने कितनी कहावतें हैं। इनका अध्ययन करने पर यह स्पष्ट होता है कि परम्परा से चली आ रही खड़ी बोली की कहावतें भी निमाड़ी में ज्यों की त्यों आ गई हैं। जैसे—हिन्दी में कहावत है, 'बन्दर क्या जाने अदरक का स्वाद' तो निमाड़ी में उसे कहते हैं 'बन्दर काई जाणंऽ अदरक को स्वाद'।

निमाड़ी पहेलियाँ भी उल्लेखनीय हैं। जैसे—

आरकस बारकस नौ सौ खूटा,
गाय छे मारकणई दूध छे मीठा

अर्थात् सैकड़ों दरवाजे और चौखटों से युक्त अनेक खूँटे गड़े हुए हैं। वहाँ की गायें तो मारनेवाली हैं लेकिन उनका दूध मीठा है। उत्तर—मधुमक्खी का छत्ता

असो कसो पावणो माय, घर मऽसुतो आँगणऽपाँय

अर्थात् हे माँ, वह ऐसा कैसा मेहमान है जो सोता तो घर में है लेकिन उसके पाँव आँगन तक आये हैं।

उत्तर—दीया

नौ सौ आड़ा, नौ सौ तेढ़ा, नौ सौ बावन वीर,
जी नी हमारी वार्ता ताड़ऽओकी नाक मऽसौ-सौ तीर

अर्थात् नौ सौ उल्टे, नौ सो सीधे तथा नौ सौ आड़े-तिरछे रखे हैं जो हमारी पहेली का उत्तर नहीं देगा, उसकी नाक में सौ-सौ तीर पिराये जायेगे। उत्तर—कवेलू

कटोरा मऽकटोरो, बेटो बाप सी भी गोरो

अर्थात् कटोरे में कटोरा, लड़का पिता से भी गोरा। उत्तर—नारियल

तू चल हऊं आयो

अर्थात् तुम चलो मैं आता हूँ। उत्तर—किवाड़

ऊ गई ऊ आई

अर्थात् वह गई, वह आई। उत्तर—दृष्टि

निमाड़ क्षेत्र में ओंकारेश्वर के मेले से लेकर संत बुखारदासबाबा तक के मेले लगते हैं और इन मेलों में निमाड़ की समूची लोक अस्मिता भासमान हो उठती है।

निमाड़ी लोक साहित्य को लेकर काफी कुछ लिखा गया है, निमाड़ लोक संस्कृति न्यास, खण्डवा के माध्यम से दादा रामनारायण उपाध्याय अपने सीमित संसाधनों के रहते इस वय में भी गतिविधियाँ संचालित, कर रहे हैं। पश्चिमी निमाड़ में भी श्री जगदीश विद्यार्थी, बंकिम जोशी और बाबूलाल सेन जैसे समर्पित व्यक्तित्व आज भी निमाड़ी के लिए काफी कुछ करने की आकांक्षा रखते हैं। श्री शिशिर उपाध्याय और श्री हरीश दुबे जैसे युवा भी निमाड़ी के लिए रचनात्मक अवदान दे रहे हैं, लेकिन समूचे परिदृश्य पर नज़र डालें तो यह प्रतीत होता है कि अपनी इस लोकभाषा के लिए वह पीढ़ी दादा रामनारायण से प्रेरणा नहीं ले पाई, जो आज के समकालीन परिदृश्य में सर्वाधिक प्रासंगिक है। यह वह पीढ़ी है, जिसका प्रतिनिधित्व मेरे आयु वर्ग के लोग करते हैं। किन्तु तथ्य यह है कि इस पीढ़ी का प्रतिनिधित्व करने वाले निमाड़ के साहित्यकार हिन्दी की विभिन्न विधाओं में अपने आपको स्थापित करने के लिए अपनी आँखों में सपने सँजोए हुए हैं। आज पहली आवश्यकता यह है कि निमाड़ी के विकास की उस यात्रा को आगे बढ़ाया जाए, जिस यात्रा की शुरुआत सुकुमार पगारे और दादा रामनारायण ने की। निमाड़ी को भाषा के स्तर पर प्रतिष्ठित करने की आवश्यकता है। निमाड़ी का अपना व्याकरण और कोश हो तो निमाड़ी की समृद्धि से साहित्यक जगत् परिचित हो पाएगा। जो कार्य श्री प्र०च० जोशी सुसनेर जैसे छोटे से गाँव में बैठकर बिना किसी अपेक्षा के पूरे समर्पण के साथ मालवी के लिए किया, वही कार्य निमाड़ के साहित्यकारों से निमाड़ी के लिए अपेक्षित है।

निमाड़ी नर्मदा के निर्मल जल से पुष्पित और पल्लवित होती रही। उसके तट निमाड़ और निमाड़ी के विकास के साक्षी रहे हैं। निमाड़ का समूचा लोक नर्मदा को अपनी माँ के रूप में, अपने नियति के रूप में प्रतिष्ठा देता है। यह लोक, नर्मदा का लोक है। यह लोक, नर्मदा की तरह संघर्ष और अदम्य जीवन ऊर्जा को संचयित रखने वाला लोक है। इस लोक का जीवन नर्मदा के निर्मल जल की तरह निष्कलुष और पारदर्शी रहता आया है और यही जीवन निमाड़ के लोक साहित्य में प्रतिबिम्बित हुआ

है। निष्कलुषता और पारदर्शिता की यह परम्परा निमाड़ के लोक साहित्य की आत्मा बनी रहे, यह प्रत्येक निमाड़ी की हार्दिक मनोकामना होगी। इसी मनोकामना की पूर्ति के लिए निमाड़ का लोक अपने सर्जकों की ओर गहरी आशा के साथ निहार रहा है।

मालवी लोक साहित्य

लोक इतना समग्र है कि उसे अनका दृष्टिकोणों से व्याख्यायित करने की कोशिश की जाती रही। यूरोप में सन् 1774 में जे०जी० हर्डर ने फॉकस्लाईड (फॉक सांग) का प्रचलन किया। उनका मानना था कि पुनर्जागरण के बाद के विश्व में पुरानी कविता का नैतिक प्रभाव लोकगीत में सुरक्षित है। लगभग इसी तरह की स्थापना पश्चिम में ग्रीन की भी रही। निश्चय ही हर्डर ने जिस अवधारणा को खोजा था, उससे कहीं व्यापक अवधारणा भारतीय लोकमानस की रही है। भारतीय लोक ने अपनी पुरानी काव्य परम्परा के नैतिक प्रभावों को ही लोकगीत में सुरक्षित नहीं किया, अपितु यह लोक अपने समय से, उसके सुखों और दुःखों से, उसके तमाम सरोकारों से जुड़ा रहा। हमारे यहाँ लोक का अभिप्राय दृश्यमान से है, अनुभव से है। लोक बड़ा सजीव है। लोक के बारे में प्रख्यात मनीषी तथा लोक साहित्य के विलक्षण विद्वान् डॉ० विद्यानिवास मिश्र ने कहा है कि, लोक देश का ही एक आनुभविक रूप है। लोक शब्द की व्युत्पत्ति रूच/लुच से है, जिसका अर्थ प्रकाशित होना है और प्रकाशित करना भी है, जो सामने प्रकाशित दिख रहा है और जो प्रकाशित कर रहा है। आलोक, लोचन, आलोचना, रोचन, अवलोकन, प्रत्यवलोकन, लौकिक दृश्य, लोकोत्तर तथा लोकायत जैसे शब्द इसी से जुड़े हैं। लोक का विस्तृत अर्थ है—लोक में रहनेवाले मनुष्य, अन्य प्राणी और स्थावर संसार के पदार्थ, क्योंकि ये सब भी प्रत्यक्ष अनुभव के विषय हैं। श्रद्धेय पंडितजी ने अपनी कृति 'लोक और लोक का स्वर' (प्रभात प्रकाशन, नई दिल्ली, सन् 2000) में विस्तार से लोक के संदर्भों पर विचार किया है। लोक के संबंध में गहराई से विचार करने पर यह तथ्य सामने आता है कि लोक के पास अनुशासनों का विभाजन नहीं है, उसकी दृष्टि सीमित नहीं है, वह अविभाज्य है। लोक की अभिव्यक्ति निजस्व की अभिव्यक्ति नहीं है, वह किसी अभिजात्य की अभिव्यक्ति नहीं है, बल्कि वह उनकी अभिव्यक्ति है, जो समय के साथ, समय के बीच और समय में अपने आपको समोकर जीवन जीते हैं। इसलिए एक धरातल लोक साहित्य में ऐसा भी दिखाई देता है, जहाँ गढ़वाली, भोजपुरी, मैथिली, अवधी और बुन्देली से लेकर निमाड़ी तथा मालवी तक में कहीं भावनात्मक एक्य की गीतात्मकता झलकती है। चाहे राम के वनवास का प्रसंग हो या बेटी की बिदा का, इन प्रसंगों को विभिन्न अंचलों के लोक साहित्य ने एक जैसी ही अभिव्यक्ति दी है। क्षेत्रों की दूरी, बाधा नहीं बनी है। यह अपने आप में एक विलक्षण तथ्य है।

हाल ही में मैं ऑस्ट्रेलिया गया था, वहाँ की फॉकलोर काउंसिल ने मुझे वहाँ के लोकगीतों का संग्रह भेंट किया। ये लोकगीत उन अंग्रेजों के हैं, जिन्होंने लगभग 200 बरस पहले वहाँ के मूल निवासियों को एक तरह से निष्कासित कर स्वयं को स्थापित

किया। वे लोकगीत उन्हीं को मानते हैं, जो लोकगीत वहाँ स्थापित हुए, अंग्रेज़ कैदियों और उनकी सन्ततियों ने गाए। उनके पास वहाँ के मूल आदिवासियों के लोकगीत नहीं हैं। यह बात मैंने उनसे पूछी भी, लेकिन उनके पास इसका कोई समाधानकारक उत्तर नहीं था। भारत में ऐसा नहीं है। यहाँ की सनातन परम्परा के पास अपनी समग्र दृष्टि है। इसलिए इस सनातन परम्परा के सूत्र भी हमें एक-दूसरे से जुड़े उपलब्ध हो जाते हैं।

मालवा के संदर्भ में भी यह तथ्य पूर्णतः सही है। मालवा के लोक साहित्य के बारे में विचार करने के पूर्व मालव, मालव जनपद और उसके क्षेत्र के संबंध में तथा उससे जुड़ी विभिन्न जानकारियों के संबंध में जान लेना समीचीन होगा। यद्यपि महामालव-अवन्ति-जनपद की सीमा के विषय में पुराने ग्रंथों और इतिहासकारों में मत-विभिन्नता है, किन्तु आज अवन्ति और मालव में किसी प्रकार का द्वैत नहीं माना जाता। इनकी सीमाएँ विन्ध्य के अंचल से लेकर नर्मदा उपत्यका और बेतवा तथा बूँदी की पर्वत श्रृंखला के अन्तर्गत सीमित मानी जाती हैं तथा इसका समर्थन भाषा और उसके संस्कारों से भी होता है।

वात्स्यायन ने अवन्ति के रहनेवालों को उज्जयिनी देश का निवासी माना है और उन्हीं को अपर-मालवीय (ता एवापरमालव्यः) माना है तथा अपर मालवा के पश्चिम में लाट (गुजरात) को सूचित किया है। नर्मदा, मालव और दक्षिणापथ की प्राकृतिक विभाजक रेखा है, लेकिन बुद्धकाल में माहिष्मती (वर्तमान महेश्वर) के भाग को पश्चिम मालवा कहा गया है। विदिशा के भाग को पूर्व मालव तथा आकर-अवन्ति सूचित किया है और दशपुर को उत्तर-मालवा तथा अवन्ति मध्य मालव के नाम से जानी गई है। मालकम भी आकर-अवन्ति के इस क्षेत्र की परिसीमा का प्रायः समर्थन करते हैं। विष्णुपुराण में मालव प्रदेश की एकता स्वीकार की गई है—

'कारूषा मालवाश्चैव पारियात्र निवासिनः'

स्कंदपुराण, महाभारत और भागवतकाल में अवन्ति और मालव को अलग-अलग नहीं माना है। वराहमिहिर ने, जिनकी जन्मस्थली कायथा (उज्जैन के निकट एक गाँव) मानी जाती है, उन्होंने मालवा का पृथक् से उल्लेख किया है तथा इस प्रदेश की नदियों को नाम भी दिए हैं।

पद्मभूषण पंडित सूर्यनारायण जी व्यास का मानना है कि जनसाधारण में माल शब्द ऊँचे भाग को कहा जाता है। सारे देश का मालव-मध्य भाग और प्लेटो होने के कारण ऊँचाई पर स्थित है इस कारण उसे माल-उन्नत-भूतल (मालमुन्नत भूतलम्) कहा जाता है। यह स्पष्ट है कि मालव अपने आप में एक स्वतंत्र जाति रही तथा उसका अस्तित्व काफी पुराना है व ईसा पूर्व की आरम्भिक शताब्दियों में रचे गए ग्रंथों में मालव का स्पष्ट उल्लेख मिलता है। मध्यकाल और उत्तर मध्यकाल में 1619 ई० में मराठा आक्रमण के पूर्व मालव प्रदेश की स्थितियाँ प्रायः यथावत् थीं, किन्तु इसके

बाद परिस्थितियाँ बदलीं। सुप्रसिद्ध इतिहासविद् डॉ० रघुवीर सिंह ने मालवा सूबे के परगनों की विस्तृत जानकारी जुटाई है।

जहाँ तक मालवा की प्राकृतिक सीमाओं के निर्धारण का प्रश्न है, यहाँ की तीन प्रमुख नदियों का योगदान उल्लेखनीय है। इस संबंध में यह प्रसिद्ध दोहा प्रचलित है—

इत चम्बल उत बेतवा, मालव सीम सुजान।
दक्खिन दिसि है नर्मदा, यह पूरी पहचान॥

इन्हीं तीन नदियों के मध्य का विस्तृत और उन्नत भू-भाग मालवा कहलाता है। मालवा का कुल क्षेत्रफल 100868 वर्ग किलोमीटर है। भौतिक संरचना की दृष्टि से मालवा के धरातल को तीन भागों में विभाजित किया जा सकता है, मालवा का पठार, दक्षिणी-पश्चिमी विंध्य श्रेणियाँ तथा दक्षिणी-पश्चिमी नर्मदा घाटी। मालवा क्षेत्र की प्रमुख नदियों में—शिवना, चम्बल, शिप्रा, कालीसिंध, नेवज, पार्वती और बेतवा हैं। इनका पानी यमुना नदी के द्वारा बंगाल की खाड़ी में पहुँचता है, जबकि नर्मदा, माही और अनास नदियों का जल अरब सागर में गिरता है। चम्बल मालवा की जीवनरेखा कही जा सकती है। इन सभी नदियों का प्रवाह वर्षा पर निर्भर रहता है। कर्करेखा मालवा के बिल्कुल मध्यभाग से गुजरती है, इसलिए 21 जून को यहाँ सूर्य सीधा चमकता है। यद्यपि अब यहाँ गर्मी बहुत होती है, किन्तु मालवा का पठार समुद्र से लगभग 450 मी० ऊँचा होने से रातें ठण्डी हो जाती हैं। वर्षा की अनियमितता बनी रहती है। मालवा, काली मिट्टी का प्रदेश है। यह मिट्टी मंदसौर, रतलाम, झाबुआ, धार, इंदौर, उज्जैन, शाजापुर, राजगढ़, देवास, सीहोर, भोपाल, रायसेन, विदिशा तथा गुना जिलों में पाई जाती है, जो इस प्रदेश के प्रमुख जिले हैं। प्राचीन साहित्य के अनुसार कभी मालव भूमि सघन वनों से भरपूर थी। अबुल फजल ने आइन-ए-अकबरी में लिखा है कि मालवा में हर दो या तीन कोस के बाद हमें निर्मल और शान्ति से बहने वाले जल के नीचे सुन्दर, सुरक्षित फूल मुस्कुराते दिखाई देते हैं। पिछले वर्षों में वनों की सघन कटाई के कारण, वन, वनस्पतियाँ और वन्य प्राणी मालवा से विलुप्त होते गए। मालवा प्रदेश मुख्यत: कृषि प्रधान है। यहाँ की प्रमुख फसलों में अनाज, दलहन और तिलहन हैं। अब सोयाबीन भी बोया जाने लगा है। इस प्रदेश की आबादी डेढ़ करोड़ से अधिक है। खनिज सम्पदा प्राय: नगण्य है तथा औद्योगिक दृष्टि से अब काफी उद्योग इस प्रदेश में लगे हैं। परिवहन के भी साधन उपलब्ध हैं। मालवा की मूल संस्कृति अब परिवर्तित होती जा रही है तथा महानगरीय संस्कृति का स्पष्ट प्रभाव दिखाई देने लगा है। फिर भी मालवा की अस्मिता में यहाँ की अडिग आस्था बसी हुई है। रामदेव, तेजा जी, देवनारायण और पाबू जैसे जन-देवता यहाँ पूजे जाते हैं। इन लोक-देवताओं को सभी वर्गों तथा जातियों के लोग पूजते हैं। हनुमान को मालवा में अधिकतर खेड़ापति के नाम से जाना जाता है। भैरव, मालवा के प्रसिद्ध लोक-देवता हैं। इन लोक-देवताओं के अलावा, राम, कृष्ण,

विष्णु, गणेश, शिव तथा सनातन रूप से मान्य भगवानों के प्रति जनसाधारण में अगाध आस्था है। भगवान् महाकाल और देवी हरसिद्धि और गढ़कालिका, मालवा की आस्था के केन्द्र हैं। अपने लोक देवी-देवताओं से महिलाएँ बारूड़ा (बालक) तथा सुहाग व सुख-सौभाग्य की याचना करती हैं।

मालवा के बारे में यह दोहा बड़ा प्रसिद्ध है—

मालव धरती गहन गंभीर,
पग पग रोटी डग-डग नीर।

इस दोहे से यही ध्वनित होता है कि यह धरती ऐसी सुखमय धरती है, जिसका अपना पुरातन इतिहास है तथा यहाँ भोजन व पानी पर्याप्त रूप से उपलब्ध है। काशी की तरह उज्जयिनीं का, जो मालवा की सबसे पुरानी नगरी है, अपना इतिहास है। यह जानकारी मिलती है कि इक्ष्वाकुओं और हैहयों के मध्य प्रतिस्पर्धा हुई थी, जिसमें हैहय सफल हुए। इन्हीं ने माहिष्मती बसाया तथा अवन्ति जनपद, जिसमें निमाड़ तथा मालवा शामिल थे, पर शासन करते रहे। बाद में सहस्रार्जुन के समय इनमें परस्पर युद्ध हुआ। इनके पुरोहित भार्गव थे, किन्तु भार्गव पुरोहित जमदग्नि के तेजस्वी पुत्र परशुराम ने इनका संहार किया, जिसके कारण ये इधर-उधर भागे। यह पुराणों के माध्यम से ज्ञात होता है कि भारत युद्ध के कुछ समय पूर्व कृष्ण तथा बलराम ने सांदीपनि ऋषि के गुरुकुल में उज्जयिनी में शिक्षा प्राप्त की थी तथा कृष्ण की एक भार्या मित्रवृन्दा उज्जैन की राजकन्या थी। महाभारत युद्ध में उज्जैन के दो राजाओं विन्द एवं अनुविन्द ने भाग लिया था तथा माहिष्मती का शासक नील भी इस युद्ध में शामिल हुआ था। पश्चात्वर्ती समय में अवन्ति जनपद दो पृथक् राज्यों में बँटा। नर्मदा के उत्तर का भाग अवन्ती तथा दक्षिण का क्षेत्र अनूप कहलाने लगा। बाद में उज्जैन की महत्ता बढ़ती गई। महाभारत युद्ध के बाद यहाँ 20 वीतिहोत्र शासकों ने राज्य किया। अंतिम शासक रिपुंजय को उसके मंत्री पुल्कि ने मरवा डाला और अपने पुत्र प्रद्योत को शासक बनवा दिया। गह घटना ईसा पूर्व छठवीं शताब्दी की है। अवन्ति का राजा प्रद्योत बड़ा प्रभावशाली था लेकिन बहुत क्रोधी भी। इसलिए उसे चण्डप्रद्योत भी कहा जाता था। वत्सराज उदयन और वासवदत्ता की कहानी इसी काल की है। प्रद्योत का उत्तराधिकारी पालक था, जिसके विरुद्ध उज्जैन में जन क्रान्ति हुई, बाद में मगध के राजा शिशुनाग ने अवन्ति पर अधिकार कर लिया और इस प्रकार मालवा मगध साम्राज्य का अंग बन गया। नन्दों ने भी इस क्षेत्र पर अपना वर्चस्व जमाए रखा। मौर्य काल में मौर्य सम्राट बिन्दुसार के आधिपत्य में उज्जैन रहा तथा उसका महान पुत्र अशोक भी यहाँ का राज्यपाल रहा। यहीं रहते उसने विदिशा की एक श्रेष्ठी कन्या से विवाह किया, जिससे महेन्द्र और संघमित्रा का जन्म हुआ। ये कालांतर में बौद्ध धर्म का प्रचार-प्रसार करने के लिए सिंहल गए। यह ज्ञात होता है कि महाभाष्य के प्रणेता पतंजलि मालवा में गोनर्द के ही थे। साँची के प्रदक्षिणा पथ पर उत्कीर्ण लेख तथा पुराणों के विवरण व कालकाचार्य कथा जैसे जैन ग्रंथों से ज्ञात होता है कि शुंगों तथा काण्वों के पतन के बाद

आंध्र सातवाहन मालवा के स्वामी रहे, लेकिन बाद में मालव जाति के एक वीर गर्दभिल्ल के नेतृत्व में यहाँ मालवों का पुनः अधिकार हो गया। लेकिन बाद में शकों ने अपना शासन स्थापित कर लिया। इन विदेशियों का उन्मूलन विक्रमादित्य ने ईसा पूर्व 57 में कर दिया। परन्तु विक्रमादित्य के वंशज अधिक शासन नहीं कर सके और शकों की कार्दमक शाखा के वीर नायक चष्टन ने मालवा पर अधिकार कर लिया, जो लगभग दो शताब्दियों तक चला। इस अवधि में मालवा का बहुत विकास हुआ और चौथी सदी तक मालवा पर शक, शासन करते रहे। उनके बाद स्थानीय औलिकर शासकों ने मालवा पर राज्य किया, जिनके गुप्तों से बड़े अच्छे संबंध थे। इसी बीच हूणों का आक्रमण हुआ। औलिकर वीर प्रकाश धर्मा ने हूण आक्रान्त तोरमाण को तथा उसके बाद यशेधर्मन-विष्णुवर्धन ने उसके पुत्र मिहिरकुल को परास्त कर एक विशाल साम्राज्य का निर्माण किया। औलिकर शासक यशोवर्धन के बाद उनकी सत्ता अस्त हो गई। सातवीं सदी में सम्राट हषवर्धन ने मालवा के शासक देवगुप्त को परास्त कर मालवा पर अधिकार कर लिया। हर्ष के पश्चात् गुर्जर प्रतिहारों का शासन उज्जैन पर रहा। उन्होंने मालवा पर हुए अरब आक्रमण का सफलतापूर्वक प्रतिशोध किया, किन्तु राष्ट्रकूट मालवा में उन पर भारी पड़े। दक्षिण के राष्ट्रकूटों ने उज्जैन को जीतकर परमारों को यहाँ का शासक बनाया। परमारों का मूल पुरुष उपेन्द्र था, जिसका समय विद्वानों ने सन् 791 से सन् 818 तक रखा है। सीयक ने स्वतंत्र परमार राज्य की नींव डाली। सीयक द्वितीय का पुत्र वाक्पतिराज मुंजदेव हुआ। मुंज के समय मालवा की राजधानी उज्जैन के स्थान पर धार हो गई। सिंधुराज की मृत्यु के उपरान्त प्रसिद्ध राजा भोज मालवा का शासक हुआ, जो मुंज का भतीजा था। इसका राज्यकाल 1001-1055 तक रहा।

भोज के समय ललितकलाओं के क्षेत्र में काफी कार्य हुआ। उसी के समय में सम्रांगण सूत्रधार नामक प्रसिद्ध ग्रंथ रखा गया। भोज के बाद जयसिंह प्रथम, उदयादित्त, नरवर्मा, यशोवर्मा आदि यहाँ के शासक बने। यशोवर्मा के बाद परमार राज्य दो शाखाओं में बँट गया। सन् 1218 ई० में देवपाल देव के नेतृत्व में दोनों शाखाएँ पुनः मिल गईं। चौदहवीं सदी के प्रथम दशक में मालवा से परमारों की सत्ता क्षीण हो गई और यह क्षेत्र दिल्ली के सुल्तानों के अधीन हो गया। मालवा के इतिहास के संबंध में, विशेष रूप से उज्जयिनी के इतिहास के संबंध में बहुत से अन्तर और बाह्य साक्ष्य मिलते हैं। अनेकों मुद्राएँ, ताम्रपत्र, शिलालेख व अन्य साक्ष्य मिलते हैं, जिनके आधार पर विशेष रूप से डॉ० वाकणकर ने महान् ऐतिहासिक कार्य किया। वर्तमान में कावेरी शोध संस्थान में डॉ० श्यामसुंदर निगम जैसे विद्वान् मनीषी और अध्येता के नेतृत्व में मालवा के इतिहास और उसके विभिन्न आयामों के बारे में विस्तार से कार्य हो रहा है। मध्यकालीन मालवा के इतिहास में हमें कई घटनाओं का विवरण मिलता है। सन् 1234 में इल्तुतमिश ने मालवा पर चढ़ाई की और उज्जैन के नरेश को हराकर उसे बुरी तरह लूटा। उसकी मृत्यु के बाद बलवन ने मालवा पर अधिकार किया लेकिन बाद में

पुनः परमार यहाँ के शासक हुए। सन् 1305 में अलाउद्दीन खिलजी ने अपने सेनापति आईन-उल-मुल्क को मालवा जीतने के लिए नियुक्त किया। उसने अन्तिम परमार राजा मिलहकदेव को पराजित किया और दिल्ली के मुस्लिम साम्राज्य के सूबे के रूप में मालवा जाना जाने लगा। लेकिन सन् 1401 ई० में दिलावर खाँ गौरी मालवा का स्वतंत्र शासक बन गया। उसने धार को अपनी राजधानी बनाया। सन् 1405 में उसके मरने पर हुशंगशाह, जिसका असली नाम अलप खाँ था, गद्दी पर बैठा। उसने माण्डू को मालवा की राजधानी बनाया और अपनी सीमाओं का विस्तार किया। उसके बाद सन् 1433 में गाजी खाँ गद्दी पर बैठा, जिसे जहर देकर सन् 1436 में महमूद खाँ ने मार दिया और इसी के साथ मालवा से गौरी राज्य का अंत हो गया। बाद में मालवा खिलजी वंश के शासकों के हाथ में आया। इस वंश के शासक महमूदशाह ने काफी कार्य किया। 1469 ई० में उसके मरने पर उसका बड़ा पुत्र गयासुद्दीन खिलजी गद्दी पर बैठा, जिसने 31 वर्ष शान्ति के साथ राज्य किया। 1500 ई० में उसके पुत्र नासिररुद्दीन ने उसे जहर देकर मार डाला, लेकिन सन् 1510 में स्वयं नासिररुद्दीन की मृत्यु हो गई, उसके बाद महमूद द्वितीय गद्दी पर बैठा, जिसका सलाहकार मेदिनीराय बना, जो बाद में स्वयं वहाँ का राजा बन गया। गुजरात के सुल्तान मुजफ्फरशाह की मदद से उसने फिर अपना शासन प्राप्त किया। मुजफ्फरशाह के उत्तराधिकारी बहादुरशाह के साथ उसके संबंध बिगड़ गए और सन् 1526 में मालवा पर आक्रमण कर उसने माण्डू पर अपना झण्डा गाड़ दिया। बाद के वर्षों में इस क्षेत्र में राजनीतिक अस्थिरता दिखाई देती है। 1526 में पानीपत की लड़ाई निर्णायक सिद्ध हुई। 1534 तक गुजरात के सुल्तानों के आधिपत्य में यह प्रदेश रहा। बाद में हुमायूँ ने माण्डू पर विजय प्राप्त की। लेकिन 1536 में मल्लू खाँ नामक खिलजी वंश के एक अधिकारी ने यह प्रदेश हथिया लिया। सन् 1541 ई० में शेरशाह ने मालवा पर हमला किया और इस प्रदेश को जीतकर शुजा खाँ को अपना प्रतिनिधि बनाया, जो बाद में स्वतंत्र हुआ और 1555 में उसकी मृत्यु हो गई। उसकी मृत्यु के बाद उसके लड़कों में गृह-कलह हुई। उनमें से एक मलिक वायजिद ने सुल्तान बाजबहादुर के नाम से मालवा में अपनी स्वतंत्र सत्ता स्थापित की। वह रानी रूपमती के प्रेम-पाश में बँधा और इन दोनों की प्रेमगाथा जहाँ एक ओर मालवा के लोकगीतों का विषय बनी वहीं दूसरी ओर पूरे भारत में चितेरों की प्रेरणा भी। सन् 1561 में अकबर के सेनापति आदम खाँ ने मालवा पर हमला किया। सारंगपुर में मुठभेड़ हुई। बाजबहादुर मैदान से भाग निकला और रूपमती ने आत्महत्या कर ली। मुगलकाल में मराठों के द्वारा हस्तगत करने तक उज्जयिनी मालवा की राजधानी बनी रही। जब प्रथम स्वाधीनता संग्राम सन् 1857 में आरम्भ हुआ तो इस बगावत का उद्घोष नीमच छावनी में हुआ। अंग्रेज अधिकारी कर्नल सी०एल० सॉक्र्स ने नीमच के किले की सुरक्षा के प्रयास किए लेकिन प्रतिशोध की आग फैलती गई। इन्दौर राज्य के सिपाहियों ने महू के फौजियों के साथ पूरी बगावत की योजना तैयार कर ली और 1 जुलाई, 1857 को इन्दौर में विद्रोह भड़क

उठा। उसके बाद महू में भी विद्रोह हो गया। बाद में देवास में यह विद्रोह हुआ, जो शाजापुर, ब्यावरा, गुना और ग्वालियर में भी फैल गया और एक सैनिक अधिकारी भागीरथ बारगीर के नेतृत्व में एक दूसरा दस्ता भी मुगल सम्राट से जाकर मिला। धार, अमझेरा, भोपावर, सरदारपुर में भी विद्रोह फैल गया। मुगल वंश के शाहजादे हुमायूँ ने मंदसौर में अपनी स्वतंत्र सत्ता स्थापित कर ली। इसी तरह महिदपुर, मंदसौर और जावरा में भी यह संग्राम फैला। उज्जैन के प्रसिद्ध कवि तथा क्रान्तिकारियों के शौर्य गायक स्व० श्रीकृष्ण 'सरल' ने विस्तार से उज्जैन, इन्दौर, रतलाम, धार, देवास, शाजापुर, राजगढ़ व मंदसोर के स्वाधीनता आंदोलन के बारे में जानकारियाँ दीं।

मालवा शिल्प स्थापत्य और तंत्र की दृष्टि से भी बड़ा महत्त्वपूर्ण क्षेत्र रहा है। उज्जयिनी ब्राह्मण, शैव, शाक्त, बौद्ध तथा जैन धार्मिकों और साधकों की केन्द्र रही है। उज्जयिनी का एक नाम प्रतिकल्पा भी है, जिसका अर्थ है कि उज्जयिनी की भूमि प्रत्येक प्रलय में अस्तित्व में शेष रह जाती है। इसके अलावा इसे कनकशृंगा, कुशस्थली, अवन्ती, उज्जयिनी, पद्मावती, कुमुदवती, अमरावती, विजयिनी तथा विशाखा भी कहा गया है। महाकाल वन पृथ्वी की सर्वाधिक श्रेष्ठ पुण्य भूमि है। महाकाल मंदिर के सामने कलहनाशन नामक एक कुण्ड है, जिसके दक्षिण में प्रस्थमातृका मंदिर है। इस मंदिर के दक्षिण में महिष कुण्ड है, जिसे महाकपाल तीर्थ भी कहते हैं। गांगती नामक गुफा के उत्तर में विद्यातीर्थ और उसके भी उत्तर में शीतलामाता का स्थान है। यहाँ हरसिद्धि मंदिर है। वराहपुराण में अवन्तिका को पृथ्वी का मणिपुरचक्र कहा गया है। शंकराचार्य ने शैव, वैष्णव, शाक्त आदि तंत्र मत के अनुयायियों को अद्वैत सिद्धांत का अनुयायी बनाकर उज्जयिनी में प्रवेश कराया था।

उज्जयिनी में बौद्ध मत का भी प्रभाव था तथा बाद में वज्रयान भी अस्तित्व में आ गया। 10वीं सदी के तेरहवें सिद्ध संत तन्तिपा उज्जैन के ही थे। वे बिन्दुसिद्धि के उपासक थे। भर्तृहरि, जालन्धरपाद के शिष्य थे। उज्जयिनी में भर्तृहरि गुफा और योगेश्वर टेकरी हैं जो बौद्ध और नाथ परम्पराओं के स्मारक हैं। यहाँ कई प्रतिमाएँ भुवनेश्वर की तरह मिलती हैं। कथासरित्सागर के अनुसार, एक रसायन तंत्र विशेषज्ञ व्याडि नामक महापंडित उज्जैन में रहते थे। उज्जयिनी में पीर मछंदर की समाधि भी है। यहाँ मत्स्येन्द्रनाथ का उल्लेख भी मिलता है। यहाँ गोस्वामी जदरूप भी थे, जिनसे मिलने जहाँगीर आया करता था। गढ़कालिका प्रसिद्ध तांत्रिक स्थान है, जिसके बारे में शक्तिसंगम तंत्र में लिखा है—'अवन्ती संज्ञके देशे कालिका यत्र तिष्ठति।' यहाँ चौसठ योगिनियों का भी मंदिर है तथा कालभैरव के प्रसिद्ध मंदिर में आज भी आधी रात्रि में पूजा होती है तथा इसके आस-पास अनेकों तांत्रिक अपनी साधना करते हैं। भगवान् महाकाल जो यहाँ दक्षिण दिशा में विराजित हैं, वे भी तांत्रिकों के सिद्धिदाता माने जाते हैं।

मालवा में प्राचीन कला परम्परा मौर्य, शुंग, शक तथा सातवाहन कालों में बहुत पल्लवित हुई। स्तूप, चैत्य, विहार, शैलकृत गुफाएँ तथा देवालय निर्मित किए गए।

परमारकालीन शासकों की रचनात्मक प्रतिभा उदयपुर, ग्यारसपुर, नैमावर, बदनावर, विदिशा, ऊन, भोजपुर तथा उज्जैन में मिलती है। यहाँ श्री लक्ष्मी को यक्षी के रूप में उकेरा गया है तथा श्रीवृक्ष भी उत्कीर्ण किया गया है। शुंगकाल में साँची के स्तूप और तोरण बने, जिन पर हीनयानी प्रभाव स्पष्ट दिखाई देता है। क्षत्र, भिक्षापात्र, पदचिह्न, स्वास्तिक, त्रिरत्न, बोधिवृक्ष, बोधिमण्डल तथा वज्रासन प्रतीक रूप में उत्कीर्ण हैं। कसरावद के उत्खनन में विहारों से प्राप्त पात्रों पर उत्कीर्ण घंटों के नीचे सूर्य का प्रतीक उत्कीर्ण किया गया है तथा मालवा से मिली अधिकांश मुद्राओं पर सूर्य उत्कीर्ण है। सूर्य अंकन परब्रह्म के रूप में विभिन्न प्रकार से उत्कीर्ण किया गया है। मालवा की अधिकांश मुद्राओं पर स्वस्तिक अंकित है। स्वस्तिक को भी सूर्य का प्रतीक माना गया है। दशपुर, जो मालवा का उत्तरी-पश्चिमी भाग है, वहाँ अनेकों अभिलेख मिले हैं, जिनसे वहाँ के मूर्तिशिल्प की जानकारी मिलती है। यहाँ का सातवीं-आठवीं शताब्दी का मूर्तिशिल्प औलिकरों की परम्परा तथा दक्षिण के राष्ट्रकूटों की कला परम्परा का समन्वय है। दशपुर प्रदेश में मूर्तिकला का आरम्भ ताम्राश्वयुगीन मिट्टी की मूर्तियों से होता है। गांधार शिल्प से प्रभावित देवी हारीति की एक प्रतिमा मंदसौर से प्राप्त हुई है। तीसरी-चौथी शताब्दी से उत्तर परमालकाल तक निरन्तर प्रतिमाएँ मिलीं। गुप्तकालीन सर्वश्रेष्ठ प्रतिमा पशुपतिनाथ की है, जो मंदसौर में है। हिंग्लाजगढ़ से प्राप्त चतुर्मुखी शिवलिंग राष्ट्रकूट कला का एक सुन्दर उदाहरण था। शैव उपासना के कारण उमा-महेश्वर के सुंदर अंकन के उदाहरण मिलते हैं। मोढ़ी मंदिर (तहसील-भानपुरा) के तोरण द्वार पर नटराज शिव की सुन्दर नृत्य मुद्राएँ उत्कीर्ण हैं। विष्णु प्रतिमाएँ भी यहाँ मिली हैं। दशावतार अंकन भी प्राप्त हुए हैं। लोटखेड़ी से प्राप्त वराह पर विभिन्न देवी-देवताओं के 206 अंकन हैं। रामायण के दृश्य भी संधारा में उत्कीर्ण किए गए हैं। गरुड़, कृष्ण तथा बलराम की मूर्तियाँ भी मिली हैं। इस क्षेत्र में शाक्त प्रतिमाएँ भी प्राप्त हुई हैं। दुर्गा प्रतिमाओं में ओज, शौर्य, गंभीरता तथा मातृत्व के गुण सहज रूप में दृष्टिगत होते हैं। सावन (नीमच) से एक बीस भुजी महिषासुर मर्दिनी की प्रतिमा मिली है। विभिन्न क्षेत्रों से चौथी-दसवीं शताब्दी तक बनाई गई मातृकाओं की मूर्तियाँ भी मिली हैं। गजलक्ष्मी तथा सरस्वती की प्रतिमाएँ भी प्राप्त हुई हैं। गणपति प्रतिमाएँ भी विभिन्न भंगिमाओं में मिली हैं। इसी प्रकार कार्तिकेय की प्रतिमाएँ भी प्राप्त हुई हैं। सूर्य, नवग्रह, अष्टदिक्पाल की मूर्तियाँ भी मालवा के विभिन्न अंचलों से प्राप्त हुई हैं। दशपुर प्रदेश में जैन मूर्तियाँ बहुलता से मिली हैं। अम्बिका, अजिता, मनोवेगा, कंदर्पा तथा पद्मावली की प्रतिमाएँ प्रतिमा विज्ञान की दृष्टि से महत्त्वपूर्ण हैं। धमनार, खेजड़िया भूप, खोलवी, पोलाडंगर आदि स्थानों पर गुफाएँ मिली हैं। पद्मपाणी अवलोकेतेश्वर की प्रतिमा भानपुरा से मिली है।

मालवा तथा विशेषकर उज्जयिनी के वैभव के संबंध में कालिदास, बाणभट्ट, शूद्रक, परमगुप्त, परिमल तथा चतुर्भाणी के ग्रंथों में विस्तृत उल्लेख है। जहाँ तक चित्रकला का संबंध है, बाघ की चित्रकला (पाँचवीं से छठवीं शताब्दी) मालवा के

संदर्भ में विशेष उल्लेखनीय है। कालिदास ने मेघदूतम् और रघुवंशम् में चित्रांकन संबंधी अनेकों उल्लेख किए हैं। परमारकाल में चित्रकला का काफी विकास हुआ होगा, किन्तु उसके प्रमाण देखने को नहीं मिलते। गोरी और खिल्जी सुल्तानों के आधिपत्य में जब यह क्षेत्र आया और माण्डू राजधानी बनी, तब चित्रकला का विकास हुआ। माण्डू में श्वेताम्बर जैनों ने कलाशैली का विकास किया। माण्डू कल्पसूत्र जो सन् 1439 में बना, वह जगत् प्रसिद्ध है, इसमें जैन धर्म का विवरण देते हुए मनुष्य, पशु-पक्षी, देवी-देवता आदि के चित्र अंकित किए गए हैं। इन चित्रों के विषय धार्मिक हैं, किन्तु ये बाहरी प्रभाव से मुक्त हैं। माण्डू में जिस चित्रकला का विकास हुआ, उसमें हिरात और शीराज की तुर्कमान शैली का प्रभाव स्पष्ट है। पंद्रहवीं और सोलहवीं शताब्दी में ईरानी कलम का समन्वय भारतीय कलम से हुआ। नियामतनामा में इस शैली के चित्र हैं। सोलहवीं सदी के आरम्भ में राग-रागिनियों के चित्र बनने आरम्भ हो गए थे तथा नारियों के आभूषण व अलंकरण बहुतायत से बनाए जाने लगे थे। जैन प्रभाव के कारण वर्गाकार सिर, विशाल नेत्र, घूँघट और चित्रित पृष्ठभूमि नारी-चित्रों में दृष्टिगोचर होने लगी थी। बाजबहादुर के राज्यकाल में भी इस शैली के अनेक चित्र बने। इसका प्रचार मेवाड़ और महाराष्ट्र तक हुआ। सत्रहवीं शताब्दी (1634 ई०) में रसिकप्रिया के चित्र बने। सन् 1680 में माधवदास नामक चितेरे ने नरसिंहगढ़ में एक रागमाला चित्रावली तैयार की, जिसके चित्र राष्ट्रीय संग्रहालय, नई दिल्ली में हैं। नरसिंहगढ़ के कँवरानी मन्दिर व चम्पावती मन्दिर में अभी भी मालवा शैली के चित्र हैं तथा नरसिंहगढ़ से 12 कि०मी० दूर साखाश्याम जी में सुंदर कृष्ण-लीला के चित्र हैं तथा वहाँ बनी समाधि पर बने विभिन्न शिल्प भी अद्वितीय हैं। राघोगढ़, इस दृष्टि से अत्यन्त महत्त्वपूर्ण रहा तथा राजा धीरजसिंह के समय वहाँ बहुत सारे चित्र बने। राघोगढ़ की अपनी विशिष्ट शैली है तथा राघोगढ़ कलम के चित्र विश्व के विभिन्न संग्रहालयों तथा व्यक्तिगत संग्रहों में हैं। मालवा अंचल के उज्जैन, मंदसौर, इन्दौर, धार, रतलाम आदि क्षेत्रों में 18-19वीं शताब्दी में निरन्तर मालवा कलम का विकास हुआ। एकचश्म चेहरे, सुडौल शरीर, सरल आकृति तथा पतली-मोटी रेखाओं से उरेहे गए चित्र अत्यन्त महत्त्वपूर्ण हैं। मराठों के समय में बने चित्रों पर मराठा प्रभाव स्पष्ट दिखाई देता है। उज्जैन और मंदसौर के विभिन्न मंदिरों और हवेलियों में सुन्दर चित्र बने। धार के वैष्णव मंदिरों में भी सुन्दर व कलात्मक नाथद्वारा शैली से प्रभावित लघुचित्र रखे हुए हैं। सिन्धिया प्राच्य शोध संस्थान, उज्जैन में जैन कल्पसूत्र तथा मधुमालती की सचित्र पोथियाँ हैं। बनारस कला भवन में रामायण के विभिन्न प्रसंगों पर आधारित अंकन लघुचित्रों के रूप में हैं। जीवन के सामान्य व्यवहार, कृष्ण-लीला तथा धार्मिक विषयों पर बने चित्र, दरबारी चित्र, आखेट, मंत्रणा, नारी सौन्दर्य, राग-रागिनी तथा विभिन्न काव्य ग्रंथों के आधार पर लघुचित्र बने हैं। व्यक्तिचित्र भी बहुत बने हैं। एकचश्म चेहरे और डेढ़ चश्म वक्ष की रचना प्रायः चित्रों में की गई है। मालवी पहनावा स्पष्ट दिखाई देता है तथा मालवी अलंकरण भी दिखाई देते हैं। इस कलम पर

मुगल कलम का प्रभाव भी है। लाल, नीले, हल्के हरे और सुनहरी रंगों का प्रयोग हुआ है। लाल रंग और रामरज रंग की प्रमुख भूमिका रही है।

मालवा की लोककला का भी अपना महत्त्व है। इसे चित्रावण कहते हैं। घर की दीवारों पर गोबर से लीपकर पृष्ठभूमि तैयार की जाती है तथा आसपास के क्षेत्र में मिलनेवाले खनिज रंगों से चित्र बना लिए जाते हैं। इन रंगों में गेरू, रामरज व खड़िया महत्त्वपूर्ण हैं। नागपंचमी पर नाग के दृश्य तथा विवाह के समय गणेश जी के चित्र पूरी आस्था के साथ उकेरे जाते हैं। इसी तरह मामेरा के चित्रावण में भाई-भौजाई के चित्र बनाए जाते हैं तथा विवाह दृश्य भी उकेरे जाते हैं। चित्रावण में पेशेवर चितेरे के रूप उज्जैन के श्री धूल जी महाराज और शाजापुर के श्री सत्यनारायण महाराज प्रसिद्ध हैं। ग्रामीण क्षेत्रों में स्वर्गीय नारायण बा का नाम बड़ा प्रसिद्ध है। आज भी मालवा की महिलाएँ विभिन्न अवसरों पर चित्रावण करती हैं।

मालवा के लोक नृत्य, लोक संगीत और लोक मंच की अपनी पहचान है। भित्ति चित्रों, मांडनों, वस्त्र-चित्रों का रूपांकन सदियों से यहाँ होता चला आया है। भेरूगढ़ के छीपे वंशानुगत रूप से वस्त्रों पर चित्र बनाते हैं। यहाँ स्वाँग की भी परम्परा है तथा ढाराढ़ारी के खेलों की भी सुदीर्घ परम्परा है। माच, यहाँ का मुख्य नृत्य है। इसके अलावा तुर्राकलँगी की गान परम्परा भी है। माच में कृष्ण-लीला, सत्यवादी राजा हरिश्चन्द्र, भरतरी पिंगला, ढोलामारूनि, देवर-भौजाई, सुदबुध सालंगा, सेठ-सेठानी और गेंदापरी के खेल प्रमुख हैं। उज्जैन और उसके आसपास अनेकों नाच मण्डलियाँ हैं। वर्तमान में श्री सिद्धेश्वर सेन इस कला को जीवित रखे हुए हैं।

मालवा की संगीत परम्परा में मालव राग की अपनी महत्ता है। मतंग ने इसका उल्लेख अपने ग्रंथ बृहद्देशी में किया है। गीत-गोविन्द की प्रथम अष्टपदी मालव राग में रची गई है। इसी तरह द्वितीय सर्ग की अन्तिम अष्टपदी भी मालव राग में है। सम्राट समुद्रगुप्त वीणावादन में निष्णात थे तथा महाराजा विक्रमादित्य दीपक राग गाने में प्रवीण थे। शंकु और कालिदास, संगीत के महान ज्ञाता थे। वर्तमान में श्री तातूभैया ध्रुपदिये का नाम अग्रणी है। उज्जैन के अलावा इन्दौर, धार, देवास, रतलाम तथा जावरा मालवा के ऐसे स्थान हैं, जहाँ संगीतज्ञों को राज्याश्रय मिलने से उन्होंने भरपूर साधना की। बंदे अली खाँ का नाम बड़ा प्रसिद्ध है। महाराजा तुकोजीराव होल्कर के दरबार में प्रतिवर्ष रंगपंचमी से गुढ़ीपढवा तक संगीत सभा लगा करती थी, जिसे इन्दर सभा कहा जाता था। इन्दौर उस्ताद अमीर खाँ तथा देवास कुमार गंधर्व के नाम से जाना जाता है। धार में भी संगीत की परम्परा रही तथा भोज के ग्रंथ सरस्वती कण्ठाभरण में संगीत की चर्चा की गई है। रूपमती-बाजबहादुर के कारण माण्डू भी संगीत के क्षेत्र में प्रसिद्ध था। रतलाम के महाराजा रणजीतसिंह तथा उनके पुत्र महाराज सज्जनसिंह भी संगीत के बड़े प्रेमी थे। जावरा में भी संगीत का बड़ा प्रचार-प्रसार रहा। शिक्षा, ज्योतिष, चित्रकला, शिल्प, स्थापत्य, साहित्य और सभी तरह के अनुशासनों में मालवा का अपना विशिष्ट योगदान रहा है।

मालवा में खड़ी बोली, उर्दू तथा मराठी के अनेकों साहित्यकार ऐसे हैं, जिन्होंने राष्ट्रीय स्तर पर अपनी पहचान बनाई। मालवी के मौलिक सृजन का क्रम सन् 1912 में प्रकाशित स्व० पन्नालाल नायाब की एक कृति से होता है, जिसका नाम है—'मास्टर साहब की अनोखी छटा'। यह पद्य एकांकी है। स्व० पन्नालाल नायाब का दूसरा मालवी प्रहसन है—'नौकरी का चस्का'। इस प्रहसन में भी नायाब ने गुलामी का विरोध किया है। स्वर्गीय पन्नालाल नायाब ने मालवी के साथ-साथ हिन्दी में भी रचनाएँ लिखीं। उनका एक हिन्दी नाटक 'भारत में थू और फू' सन् 1914 में प्रकाशित हुआ। सन् 1921 में साँवेर में जन्में श्री आनन्दराव दुबे मालवी के मुखर कवि रहे। उन्होंने 250 से अधिक कविताएँ लिखीं तथा तीन दशकों की मालवी की यात्रा को अपने सृजन में रेखांकित किया। उन्होंने मालवी वातावरण, यहाँ की माटी की सौंधी गंध, ग्रामीण रीति-रिवाज, लोकोक्तियों और मुहावरों का सुन्दर प्रयोग किया। यहाँ की लहलहाती फसलों, खान-पान और रुचि की विशिष्टता को दर्शाती उनकी ये पंक्तियाँ उल्लेखनीय हैं—

मालवो पाक्यो रे, म्हा रो मालवो पाक्यो,
साँची रे साँवलियो, जाणे झोपड़ी झाँक्यो।
माणी मर तो मक्का पाकी, मुन्या तू मचका रे।
जुग- जुग जिये गड़ का जाया, कीरे तू रचका रे।
सेक जरा सी मूँगफली रे, चाख चनी-सी गोल डली रे।
फूली मन की आज कली रे।
भवरिया ने थुल्ली राँदी, मीठो दूध नाख्यो,
म्हारो मालवो पाक्यो।

उनकी प्रसिद्ध रचना कवि सम्मेलनों में बड़ी लोकप्रिय रही। यह हास्य रचना है तथा जिसका शीर्षक है 'रामाजी रईग्या ने रैल जाती री'।

हिन्दी के सुप्रसिद्ध कवि शमशेर की प्रसिद्ध कविता 'काल तुझसे होड़ है मेरी', की अनुगूँज कृषकों का प्रतिनिधित्व करनेवाली श्री दुबे की इस रचना में मिलती है—

खेते माले थारा हरधर जूझी जाग्या वो
भरे भण्डारा नाज फसल कमावे कामे लाग्या वो
तोड़े काल की अब तो खोड़.........................

सन् 1923 में ग्राम पिवडाय में जन्मे श्री नरेन्द्रसिंह तोमर बड़े सरस गायक हैं। आज भी श्री नरेन्द्रसिंह तोमर और नरहरि पटेल मिलकर जब किसी भी आयोजन में गणेश वंदना करते हैं तो सारा वातावरण मालवमय हो जाता है। श्री तोमर ने बड़े चलो, पगडण्डी, जयहिन्द, गीतावली, देहाती, दुनिया, गांधी गीतावली आदि लघुगीत संस्करण प्रकाशित कराए। उनके अनेकों गीत विभिन्न पत्र-पत्रिकाओं में प्रकाशित

हुए। उनकी दृष्टि में नया भारत कैसा है? इसकी झाँकी शब्दों में कुछ इस तरह सँजोयी गई है—

इकतारा पे गईरयो देखो, एक मतवालो रे.........
गया इंदारो गाँव को, अब आयो उजालो रे।
गांधी जी गंगा लाया सब न्हइर्‌या है,
सतजुग को सन्देश विनोबा दइरया है,
जनपद पंचायत हमने है आज बणइ,
अपना हाते अपणो राज चलइर्‌या है।
फूट गुलामी के दइ द्‌यो अब देस निकालो रे,
गयो इंदारो।

श्री गिरवरसिंह भवँर सन् 1926 में बेटमा के पास जन्में। उन्होंने मंच से मालवी को मौलिक प्रतिष्ठा दी। 'केसरिया फाग' नामक कविता संकलन प्रकाशित हुआ। उनके एक गीत में हरे खेत में चाँद आता है और वृक्ष की टहनी पर बैठकर चाँदनी गाना गाती है, मोर-मोरनी और पपीहे प्रणयरत रहते हैं और सारे विषाद को बिसरा देते हैं। 'चौमासा' शीर्षक की पंक्तियाँ निम्नानुसार हैं—

हरो हरो ये खेत हमारो, रात जिका में चन्दो आवे,
और डागला पे बैठीने, रोज चाँदणी गाणो गावे।
मोर मोरनी और पपइया, अपना जोड़ा से खेले
अ रे तमारा मन की राणी, कद से यो दुखड़ों झेले।

श्री गिरवरसिंह भवँर की वीर रस की कविताएँ भी बड़ी प्रसिद्ध हुईं। एक उदाहरण है—

रण चंडी जय हो जाग उठी, रण-आँगण लाशा सू पटग्यो।
लोहू की नदियाँ बह निकली, लो मुड समर में ज्यूँ लटक्यो।

पुराने कवियों में 1904 में कल्लूखेड़ी देवास में जन्मे श्री युगलकिशोर द्विवेदी की रचनाएँ जुगल विनोद, होली रचना, कंस वध आदि उल्लेखनीय हैं।

1934 में सैलाना में जन्में श्री नरहरि पटेल बहुआयामी प्रतिभा के धनी हैं। उन्होंने लोकधुनों को आधार बनाकर मालवी और हिन्दी में अनेकों रचनाएँ लिखीं। 'मत रो माता' उनका प्रसिद्ध काव्य संग्रह है। उनका एक और काव्य संग्रह है 'मालव की रात', जो वर्ष 1973 में प्रकाशित हुआ था। श्री पटेल कविता के अलावा नाटक के क्षेत्र में भी अग्रणी हैं तथा एकल अभिनय भी करते हैं। इस वय में भी वे बड़ी सक्रियता के साथ मालवी की सेवा में रत हैं। हाल ही में उनकी दो कृतियाँ जिसमें मालवी कविताओं के अलावा गीत और ग़ज़ल संगृहीत हैं, प्रकाशित हुई हैं। जिनके नाम हैं—'गुलमोरी धरती' (प्रकाशन वर्ष 2000) तथा 'झुमको' (प्रकाशन वर्ष 2000)। श्री पटेल ने इनके अलावा थोड़ी घणी, सिप्रा के किनारे शीर्षक से मालवी

ग़ज़लें भी लिखीं। मालवी गीत छोटी-छोटी मच्छी कितरो पाणी शीर्षक से एक संग्रह है, जो शीघ्र प्रकाशित होनेवाला है। इसके अलावा 'उजाला दो' शीर्षक से हिन्दी गीतों का भी संग्रह प्रकाशनाधीन है। वे मालव लोक संस्कृति के प्रखर प्रवक्ता हैं तथा मालवी में ध्वनिगीत और ग़ज़ल विधा के भी प्रणेता हैं। वरिष्ठ रंगकर्मी के रूप में अपनी पहचान बनाने वाले श्री नरहरि पटेल आकाशवाणी से प्रसारित होनेवाले नाट्य-रूपकों में भी सक्रिय रहे हैं। मालवा के प्रति उनका अनुराग अद्‌भुत है। ये पंक्तियाँ जिनकी ध्वन्यात्मकता विशिष्ट है तथा मालवी की सामर्थ्य को प्रकट करती हैं, उल्लेखनीय हैं—

सौ सौ आँसू लइलो म्हारा मालव को लाड़ म्हने दइदो
ढोलक धमकाओ धा धारे धिन्ना
अलगूँजो गूँजो ने गावोरे क्यूंना
सावण का फागण का महिना जगइदो
ने गीताँ की गूँज गुँजइदो। म्हारा मालव को लाड़ म्हने दइदो।

श्री पटेल ने 'गुलमोरी धरती' की भूमिका में लिखा है कि 1991 में मालवी ग़ज़ल लेखन की उनकी एकल यात्रा शुरू हुई तथा 'थोड़ी घणी' शीर्षक से जो अब मध्य प्रदेश के प्रसिद्ध अखबार नई दुनिया का एक स्तंभ है, मालवी में ग़ज़लें लिखना उन्होंने शुरू किया। इन ग़ज़लों का आरंभिक विषय था—साम्प्रदायिकता के विरुद्ध आवाज। इसके दो शेर नीचे दिए जा रहे हैं—

भगवान कोज रूप थो बदलीग्यो आदमी
हे राम-राम, केसो बिगड़ीग्यो आदमी

लायो थो बाँटवाने अमरत का कटोरा
नफ़रत को जेहर आँगणे विखरीग्यो आदमी

सिपरा के किनारे में उनकी ग़ज़लों ने नया रूप लिया। इसके दो शेर निम्नानुसार हैं—

गुलमोर की बैयाँ में हवा झूमती आई
मऊड़ा से करोंदी को पतो पूछती आई

नींदा ने मिले सपनो, मस्ती ने मिले ढोल
आँख्या ने रूप प्यारो, वाचा ने मिले बोल।

गुलमोरी धरती की ग़ज़लें नि-संदेह मालवी साहित्य के क्षेत्र में दिया गया एक अद्‌भुत उपादान है। मालवी में अब 'हाइकू' भी लिखे जाने लगे हैं लेकिन मालवी ग़ज़लों ने अपना अलग स्थान बनाया है तथा लोकप्रियता अर्जित की है। श्री नरहरि पटेल की ग़ज़लें इन अर्थों में बड़ी उल्लेखनीय हैं कि वे उर्दू की इस विधा की

बारीकियों को उजागर करती हैं तथा मीटर कायम रखते हुए भावों को उत्कृष्ट रूप से अभिव्यक्त करती हैं। इन गज़लों को हिन्दी की उत्कृष्ट गज़लों के समकक्ष रखा जा सकता है। मालवा के ही श्री चन्द्रसेन विराट हिन्दी में अरसे से गज़लें कह रहे हैं और मालवा के ही श्री नरहरि पटेल इन्हीं गज़लों के समकक्ष मालवी में पहली बार गज़ल कह रहे हैं और पूरी शिद्दत के साथ कर रहे हैं। श्री पटेल की गज़लों में माधुर्य है, ओज है, आज की पीड़ा है, वह सब कुछ है जो समकालीन अनुभूतियों की देन है लेकिन जो विशिष्ट है, वह यह कि इन गज़लों में मालवा की मिट्टी की वह सौंधी गंध समायी है, जिस गंध ने मालवा को अपनी पहचान दी और जिस गंध के कारण मालवा अनादिकाल से गमकता रहा है। उनकी इन दमकती ग़ज़लों की कुछ बानगियाँ प्रस्तुत हैं—

1. तितली का पंख नी कदी मत हाथ से मसलो
होली पे रंग फाग बिगड़ जायगा दादा

कोसल का मीठा कंठ पे ताणो मती गुलेल
बेवाँक सुर की बेटी मर जायगा दादा

2. आदत सी पड़गी है यूँ शेहर में रेणो
जीणो भी कई जीणो हे मरनो भी कई मरनो

फुर्सत नी किने कोई साँस चले हे
सर्कस में बाँस लईने बस डोर पे चलनो

3. लुटीग्यो गाम कसो मौज उड़ावे हे शेहर
भूखा लोगाँ की कसी भूख बढ़ावे हे शेहर

पखेरू गाम का तरस्या उड़ी ने गया
अपनी मुण्डेर पे नी कोई बिठावे हे शेहर

'झुमको' में मालवी कविता, गीत और ग़ज़ल संगृहीत हैं। माँ, बेटी, बेटे, पीहर, दादी जैसे मार्मिक प्रतीकों को श्री पटेल ने बड़ी सुन्दर अभिव्यक्ति दी है। माँ के बारे में वे कहते हैं—

आज भी थपके हे म्हारी नींदा ने थारी लोरी
म्हने याद हे ममता की थारी झीणी झोरी
फाटा पल्ला में ढाँकी ने अपनी भूख तरस
माँ कस्तर उछेर्‌या वेगा थे चाँद सूरज

इसी तरह ममता के बारे में उनकी अभिव्यक्ति है—

म्हारा हिरदाँ में लाग्यो दूध थारो सिंदूरी
पेली बरखा की जाणे वास बसी कस्तूरी
तू तो देतीज रिजे माँ म्हारी जामण-गंगा
म्हारा माथा पे थारी ममता को ठंडो छाँटो

'झुमको' शीर्षक गीत की ये जादुई पंक्तियाँ देखें,

झूमको काँ भूली आई वो नणदली
झूमको काँ भूली आई वो

वाँगा में गई थी तू मेलाँ में गई थी
कलियाँ में गई थी तू फूलाँ में गई थी
गजरो काँ भूली आई वो नणदली
गजरो काँ भूली आई वो

जमनाजी गई थी तू गँगाजी गई थी
साथे सहेल्याँ के पाणी तू गई थी
गगरो काँ भूली आई वो नणदली
गगरो काँ भूली आई वो।

म्हारा जंगल की तू प्यारी हरणिया
फिरती फिरकणी-म्हारे आँगणिया
ठुमको काँ भूली आई वो नणदली
ठुमको काँ भूली आई वो।

श्री पटेल ने मालवी में 'हाईकू' भी लिखे, जिन्हें वे 'कईकूँ' कहते हैं। दो उदाहरण देखें—

1. कई कूँ
   जापानी छंद
   मालवी में हाईकू
   ईने 'कईकूँ'

2. माँ की घड़त
   कसी चलके
   मन का थानक पे
   माँ की घड़त

श्री पटेल के दो दोहे देखें—

1. आजादी का राज में केसी बणी फजीत
उघड़ी उघड़ी देह पे म़ाँग्यो-तुँग्यो कमीज

2 गीत गया घूमर गया रतजोगा ने माँच
नागा नागा नाच हे टीवी घट्टी टाँच

श्री पटेल ने मालवी में अनेकों प्रयोग किए। विशेष रूप से मालवी ग़ज़ल के क्षेत्र में उनका योगदान अप्रतिम है। 'सिपरा के किनारे' की मालवी ग़ज़लें जिनमें शिप्रा नदी की वन्दना है, अपने आप में विशिष्ट हैं। श्री पटेल ने अभी, हाँ बिल्कुल अभी, अपने खिलाफ, उस शहर का शोकगीत और सतह के नीचे शीर्षक रेडियो रूपकों में सुंदर प्रस्तुतियाँ दी हैं, जिन्हें राष्ट्रीय स्तर पर समादृत किया गया।

श्री मदनमोहन व्यास ने मालवी के लोच को अपनी कविताओं में ढाला तथा ग्राम-बोध के साथ ही समसामयिक संदर्भों से अपने कवि को जोड़ा। एक उदाहरण देखें—

अरे इत्ता फायदा है कि कोई कँइ कँइ के|
ट्रांजिस्टर सुणी ने भैंस ज्यादा दूध दे।
भैंस भैंस ठेरी.................

तराना में जन्मे सुल्ताना मामा ने मालवी के बहुत सुन्दर गीत लिखे। उनका यह श्रृंगार गीत बहुत लोकप्रिय है। अपने हठीले नायक से नायिका कहती है—

म्हारा झेला ने झूमर झोला खाय रे हठीला
जराँ धीराँ, घेरो रे बैलगाड़ी के।
म्हारा माथा को भँवर सरकी जाय रे हठीला
जरा धीराँ गेरो रे बैलगाड़ी के
नाक की नथड़ी झूली-झूली जावे
बाजू सरकीने म्हारी पोंची में आवे
म्हारा गला में खगाली गड़ी जाय रे हठीला
जरा धीराँ गेरो रे बैलगाड़ी के
गोरी गोरी बईयाँ म्हारी नणदी पकड़ेगा
वाट में चूड्यो क्यों बद्यो असो पूछेगा
म्हारे केते सरम घणी आय रे हठीला
जरा धीराँ गेरो रे बैलगाड़ी के
ऊँची नीची बाट में लागे उचीका
जैसा तम लाल हो म्हारी सासू जी का

ऐसी म्हारी गोदी को लाल पड़ी जाय रे हठीला
जरा धीराँ गेरो रे बैलगाड़ी के
रेसम की चूनड़ी पड़ी पड़ी जावे
धूलो उड़ी तो म्हारा माथा में आवे
म्हारा नैना में कंकरी भराय रे हठीला
जरा धीराँ गेरो रे बैलगाड़ी के
ठंडी ठंडी चाँदणी ने चउदस की रात है
आज हूँ ईकेली नी हूँ पिया जी के साथ है
गोरी चाँदणी म्हारो मन भरमाय रे हठीला
जरा धीराँ गेरो रे बैलगाड़ी के

मालवी कवियों में श्री बालकवि बैरागी का अपना महत्त्वपूर्ण स्थान है। मालवी की लोच, उसका लालित्य, उसकी मिठास और उसकी तेजस्विता सब कुछ बैरागी जी के कंठ से व्यक्त हुई। उन्होंने 'दरद दीवानी' के दरद को मखमल में सहेजा। राजनीति से जुड़े हुए होने पर भी वे मालवी के लिए सदैव समर्पित रहे हैं। अपने कठिन संघर्ष के बीच उनका साधक कवि विकसित हुआ। वह अपनी धरती से जुड़ा, पगडण्डियों पर दौड़ा, पनघटों पर ठिठोली की, लहलहाती फसलों के साथ झूमा और मालवा की ललनाओं के साथ ठुमका। मैंने बचपन में उनके कंठ से 'चटक म्हारा चंपा, आई रे रुत प्यारी', नामक गीत सुना था, जो आज भी मनमानस में गूँजता रहता है। इसी शीर्षक से उनका एक संग्रह भी आया। इसमें माँ सरस्वती की एक सुंदर वन्दना है, जिसकी कुछ पंक्तियाँ हैं—

विद्या को दो दान धराणी
शरणो लेईल्यो है थारो
ज्ञान का चन्दर भाण उगाओ
मेटी दो यो अँधारो
हिरदे बिराजो घट-घट बैठो
सब ने हाँचो पंथ बतावौ
दो सुख साता म्हारी सुरसत माता

बैरागी जी ने मालवी कविता के साथ-साथ हिन्दी कविताएँ भी लिखीं और बड़ा मार्मिक गद्य लेखन किया। वर्तमान में भी वे गद्य लेखन कर रहे हैं। उनकी कहानियाँ विशेष रूप से अपनी विशिष्ट अस्मिता बनाती हैं।

श्री हरीश निगम का नाम मालवी काव्य के क्षेत्र में बड़े सम्मान के साथ जाना जाता है। 'हरियालो आँचल' उनकी प्रसिद्ध कृति है। इसके अलावा 'टेगड़ी कड़ब खाय', 'कवि की पत्नी को कलाप', 'आया सावन सेरा', 'गाँव की गोरी', 'मैया चंबल रे',

ऊट का गला में मिनकी' आदि कृतियाँ बहुत सराही गईं। 'हरियालो आँचल' में मालवा का सांस्कृतिक माधुर्य गूँजता है। दो पंक्तियाँ देखें—

मात नरबदा देखाँ रानी, ई का चरा पखाले रे।
चम्बल की महिमा से धरती, हालर झूमर हाले रे।

श्री हरीश निगम ने व्यंग्य कविताएँ भी लिखीं। उनकी तिपाइयाँ श्रोताओं के बीच लोकप्रिय हुईं।

टीकमचंद भावसार 'बा' मालवी के बहुअयामी व्यक्तित्व हैं। हास्य और व्यंग्य के क्षेत्र में उन्होंने मालवी में अद्‌भुत योगदान दिया। 'तराजू', 'नारंगी खरबूजो' जैसे सटीक सामाजिक व्यंग्य बा ने मालवी को दिए। 'बा' गहन अनुभूतियों के गीतकार भी हैं। इनके गीतों की नायिका बिहारी की नायिका की तरह कोमल है, जो कलाइयों में पहने हुए गजरे के गहरेपन का भार वहन नहीं कर पाती और नायक के सीमा पर चले जाने के बाद बादलों से संदेश भिजवाती है—

लईजा संदेशा ने, कई दीजे ऐसी
कंत थारी कामाणीं का बोल घणा मूँगा।

'मोती बेराना' नामक संग्रह में भावसार बा के मालवी को दिए गए अवदान को देखा जा सकता है।

श्री सिद्धेश्वर सेन ने मालवी के माच की परम्परा को जहाँ एक ओर पुनर्जीवित किया वहीं दूसरी ओर माच में गीत भी लिखे। इनके मालवी गीत लोकधुनों में रचे-बसे हैं। श्री सेन ने मानवीय संवेदनाओं की गहरी अभिव्यक्तियाँ अपने सृजन में की हैं।

श्री मोहन सोनी का अवदान भी मालवी और हिन्दी के क्षेत्र में अप्रतिम है। शृंगार और प्रेम उनके प्रिय विषय हैं। उनके काव्य की रम्यता इन पंक्तियों में झलकती है—

कवेलू से धुँआ को छन के निकलनो—
दिन के जनम दे ही घट्‌टी को चलनो.......

श्री मोहन सोनी ने ग़ज़लों के क्षेत्र में भी अपना अवदान दिया।

बाद की परम्परा में डॉ० शिव चौरसिया का नाम मालवी कविता के क्षेत्र में प्रमुख है। उनके गीतों के अलग-अलग रंग हैं, जिनमें भोर और साँझ से लेकर वसंत और फाग के मनमोहक दृश्य उरेहे गए हैं। उज्जैन की पण्डा संस्कृति पर उनकी सफल अभिव्यक्ति है—

किरण-यातरी तीरथ न्हईरया, ताल तलैया माँय।
खुसी-खुसी में पण्डा सरखा, लाल कमल मुसकाय।
करीर्‌या भँवरा मंत्रोचार।

बच्चों की किलकारी की तुलना वे चिकने पत्तों के फूटने से करते हैं। डॉ० चौरषिया ने राष्ट्रीय गीतों का भी सृजन किया है तथा अभी भी वे पूर्णतः सक्रिय हैं।

श्री बालमुकुन्द रघुवंशी 'बन्सीदा' मालवी के वर्तमान में सक्रिय सर्जक हैं। वर्ष 1999 में उनकी कृति 'मालवी को माण्डवो' प्रकाशित हुई है। इस कृति में उन्होंने मालवा के विभिन्न प्रतीकों को बड़े सजीव रूप में व्यक्त किया है। एक उदाहरण है, 'बड़ को गोड़' शीर्षक कविता का—

चिरकली - चिरकला
कोयल - कागला।
तोता - मेना,
पपय्या - मोर॥
सबेरे साँजे,
पतली डाल पकड़ी।
पत्ताहुण पे बेठी,
लगाय हे जोर

इकई सारू गेरा झाड़ की
जगे-जगे जड़ हुण लेवे टेका
अने लम्बा-चोड़ा फेले,
'बन्सीदा', बड़ का मोटा गोड़॥

श्री पूनमचंद सोनी ने मालवी काव्य की श्री-वृद्धि में उल्लेखनीय योगदान दिया।

श्रीमती पुखराज पाण्डेय ने अपने सुमधुर गीतों से जनमानस को बाँधा। उन्होंने लोरिया भी लिखीं।

मालवी के अन्य हस्ताक्षरों में झलक निगम, कन्हैयालाल गौड़, डॉ० राजेन्द्र आर्य, कैलाश तरल, हेमेन्द्र श्रीमाल, शांतिलाल जैन, विनयसिंह परमार, सूर्यकान्ता, सुरेन्द्र तेन्गुरिया का योगदान भी अप्रतिम है।

डॉ० श्यामसुन्दर व्यास तथा श्यामू संन्यासी ने भी मालवी में सुंदर रचनाएँ की हैं।

एक विशिष्ट नाम है और वह है श्री श्रीनिवास जोशी का। वे मालवी गद्य के मानक व्यक्तित्व कहे जा सकते हैं। उनकी तीन कृतियाँ हैं—'वारे पठ्ठा भारी करी', 'सासूजी रिसाएगा', 'गुरु गोठूलाल रूस चाल्या'।

मालवी के रचनाकारों को प्रोत्साहन देने में डॉ० शिवमंगलसिंह 'सुमन' का योगदान विशिष्ट रूप से रहा है। आचार्य राममूर्ति त्रिपाठी ने मालवी के शास्त्रीय आयामों पर गहन शोध कार्य कर अनूठे आयामों को अभिव्यक्ति दी है। मालवा के

साहित्यिक, सांस्कृतिक व ऐतिहासिक पक्षों के शोध के लिए डॉ० श्यामसंदर निगम, जो कांवेरी शोध संस्थान, उज्जैन के निदेशक हैं, का योगदान अप्रतिम है। उन्होंने अपना सब कुछ इस संस्थान के लिए और मालवी के लिए समर्पित कर दिया। डॉ० निगम ने स्वर्गीय डॉ० वाकणकर के न रहने का अनुभव नहीं होने दिया।

पं० सूर्यनारायण व्यास के अलावा, डॉ० चिंतामणि उपाध्याय और डॉ० श्याम परमार के उल्लेख के बिना मालवी के लोक साहित्य का इतिहास अधूरा है। पं० सूर्यनारायण व्यास ने 'मालव सुत' के उपनाम से कालिदास के मेघदूत का मालवी में अनुवाद किया। भारती भवन में सन् 1950 में श्री श्याम परमार, श्री अनूप और श्री बंसीलाल बम से विचार-विमर्श के बाद मालव लोक साहित्य परिषद् की स्थापना की गई। डॉ० श्याम परमार ने मालवा के लोक साहित्य पर प्रेरक कार्य किया। श्री ओमप्रकाश ठाकुर 'अनूप' ने अनेकों लेख मालवी लोकगीतों पर लिखे। श्री त्रिभुवन नाथ दुबे और श्री बसंतीलाल बम ने मालवी लोकवार्ता के विविध पक्षों का संग्रह किया। डॉ० श्याम परमार को उनके शोध प्रबंध मालवी लोक साहित्य पर आगरा विश्वविद्यालय से पी×एच०डी० की उपाधि वर्ष 1956 में प्राप्त हुई। उन्होंने मालवी भाषा के वर्गीकरण को प्रस्तुत किया तथा पर्व-त्यौहारों और संस्कारों के गीत, संत काव्यधारा के निरगुणी भवन, तुर्रा कलँगी, गंगा जी, भेरू जी, देवनारायण, ग्यारस, तेजाजी तथा गोगा जी आदि के गीतों का विश्लेषण प्रस्तुत किया। डॉ० चिंतामणि उपाध्याय ने मालवी लोकगीतों पर बहुत कार्य किया। उन्होंने जन्म संस्कार से लेकर विभिन्न संस्कारों के लोकगीतों का संग्रह किया, उनका शोध प्रबंध मालवा के लोकगीत, एक नवीन और मौलिक वैज्ञानिक दृष्टिकोण से मालवा के लोकगीतों का किया गया अध्ययन है।

जैसा कि पूर्व में उल्लेख किया, सुसनेर निवासी डॉ० प्रह्लाद चन्द्र जोशी ने मालवी के लिए ऐतिहासिक कार्य किया। मेरी दृष्टि में यह कार्य एक ऐसे साधक का कार्य है, जिसने अपना संपूर्ण जीवन ही मालवी की अस्मिता को सँवारने के लिए, उसके विकास के लिए, उसकी जड़ों को खोजने के लिए लगा दिया और जिसकी साधना के आधार पर यह सुनिश्चित रूप से कहा जा सकता है कि डॉ० प्रह्लाद चन्द्र जोशी ने अपने परिश्रम के बल पर मालवी बोली को भाषा के स्तर पर प्रतिष्ठित कर दिया है। वर्ष 1999 में डॉ० जोशी ने प्रामाणिक मालवी हिन्दी शब्द कोश तैयार किया, जो सार्थक प्रकाशन, नई दिल्ली के द्वारा प्रकाशित किया गया। मालवी और उसकी उपबोलियों—सोंधवाड़ी, उमठवाड़ी, राँगड़ी, निमाड़ी, मारवाड़ी, मेवाड़ी, ढूँढ़ाड़ी, हाड़ौती, व्रज, बुन्देली, भीली, गुजराती, मराठी, उर्दू-फारसी प्रभावित मालवी के 20000 शब्दों का विशाल संग्रह उन्होंने तैयार किया। उन्होंने इस कोश कार्य के पूर्व अपने ग्रंथ की प्रस्तावना में, पूर्व में किए गए कार्यों का ब्यौरा दिया है। सन् 1965 में डॉ० सुरेन्द्र कुमार तैनगुरिया ने सर्वप्रथम मालवी कोश के निर्माण का सूत्रपात किया था। इसके पूर्व सुप्रसिद्ध साहित्यकार विद्या वाचस्पति स्व० पं० गणेश दत्त जी शर्मा 'इन्द्र' ने भी

मालवी शब्द संकलन करना प्रारंभ कर दिया था, किन्तु वह कार्य भी पूर्ण नहीं हो पाया। वीणा के पूर्व संपादक श्री मोहनलाल उपाध्याय 'निर्मोही' ने प्रसिद्ध कथाकार श्री चन्द्रशेखर दुबे के साथ यह कार्य आरम्भ किया था।

श्री जोशी ने मालवी शब्द कोश का संपादन कार्य पिछले 25 वर्षों की निरन्तर साधना के बल पर किया। श्री जोशी ने विस्तार से मालवी के मानक रूप के संबंध में विचार किया है, शब्द भेद और शब्दार्थ पर विचार किया है तथा पूर्ण निष्ठा के साथ इस ग्रंथ का प्रकाशन कराया। इस कोश में उन्होंने विभिन्न उपयोगी परिशिष्ट भी दिए हैं, जिनमें मालवी की शब्दों का तुलनात्मक अध्ययन है, मालवी के द्वयार्थी एवं अनेकार्थी शब्दों का विवरण है तथा मालवी के शब्द युग्म एवं मालवी कथा कोश सूची भी दी गई है।

श्री जोशी ने मालवी लोककथाएँ शीर्षक से भी अपनी कृति प्रकाशित की। यह कृति उनके अथक परिश्रम, धैर्य तथा निष्ठा की परिचायक है। उन्होंने इस ग्रंथ के अध्याय दो में मालवा की लोककथाओं को सँजोया है। इनके अलावा बालकों की लोककथाएँ, स्त्रियों की लोककथाएँ, देवी-देवताओं से संबंधित लोककथाएँ मनोरंजक एवं नीतिप्रद लोककथाएँ भी प्रस्तुत की हैं। उन्होंने विस्तार से मालवी लोककथाओं में अभिव्यक्त लोक संस्कृति, उनमें प्रचलित रूढ़ियाँ तथा उनके अभिप्राय, उनमें समाविष्ट प्रकृति वर्णन, उनके भाव तथा कलापक्ष एवं महत्त्व पर विचार किया है। उन्होंने इस ग्रंथ के खण्ड दो में गीत कथाएँ तथा भक्ति संबंधी कथाएँ भी समाविष्ट की हैं। श्री जोशी ने मालवी और उपबोलियों का व्याकरण भी तैयार किया है। इस ग्रंथ में उन्होंने मालवा तथा मालवी का सामान्य परिचय, मालवी का उद्भव और विकास, मालवी ध्वनि प्रकरण, मालवी संज्ञा प्रकरण, मालवी सर्वनाम प्रकरण, मालवी में रूप रचना, शब्द समूह, अव्यय, उपसर्ग, प्रत्यय एवं समास, रूपतत्त्व-मालवी विशेषण विशेष्य, मालवी क्रिया प्रकरण-कृदन्त सहित तथा मालवी क्रिया विशेषण के बारे में विस्तार से विचार किया है तथा मालवी की तुलना विभिन्न बोलियों से की है एवं मालवी व उसकी उपबोलियों के जीवंत भाषायी स्वरूप पर भी विचार किया। श्री जोशी ने मालवी भाषा के प्राचीन रूप का एक उदाहरण दिया है, उसका एक अंश निम्नानुसार है—

जब मालवा देश की बावली बोलण लागी।
तब अवर देस की परिभागी,
दिक्खु रे मोरि बहिणी
फुणि-फुणि मोरा देस का हउ बक्खाणाहि।
मोरा देस की बात न जाणहि
जिणि देसि मंडवगढ़ केरा ठाउँ

रूपमती को केन्द्र में रखकर सोलहवीं सदी का यह गीत भी द्रटव्य है, जिसमें तद्भव शब्दावली प्रयुक्त हुई है—

और धन जोड़ता है री
मेरे तो धन प्यारे की प्रीत पूँजी
अनेक जतन कर राखूँ मन में
तू परनीत थारे देखाऊँ
त्रिया काना लागे द्रष्टा आपने कर राखूँ जी कुंजी
दिन दिन बढ़े सवायो, दूरी घटे न एको गुंजी
बाज बहादुर भी स्नेह ऊपर, निच्छावर करूँगी जी
और धन जोड़ता है री।

मालवी परम्परा में माच की परम्परा लगभग 250 वर्ष पुरानी है। इस काल की अनेक रचनाएँ आज भी उज्जैन के माचकारों के पास सुरक्षित हैं। माच की जन्मस्थली उज्जैन ही है। उस्ताद बालमुकुन्द जी के माचों की सोलह प्रतियाँ उपलब्ध हैं। उज्जैन के गोपालदास गुरु माच परम्परा के जन्मदाता माने जाते हैं। गीतात्मक माच प्रवृत्ति माच की अपनी प्रमुख विशेषता है तथा संवाद इसके प्राण हैं। सदियों पुरानी लोकधुनों का शास्त्रीय पद्धति के अनुसार विवेचन करते हुए माच के खेलों का निर्माण माचकारों ने किया। जावरा के नवाब के संरक्षण में रणछोड़ बलाई ने माच गाना प्रारंभ किया था। माच इतिहास में अपने समय की मशहूर गायिका लोहरगीर बाबा जी थीं। मालवी माच की एक बानगी देखें—

म्हानें सुकन बता दो, सुन्दर से मिलनो केसे होयगो । टेक।
दिसासूल डाबो भलो, लोटा दूँ जोगनी पीठ।
सनमुख रेवे चन्द्रमा सो चिन्ता जायेगी मिट।

संपूर्ण मालवा में माच प्रचलित था। मालवा में इसी काल में तुर्रा किलँगी नामक विधा भी अत्यन्त लोकप्रिय थी। इसमें ख्यालों को धार्मिक एवं आध्यात्मिक रूप में प्रस्तुत किया जाता था। सवाल-जवाब के माध्यम से इसे संवादात्मक शैली में प्रस्तुत किया जाता था। तुर्रा को पुत्र के रूप में तथा किलँगी को माता के रूप में माना गया है। एक स्थान पर तुर्रा को बागवान तथा किलँगी को बुलबुल भी निरूपित किया गया है। तुर्रा किलंगी वास्तव में शिव और शक्ति की आराधना से संबद्ध प्रस्तुति है। एक उदाहरण है—

सिर गुन शक्ति का हे बाना, निरगुन कहे वो दीवाना।
जरा ध्यान से देख ज्ञान, से निरगुन हे तुर्रा बाना।

मालवा में तुर्रा किलँगी लोक साहित्य का प्रादुर्भाव श्री जोशी सन् 1850 ई० के उत्तरार्द्ध तथा 19वीं सदी के पूर्वार्द्ध में हुआ, मानते हैं। धार्मिक और सामाजिक

परिस्थितियों को भी इस विधा में बाँधा गया है। आगर में अवस्थित बैजनाथधाम अत्यन्त प्राचीन धार्मिक स्थल है, जिसके संबंध में निम्न पंक्तियाँ लोकप्रिय हैं—

अति पवित्र स्थान मनोहर तपौभूम आनंदकारी।
झारखंड़ी के बीच बिराजे बैजनाथ सिव त्रिपुरारी
कर परणाम हरी ऊँ कहो बं बैजनाथ कैलासपती।
बैठी भवानी रुद्रानी महारानी सतीजी पारबती।

मालवा के लोक साहित्य में गणपति वंदना का बड़ा महत्त्व है। एक उदाहरण है—

में प्रथम नमूँ गणपति गजानंद।
रिद सिद के मालिक तुम होजी विघन भंजक।

आगर के महंत हरिदास ने खड़ीबोली मिश्रित मालवी में भजन लिखे। बाद में अंग्रेज़ों के विरुद्ध छेड़े गए आन्दोलनों तथा महापुरुषों के कार्यों का उल्लेख भी अनेकों पदों में हुआ है। कवि अमरदास, जिनके पद अमर ख्याल के नाम से मशहूर हैं, की दो पंक्तियाँ निम्नानुसार हैं—

न कोई हिन्दू न कोई मुसलिम न कोई दुश्मन यहाँ हमारा
मजहब के अन्धे मजहब में डूबे न हाथ आया असल किनारा।
न रूप रेखा न कुछ परेखा जहाँ पे साजन बसे हमारा।
सभी हमारे हैं हम सभी के, सभी का हे बस वो एक सहारा

मालवी में काफी सन्त साहित्य रचा गया। यह साहित्य मालवी में पंथी की छाप के नाम से जाना जाता है। निरगुणिया साहित्य भी निमाड़ी की तरह मालवी में काफी रचा गया, किन्तु निमाड़ी में जिस तरह संत सिंगा की बानी जन-जन की जुबान पर है, वह स्थिति मालवी में नहीं है। निरगुणी साहित्य में गोरख वाणी, बाबा हरिदास के पद, गुप्ता नंद महाराज, केशवानंद तथा नित्यानंद महाराज की रचनाएँ उपलब्ध हैं। मालवी मिश्रित ब्रज में गोरख बानी मिलती है। सधुक्कड़ी भाषा में भी यह वाणी मिलती है। चन्द्रमुखी के भजन या पद मालवा में बहुश्रुत हैं। उदाहरण है—

छोड़ मालवो चंद्रसखी चल गोकुल जमना तीर।
कृष्ण चंद्र की मुरली सुण, जाँ घटे मन की पीर।

चन्द्रमुखी के भजनों में कृष्ण-लीला का कोमल और मन को छूनेवाला गायन है। एक और भजन—

श्री कृष्ण मणिहार बने, वृसभान भवन में लाई चूड़ियाँ।
विन्द्रावन की कुंज गलिन में, केत फिरे कोई पेरो चुड़ियाँ।
गोरा बदन राधे जी ठाड्या—हमके पेरड़ दो हरि चुड़ियाँ।
अंगली पकड़ी ने पोंचो पकड्यो—हँस हँस मोड़ी गोरी बहियाँ।

मालवा में दीपावली की प्रतिपदा को गोवर्धन पूजा के समय चन्द्रावल गाई जाती है, जिसमें कृष्ण-भक्ति के भाव हैं। यह स्पष्ट होता है कि सन् 1850 से 1950 तक नाट्य, रास, गरबा, माच, रामलीला, स्वाँग तथा तुर्रा किलँगी काफी लोकप्रिय थीं। गरबा, सौभाग्य का चिह्न है तथा गरबा समारोह मालवा में नवरात्र में स्त्रियों के लिए विशेष पूज्य है। यह एक लोकनृत्य भी है, जिसका जन्म गुजरात में हुआ। मालवी में गुजराती मिश्रित गरबा गीत गाए जाते हैं, जैसे—

ताँबा का लोट्या भर्या जल सेरे।
पीवानो वालो परदेस छेरे।
बई, म्हारो कान्हो कलेजा री कोर छेरे।

मालवी का एक रूप हीड़ मालवी है, जिसमें पारम्परिक गीत कथाओं का अकूत भण्डार है। देवनारायण, तेजा जी महाकाव्य, चन्दना कुँवर, नाग जी दूल जी, राजा नल, ढोला मारवण, मालवी का पुराण-ग्यारस माता इस संदर्भ में विशेष उल्लेखनीय हैं। मालवी की प्रेम कथाओं में सोरठ कुँवरी, राजकुमारी निहाल दे, चतुर राजकुमारी, सोना रूपा तथा सुदबुध सालंगा बहुत प्रसिद्ध हैं।

मालवा में नाट्य साहित्य भी रचा गया, जिसका पूर्व में विवरण दिया गया है। पारम्परिक लोक गीत साहित्य, जो सन् 1851 से 1950 के बीच रचा गया, ऐसे गीतों की संख्या लगभग 2000 से ऊपर है। इन मालवी लोकगीतों का रंग नैसर्गिक है तथा वे रागात्मकता से भरपूर हैं। मालवी में दोहे भी काफी रचे गए, जिन्हें छल्ला कहा जाता है। पारम्परिक छल्लों का संग्रह डॉ० चिंतामणि उपाध्याय ने किया है। दो दोहे इस प्रकार हैं—

चंदा त्हारी चाँदणी सूती पलँग बिछाय।
जद जागूं जद एक ली—मरूँ कटारी खाय।
टींकी दे मेलाँ चढ़ी बिन काजल की रेख।
सायब को सारों नई—लिख्या विधाता लेख।

मालवी का पारम्परिक लोक साहित्य विशद् है। विवाह से संबंधित मालवी लोकगीत आज भी लोकप्रिय है। मालवा देश के ग्राम गीतों का संकलन सौ० प्रेमकुमारी बाई मुद्गल ने किया है। एक गीत की बानगी है—

म्हारा आँगण पीपली रे वीरा—जे चढ़ि जोऊँ थारी बाट।
माढ़ी जाया चूनर लावो : लावो तो दोई सास लाव जोरे वीरा।
नहिं तोरे रीजो थारा देश।

मालवी लोक कथाओं के बारे में भी काफी कार्य हुआ है। डॉ० जोशी ने लगभग 10 खण्डों में इन लोक कथाओं को संकलित किया है, ये विभिन्न अंचलों से संगृहीत की गई हैं।

मालवी में लोकोक्ति तथा पहेली साहित्य भी काफी रचा गया। कुछ पहेलियाँ उत्तर सहित निम्नानुसार हैं—

दो अजड़ किंवाड़—दो बजड़ किंवाड़, दो नाग लड़े।
दो दीवाँ बरे, राजा की कँवरी न्याव करे।

उत्तर—मुँह, दाँत, नाक, आँख और जीभ

नानी सीक डावड़ी—फूलाँ बाई नाभ
चढ़ी गई डूँगरी—मारी लई गाम

उत्तर—बन्दूक

तुरता-फुरता की डावड़ी तुरता रई गयो पेट
खोलो व्याईजी म्हारी पारखी सुरताँ करोजी विचार गाढ़ा मारूजली

उत्तर—रोटी

सन्त साहित्य के अलावा कृष्ण रंग में सरोबार चन्द्रसखी के भजन, सीतलामाता के भजन, लालबाई-फूलबाई के लोकगीत तथा लोकदेवी पथवारी माता के लोकगीत बड़े प्रसिद्ध है। गंगा के देवी स्वरूपों का वर्णन मालवी में बहुत उपलब्ध है तथा इनके संबंध में कई गीत भी प्रचलित हैं। गंगा जी का जल भरतां नायिका के हार टूट जाने का वर्णन भी एक गीत में कुछ इस तरह मुखरित हुआ है—

गंगा जी ने कीजो गंगोजा आया पावणा।
चांवल रँदाऊँ ए गंगा माता उजला,
हरिया मूँगा की दाल,
लपसी रँदाऊँ ए गंगा माता लचलची,
ऊपर हरिया नारेळ।

पूर्व में मालवी गद्य के संबंध में उल्लेख किया गया है। श्री दीनानाथ व्यास, श्री कृष्ण वल्लभ जोशी, श्री श्रीनिवास जोशी तथा श्री रामकृष्ण वर्मा ने सुंदर मालवी गद्य लिखा।

उक्तांकित विवरण मालवी लोक साहित्य की विभिन्न विधाओं की एक झाँकी भर है। इस झाँकी के अवलोकन से यह स्पष्ट होगा कि मालवी अपने आप में अब बोली नहीं रह गई है, वह समृद्ध भाषा है, जिसके पास अपना कोश है और अपना व्याकरण। मालवा में महानगरीय बोध के प्रविष्ट हो जाने के कारण उसका निश्चित प्रभाव न केवल यहाँ की जीवन शैली पर पड़ा है, बल्कि बोलचाल की भाषा पर और लोकगीतों पर भी पड़ा है। एक समय था जब आकाशवाणी से श्री सीताराम वर्मा, भेरा जी तथा श्री कृष्णकांत दुबे, नंदा जी के रूप में मालवी में विभिन्न विषयों पर वार्तालाप करते थे

और यह कार्यक्रम नंदा जी-भेरा जी के नाम से मशहूर था। इसकी लोकप्रियता इतनी थी कि लोग इस कार्यक्रम के प्रसारित होने की बाट जोहा करते थे। अब यह सब कुछ नहीं है लेकिन मालवा की धरोहर अपनी जगह अक्षुण्ण है। मालवी जैसी माधुर्य से भरपूर बोली मध्य प्रदेश में कोई दूसरी नहीं है। इस बोली की मिठास अपनी जगह मौजूद है और रहेगी। इस विवरण में बहुत कुछ छूट गया है, इसलिए कि किसी बोली या भाषा की यात्रा को उसके हर पड़ाव के साथ रेखांकित करना बड़ा असंभव सा कार्य है। इसलिए भी क्योंकि सीमाएँ बाँधती हैं।

मालवी की मिठास और उसके लोकगीतों में समाया माधुर्य हमारे परिवार की अनमोल निधि है। यह निधि संचित रहे, यह प्रयास करना होगा और प्रेरणा यह लेनी होगी कि इस संचित निधि को और अधिक कैसे समृद्धि मिले, क्योंकि इसे मिलने वाली समृद्धि ही हमारी पीढ़ी के भविष्य को नूतन संस्कार सौंपेगी।

नर्मदाप्रसाद उपाध्याय

◆◆